Juanjo Moyano Vázquez

1001 GIOCHI ED ESERCIZI DI PADEL

Nico e Leo, che saranno il futuro.

A tutti i miei studenti, colleghi e insegnanti, che con
il suo aitu inretto ha creato quest'operara.

INDICE

PRÓLOGO

Il padel è uno sport giovane, in cui molte persone stanno iniziando, qualcosa che lo rende uno degli sport più in espansione e in crescita oggi.

Avendo pochi anni di vita, non ha un grande sviluppo a livello di insegnamento e attualmente ci sono solo un piccolo numero di allenatori consacrati che hanno acquisito le loro conoscenze sulla base dell'esperienza nel lavoro con studenti e giocatori professionisti.

Questa è l'importanza di ampliare e comunicare queste conoscenze ed esperienze, al fine di continuare ad allenare monitor e allenatori, che collaborano in una crescita sostenuta del padel come sport.

La formazione stessa insegnerà agli studenti i segreti del gioco e le chiavi che li porterà a migliorare giorno dopo giorno. Il tutto senza differenza può superarsi a vicenda qualunque sia il nostro livello di gioco. Ecco perché è importante che sperimentiamo la sensazione di prendere lezioni, di allenarci, anche se il nostro obiettivo non è quello di diventare giocatori professionisti.

È fondamentale capire che se impariamo a giocare meglio, riusciremo sicuramente a divertirci un po' di più ogni giorno e potremo rendere il nostro rapporto con il padel rafforzarsi per non smettere mai di intrattenere e amarci l'un l'altro.

RIFERENTI GRAFICI

Studente   ◯   *Ragazzo*   ◦   *Professore*

Riferimento di tiro / Zona di tiro   ◉ | 1 |

Riferimento di colpo

Spotamenti dello studente

Viaggi andata e ritorno dello studente

Spotamento in 8

Giro dello studente

Colpo dello studente

Colpo dello professore

Ordine di colpire   1 2 3 4 5

Recinzione

Salto di ricinzione

Zona faraona

Zona di Tiro

Carrello per palle

Pala per ragazzo

Bersaglio colpo a parete o griglia   ⊕

Catena

Catena con anelli

Zona contrassegnate da corde o catene

Zona di movimiento di passaggio

D	Destra	**R**	Rovescio	**SF**	Uscita di fondo
SL	Uscita Laterale	**SDP**	Uscita Doble Parete	**CP**	Contra Parete
V	Volèe	**G**	Palloncino	**Rm**	Remate
Bd	Bandeja	**Sq**	Servizio	**Resto**	Resto
//	Parallelo	**X**	Incrociato		

JUANJO MOYANO VÁZQUEZ

EDITORIAL WANCEULEN

ESERCIZI A DESTRA E A ROVESCIO

Esercizi 0001   Colpi: D

Obiettivo: Riscaldamento
Sequenza di colpi: D - D

Descrizione:
Due giocatori.
Colpi paralleli di destra senza pareti.

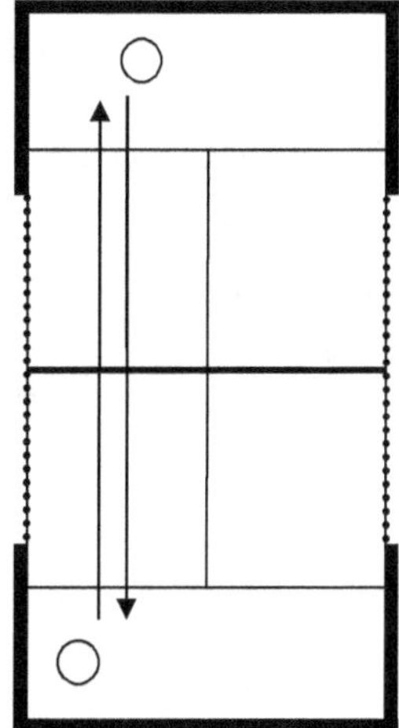

Esercizi 0002   Colpi: R

Obiettivo: Riscaldamento
Sequenza di colpi: R - R

Descrizione:
Due giocatori.
Colpi paralelli di rovescio senza pareti.

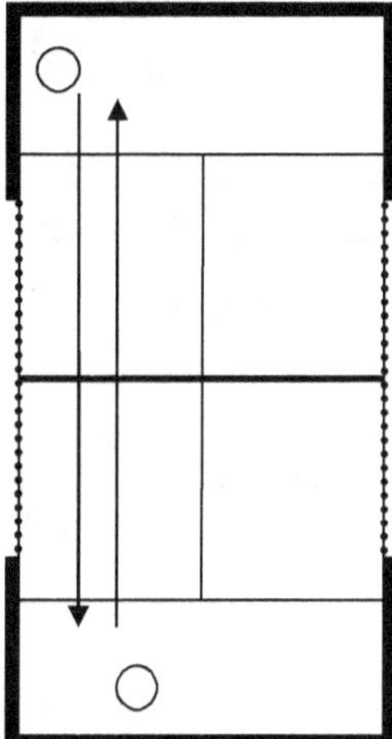

Esercizi 0003   Colpi: D

Obiettivo: Riscaldamento
Sequenza di colpi: D - D

Descrizione:
Due giocatori.
Colpi incrociate di destra senza pareti.

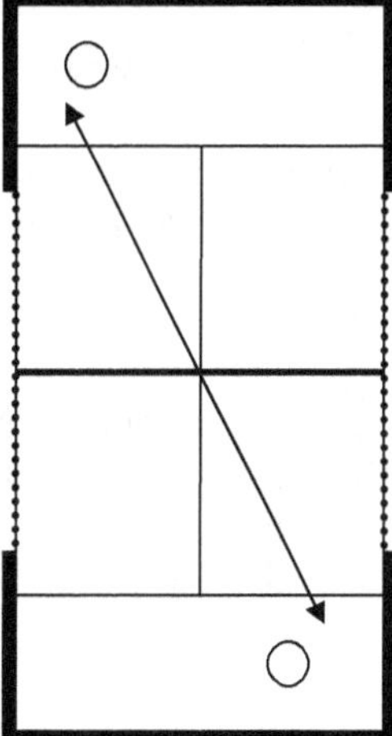

Esercizi 0004   Colpi: R

Obiettivo: Riscaldamento
Sequenza di colpi: R – R

Descrizione:
Due giocatori.
Colpi incrociate di rovescio senza pareti.

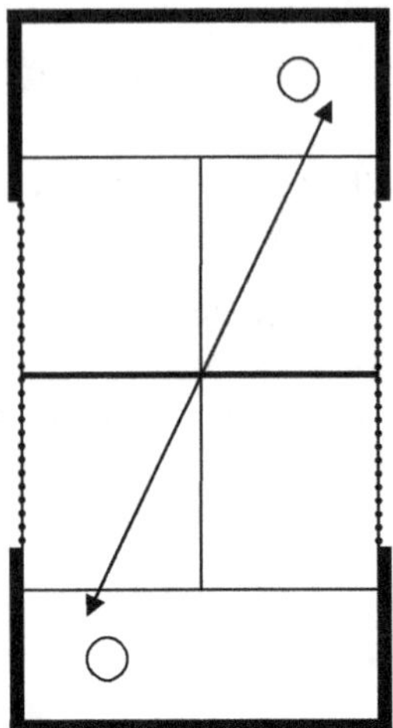

Esercizi 0005   Colpi: D –R

Obiettivo: Riscaldamento
Sequenza di colpi: D – R – D

Descrizione:
Tre giocatori.
Giocatore 1: destra // - rovescio X.
Giocatore 2: rovescio //
Giocatore 3: destra X

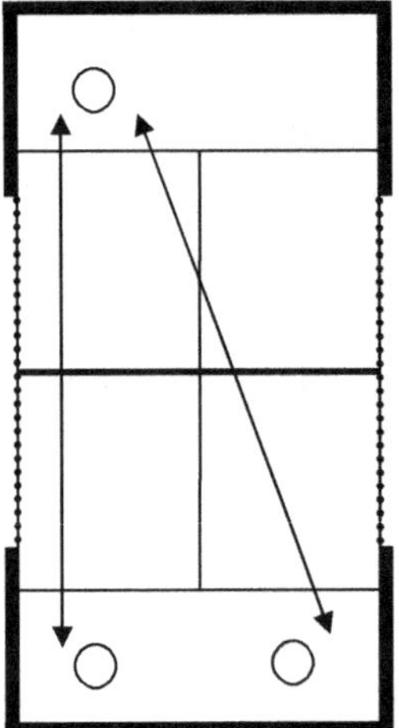

Esercizi 0006   Colpi: D – R

Obiettivo: Riscaldamento
Sequenza di colpi: D – R – D

Descrizione:
Tre giocatori.
Tutti i colpi senza che la palla tocchi il muro.
Giocatore 1: destra // - rovescio X
Giocatore 2: rovescio //
Giocatore 3: destra X

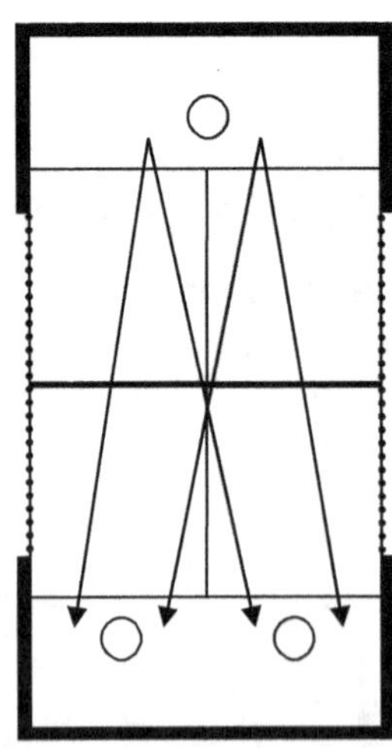

Esercizi 0007   Colpi: D

Obiettivo: Controllo degli colpi
Sequenza di colpi: D// – DX – D// – DX

Descrizione:
Quattro giocatori.
Tutti i colpi senza che la palla tocchi il muro.
Dopo 2 minuti si cambia l'orientamento di impatto.

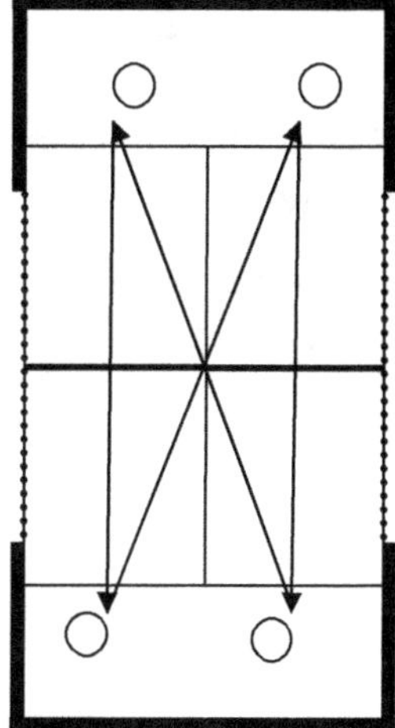

Esercizi 0008   Colpi: R

Obiettivo: Controllo degli colpi
Sequenza di colpi: R// – RX –R// – RX

Descrizione:
Quattro giocatori.
Tutti i colpi senza che la palla tocchi il muro.
Dopo 2 minuti si cambia l'orientamento di impatto.

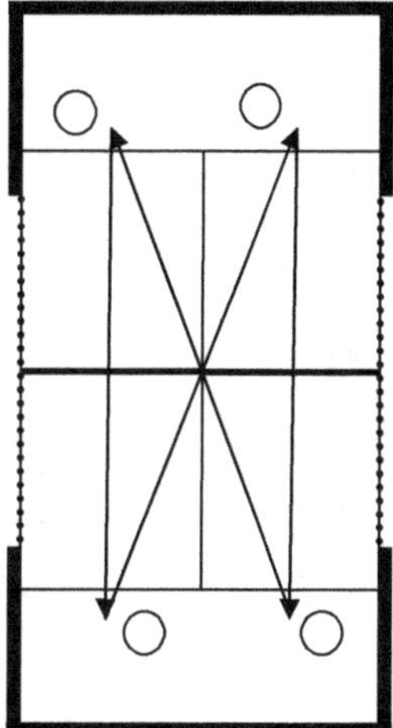

Esercizi 0009   Colpi: D – R

Obiettivo: Controllo degli colpi
Sequenza di colpi: D// – RX –D// – RX

Descrizione:
Quattro giocatori.
Tutti i colpi senza che la palla tocchi il muro.
Dopo 2 minuti si cambia l'orientamento di impatto.

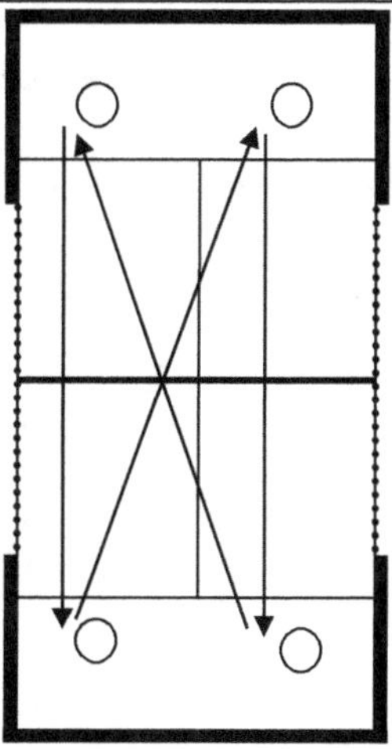

Esercizi 0010   Colpi: D – R

Obiettivo: Controllo degli colpi
Sequenza di colpi: Colpi liberi

Descrizione:
Quattro giocatori.
Tutti i colpi senza che la palla tocchi il muro.
Dopo 2 minuti si cambia l'orientamento di impatto.

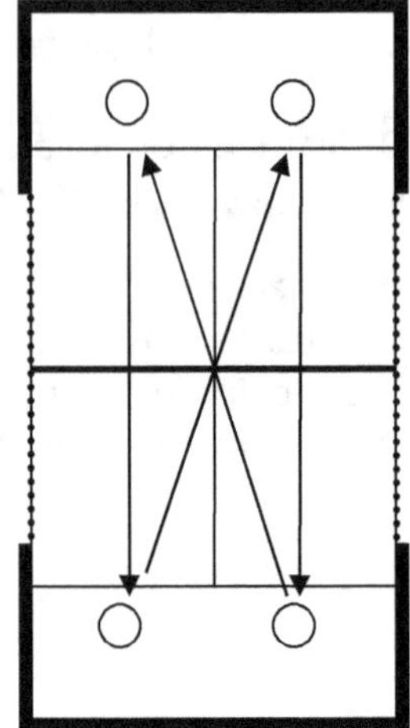

Esercizi 0011   Colpi: D

Obiettivo: Controllo degli colpi di destra in movimento
Sequenza di colpi: D // – D X

Descrizione:
Situato un giocatore in fondo alla pista, esegue colpi di destra parallelo e di destra incrociato con l'obiettivo segnato in fondo alla pista.
Dopo 10 palle se cambia giocatore.

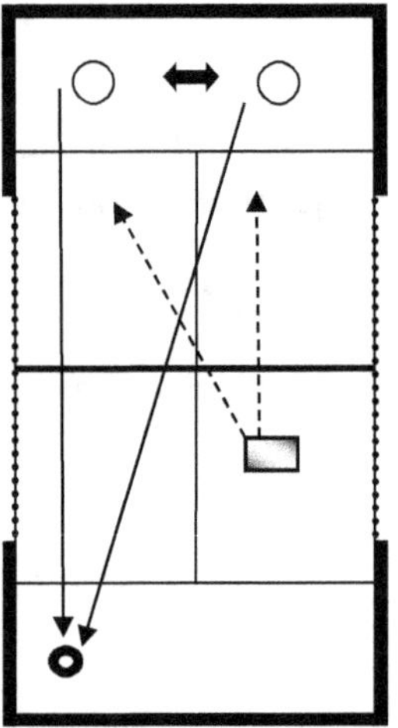

Esercizi 0012   Colpi: R

Obiettivo: Controllo degli colpi di rovescio in movimento
Sequenza di colpi: R // – R X

Descrizione:
Situato un giocatore in fondo alla pista, esegue colpi di destra parallelo e di rovescio incrociato con l'obiettivo segnato in fondo alla pista.
Dopo 10 palle se cambia giocatore.

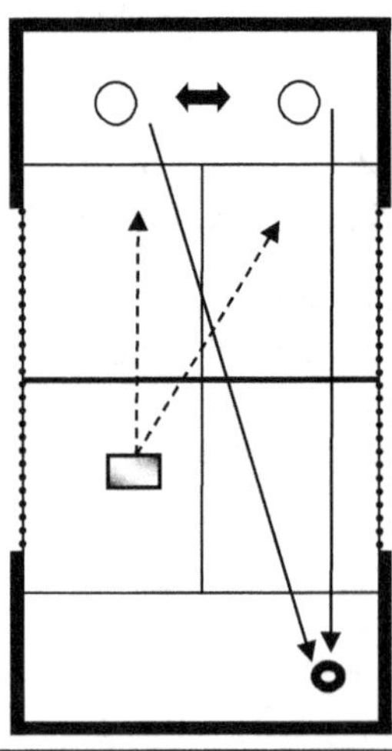

EDITORIAL WANCEULEN

Esercizi 0013   Colpi: D – R

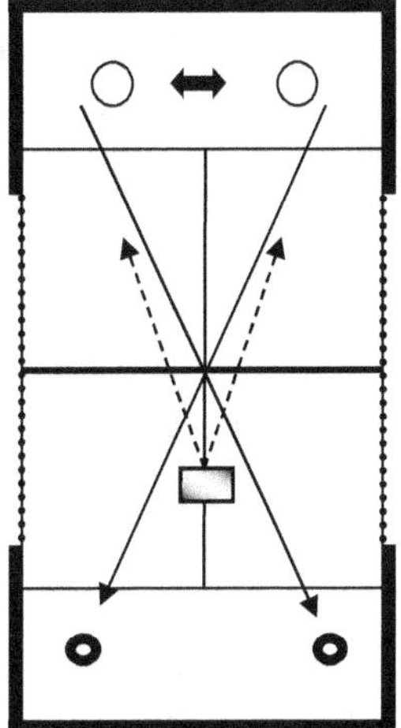

Obiettivo: Controllo degli colpi di destra in movimento
Sequenza di colpi: D X – R X

Descrizione:
Situato un giocatore in fondo alla pista, esegue colpi di destra incrociato con l'obiettivo segnato in fondo alla pista.
Dopo 10 palle se cambia giocatore.

Esercizi 0014   Colpi: D – R

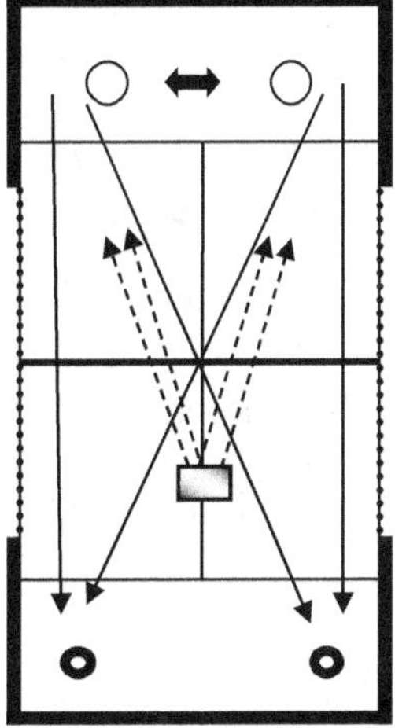

Obiettivo: Controllo degli colpi in movimento
Sequenza di colpi: D// - R// - DX - RX

Descrizione:
Situato un giocatore in fondo alla pista, esegue colpi di: .- destra incrociato
.- destra parallela
.- rovescio incrociato
.- rovesciato parallela,
con l'obiettivo segnato in fondo alla pista.
Dopo 10 palle se cambia giocatore.

Esercizi 0015   Colpi: D – R

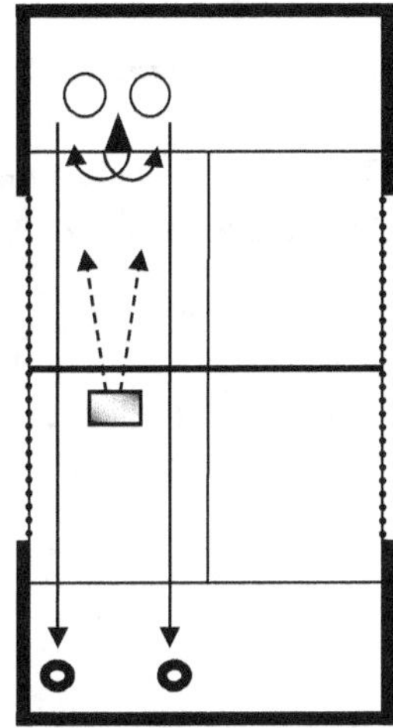

Obiettivo: Controllo degli colpi in movimento
Sequenza di colpi: D// - R//

Descrizione:
Un giocatore.
Destra parallela su ogni del cono.
Dopo 10 palle se cambia giocatore.

Esercizi 0016   Colpi: D – R

Obiettivo: Controllo degli colpi in movimento
Sequenza di colpi: DX - R//

Descrizione:
Un giocatore.
Destra incrociato e rovescio parallelo su ogni del cono.
Dopo 10 palle se cambia giocatore.

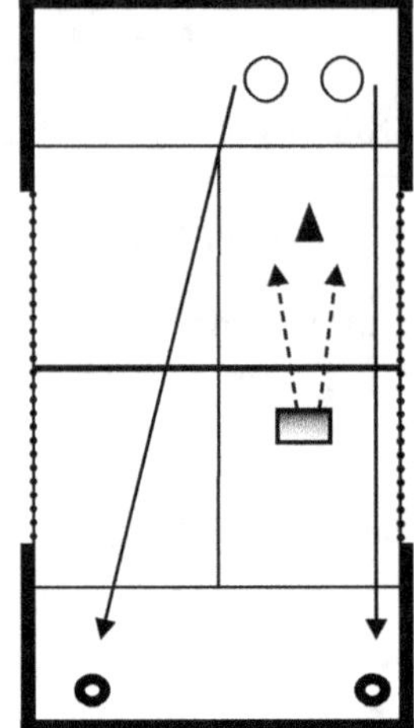

Esercizi 0017   Colpi: D – R

Obiettivo: Controllo degli colpi in movimento
Sequenza di colpi: D// - RX

Descrizione:
Un giocatore.
Destra parallela e rovescio incrociato su ogni del cono.
Dopo 10 palle se cambia giocatore.

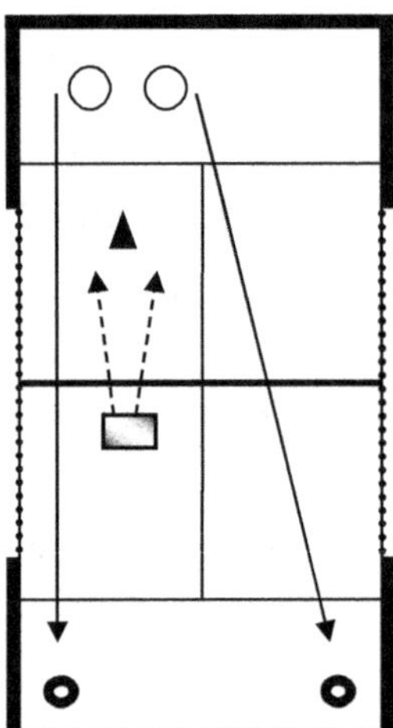

Esercizi 0018   Colpi: D – R

Obiettivo: Riscaldamento
Sequenza di colpi: D// – R//

Descrizione:
Due giocatori.
Colpi paralelli di rovescio o di destra senza pareti.

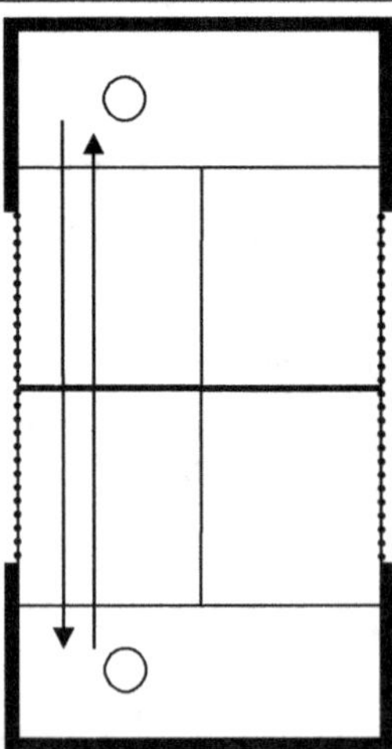

Esercizi 0019   Colpi: D – R

Obiettivo: Riscaldamento
Sequenza di colpi: DX – RX

Descrizione:
Due giocatori.
Colpi incrociato di rovescio o di destra senza pareti.

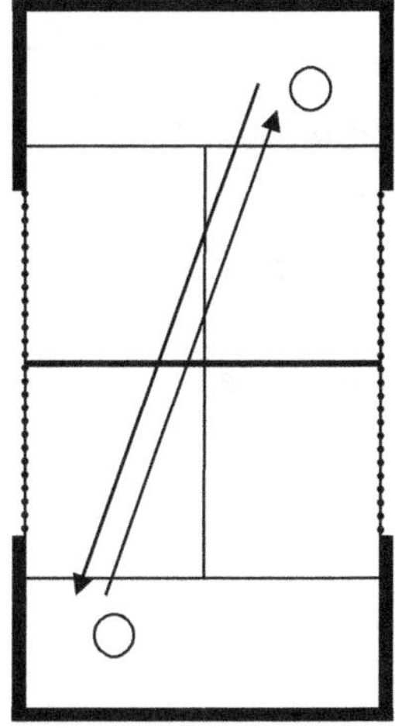

Esercizi 0020   Colpi: D – R

Obiettivo: Destra y rovescio in movimento
Sequenza di colpi: DX –R//

Descrizione:
Un giocatore.
Colpi di destra incrociato o di rovescio parallelo.
Dopo ogni colpo devo toccare il cono di mezza della pista.

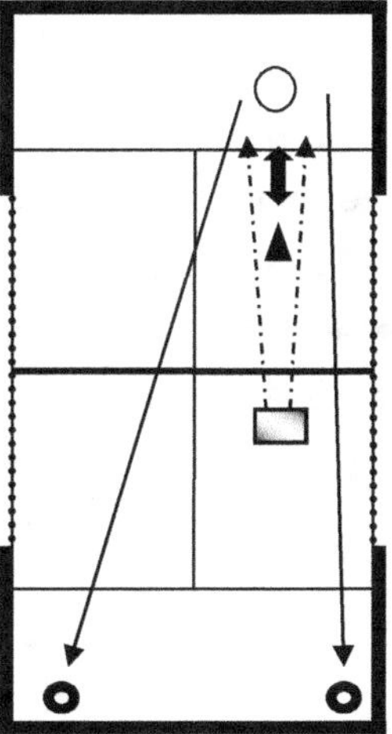

Esercizi 0021   Colpi: D – R

Obiettivo: Destra y rovescio in movimento
Sequenza di colpi: D// –RX

Descrizione:
Un giocatore.
Colpi di destra parallelo o di rovescio incrociato.
Dopo ogni colpo devo toccare il cono di mezza della pista.

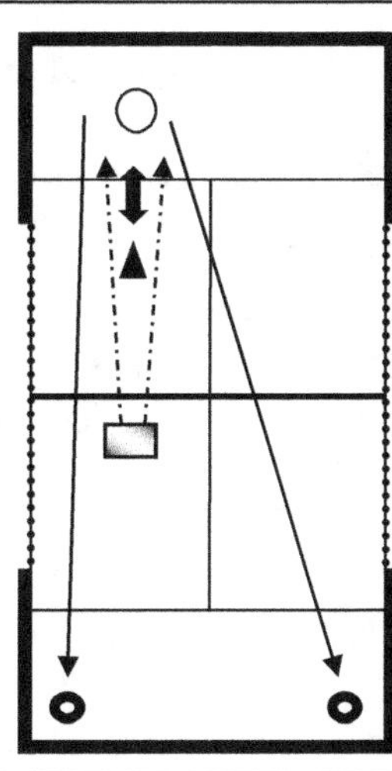

Esercizi 0022   Colpi: D

Obiettivo: Controllo degli colpi contra parete
Sequenza di colpi: D

Descrizione:
Destra contra parete.
Durata dell'esercizio due minuti.

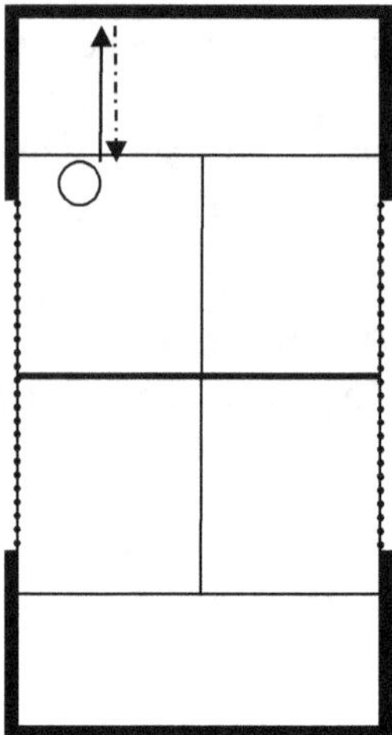

Esercizi 0023   Colpi: R

Obiettivo: Controllo degli colpi contra parete
Sequenza di colpi: R

Descrizione:
Rovescio contra parete.
Durata dell'esercizio due minuti.

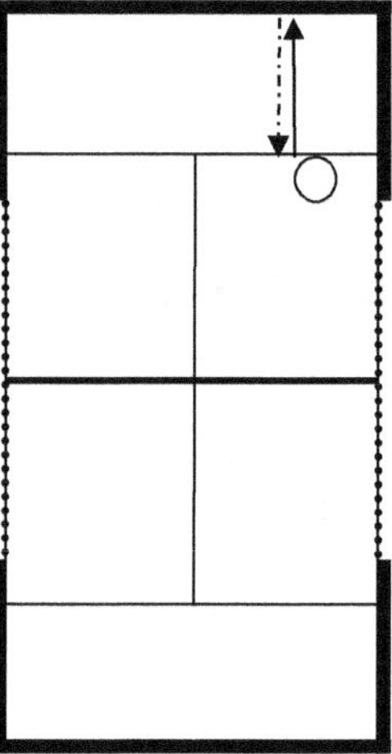

Esercizi 0024   Colpi: D – R

Obiettivo: Controllo degli colpi contra parete
Sequenza di colpi: D – R

Descrizione:
Destra e rovescio contra parete.
Durata dell'esercizio due minuti.

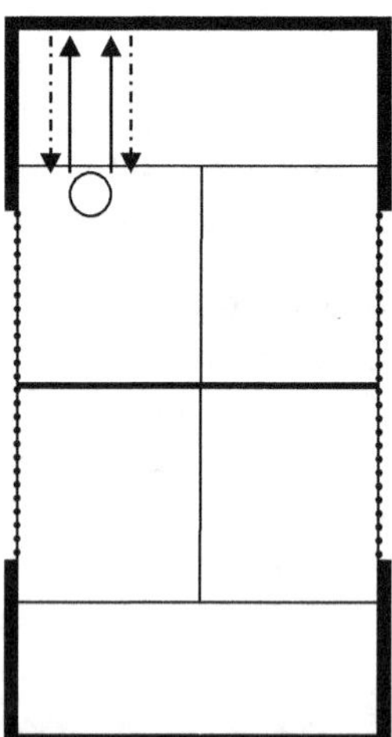

EDITORIAL WANCEULEN

Esercizi 0025   Colpi: D

Obiettivo: Controllo degli colpi contra parete
Sequenza di colpi: D

Descrizione:
Destra contra parete da mezza pista.
Durata dell'esercizio due minuti.

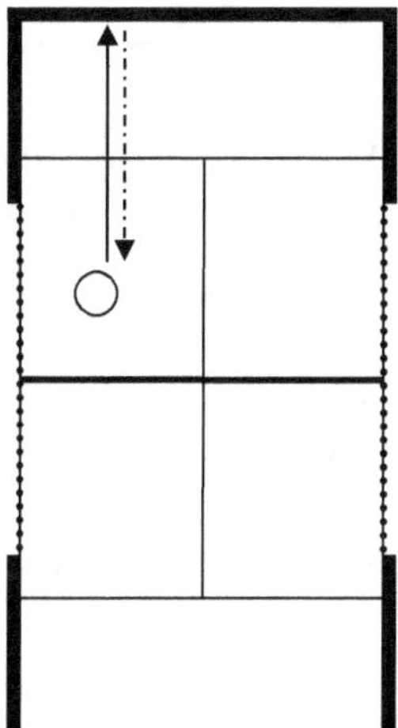

Esercizi 0026   Colpi: R

Obiettivo: Controllo degli colpi contra parete
Sequenza di colpi: R

Descrizione:
Rovescio contra parete da mezza pista.
Durata dell'esercizio due minuti.

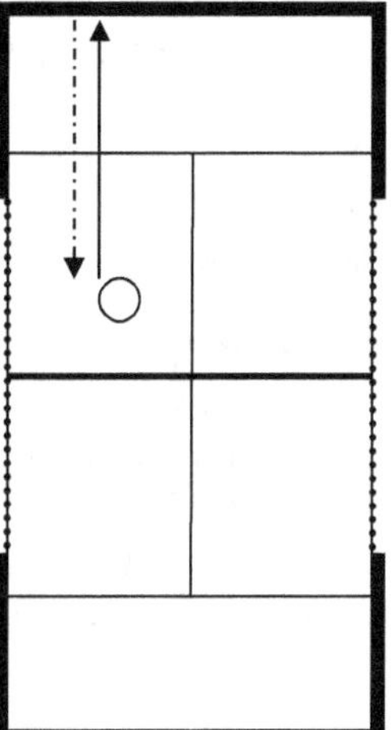

Esercizi 0027   Colpi: D – R

Obiettivo: Controllo degli colpi contra parete
Sequenza di colpi: D – R

Descrizione:
Destra e rovescio contra parete da mezza pista.
Durata dell'esercizio due minuti.

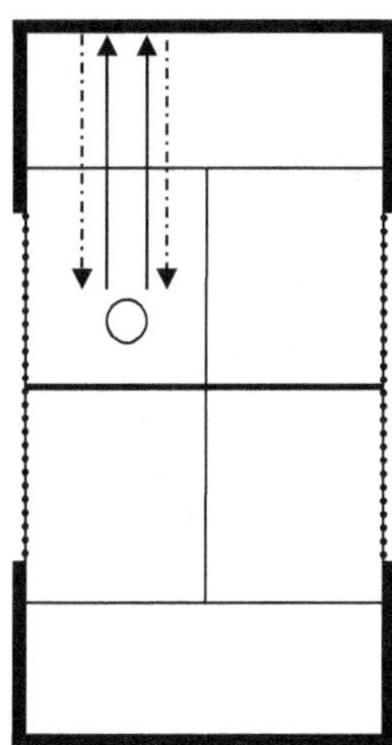

Esercizi 0028   Colpi: D

Obiettivo: Controllo degli colpi contra parete
Sequenza di colpi: D

Descrizione:
Situato il giocatore in mezza pista, alternerà colpi brevi e lunghi di destra con una barca contro la parete di fondo.
Poi si può fare solo con il rovescio.
Durata del Esercizi: 1

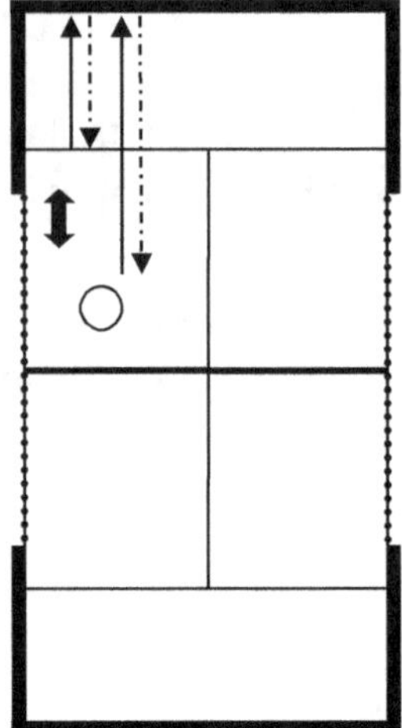

Esercizi 0029   Colpi: D – R

Obiettivo: Controllo degli colpi contra parete in movimento
Sequenza di colpi: DX – RX

Descrizione:
Posizionato il giocatore in mezza pista sulla linea mediana, alternerà colpi di destra e di rovescio incrociati. Dopo ogni colpo passerà dietro il cono per colpire la palla.
Durata del Esercizi: 1

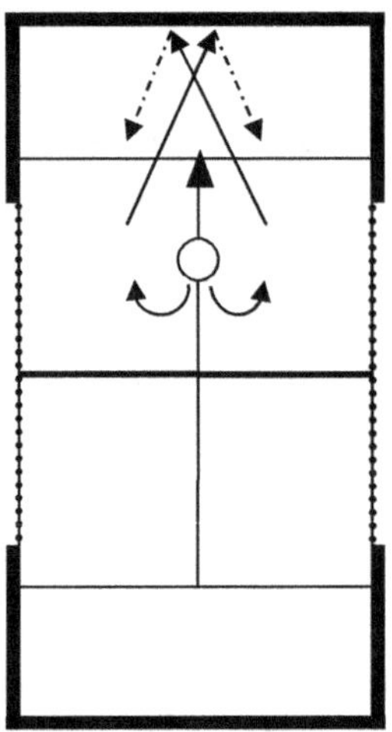

Esercizi 0030   Colpi: D – R

Obiettivo: Controllo degli colpi contra parete in movimento
Sequenza di colpi: D – R

Descrizione:
Posto il giocatore in fondo alla pista, colpi di destra e di rovescio si alterna all'angolo.
Durata del Esercizi: 1

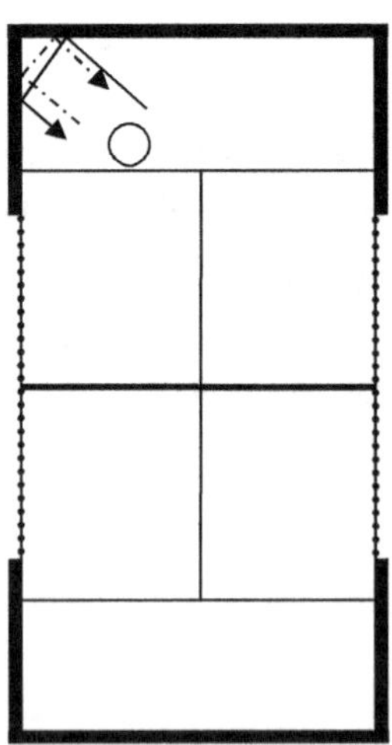

Esercizi 0031   Colpi: D – R

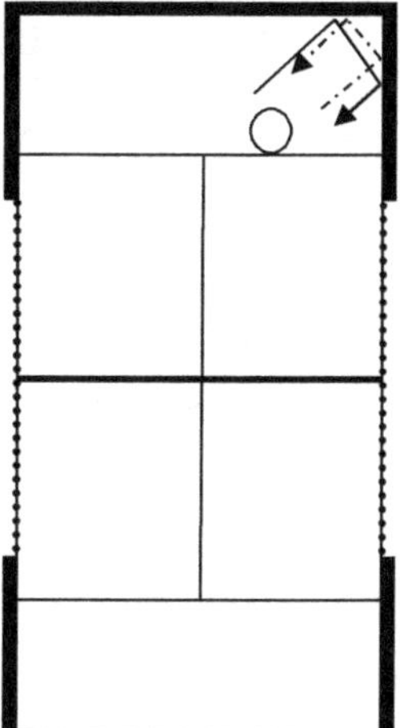

Obiettivo: Controllo degli colpi contra parete in movimento
Sequenza di colpi: D – R

Descrizione:
Posto il giocatore in fondo alla pista, colpi di destra e di rovescio si alterna all'angolo.
Durata del Esercizi: 1

Esercizi 0032   Colpi: D

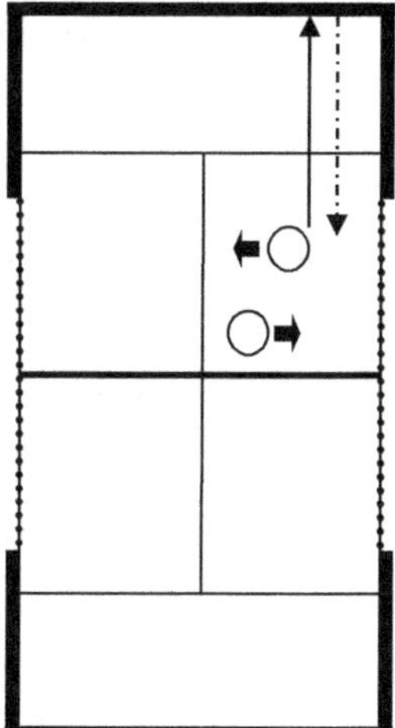

Obiettivo: Controllo degli colpi contra parete in movimento
Sequenza di colpi: D – D

Descrizione:
Posizionati i giocatori in mezza pista, colpiranno rovescio parallelo contro il muro e lascerà spazio per il loro compagno di colpire la palla successiva.
Durata del Esercizi: 1

Esercizi 0033   Colpi: R

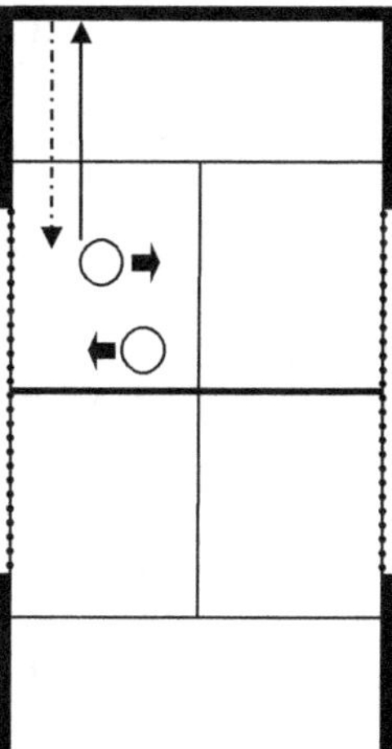

Obiettivo: Controllo degli colpi contra parete in movimento
Sequenza di colpi: R – R

Descrizione:
Ubicati i giocatore su mezza pista, colpiranno il rovescio parallelo contro il muro e lascerà spazio per il suo compagno colpire la palla successiva.
Durata del Esercizi: 1

Esercizi 0034   Colpi: D

Obiettivo: Controllo degli colpi contra parete in movimento

Sequenza di colpi: D – D

Descrizione:
Ubicati i giocatori in pista, colpiranno due volte destra parallelo contro il muro e torneranno in fila.
Durata del Esercizi: 1

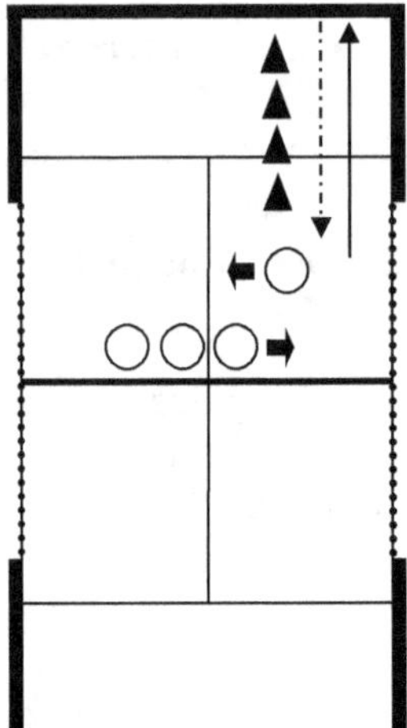

Esercizi 0035   Colpi: R

Obiettivo: Controllo degli colpi contra parete in movimento

Sequenza di colpi: R – R

Descrizione:
Ubicati i giocatori in pista, colpiranno due volte rovescio parallelo contro il muro e torneranno in fila.
Durata del Esercizi: 1

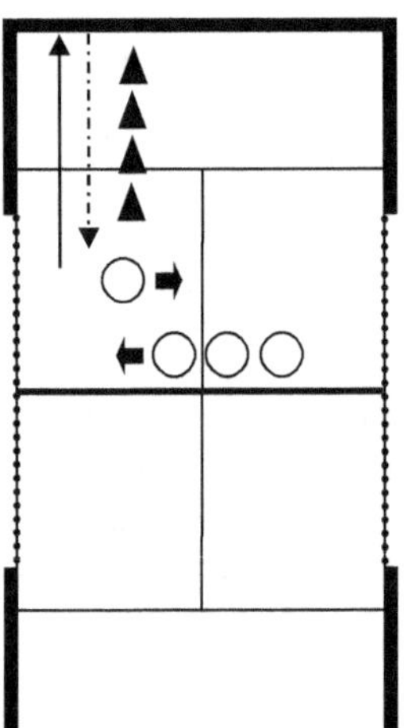

Esercizi 0036   Colpi: D – R

Obiettivo: Controllo degli colpi contra parete in movimento

Sequenza di colpi: Libero

Descrizione:
Ubicati i giocatori in mezzo alla pista sulla linea mediana, colpiranno di destra o di rovescio parallelo contro il segno del muro e torneranno in fila.
Durata del Esercizi: 1

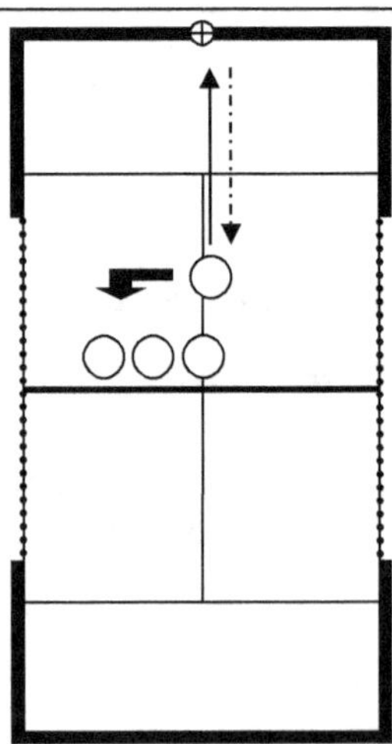

EDITORIAL WANCEULEN

Esercizi 0037   Colpi: D – R

Obiettivo: Controllo degli colpi contra parete in movimento

Sequenza di colpi: Libero

Descrizione:
Ubicati a metà pista sulla linea mediana, i giocatori prima di colpire diranno il nome del prossimo giocatore. Il colpo sarà libero, il rimbalzo della palla dovrà uscire dalla linea di servizio e chi fallirà due volte sarà eliminato.
Durata dell'Esercizi: 2 o quando c'è un vincitore.

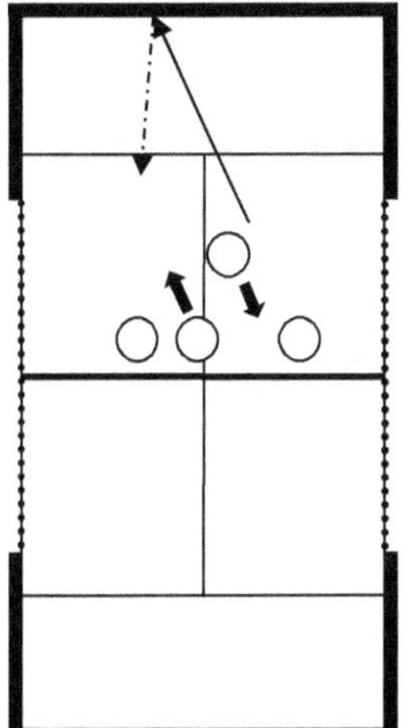

Esercizi 0038   Colpi: D – R

Obiettivo: Alternare destra e rovescio a diversa profondità

Sequenza di colpi: D// - R//

Descrizione:
Posto il giocatore in fondo alla pista, alternerà colpi di destra parallelo e di rovescio parallelo cercando diverse profondità, con l'obiettivo dei coni situati sulla pista.
Dopo 12 palle si cambia giocatore.

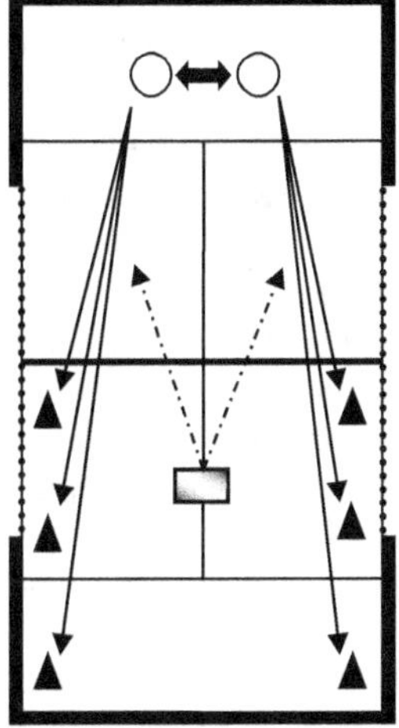

Esercizi 0039   Colpi: D – R

Obiettivo: Alternare destra e rovescio a diversa profondità

Sequenza di colpi: DX – RX

Descrizione:
Collocato il giocatore in fondo alla pista, alternerà colpi di destra incrociato e di rovescio incrociato alla ricerca di diverse profondità, con l'obiettivo dei coni situati sulla pista.
Dopo 12 palle si cambia giocatore.

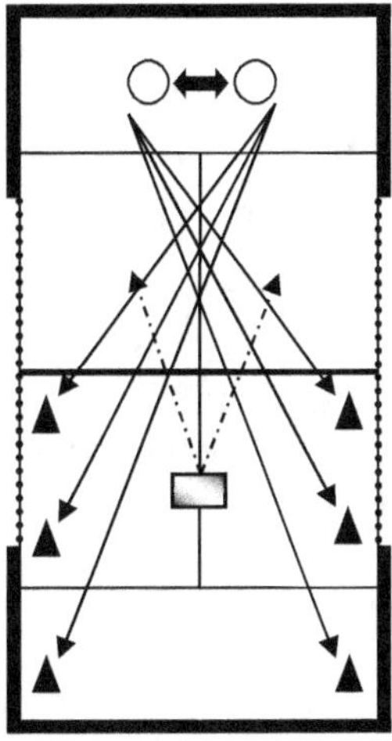

Esercizi 0040   Colpi: D – R

Obiettivo: Difendi lo sfondo con palle al centro senza rimbalzo
Sequenza di colpi: Libero

Descrizione:
Con due giocatori in fondo alla pista, si difenderanno dalle palle lanciate dal monitor indirizzando le palle verso l'area segnata sulla pista. Dopo 10 palle si alterna la posizione dei giocatori.

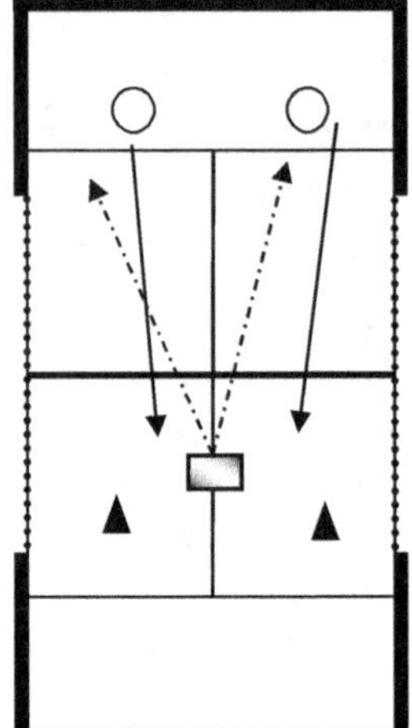

Esercizi 0041   Colpi: D – R

Obiettivo: Difendi lo sfondo senza rimbalzo
Sequenza di colpi: Libero

Descrizione:
Con due giocatori in fondo alla pista, si difenderanno dalle palle lanciate dal monitor indirizzando le palle verso l'area segnata sulla pista. Dopo 10 palle si alterna la posizione dei giocatori.

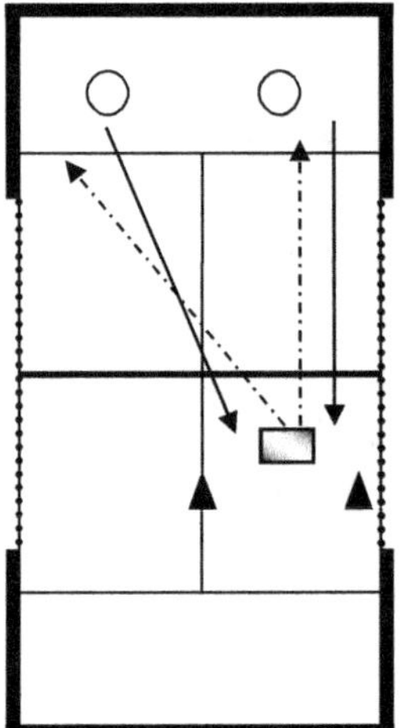

Esercizi 0042   Colpi: D – R

Obiettivo: Difendi lo sfondo senza rimbalzo
Sequenza di colpi: Libero

Descrizione:
Con due giocatori in fondo alla pista, si difenderanno dalle palle lanciate dal monitor indirizzando le palle verso l'area segnata sulla pista. Dopo 10 palle si alterna la posizione dei giocatori.

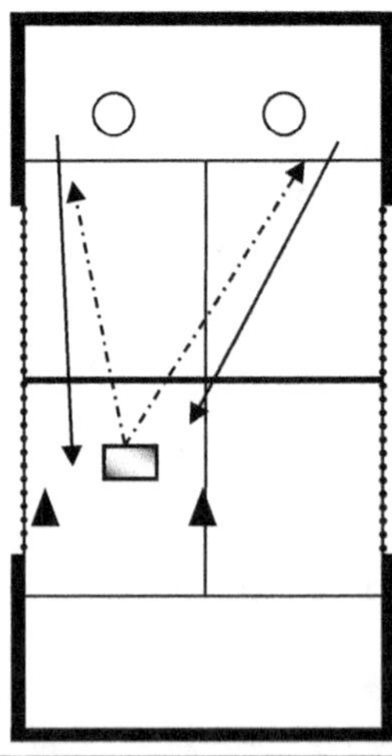

Esercizi 0043   Colpi: D – R

Obiettivo: Destra e rovescio in movimento
Sequenza di colpi: D// - R//

Descrizione:
Sfere con la mano lanciata dal monitor, un giocatore eseguirà colpi di destra paralleli e rovescio paralleli, con l'obiettivo dei marchi situati negli angoli della pista.
Dopo 10 palle si cambia giocatore.

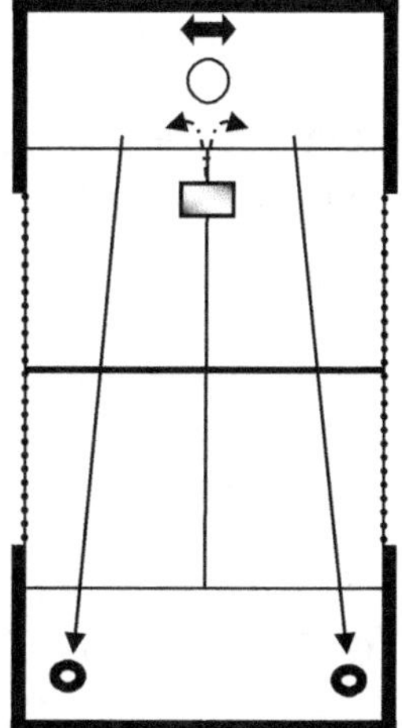

Esercizi 0044   Colpi: D – R

Obiettivo: Destra e rovescio in movimento
Sequenza di colpi: DX - RX

Descrizione:
Lanciate palle con la mano attraverso il monitor, un giocatore eseguirà colpi di destra incrociati e rovescio incrociati, con l'obiettivo di marchi situati negli angoli della pista.
Dopo 10 palle si cambia giocatore.

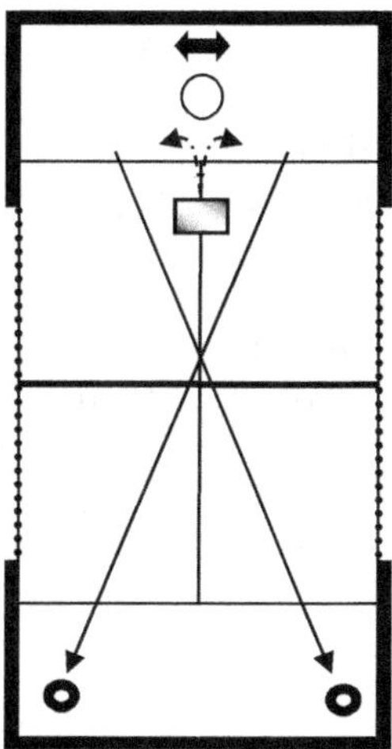

Esercizi 0045   Colpi: D – R

Obiettivo: Destra e rovescio in movimento
Sequenza di colpi: DX - RX

Descrizione:
Palle lanciate con la mano attraverso il monitor, due giocatori si muovono lateralmente e il più vicino al monitor colpirà da destra incrociata o da rovescio incrociato, con l'obiettivo dei marchi situati negli angoli della pista. L'altro giocatore esegue lo "specchio".
Dopo 10 palle si cambia giocatore.

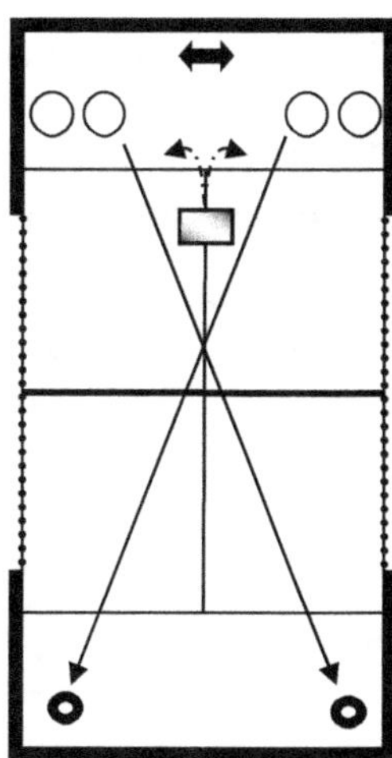

Esercizi 0046   Colpi: D – R

Obiettivo: Destra e rovescio in movimento
Sequenza di colpi: D// - R//

Descrizione:
Palle lanciate a mano dal monitor, due giocatori si muovono lateralmente e il più vicino al monitor colpirà da destra parallelo o da rovescio parallelo, con l'obiettivo dei marchi situati negli angoli della pista.
L'altro giocatore esegue lo "specchio".
Dopo 10 palle si cambia giocatore.

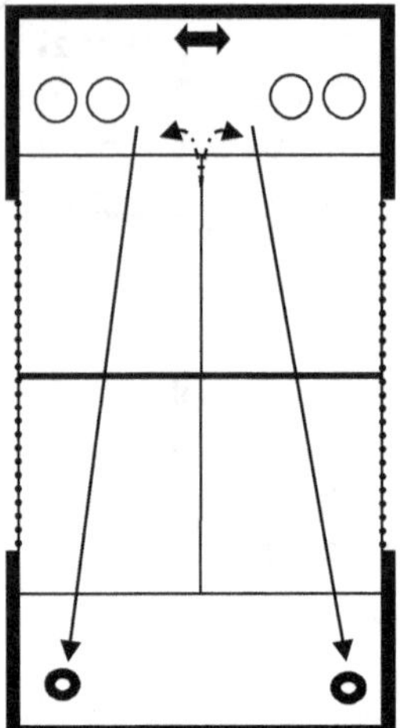

Esercizi 0047   Colpi: D – R

Obiettivo: Attacco a palla alta
Sequenza di colpi: DX - RX

Descrizione:
Posizionati i giocatori sulla linea di fondo, effettueranno un attacco diagonale di destra o di rovescio alle sfere alte lanciate dal monitor, con l'obiettivo dei marchi situati negli angoli della pista.

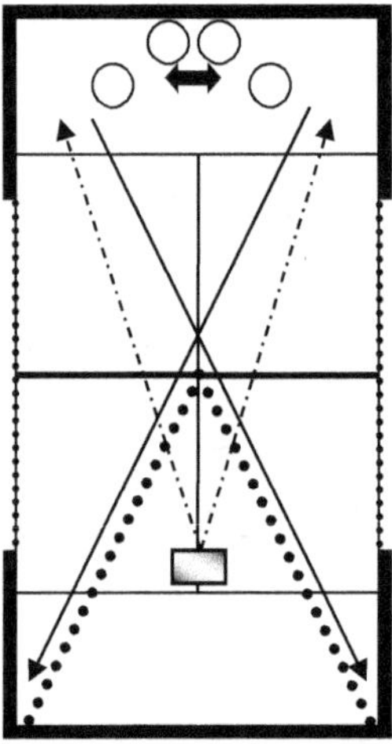

Esercizi 0048   Colpi: D

Obiettivo: Destra con obiettivo
Sequenza di colpi: D – D – D

Descrizione:
Situato il giocatore sulla linea di fondo, eseguirà tre colpi di destra attraverso ciascuno degli anelli posizionati nella catena.
Dopo 12 palle si cambia giocatore.

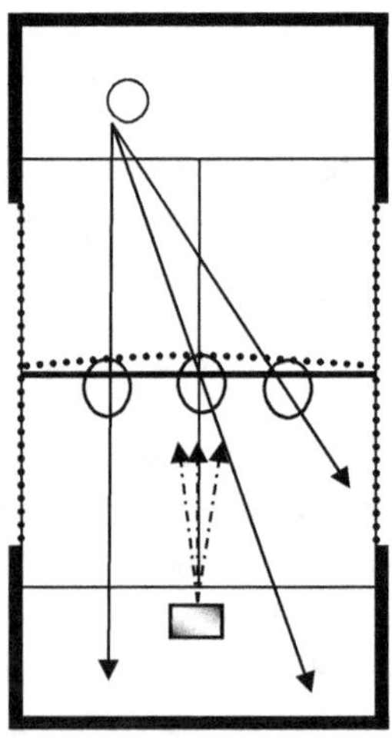

Esercizi 0049   Colpi: R

Obiettivo: Rovescio con obiettivo
Sequenza di colpi: R – R – R

Descrizione:
Situato il giocatore sulla linea di fondo, eseguirà tre colpi di rovescio attraverso ciascuno degli anelli posizionati sulla catena.
Dopo 12 palle si cambia giocatore.

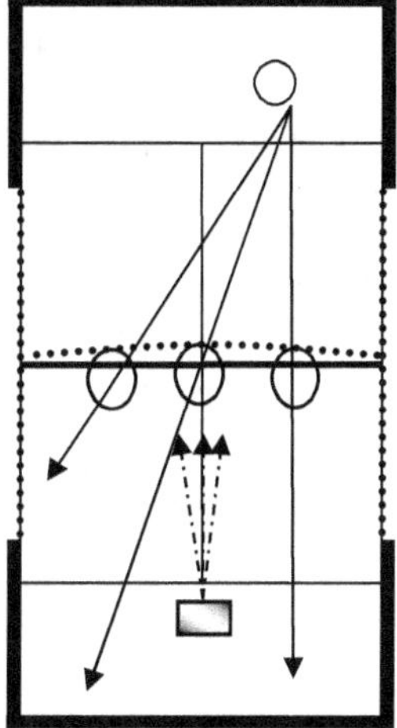

Esercizi 0050   Colpi: R

Obiettivo: Rovescio con obiettivo
Sequenza di colpi: R – R – R

Descrizione:
Situato il giocatore sulla linea di fondo, eseguirà tre golpi di rovescio attraverso ciascuno degli anelli posizionati sulla catena.
Dopo 12 palle si cambia giocatore.

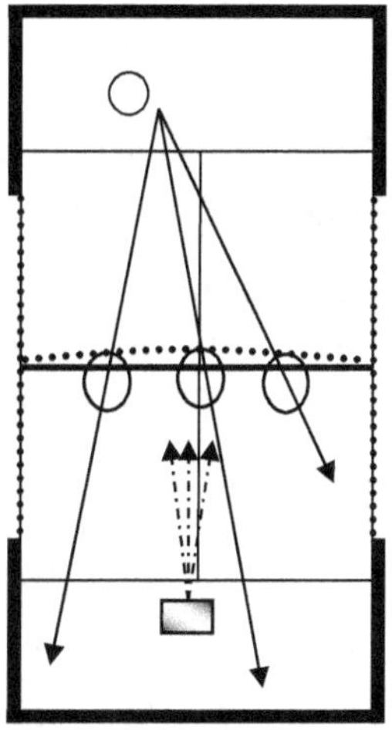

Esercizi 0051   Colpi: D

Obiettivo: Destra con obiettivo
Sequenza di colpi: D – D – D

Descrizione:
Situato il giocatore sulla linea di fondo, eseguirà tre colpi di destra attraverso ciascuno degli anelli posizionati nella catena.
Dopo 12 palle si cambia giocatore.

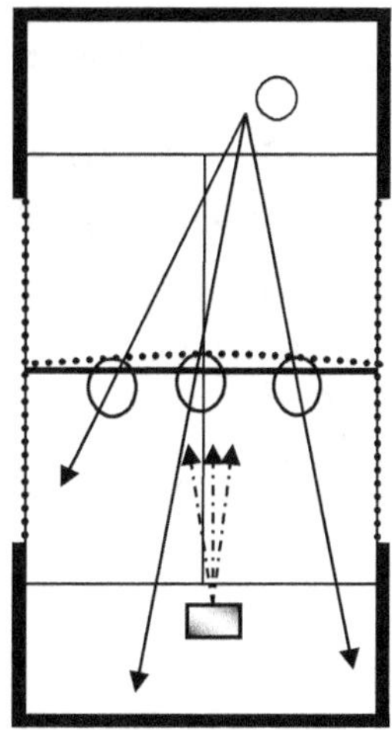

Esercizi 0052   Colpi: D

Obiettivo: Direzione e profondità
Sequenza di colpi: D

Descrizione:
Situato il giocatore sulla linea di sfondo, eseguirà sei colpi di destra alternando tutte le zone segnate sulla pista.
Dopo 12 palle si cambia giocatore.

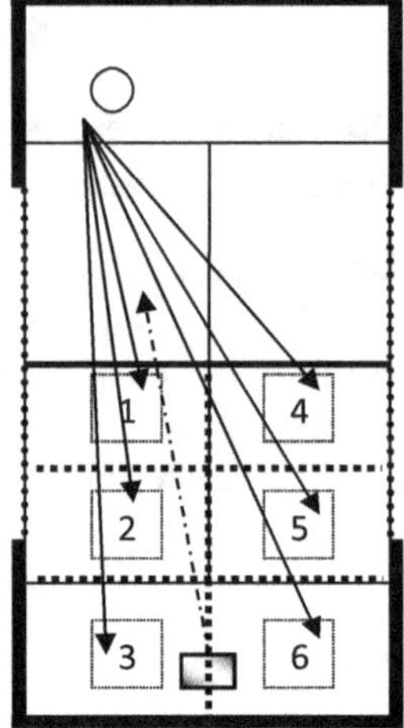

Esercizi 0053   Colpi: R

Obiettivo: Direzione e profondità
Sequenza di colpi: R

Descrizione:
Situato il giocatore sulla linea di sfondo, eseguirà sei colpi di rovescio alternando tutte le zone segnate sulla pista.
Dopo 12 palle si cambia giocatore.

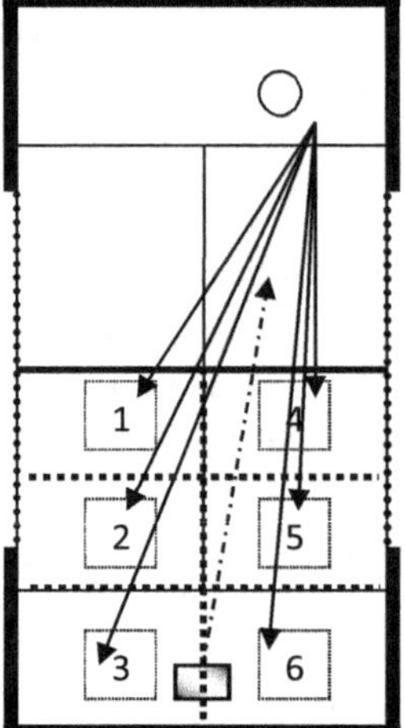

Esercizi 0054   Colpi: R

Obiettivo: Direzione e profondità
Sequenza di colpi: R

Descrizione:
Situato il giocatore sulla linea di sfondo, eseguirà sei colpi di rovescio alternando tutte le zone segnate sulla pista.
Dopo 12 palle si cambia giocatore.

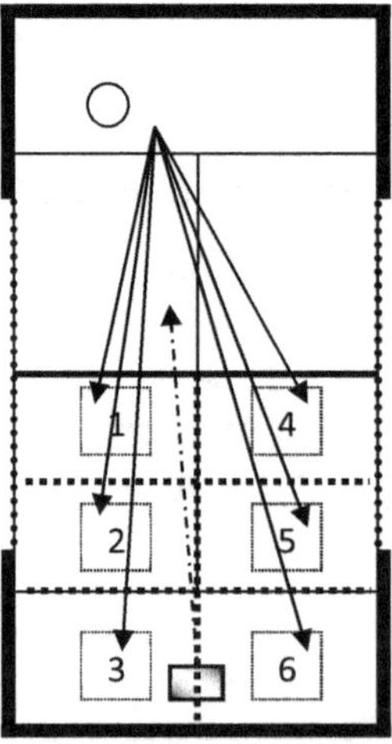

Esercizi 0055   Colpi: D

Obiettivo: Direzione e profondità
Sequenza di colpi: D

Descrizione:
Situato il giocatore sulla linea di sfondo, eseguirà sei colpi di destra alternando tutte le zone segnate sulla pista.
Dopo 12 palle si cambia giocatore.

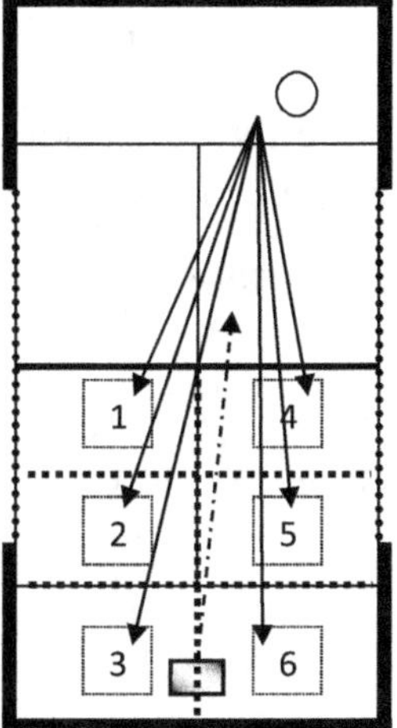

Esercizi 0056   Colpi: D

Obiettivo: Variazione di colpi de destra
Sequenza di colpi: D – D – D – D

Descrizione:
Situato il giocatore sulla linea di fondo, il giocatore eseguirà quattro colpi di destra, sotto la catena, ai diversi obiettivi situati sulla pista.
Dopo 12 palle si cambia giocatore.

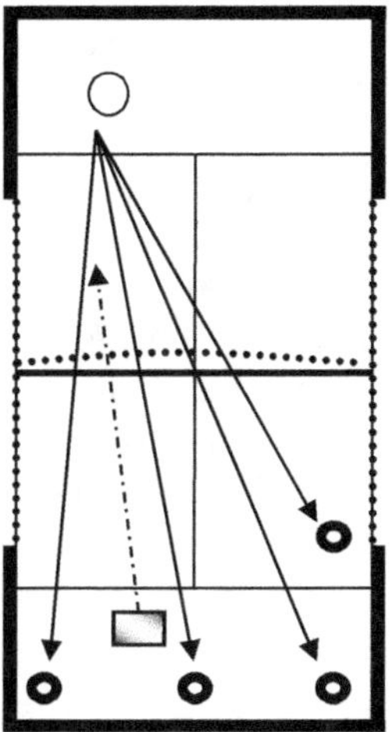

Esercizi 0057   Colpi: R

Obiettivo: Variazione di colpi de rovescio
Sequenza di colpi: R – R – R – R

Descrizione:
Situato il giocatore sulla linea di sfondo, il giocatore eseguirà quattro colpi di rovescio, sotto la catena, ai diversi obiettivi situati sulla pista.
Dopo 12 palle si cambia giocatore.

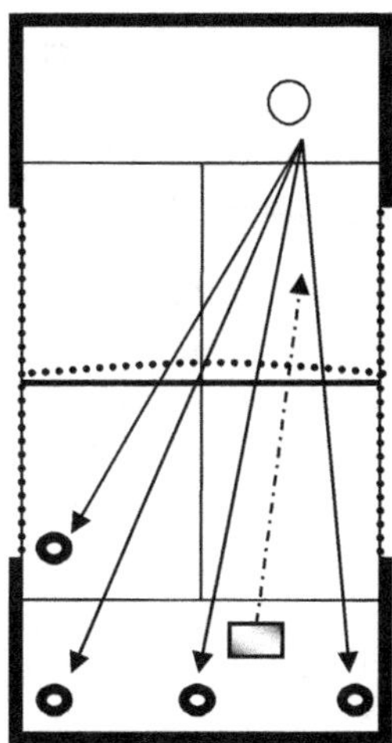

Esercizi 0058   Colpi: R

Obiettivo: Variazione di colpi de rovescio
Sequenza di colpi: R – R – R – R

Descrizione:
Situato il giocatore sulla linea di sfondo, il giocatore eseguirà quattro colpi di rovescio, sotto la catena, ai diversi obiettivi situati sulla pista.
Dopo 12 palle si cambia giocatore.

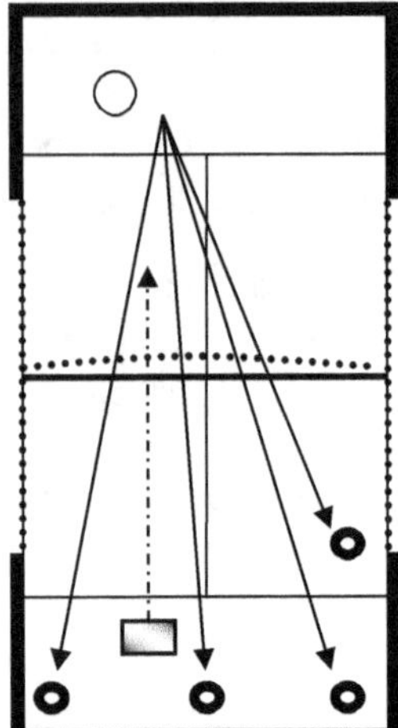

Esercizi 0059   Colpi: D

Obiettivo: Variazione di colpi de destra
Sequenza di colpi: D – D – D – D

Descrizione:
Situato il giocatore sulla linea di fondo, il giocatore eseguirà quattro colpi di destra, sotto la catena, ai diversi obiettivi situati sulla pista.
Dopo 12 palle si cambia giocatore.

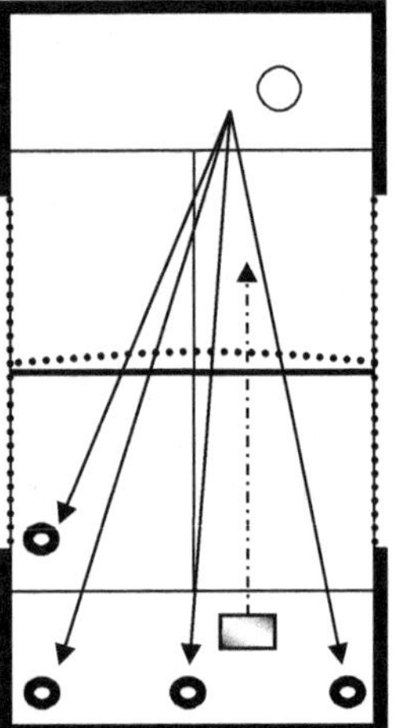

Esercizi 0060   Colpi: D – R

Obiettivo: Reazione a una situazione
Sequenza di colpi: D o R

Descrizione:
Seduti a terra in difesa, ci alziamo e sbattiamo in avanti una palla corta, torniamo al cono e ci sediamo per rifare l'esercizi.
Dopo 5 palle si cambia giocatore.

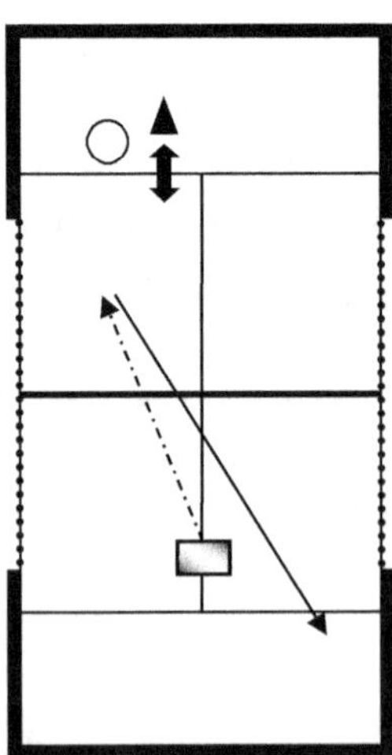

Esercizi 0061   Colpi: D – R

Obiettivo: Reazione a una situazione
Sequenza di colpi: D o R

Descrizione:
Seduti a metà pista, recuperiamo le palle indietro senza rimbalzare sul muro di fondo uscendo da destra e da sinistra. Dopo ogni guarigione, torniamo al cono e ci sediamo di nuovo.
Dopo 10 palle cambiamo giocatore.

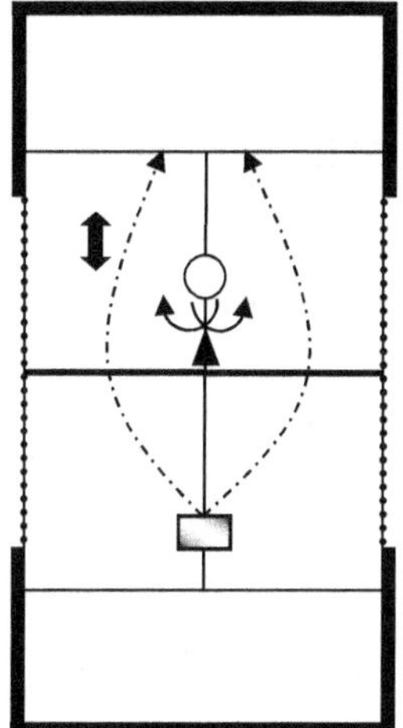

Esercizi 0062   Colpi: D – R

Obiettivo: Reazione a una situazione
Sequenza di colpi: D o R

Descrizione:
Seduti su mezza pista, recuperiamo le palle alte che ci passano sopra la testa, prima che rimbalzino sul muro di fondo. Dopo ogni guarigione, torniamo al cono e ci sediamo di nuovo.
Dopo sei palline cambiamo giocatore.

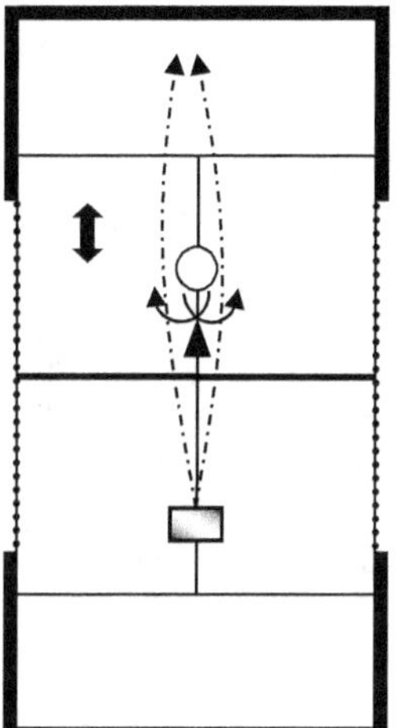

Esercizi 0063   Colpi: D – R

Obiettivo: Reazione a una situazione
Sequenza di colpi: D o R

Descrizione:
Seduti a metà pista dietro la rete, recuperiamo palle di fondo che passano in direzioni diverse, prima che rimbalzino sui muri. Dopo ogni guarigione, torniamo a sederci vicino al cono.
Dopo otto palle cambiamo giocatore.

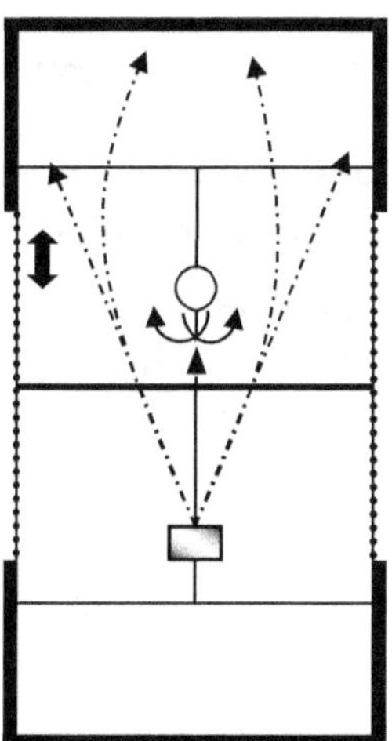

Esercizi 0064   Colpi: D

Obiettivo: Reazione a una situazione
Sequenza di colpi: DX

Descrizione:
In difesa, con un ginocchio a terra, abbiamo recuperato con un colpo incrociato una palla all'angolo, prima che rimbalzi sui muri. Dopo ogni guarigione, ci rimettiamo con un ginocchio a terra in difesa.
Dopo 5 palline cambiamo giocatore.
Poi si può realizzare nell'altro angolo.

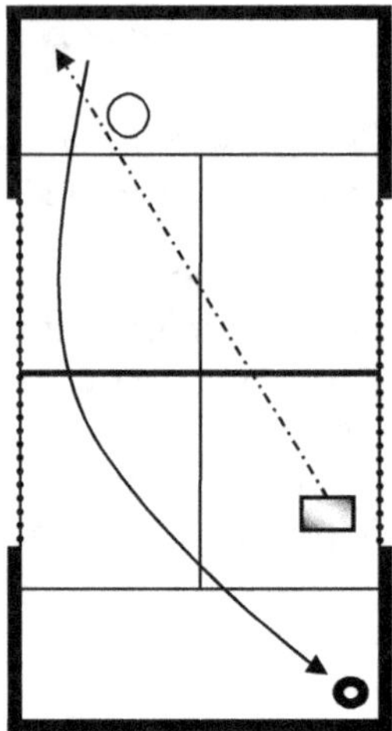

Esercizi 0065   Colpi: D – R

Obiettivo: Controllo di impatto
Sequenza di colpi: DX - RX

Descrizione:
Posizionati i jufador in due file in fondo alla pista, i giocatori si alternano i colpi a destra incrociata e a rovescio, con l'obiettivo dei marchi situati negli angoli della pista.
Dopo ogni colpo cambieranno fila per fare l'altro tipo di colpo.

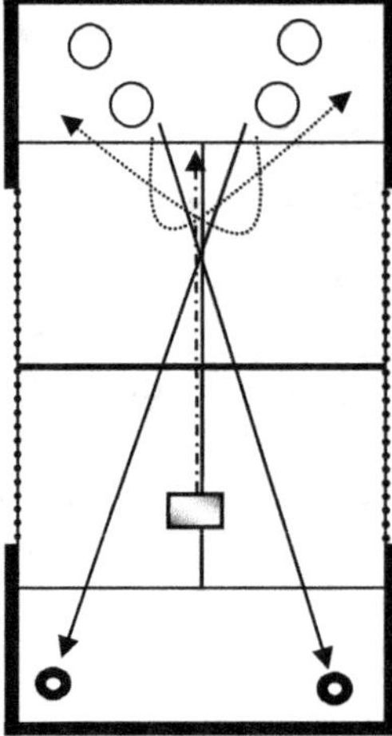

Esercizi 0066   Colpi: D

Obiettivo: Reazione a una situazione
Sequenza di colpi: DX – D//

Descrizione:
Situato il giocatore in fondo alla pista, esegue un colpo a destra incrociata e corre in avanti a colpire una palla corta a destra parallela.

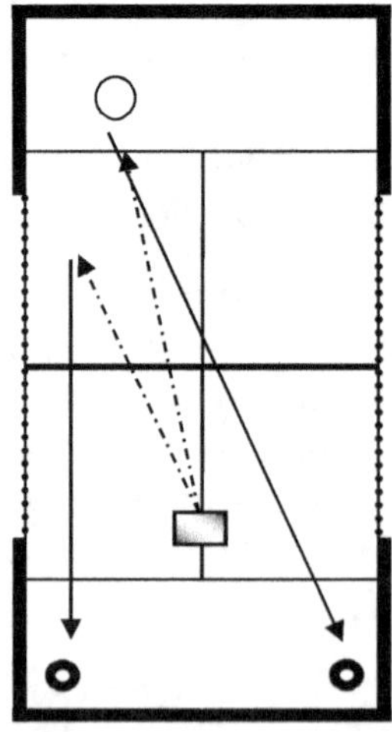

Esercizi 0067   Colpi: D

Obiettivo: Reazione a una situazione
Sequenza di colpi: D// - D//

Descrizione:
Situato il giocatore in fondo alla pista, esegue un colpo di destra parallelo e corre in avanti a colpire a destra parallelo una palla corta che colpisce prima sulla griglia, con l'obiettivo del marchio situato in fondo alla pista.

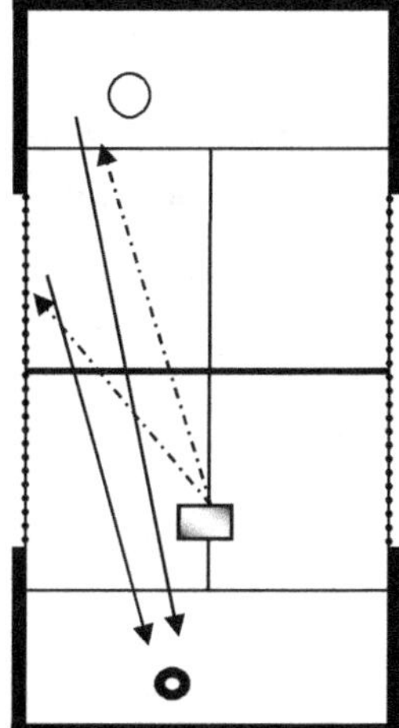

Esercizi 0068   Colpi: R

Obiettivo: Reazione a una situazione
Sequenza di colpi: R// - R//

Descrizione:
Situato il giocatore in fondo alla pista, esegue un colpo di retromarcia parallelo e corre in avanti a colpire all'indietro parallelo una palla corta che colpisce prima sulla griglia, con l'obiettivo del segno situato in fondo alla pista.

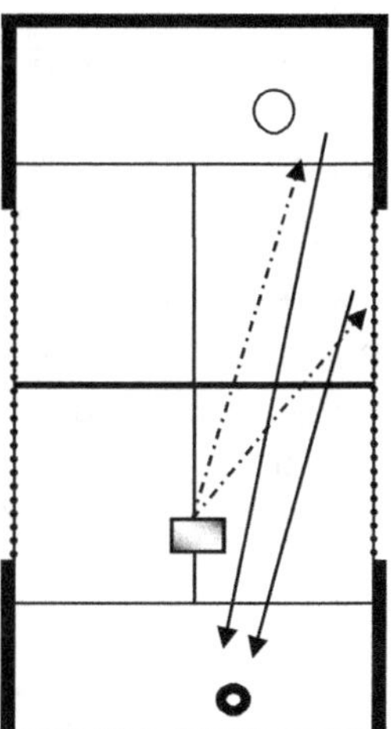

Esercizi 0069   Colpi: D

Obiettivo: Reazione a una situazione
Sequenza di colpi: D

Descrizione:
Posizionato il giocatore in fondo alla pista, farà un giro e correrà in avanti alla ricerca di un passo per colpire a destra.

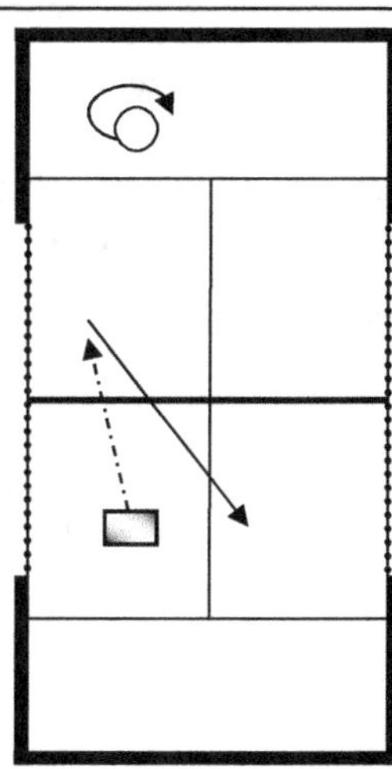

Esercizi 0070   Colpi: R

Obiettivo: Reazione a una situazione
Sequenza di colpi: R

Descrizione:
Situato il giocatore in fondo alla pista, farà un giro e correrà in avanti alla ricerca di una partita per colpire a rovescio.

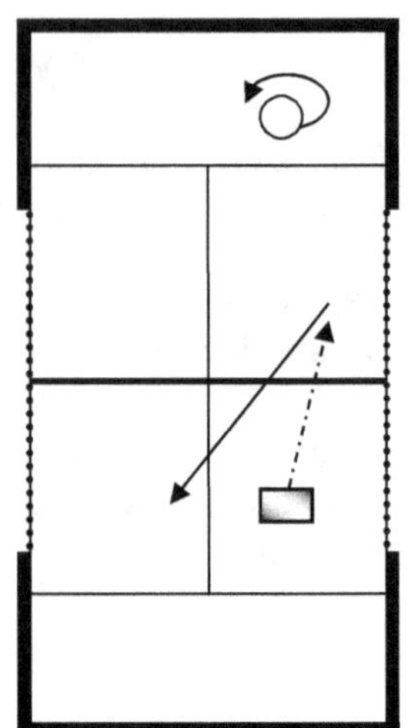

Esercizi 0071   Colpi: D – R

Obiettivo: Controllo del colpo parallelo da fondo
Sequenza di colpi: D// o R//

Descrizione:
Posizionati i giocatori in fondo alla pista, eseguiranno colpi di destra o viceversa paralleli, con l'obiettivo di marchi situati in fondo alla pista.
Dopo 20 palle si alterna la posizione dei giocatori.

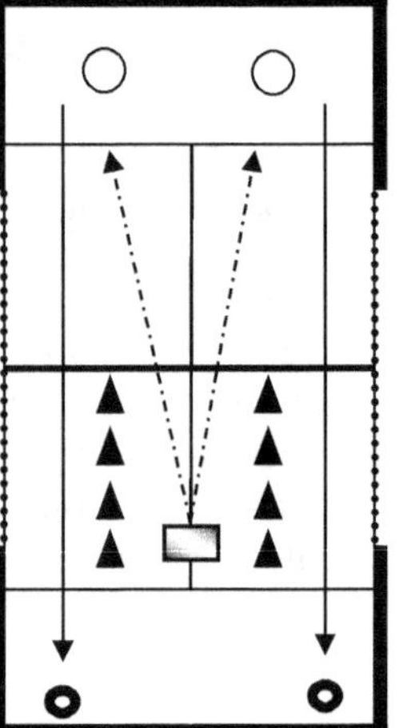

Esercizi 0072   Colpi: D – R

Obiettivo: Controllo del colpo incrociato da fondo
Sequenza di colpi: DX o RX

Descrizione:
Posizionati i giocatori in fondo alla pista, eseguiranno colpi a destra o a rovescio incrociati, con l'obiettivo di marchi situati in fondo alla pista.
Dopo 20 palle si alterna la posizione dei giocatori.

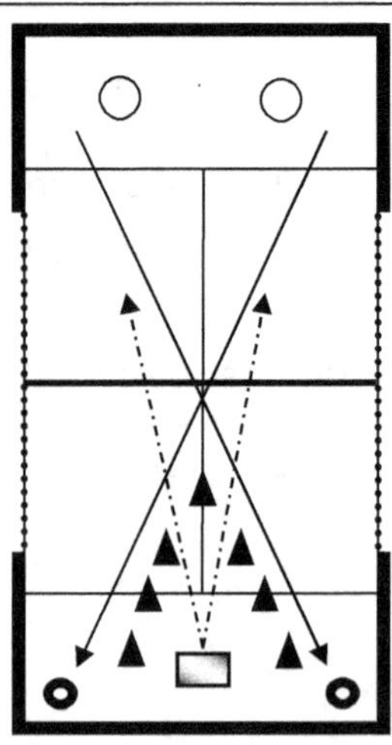

Esercizi 0073   Colpi: D – R

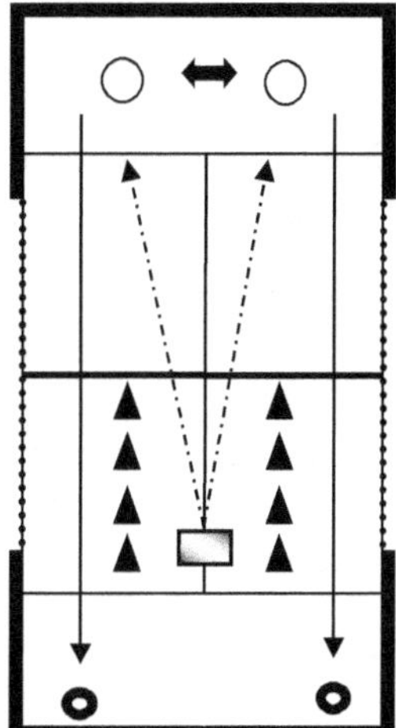

Obiettivo: Controllo del colpo parallelo da fondo
Sequenza di colpi: D// o R//

Descrizione:
Posizionati i giocatori in fondo alla pista, eseguiranno colpi di destra o viceversa paralleli, con l'obiettivo di marchi situati in fondo alla pista.
Dopo 20 palle si alterna la posizione dei giocatori.

Esercizi 0074   Colpi: D – R

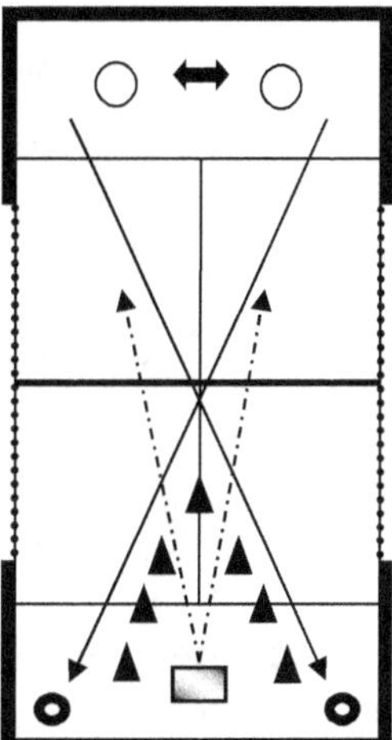

Obiettivo: Controllo del colpo incrociato da fondo
Sequenza di colpi: DX o RX

Descrizione:
Posizionati i giocatori in fondo alla pista, eseguiranno colpi a destra o a rovescio incrociati, con l'obiettivo di marchi situati in fondo alla pista.
Dopo 20 palle si alterna la posizione dei giocatori.

Esercizi 0075   Colpi: D – R

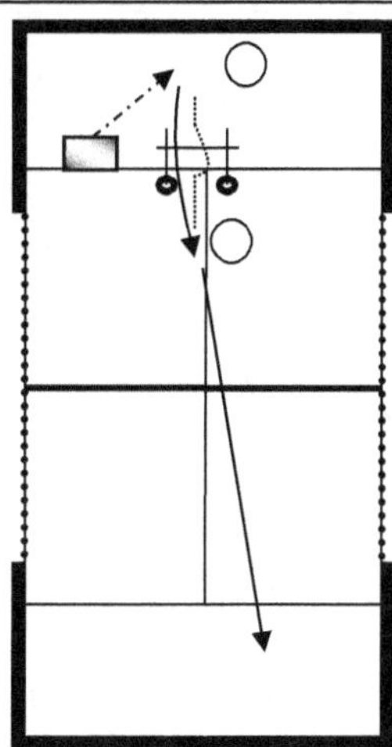

Obiettivo: Controllo del colpo
Sequenza di colpi: D – Libero

Descrizione:
Posizionato il giocatore in fondo alla pista, esegue un soft colpo destro sopra la barra e colpisce di nuovo a destra, a rovescio o cadetto dietro il piatto. Importante il controllo al primo colpo per facilitare il secondo.

Esercizi 0076   Colpi: D – R

Obiettivo: Controllo del colpo
Sequenza di colpi: R – Libero

Descrizione:
Posizionato il giocatore in fondo alla pista, esegue un colpo di rovescio morbido sopra il bar e colpisce di nuovo indietro, destra o cadetto dietro il piatto. Importante il controllo al primo colpo per facilitare il secondo.

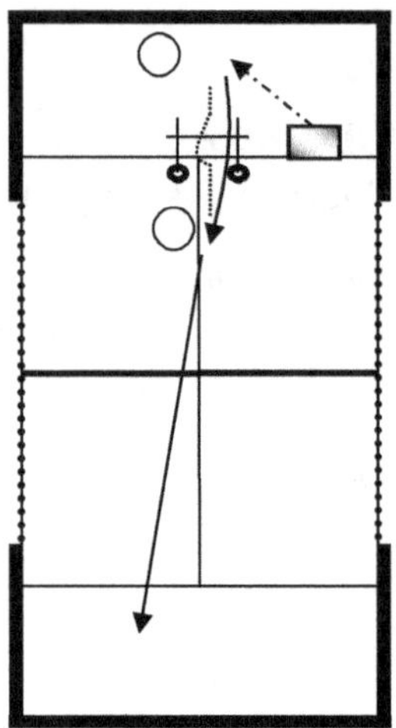

Esercizi 0077   Colpi: D – R

Obiettivo: Colpire a velocità diverse palla senza rimbalzo
Sequenza di colpi: D – R – D – R

Descrizione:
Situato il giocatore nella posizione di difesa sul lato opposto, esegue diversi colpi, sia da destra che da rovescio, a seconda della velocità e del luogo di impatto della palla:
.- se viene facile e lenta, farà un palloncino
.- se viene forte o difficile, colpirà forte per la volèe dei contrari.
.- se colpisce il muro alto, attaccherà o farà palloncino, e se scende, proverà palloncino abbassando bene le ginocchia.

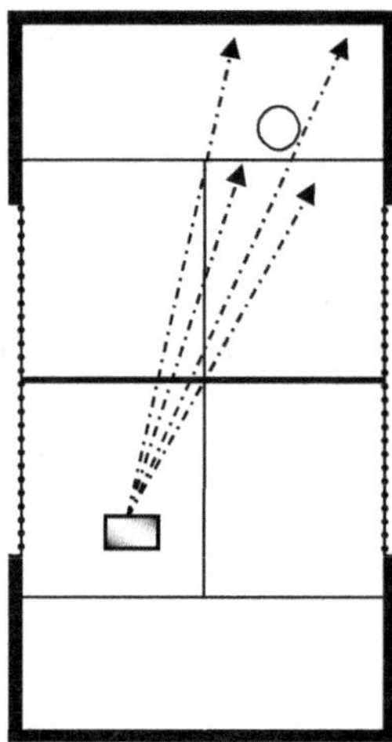

Esercizi 0078   Colpi: D – R

Obiettivo: Colpire a velocità diverse palla senza rimbalzo
Sequenza di colpi: D – R – D – R

Descrizione:
Situato il giocatore nella posizione di difesa lato drive, effettuerà diversi colpi, sia a destra che a rovescio, a seconda della velocità e del luogo di impatto della palla:
.- se viene facile e lenta, farà un palloncino
.- se viene forte o difficile, colpirà forte per la volèe dei contrari.
.- se colpisce il muro alto, attaccherà o farà palloncino, e se scende, proverà un palloncino abbassando bene le ginocchia.

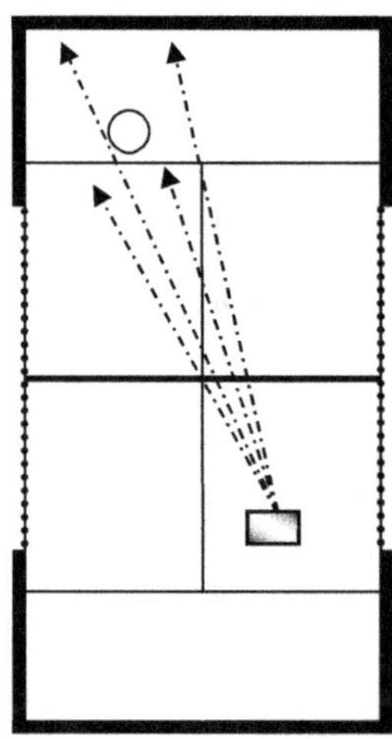

Esercizi 0079   Colpi: R

Obiettivo: Reazione a una situazione
Sequenza di colpi: RX – RX

Descrizione:
Posizionato il giocatore in fondo alla pista, esegue un soft colpo destro sopra la barra e colpisce di nuovo a destra, a rovescio o cadetto dietro il piatto. Importante il controllo al primo colpo per facilitare il secondo.

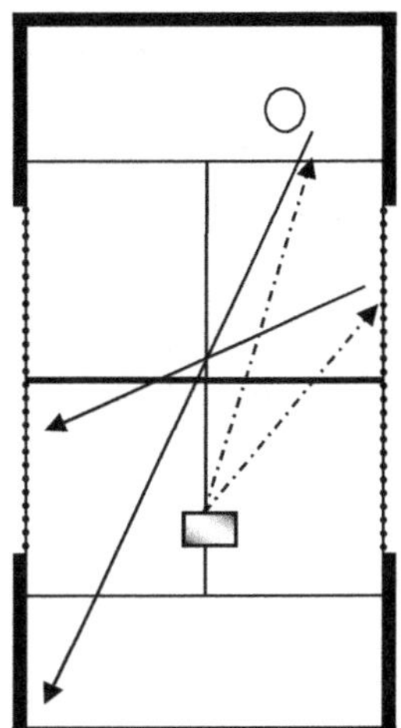

Esercizi 0080   Colpi: D

Obiettivo: Reazione a una situazione
Sequenza di colpi: DX – DX

Descrizione:
Situato il giocatore in fondo alla pista, esegue un colpo di sfondo a destra incrociato e corre in avanti ad una palla corta che colpisce in primo luogo sulla maglia facendo una contro lasciata a destra.

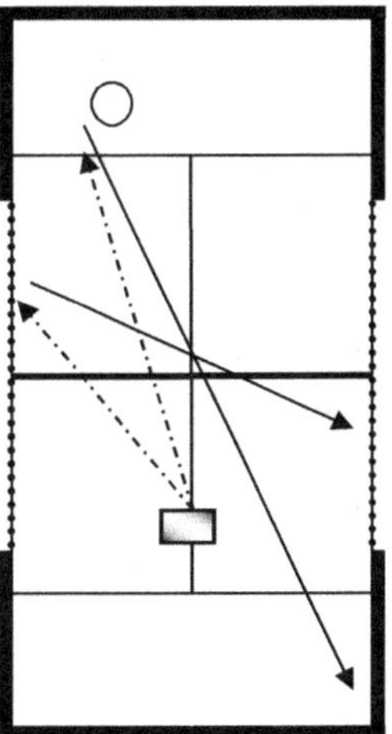

Esercizi 0081   Colpi: R

Obiettivo: Reazione a una situazione
Sequenza di colpi: RX

Descrizione:
Situato il giocatore in fondo alla pista, farà un giro e correrà in avanti alla ricerca di un passo indietro incrociato e fare una contro lasciata.

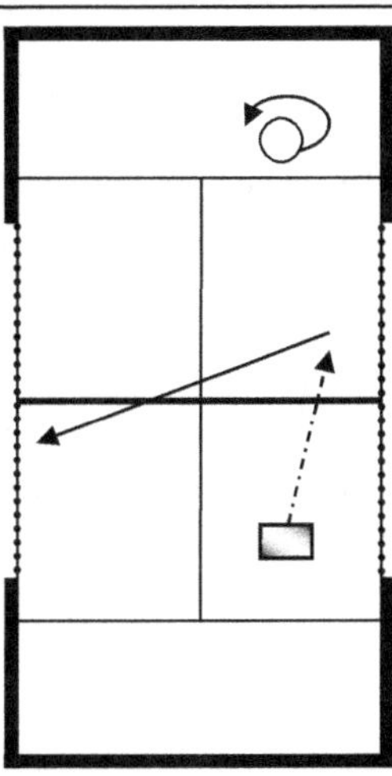

Esercizi 0082   Colpi: D

Obiettivo: Reazione a una situazione
Sequenza di colpi: DX

Descrizione:
Situato il giocatore in fondo alla pista, farà una svolta e correrà in avanti a cercare una lasciata per colpire a destra incrociata e fare una contro lasciata.

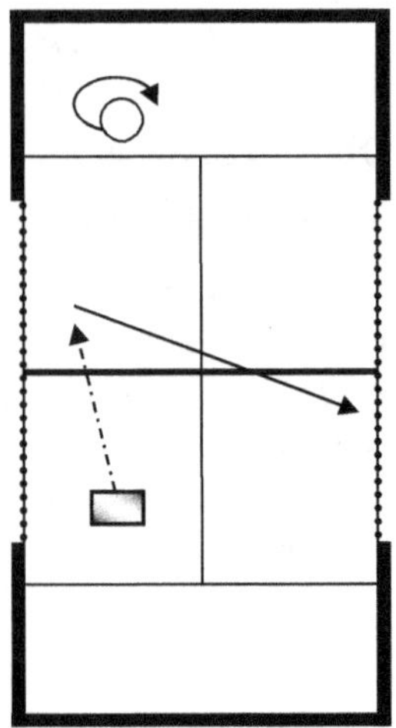

Esercizi 0083   Colpi: D – R

Obiettivo: Controllo dell'impatto parallelo dal fondo
Sequenza di colpi: D// o R//

Descrizione:
Situati in fondo alla pista, i giocatori saranno posizionati in due file. Il monitor lancerà una palla al centro e un giocatore uscirà da una riga per colpire parallelo dal suo lato e cambierà riga.

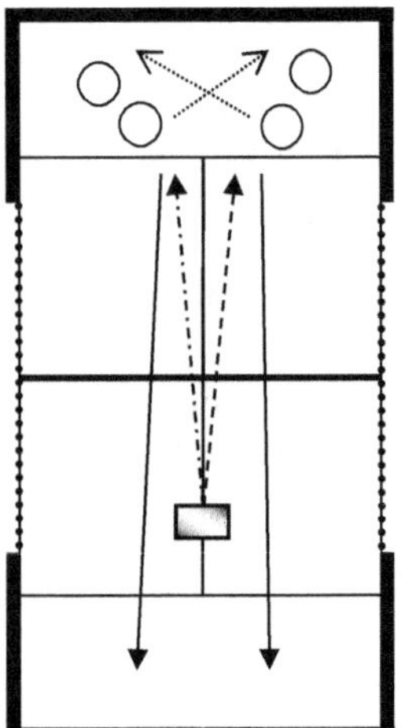

Esercizi 0084   Colpi: D – R

Obiettivo: Controllo a impatto incrociato dal fondo
Sequenza di colpi: DX o RX

Descrizione:
Situati in fondo alla pista, i giocatori saranno posizionati in due file. Il monitor lancerà una palla al centro e un giocatore uscirà da una fila per colpire il suo lato e cambierà riga.

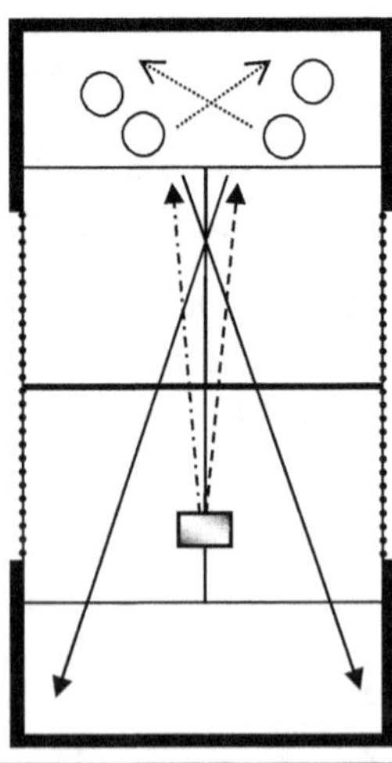

Esercizi 0085   Colpi: D – R – G

Obiettivo: Palloncino
Sequenza di colpi: D// - RX

Descrizione:
Posizionato in fondo alla pista, il giocatore eseguirà palloni paralleli a destra e capovolti al di sopra della catena situata tra i picchi della sua pista. Dopo 10 palle si cambia giocatore.

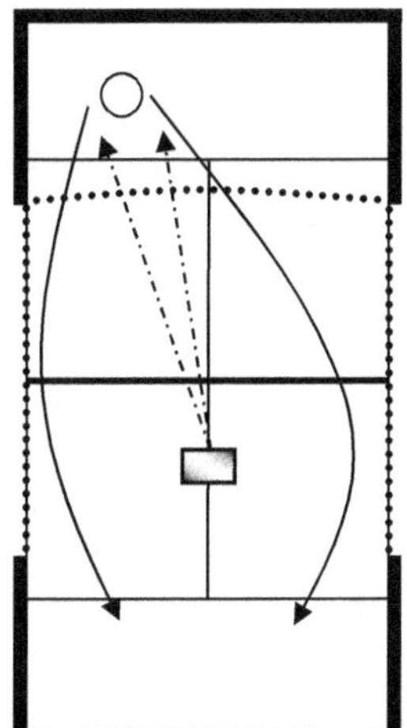

Esercizi 0086   Colpi: D – R – G

Obiettivo: Palloncino
Sequenza di colpi: DX – R//

Descrizione:
Situato in fondo alla pista, il giocatore eseguirà palloni a destra incrociati e viceversa paralleli sopra la catena situata tra i picchi della sua pista.

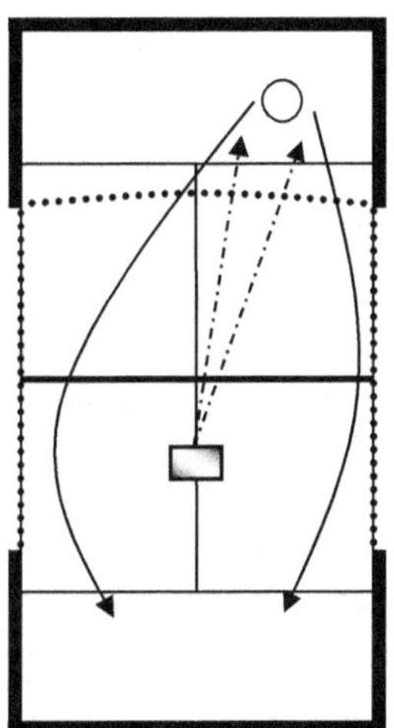

ESERCIZI DA PARETE: SF, SL SDP

Esercizi 0087   Colpi: SF

Obiettivo: Controllo dei colpi tra 4 giocatori con rimbalzo
Sequenza di colpi: SFDX – SFD// – SFRX – SFR//

Descrizione:
Posizionati in fondo alla pista, i giocatori eseguiranno il controllo dei colpi tra i quattro giocatori. I giocatori in alto colpiranno in parallelo dopo rimbalzo sulla parete di fondo e quelli in basso colpiranno in diagonale dopo rimbalzo sulla parete di sfondo. Dopo 2 si alterna la posizione tra i giocatori.

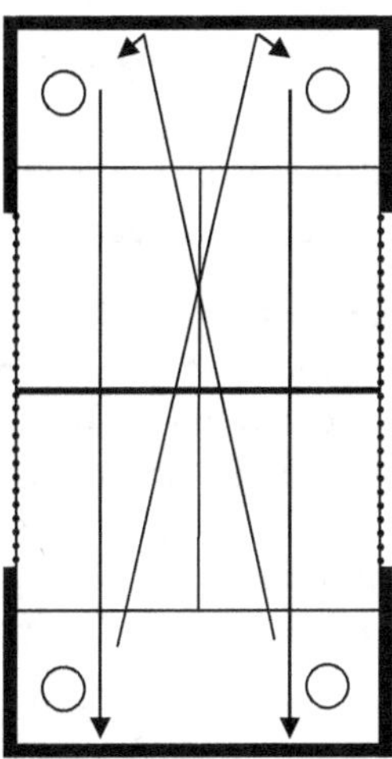

Esercizi 0088   Colpi: SF

Obiettivo: Uscita a parete di fondo
Sequenza di colpi: SFD// – SFR//

Descrizione:
Posizionato il giocatore in fondo alla pista, eseguirà il controllo del rimbalzo dopo il rimbalzo a parete di sfondo alternando i colpi di destra parallelo e retromarcia parallelo alle sfere lanciate in parallelo dal monitor.
Dopo 10 palle si cambia giocatore.

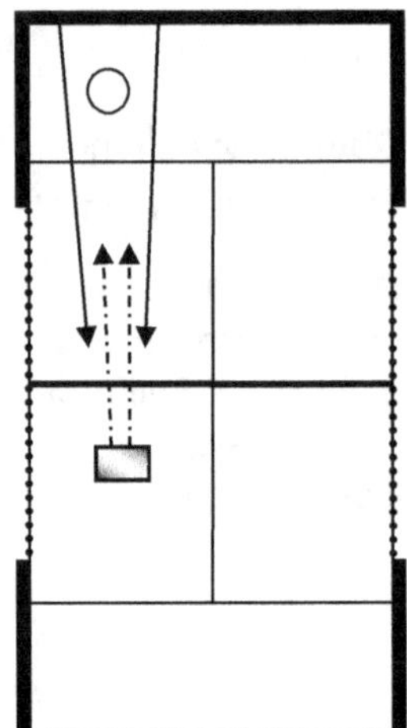

Esercizi 0089   Colpi: SF

Obiettivo: Uscita a parete di fondo
Sequenza di colpi: SFDX – SFRX

Descrizione:
Posizionato il giocatore in fondo alla pista, eseguirà il controllo di rimbalzo dopo il rimbalzo a parete di sfondo alternando i colpi a destra incrociata e viceversa alle palle lanciate diagonalmente dal monitor.
Dopo 10 palle si cambia giocatore.

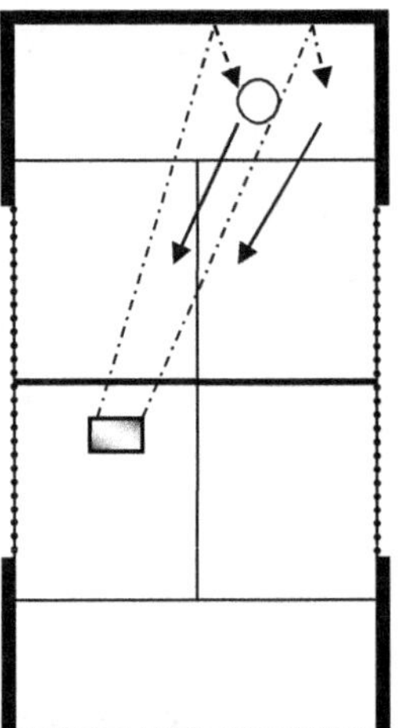

Esercizi 0090   Colpi: SF

Obiettivo: Uscita a parete di fondo
Sequenza di colpi: SFDX – SFRX

Descrizione:
Posizionato il giocatore in fondo alla pista, eseguirà il controllo di rimbalzo dopo il rimbalzo sulla parete di sfondo alternando i colpi a destra incrociata e viceversa alle palle lanciate diagonalmente dal monitor.
Dopo 10 palle si cambia giocatore.

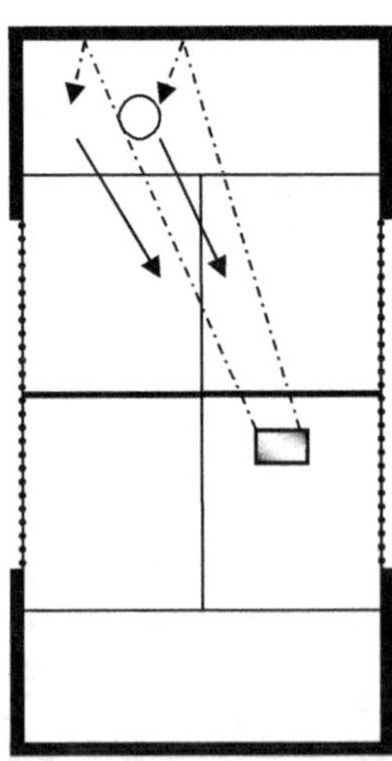

Esercizi 0091   Colpi: SF

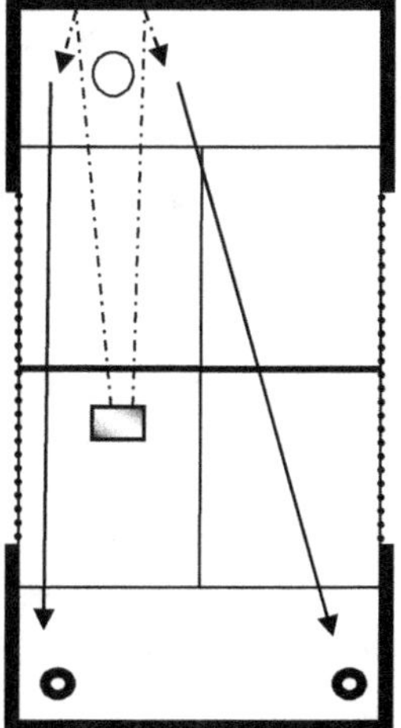

Obiettivo: Uscita a parete di fondo
Sequenza di colpi: SFD// – SFRX

Descrizione:
Posizionato il giocatore in fondo alla pista, eseguirà il controllo del rimbalzo dopo il rimbalzo sulla parete di sfondo alternando i colpi di destra paralleli e viceversa alle sfere lanciate parallelamente dal monitor, cercando come bersagli i segni posizionati negli angoli della pista.
Dopo 10 palle si cambia giocatore.

Esercizi 0092   Colpi: SF

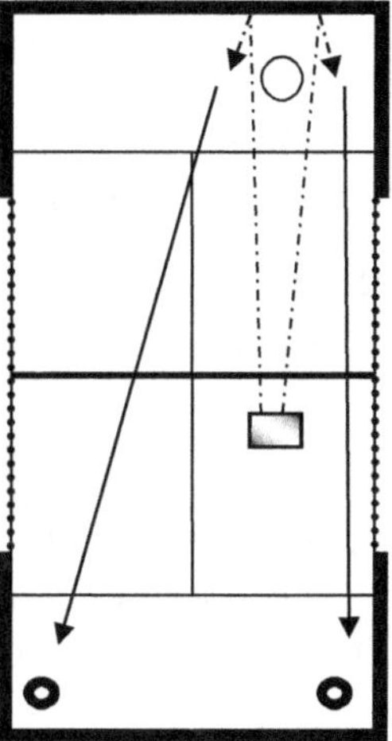

Obiettivo: Uscita a parete di fondo
Sequenza di colpi: SFDX – SFR//

Descrizione:
Posizionato il giocatore in fondo alla pista, eseguirà il controllo del rimbalzo dopo il rimbalzo sulla parete di sfondo alternando i colpi di destra incrociati e all'indietro paralleli alle sfere lanciate parallelamente dal monitor, cercando come bersagli i segni posizionati negli angoli della pista.
Dopo 10 palle si cambia giocatore.

Esercizi 0093   Colpi: SF

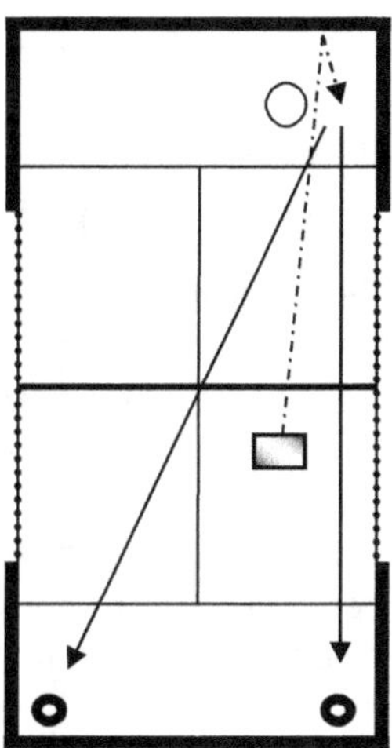

Obiettivo: Uscita a parete di fondo
Sequenza di colpi: SFRX – SFR//

Descrizione:
Situato il giocatore in fondo alla pista, eseguirà il controllo di rimbalzo dopo il rimbalzo sulla parete di sfondo alternando i colpi a rovescio incrociati e a rovescio paralleli alle sfere lanciate in parallelo dal monitor, cercando come bersagli i segni posizionati negli angoli della pista.
Dopo 10 palle si cambia giocatore.

Esercizi 0094   Colpi: SF

Obiettivo: Uscita a parete di fondo
Sequenza di colpi: SFDX – SFR//

Descrizione:
Posizionato il giocatore in fondo alla pista, eseguirà il controllo del rimbalzo dopo il rimbalzo sulla parete di sfondo alternando i colpi a destra e a destra paralleli alle sfere lanciate parallelamente dal monitor, cercando come bersagli i segni posizionati negli angoli della pista.
Dopo 10 palle si cambia giocatore.

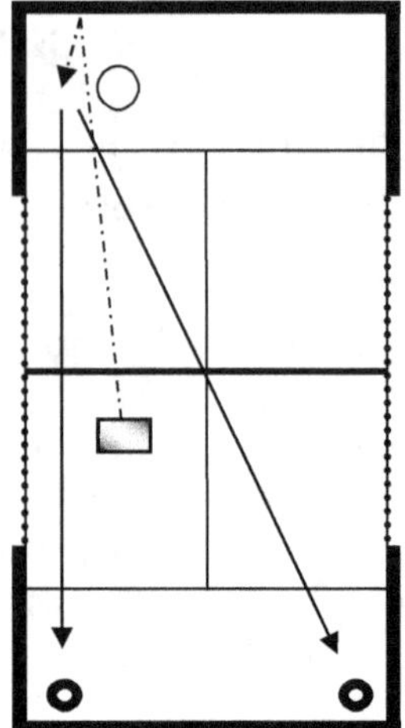

Esercizi 0095   Colpi: SF

Obiettivo: Uscita a parete di fondo
Sequenza di colpi: SFDX – SFD//

Descrizione:
Posizionato il giocatore in fondo alla pista, eseguirà il controllo del rimbalzo dopo il rimbalzo sulla parete di sfondo alternando i colpi corti a destra incrociati e corti a destra paralleli alle sfere lanciate parallelamente dal monitor, cercando come bersagli i marchi posizionati vicino alla rete.
Dopo 10 palle si cambia giocatore.

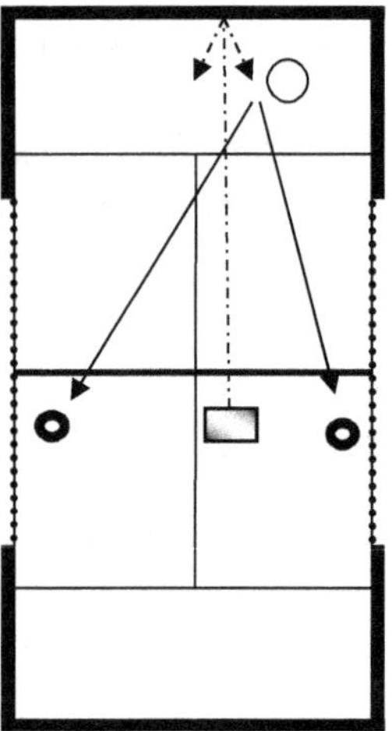

Esercizi 0096   Colpi: SF

Obiettivo: Uscita a parete di fondo
Sequenza di colpi: SFRX – SFR//

Descrizione:
Posizionato il giocatore in fondo alla pista, eseguirà il controllo di rimbalzo dopo il rimbalzo sulla parete di sfondo alternando i colpi brevi a rovescio incrociati e brevi a rovescio paralleli alle sfere lanciate parallelamente dal monitor, cercando come bersagli i marchi posizionati vicino alla rete.
Dopo 10 palle si cambia giocatore.

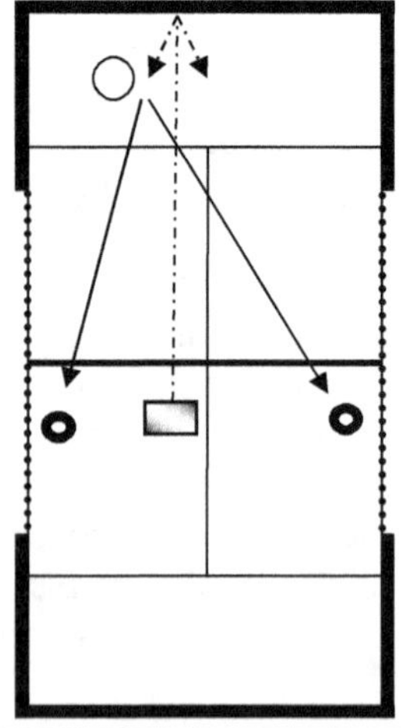

Esercizi 0097   Colpi: SF

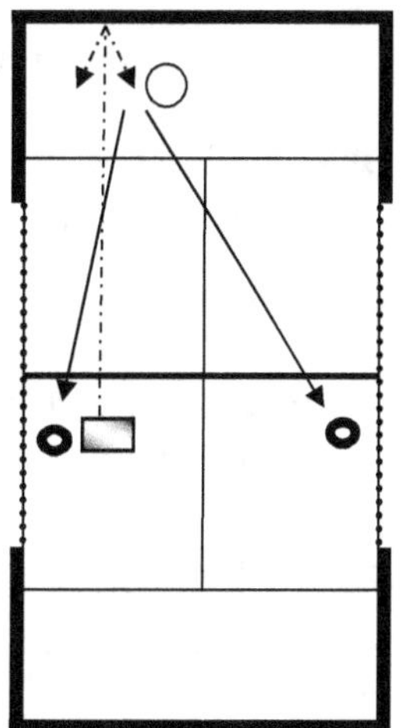

Obiettivo: Uscita a parete di fondo
Sequenza di colpi: SFDX – SFD//

Descrizione:
Posizionato il giocatore in fondo alla pista, eseguirà il controllo del rimbalzo dopo il rimbalzo sulla parete di sfondo alternando i colpi corti a destra incrociati e corti a destra paralleli alle sfere lanciate parallelamente dal monitor, cercando come bersagli i marchi posizionati vicino alla rete.
Dopo 10 palle si cambia giocatore.

Esercizi 0098   Colpi: SF

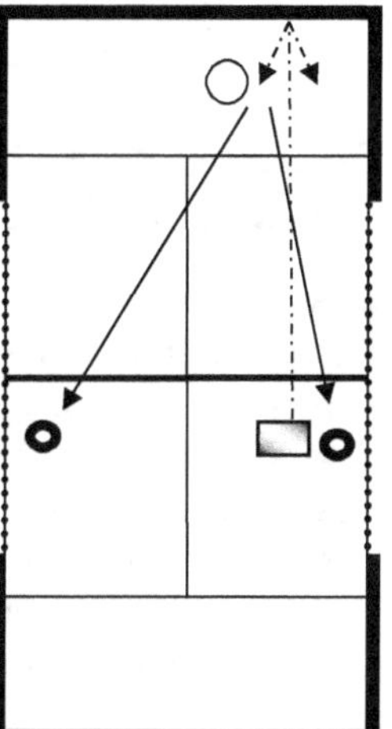

Obiettivo: Uscita a parete di fondo
Sequenza di colpi: SFRX – SFR//

Descrizione:
Posizionato il giocatore in fondo alla pista, eseguirà il controllo di rimbalzo dopo il rimbalzo sulla parete di sfondo alternando i colpi brevi a rovescio incrociati e brevi a rovescio paralleli alle sfere lanciate parallelamente dal monitor, cercando come bersagli i marchi posizionati vicino alla rete.
Dopo 10 palle si cambia giocatore.

Esercizi 0099   Colpi: SF

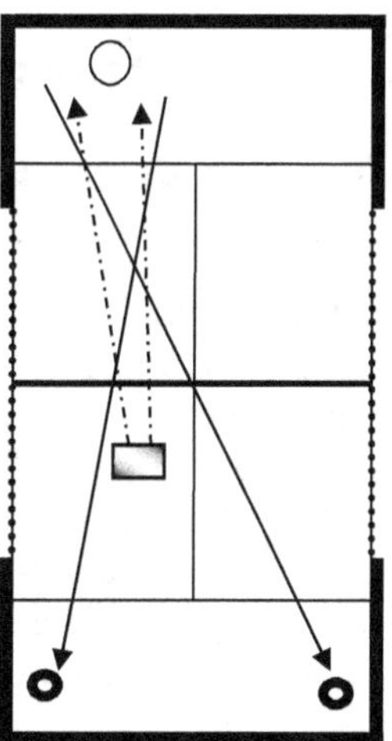

Obiettivo: Uscita a parete di fondo
Sequenza di colpi: SFDX – SFR//

Descrizione:
Posizionato in fondo alla pista, il giocatore eseguirà il controllo del rimbalzo dopo il rimbalzo sulla parete di sfondo alternando i colpi a destra incrociata e a rovescio parallelo alle sfere lanciate parallelamente dal monitor, cercando come obiettivi i segni posti vicino alla rete.
Dopo 10 palle si cambia giocatore.

Esercizi 0100   Colpi: SF

Obiettivo: Uscita a parete di fondo
Sequenza di colpi: SFD// – SFRX

Descrizione:
Collocato il giocatore in fondo alla pista, eseguirà il controllo di impatto dopo il rimbalzo sulla parete di sfondo alternando i colpi di destra parallelo e di rovescio incrociato alle sfere lanciate parallelamente dal monitor, cercando come obiettivi i segni posti vicino alla rete.
Dopo 10 palle si cambia giocatore.

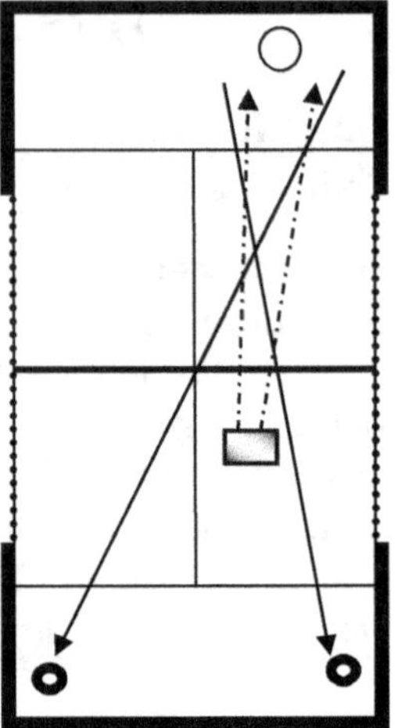

Esercizi 0101   Colpi: SF

Obiettivo: Uscita a parete di fondo
Sequenza di colpi: SFD// – SFRX corto

Descrizione:
Situato in fondo alla pista, dopo il rimbalzo sulla parete di sfondo, il giocatore colpirà una palla di destra parallelo e passerà davanti al cono per poi posizionarsi e colpire a rovescio corto, cercando come obiettivi i marchi posizionati uno nell'angolo della pista e l'altro nella rete.
Dopo 10 palle si cambia giocatore.

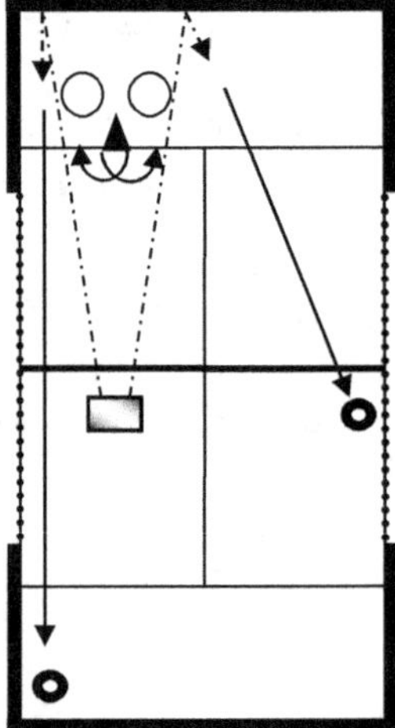

Esercizi 0102   Colpi: SF

Obiettivo: Uscita a parete di fondo
Sequenza di colpi: SFR// – SFDX corto

Descrizione:
Situato in fondo alla pista, dopo il rimbalzo sulla parete di sfondo, il giocatore colpirà una palla parallela e passerà davanti al cono per poi posizionarsi e colpire a destra corto crossover, cercando come obiettivi i marchi posizionati uno nell'angolo della pista e l'altro nella rete.
Dopo 10 palle si cambia giocatore.

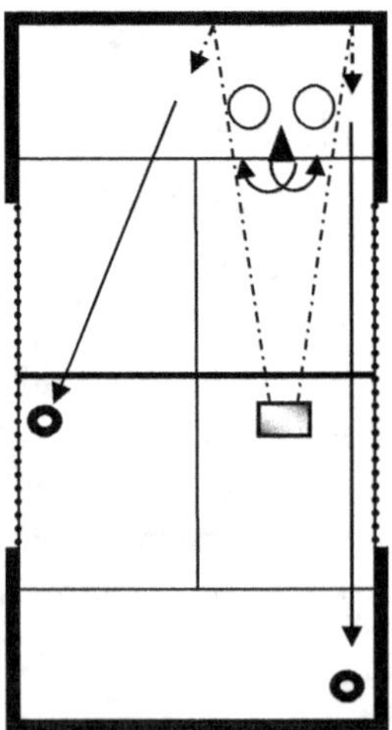

EDITORIAL WANCEULEN

Esercizi 0103   Colpi: SF

Obiettivo: Uscita a parete di fondo
Sequenza di colpi: SFD// corto – SFR// corto

Descrizione:
Situato in fondo alla pista, dopo il rimbalzo sulla parete di sfondo, il giocatore esegue colpi di destra paralleli corti, scorrere dall'altro lato del suo campo e colpisce a testa in giù parallelo breve, cercando come obiettivi i segni situati vicino alla rete.
Dopo 10 palle si cambia giocatore.

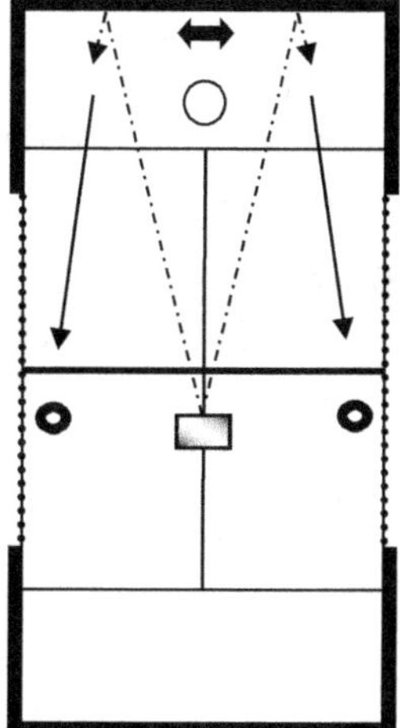

Esercizi 0104   Colpi: SF

Obiettivo: Uscita a parete di fondo
Sequenza di colpi: SFDX corto – SFRX corto

Descrizione:
Situato in fondo alla pista, dopo il rimbalzo sulla parete di sfondo, il giocatore farà brevi colpi a destra incrociati, scorrerà dall'altro lato del suo campo e colpirà a rovescio corto, cercando come obiettivi i segni situati vicino alla rete.
Dopo 10 palle si cambia giocatore.

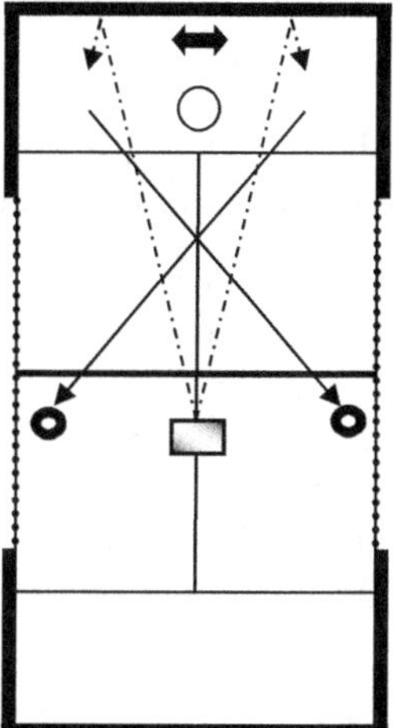

Esercizi 0105   Colpi: SDP

Obiettivo: Doppio rimbalzo di parete
Sequenza di colpi: SDPD//

Descrizione:
Situato in fondo alla pista, dopo il rimbalzo sulle pareti Sfondo-Laterale, il giocatore effettuerà colpi di destra paralleli cercando come obiettivi il segno posizionato in fondo alla pista.
Dopo 10 palle si cambia giocatore.

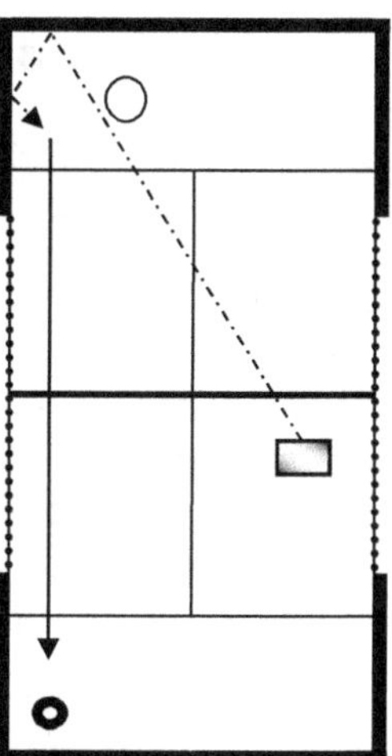

Esercizi 0106   Colpi: SDP

Obiettivo: Doppio rimbalzo di parete
Sequenza di colpi: SDPR//

Descrizione:
Situato in fondo alla pista, dopo il rimbalzo sulle pareti Sfondo-Laterale, il giocatore effettuerà colpi di rovescio paralleli cercando come obiettivo il segno posizionato in fondo alla pista.
Dopo 10 palle si cambia giocatore.

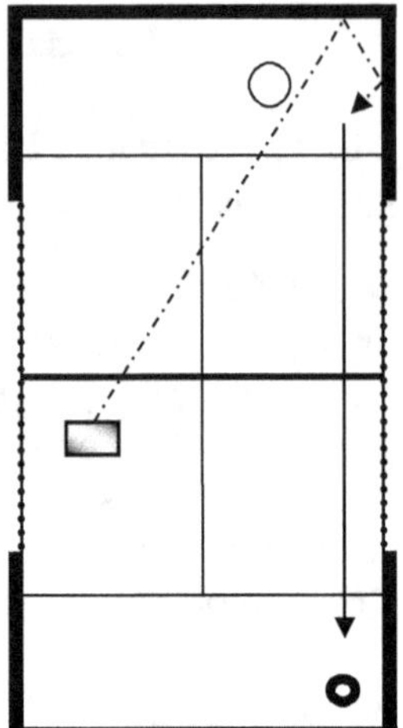

Esercizi 0107   Colpi: SDP

Obiettivo: Doppio rimbalzo di parete
Sequenza di colpi: SDPD// - SDPDX

Descrizione:
Situato in fondo alla pista, dopo il rimbalzo sulle pareti Sfondo-Laterale, il giocatore effettuerà colpi di destra paralleli e colpi di destra incrociati cercando come obiettivi i segni posizionati negli angoli della pista.
Dopo 12 palle si cambia giocatore.

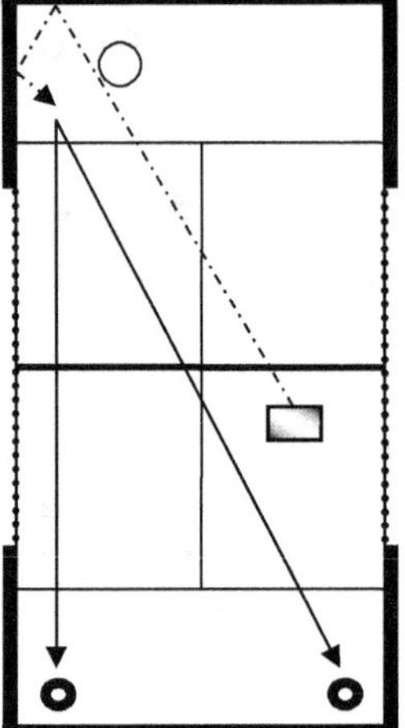

Esercizi 0108   Colpi: SDP

Obiettivo: Doppio rimbalzo di parete
Sequenza di colpi: SDPR// - SDPRX

Descrizione:
Situato in fondo alla pista, dopo il rimbalzo sulle pareti Sfondo-Laterale, il giocatore effettuerà colpi di rovescio paralleli e colpi di rovescio incrociati cercando come obiettivi i segni posizionati negli angoli della pista.
Dopo 12 palle si cambia giocatore.

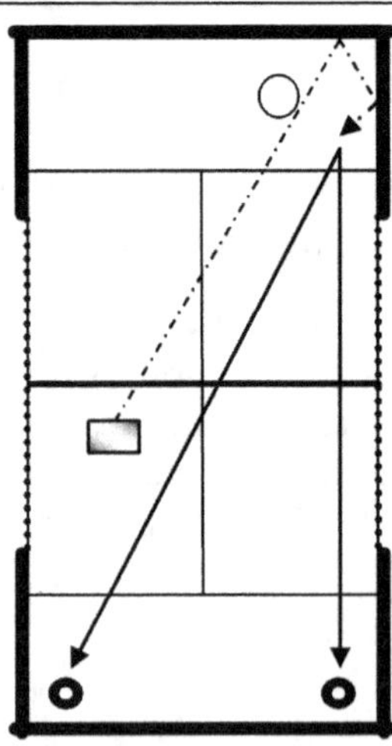

Esercizi 0109   Colpi: SDP

Obiettivo: Doppio rimbalzo di parete
Sequenza di colpi: SDPD// - SDPDX

Descrizione:
Situato in fondo alla pista, dopo il rimbalzo sulle pareti Sfondo-Laterale il giocatore alterna i colpi di destra paralleli e i colpi di destra incrociati corti cercando come obiettivi i segni posizionati sulla pista.
Dopo 10 palle si cambia giocatore.

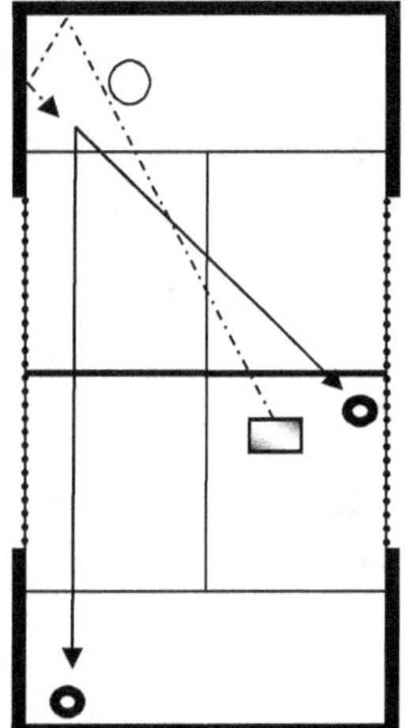

Esercizi 0110   Colpi: SDP

Obiettivo: Doppio rimbalzo di parete
Sequenza di colpi: SDPR// - SDPRX

Descrizione:
Situato in fondo alla pista, dopo il rimbalzo sulle pareti Sfondo-Laterale il giocatore alterna i colpi di retromarcia paralleli e i colpi di retromarcia corti cercando come obiettivi i segni posizionati sulla pista.
Dopo 10 palle si cambia giocatore.

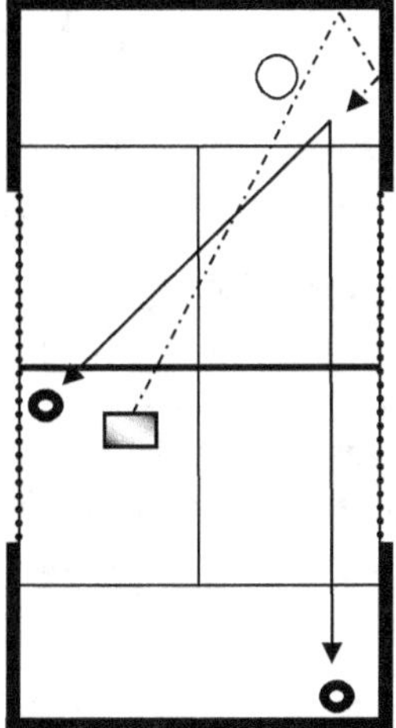

Esercizi 0111   Colpi: SDP

Obiettivo: Doppio rimbalzo di parete
Sequenza di colpi: SDPDX

Descrizione:
Situato in fondo alla pista, dopo il rimbalzo sulle pareti Laterale-Sfondo il giocatore effettuerà colpi a destra incrociati cercando come obiettivo il segno posizionato in fondo alla pista.
Dopo 10 palle si cambia giocatore.

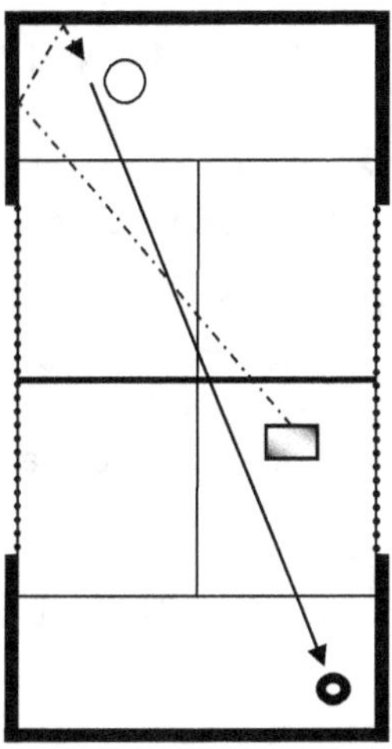

Esercizi 0112   Colpi: SDP

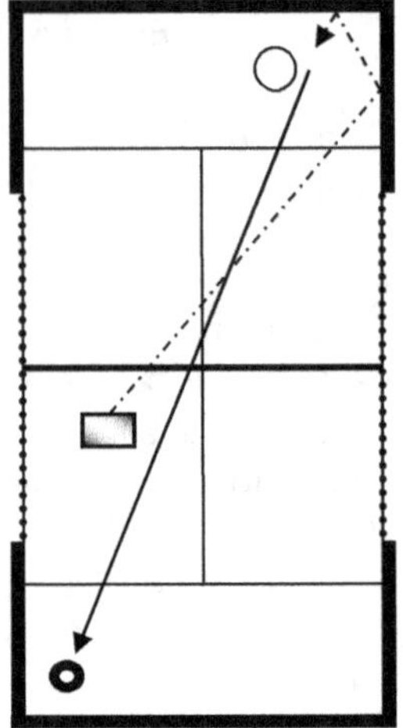

Obiettivo: Doppio rimbalzo di parete
Sequenza di colpi: SDPRX

Descrizione:
Situato in fondo alla pista, dopo il rimbalzo sulle pareti Laterale-Sfondo il giocatore effettuerà urti a rovescio incrociati cercando come obiettivo il segno posizionato in fondo alla pista.
Dopo 10 palle si cambia giocatore.

Esercizi 0113   Colpi: SDP

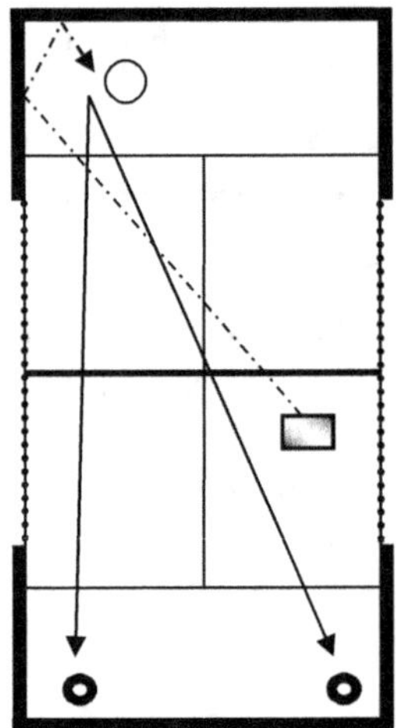

Obiettivo: Doppio rimbalzo di parete
Sequenza di colpi: SDPD// - SDPDX

Descrizione:
Situato in fondo alla pista, dopo il rimbalzo sulle pareti Laterale-Sfondo il giocatore altererà i colpi di destra paralleli e i colpi di destra incrociati cercando come obiettivi i segni posizionati in fondo alla pista.
Dopo 10 palle si cambia giocatore.

Esercizi 0114   Colpi: SDP

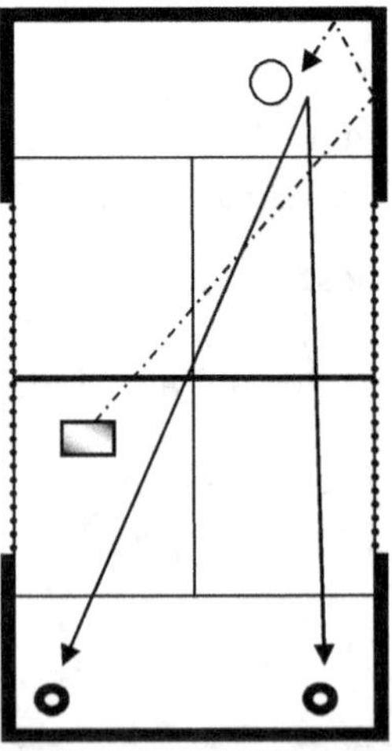

Obiettivo: Doppio rimbalzo di parete
Sequenza di colpi: SDPR// - SDPRX

Descrizione:
Situato in fondo alla pista, dopo il rimbalzo sulle pareti Laterale-Sfondo il giocatore altererà i colpi a rovescio paralleli e i colpi a rovescio incrociati cercando come obiettivi i segni posizionati in fondo alla pista.
Dopo 10 palle si cambia giocatore.

Esercizi 0115   Colpi: SDP

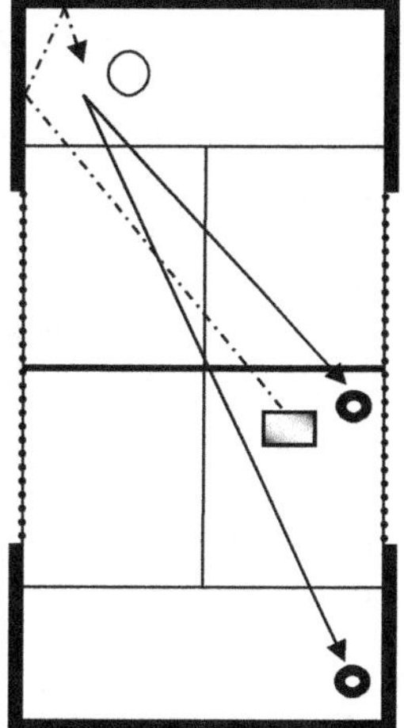

Obiettivo: Doppio rimbalzo di parete
Sequenza di colpi: SDPDX – SDPDX corto

Descrizione:
Situato in fondo alla pista, dopo il rimbalzo sulle pareti Laterale-Sfondo il giocatore altererà i colpi a destra incrociati e i colpi a destra attraversati corti cercando come obiettivi i segni posizionati in fondo alla pista.
Dopo 10 palle si cambia giocatore.

Esercizi 0116   Colpi: SDP

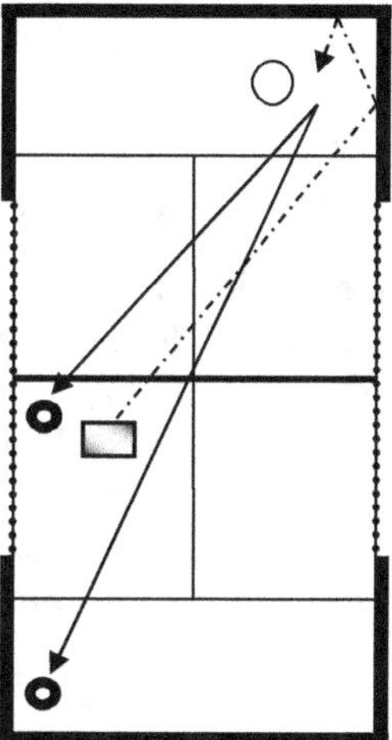

Obiettivo: Doppio rimbalzo di parete
Sequenza di colpi: SDPRX – SDPRX corto

Descrizione:
Situato in fondo alla pista, dopo il rimbalzo sulle pareti Laterale-Sfondo il giocatore altererà i colpi a rovescio incrociati e i colpi a rovescio incrociati corti cercando come obiettivi i segni posizionati in fondo alla pista.
Dopo 10 palle si cambia giocatore.

Esercizi 0117   Colpi: SDP

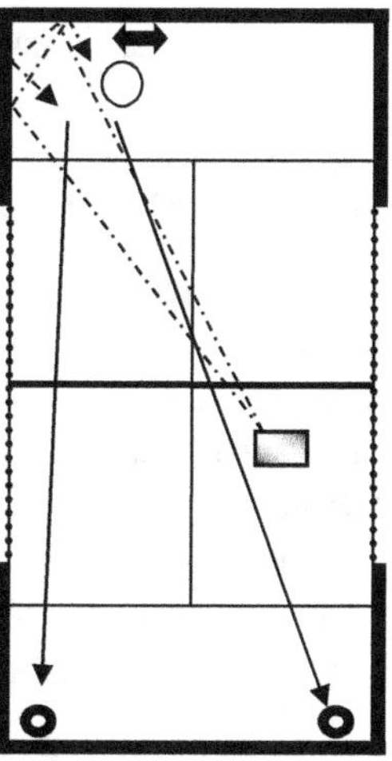

Obiettivo: Doppio rimbalzo di parete
Sequenza di colpi: SDPD// - SDPDX

Descrizione:
Situato in fondo alla pista, dopo il rimbalzo sulla doppia parete, alternando Sfondo-Laterale e Laterale-Fondo, il giocatore alternerà i colpi di destra paralleli e i colpi di destra incrociati cercando come obiettivi i segni posizionati negli angoli della pista.
Dopo 10 palle si cambia giocatore.

Esercizi 0118   Colpi: SDP

Obiettivo: Doppio rimbalzo di parete
Sequenza di colpi: SDPR// - SDPRX

Descrizione:
Situato in fondo alla pista, dopo il rimbalzo sulla doppia parete, alternando Sfondo-Laterale e Laterale-Sfondo, il giocatore alterna i colpi a rovescio paralleli e i colpi a rovescio incrociati cercando come obiettivi i segni posizionati negli angoli della pista.
Dopo 10 palle si cambia giocatore.

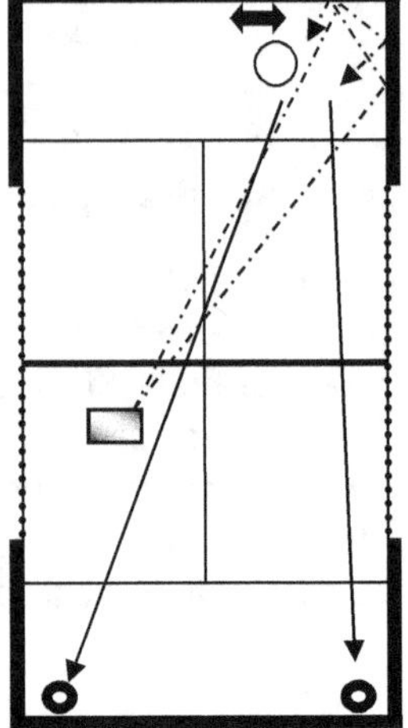

Esercizi 0119   Colpi: SDP

Obiettivo: Doppio rimbalzo di parete
Sequenza di colpi: SDP// - SDPX

Descrizione:
Situato in fondo alla pista, dopo il rimbalzo sulla doppia parete, alternando Sfondo-Laterale e Laterale-Fondo, il giocatore alterna i colpi liberi paralleli e i colpi liberi incrociati cercando come obiettivi i segni posti vicino alla rete.
Dopo 10 palle si cambia giocatore.

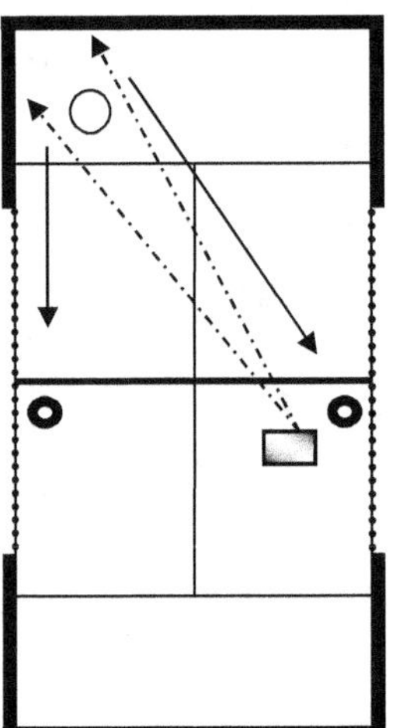

Esercizi 0120   Colpi: SDP

Obiettivo: Doppio rimbalzo di parete
Sequenza di colpi: SDP// - SDPX

Descrizione:
Situato in fondo alla pista, dopo il rimbalzo sulla doppia parete, alternando Sfondo-Laterale e Laterale-Fondo, il giocatore alterna i colpi liberi paralleli e i colpi liberi incrociati cercando come obiettivi i segni posti vicino alla rete.
Dopo 10 palle si cambia giocatore.

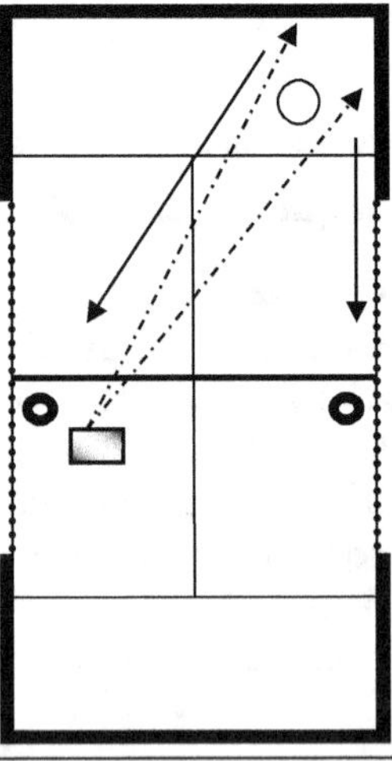

EDITORIAL WANCEULEN

Esercizi 0121   Colpi: SDP

Obiettivo: Doppio rimbalzo di parete
Sequenza di colpi: SDP - SDP

Descrizione:
Posizionato un giocatore in fondo alla pista e l'altro in rete, dopo aver rimbalzato sulla doppia parete su una palla lanciata dal monitor, il giocatore di sfondo colpirà il suo compagno che effettuerà un volo a doppio muro che il giocatore restituirà al monitor. Dopo questo colpo, l'esercizio continuerà con la stessa sequenza.
Dopo 2 si alterna la posizione dei giocatori.

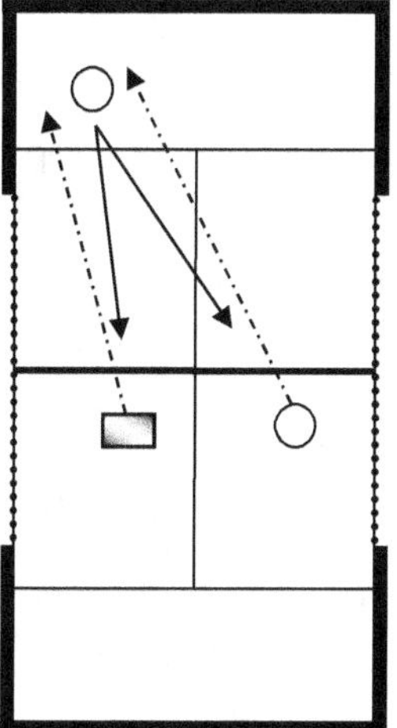

Esercizi 0122   Colpi: SDP

Obiettivo: Doppio rimbalzo di parete
Sequenza di colpi: SDP - SDP

Descrizione:
Posizionato un giocatore in fondo alla pista e l'altro in rete, dopo aver rimbalzato sulla doppia parete su una palla lanciata dal monitor, il giocatore di sfondo colpirà il suo compagno che effettuerà un volo a doppio muro che il giocatore restituirà al monitor. Dopo questo colpo, l'esercizio continuerà con la stessa sequenza.
Dopo 2 si alterna la posizione dei giocatori.

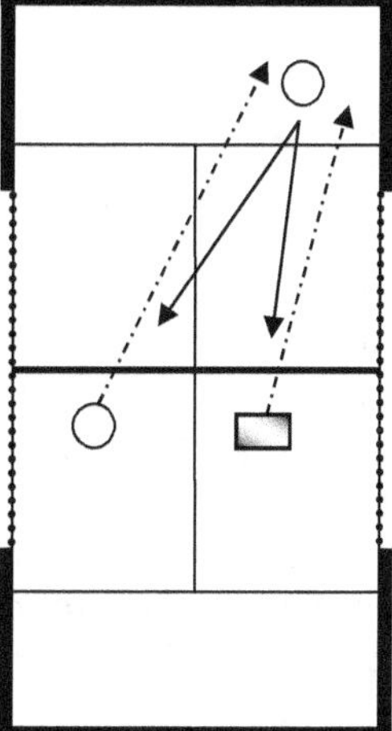

Esercizi 0123   Colpi: SDPG

Obiettivo: Giro dopo rimbalzo a doppia parete
Sequenza di colpi: Giro – GD

Descrizione:
Situato in fondo alla pista, dopo il rimbalzo sulle pareti Laterale-Sfondo il giocatore effettuerà un giro accompagnando la palla nel suo percorso di rimbalzo a parete Laterale-Fondo e realizzerà un pallone capovolto, con l'obiettivo del segno situato nell'angolo della pista.
Dopo 10 palle si cambia giocatore.

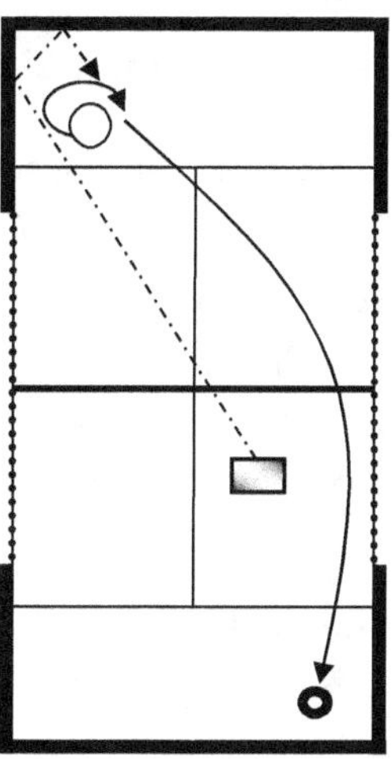

Esercizi 0124   Colpi: SDPG

Obiettivo: Giro dopo rimbalzo a doppia parete
Sequenza di colpi: Giro – GR

Descrizione:
Situato in fondo alla pista, dopo il rimbalzo sulle pareti Laterale-Sfondo il giocatore effettuerà un giro accompagnando la palla nel suo percorso di rimbalzo a parete Laterale-Fondo e realizzerà un pallone a destra incrociato, con l'obiettivo del segno situato nell'angolo della pista.
Dopo 10 palle si cambia giocatore.

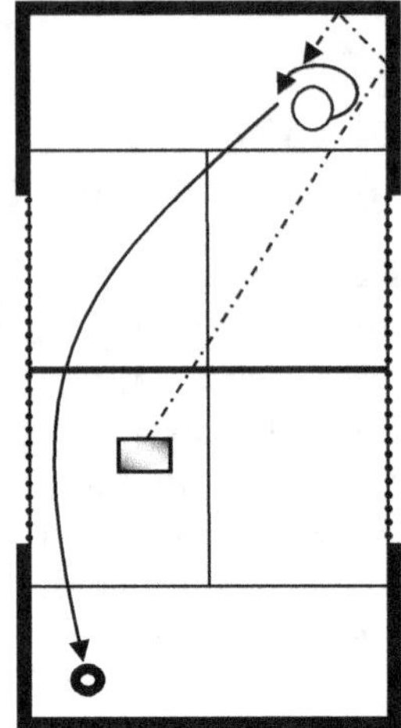

Esercizi 0125   Colpi: SDP

Obiettivo: Giro dopo rimbalzo a doppia parete
Sequenza di colpi: Giro – Bajada R

Descrizione:
Situato in fondo alla pista, dopo il rimbalzo sulle pareti Laterale-Sfondo il giocatore effettuerà una rotazione accompagnando la palla nel suo percorso di rimbalzo a parete Laterale-Fondo e effettuerà una discesa rovesciata al centro, con l'obiettivo del segno situato in fondo alla pista.
Dopo 10 palle si cambia giocatore.

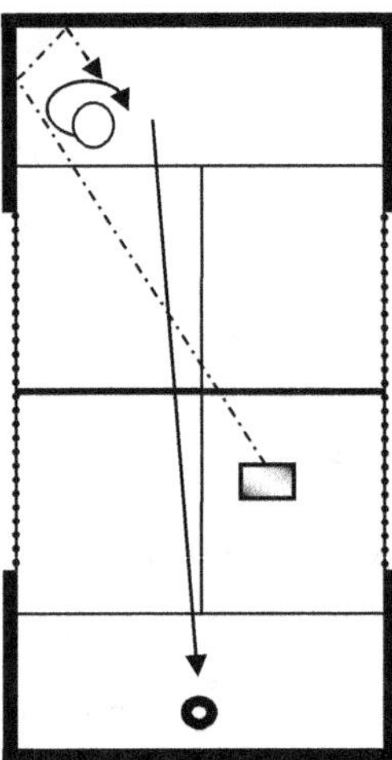

Esercizi 0126   Colpi: SDP

Obiettivo: Giro dopo rimbalzo a doppia parete
Sequenza di colpi: Giro – Bajada R

Descrizione:
Posizionato in fondo alla pista, dopo il rimbalzo sulle pareti Laterale-Fondo il giocatore effettuerà un giro accompagnando la palla nel suo percorso di rimbalzo a parete Laterale-Fondo e effettuerà una discesa da destra a metà, con l'obiettivo del segno situato in fondo alla pista.
Dopo 10 palle si cambia giocatore.

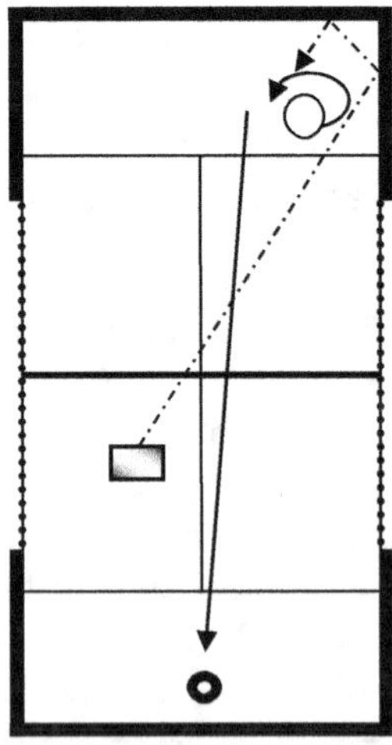

Esercizi 0127   Colpi: SF

Obiettivo: Uscita di fondo a destra e rovescio
Sequenza di colpi: SFD// - SFR//

Descrizione:
Posizionati in fondo alla pista, dopo il rimbalzo sulla parete di fondo i giocatori eseguiranno l'uscita in background da destra parallela e viceversa da ogni posizione, con l'obiettivo dei segni in fondo alla pista. Dopo ogni colpo, toccheranno il cono posto sulla grata e torneranno alla posizione di partenza.
Dopo 10 palle si cambia giocatore.

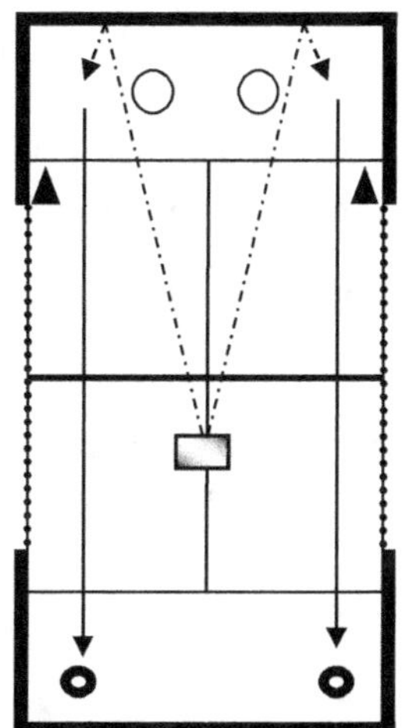

Esercizi 0128   Colpi: SF

Obiettivo: Uscita di fondo a destra e rovescio
Sequenza di colpi: SFDX - SFRX

Descrizione:
Posizionati in fondo alla pista, dopo il rimbalzo sulla parete di fondo i giocatori eseguiranno l'uscita di fondo a destra incrociata e a rovescio da ogni posizione, con l'obiettivo dei marchi situati in fondo alla pista. Dopo ogni colpo, toccheranno il cono posto sulla grata e torneranno alla posizione di partenza.
Dopo 10 palle si cambia giocatore.

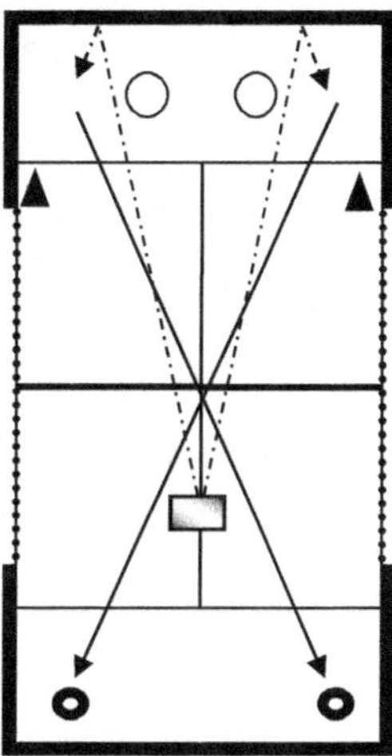

Esercizi 0129   Colpi: SF

Obiettivo: Variazione degli colpi in uscita di fondo
Sequenza di colpi: SFD

Descrizione:
Situato in fondo alla pista, dopo il rimbalzo sulla parete di sfondo il giocatore eseguirà quattro uscite di fondo a destra ai diversi obiettivi situati sulla pista.
Dopo 12 palle si cambia giocatore.

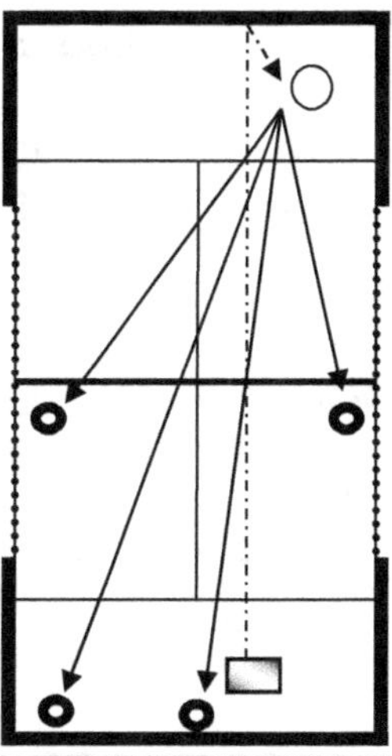

Esercizi 0130   Colpi: SF

Obiettivo: Variazione degli colpi in uscita di fondo
Sequenza di colpi: SFR

Descrizione:
Situato in fondo alla pista, dopo il rimbalzo sulla parete di sfondo il giocatore eseguirà quattro uscite di fondo ai diversi obiettivi situati sulla pista.
Dopo 12 palle si cambia giocatore.

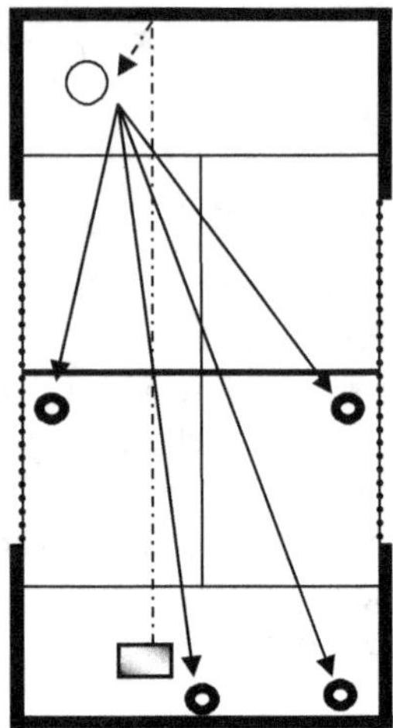

Esercizi 0131   Colpi: SF

Obiettivo: Variazione degli colpi in uscita di fondo
Sequenza di colpi: SFR

Descrizione:
Situato in fondo alla pista, dopo il rimbalzo sulla parete di sfondo il giocatore eseguirà quattro uscite di fondo ai diversi obiettivi situati sulla pista.
Dopo 12 palle si cambia giocatore.

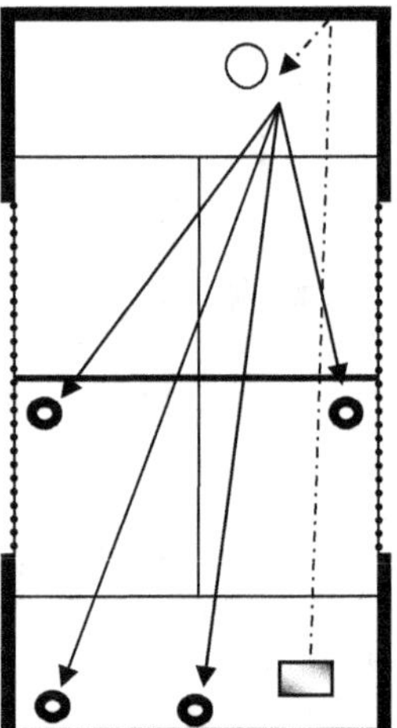

Esercizi 0132   Colpi: SF

Obiettivo: Variazione degli colpi in uscita di fondo
Sequenza di colpi: SFD

Descrizione:
Situato in fondo alla pista, dopo il rimbalzo sulla parete di sfondo il giocatore eseguirà quattro uscite di fondo a destra ai diversi obiettivi situati sulla pista.
Dopo 12 palle si cambia giocatore.

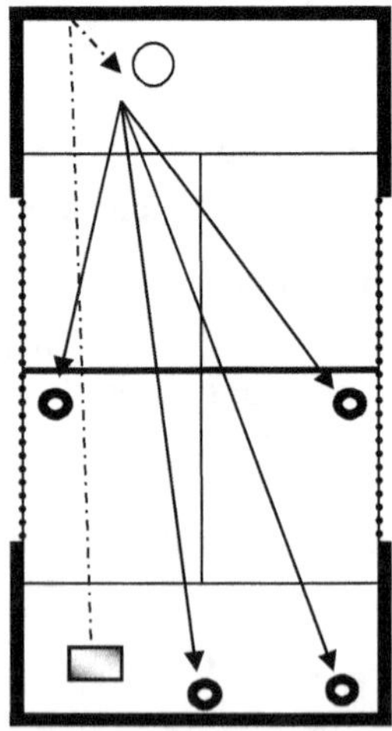

Esercizi 0133   Colpi: CP

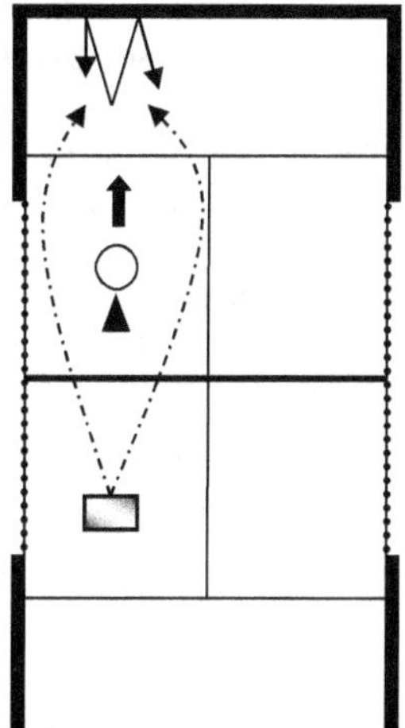

Obiettivo: Reazione a una situazione
Sequenza di colpi: CpD// - CpRX

Descrizione:
Seduti a terra nel mezzo della pista, il monitor fa un palloncino e il giocatore si alza per fare un colpo di contro muro parallelo o a destra incrociata, dopo di che torneremo al cono per ripetere l'esercizio.
Dopo 10 palle si cambia giocatore.

Esercizi 0134   Colpi: CP

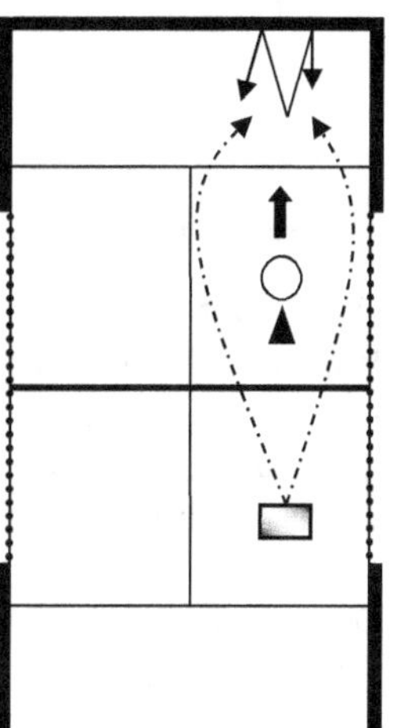

Obiettivo: Reazione a una situazione
Sequenza di colpi: CpD// - CpRX

Descrizione:
Seduti a terra nel mezzo della pista, il monitor fa un palloncino e il giocatore si alza per fare un colpo di contro muro parallelo o a destra incrociata, dopo di che torneremo al cono per ripetere l'esercizio.
Dopo 10 palle si cambia giocatore.

Esercizi 0135   Colpi: SDP

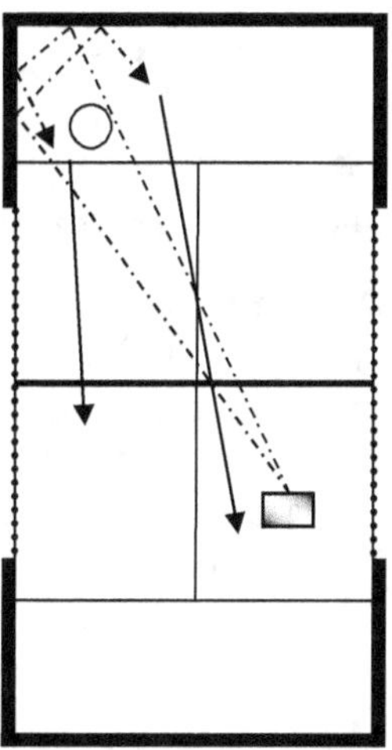

Obiettivo: Reazione a una situazione
Sequenza di colpi: SDP

Descrizione:
Seduti sul pavimento in fondo alla pista in posizione di difesa, ci alziamo e rispondiamo dopo rimbalzo su due pareti. Dopo il colpo, ci sediamo di nuovo per ripetere l'esercizio.
Dopo 10 palle si cambia giocatore.

Esercizi 0136   Colpi: SDP

Obiettivo: Reazione a una situazione
Sequenza di colpi: SDP

Descrizione:
Seduti sul pavimento in fondo alla pista in posizione di difesa, ci alziamo e rispondiamo dopo rimbalzo su due pareti. Dopo il colpo, ci sediamo di nuovo per ripetere l'esercizio.
Dopo 10 palle si cambia giocatore.

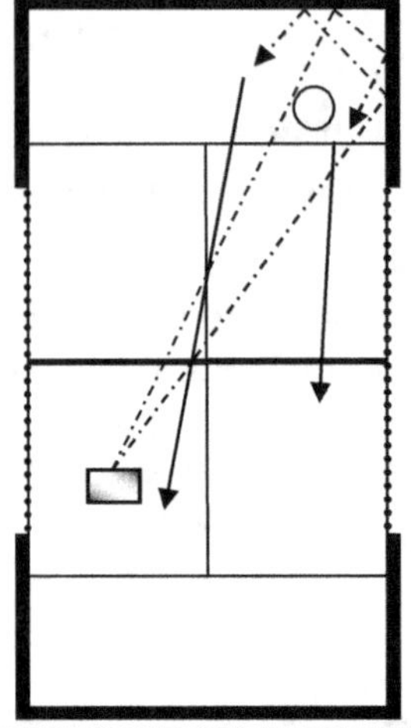

Esercizi 0137   Colpi: SF

Obiettivo: Controllo degli colpi di uscita di fondo
Sequenza di colpi: SFDX - SFRX

Descrizione:
Posizionati i giocatori in due file in fondo alla pista, i giocatori alternano l'uscita di fondo a destra incrociata e l'uscita di fondo a rovescio incrociato con l'obiettivo dei marchi situati negli angoli della pista.
Dopo ogni colpo cambieranno fila per fare l'altro tipo di colpo.

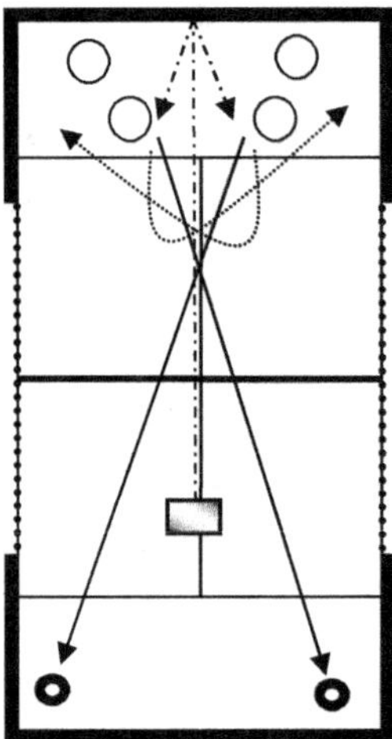

Esercizi 0138   Colpi: SL

Obiettivo: Palloncino all'uscita di laterale
Sequenza di colpi: SLD// - SLDX

Descrizione:
Situato in fondo alla pista, il giocatore eseguirà un'uscita laterale a destra parallela con palloncino e un'uscita laterale a destra incrociata con palloncino sopra la catena situata tra i picchi in fondo alla pista.
Dopo 10 palle si cambia giocatore.

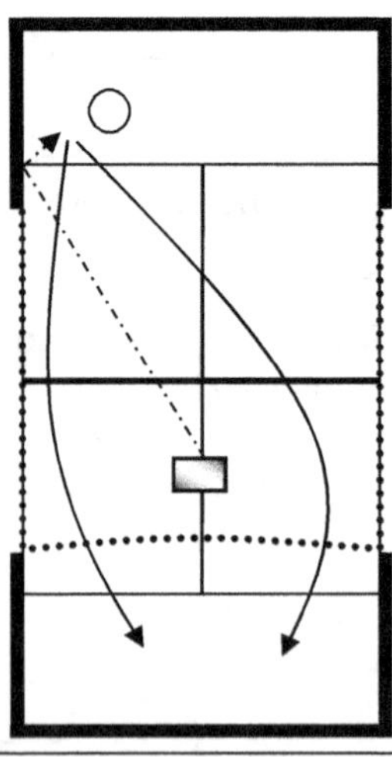

Esercizi 0139   Colpi: SL

Obiettivo: Palloncino all'uscita di laterale
Sequenza di colpi: SLR// - SLRX

Descrizione:
Situato in fondo alla pista, il giocatore eseguirà un'uscita laterale a rovescio parallela con palloncino e un'uscita laterale a rovescio con palloncino sopra la catena situata tra i picchi in fondo alla pista.
Dopo 10 palle si cambia giocatore.

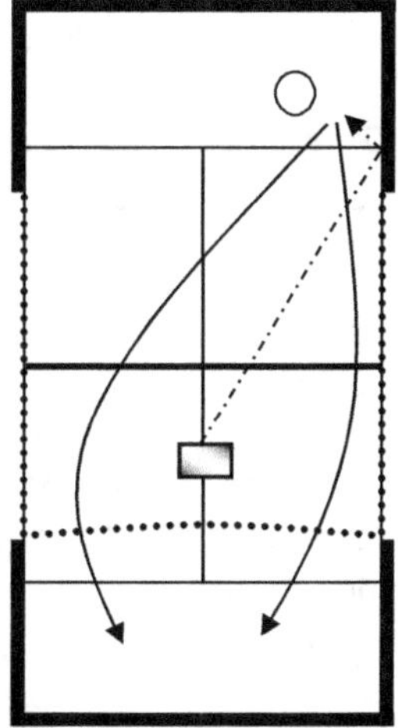

Esercizi 0140   Colpi: SDP

Obiettivo: Palloncino all'uscita a doppia parete
Sequenza di colpi: SDPD// - SDPRX

Descrizione:
Posizionato in fondo alla pista, il giocatore eseguirà un'uscita a doppia parete a destra parallela con palloncino e un'uscita a doppia parete capovolta con palloncino sopra la catena situata tra i picchi in fondo alla pista.
Dopo 10 palle si cambia giocatore.

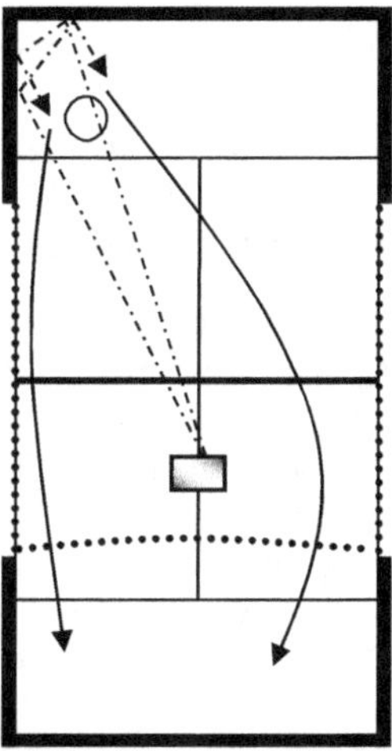

Esercizi 0141   Colpi: SDP

Obiettivo: Palloncino all'uscita a doppia parete
Sequenza di colpi: SDPR// - SDPDX

Descrizione:
Posizionato in fondo alla pista, il giocatore eseguirà un'uscita a doppia parete a destra parallela con palloncino e un'uscita a doppia parete capovolta con palloncino sopra la catena situata tra i picchi in fondo alla pista.
Dopo 10 palle si cambia giocatore.

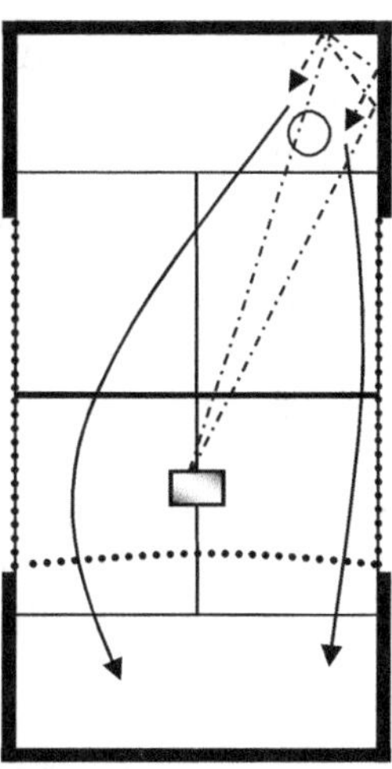

Esercizi 0142   Colpi: SF

Obiettivo: Controllo degli colpi con rimbalzo
Sequenza di colpi: SFD – SFR

Descrizione:
Controllo di impatto tra due giocatori che colpiranno, dopo rimbalzo, uscita in background parallelo o in background parallelo.
Una volta che il giocatore ha colpito, deve toccare il cono davanti a lui, così possiamo lavorare il colpo in movimento.

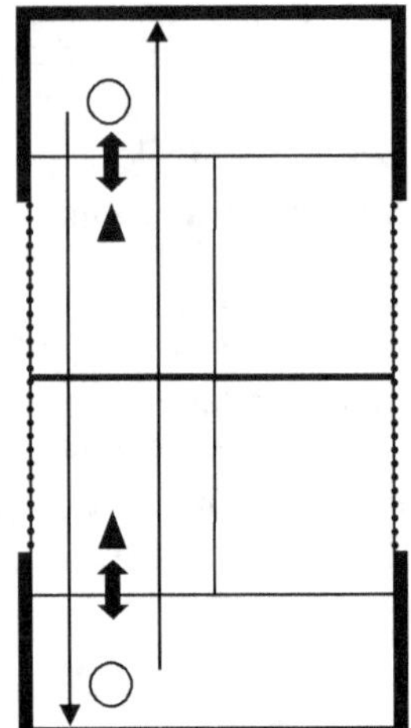

Esercizi 0143   Colpi: SF

Obiettivo: Controllo dei colpi tra 3 giocatori con rimbalzo
Sequenza di colpi: SFD// – SFRX – SFR// – SFDX

Descrizione:
Controllo di impatto tra tre giocatori che colpiranno a destra o a rovescio dopo rimbalzo a parete di fondo.
Il giocatore in alto sferrerà un attacco parallelo dopo il rimbalzo.
I giocatori giù colpiranno in diagonale dopo il rimbalzo sulla parete di fondo.
Dopo 2' si alterna la posizione tra i giocatori.

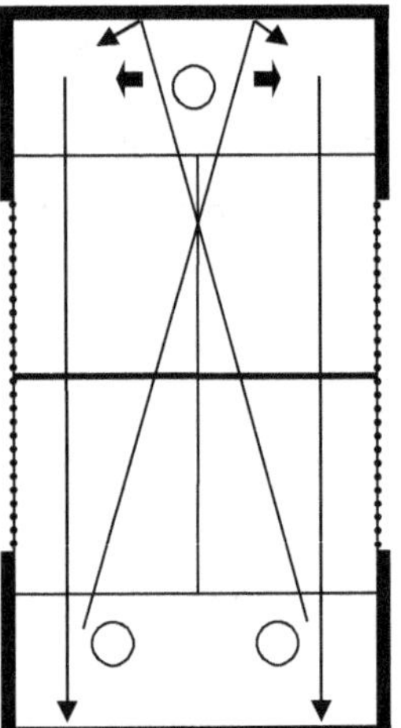

Esercizi 0144   Colpi: SL – G

Obiettivo: Palloncino all'uscita laterale
Sequenza di colpi: SLDG// - SLDGX

Descrizione:
Situato in fondo alla pista, il giocatore eseguirà un'uscita laterale a destra parallela con palloncino e un'uscita laterale a destra incrociata con palloncino sopra la catena situata tra i picchi della sua pista.
Dopo 10 palle si cambia giocatore.

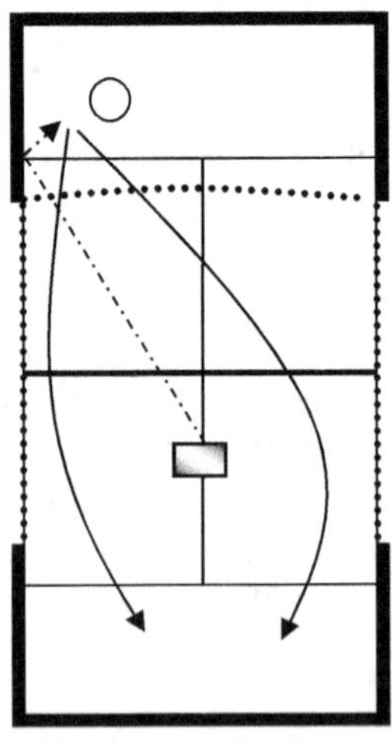

Esercizi 0145   Colpi: SL – G

Obiettivo: Palloncino all'uscita laterale
Sequenza di colpi: SLRG// - SLRGX

Descrizione:
Situato in fondo alla pista, il giocatore eseguirà un'uscita laterale a rovescio parallela con palloncino e un'uscita laterale a rovescio con palloncino sopra la catena situata tra i picchi della sua pista.
Dopo 10 palle si cambia giocatore.

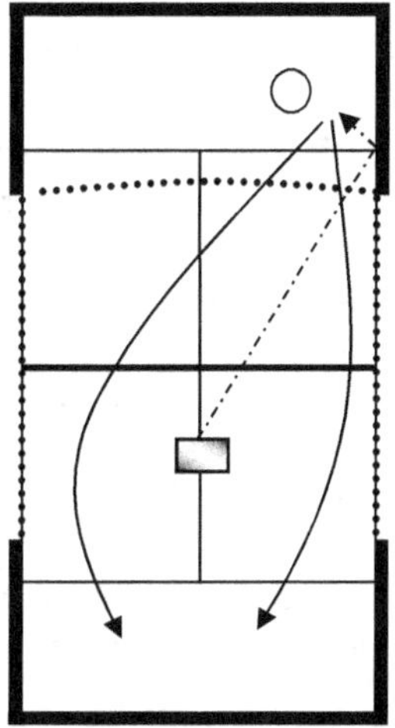

Esercizi 0146   Colpi: SDP – G

Obiettivo: Palloncino all'uscita a doppia parete
Sequenza di colpi: SDPD// - SDPRX

Descrizione:
Posizionato in fondo alla pista, il giocatore eseguirà un'uscita a doppia parete a destra parallela con palloncino e un'uscita a doppia parete capovolta con palloncino al di sopra della catena situata tra i picchi della sua pista.
Dopo 10 palle si cambia giocatore.

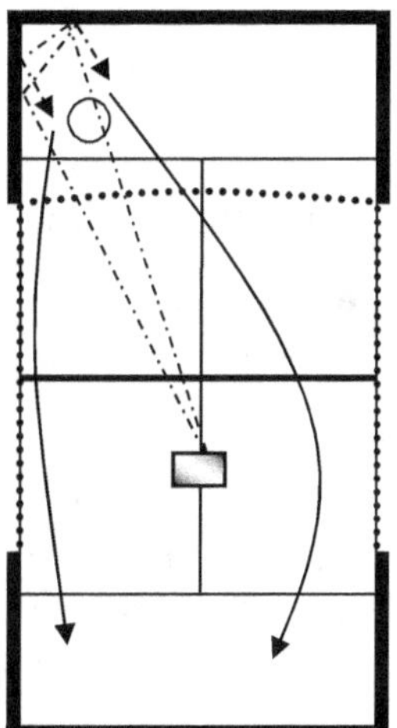

Esercizi 0147   Colpi: SDP – G

Obiettivo: Palloncino all'uscita a doppia parete
Sequenza di colpi: SDPDX – SDPR//

Descrizione:
Situato in fondo alla pista, il giocatore eseguirà una doppia uscita a destra a doppio muro con palloncino e una doppia uscita a rovescio parallelo con palloncino sopra la catena situata tra i picchi della sua pista.
Dopo 10 palle si cambia giocatore.

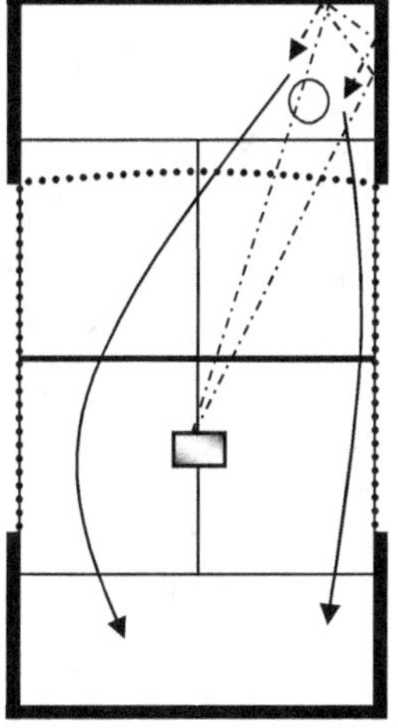

Esercizi 0148   Colpi: SF

Obiettivo: Controllo degli urti all'uscita di fondo
Sequenza di colpi: SFD// o SFR//

Descrizione:
Posizionati in fondo alla pista, i giocatori eseguiranno un'uscita in background a destra parallela o un'uscita in background parallela con l'obiettivo dei segni situati negli angoli della pista. Dopo ogni colpo, il giocatore toccherà il cono per eseguire i colpi in movimento.
Dopo 10 palle si alterna la posizione del giocatore.

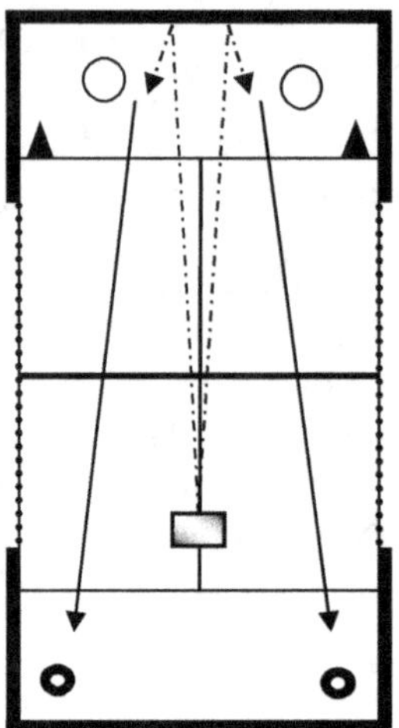

Esercizi 0149   Colpi: SF

Obiettivo: Controllo degli urti all'uscita di fondo
Sequenza di colpi: SFDX o SFRX

Descrizione:
Posizionati i giocatori in fondo alla pista, eseguiranno l'uscita di fondo a destra incrociata o l'uscita di fondo a rovescio con l'obiettivo dei marchi situati negli angoli della pista.
Dopo ogni colpo, il giocatore toccherà il cono per eseguire i colpi in movimento.
Dopo 10 palle si alterna la posizione dei giocatori.

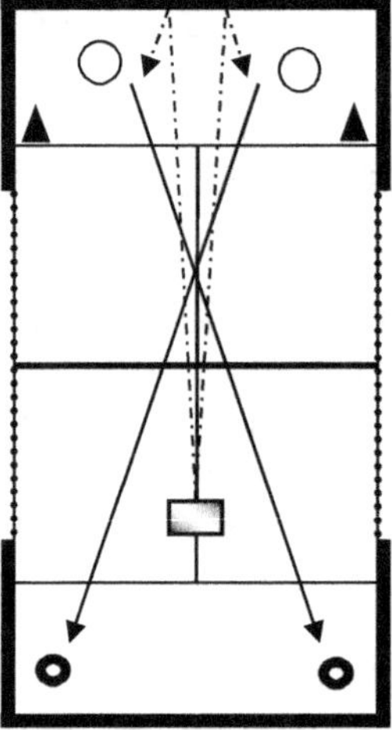

Esercizi 0150   Colpi: CP

Obiettivo: Contro parete di destra
Sequenza di colpi: 8 in coni - CPD

Descrizione:
Situato il giocatore in fondo alla pista, eseguirà un 8 in coni e correrà alla palla che si lancia per fare un contro parete soft destra contro il monitor.
Lavoriamo solo con una palla per regolare il movimento e che il giocatore abbia il controllo e possa giocarla a mano del monitor.

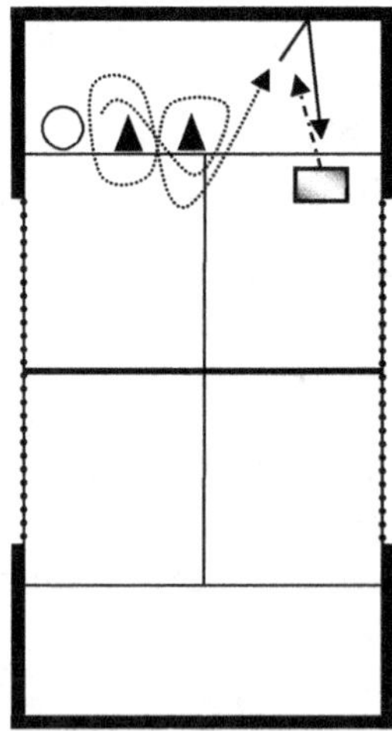

Esercizi 0151   Colpi: CP

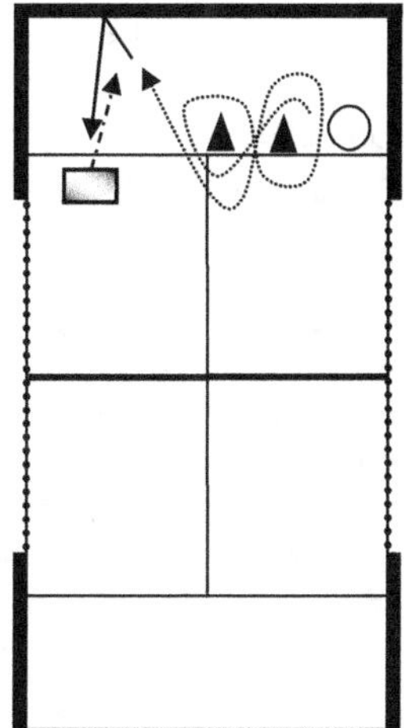

Obiettivo: Contro parete di rovescio
Sequenza di colpi: 8 in coni - CPR

Descrizione:
Situato il giocatore in fondo alla pista, eseguirà un 8 in coni e correrà alla palla che si lancia per fare un contro parete soft rovescio contro il monitor.
Lavoriamo solo con una palla per regolare il movimento e che il giocatore abbia il controllo e possa giocarla a mano del monitor.

Esercizi 0152   Colpi: CP

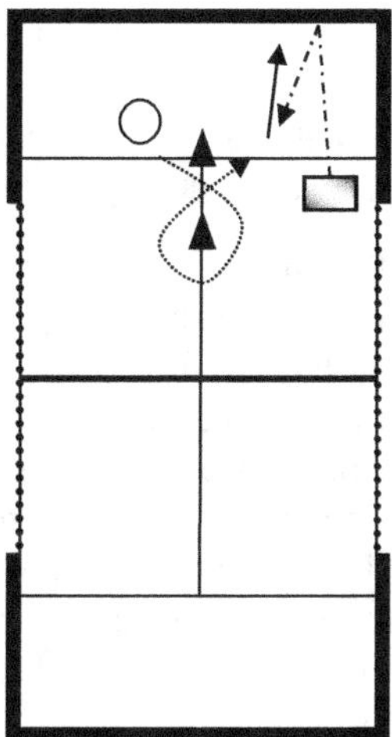

Obiettivo: Contro parete di destra
Sequenza di colpi: CPD
Descrizione:
Situato il giocatore in fondo alla pista, eseguirà un 8 in coni e correrà alla palla che si lancia per fare un contro parete soft destra contro il monitor.
Lo facciamo con una sola palla, in modo che l'allievo possa avere autocontrollo dello stesso e così anche segnare bene la tecnica per quanto riguarda dove colpire, sia la palla che sulla parete di fondo e lavorare correttamente gli spostamenti per arrivare bene.
Importante ruotare sempre il corpo verso dove la palla va, così non abbiamo alcun tipo di lesione in ginocchio o zona lombare.

Esercizi 0153   Colpi: CP

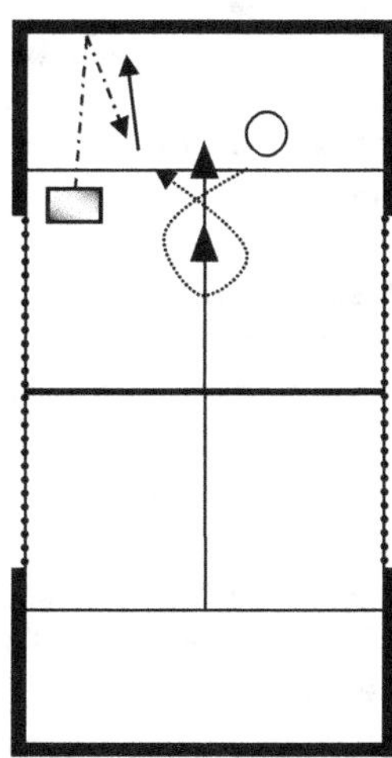

Obiettivo: Contro parete di rovescio
Sequenza di colpi: CPR
Descrizione:
Situato il giocatore in fondo alla pista, eseguirà un 8 in coni e correrà alla palla che si lancia per fare un contro parete morbido capovolto contro il monitor.
Lo facciamo con una sola palla, in modo che l'allievo possa avere autocontrollo dello stesso e così anche segnare bene la tecnica per quanto riguarda dove colpire, sia la palla che sulla parete di fondo e lavorare correttamente gli spostamenti per arrivare bene.
Importante ruotare sempre il corpo verso dove la palla va, così non abbiamo alcun tipo di lesione in ginocchio o zona lombare.

Esercizi 0154   Colpi: CP

Obiettivo: Contro parete di destra
Sequenza di colpi: 5 Plio - CPD

Descrizione:
Posizionato il giocatore su mezza pista, tra i coni apriamo e chiudiamo le gambe 5 volte, e andiamo alla palla di fondo e facciamo contro il muro di destra. Dopo ogni colpo, calpestiamo la linea e ripetiamo il colpo ⬜x5⬜. Con una palla più peso in essa, combiniamo l'esercizio fisico e tecnico. Usiamo coni per l'allievo a lavorare su di loro con esercizi pliometrici. Le palle da contro muro andranno a mano del monitor.

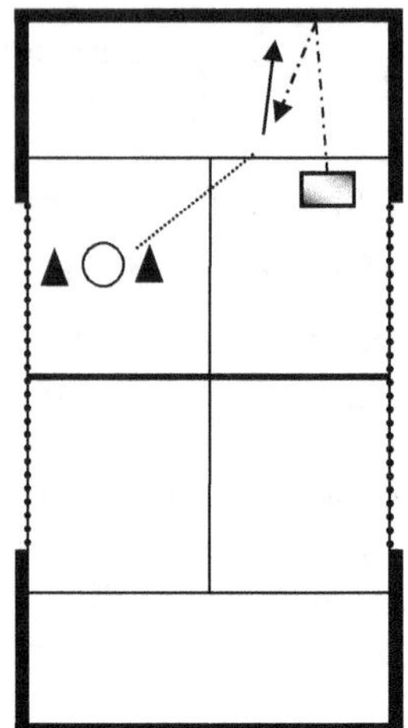

Esercizi 0155   Colpi: CP

Obiettivo: Contro parete di rovescio
Sequenza di colpi: 5 Plio - CPR

Descrizione:
Posizionato il giocatore su mezza pista, tra i coni apriamo e chiudiamo le gambe 5 volte, e andiamo alla palla di fondo e facciamo contro il muro di rovescio. Dopo ogni colpo, calpestiamo la linea e ripetiamo il colpo ⬜x5⬜. Con una palla più peso in essa, combiniamo l'esercizio fisico e tecnico. Usiamo coni per l'allievo a lavorare su di loro con esercizi pliometrici. Le palle da contro muro andranno a mano del monitor.

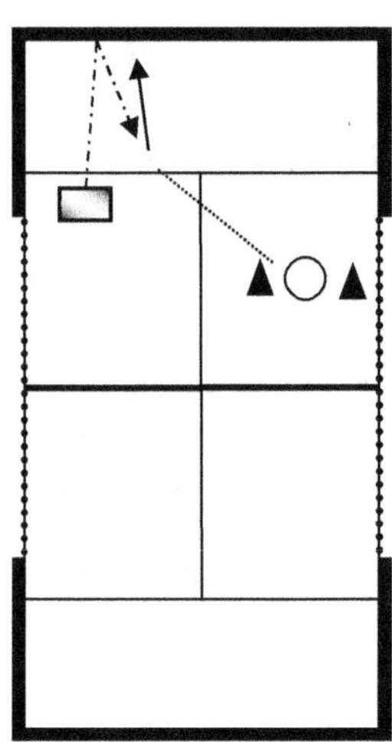

Esercizi 0156   Colpi: SF

Obiettivo: Controllo dei colpi tra 3 giocatori con rimbalzo
Sequenza di colpi: SFD o SFR
Descrizione:
Posizionati i giocatori in fondo alla pista, uno di loro da solo, colpiranno a destra o a rovescio dopo rimbalzo in background.
Il giocatore sopra alternerà un'uscita di sfondo parallela e un'altra uscita di sfondo incrociata.
Dei giocatori di sotto, uno di loro eseguirà uscite di sfondo parallele e l'altro uscite di fondo incrociate, sempre dopo rimbalzo.
Dopo 2' si alterna la posizione tra i giocatori.

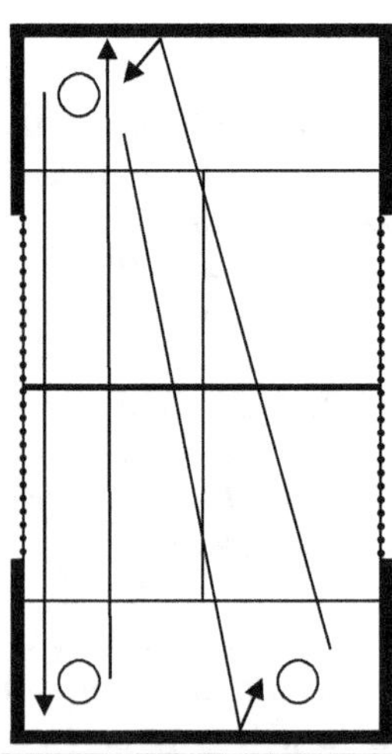

ESERCIZI Di VOLÈE

Esercizi 0157   Colpi: V

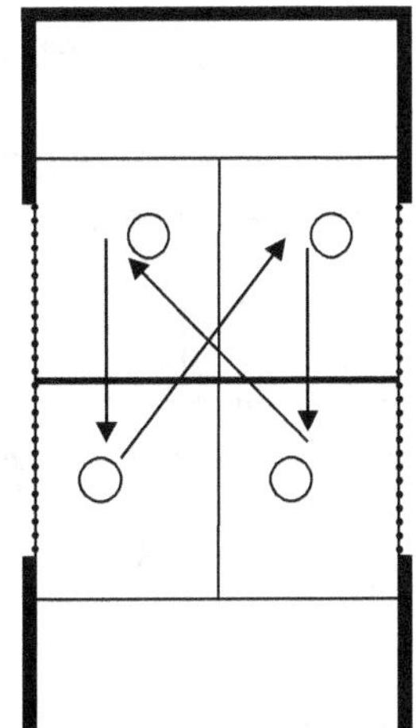

Obiettivo: Controllo di volèe
Sequenza di colpi: VD// - VRX – VD// - VRX

Descrizione:
Situati i quattro giocatori vicino alla rete, quelli in alto eseguiranno in parallelo e quelli in basso volèe in incrociato.
Dopo 2´ è cambiato l'orientamento di impatto.
Dopo 2´ si alterna la posizione dei giocatori.

Esercizi 0158   Colpi: D – R – V

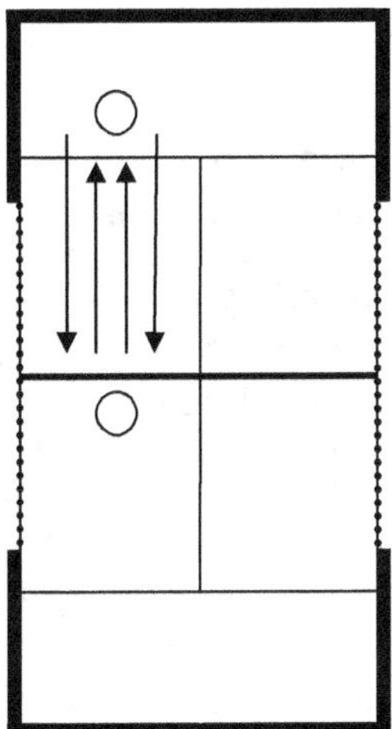

Obiettivo: Controllo di volèe con due giocatori
Sequenza di colpi: VD // – VR//

Descrizione:
Situato un giocatore in rete e un altro in fondo alla pista, il giocatore in rete esegue una volata di destra e un altro rovescia in parallelo contro il giocatore che è in posizione di difesa.
Dopo 2´ si alterna la posizione dei giocatori.

Esercizi 0159   Colpi: D – R – V

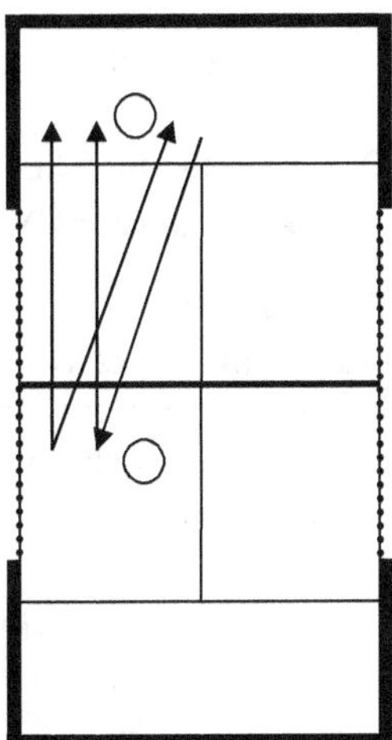

Obiettivo: Controllo di volèe con due giocatori
Sequenza di colpi: VR // – VR//

Descrizione:
Situato un giocatore in rete e un altro in fondo alla pista, il giocatore in rete alternerà volèe di rovescio paralleli a ogni lato del giocatore di sfondo.
Dopo 2´ si alterna la posizione dei giocatori.
Poi si può eseguire con volèe di destra.

Esercizi 0160   Colpi: D – R – V

Obiettivo: Controllo di volèe con tre giocatori
Sequenza di colpi: V// – VX

Descrizione:
Situato un giocatore in fondo alla pista e gli altri due in rete, il giocatore in fondo alla pista si difende dalle volèe degli avversari colpendo una volta su ogni lato.
Dopo 2 si alterna la posizione dei giocatori.

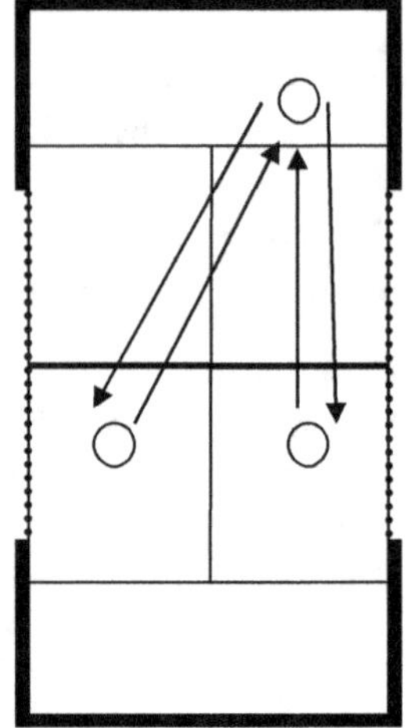

Esercizi 0161   Colpi: D – R – V

Obiettivo: Controllo di volèe con spostamento
Sequenza di colpi: VD – VR

Descrizione:
Posizionato il giocatore in fondo alla realizzazione volèe di destra e rovescio con spostamento verso ciascuno dei coni situati sulla pista.
Dopo 12 palle si cambia giocatore.

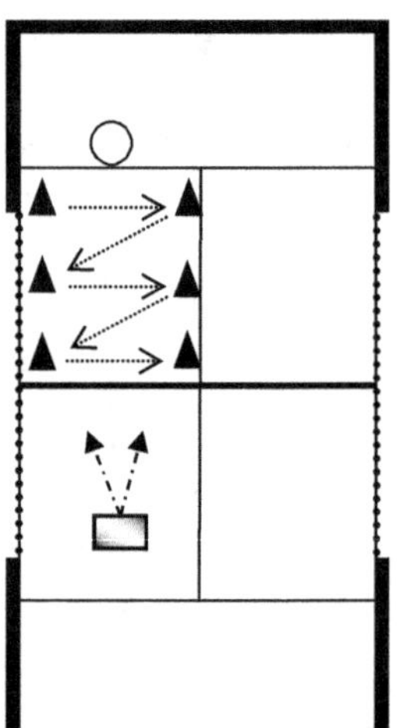

Esercizi 0162   Colpi: D – R – V

Obiettivo: Controllo di volèe con quattro giocatori
Sequenza di colpi: VX – VX

Descrizione:
Situati due giocatori in fondo alla pista e gli altri due in rete, i giocatori in fondo alla pista fanno colpi paralleli e quelli in rete eseguono voli incrociati.
Se si padroneggia l'esercizio, si può provare con due palle alla volta.
Dopo 2 si alterna la posizione dei giocatori.

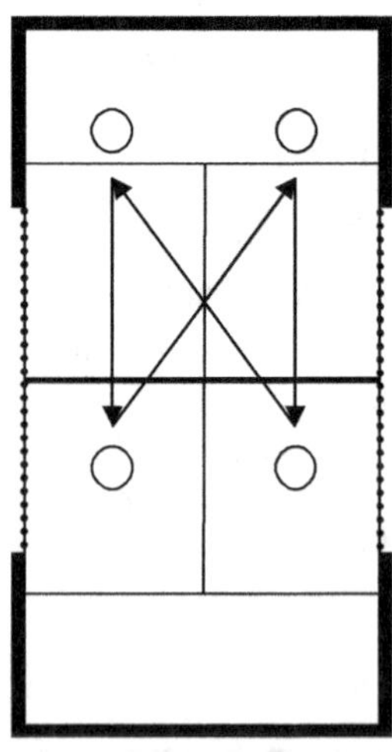

Esercizi 0163   Colpi: V

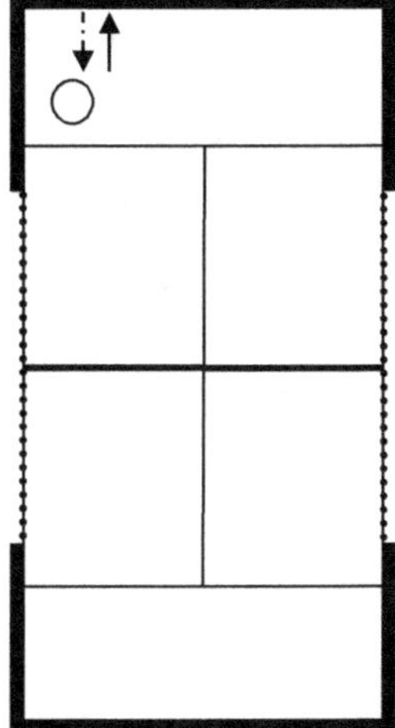

Obiettivo: Controllo di volèe contro il muro
Sequenza di colpi: VD

Descrizione:
Posizionato il giocatore in fondo alla pista eseguirà volo da destra contro il muro davanti alla linea di servizio alternando velocità e altezza.
Durata del Esercizi 1´

Esercizi 0164   Colpi: V

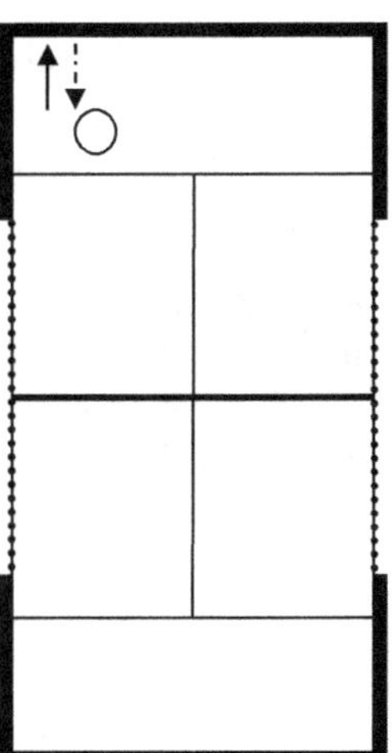

Obiettivo: Controllo di volèe contro il muro
Sequenza di colpi: VR

Descrizione:
Posizionato il giocatore in fondo alla pista eseguirà volo da rovescio contro il muro davanti alla linea di servizio alternando velocità e altezza.
Durata del Esercizi 1´

Esercizi 0165   Colpi: V

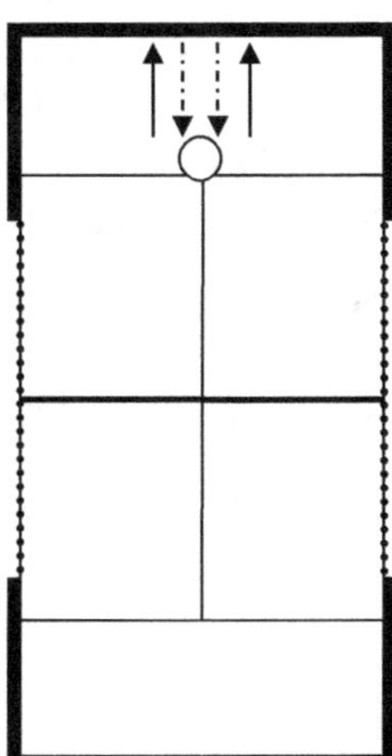

Obiettivo: Controllo di volèe contro il muro
Sequenza di colpi: VD – VR

Descrizione:
Posizionato il giocatore in fondo alla pista eseguirà un volo a destra e viceversa contro il muro davanti alla linea di servizio alternando velocità e altezza.
Durata dell'esercizio 1´

Esercizi 0166   Colpi: V

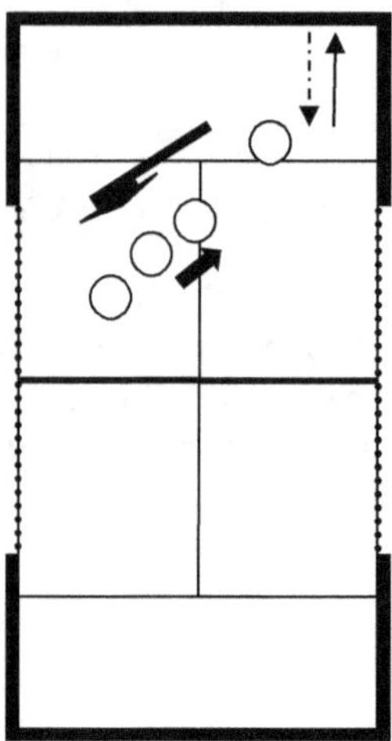

Obiettivo: Controllo di volèe contro il muro
Sequenza di colpi: VD

Descrizione:
Situato il giocatore in fondo alla pista eseguirà un volo di destra contro il muro e tornerà alla riga.
Durata degli esercizi 2´

Esercizi 0167   Colpi: V

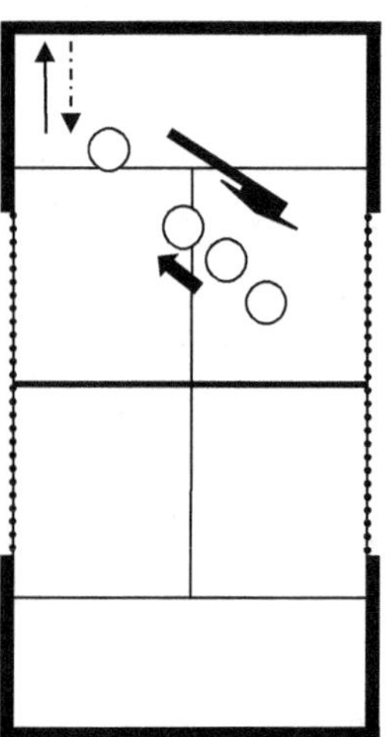

Obiettivo: Controllo di volèe contro il muro
Sequenza di colpi: VR

Descrizione:
Situato il giocatore in fondo alla pista eseguirà un volo di rovescio contro il muro e tornerà alla riga.
Durata degli esercizi 2´

Esercizi 0168   Colpi: V

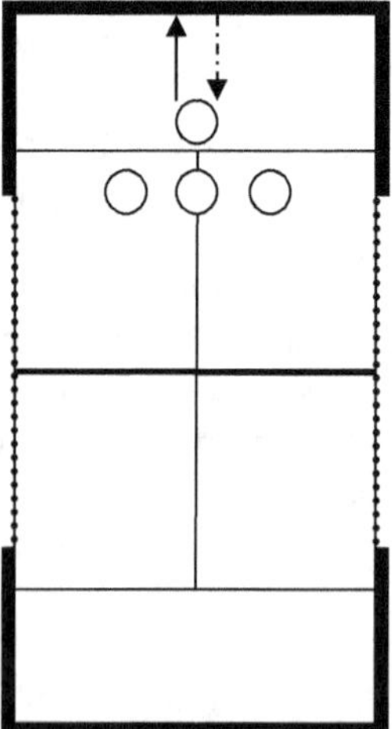

Obiettivo: Controllo di volèe contro il muro
Sequenza di colpi: V libero

Descrizione:
Posizionati i giocatori in mezza pista eseguiranno un volo e tornano alla fila. Perde chi lascia cadere la palla.
Durata dell'esercizi 2´ o chi raggiunge 5 bug.

Esercizi 0169   Colpi: V

Obiettivo: Controllo di volèe con tre giocatori
Sequenza di colpi: V libero

Descrizione:
Posizionati i giocatori in rete, due da una parte e uno solo, quello che è solo farà saltare in aria una volta ciascuno dei loro compagni.
Dopo 2 si alterna la posizione dei giocatori.

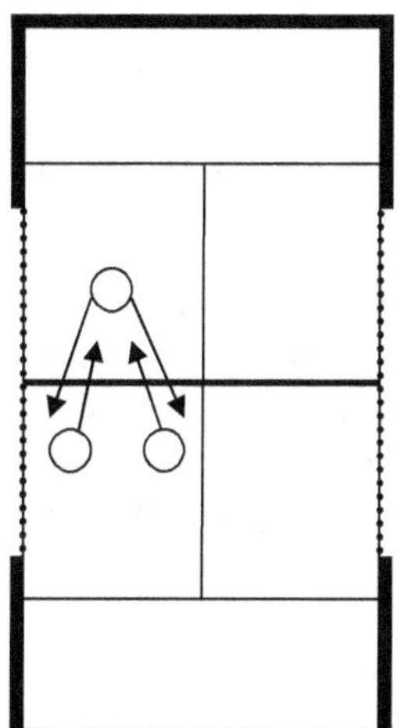

Esercizi 0170   Colpi: V

Obiettivo: Controllo di volèe con tre giocatori
Sequenza di colpi: VD// - VRX

Descrizione:
Posizionati i giocatori in rete, due da un lato e uno solo, quello che è solo farà voli paralleli a destra e voli incrociati all'indietro.
Dopo 2 si alterna la posizione dei giocatori.

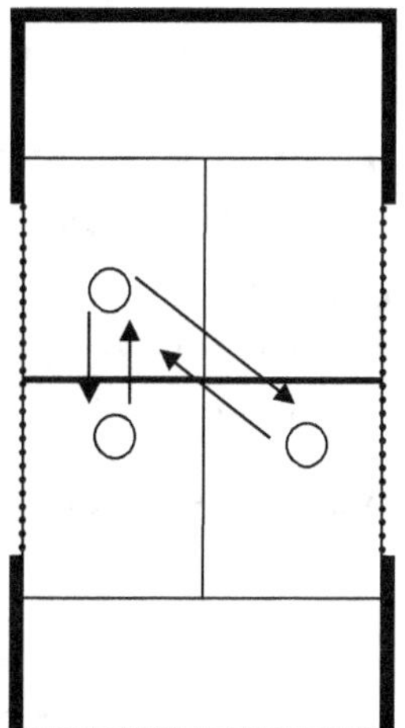

Esercizi 0171   Colpi: V

Obiettivo: Controllo di volèe con tre giocatori
Sequenza di colpi: VD// - VRX

Descrizione:
Posizionati i giocatori in rete, due da un lato e uno solo, quello che è solo farà voli paralleli a destra e voli incrociati all'indietro.
Dopo 2 si alterna la posizione dei giocatori.

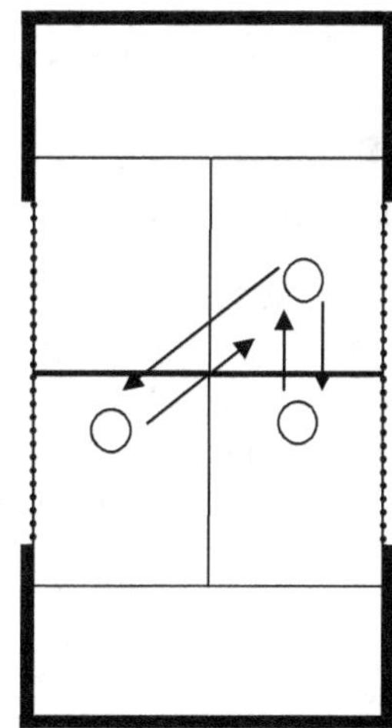

Esercizi 0172   Colpi: V

Obiettivo: Controllo di volèe con tre giocatori
Sequenza di colpi: V Libero

Descrizione:
Posizionati i giocatori in rete, due da un lato e l'altro solo, quello che è solo farà due volte a ogni giocatore sia a destra che a rovescio
Dopo 2 si alterna la posizione dei giocatori.

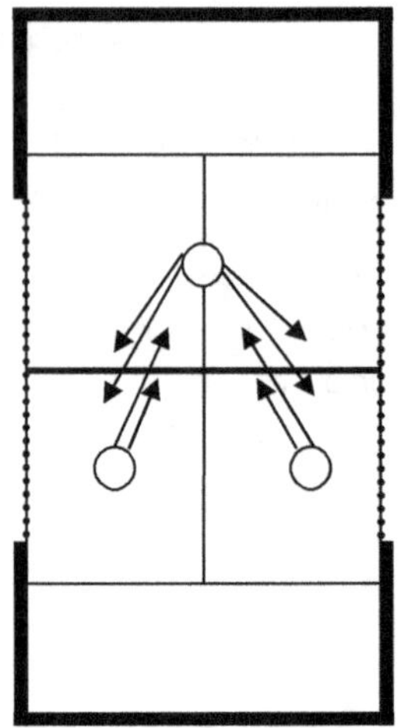

Esercizi 0173   Colpi: V

Obiettivo: Controllo di volèe con quattro giocatori
Sequenza di colpi: V// - VX – V// - VX

Descrizione:
Posizionati i giocatori nella rete, i giocatori dall'alto eseguono voli incrociati e quelli dal basso volano paralleli.
Dopo 2 si alterna la posizione dei giocatori.

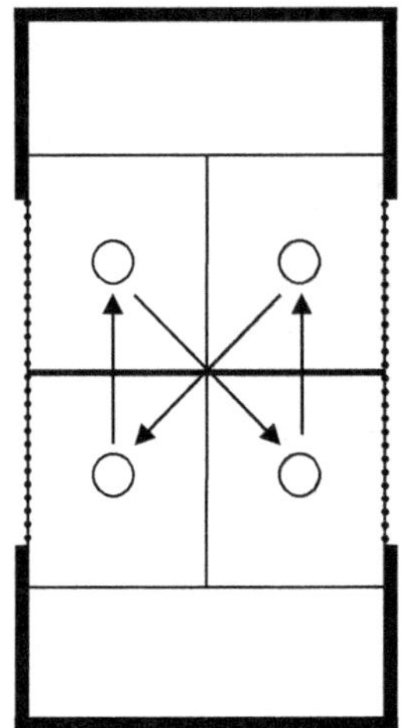

Esercizi 0174   Colpi: V

Obiettivo: Controllo di volèe con quattro giocatori
Sequenza di colpi: VD// - VRX – VD// - VRX

Descrizione:
Posizionati i giocatori nella rete, i giocatori in alto eseguono voli a destra paralleli e quelli in basso volano a testa in giù.
Dopo 2 si alterna la posizione dei giocatori.

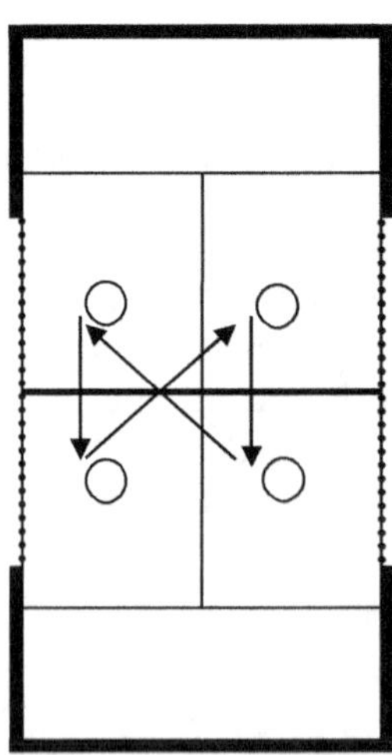

Esercizi 0175   Colpi: V

Obiettivo: Controllo di volèe con quattro giocatori
Sequenza di colpi: V// - VX – V// - VX

Descrizione:
Posizionati i giocatori nella rete, i giocatori dall'alto eseguono voli incrociati e quelli dal basso volano paralleli, ma lavoriamo con due palline alla volta.
Dopo 2 si alterna la posizione dei giocatori.

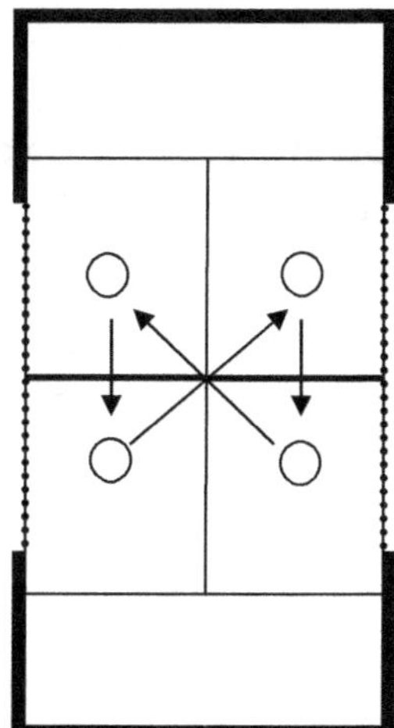

Esercizi 0176   Colpi: V

Obiettivo: Controllo di volèe con spotamento laterale
Sequenza di colpi: VD

Descrizione:
Posti i giocatori su un lato della pista vicino alla rete, i giocatori eseguiranno tre voli a destra incrociati con spostamento verso l'obiettivo segnato in fondo alla pista e torneranno alla riga.

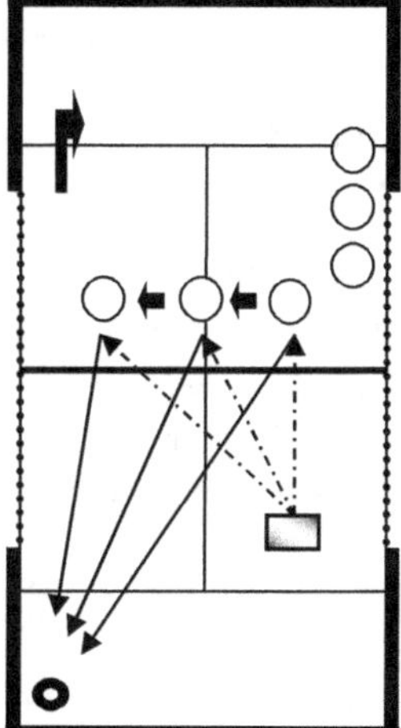

Esercizi 0177   Colpi: V

Obiettivo: Controllo di volèe con spotamento laterale
Sequenza di colpi: VR

Descrizione:
Posti i giocatori su un lato della pista vicino alla rete, i giocatori eseguiranno tre voli a rovescio incrociati con spostamento verso l'obiettivo segnato in fondo alla pista e torneranno alla riga.

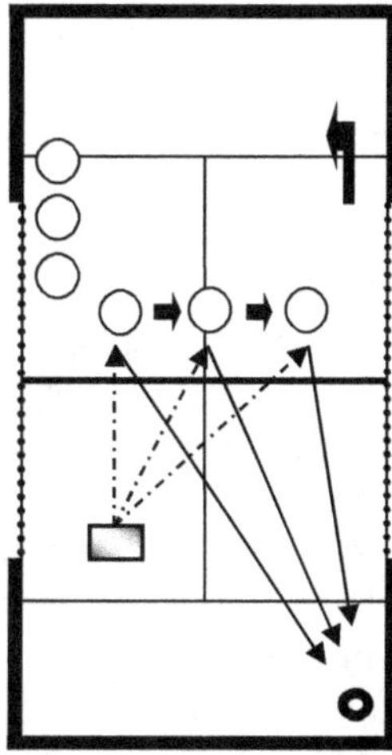

Esercizi 0178   Colpi: V

Obiettivo: Controllo di volèe con spotamento
Sequenza di colpi: VD con spotamento in avanti

Descrizione:
Posizionati i giocatori sulla linea di servizio, eseguiranno, con spostamento in avanti, tre voli di destra incrociati all'obiettivo segnato in fondo alla pista e torneranno alla fila.

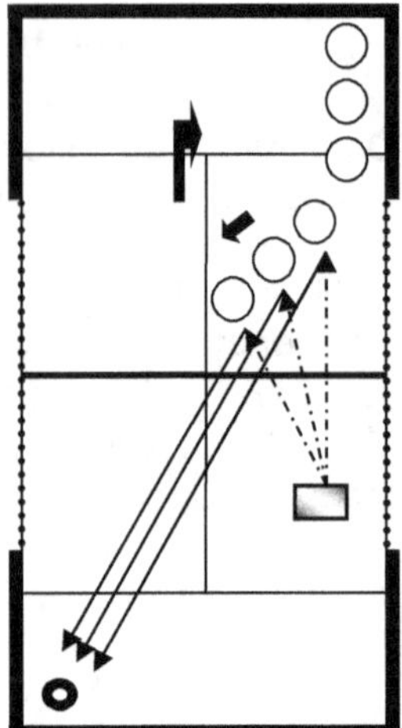

Esercizi 0179   Colpi: V

Obiettivo: Controllo di volèe con spotamento
Sequenza di colpi: VR con spotamento in avanti

Descrizione:
Posizionati i giocatori sulla linea di servizio, eseguiranno, con spostamento in avanti, tre voli di rovescio incrociati all'obiettivo segnato in fondo alla pista e torneranno alla fila.

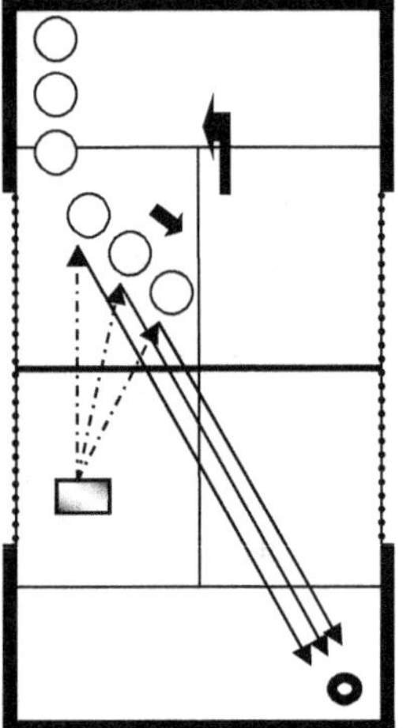

Esercizi 0180   Colpi: V

Obiettivo: Controllo di volèe
Sequenza di colpi: Volèe alternativa

Descrizione:
Posizionati sulla linea mediana, i giocatori eseguiranno, con spostamento in avanti, una corsa incrociata.
Se il numero di alunni è dispari, alternerà destra e rovescio. Se il numero di alunni è pari, il monitor alterna i colpi in modo che tutti gli allievi lavorino entrambi i lati.
Una volta fatto il colpo, torneranno in fila.

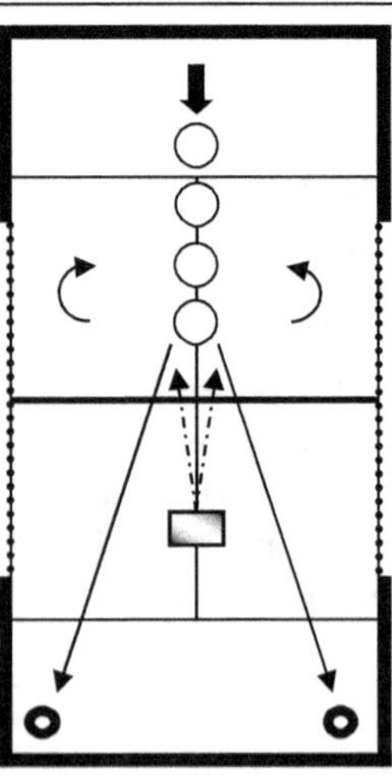

Esercizi 0181   Colpi: V

Obiettivo: Controllo di volèe
Sequenza di colpi: VR// - VDX

Descrizione:
Posizionati su un lato della pista vicino alla rete, i giocatori eseguiranno una corsa di rovescio parallelo e una corsa di destra incrociata ai segni situati negli angoli, e torneranno alla fila.

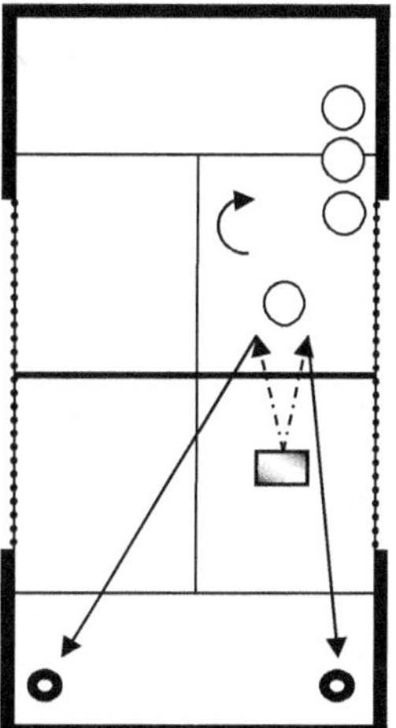

Esercizi 0182   Colpi: V

Obiettivo: Controllo di volèe

Sequenza di colpi: VD// - VRX

Descrizione:
Posizionati su un lato della pista vicino alla rete, i giocatori eseguiranno un volo di destra parallelo e una corsa di rovescio incrociato ai marchi situati negli angoli, e torneranno alla fila.

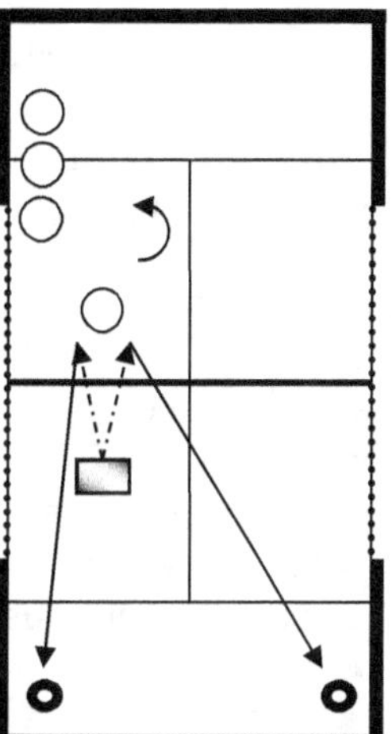

Esercizi 0183   Colpi: V

Obiettivo: Controllo di volèe
Sequenza di colpi: VD// - VRX

Descrizione:
Situato vicino alla rete, il giocatore eseguirà una corsa di destra parallela e una corsa di rovescio incrociato ai marchi situati negli angoli.
Dopo 10 palle si cambia giocatore.

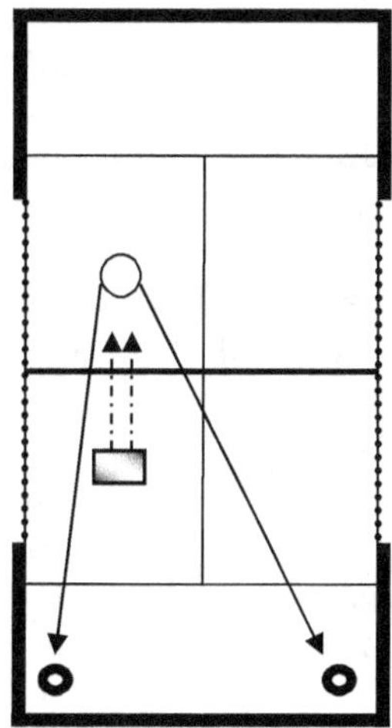

Esercizi 0184   Colpi: V

Obiettivo: Controllo di volèe
Sequenza di colpi: VR// - VDX

Descrizione:
Situato vicino alla rete, il giocatore eseguirà una corsa di rovescio parallela e una corsa di destra incrociata ai marchi situati negli angoli.
Dopo 10 palle si cambia giocatore.

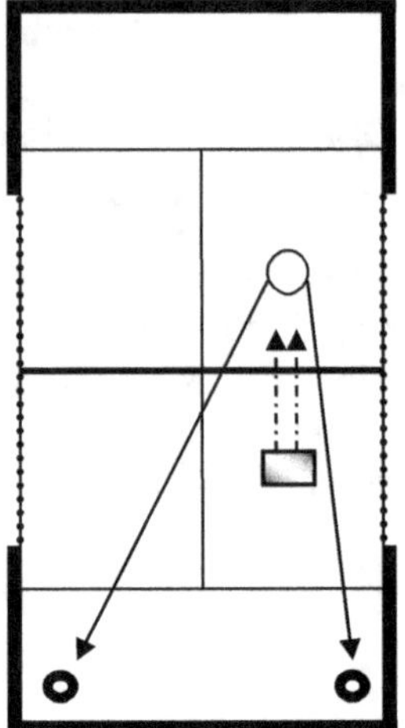

Esercizi 0185   Colpi: V

Obiettivo: Controllo di volèe
Sequenza di colpi: VD// - VDX - VR// - VRX

Descrizione:
Situato il giocatore vicino alla rete, eseguirà la seguente sequenza di colpi ai marchi situati negli angoli:
volèe di destra parallela, volèe di destra incrociata, volèe di rovescio parallelo, volèe di rovescio incrociato e continuerà con l'esercizio.
Dopo 12 palle si cambia giocatore.

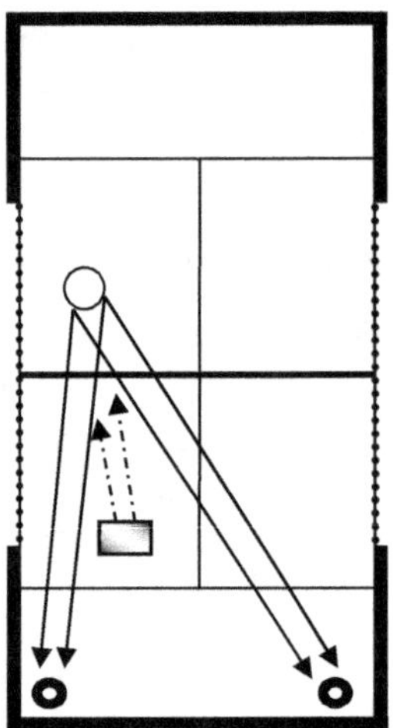

Esercizi 0186   Colpi: V

Obiettivo: Controllo di volèe
Sequenza di colpi: VD// - VDX - VR// - VRX

Descrizione:
Situato il giocatore vicino alla rete, eseguirà la seguente sequenza di colpi ai marchi situati negli angoli:
volèe di destra parallela, volèe di destra incrociata, volèe di rovescio parallelo, volèe di rovescio incrociato e continuerà con l'esercizio.
Dopo 12 palle si cambia giocatore.

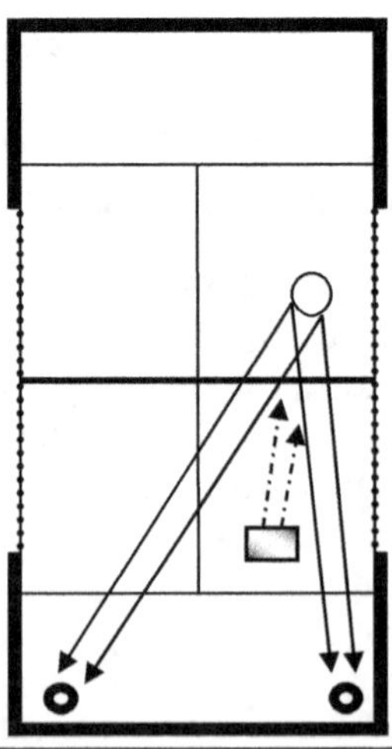

Esercizi 0187   Colpi: V

Obiettivo: Controllo di volèe
Sequenza di colpi: VD// - VDX corta con angolo

Descrizione:
Situato vicino alla rete, il giocatore eseguirà una corsa di destra parallela e una curva di destra corta con angolo ai segni situati sulla pista.
Dopo 10 palle si cambia giocatore.

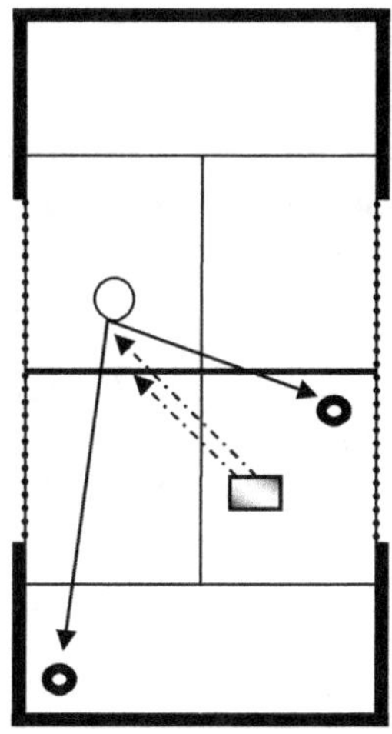

Esercizi 0188   Colpi: V

Obiettivo: Controllo di volèe
Sequenza di colpi: VR// - VRX corta con angolo

Descrizione:
Situato vicino alla rete, il giocatore eseguirà un rovescio parallelo e un corto rovescio incrociato con angolo ai segni situati sulla pista.
Dopo 10 palle si cambia giocatore.

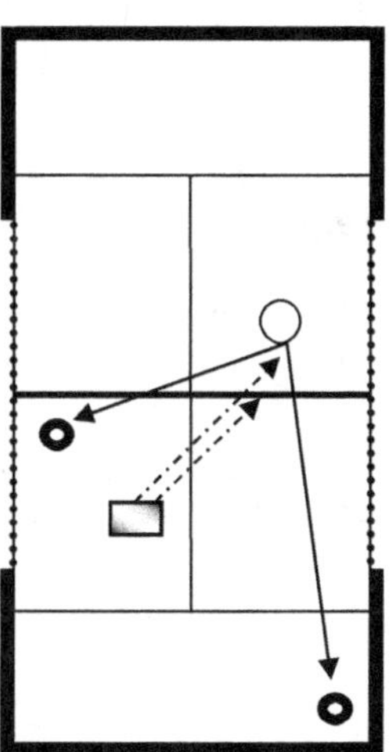

Esercizi 0189   Colpi: V

Obiettivo: Controllo di volèe
Sequenza di colpi: VR al centro - VRX corta con angolo

Descrizione:
Situato vicino alla rete, il giocatore effettuerà una corsa di rovescio al centro e una volèe di rovescio corto con angolo ai marchi situati sulla pista.
Dopo 10 palle si cambia giocatore.

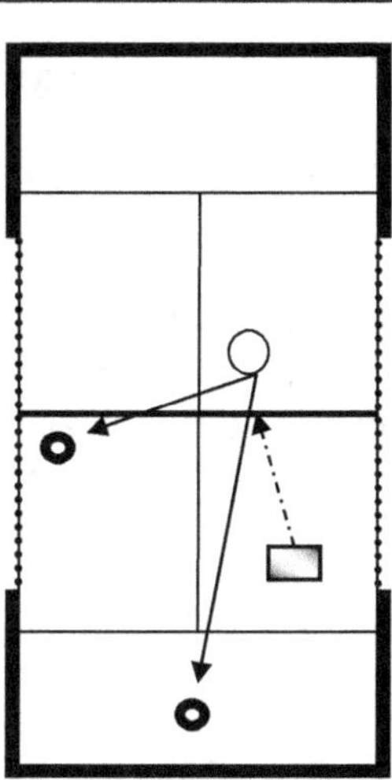

Esercizi 0190   Colpi: V

Obiettivo: Controllo di volèe
Sequenza di colpi: VD al centro - VDX corta con angolo

Descrizione:
Situato vicino alla rete, il giocatore eseguirà un volo da destra al centro e un volo a destra incrocio corto con angolo ai segni situati sulla pista.
Dopo 10 palle si cambia giocatore.

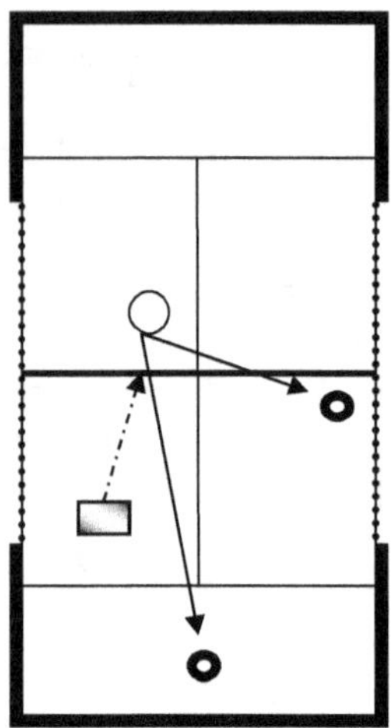

Esercizi 0191   Colpi: V

Obiettivo: Controllo di volèe
Sequenza di colpi: VR al centro – VD//

Descrizione:
Situato vicino alla rete, il giocatore eseguirà una corsa di rovescio al centro e una volèe di destra parallela forte alle marche situate in fondo alla pista.
Dopo 10 palle si cambia giocatore.

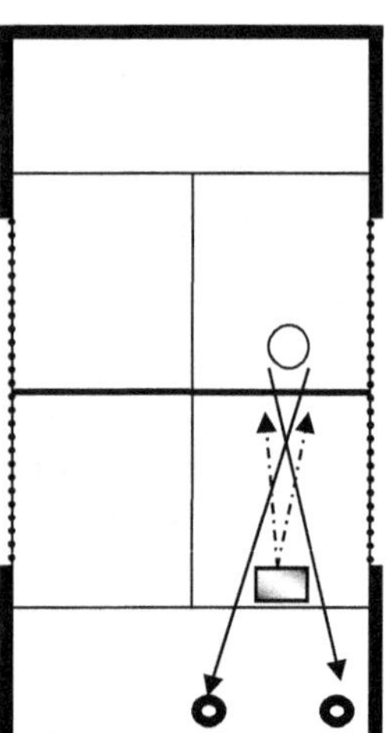

Esercizi 0192   Colpi: V

Obiettivo: Controllo di volèe
Sequenza di colpi: VD al centro – VR//

Descrizione:
Situato vicino alla rete, il giocatore effettuerà una corsa da destra al centro e una volèe di rovescio parallela forte alle marche situate in fondo alla pista.
Dopo 10 palle si cambia giocatore.

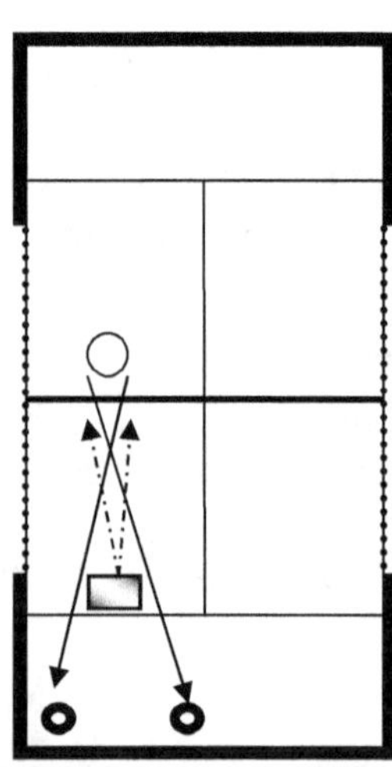

Esercizi 0193   Colpi: V

Obiettivo: Controllo di volèe
Sequenza di colpi: VRX corta –VR centro – VD// forte

Descrizione:
Situato vicino alla rete, il giocatore eseguirà una volèe di rovescio incrociato corto con angolo, una volèe di rovescio al centro e una volèe di destra fortemente parallela alle marche situate sulla pista.
Dopo 12 palle si cambia giocatore.

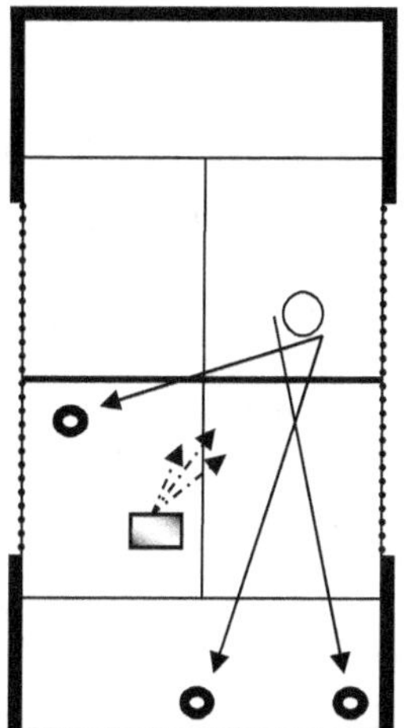

Esercizi 0194   Colpi: V

Obiettivo: Controllo di volèe
Sequenza di colpi: VDX corta –VD centro – VR// forte

Descrizione:
Situato vicino alla rete, il giocatore eseguirà un'inclinazione corta a destra incrociata, una volèe da destra al centro e una volèe di rovescio parallela forte alle marche situate sulla pista.
Dopo 12 palle si cambia giocatore.

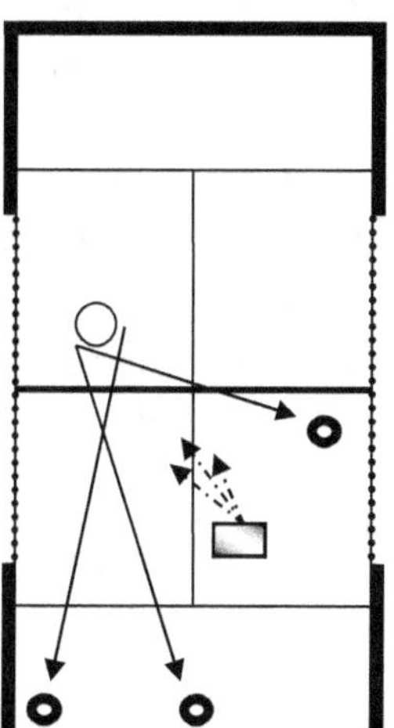

Esercizi 0195   Colpi: V

Obiettivo: Controllo di volèe
Sequenza di colpi: VD// - VR//

Descrizione:
Situato vicino alla rete, il giocatore eseguirà una corsa di destra parallela e una corsa di rovescio parallela ai segni posti in fondo alla pista, passando dietro il cono dopo ogni colpo.
Dopo 10 palle si cambia giocatore.
Poi si fa dall'altra parte.

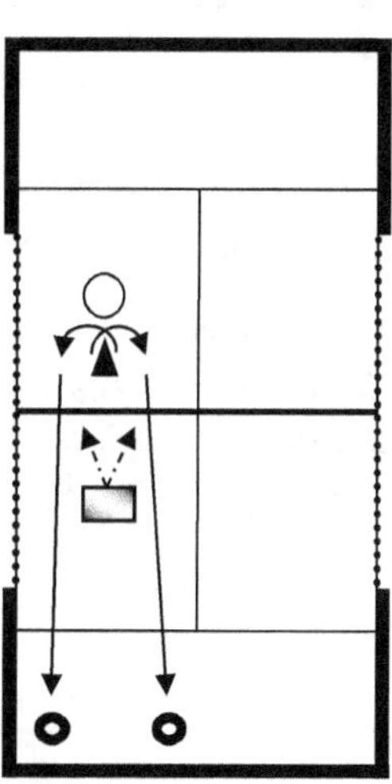

Esercizi 0196   Colpi: V

Obiettivo: Modifica dei volèe
Sequenza di colpi: volèe – volèe rápida - Lasciata

Descrizione:
Posto il giocatore vicino alla rete, il monitor lancerà 10 palline e il giocatore altererà una palla o una volèe veloce ogni due volèe normali.
Dopo 10 palle si cambia giocatore.

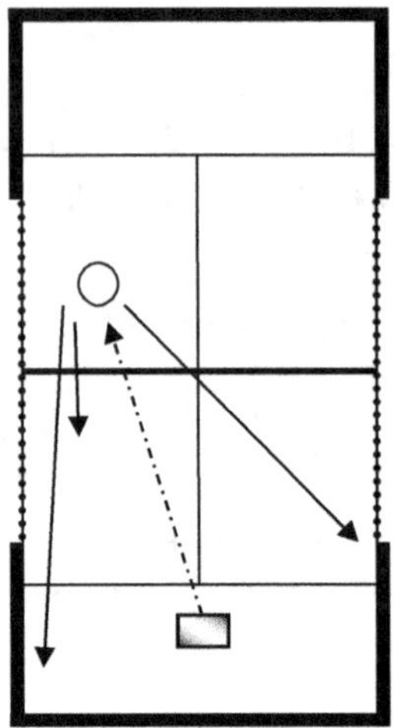

Esercizi 0197   Colpi: V

Obiettivo: Controllo di volèe
Sequenza di colpi: VD// - VRX

Descrizione:
Posizionato vicino alla rete, il giocatore eseguirà una corsa di destra parallela e una corsa di rovescio crociata ai segni situati negli angoli, passando dietro il cono dopo ogni colpo.
Dopo 10 palle si cambia giocatore.

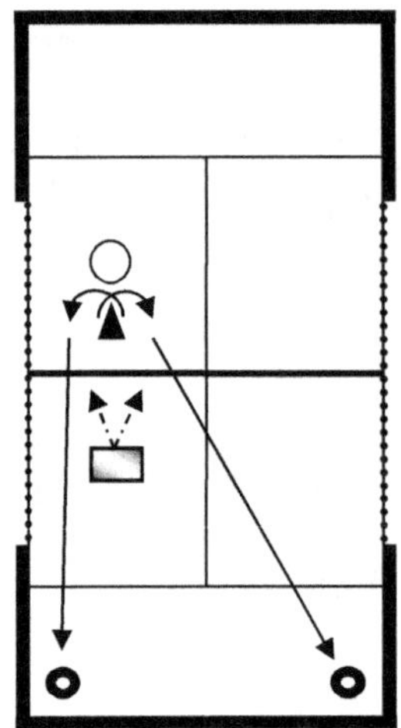

Esercizi 0198   Colpi: V

Obiettivo: Controllo di volèe
Sequenza di colpi: VDX – VR//

Descrizione:
Situato vicino alla rete, il giocatore eseguirà un volo a destra incrociata e una volèe di rovescio parallela ai segni situati negli angoli, passando dietro il cono dopo ogni colpo.
Dopo 10 palle si cambia giocatore.

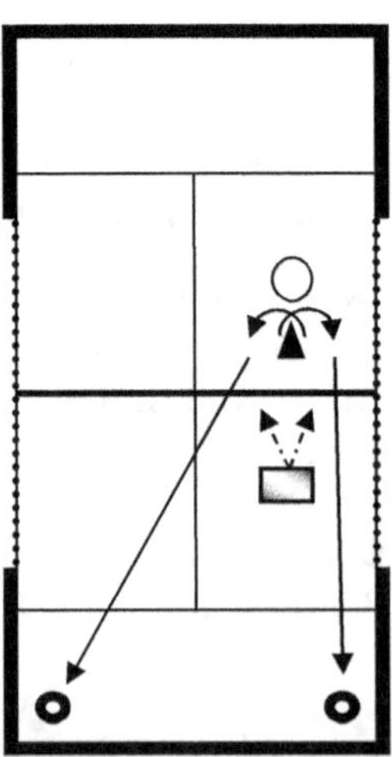

Esercizi 0199   Colpi: V

Obiettivo: Controllo di volèe
Sequenza di colpi: VDX – VR//

Descrizione:
Posizionato vicino alla rete, il giocatore eseguirà una curva a destra incrociata corta con angolo e una volata di rovescio parallela ai segni posti sulla pista, passando dietro il cono dopo ogni colpo.
Dopo 10 palle si cambia giocatore.

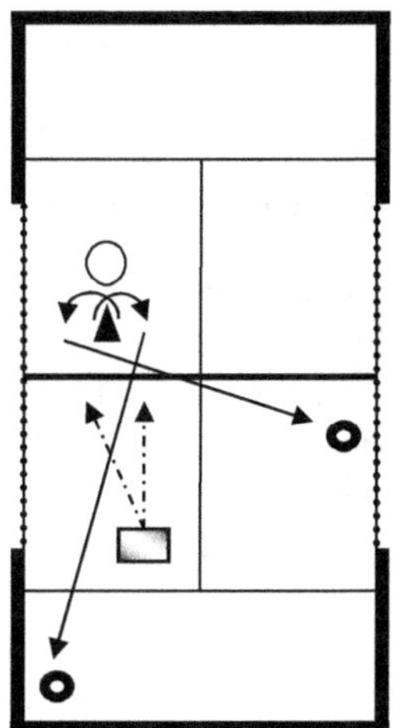

Esercizi 0200   Colpi: V

Obiettivo: Controllo di volèe
Sequenza di colpi: VRX - VD//

Descrizione:
Situato vicino alla rete, il giocatore eseguirà una traiettoria corta con angolo e una volata di destra parallela ai segni posti sulla pista, passando dietro il cono dopo ogni colpo.
Dopo 10 palle si cambia giocatore.

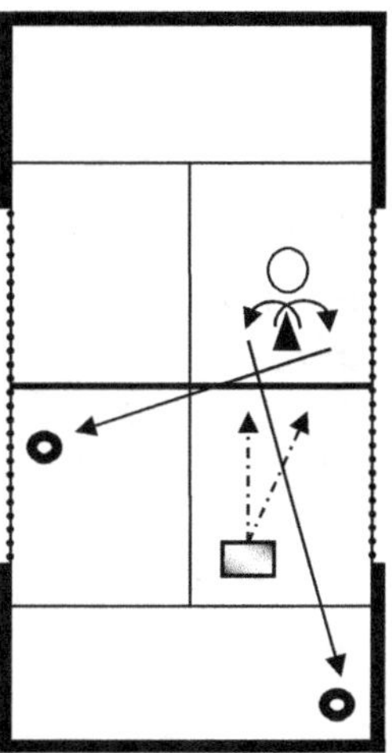

Esercizi 0201   Colpi: V

Obiettivo: Controllo di volèe
Sequenza di colpi: VDX corta – VR// corta

Descrizione:
Situato vicino alla rete, il giocatore eseguirà una curva a destra incrociata corta con angolo e una volèe di rovescio parallela corta ai segni posti sulla pista, passando dietro il cono dopo ogni colpo.
Dopo 10 palle si cambia giocatore.

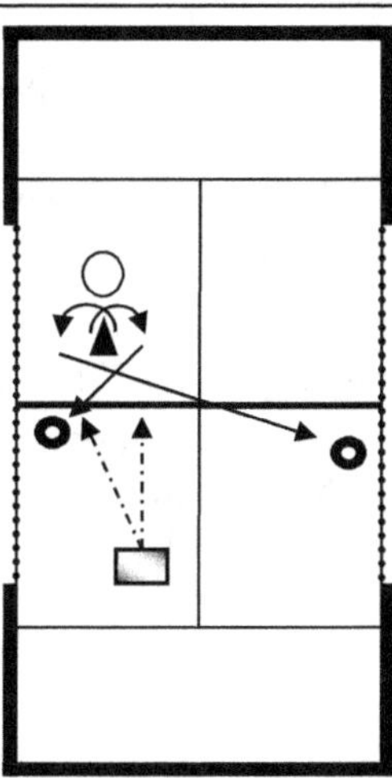

Esercizi 0202   Colpi: V

Obiettivo: Controllo di volèe
Sequenza di colpi: VRX corta – VD// corta

Descrizione:
Situato vicino alla rete, il giocatore eseguirà un corto rovescio incrociato con angolo e una volata di destra parallela ai segni posti sulla pista, passando dietro il cono dopo ogni colpo.
Dopo 10 palle si cambia giocatore.

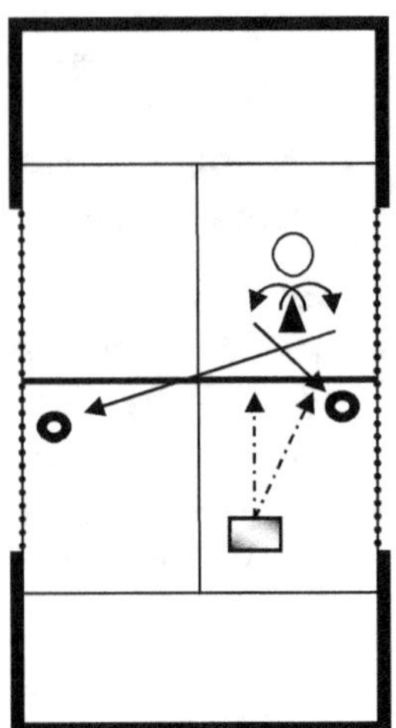

Esercizi 0203   Colpi: V

Obiettivo: Volèe di rovescio in movimento
Sequenza di colpi: VR//

Descrizione:
Situato vicino alla rete, il giocatore eseguirà una volèe di rovescio parallela al segno posto in fondo alla pista e poi toccherà il cono blu al centro della pista.
Dopo 10 palle si cambia giocatore.

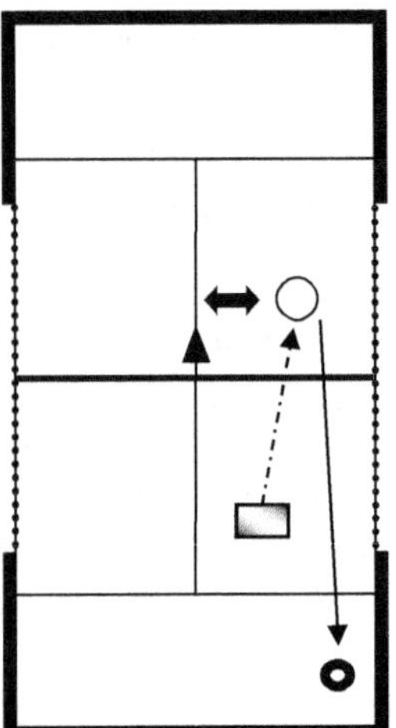

Esercizi 0204   Colpi: V

Obiettivo: Volèe di destra in movimento
Sequenza di colpi: VD//

Descrizione:
Situato vicino alla rete, il giocatore eseguirà una volèe di destra parallela al segno posto in fondo alla pista e poi toccherà il cono blu al centro della pista.
Dopo 10 palle si cambia giocatore.

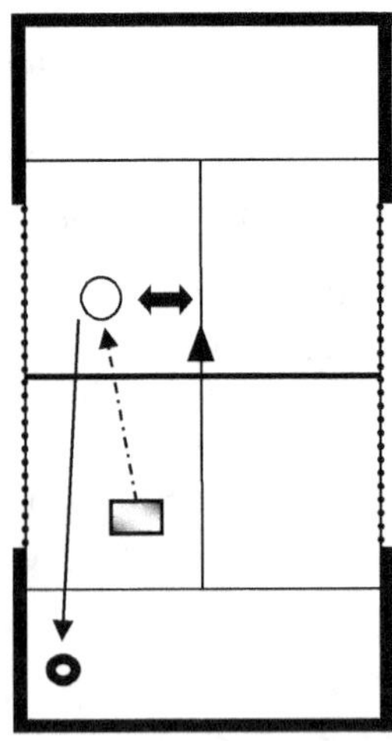

Esercizi 0205   Colpi: V

Obiettivo: Volèe in movimento
Sequenza di colpi: VR// – toccare cono – VRX

Descrizione:
Situato vicino alla rete, il giocatore eseguirà un rovescio parallelo, suonerà il cono blu e realizzerà un altro rovescio incrociato corto con l'obiettivo dei marchi situati sulla pista.
Dopo 10 palle si cambia giocatore.

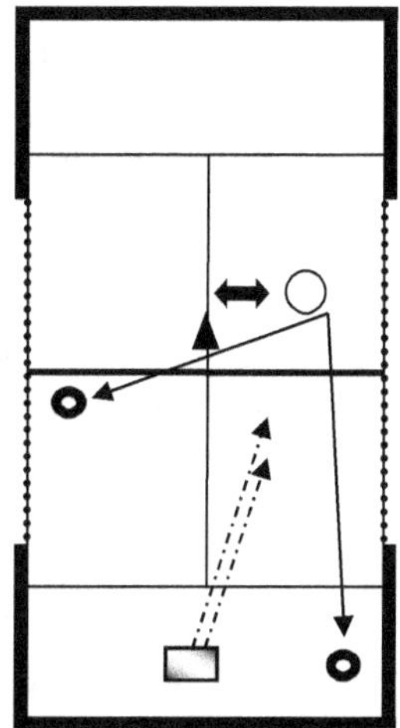

Esercizi 0206   Colpi: V

Obiettivo: Volèe in movimento
Sequenza di colpi: VD// – toccare cono – VDX

Descrizione:
Situato vicino alla rete, il giocatore eseguirà una volèe di destra parallela, suonerà il cono blu e realizzerà un altro volèe di destra incrociata corta con l'obiettivo dei marchi situati sulla pista.
Dopo 10 palle si cambia giocatore.

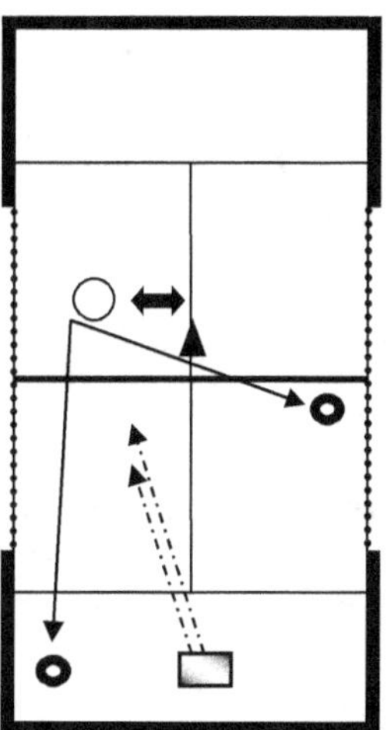

Esercizi 0207   Colpi: V

Obiettivo: Volèe in movimento
Sequenza di colpi: VD// – toccare cono – VRX

Descrizione:
Posizionato vicino alla rete, il giocatore eseguirà una corsa di destra parallela, suonerà il cono blu e realizzerà un'altra volèe di rovescio incrociato con l'obiettivo dei marchi situati sulla pista.
Dopo 10 palle si cambia giocatore.

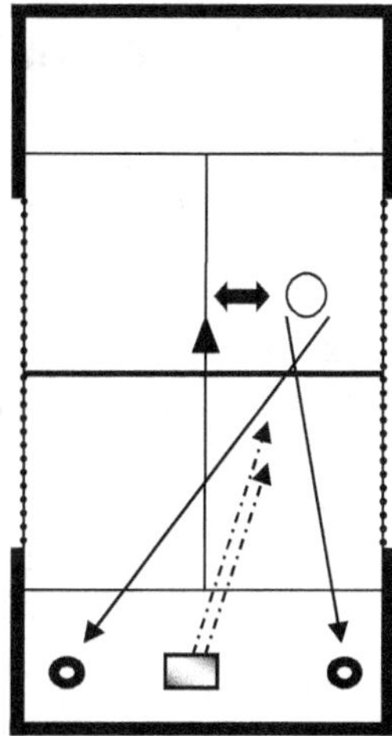

Esercizi 0208   Colpi: V

Obiettivo: Volèe in movimento
Sequenza di colpi: VDX – toccare cono – VR//

Descrizione:
Situato vicino alla rete, il giocatore eseguirà un volo a destra incrociata, suonerà il cono blu e realizzerà un'altra volèe di rovescio parallela con l'obiettivo dei marchi situati sulla pista.
Dopo 10 palle si cambia giocatore.

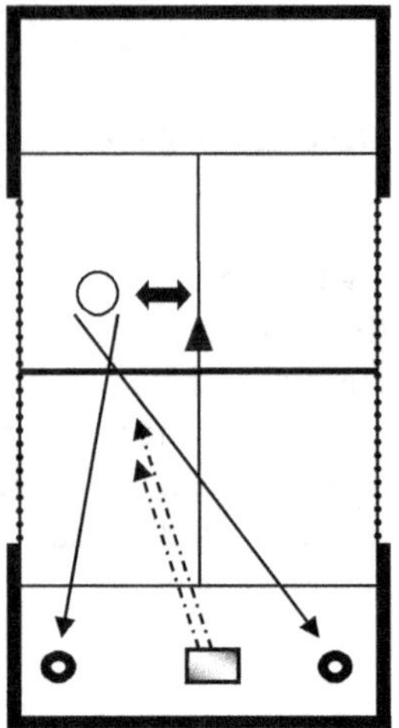

Esercizi 0209   Colpi: V

Obiettivo: Volèe in movimento
Sequenza di colpi: VD// corta – toccare cono – VRX corta

Descrizione:
Situato vicino alla rete, il giocatore esegue una corsa di destra parallela corta, suonerà il cono blu e realizzerà un'altra volèe di rovescio incrociato corto, con l'ascolto dei marchi situati vicino alla rete.
Dopo 10 palle si cambia giocatore.

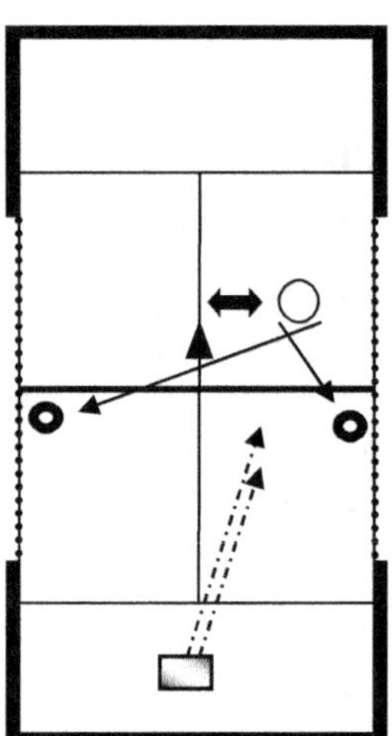

Esercizi 0210   Colpi: V

Obiettivo: Volèe in movimento
Sequenza di colpi: VR// corta – toccare cono – VDX corta

Descrizione:
Posizionato vicino alla rete, il giocatore eseguirà una breve volèe di rovescio parallelo, suonerà il cono blu e realizzerà un'altra volèe a destra incrociata corta, con l'obiettivo dei marchi situati vicino alla rete.
Dopo 10 palle si cambia giocatore.

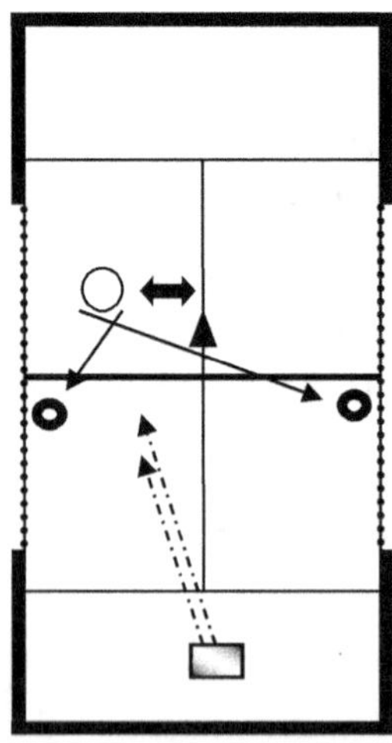

Esercizi 0211   Colpi: V

Obiettivo: Volèe in movimento
Sequenza di colpi: VD// – toccare cono – VR//

Descrizione:
Posizionato vicino alla rete, il giocatore eseguirà un volèe di destra parallelo, suonerà il cono blu e realizzerà un'altra volèe di rovescio parallelo, con l'obiettivo dei marchi situati in fondo alla pista.
Dopo 10 palle si cambia giocatore.

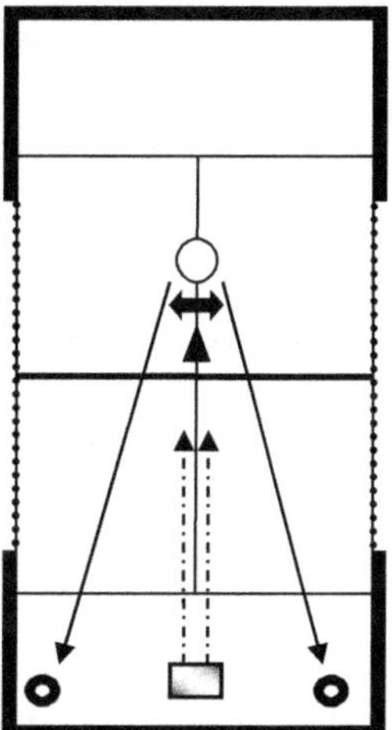

Esercizi 0212   Colpi: V

Obiettivo: Volèe in movimento
Sequenza di colpi: VD// corta – toccare cono – VR// corta

Descrizione:
Posizionato vicino alla rete, il giocatore eseguirà una volèe di destra parallela corta, suonerà il cono blu e realizzerà un'altra volèe di rovescio parallela corta, con l'obiettivo dei marchi situati vicino alla rete.
Dopo 10 palle si cambia giocatore.

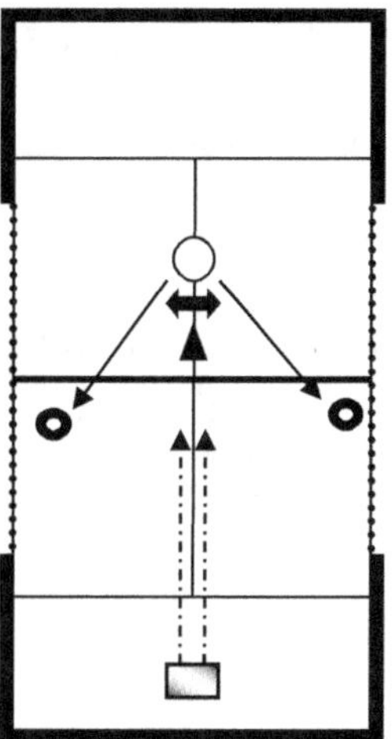

Esercizi 0213   Colpi: V

Obiettivo: Volèe in movimento
Sequenza di colpi: VD//-VD//– toccare cono–VR//-VR//

Descrizione:
Posizionato il giocatore vicino alla rete, realizzerà due volèe di destra parallela, suonerà il cono blu e realizzerà altre due volèe di rovescio parallelo, con l'obiettivo dei marchi situati in fondo alla pista.
Dopo 10 palle si cambia giocatore.

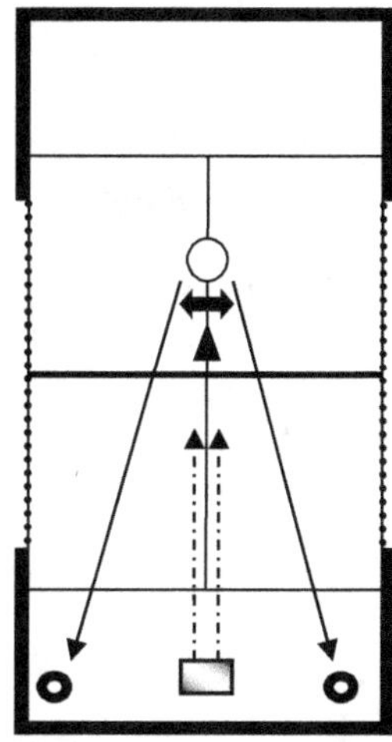

Esercizi 0214   Colpi: V

Obiettivo: Volèe in movimento
Sequenza di colpi: VDX – VRX

Descrizione:
Situato vicino alla rete, il giocatore eseguirà una volèe a destra incrociata breve, passerà dietro il cono e una volèe a rovescio corto, con l'obiettivo dei marchi situati vicino alla rete.
Dopo 10 palle si cambia giocatore.

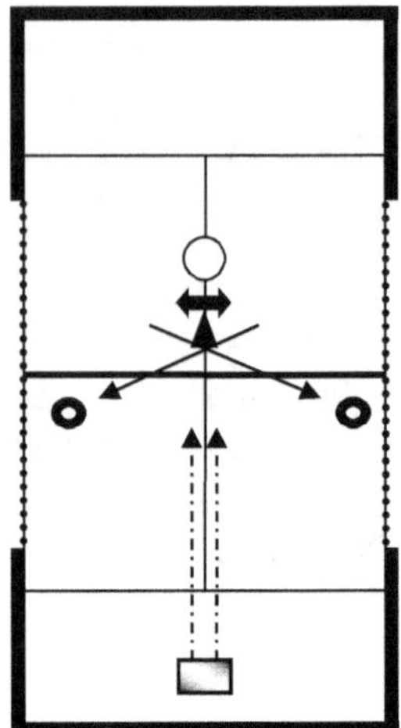

Esercizi 0215   Colpi: V

Obiettivo: Volèe in movimento
Sequenza di colpi: VDX – VDX – VDX

Descrizione:
Situato il giocatore vicino alla rete, eseguirà tre volèe a destra incrociati ai diversi obiettivi situati sulla pista.
Dopo 10 palle si cambia giocatore.

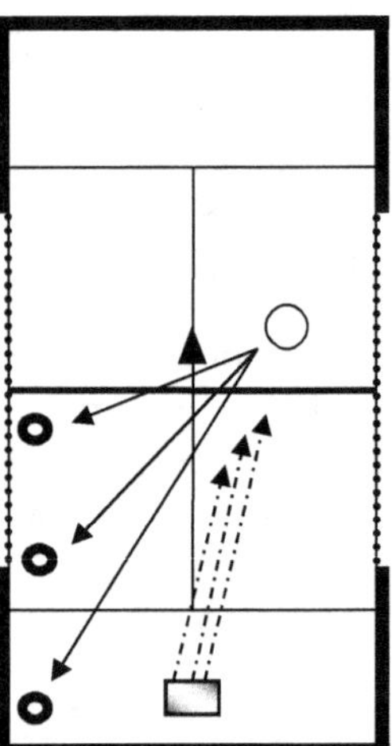

Esercizi 0216   Colpi: V

Obiettivo: Volèe in movimento
Sequenza di colpi: VRX – VRX – VRX

Descrizione:
Situato il giocatore vicino alla rete, eseguirà tre volèe di rovescio incrociati ai diversi obiettivi situati sulla pista.
Dopo 10 palle si cambia giocatore.

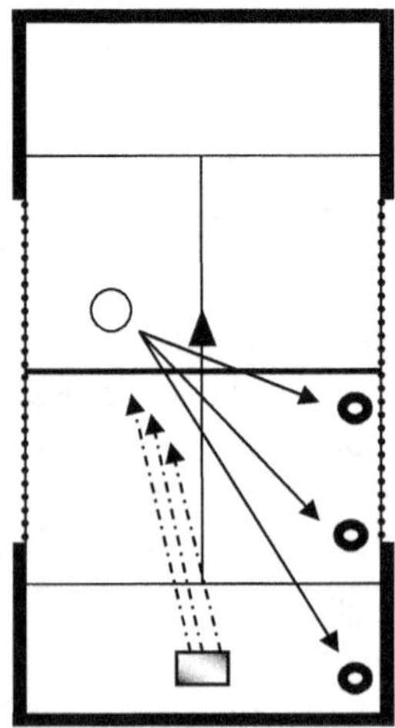

Esercizi 0217   Colpi: V

Obiettivo: Volèe in movimento
Sequenza di colpi: VRX – VRX – VDX

Descrizione:
Situato il giocatore in mezza pista, realizzerà due volèe di rovescio incrociati e una corsa di destra incrociata da posizioni diverse allo stesso obiettivo situato in fondo alla pista, e rifarà l'esercizi.
Dopo 12 palle si cambia giocatore.

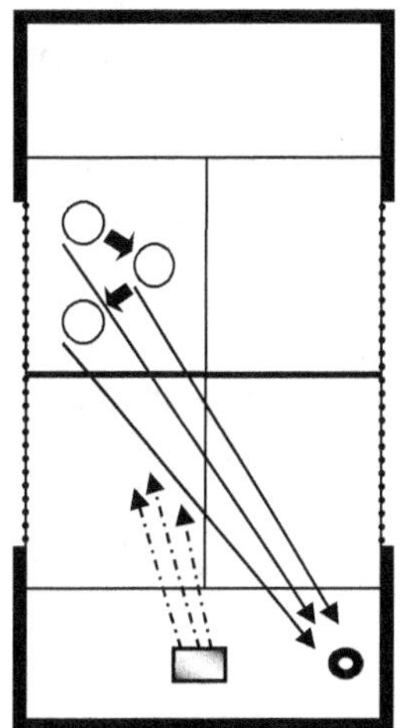

Esercizi 0218   Colpi: V

Obiettivo: Volèe in movimento
Sequenza di colpi: VDX – VDX – VRX

Descrizione:
Situato il giocatore in mezza pista, realizzerà due volèe di destra incrociate e una volèe di rovescio incrociata da diverse posizioni allo stesso obiettivo situato in fondo alla pista, e rifarà l'esercizi.
Dopo 12 palle si cambia giocatore.

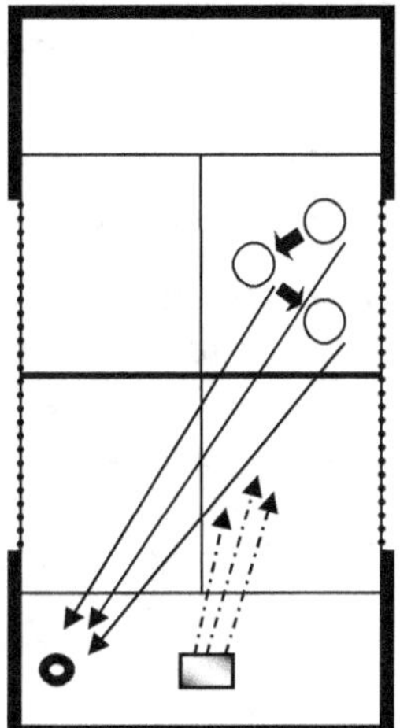

Esercizi 0219   Colpi: V

Obiettivo: Blocco di volèe
Sequenza di colpi: VRX

Descrizione:
Situato il giocatore vicino alla rete, incollato alla griglia, il giocatore coprirà il mezzo e bloccherà da volèe di rovescio incrociato al marchio situato in fondo alla pista, e rifarà l'esercizi.
Dopo 10 palle si cambia giocatore.

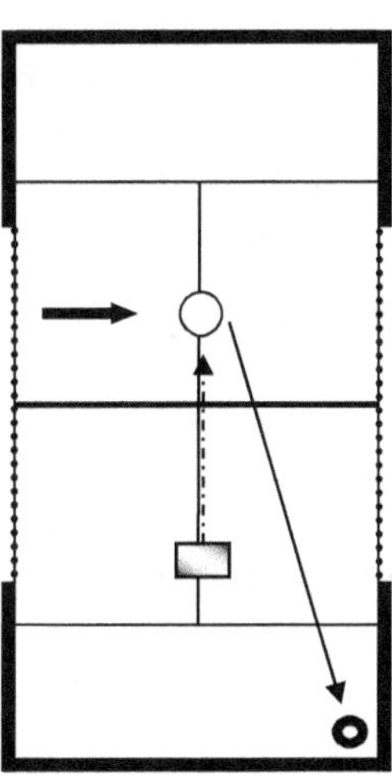

Esercizi 0220   Colpi: V

Obiettivo: Blocco di volèe
Sequenza di colpi: VDX

Descrizione:
Posizionato il giocatore vicino alla rete, incollato alla griglia, il giocatore coprirà il mezzo e bloccherà da volèe a destra incrociata al marchio in fondo alla pista, e rifarà l'esercizi.
Dopo 10 palle si cambia giocatore.

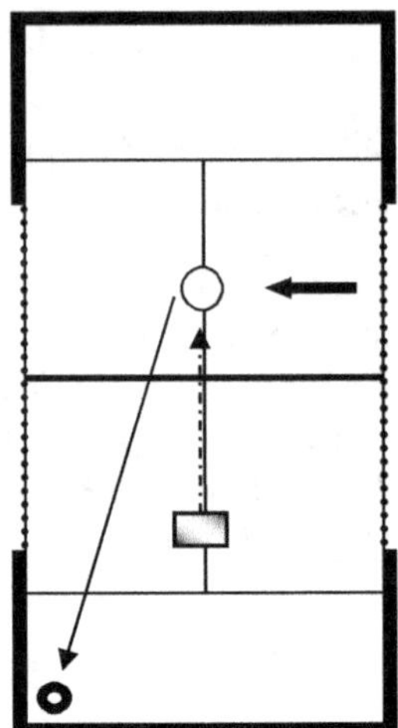

Esercizi 0221   Colpi: V

Obiettivo: Volèe in movimento
Sequenza di colpi: VD// - VR//

Descrizione:
Posizionato in fondo alla pista, il giocatore salirà correndo nella rete e realizzerà due voli paralleli di destra e due voli di rovescio paralleli al segno in fondo alla pista, e rifarà l'esercizio.
Dopo 10 palle si cambia giocatore.

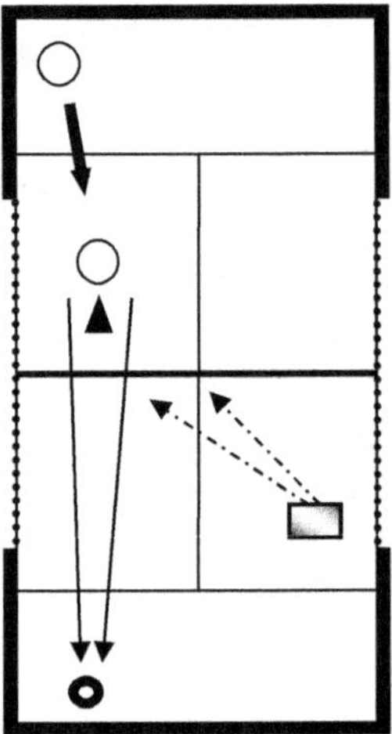

Esercizi 0222   Colpi: V

Obiettivo: Volèe in movimento
Sequenza di colpi: VD// - VR//

Descrizione:
Posizionato in fondo alla pista, il giocatore salirà correndo sulla rete e realizzerà due voli paralleli di destra e due voli di rovescio paralleli al marchio in fondo alla pista, e rifarà l'esercizio.
Dopo 10 palle si cambia giocatore.

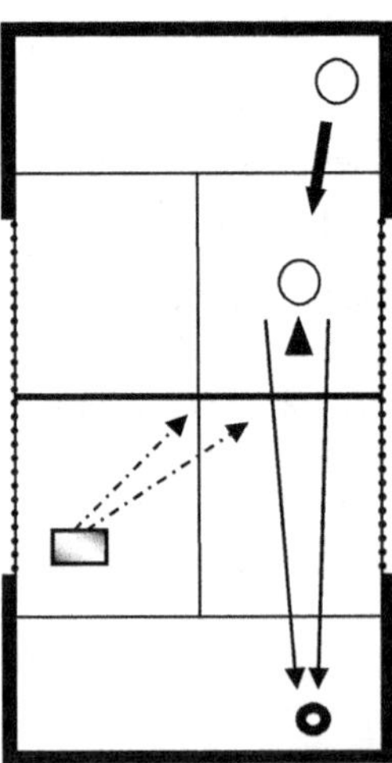

Esercizi 0223   Colpi: V

Obiettivo: Volèe in movimento
Sequenza di colpi: VDX corta - VR//

Descrizione:
Posizionato il giocatore in fondo alla pista, salirà correndo nella rete e realizzerà volèe, una di rovescio parallela al fondo della pista e una di destra incrociata corta al marchio situato vicino alla rete, e rifarà l'esercizi.
Dopo 10 palle si cambia giocatore.

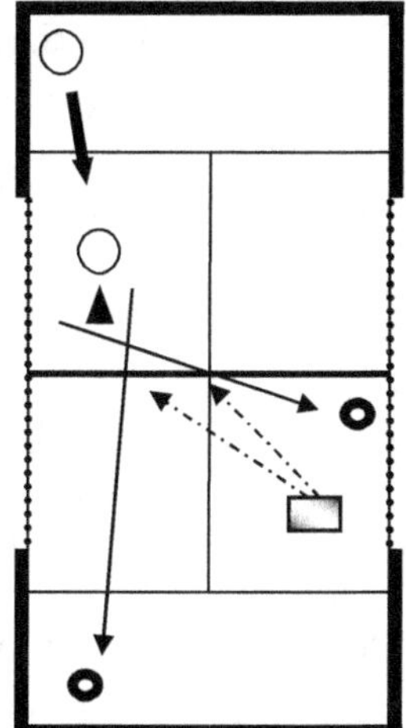

Esercizi 0224   Colpi: V

Obiettivo: Volèe in movimento
Sequenza di colpi: VD// - VRX corta

Descrizione:
Situato il giocatore in fondo alla pista, salirà correndo alla rete e realizzerà volèe, una da destra parallela al fondo della pista e una da rovescio incrociato corto al marchio situato vicino alla rete, e rifarà l'esercizi.
Dopo 10 palle si cambia giocatore.

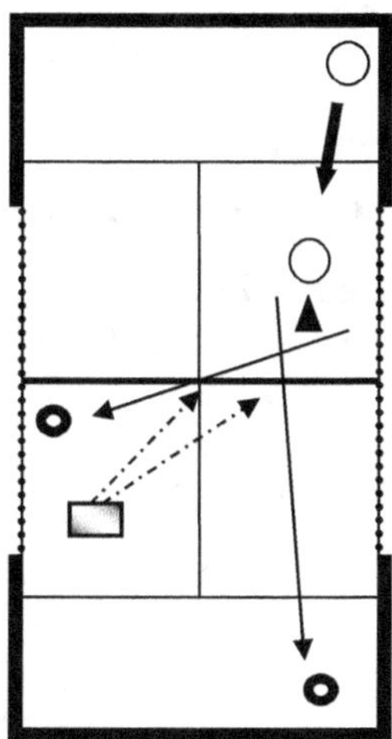

Esercizi 0225   Colpi: V

Obiettivo: Volèe in movimento
Sequenza di colpi: VD// - VR al mezzo - VRX

Descrizione:
Situato il giocatore in fondo alla pista, salirà correndo alla rete e realizzerà volèe, una da destra parallela al fondo della pista, una da rovescio al mezzo ed una da rovescio incrociato corto, con l'obiettivo dei marchi situati sulla pista, e rifarà l'esercizi.
Dopo 10 palle si cambia giocatore.

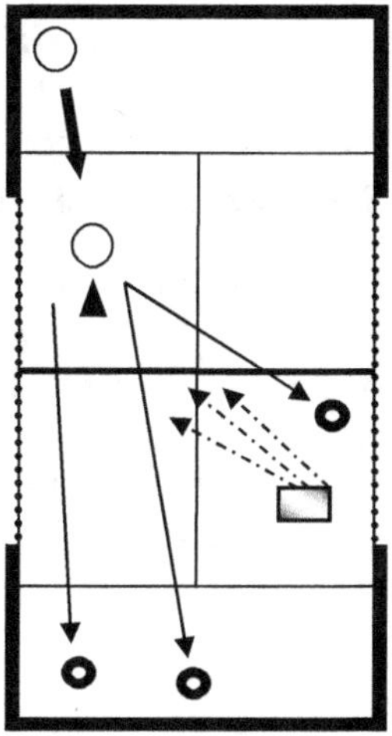

Esercizi 0226   Colpi: V

obiettivo: Volèe in movimento
Sequenza di colpi: VR// - VD al mezzo - VDX

Descrizione:

Situato il giocatore in fondo alla pista, :
correndo alla rete e realizzerà volèe, una di rovi
parallela al fondo della pista, una di destra al m
ed una di destra a destra a destra a destra corta
l'obiettivo dei marchi situati sulla pista, e ı
l'esercizi.
Dopo 10 palle si cambia giocatore.

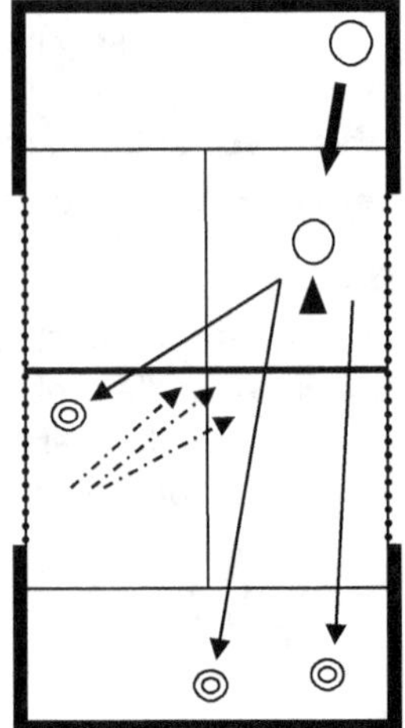

Esercizi 0227   Colpi: V

Obiettivo: Combinazione de colpi con spotame
Sequenza di colpi: VD – VR

Descrizione:

Posizionati in fila vicino alla rete, eseguirann
volo di destra e un rovescio contro il monit
torneranno in riga.

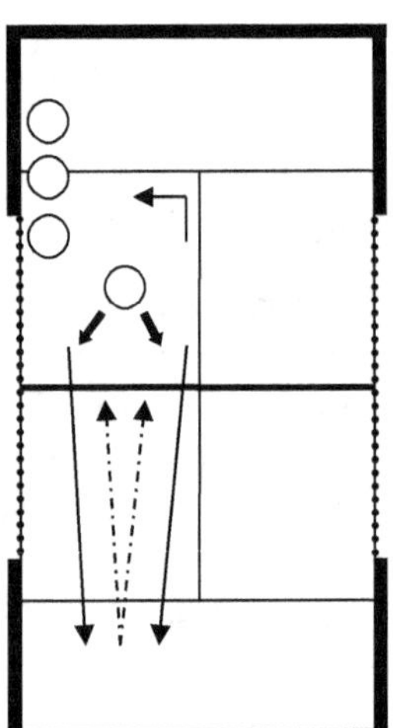

Esercizi 0228   Colpi: V

Obiettivo: Volèe con giro
Sequenza di colpi: VD// - VR//

Descrizione:

Situato il giocatore vicino alla rete, effettuerà un
dopo ogni volèe di destra parallela o volè
rovescio parallelo, con l'obiettivo dei marchi sı
sul fondo della pista.
Dopo 10 palle si cambia giocatore.

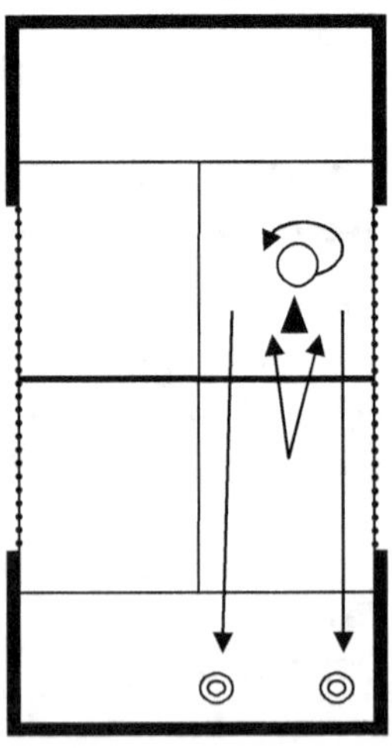

Esercizi 0229   Colpi: V

Obiettivo: Volèe con giro
Sequenza di colpi: VDX - VRX

Descrizione:
Situato il giocatore vicino alla rete, effettuerà una rotazione dopo ogni volo a destra incrociata o a rovescio incrociato, con l'obiettivo dei marchi situati sul fondo della pista.
Dopo 10 palle si cambia giocatore.

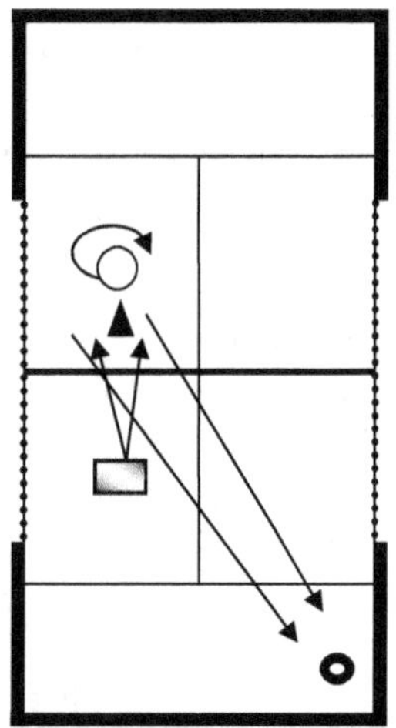

Esercizi 0230   Colpi: V

Obiettivo: Volèe in movimento con spotamento
Sequenza di colpi: VD// – VD// – VD//

Descrizione:
Posizionato in fondo alla pista, il giocatore effettuerà una corsa di destra parallela, toccherà il cono della sua sinistra e avanzerà alla volèe successiva, con l'obiettivo delle marche poste in fondo alla pista.
Dopo 12 palle cambia giocatore.

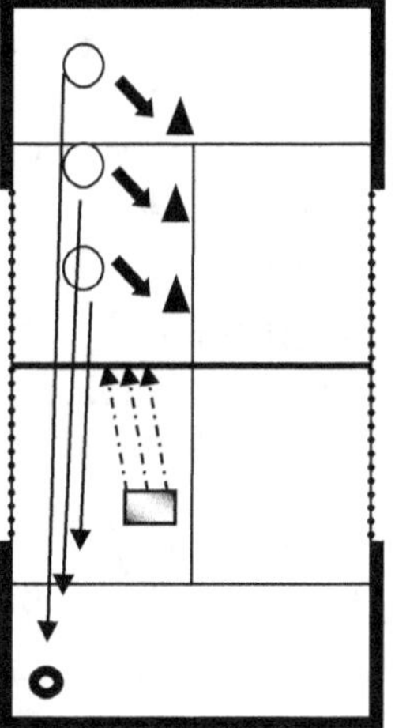

Esercizi 0231   Colpi: V

Obiettivo: Volèe in movimento con spotamento
Sequenza di colpi: VR// – VR// – VR//

Descrizione:
Situato il giocatore in fondo alla pista, realizzerà voli di rovescio paralleli, toccherà il cono del suo destra e avanzerà alla volèe successiva, con l'obiettivo dei marchi situati in fondo alla pista.
Dopo 12 palle cambia giocatore.

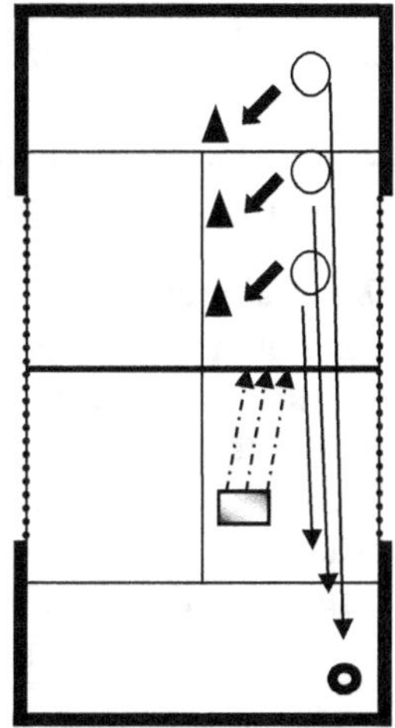

Esercizi 0232   Colpi: V

Obiettivo: Volèe in movimento con spotamento
Sequenza di colpi: VD mezzo – VD mezzo – VD mezzo

Descrizione:

Situato il giocatore in fondo alla pista, eseguirà volo da destra al centro, toccherà il cono della sua sinistra e avanzerà alla seguente volèe, con l'obiettivo dei marchi situati in fondo alla pista.
Dopo 12 palle cambia giocatore.

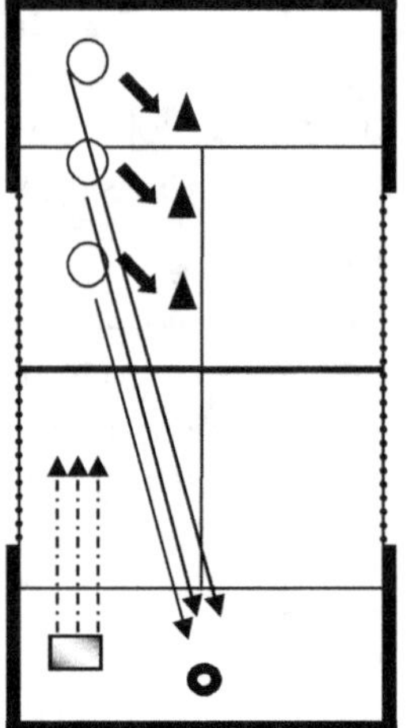

Esercizi 0233   Colpi: V

Obiettivo: Volèe in movimento con spotamento
Sequenza di colpi: VR mezzo – VR mezzo– VR mezzo

Descrizione:

Collocato il giocatore in fondo alla pista, realizzerà un volo di rovescio al centro, toccherà il cono del suo destra e avanzerà al prossimo volo, con l'obiettivo dei marchi situati in fondo alla pista.
Dopo 12 palle cambia giocatore.

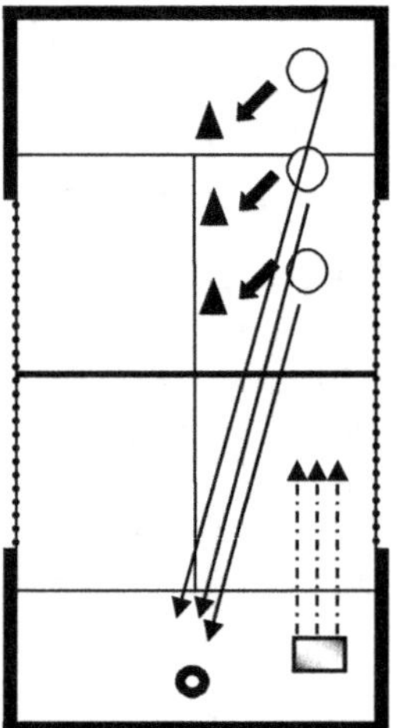

Esercizi 0234   Colpi: V

Obiettivo: Volèe in movimento con spotamento
Sequenza di colpi: VDX – VDX – VDX

Descrizione:

Posizionato in fondo alla pista, il giocatore effettuerà un volo a destra incrociato, toccherà il cono della sua sinistra e avanzerà alla volèe successiva, con l'obiettivo dei segni in fondo alla pista.
Dopo 12 palle cambia giocatore.

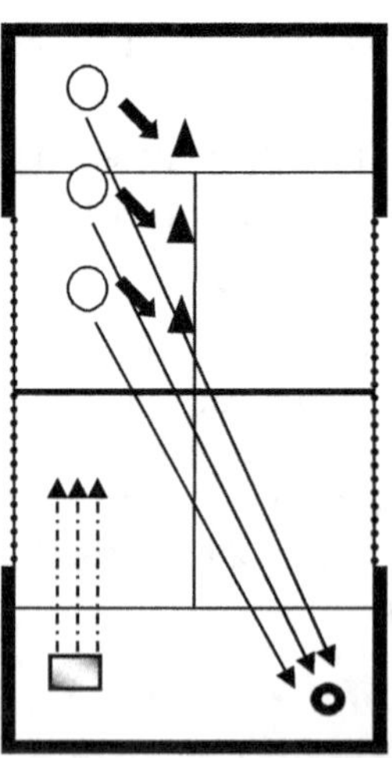

Esercizi 0235   Colpi: V

Obiettivo: Volèe in movimento con spotamento
Sequenza di colpi: VRX – VRX – VRX

Descrizione:
Situato il giocatore in fondo alla pista, realizzerà voli di rovescio incrociati, toccherà il cono del suo destra e avanzerà alla volèe successiva, con l'obiettivo dei marchi situati in fondo alla pista.
Dopo 12 palle cambia giocatore.

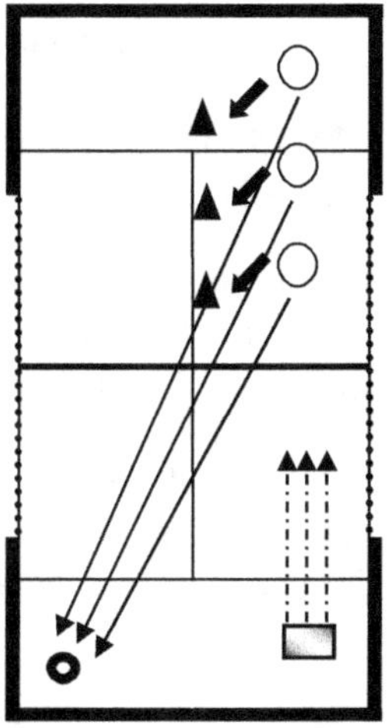

Esercizi 0236   Colpi: V

Obiettivo: Volèe in movimento con spotamento
Sequenza di colpi: VD// - VR//

Descrizione:
Posizionato il giocatore in fondo alla pista e con uno spostamento in avanti a zig zag, il giocatore effettuerà voli di destra paralleli e volèe di rovescio paralleli all'altezza dei coni, con l'obiettivo dei marchi situati in fondo alla pista.
Dopo 12 palle cambia giocatore.

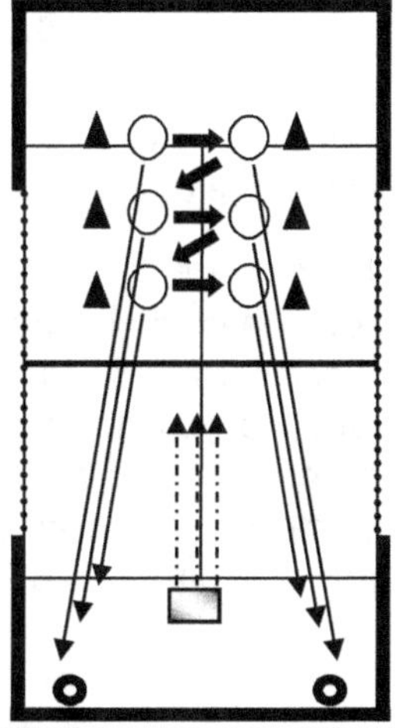

Esercizi 0237   Colpi: V

Obiettivo: Volèe in movimento con spotamento
Sequenza di colpi: VDX - VRX

Descrizione:
Situato il giocatore in fondo alla pista e con uno spostamento a zig zag in avanti, il giocatore realizzerà voli a destra incrociati e volèe a rovescio incrociati all'altezza dei coni, con l'obiettivo dei marchi situati in fondo alla pista.
Dopo 12 palle cambia giocatore.

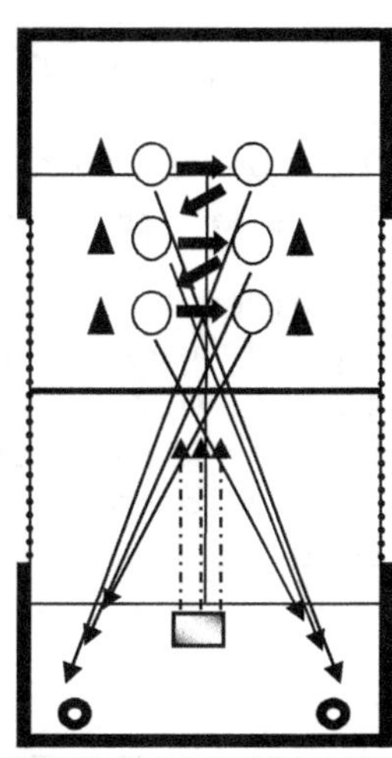

Esercizi 0238   Colpi: V

Obiettivo: Volèe in movimento con spotamento
Sequenza di colpi: VDX - VR//

Descrizione:
Posizionato il giocatore in fondo alla pista e con uno spostamento in avanti a zig zag, il giocatore realizzerà voli a destra incrociati e volèe di rovescio paralleli all'altezza dei coni, con l'obiettivo dei marchi situati in fondo alla pista.
Dopo 12 palle cambia giocatore.

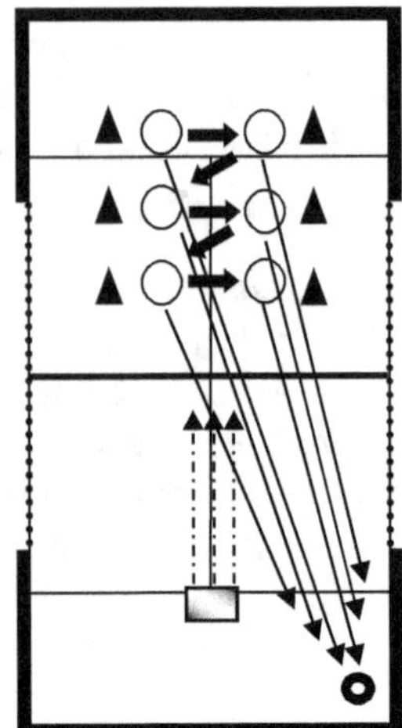

Esercizi 0239   Colpi: V

Obiettivo: Volèe in movimento con spotamento
Sequenza di colpi: VD// - VRX

Descrizione:
Posizionato il giocatore in fondo alla pista e con uno spostamento in avanti a zig zag, il giocatore eseguirà voli di destra paralleli e volèe di rovescio incrociati all'altezza dei coni, con l'obiettivo dei marchi situati in fondo alla pista.
Dopo 12 palle cambia giocatore.

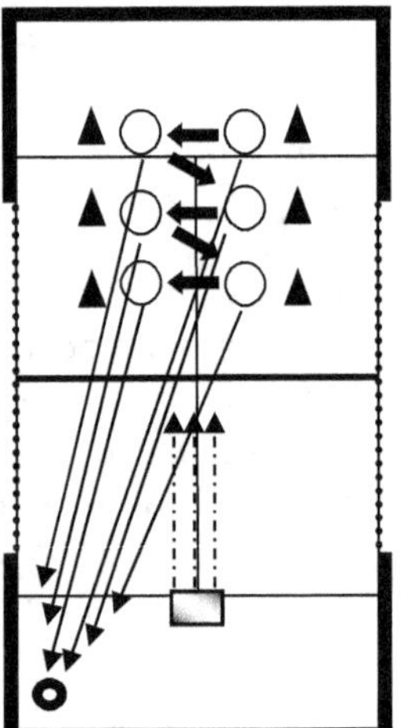

Esercizi 0240   Colpi: V

Obiettivo: Volèe in movimento con spotamento
Sequenza di colpi: VDX - VRX

Descrizione:
Situato il giocatore vicino alla rete, realizzerà voli a destra incrociati e voli a rovescio incrociati attraverso la zona segnata, con l'obiettivo dei marchi situati sul fondo della pista.
Dopo 10 palle si cambia giocatore.

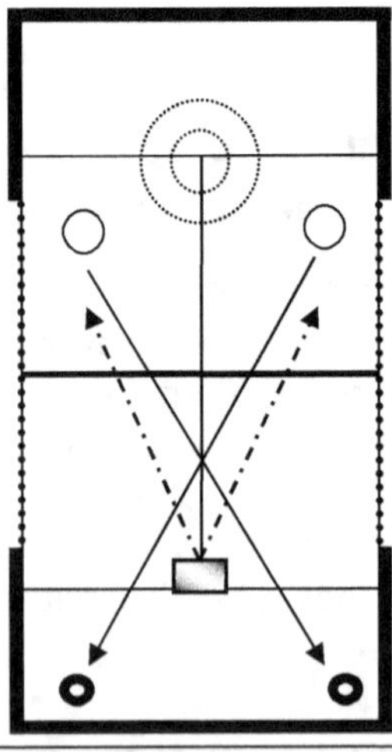

Esercizi 0241   Colpi: V

Obiettivo: Volèe in movimento con spotamento
Sequenza di colpi: VD// - VR//

Descrizione:
Situato il giocatore vicino alla rete, eseguirà volèe di destra parallele e volèe di rovescio parallele passando per la zona segnata, con l'obiettivo dei marchi situati sul fondo della pista.
Dopo 10 palle si cambia giocatore.

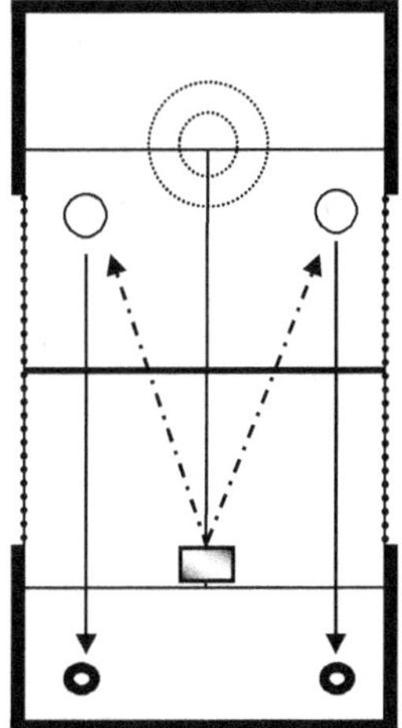

Esercizi 0242   Colpi: V

Obiettivo: Volèe in movimento con spotamento
Sequenza di colpi: VD// - VRX

Descrizione:
Situato il giocatore vicino alla rete, eseguirà volèe di destra parallele e volèe di rovescio incrociate, passando per la zona segnata, con l'obiettivo dei marchi situati sul fondo della pista.
Dopo 10 palle si cambia giocatore.

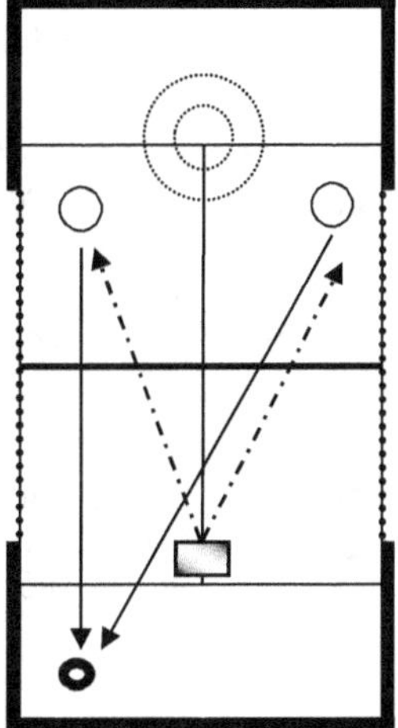

Esercizi 0243   Colpi: V

Obiettivo: Volèe in movimento con spotamento
Sequenza di colpi: VDX – VR//

Descrizione:
Situato il giocatore vicino alla rete, realizzerà voli a destra incrociati e volèe a rovescio paralleli, passando per la zona segnata, con l'obiettivo dei marchi situati sul fondo della pista.
Dopo 10 palle si cambia giocatore.

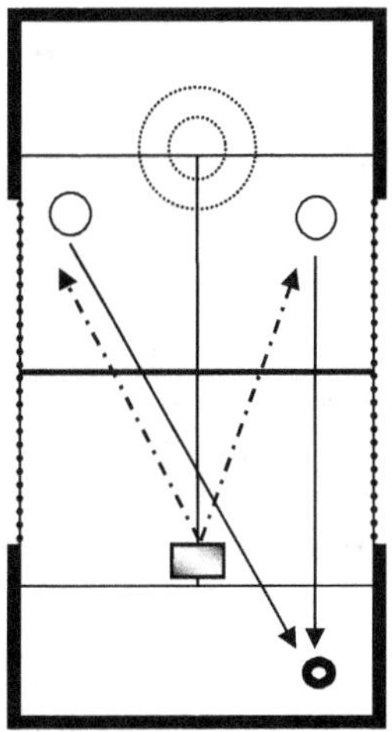

Esercizi 0244   Colpi: V

Obiettivo: Volèe in movimento con spotamento
Sequenza di colpi: VD// – VR//

Descrizione:
Situato il giocatore vicino alla rete sulla linea di mezzo, alternerà volèe di destra parallele e volèe di rovescio parallele a diversa distanza, con l'obiettivo delle marche situate sul fondo della pista.
Dopo 10 palle si cambia giocatore.

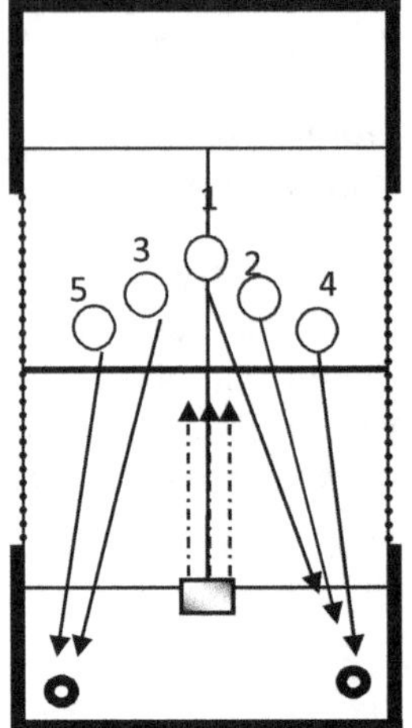

Esercizi 0245   Colpi: V

Obiettivo: Volèe in movimento con spotamento
Sequenza di colpi: VDX – VRX

Descrizione:
Situato il giocatore vicino alla rete sulla linea di mezzo, alternerà volèe di destra incrociate e volèe di rovescio incrociate a diversa distanza, con l'obiettivo dei marchi situati sul fondo della pista.
Dopo 10 palle si cambia giocatore.

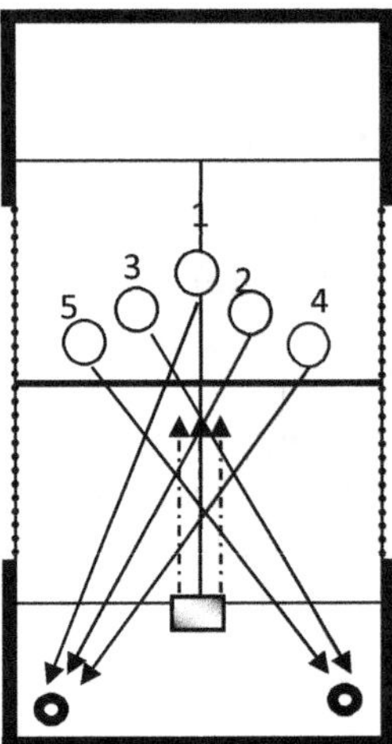

Esercizi 0246   Colpi: V

Obiettivo: Volèe in movimento con spotamento
Sequenza di colpi: VDX – VR//

Descrizione:
Situato il giocatore vicino alla rete sulla linea di mezzo, altererà volèe di destra incrociate e volèe di rovescio parallele a diversa distanza, con l'obiettivo dei marchi situati sul fondo della pista.
Dopo 10 palle si cambia giocatore.

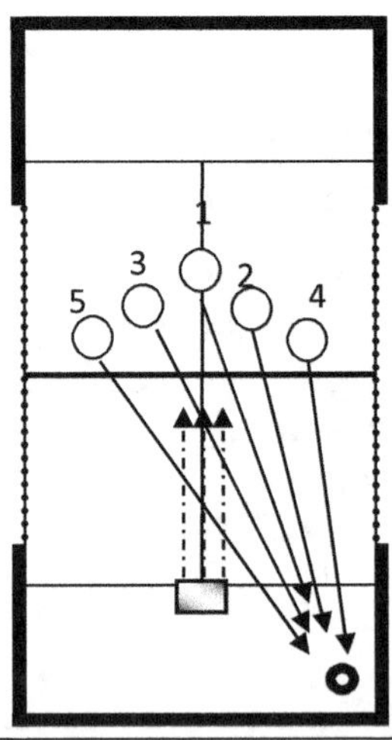

Esercizi 0247   Colpi: V

Obiettivo: Volèe in movimento con spotamento
Sequenza di colpi: VD// – VRX

Descrizione:

...to il giocatore vicino alla rete sulla linea di
...:o, altererà volèe di destra parallele e volèe di
...scio incrociate a diversa distanza, con l'obiettivo
...narchi situati sul fondo della pista.
...) 10 palle si cambia giocatore.

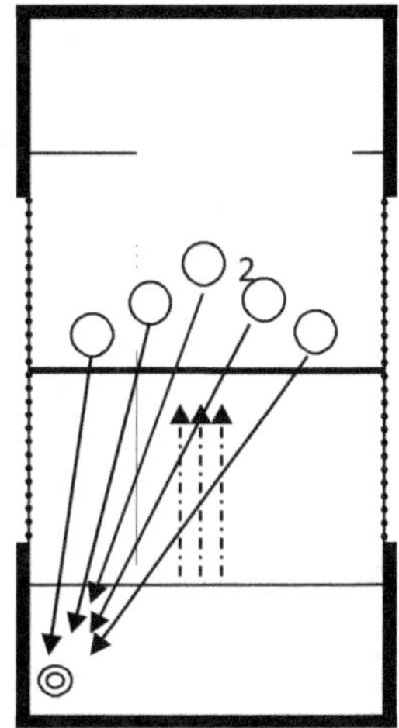

Esercizi 0248   Colpi: V

...ttivo: Controllo di volèe
...ienza di colpi: VD// - cambio – VR// - cambio

...rizione:

...icati in prossimità della rete in due file, i
...atori eseguiranno una curva di destra parallela e
...osteranno di fila per fare una corsa di rovescio
...lelo e cambiare di nuovo riga.

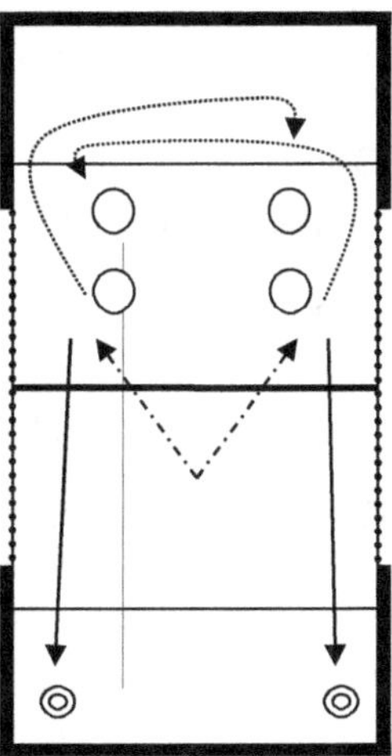

...ttivo: Controllo di volèe
...ienza di colpi: VDX - cambio – VRX - cambio

...rizione:

...icati in prossimità della rete in due file, i
...atori eseguiranno un volo a destra incrociato e
...ieranno la riga per fare un volo a rovescio
...ciato e cambiare di nuovo riga.

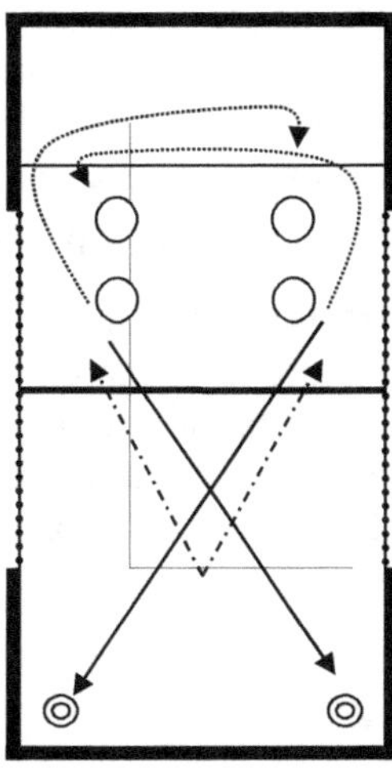

Esercizi 0250   Colpi: V

Obiettivo: Volèe in movimento
Sequenza di colpi: VD – VD – VD

Descrizione:
Situato il giocatore vicino alla rete, realizzerà tre volèe di destra in movimento, con l'obiettivo del marchio situato nell'angolo della pista.
Dopo 12 palle si cambia giocatore.

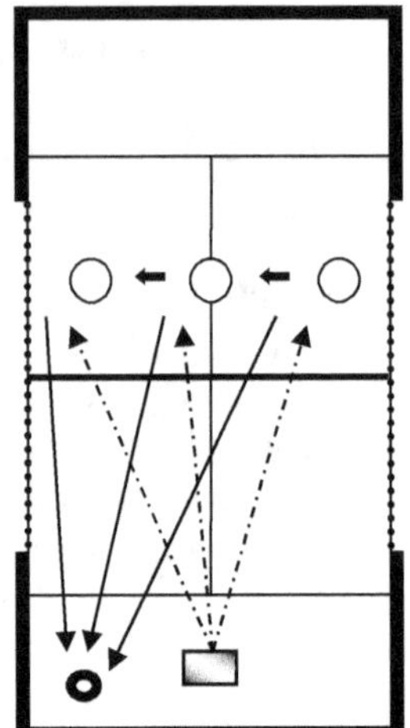

Esercizi 0251   Colpi: V

Obiettivo: Volèe in movimento
Sequenza di colpi: VR – VR – VR

Descrizione:
Situato il giocatore vicino alla rete, realizzerà tre voli di rovescio in movimento, con l'obiettivo del marchio situato nell'angolo della pista.
Dopo 12 palle si cambia giocatore.

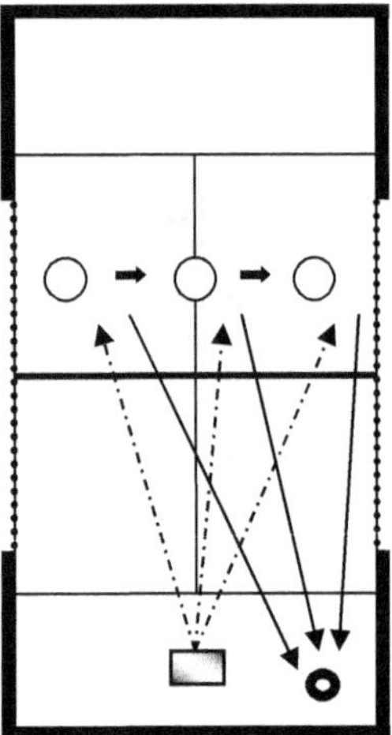

Esercizi 0252   Colpi: V

Obiettivo: Volèe in movimento
Sequenza di colpi: VD – VD – VD

Descrizione:
Situato il giocatore vicino alla rete, realizzerà tre volèe di destra in movimento, con l'obiettivo del marchio situato nell'angolo della pista.
Dopo 12 palle si cambia giocatore.

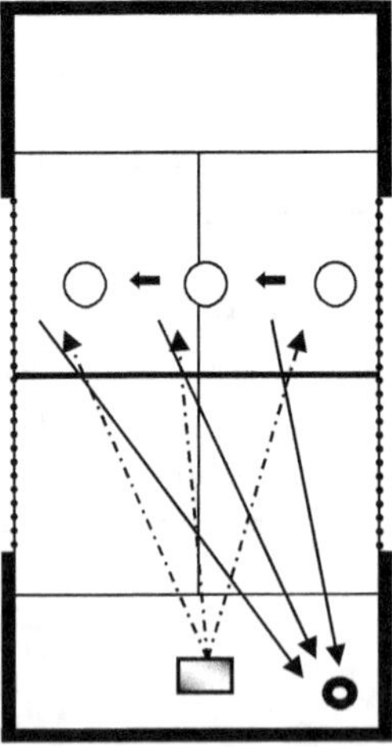

Esercizi 0253   Colpi: V

Obiettivo: Volèe in movimento
Sequenza di colpi: VR – VR – VR

Descrizione:
Situato il giocatore vicino alla rete, realizzerà tre voli di rovescio in movimento, con l'obiettivo del marchio situato nell'angolo della pista.
Dopo 12 palle si cambia giocatore.

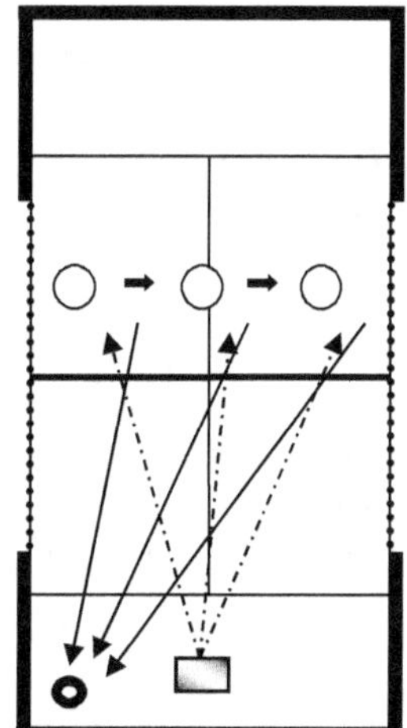

Esercizi 0254   Colpi: V

Obiettivo: Variazione di volèe
Sequenza di colpi: VDX – VDX – VDX

Descrizione:
Situato il giocatore sulla linea di Servizio, salirà sulla rete e all'altezza di ogni cono nero realizzerà volèe di destra di avvicinamento e nel cono bianco una volèe di potenza di destra incrociata, con l'obiettivo del marchio situato nell'angolo della pista.
Dopo 12 palle si cambia giocatore.

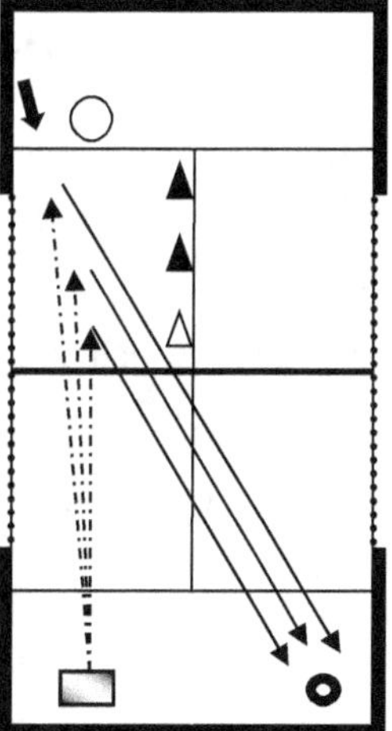

Esercizi 0255   Colpi: V

Obiettivo: Variazione di volèe
Sequenza di colpi: VRX – VRX – VDX

Descrizione:
Posizionato il giocatore sulla linea di Servizio, salirà sulla rete e all'altezza di ogni cono nero realizzerà volèe di rovescio di avvicinamento e sul cono bianco una volèe di potenza di destra incrociata, con l'obiettivo del marchio situato nell'angolo della pista.
Dopo 12 palle si cambia giocatore.

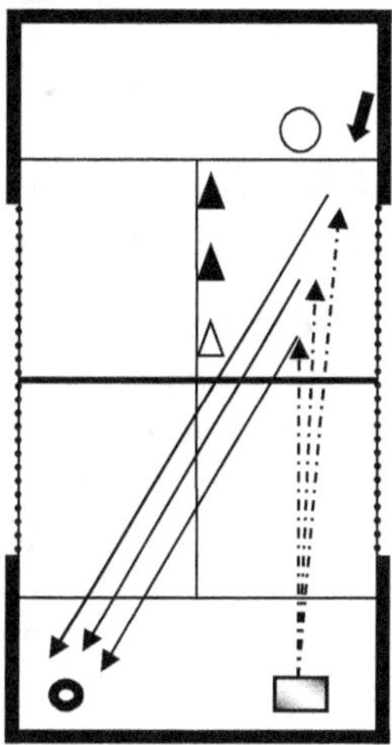

Esercizi 0256   Colpi: V

Obiettivo: Volèe con spotamento
Sequenza di colpi: VDX – VDX – VDX

Descrizione:
Situato il giocatore all'altezza del picco, avanzerà verso la rete realizzando tre voli a destra incrociati, con l'obiettivo del marchio situato nell'angolo della pista.
Dopo 12 palle si cambia giocatore.

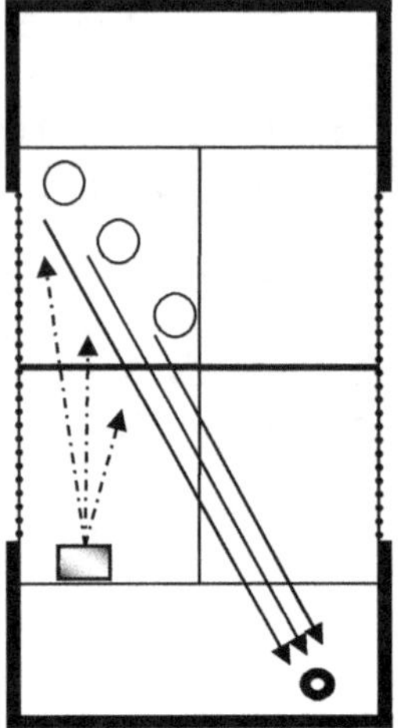

Esercizi 0257   Colpi: V

Obiettivo: Volèe con spotamento
Sequenza di colpi: VRX – VRX – VRX

Descrizione:
Situato il giocatore all'altezza del picco, avanzerà verso la rete realizzando tre voli di rovescio incrociati, con l'obiettivo del marchio situato nell'angolo della pista.
Dopo 12 palle si cambia giocatore.

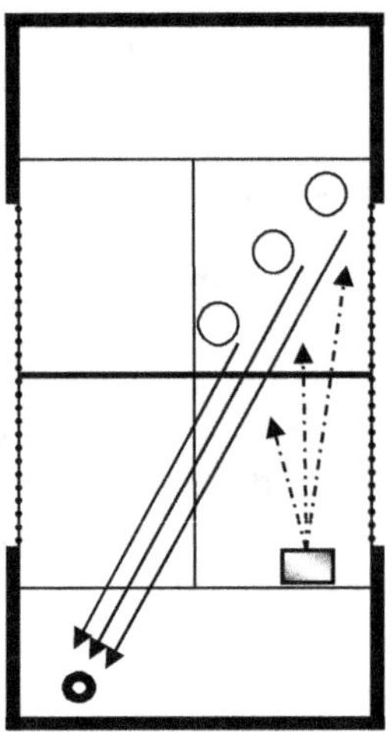

Esercizi 0258   Colpi: V

Obiettivo: Volèe con spotamento
Sequenza di colpi: VDX–VDX–VDX-VD-VD-VD

Descrizione:
Situato il giocatore all'altezza del picco, il giocatore avanzerà verso la rete per realizzare tre voli a destra incrociata e ritornerà alla T per realizzare altri tre voli a destra, con l'obiettivo del marchio situato nell'angolo della pista.
Dopo 12 palle si cambia giocatore.

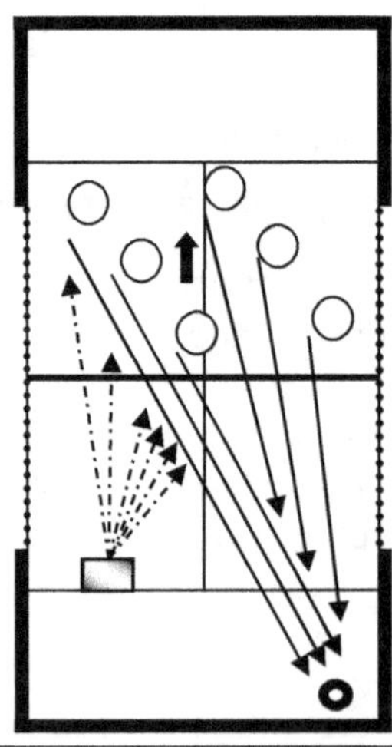

Esercizi 0259   Colpi: V

Obiettivo: Volèe con spotamento
Sequenza di colpi: VRX–VRX–VRX-VR-VR-VR

Descrizione:
Situato il giocatore all'altezza del picco, il giocatore avanzerà verso la rete per realizzare tre voli a rovescio incrociato e ritornerà alla T per realizzare altri tre voli a rovescio, con l'obiettivo del marchio situato nell'angolo della pista.
Dopo 12 palle si cambia giocatore.

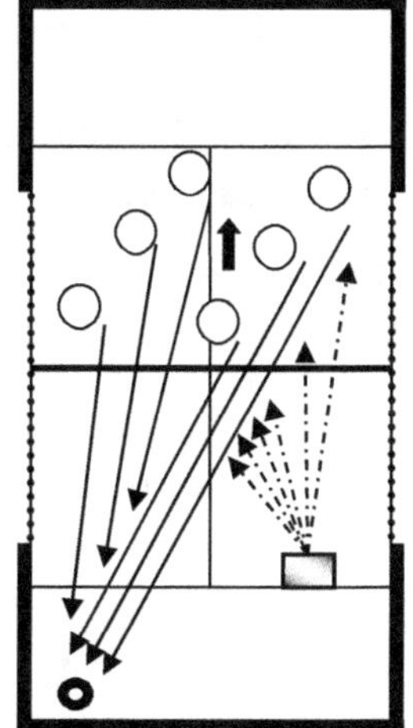

Esercizi 0260   Colpi: V

Obiettivo: Volèe con spotamento
Sequenza di colpi: VDX–VDX–VDX-VD//-VD//

Descrizione:
Posto il giocatore all'altezza del picco, avanzerà in parallelo verso la rete per realizzare tre volèe a destra incrociata e continuerà con spostamento laterale realizzando altre due volèe di destra parallele, con l'obiettivo del marchio situato nell'angolo della pista.
Dopo 10 palle si cambia giocatore.

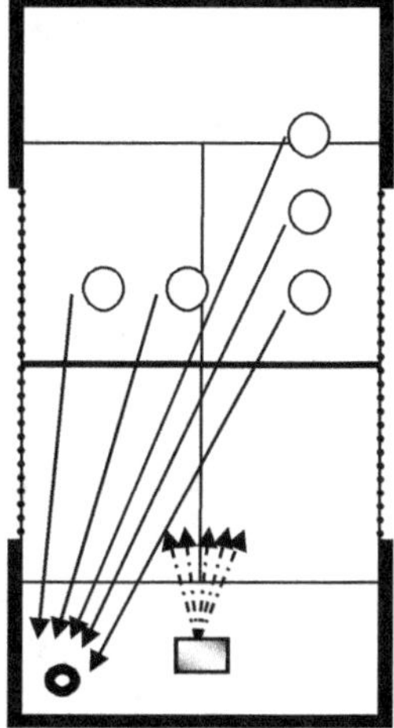

Esercizi 0261   Colpi: V

Obiettivo: Volèe con spotamento
Sequenza di colpi: VRX–VRX–VRX-VR//-VR//

Descrizione:
Posto il giocatore all'altezza del picco, avanzerà in parallelo verso la rete per realizzare tre volèe a rovescio incrociato e continuerà con spostamento laterale realizzando altre due volèe a rovescio parallele, con l'obiettivo del marchio situato nell'angolo della pista.
Dopo 10 palle si cambia giocatore.

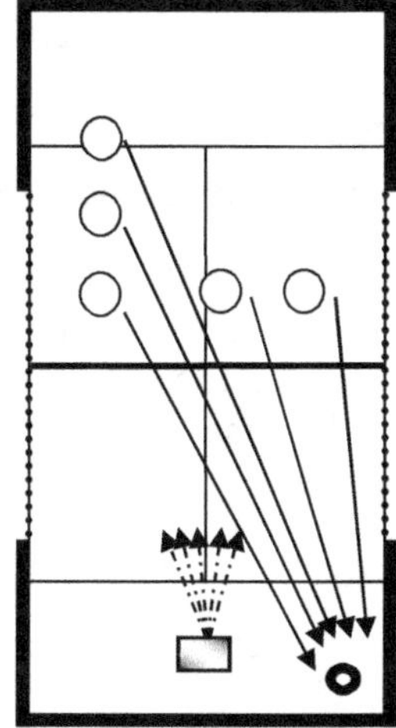

Esercizi 0262   Colpi: V

Obiettivo: Controllo di volèe
Sequenza di colpi: VD// - VD//

Descrizione:
Posizionati due giocatori sulla rete e altri due sulla linea di fondo, eseguiranno il controllo della velocità di destra paralleli.
Dopo 2 si alterna la posizione dei giocatori.

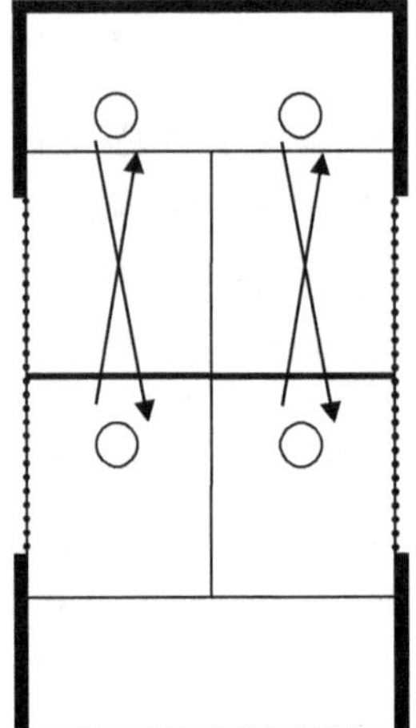

Esercizi 0263   Colpi: V

Obiettivo: Controllo di volèe
Sequenza di colpi: VDX - VDX

Descrizione:
Posizionati due giocatori sulla rete e altri due sulla linea di fondo, eseguiranno controlli incrociati di volo a destra.
Dopo 2 si alterna la posizione dei giocatori.

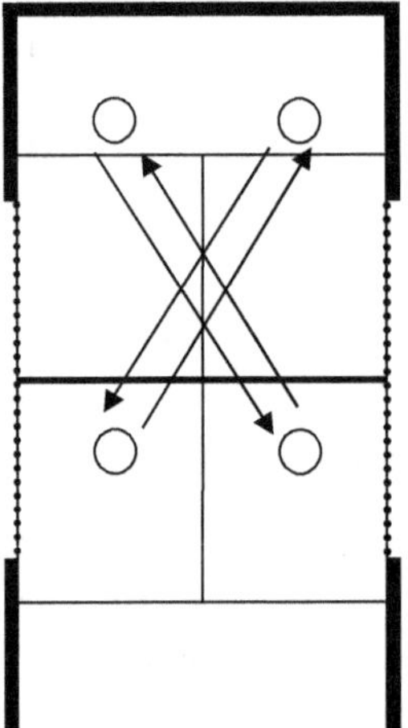

Esercizi 0264   Colpi: V

Obiettivo: Controllo di volèe
Sequenza di colpi: VRX - VRX

Descrizione:
Posizionati due giocatori sulla rete e altri due sulla linea di fondo, eseguiranno il controllo incrociato della corsa.
Dopo 2 si alterna la posizione dei giocatori.

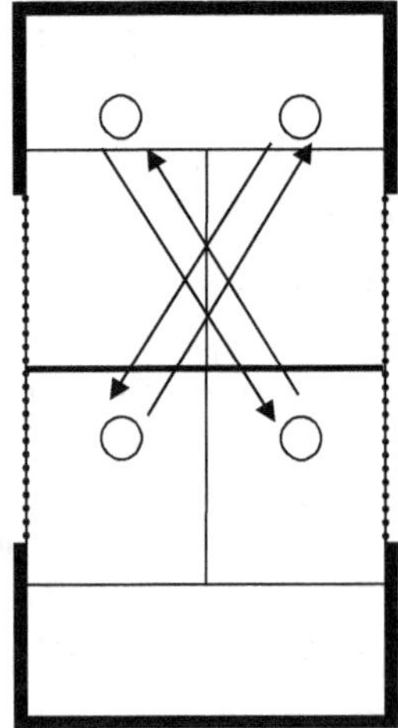

Esercizi 0265   Colpi: V

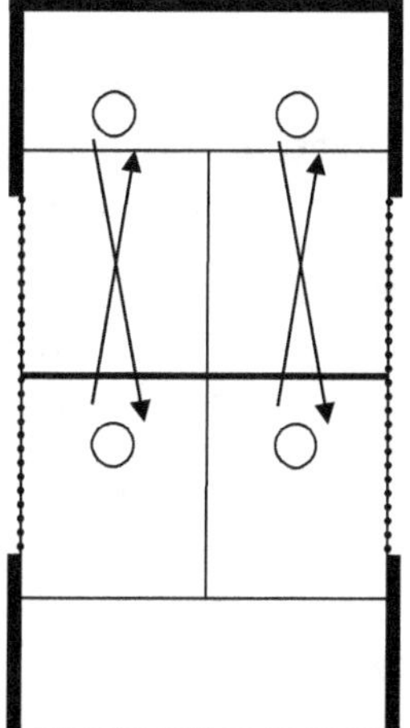

Obiettivo: Controllo di volèe
Sequenza di colpi: VR// - VR//

Descrizione:
Posizionati due giocatori sulla rete e altri due sulla linea di fondo, eseguiranno il controllo della volèe a rovescio paralleli.
Dopo 2 si alterna la posizione dei giocatori.

Esercizi 0266   Colpi: V

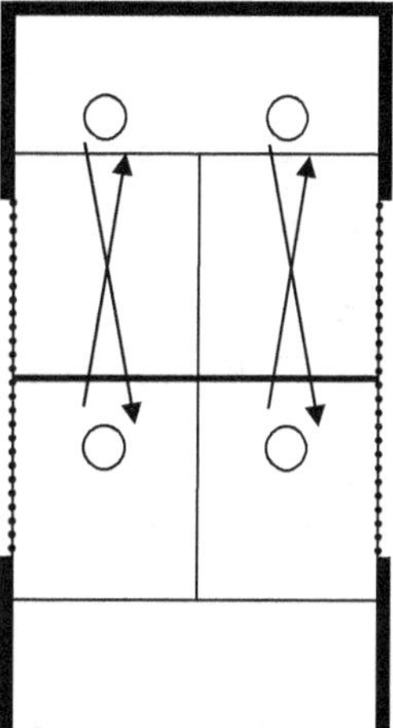

Obiettivo: Controllo di volèe
Sequenza di colpi: V// - V//

Descrizione:
Posizionati due giocatori sulla rete e altri due sulla linea di fondo, eseguiranno controlli di volo paralleli con impatto libero.
Dopo 2 si alterna la posizione dei giocatori.

Esercizi 0267   Colpi: V

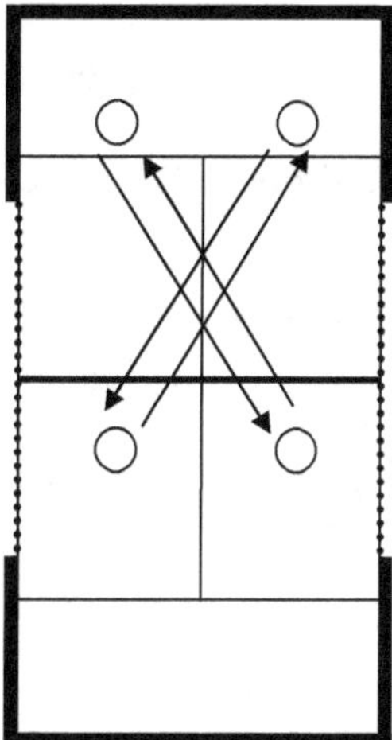

Obiettivo: Controllo di volèe
Sequenza di colpi: VX - VX

Descrizione:
Posizionati due giocatori sulla rete e altri due sulla linea di fondo, eseguiranno controlli incrociati con colpi liberi.
Dopo 2 si alterna la posizione dei giocatori.

Esercizi 0268   Colpi: V

Obiettivo: Controllo di volèe
Sequenza di colpi: VD - VR

Descrizione:
Di fronte a due giocatori vicino alla rete, essi si sposteranno lateralmente fino a toccare la grata opposta realizzando volèe de destra contro volèe de rovescio. Se fallisce, ricomincia da capo.

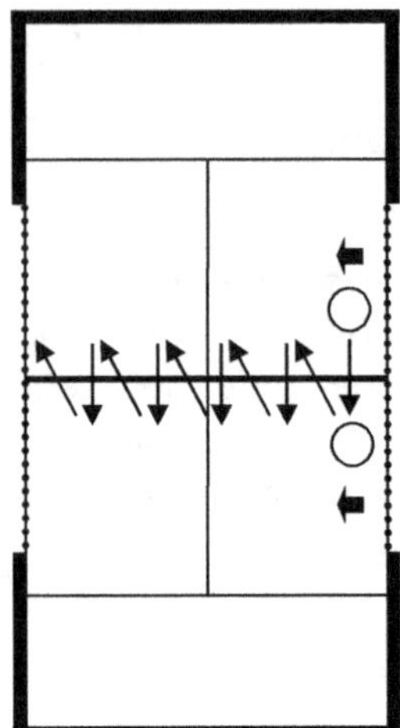

Esercizi 0269   Colpi: V

Obiettivo: Controllo di volèe
Sequenza di colpi: VD - VR

Descrizione:
Di fronte a due giocatori vicino alla rete, essi si sposteranno lateralmente fino a toccare la grata opposta realizzando volèe de destra contro volèe de rovescio. Se fallisce, ricomincia da capo.

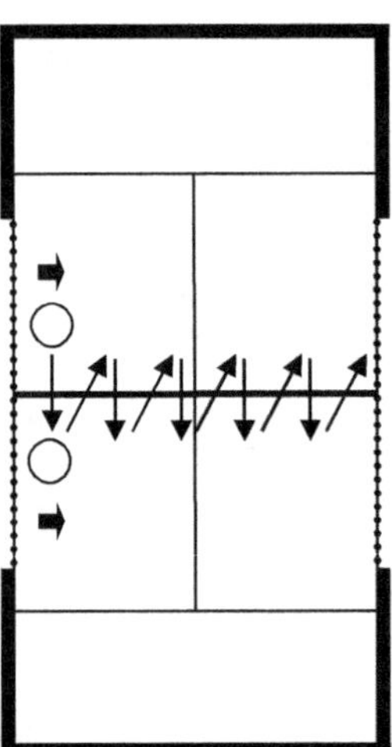

Esercizi 0270   Colpi: V

Obiettivo: Controllo di volèe
Sequenza di colpi: VD - VR

Descrizione:
Di fronte a due giocatori vicino alla rete, essi si sposteranno lateralmente fino a toccare la grata opposta e torneranno realizzando volèe de destra contro volèe de rovescio. Se fallisce, ricomincia da capo.

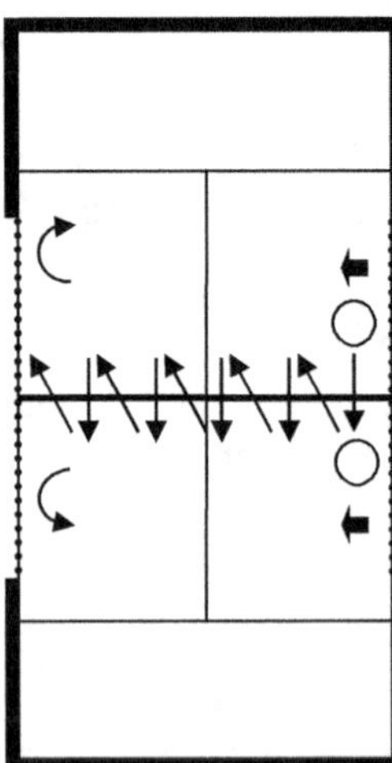

Esercizi 0271   Colpi: V

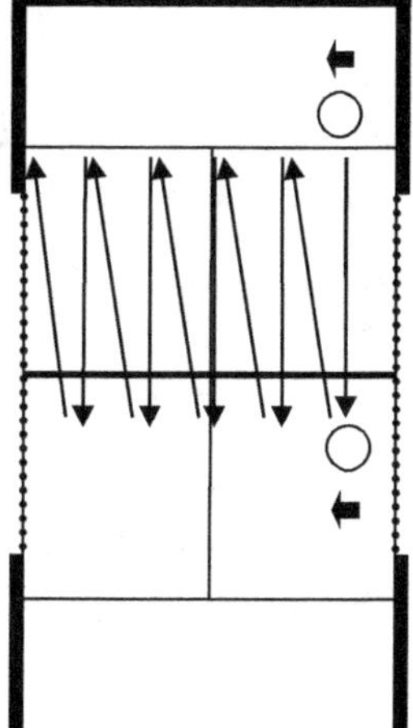

Obiettivo: Controllo di volèe
Sequenza di colpi: VD - VR

Descrizione:
Di fronte a due giocatori, uno sulla rete e l'altro sulla linea di fondo, si sposteranno lateralmente fino a toccare il lato opposto realizzando volèe de destra contro volèe de rovescio. Se fallisce, ricomincia da capo.

Esercizi 0272   Colpi: V

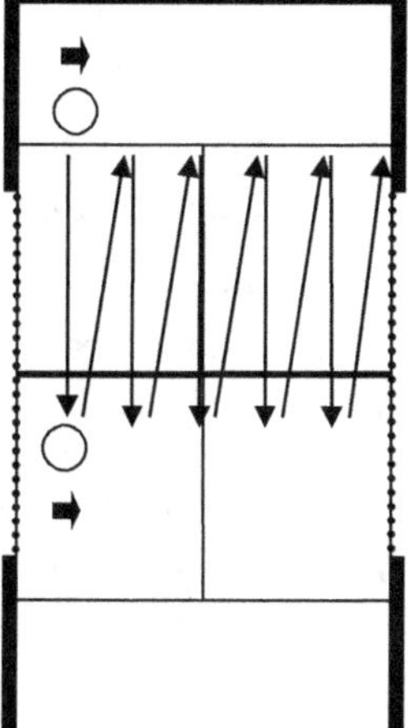

Obiettivo: Controllo di volèe
Sequenza di colpi: VD - VR

Descrizione:
Di fronte a due giocatori, uno sulla rete e l'altro sulla linea di fondo, si sposteranno lateralmente fino a toccare il lato opposto realizzando volèe de destra contro volèe de rovescio. Se fallisce, ricomincia da capo.

Esercizi 0273   Colpi: V

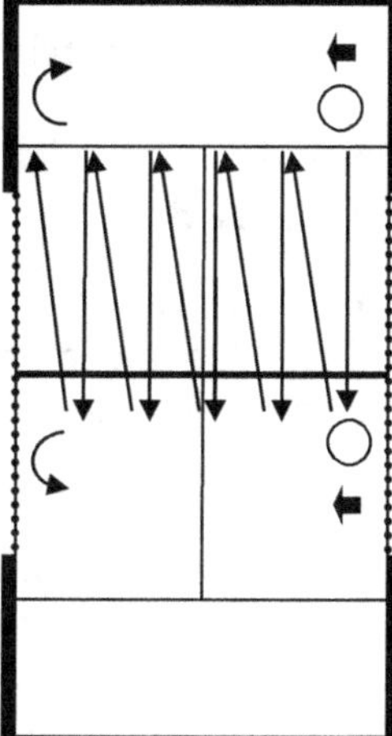

Obiettivo: Controllo di volèe
Sequenza di colpi: VD - VR

Descrizione:
Di fronte a due giocatori, uno sulla rete e l'altro sulla linea di fondo, si sposteranno lateralmente fino a toccare il lato opposto e torneranno a realizzare volèe de destra contro volèe de rovescio. Se fallisce, ricomincia da capo.

Esercizi 0274   Colpi: V

Obiettivo: Controllo di volèe
Sequenza di colpi: VD - VR

Descrizione:

Sfidati due giocatori contro un altro nella rete, i giocatori si sposteranno lateralmente fino a toccare la grata opposta realizzando volèe de destra contro volèe de rovescio. Sul lato che ci sono due giocatori, si alternano i Colpi tra loro, colpendo e lasciando spazio al compagno. Se si fallisce si ricomincia.

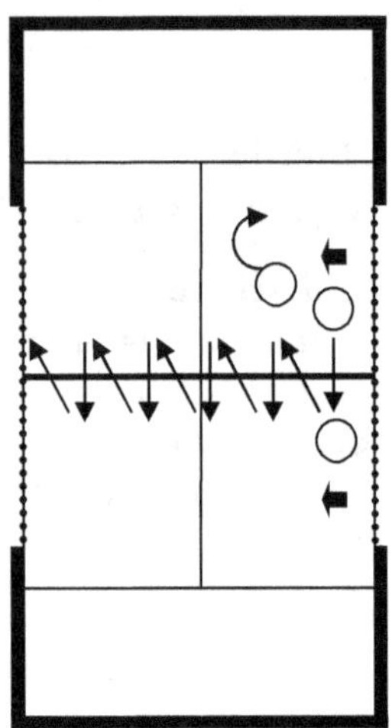

Esercizi 0275   Colpi: V

Obiettivo: Controllo di volèe
Sequenza di colpi: VD - VR

Descrizione:

Sfidati due giocatori contro un altro nella rete, i giocatori si sposteranno lateralmente fino a toccare la grata opposta e torneranno realizzando volèe de destra contro volèe de rovescio. Sul lato che ci sono due giocatori, si alternano i Colpi tra loro, colpendo e lasciando spazio al compagno. Se si fallisce si ricomincia.

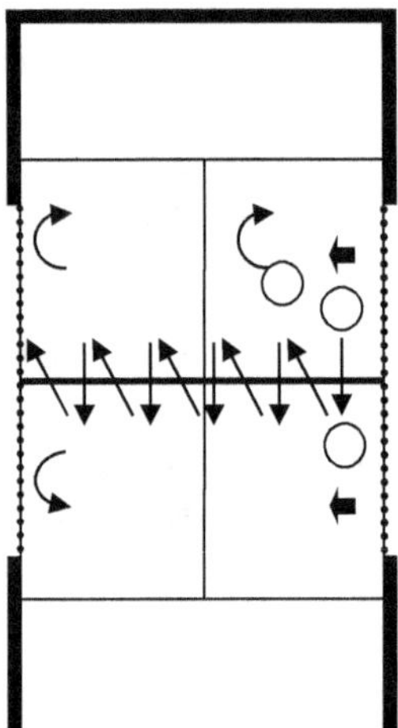

Esercizi 0276   Colpi: V

Obiettivo: Controllo di volèe
Sequenza di colpi: VD - VR

Descrizione:

Sfidati due giocatori contro un altro nella rete, i giocatori si sposteranno lateralmente fino a toccare la grata opposta realizzando volèe de destra contro volèe de rovescio. Sul lato che ci sono due giocatori, si alternano i Colpi tra loro, colpendo e lasciando spazio al compagno. Se si fallisce si ricomincia.

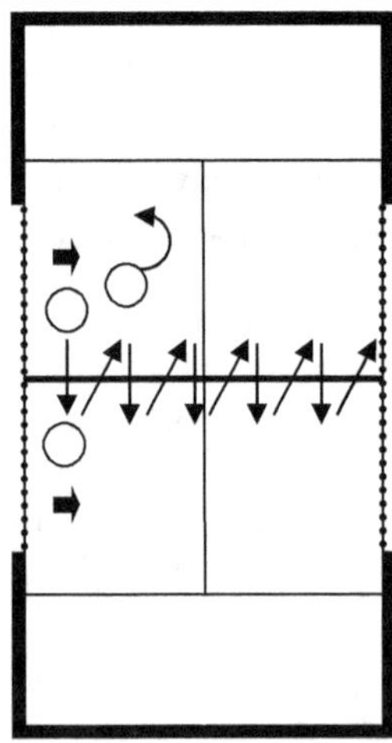

Esercizi 0277   Colpi: V

Obiettivo: Controllo di volèe
Sequenza di colpi: VD - VR

Descrizione:

Sfidati due giocatori sulla linea di fondo contro un altro nella rete, i giocatori si sposteranno lateralmente fino a toccare il lato opposto realizzando volèe de destra contro volèe de rovescio. Sul lato che ci sono due giocatori, si alternano i Colpi tra loro, colpendo e lasciando spazio al compagno. Se si fallisce si ricomincia.

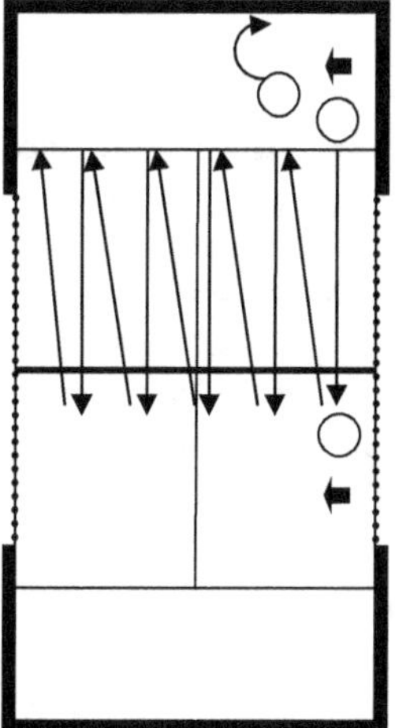

Esercizi 0278   Colpi: V

Obiettivo: Controllo di volèe
Sequenza di colpi: VD - VR

Descrizione:

Sfidati due giocatori sulla linea di fondo contro un altro nella rete, i giocatori si sposteranno lateralmente fino a toccare il lato opposto realizzando volèe de destra contro volèe de rovescio. Sul lato che ci sono due giocatori, si alternano i colpi tra loro, colpendo e lasciando spazio al compagno. Se si fallisce si ricomincia.

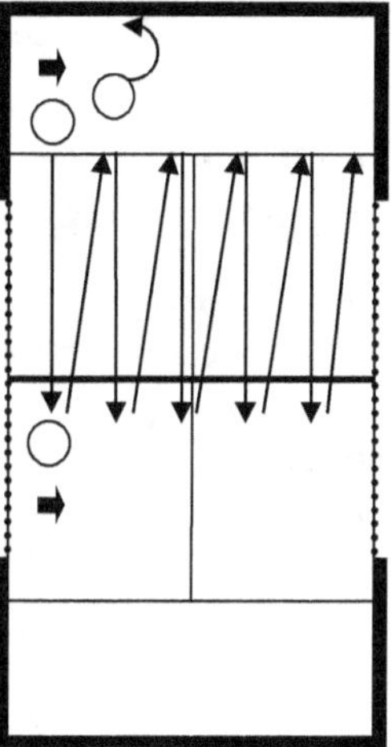

Esercizi 0279   Colpi: V

Obiettivo: Controllo di volèe
Sequenza di colpi: VD - VR

Descrizione:

Sfidati due giocatori sulla linea di fondo contro un altro nella rete, i giocatori si sposteranno lateralmente fino a toccare il lato opposto e torneranno realizzando volèe de destra contro volèe de rovescio. Sul lato che ci sono due giocatori, si alternano i colpi tra loro, colpendo e lasciando spazio al compagno. Se si fallisce si ricomincia.

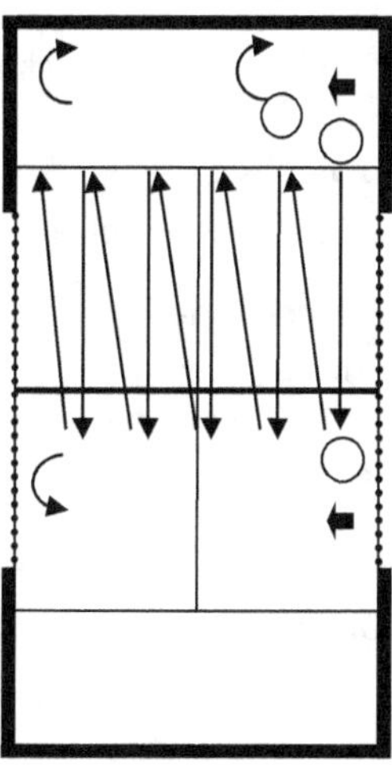

Esercizi 0280   Colpi: V

Obiettivo: Controllo di volèe
Sequenza di colpi: V// - V//

Descrizione:
Confrontati due giocatori dal fondo della pista, volano in parallelo avanzando fino a vincere la rete. Si seguono le volèe fino alla fine del punto. Dopo 11 punti si cambia giocatore.

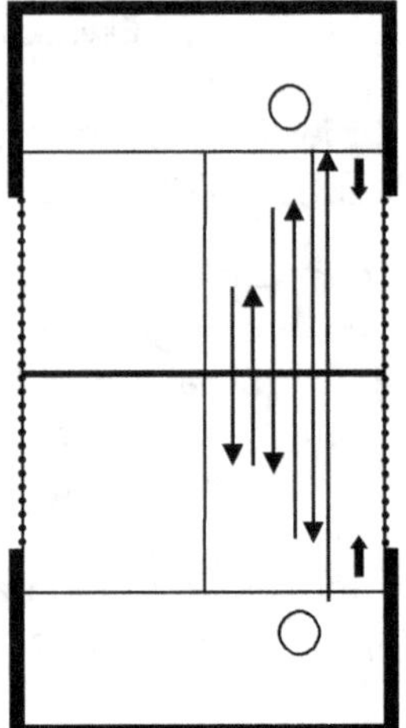

Esercizi 0281   Colpi: V

Obiettivo: Controllo di volèe
Sequenza di colpi: VX - VX

Descrizione:
Sfidati due giocatori in incrocio dal fondo della pista, volano avanti e indietro per vincere la rete. Si seguono le volate fino alla fine del punto. Dopo 11 punti si cambia giocatore.

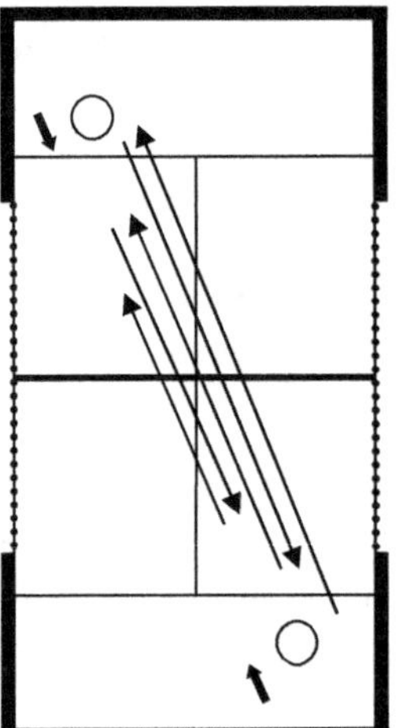

Esercizi 0282   Colpi: V

Obiettivo: Controllo di volèe
Sequenza di colpi: V// - V//

Descrizione:
Sfidati due giocatori contro uno dal fondo della pista, volate parallelamente fino a vincere la rete. I giocatori che stanno insieme, alternano i colpi lasciando lo spazio per il compagno dopo ogni colpo. Si seguono le volate fino alla fine del punto. Dopo 11 punti si cambia giocatore.

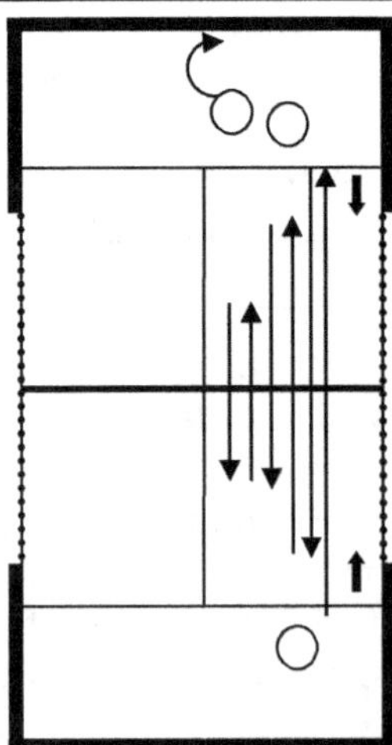

Esercizi 0283   Colpi: V

Obiettivo: Controllo di volèe
Sequenza di colpi: VX - VX

Descrizione:
Sfidati in incrocio due giocatori contro uno dal fondo della pista, volano in avanti diagonalmente fino a vincere la rete. I giocatori che stanno insieme, alternano i colpi lasciando lo spazio per il compagno dopo ogni colpo. Si seguono le volate fino alla fine del punto.
Dopo 11 punti si cambia giocatore.

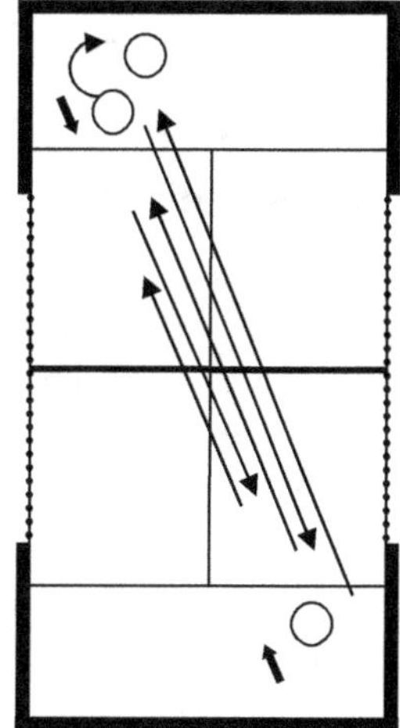

Esercizi 0284   Colpi: D – V

Obiettivo: Controllo di volèe
Sequenza di colpi: Palla corta D – 2VD// - VDX

Descrizione:
Posizionato il giocatore in mezza pista, sale su una palla corta di destra con approssimazione al mezzo, fa due volèe di destra parallele e una volèe di destra incrociata al monitor e continuano in crossover fino a finire il punto.

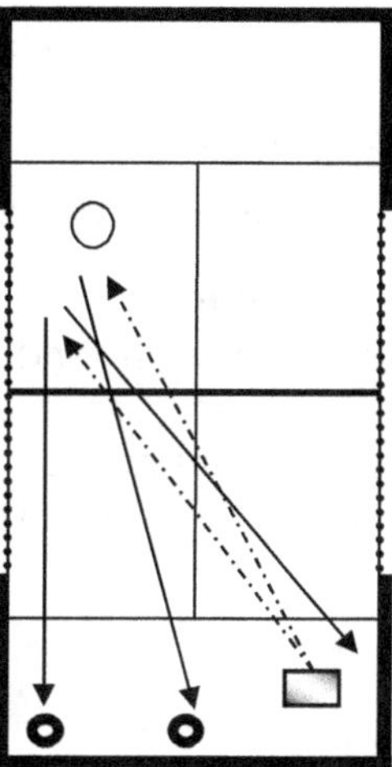

Esercizi 0285   Colpi: R – V

Obiettivo: Controllo di volèe
Sequenza di colpi: Bola corta R – 2VR// - VRX

Descrizione:
Situato il giocatore in mezza pista, sale su una palla corta di rovescio con approssimazione al mezzo, fa due volèe di rovescio paralleli e una volèe di rovescio incrociato al monitor e continuano in incrocio fino a finire il punto.

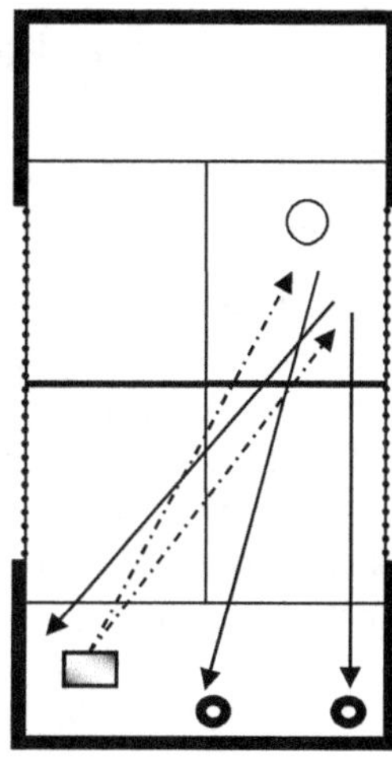

Esercizi 0286   Colpi: V

Obiettivo: Controllo di volèe
Sequenza di colpi: VD// o VR//

Descrizione:
Posizionati i giocatori vicino alla rete, eseguiranno volèe di destra parallele e volèe di rovescio parallele con l'obiettivo dei marchi situati in fondo alla pista e sempre nello spazio tra i coni e la grata.
Dopo 10 palle si alterna la posizione dei giocatori.

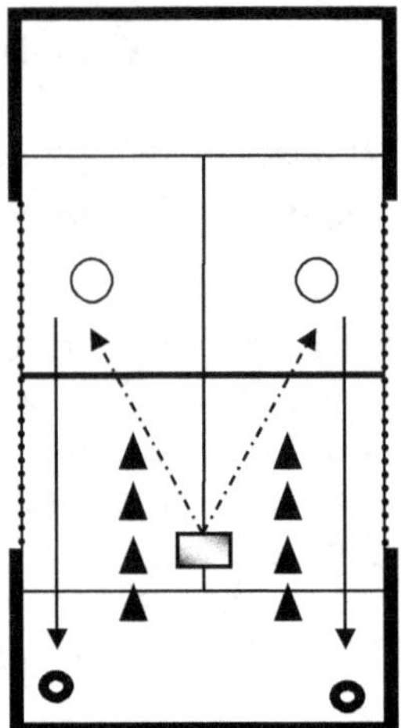

Esercizi 0287   Colpi: V

obiettivo: Salto di recinzione più controllo volèe
Sequenza di colpi: Salto – VD – VR

Descrizione:
Posizionato in fondo alla pista, il giocatore farà un salto di recinzione e correrà nella rete per fare un volo di destra e un volo di rovescio alla mano del monitor, e ripeterà l'esercizi 10 volte.

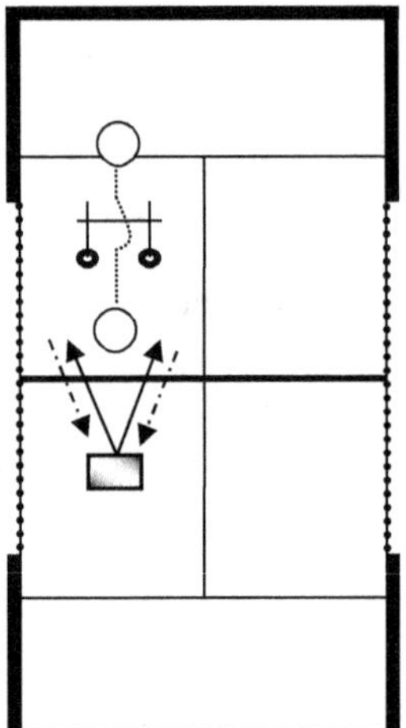

Esercizi 0288   Colpi: V

Obiettivo: Mobilità e volèe di potenza
Sequenza di colpi: Salto dei coni – VD x5

Descrizione:
Posizionato il giocatore sulla linea Servizio, effettuerà salti di coni e correrà alla rete per fare 5 volèe di destra di potenza incrociate. Lavoriamo la saltevolezza, gli spostamenti frontali e la frenata.
Ricordare che stiamo lavorando velocità e forza, non tecnica di colpo.

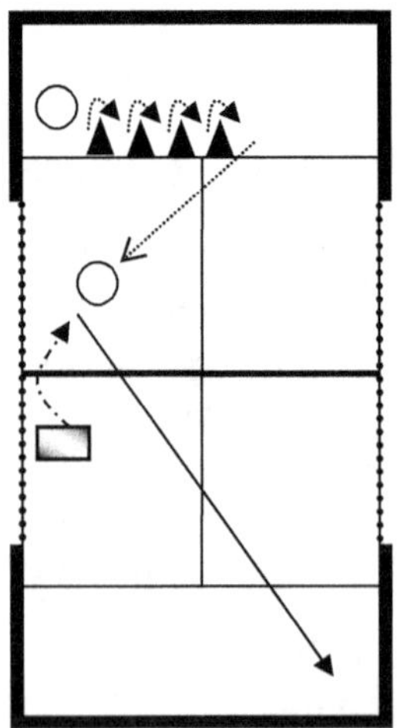

Esercizi 0289   Colpi: V

Obiettivo: Mobilità e volèe di potenza
Sequenza di colpi: Salto dei coni – VR x5

Descrizione:
Posizionato il giocatore sulla linea di Servizio, effettuerà salti di coni e correrà alla rete per fare 5 volèe di rovescio di potenza incrociate. Lavoriamo la saltevolezza, gli spostamenti frontali e la frenata.
Ricordare che stiamo lavorando velocità e forza, non tecnica di colpo.

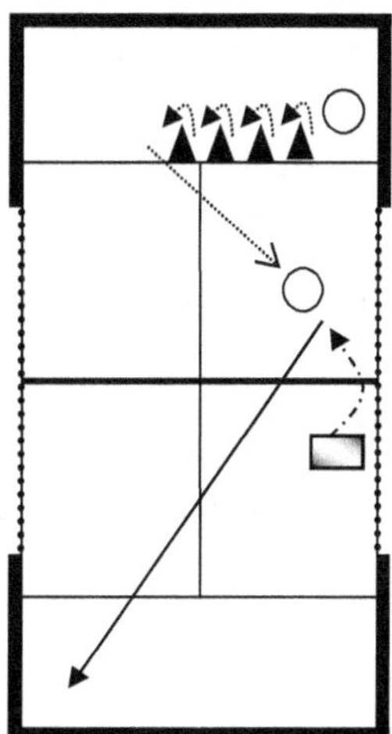

Esercizi 0290   Colpi: V

Obiettivo: Spostamento verso volèe
Sequenza di colpi: VRX

Descrizione:
Posizionato il giocatore vicino alla rete, eseguirà ripetizioni di rovescio incrociate sul cono bianco con il piede destro al momento di colpire. Dopo aver colpito toccherà il cono nero e ripeterà l'esercizi. Lo spostamento al colpo è in diagonale in avanti.
Dopo 10 palle si cambia giocatore.

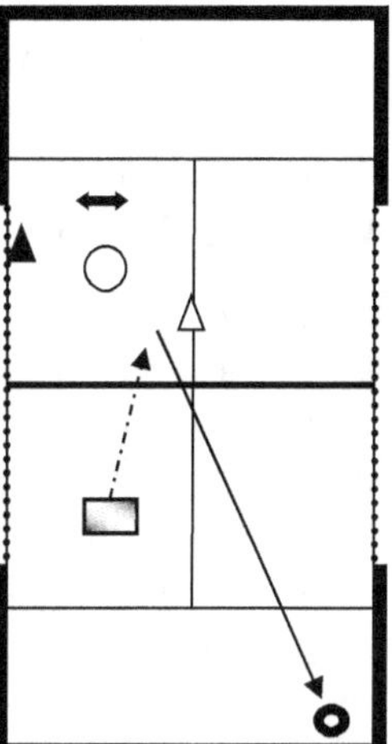

Esercizi 0291   Colpi: V

Obiettivo: Spostamento verso volèe
Sequenza di colpi: VD

Descrizione:
Collocato il giocatore vicino alla rete, eseguirà ripetizioni di volo a destra incrociate schiacciando il cono bianco con il piede sinistro al momento del colpo. Dopo aver colpito toccherà il cono nero e ripeterà l'Esercizi. Lo spostamento al colpo è in diagonale in avanti.
Dopo 10 palle si cambia giocatore.

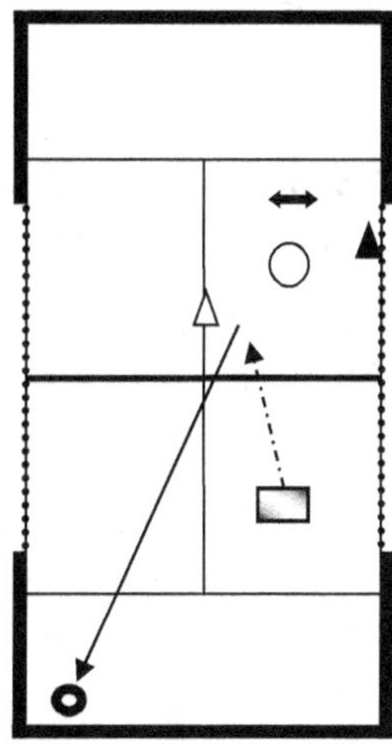

Esercizi 0292   Colpi: V

obiettivo: Controllo volèe tra 4 giocatori
Sequenza di colpi: V – V – V – V

Descrizione:
Posizionati tutti e quattro i giocatori vicino alla rete, eseguiranno voli incrociati che manterremo verso le sbarre senza perdere concentrazione con la palla. È un Esercizi tecnico visivo.
Dopo 2 si alterna la posizione dei giocatori.

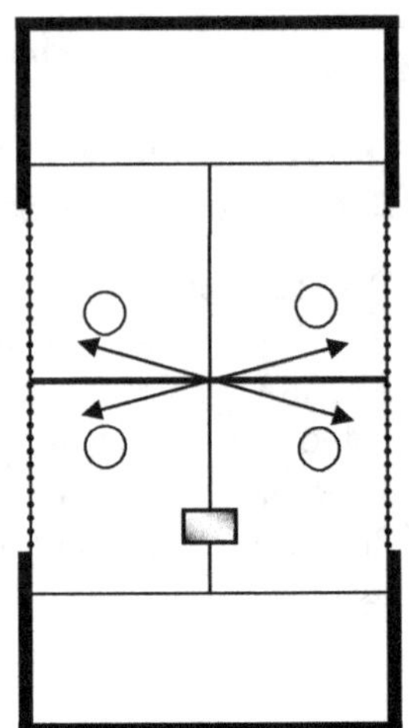

Esercizi 0293   Colpi: V

Obiettivo: Volèe di potenza
Sequenza di colpi: VDX – VR//

Descrizione:
Situato il giocatore vicino alla rete, altererà volèe a destra incrociate e volèe a rovescio parallele. È un Esercizi di potenza per cui si deve attaccare la palla con la gamba in avanti per dare peso alla palla. Non cerchiamo tecnica ma potenza.
Dopo 10 palle si cambia giocatore.

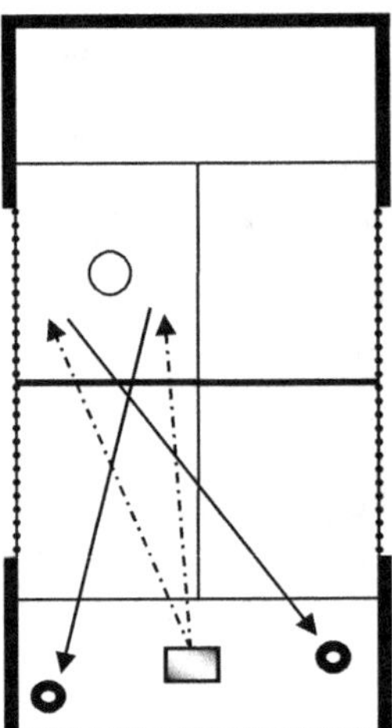

Esercizi 0294   Colpi: V

Obiettivo: Volèe di potenza
Sequenza di colpi: VD// – VRX

Descrizione:
Situato il giocatore vicino alla rete, altererà volèe di destra parallele e volèe di rovescio incrociate. È un Esercizi di potenza per cui si deve attaccare la palla con la gamba in avanti per dare peso alla palla. Non cerchiamo tecnica ma potenza.
Dopo 10 palle si cambia giocatore.

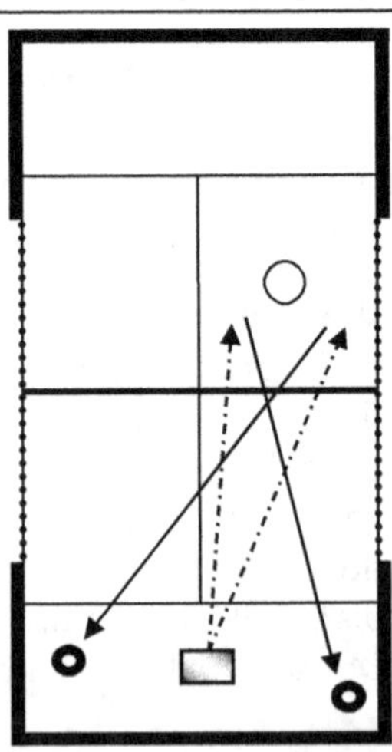

Esercizi 0295   Colpi: V

Obiettivo: Controllo di volèe
Sequenza di colpi: VDX – VR//

Descrizione:
Situato il giocatore vicino alla rete, alternerà volèe da destra alla grata e volèe de rovescio paralleli. Il giocatore esegue 6 volèe, tre di ciascuno, ma se uno fallisce sarà ancora tirare fino a quando non lo fa bene. La velocità incrociata di destra deve essere lenta per rimanere al cancello.

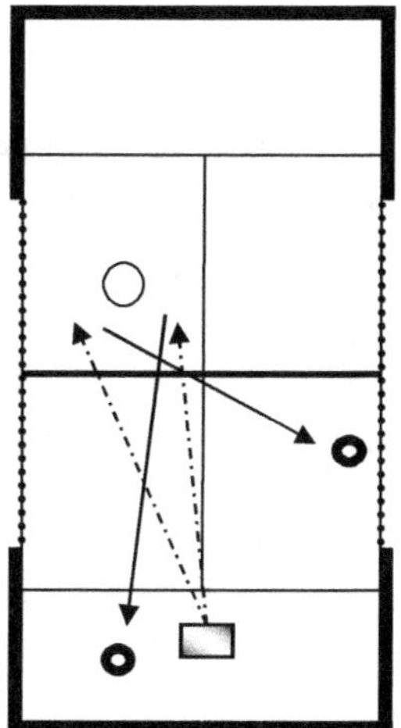

Esercizi 0296   Colpi: V

Obiettivo: Controllo di volèe
Sequenza di colpi: VRX – VD//

Descrizione:
Situato il giocatore vicino alla rete, alternerà volèe de rovescio alla grata e volèe de destra parallele. Il giocatore esegue 6 volèe, tre di ciascuno, ma se uno fallisce sarà ancora tirare fino a quando non lo fa bene. Il rovescio incrociato deve essere lento per rimanere al cancello.

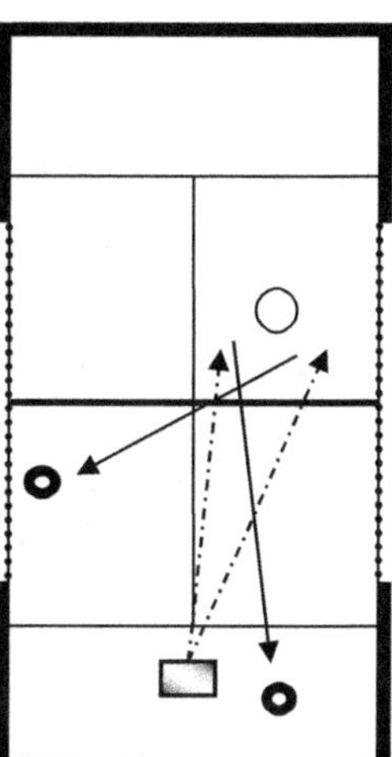

Esercizi 0297   Colpi: V

Obiettivo: Controllo di volèe
Sequenza di colpi: VRX corta – VDX

Descrizione:
Situato il giocatore vicino alla rete, alternerà volèe de rovescio alla grata e volèe de destra cruzadas. Il giocatore esegue 6 volèe, tre di ciascuno, ma se uno fallisce sarà ancora tirare fino a quando non lo fa bene. La volpe di rovescio deve essere lenta per rimanere alla grata.

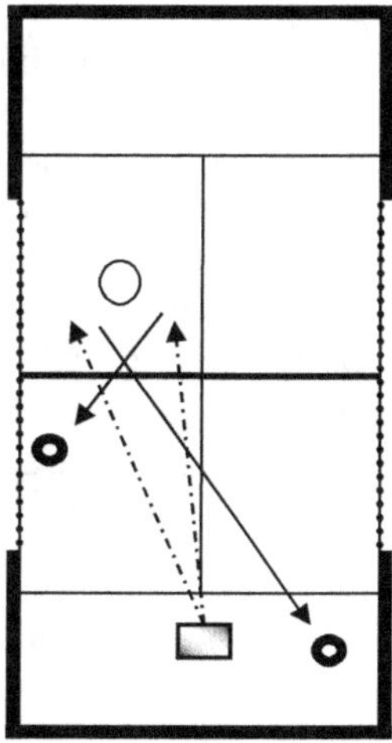

Esercizi 0298   Colpi: V

Obiettivo: Controllo di volèe
Sequenza di colpi: VDX corta – VRX

Descrizione:
Situato il giocatore vicino alla rete, alternerà volèe da destra alla grata e volèe da rovescio incrociate. Il giocatore esegue 6 volèe, tre di ciascuno, ma se uno fallisce sarà ancora tirare fino a quando non lo fa bene. La volèe de destra deve essere lenta per rimanere al cancello.

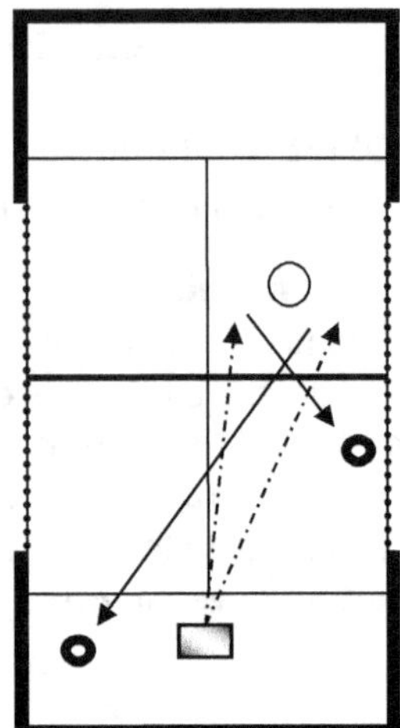

Esercizi 0299   Colpi: V

obiettivo: Controllo di volèe con spotamento
Sequenza di colpi: VD// - VR//

Descrizione:
Situato il giocatore in fondo alla pista all'altezza della T, avanzerà realizzando volèe di destra parallele e volèe di rovescio parallele in ciascuno dei coni, con l'obiettivo dei marchi situati in fondo alla pista.

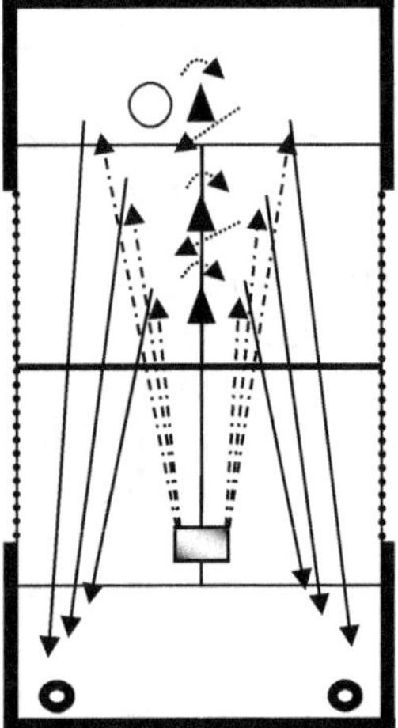

Esercizi 0300   Colpi: V

Obiettivo: Controllo di volèe
Sequenza di colpi: VD// - VDX

Descrizione:
Posizionati i giocatori vicino alla rete sul lato del drive, eseguiranno un volo da destra parallela e una volèe destra incrociata, e gireranno al centro sul cerchio segnato dal monitor.

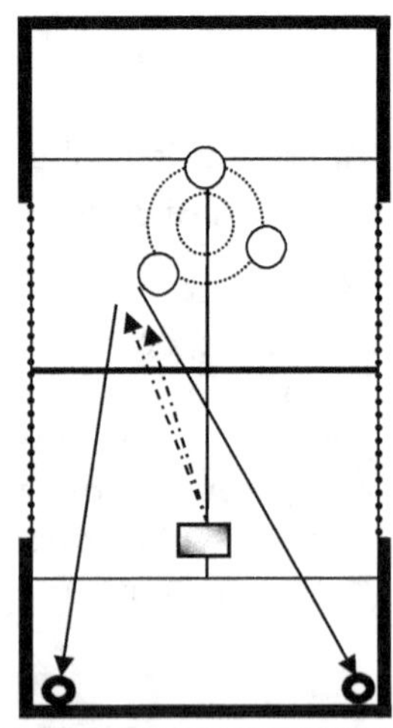

EDITORIAL WANCEULEN

Esercizi 0301   Colpi: V

Obiettivo: Controllo di volèe
Sequenza di colpi: VR// - VRX

Descrizione:
Situati i giocatori vicino alla rete sul lato rovescio, i giocatori eseguiranno un rovescio parallelo e un rovescio incrociato e gireranno al centro sul cerchio segnato dal monitor.

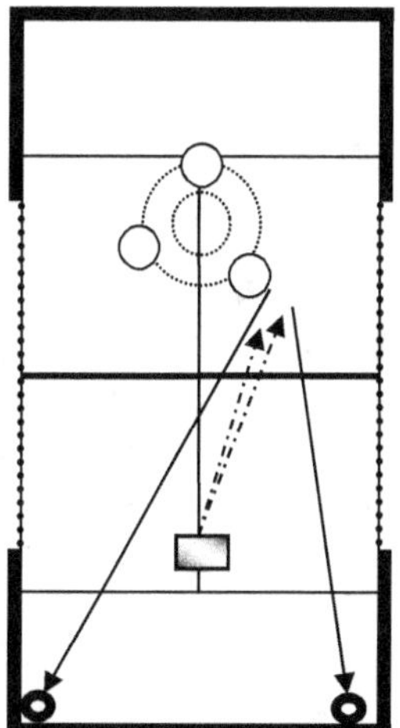

Esercizi 0302   Colpi: V

Obiettivo: Controllo di volèe
Sequenza di colpi: V

Descrizione:
Posizionati in prossimità della rete, i giocatori eseguiranno il controllo del volo tra due coppie che si scontrano con la rete. Come se fosse una partita di pallavolo, i giocatori passeranno la palla dall'altra parte della rete e poi passeranno la palla tra di loro al massimo tre volte prima di passarla di nuovo dall'altra parte della rete.

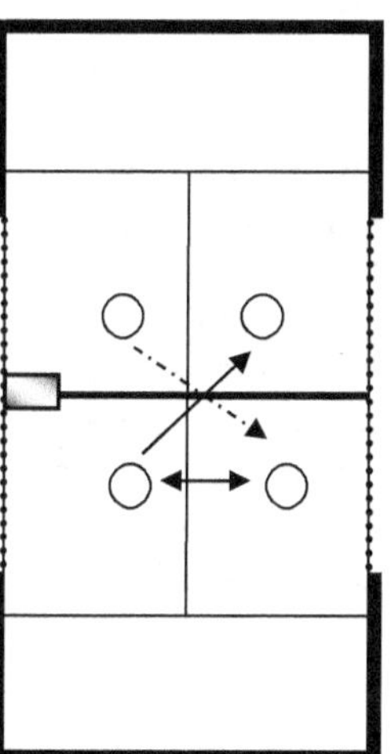

Esercizi 0303   Colpi: V

Obiettivo: Controllo di volèe
Sequenza di colpi: VD// - VR//

Descrizione:
Collocati in prossimità della rete, i giocatori eseguiranno una corsa di destra parallela o una corsa di rovescio parallelo e si metteranno in fila.
Esercizi dinamici in cui il movimento deve essere continuo.

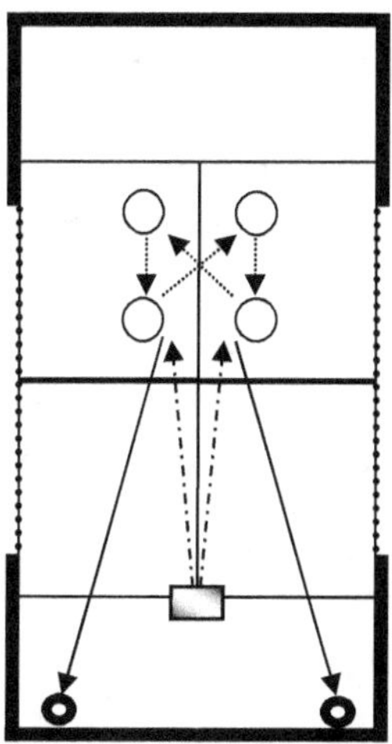

Esercizi 0304   Colpi: V

Obiettivo: Volèe con spotamento
Sequenza di colpi: VD//

Descrizione:
Situato il giocatore vicino alla rete, eseguirà volèe di destra parallele al fondo della pista. Dopo ogni colpo, sarà ritardato e toccherà il cono con l'obiettivo di realizzare le volèe in movimento.
Dopo 10 palle si cambia giocatore.

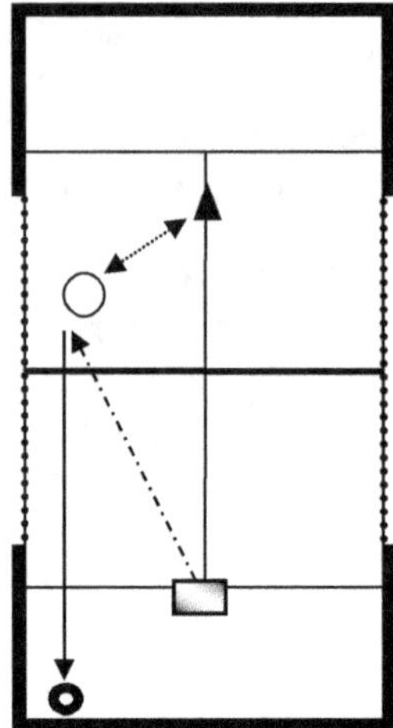

Esercizi 0305   Colpi: V

Obiettivo: Volèe con spotamento
Sequenza di colpi: VR//

Descrizione:
Collocato il giocatore vicino alla rete, realizzerà voli di rovescio paralleli al fondo della pista. Dopo ogni colpo, sarà ritardato e toccherà il cono con l'obiettivo di realizzare le volèe in movimento.
Dopo 10 palle si cambia giocatore.

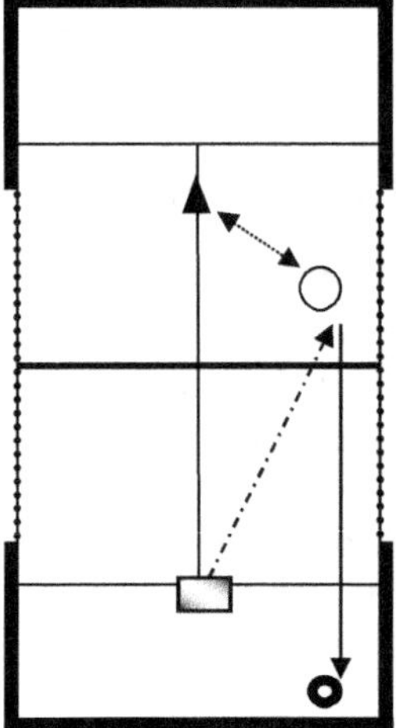

Esercizi 0306   Colpi: V

Obiettivo: Volèe con spotamento
Sequenza di colpi: VDX

Descrizione:
Collocato il giocatore vicino alla rete, realizzerà voli a destra incrociati all'angolo della pista. Dopo ogni colpo, sarà ritardato e toccherà il cono con l'obiettivo di realizzare le volèe in movimento.
Dopo 10 palle si cambia giocatore.

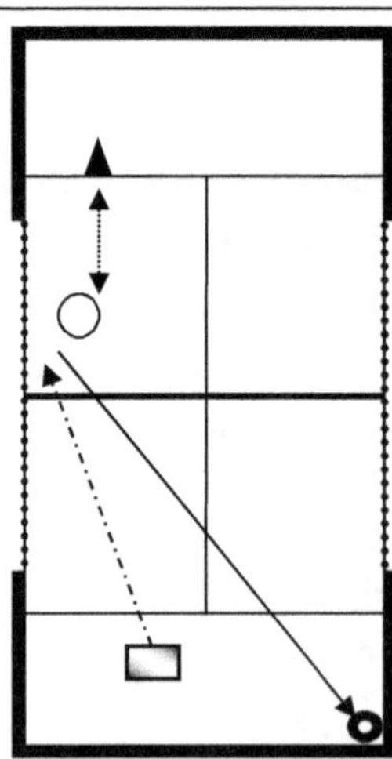

Esercizi 0307   Colpi: V

Obiettivo: Volèe con spotamento
Sequenza di colpi: VRX

Descrizione:
Collocato il giocatore vicino alla rete, realizzerà voli di rovescio incrociati all'angolo della pista. Dopo ogni colpo, sarà ritardato e toccherà il cono con l'obiettivo di realizzare le volèe in movimento.
Dopo 10 palle si cambia giocatore.

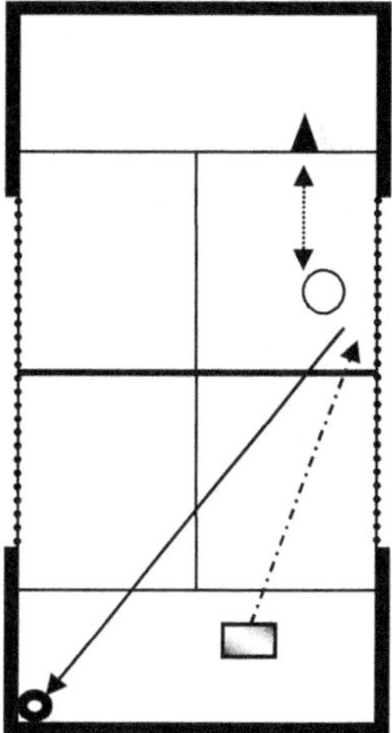

Esercizi 0308   Colpi: V

Obiettivo: Controllo di volèe
Sequenza di colpi: VD – VD

Descrizione:
Posizionati vicino alla rete, i giocatori eseguiranno un volo di destra contro il monitor in ogni area della pista. È un Esercizi de control de volèe, in cui i giocatori effettueranno voli lenti con movimento laterale.

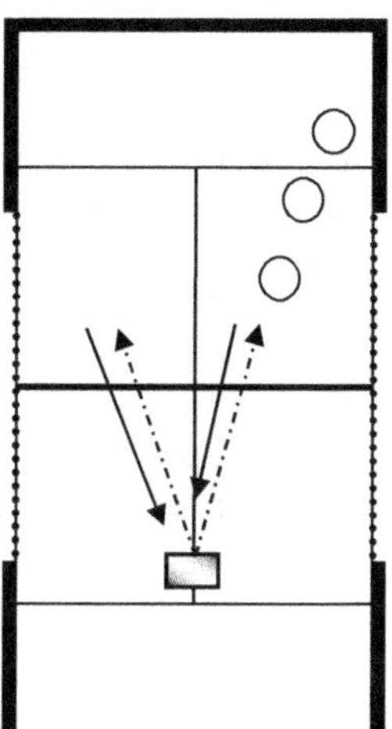

Esercizi 0309   Colpi: V

Obiettivo: Controllo di volèe
Sequenza di colpi: VR – VR

Descrizione:
Posizionati in prossimità della rete, i giocatori eseguiranno una corsa di rovescio contro il monitor in ciascuna delle zone della pista. È un esercizi de control de volèe, in cui i giocatori effettueranno voli lenti con movimento laterale.

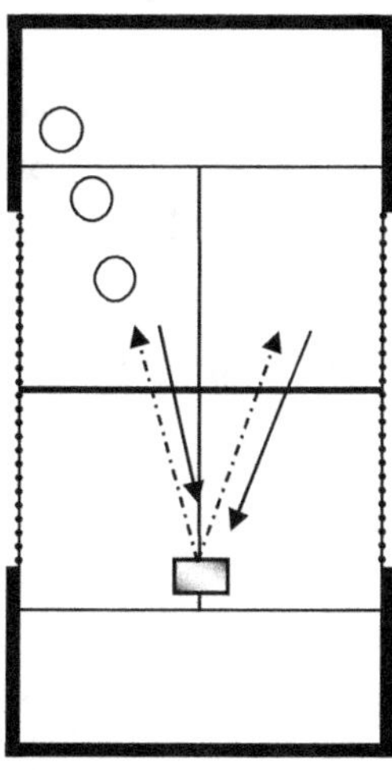

Esercizi 0310   Colpi: V

Obiettivo: Controllo di volèe
Sequenza di colpi: VD// - VR// - VR//

Descrizione:
Situato il giocatore vicino alla rete, si esibirà in una volèe di destra parallela e una volèe di rovescio parallela, poi si sposterà lateralmente per fare una volèe di rovescio parallela sull'altro lato della pista.

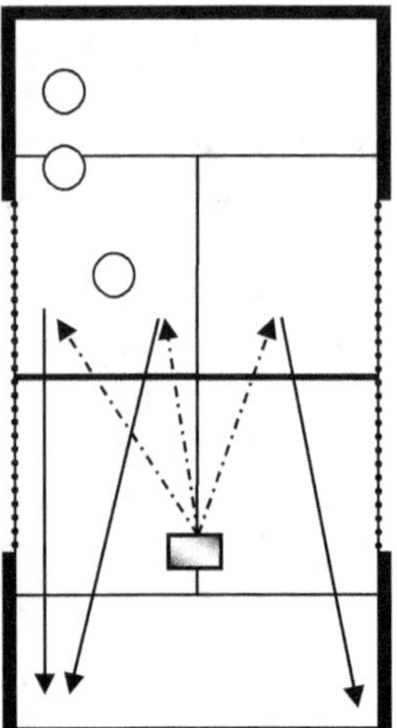

Esercizi 0311   Colpi: V

Obiettivo: Controllo di volèe
Sequenza di colpi: VR// - VD// - VD//

Descrizione:
Situato il giocatore vicino alla rete, si esibirà in una volèe di rovescio parallelo e una volèe di destra parallela, poi si sposterà lateralmente per fare una volèe di destra parallela dall'altro lato della pista.

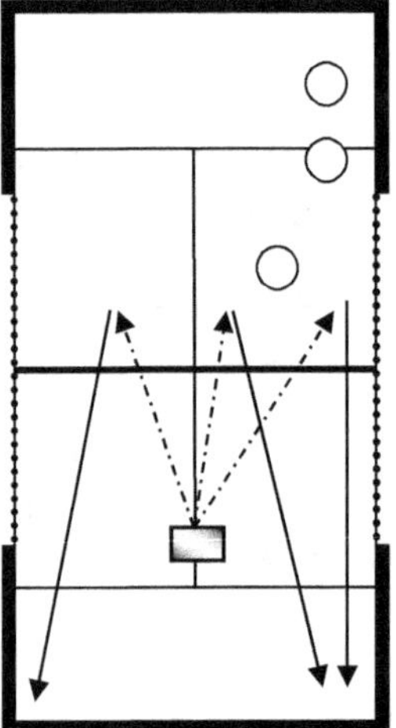

Esercizi 0312   Colpi: V

Obiettivo: Volèe con spotamento
Sequenza di colpi: V//

Descrizione:
Esercizi di controllo di volèe, dove uno dei giocatori mantiene la posizione nella rete e l'altro va su e giù mentre controlla la volèe parallela.
Dopo 2 si alterna la posizione dei giocatori.

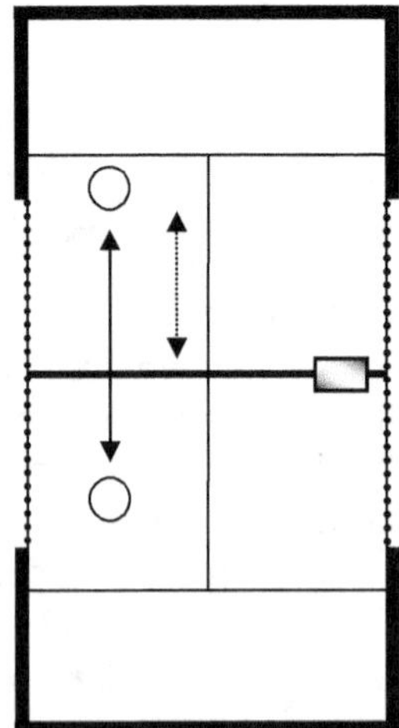

Esercizi 0313   Colpi: V

Obiettivo: Volèe con spotamento
Sequenza di colpi: VX

Descrizione:
Esercizi di controllo di volèe, dove uno dei giocatori mantiene la posizione nella rete e l'altro va su e giù mentre controlla la volèe crociata.
Dopo 2 si alterna la posizione dei giocatori.

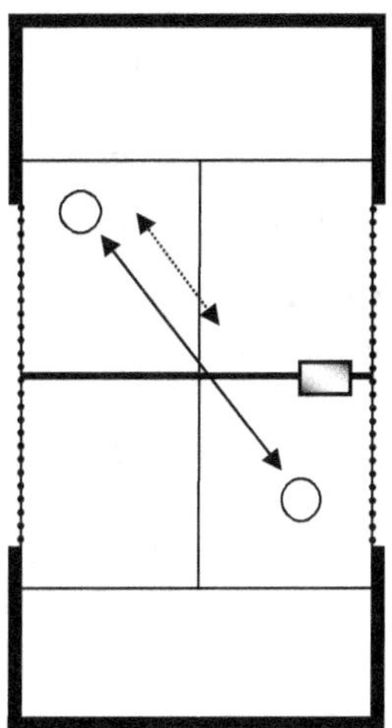

Esercizi 0314   Colpi: V

Obiettivo: Controllo di volèe tra 3 giocatore
Sequenza di colpi: V//

Descrizione:
Esercizi di controllo volo parallelo tra tre giocatore. I due giocatori che si incontrano insieme faranno due voli paralleli contro il loro compagno e si ritarderanno per lasciare posto al loro compagno, che continuerà a volare due volte parallelo e si allontanerà di nuovo.
Dopo 2 si alterna la posizione dei giocatori.

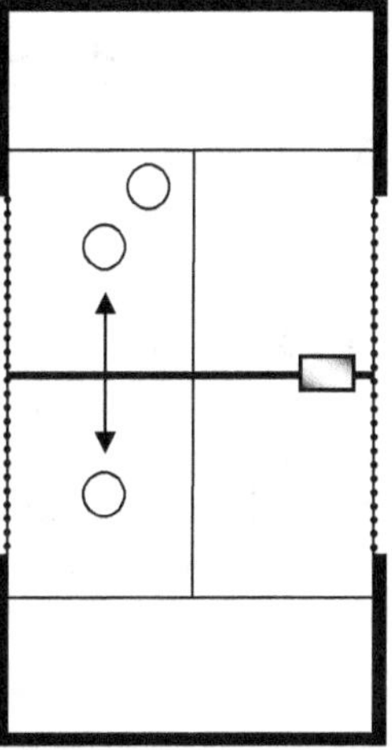

Esercizi 0315   Colpi: V

Obiettivo: Controllo di volèe tra 3 giocatore
Sequenza di colpi: VX

Descrizione:
Esercizi di controllo della velocità incrociata tra tre giocatori. I due giocatori che si incontrano insieme faranno due voli incrociati contro il loro compagno e si ritarderanno per lasciare posto al loro compagno, che continuerà a volare due volte incrociato e tornerà indietro.
Dopo 2 si alterna la posizione dei giocatori.

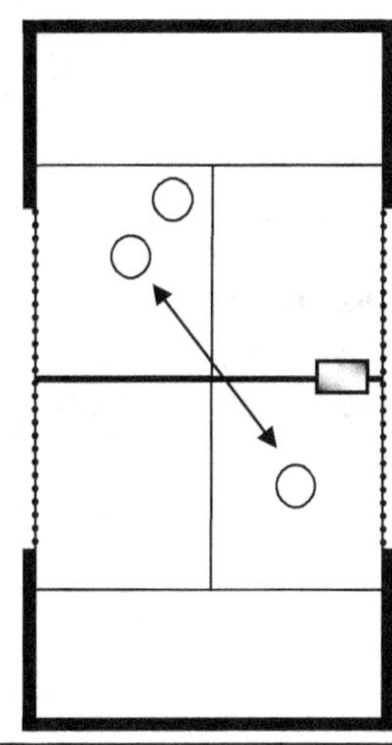

Esercizi 0316   Colpi: V

Obiettivo: Volèe con spotamento
Sequenza di colpi: VD// - VR//

Descrizione:
Posizionati in prossimità della rete, i giocatori eseguono voli paralleli o voli paralleli. Dopo ogni colpo, circonderanno i segni davanti per rifare una volèe.
Dopo 10 palle si alterna la posizione dei giocatori.

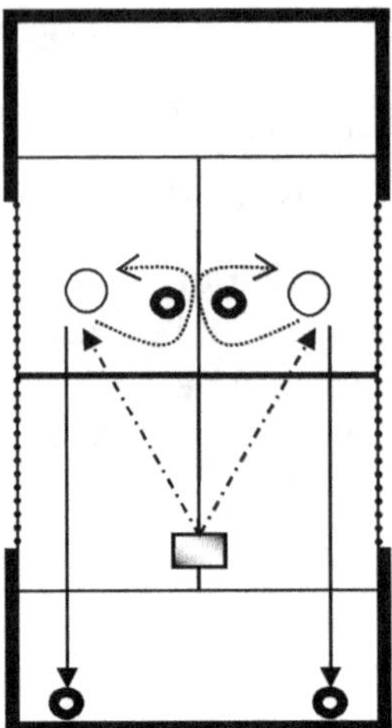

Esercizi 0317   Colpi: V

Obiettivo: Volèe con spotamento
Sequenza di colpi: VDX - VRX

Descrizione:
Collocati in prossimità della rete, i giocatori eseguono voli a destra incrociati o voli a rovescio incrociati. Dopo ogni colpo, circonderanno i segni davanti per rifare una volèe.
Dopo 10 palle si alterna la posizione dei giocatori.

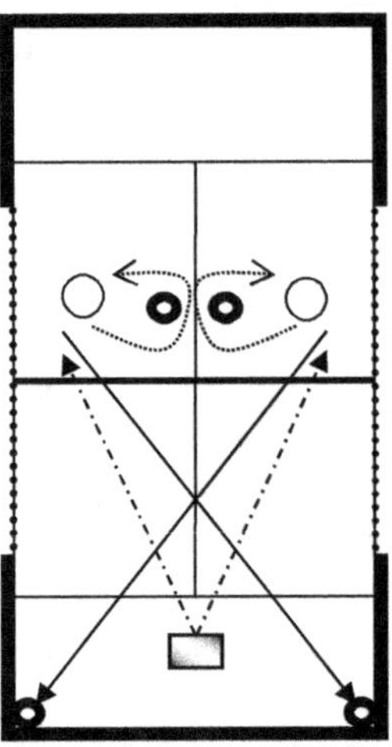

Esercizi 0318   Colpi: V

Obiettivo: Volèe con spotamento
Sequenza di colpi: VD// - VR//

Descrizione:
Posizionati in prossimità della rete, i giocatori eseguono voli paralleli o voli paralleli. Dopo ogni colpo, circonderanno i segni per rifare un volo.
Dopo 10 palle si alterna la posizione dei giocatori.

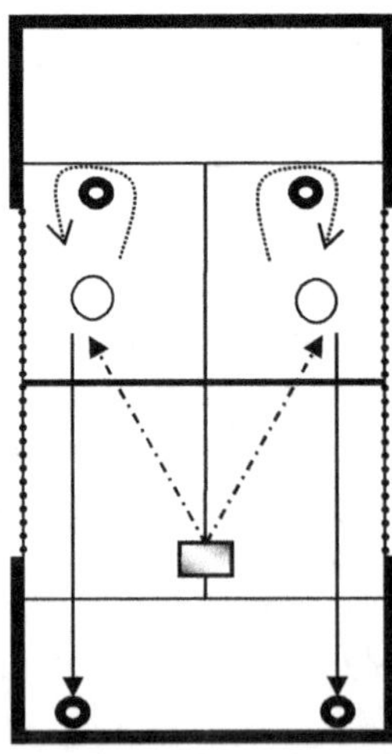

Esercizi 0319   Colpi: V

Obiettivo: Volèe con spotamento
Sequenza di colpi: VDX - VRX

Descrizione:
Collocati in prossimità della rete, i giocatori eseguono voli a destra incrociati o voli a rovescio incrociati. Dopo ogni colpo, circonderanno i segni per rifare un volo.
Dopo 10 palle si alterna la posizione dei giocatori.

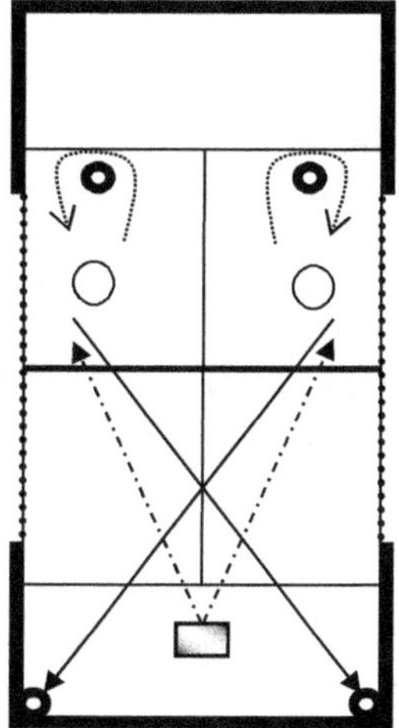

Esercizi 0320   Colpi: V

Obiettivo: Volèe con spotamento
Sequenza di colpi: VD//

Descrizione:
Situato il giocatore sulla linea di Servizio, effettuerà un volo di destra parallelo al marchio situato in fondo alla pista. Se le volèe sono ben realizzate, progredirà al cono successivo ma se fallisce, ripeterà fino a eseguirle correttamente.

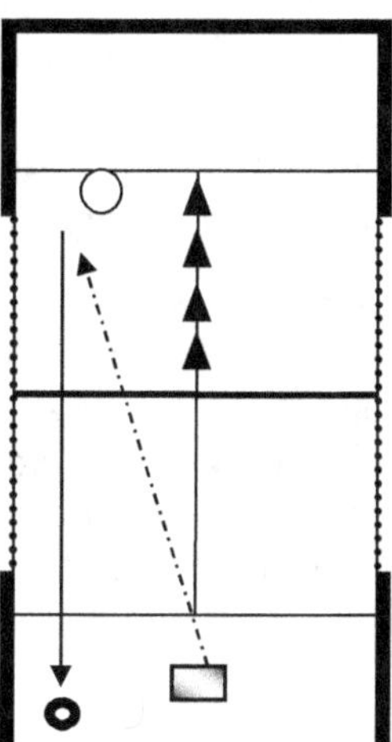

Esercizi 0321   Colpi: V

Obiettivo: Volèe con spotamento
Sequenza di colpi: VR//

Descrizione:
Situato il giocatore sulla linea di Servizio, effettuerà voli di rovescio paralleli al marchio situato in fondo alla pista. Se le volèe sono ben realizzate, progredirà al cono successivo ma se fallisce, ripeterà fino a eseguirle correttamente.

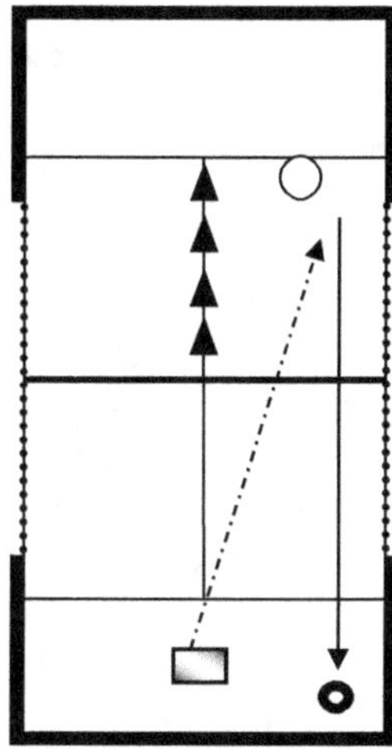

Esercizi 0322   Colpi: V

Obiettivo: Volèe con spotamento
Sequenza di colpi: VR//

Descrizione:
Situato il giocatore sulla linea di Servizio, effettuerà voli di rovescio paralleli al marchio situato in fondo alla pista. Se le volèe sono ben realizzate, progredirà al cono successivo ma se fallisce, ripeterà fino a eseguirle correttamente.

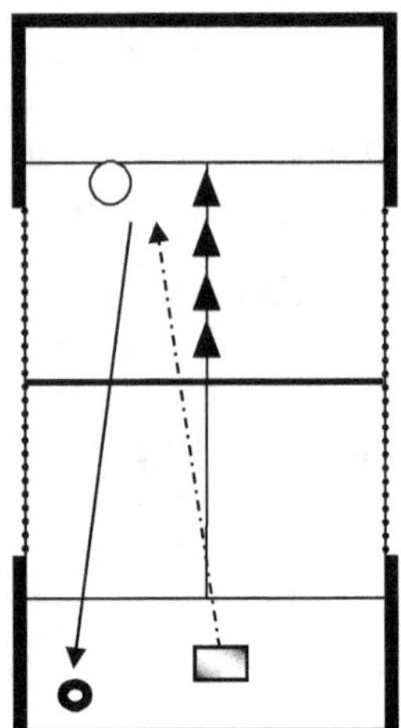

Esercizi 0323   Colpi: V

Obiettivo: Volèe con spotamento
Sequenza di colpi: VD//

Descrizione:
Situato il giocatore sulla linea di Servizio, effettuerà un volo di destra parallelo al marchio situato in fondo alla pista. Se le volèe sono ben realizzate, progredirà al cono successivo ma se fallisce, ripeterà fino a eseguirle correttamente.

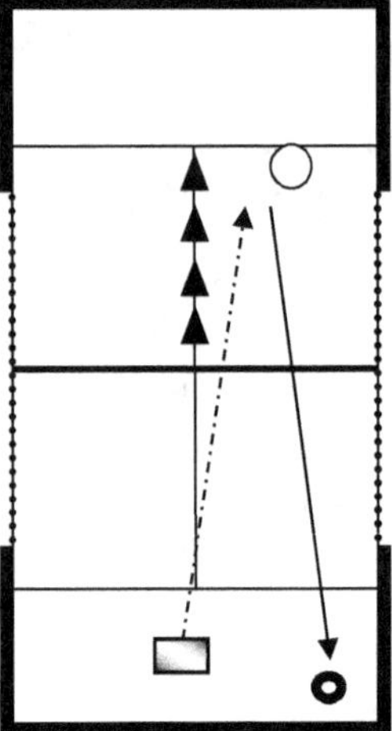

Esercizi 0324   Colpi: V

Obiettivo: Volèe con spotamento
Sequenza di colpi: VDX

Descrizione:
Situato il giocatore sulla linea di Servizio, effettuerà voli a destra incrociati al marchio situato in fondo alla pista. Se le volèe sono ben realizzate, progredirà al cono successivo ma se fallisce, ripeterà fino a eseguirle correttamente.

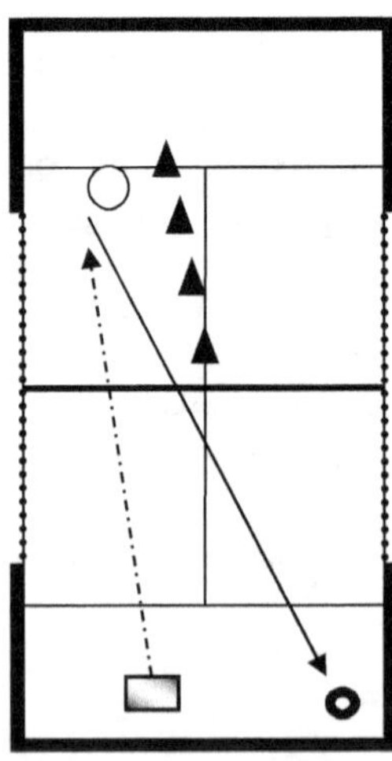

Esercizi 0325   Colpi: V

Obiettivo: Volèe con spotamento
Sequenza di colpi: VRX

Descrizione:
Situato il giocatore sulla linea di Servizio, effettuerà voli di rovescio incrociati al marchio situato in fondo alla pista. Se le volèe sono ben realizzate, progredirà al cono successivo ma se fallisce, ripeterà fino a eseguirle correttamente.

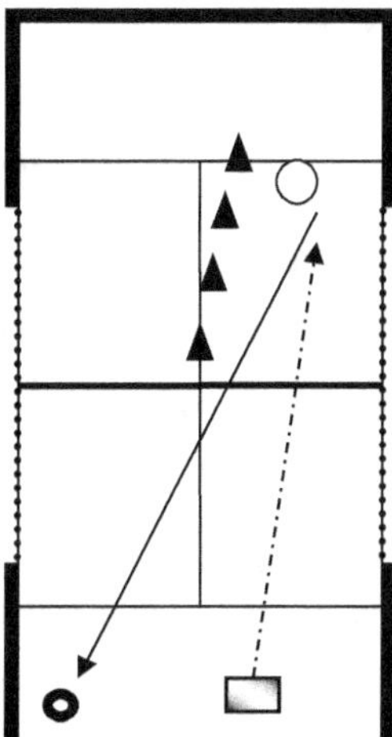

Esercizi 0326   Colpi: V

Obiettivo: Volèe con spotamento
Sequenza di colpi: VRX

Descrizione:
Situato il giocatore sulla linea di Servizio, effettuerà voli di rovescio incrociati al marchio situato in fondo alla pista. Se le volèe sono ben realizzate, progredirà al cono successivo ma se fallisce, ripeterà fino a eseguirle correttamente.

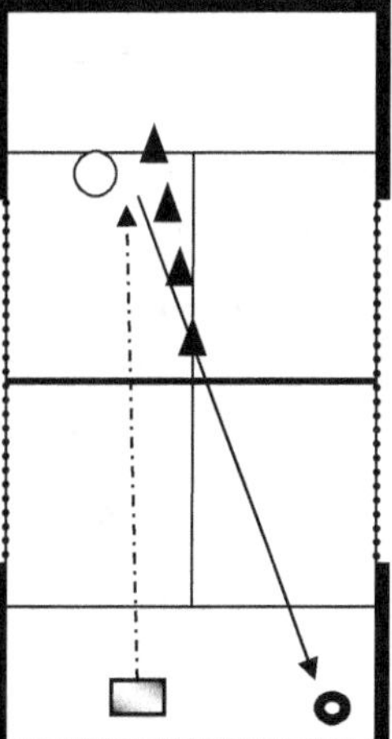

Esercizi 0327   Colpi: V

Obiettivo: Volèe con spotamento
Sequenza di colpi: VDX

Descrizione:
Situato il giocatore sulla linea di Servizio, effettuerà voli a destra incrociati al marchio situato in fondo alla pista. Se le volèe sono ben realizzate, progredirà al cono successivo ma se fallisce, ripeterà fino a eseguirle correttamente.

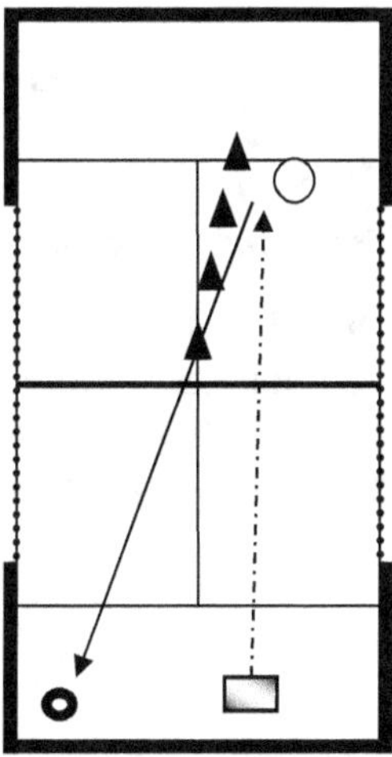

ESERCIZI DI PALLONCINO

Esercizi 0328   Colpi: G

Obiettivo: Controllo palloncino senza rimbalzo
Sequenza di colpi: GD // - GR//

Descrizione:
Posizionato in fondo alla pista, il giocatore eseguirà palloncini paralleli da destra e palloncini paralleli da rovescio al marchio situato in fondo alla pista.
Dopo 10 palle si cambia giocatore.

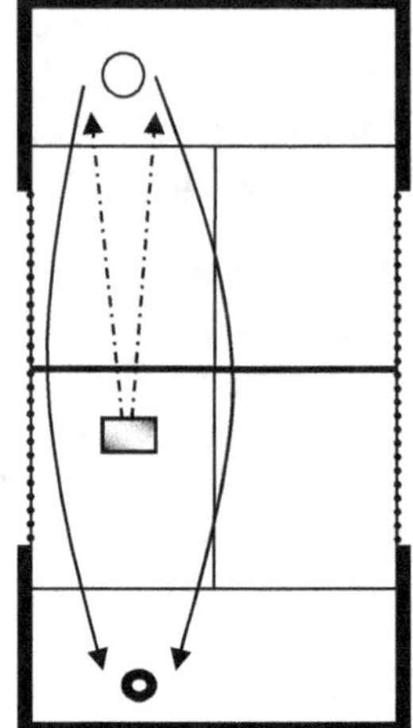

Esercizi 0329   Colpi: G

Obiettivo: Controllo palloncino senza rimbalzo
Sequenza di colpi: GD // - GRX

Descrizione:
Posizionato in fondo alla pista, il giocatore eseguirà palloncini paralleli da destra e palloncini incrociati da rovescio ai segni in fondo alla pista.
Dopo 10 palle si cambia giocatore.

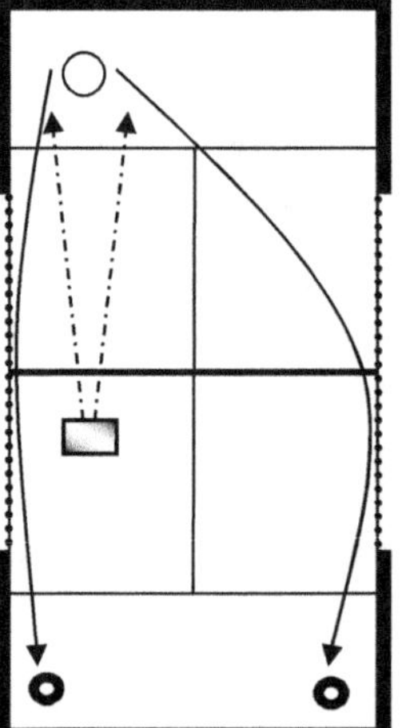

Esercizi 0330   Colpi: G

Obiettivo: Controllo palloncino senza rimbalzo
Sequenza di colpi: GD X – GR//

Descrizione:
Posizionato in fondo alla pista, il giocatore eseguirà palloncini crociati da destra e palloncini paralleli da rovescio ai segni in fondo alla pista.
Dopo 10 palle si cambia giocatore.

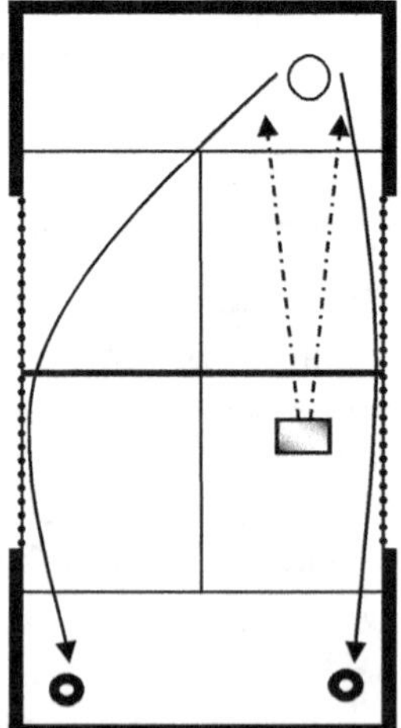

Esercizi 0331   Colpi: SF – G

Obiettivo: Controllo palloncino con e senza rimbalzo

Sequenza di colpi: GRX – GRX

Descrizione:
Posizionato in fondo alla pista, il giocatore esegue palloni incrociati rovescio con e senza rimbalzo al segno in fondo alla pista.
Dopo 10 palle si cambia giocatore.

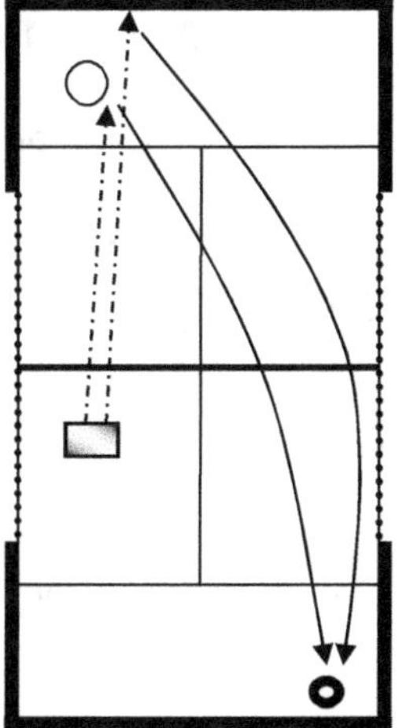

Esercizi 0332   Colpi: SF – G

Obiettivo: Controllo palloncino con e senza rimbalzo

Sequenza di colpi: GDX – GDX

Descrizione:
Posizionato in fondo alla pista, il giocatore eseguirà Palloncini crociati da destra con e senza rimbalzo al segno in fondo alla pista.
Dopo 10 palle si cambia giocatore.

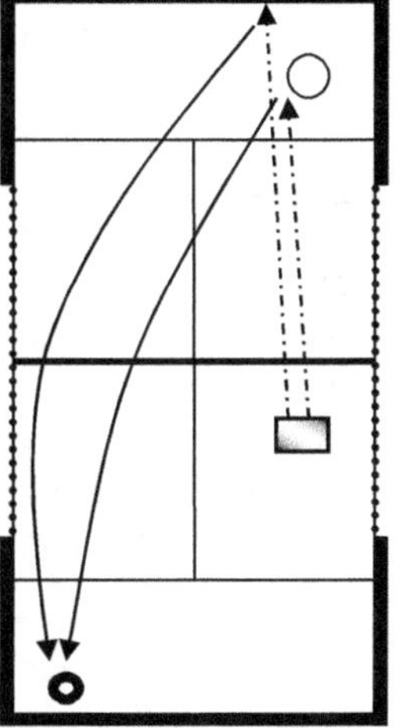

Esercizi 0333   Colpi: SDP – G

Obiettivo: Controllo palloncino con e senza rimbalzo

Sequenza di colpi: GD// – GD//

Descrizione:
Posizionato in fondo alla pista, il giocatore eseguirà palloni paralleli di destra senza rimbalzo e con rimbalzo dopo due pareti al marchio situato in fondo alla pista.
Dopo 10 palle si cambia giocatore.

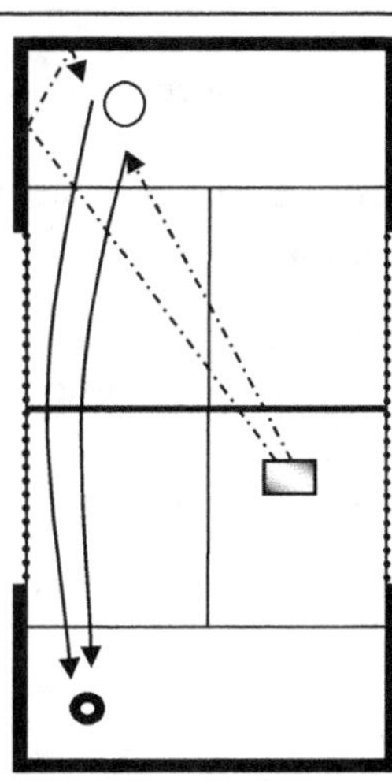

Esercizi 0334   Colpi: SDP – G

Obiettivo: Controllo palloncino con e senza rimbalzo

Sequenza di colpi: GR//– GR//

Descrizione:
Posizionato in fondo alla pista, il giocatore eseguirà palloncini paralleli a rovescio senza rimbalzo e con rimbalzo dopo due pareti al marchio situato in fondo alla pista.
Dopo 10 palle si cambia giocatore.

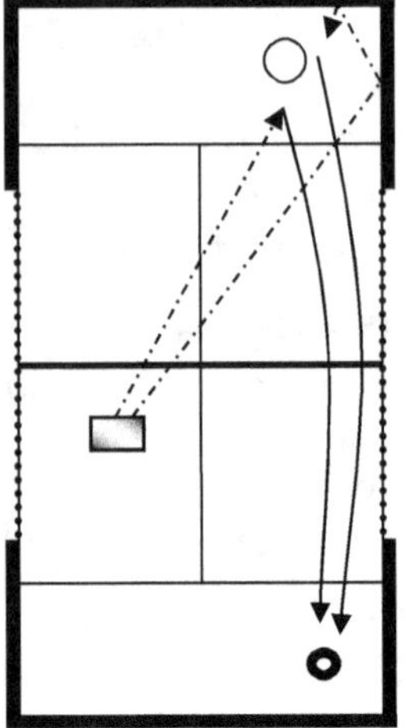

Esercizi 0335   Colpi: SF – SDP – G

Obiettivo: Controllo palloncino con rimbalzo

Sequenza di colpi: GD// – GRX

Descrizione:
Posizionato in fondo alla pista, il giocatore eseguirà palloni paralleli di destra dopo rimbalzo a doppia parete e palloni rovescio incrociati dopo rimbalzo sulla parete di fondo ai segni sul fondo della pista.
Dopo 10 palle si cambia giocatore.

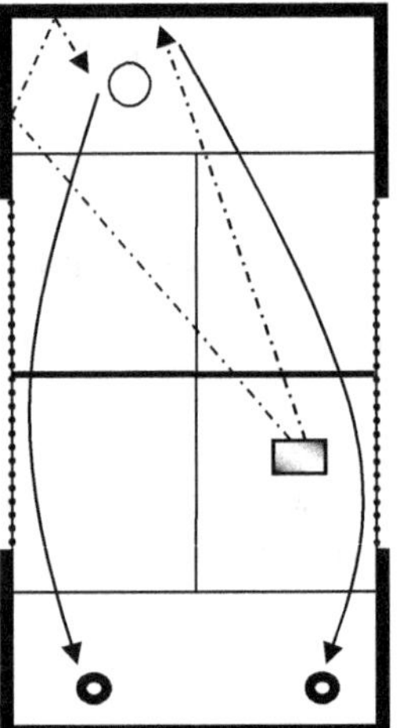

Esercizi 0336   Colpi: SF – SDP – G

Obiettivo: Controllo palloncino con rimbalzo

Sequenza di colpi: GR// – GDX

Descrizione:
Posizionato in fondo alla pista, il giocatore eseguirà palloni paralleli rovescio dopo rimbalzo a doppia parete e palloni a destra incrociati dopo rimbalzo sulla parete di fondo ai segni sul fondo della pista.
Dopo 10 palle si cambia giocatore.

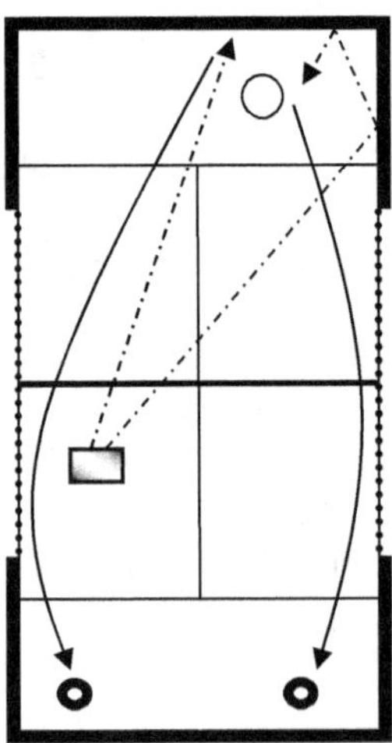

Esercizi 0337   Colpi: SDP – G

Obiettivo: Controllo palloncino con rimbalzo
Sequenza di colpi: GRX

Descrizione:
Posizionati in fondo alla pista, i giocatori eseguiranno palloni rovescio incrociati dopo il rimbalzo a doppia parete al segno in fondo alla pista e torneranno alla riga.

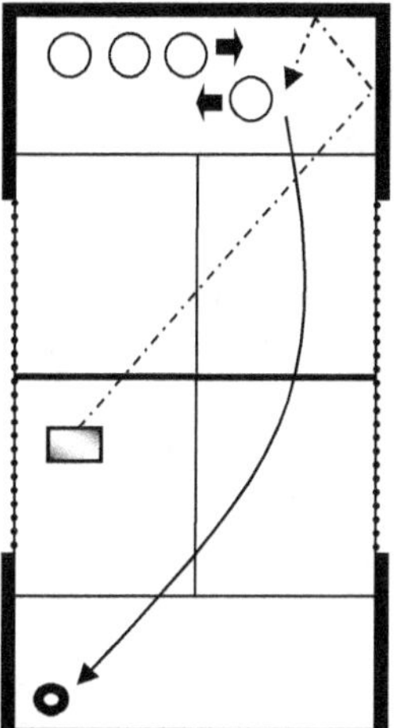

Esercizi 0338   Colpi: SDP – G

Obiettivo: Controllo palloncino con rimbalzo
Sequenza di colpi: GDX

Descrizione:
Posizionati in fondo alla pista, i giocatori eseguiranno palloni da destra incrociati dopo il rimbalzo a doppia parete al segno in fondo alla pista e torneranno alla riga.

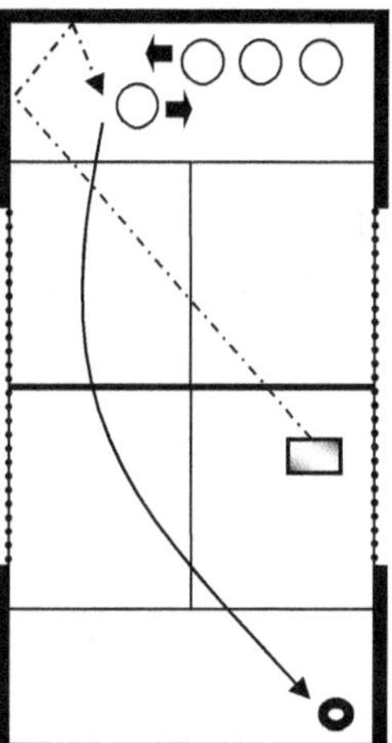

Esercizi 0339   Colpi: G

Obiettivo: Controllo palloncino
Sequenza di colpi: GD// – GRX

Descrizione:
Posizionato in fondo alla pista, il giocatore esegue palloni a destra paralleli e palloni a rovescio incrociati al di sopra della catena situata tra i picchi in fondo alla pista.
Dopo 10 palle si cambia giocatore.

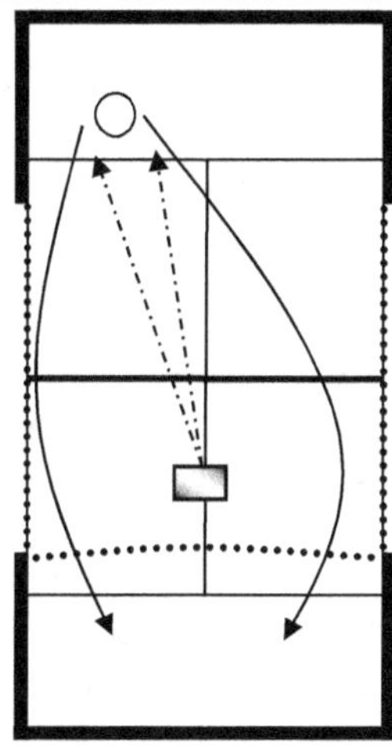

Esercizi 0340   Colpi: G

Obiettivo: Controllo palloncino
Sequenza di colpi: GDX – GR//

Descrizione:
Posizionato in fondo alla pista, il giocatore esegue palloni a destra incrociati e palloni a rovescio paralleli al di sopra della catena situata tra i picchi in fondo alla pista.
Dopo 10 palle si cambia giocatore.

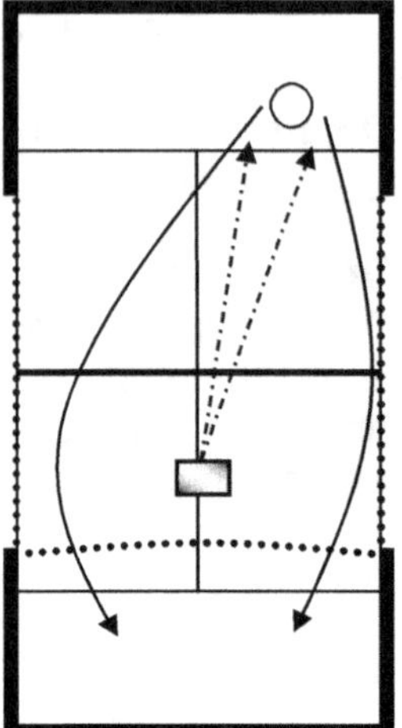

ESERCIZI DI SERVIZIO

Esercizi 0341   Colpi: Sq

Obiettivo: Servizio a diverse zone
Sequenza di colpi: Servizio

Descrizione:
Posizionati in fondo alla pista, i giocatori eseguiranno Servizios con diversi obiettivi in cui alterneranno velocità e tipo di colpo, variando tra piano, linea e taglio.
I giocatori cambiano lato ogni 10 palle.

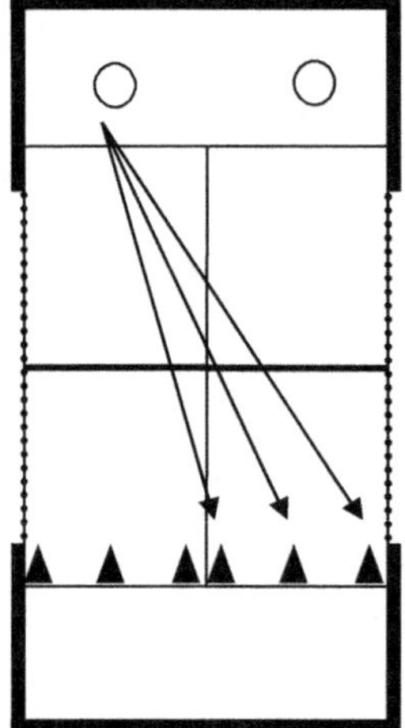

Esercizi 0342   Colpi: Sq

Obiettivo: Servizio a diverse zone con limite di altezza
Sequenza di colpi: Servizio

Descrizione:
Posizionati in fondo alla pista, i giocatori eseguiranno Servizios con Vari obiettivi in cui alterneranno velocità e tipo di colpo, variando tra piano, levigato e tagliato, con la limitazione dell'altezza imposta dalla catena che è sulla rete.
I giocatori cambiano lato ogni 10 palle.

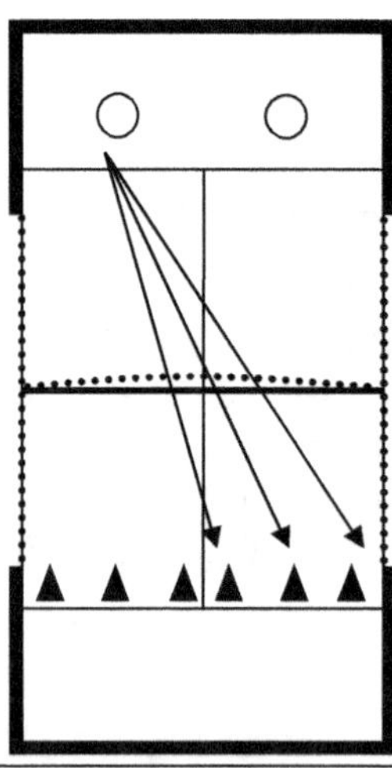

Esercizi 0343   Colpi: Sq

Obiettivo: Servizio a diverse zone attraverso i cerchi
Sequenza di colpi: Servizio

Descrizione:
Posizionati i giocatori in fondo alla pista, eseguiranno servizi attraverso i cerchi in alternando velocità e tipo di colpo, variando tra piano, lifting e taglio.
I giocatori cambiano lato ogni 10 palle.

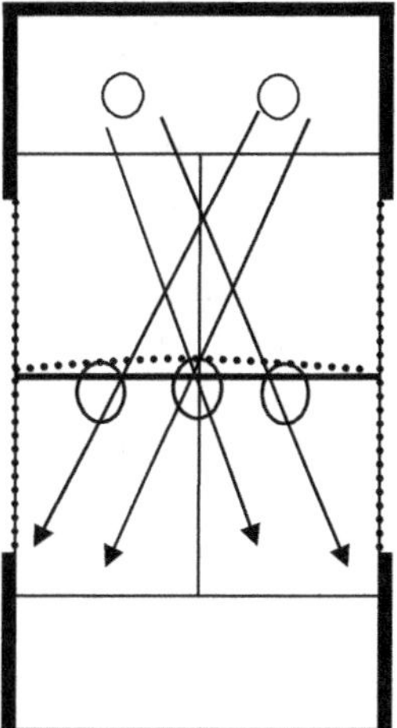

ESERCIZI DE BANDEJA

Esercizi 0344   Colpi: Bd

Obiettivo: Bandeja da diverse posizioni
Sequenza di colpi: Bd// - BdX

Descrizione:
Posizionati in due file vicino alla rete, i giocatori eseguiranno una bandeja parallela e cambieranno fila per una bandeja incrociata, con l'obiettivo dell'area segnata nell'angolo della pista.

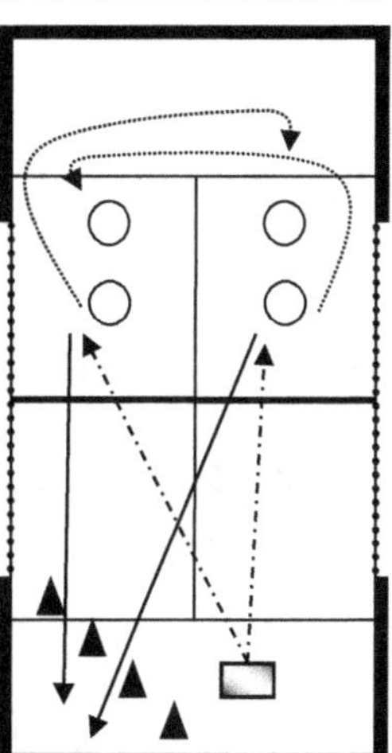

Esercizi 0345   Colpi: Bd

Obiettivo: Bandeja da diverse posizioni
Sequenza di colpi: Bd// - BdX

Descrizione:
Posizionati in due file vicino alla rete, i giocatori eseguiranno una bandeja parallela e cambieranno fila per una bandeja incrociata, con l'obiettivo dell'area segnata nell'angolo della pista.

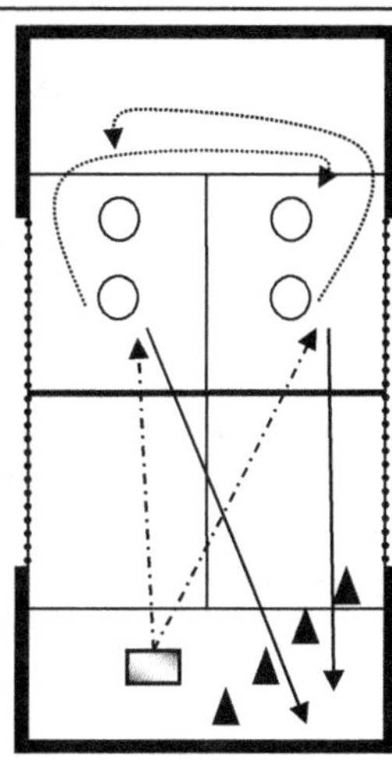

Esercizi 0346   Colpi: Bd

Obiettivo: Reazione a una situazione
Sequenza di colpi: BdX

Descrizione:
Sdraiato a testa in giù su mezza pista, si alza e cerca di raggiungere un palloncino per fare un vassoio incrociato. Dopo ogni guarigione, torna a sdraiarsi vicino al cono.
Dopo 5 palle si cambia giocatore.

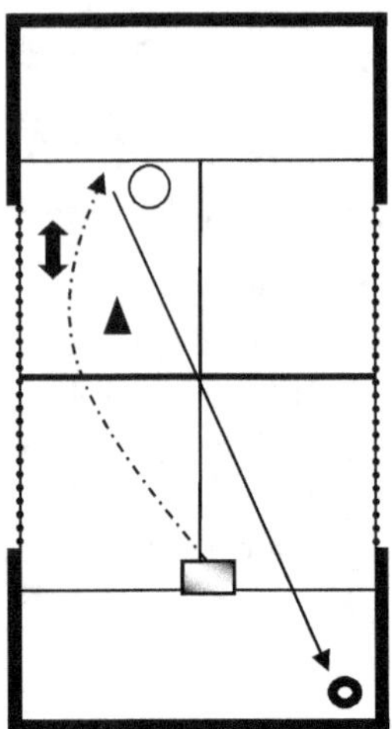

Esercizi 0347   Colpi: Bd

Obiettivo: Reazione a una situazione
Sequenza di colpi: BdX

Descrizione:
Sdraiato a testa in giù su mezza pista, si alza e cerca di raggiungere un palloncino per fare un vassoio incrociato. Dopo ogni guarigione, torna a sdraiarsi vicino al cono.
Dopo 5 palle si cambia giocatore.

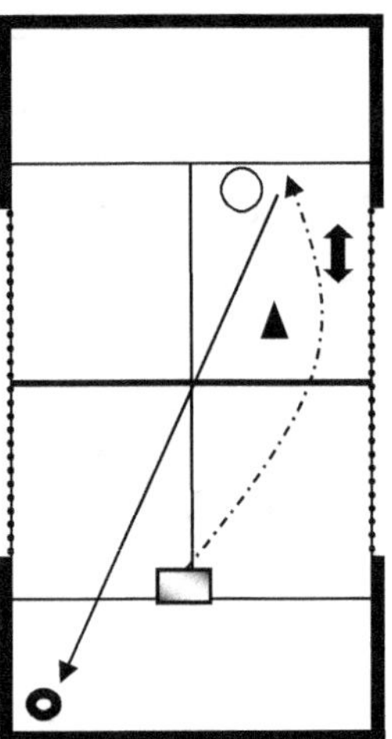

Esercizi 0348   Colpi: Bd

Obiettivo: Reazione a una situazione
Sequenza di colpi: Bd//

Descrizione:
Sdraiato il giocatore a faccia in giù su mezza pista, si alza e cerca di raggiungere un palloncino per realizzare un vassoio parallelo. Dopo ogni guarigione, torna a sdraiarsi vicino al cono.
Dopo 5 palle si cambia giocatore.

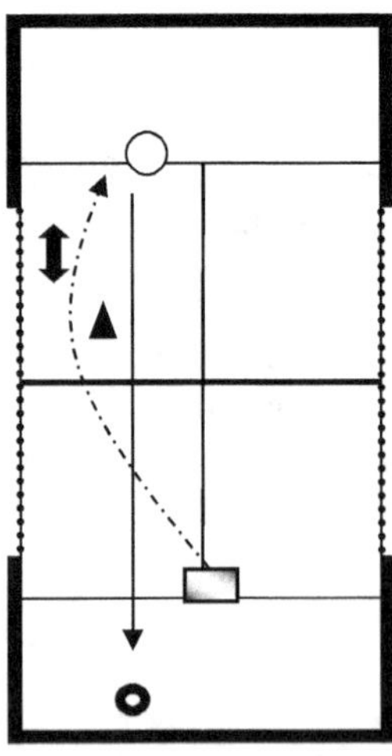

Esercizi 0349   Colpi: Bd

Obiettivo: Reazione a una situazione
Sequenza di colpi: Bd//

Descrizione:
Sdraiato a testa in giù su mezza pista, si alza e tenta di raggiungere un palloncino per realizzare un vassoio parallelo. Dopo ogni guarigione, torna a sdraiarsi vicino al cono.
Dopo 5 palle si cambia giocatore.

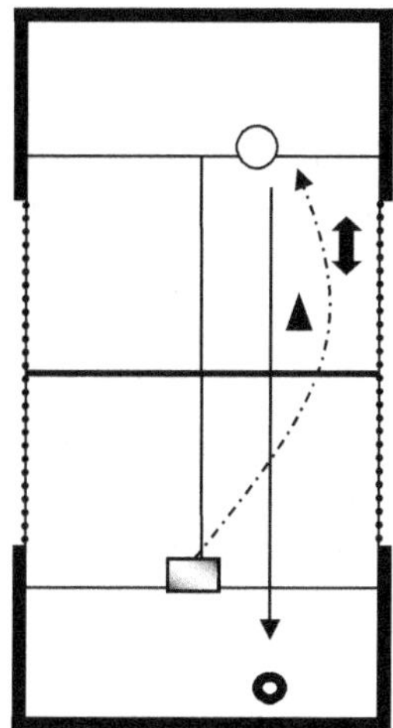

Esercizi 0350   Colpi: Bd

Obiettivo: Controllo del vassoio a diversi obiettivi
Sequenza di colpi: Bd// – Bd mezzo – BdX

Descrizione:
Posizionato il giocatore vicino alla rete, lavorerà 3 tipi di vassoio. Se è comodo attacca con vassoio lento al mezzo o forte in diagonale, se è scomodo è difeso con vassoio parallelo.
Dopo 12 palle si cambia giocatore.

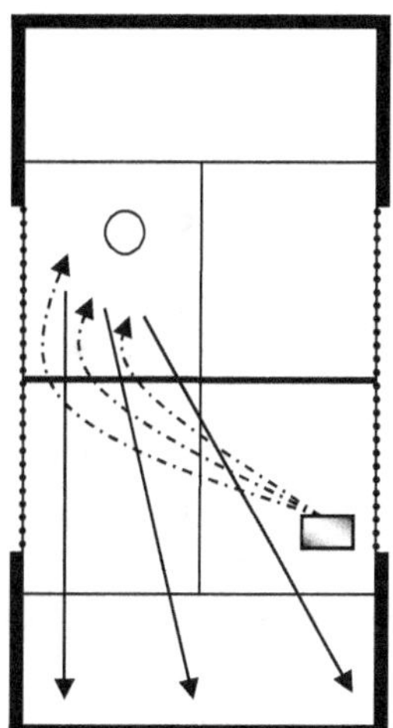

Esercizi 0351   Colpi: Bd

Obiettivo: Controllo del vassoio a diversi obiettivi
Sequenza di colpi: Bd// – Bd mezzo – BdX

Descrizione:
Posizionato il giocatore vicino alla rete, lavorerà 3 tipi di vassoio. Se è comodo attacca con un vassoio forte parallelo o incrociato. Se è scomodo si difende con vassoio lento al centro.
Dopo 12 palle si cambia giocatore.

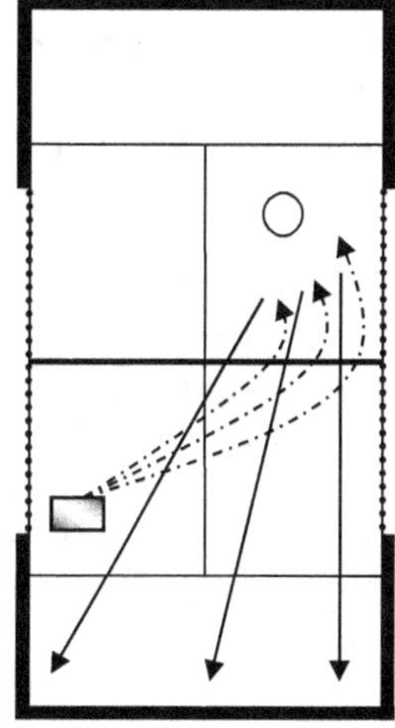

Esercizi 0352   Colpi: Bd

Obiettivo: Apprendimento dell'armatura del vassoio
Sequenza di colpi: Bd

Descrizione:
Posizionato il giocatore con la schiena attaccata alla parete di fondo, realizzerà vassoi. Si dà la schiena alla Parete per non esagerare l'arma del colpo. Quando si domina si avanza verso la rete.
Può essere eseguita dall'altro lato per praticare tutti gli angoli di impatto.

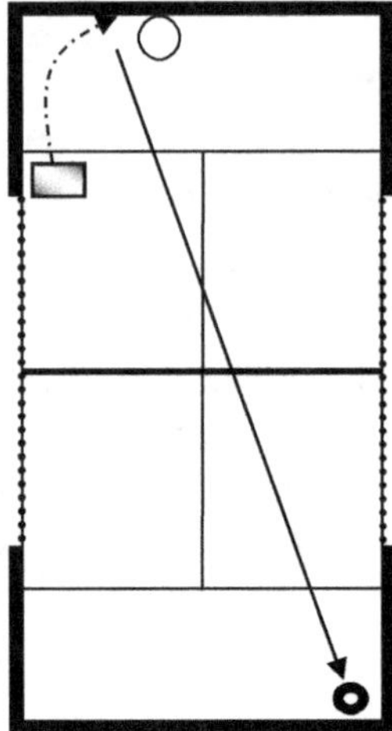

Esercizi 0353   Colpi: Bd

Obiettivo: Apprendimento del vassoio
Sequenza di colpi: Bd//

Descrizione:
Posto il giocatore su mezza pista all'altezza dei coni, eseguirà un vassoio lento parallelo al monitor su ogni cono. Con questo Esercizi inizieremo a montare correttamente il vassoio. Lavoriamo la tecnica di battitura, non la forza o l'effetto.
Dopo 10 palle si cambia giocatore.

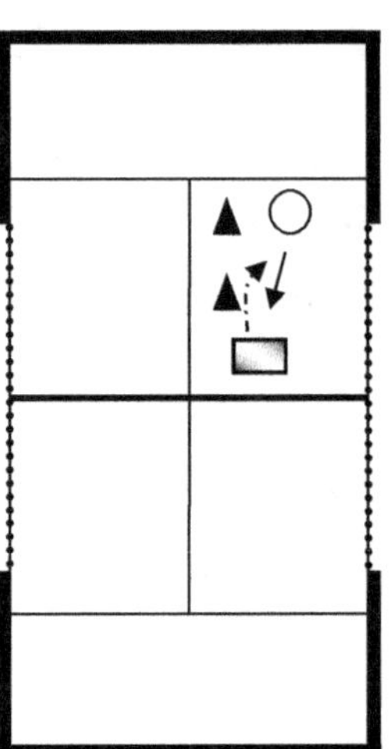

Esercizi 0354   Colpi: Bd

Obiettivo: Apprendimento del vassoio
Sequenza di colpi: BdX

Descrizione:
Posizionato il giocatore su mezza pista all'altezza dei coni, eseguirà un vassoio lento incrociato al monitor su ogni cono. Con questo Esercizi inizieremo a montare correttamente il vassoio. Lavoriamo la tecnica di battitura, non la forza o l'effetto.
Dopo 10 palle si cambia giocatore.

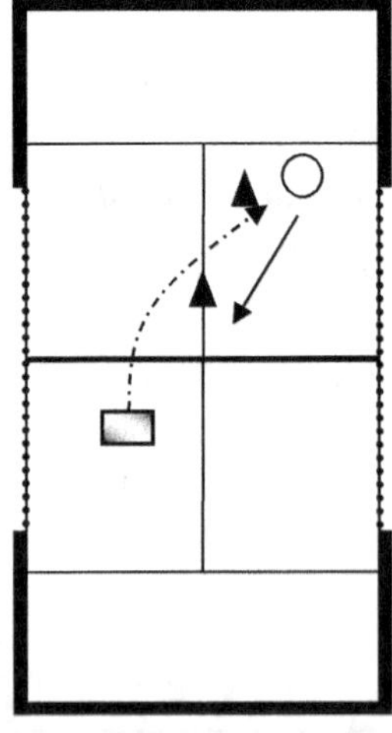

Esercizi 0355   Colpi: Bd

Obiettivo: Controllo vassoio a diverse altezze
Sequenza di colpi: Bd// – Bd// - Bd//

Descrizione:
Posizionato sulla linea Servizio, il giocatore eseguirà tre vaschette parallele all'altezza di ogni cono. Se ben eseguito progredirà al prossimo cono, ma se fallisce in qualche cono, lo ripeterà fino a quando non lo farà correttamente.
Dopo 12 palle si cambia giocatore.

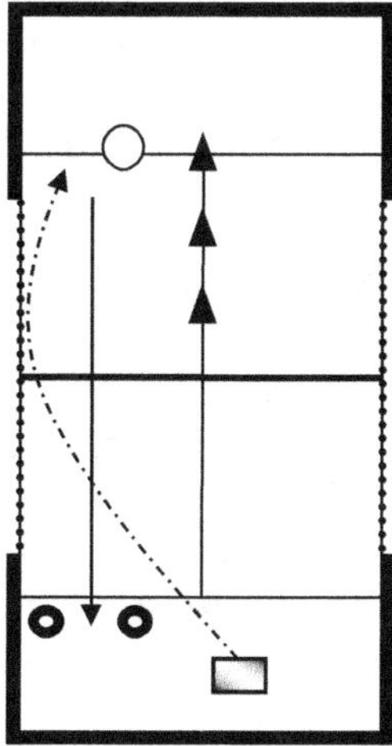

Esercizi 0356   Colpi: Bd

Obiettivo: Controllo vassoio a diverse altezze
Sequenza di colpi: Bd// – Bd// - Bd//

Descrizione:
Posizionato sulla linea Servizio, il giocatore eseguirà tre vaschette parallele all'altezza di ogni cono. Se ben eseguito progredirà al prossimo cono, ma se fallisce in qualche cono, lo ripeterà fino a quando non lo farà correttamente.
Dopo 12 palle si cambia giocatore.

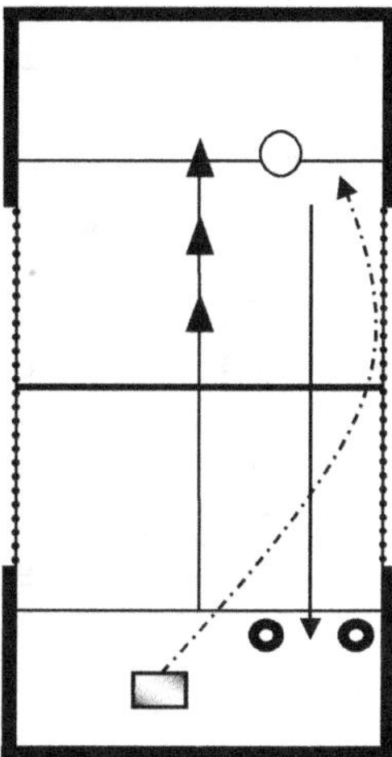

Esercizi 0357   Colpi: Bd

Obiettivo: Controllo vassoio a diverse altezze
Sequenza di colpi: BdX – BdX - BdX

Descrizione:
Situato il giocatore sulla linea di servizio, eseguirà tre vaschette incrociate all'altezza di ogni cono. Se ben eseguito progredirà al prossimo cono, ma se fallisce in qualche cono, lo ripeterà fino a quando non lo farà correttamente.
Dopo 12 palle si cambia giocatore.

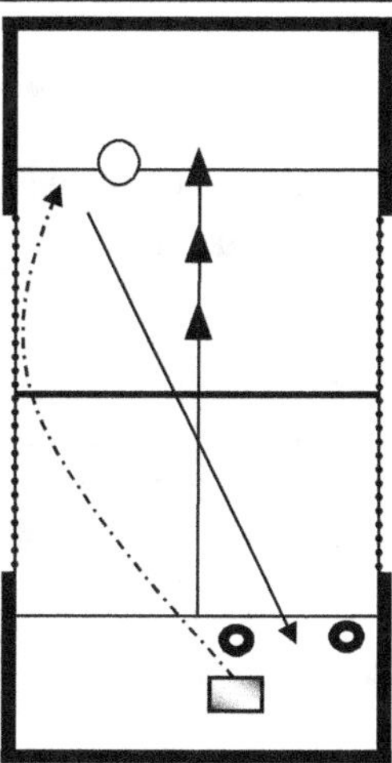

Esercizi 0358   Colpi: Bd

Obiettivo: Controllo vassoio a diverse altezze
Sequenza di colpi: BdX – BdX - BdX

Descrizione:
Situato il giocatore sulla linea di servizio, eseguirà tre vaschette incrociate all'altezza di ogni cono. Se ben eseguito progredirà al prossimo cono, ma se fallisce in qualche cono, lo ripeterà fino a quando non lo farà correttamente.
Dopo 12 palle si cambia giocatore.

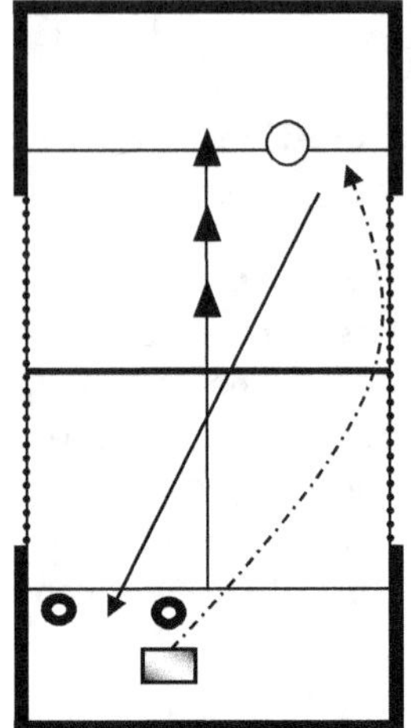

Esercizi 0359   Colpi: Bd

Obiettivo: Controllo dei vassoi con spostamento
Sequenza di colpi: Bd// - Bd//

Descrizione:
Posizionati vicino alla rete, i giocatori eseguiranno vaschette parallele al fondo della pista. Dopo ogni colpo, circonderanno i segni davanti per rifare un vassoio.
Dopo 10 palle si alterna la posizione dei giocatori.

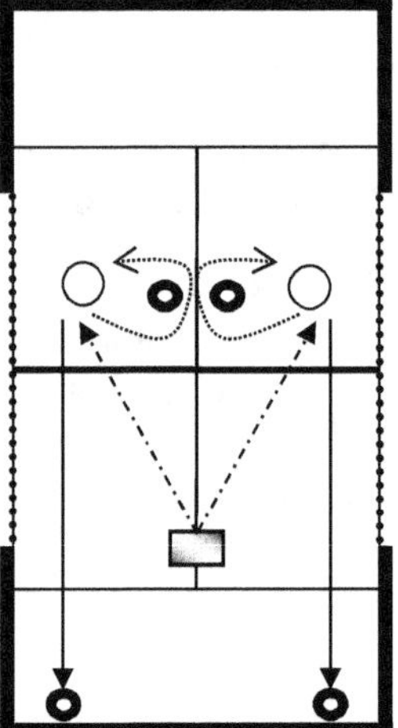

Esercizi 0360   Colpi: Bd

Obiettivo: Controllo dei vassoi con spostamento
Sequenza di colpi: BdX - BdX

Descrizione:
Posti i giocatori vicino alla rete, faranno vasche incrociate. Dopo ogni colpo, circonderanno i segni davanti per rifare un vassoio.
Dopo 10 palle si alterna la posizione dei giocatori.

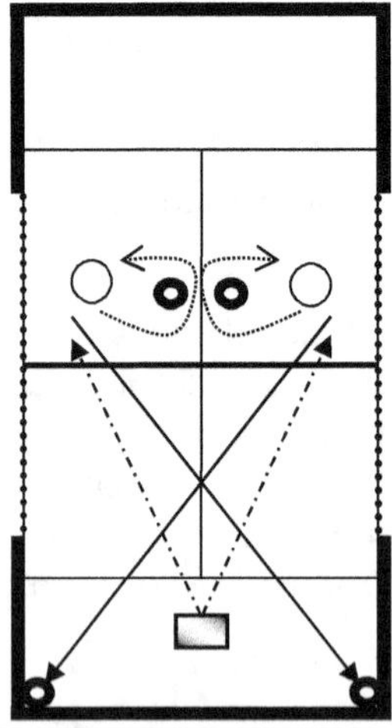

Esercizi 0361   Colpi: Bd

Obiettivo: Controllo dei vassoi con spostamento
Sequenza di colpi: Bd// - Bd//

Descrizione:
Posizionati vicino alla rete, i giocatori eseguiranno vassoi paralleli. Dopo ogni colpo, circonderanno i segni per rifare un vassoio.
Dopo 10 palle si alterna la posizione dei giocatori.

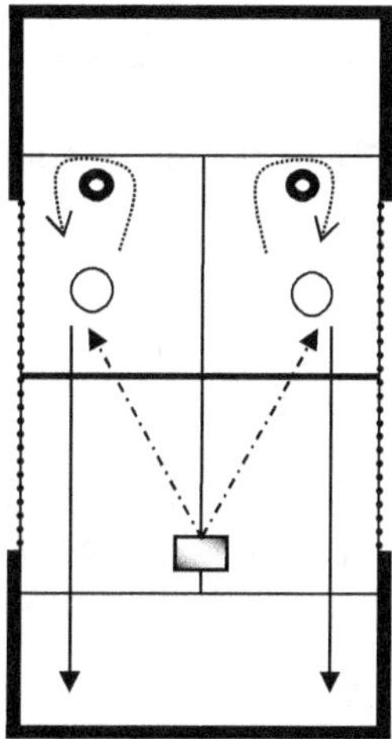

Esercizi 0362   Colpi: Bd

Obiettivo: Controllo dei vassoi con spostamento
Sequenza di colpi: BdX - BdX

Descrizione:
Posizionati i giocatori vicino alla rete, eseguiranno vassoi incrociati. Dopo ogni colpo, circonderanno i segni per rifare un vassoio.
Dopo 10 palle si alterna la posizione dei giocatori.

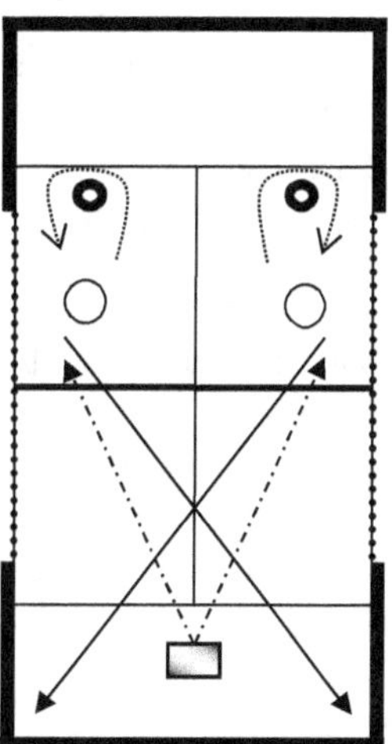

Esercizi 0363   Colpi: Bd

Obiettivo: Apprendimento del vassoio
Sequenza di colpi: BdX

Descrizione:
Posizionato il giocatore sulla linea Servizio, prenderà una palla e la butterà forte a terra in modo da avere molto rimbalzo. All'altezza corrispondente deve essere applicato un vassoio incrociato alle iscrizioni sul fondo della pista.
Dopo 10 palle si alterna la posizione dei giocatori.

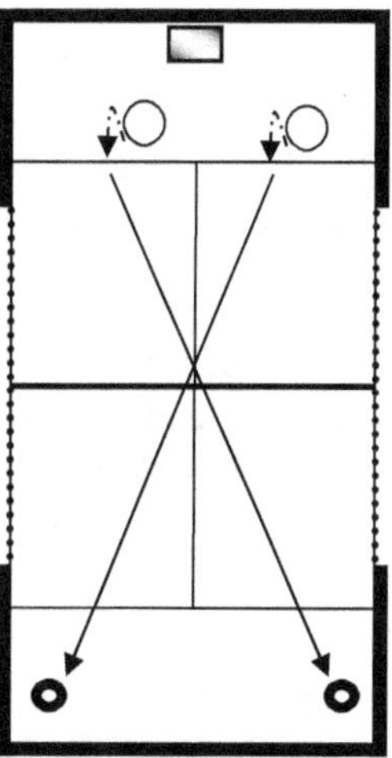

Esercizi 0364   Colpi: Bd

Obiettivo: Apprendimento del vassoio
Sequenza di colpi: Bd//

Descrizione:
Posizionato il giocatore sulla linea Servizio, prenderà una palla e la butterà forte a terra in modo da avere molto rimbalzo. All'altezza corrispondente deve essere applicato un vassoio parallelo alle marcature sul fondo della pista.
Dopo 10 palle si alterna la posizione dei giocatori.

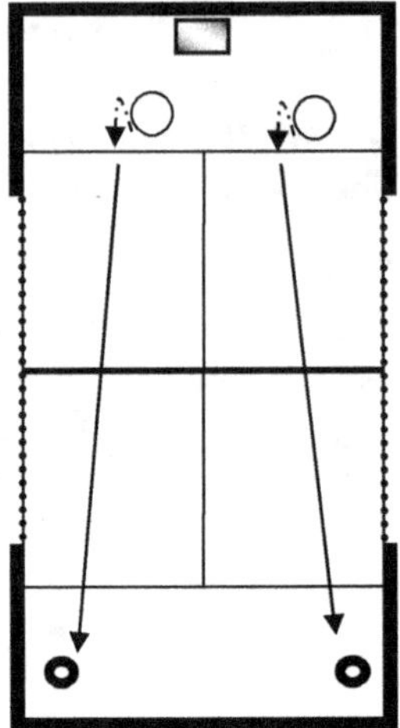

Esercizi 0365   Colpi: Bd

Obiettivo: Apprendimento del vassoio
Sequenza di colpi: BdX

Descrizione:
Posizionato il giocatore sulla linea Servizio, prenderà una palla e la butterà forte a terra in modo da avere molto rimbalzo. All'altezza corrispondente deve essere applicato un vassoio trasversale alla griglia.
Dopo 10 palle si alterna la posizione dei giocatori.

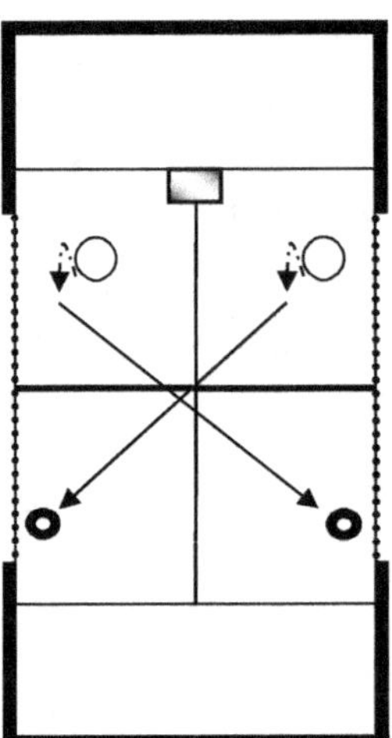

Esercizi 0366   Colpi: Bd

Obiettivo: Apprendimento del vassoio
Sequenza di colpi: Bd//

Descrizione:
Posizionato il giocatore vicino alla rete, prenderà una palla e la butterà forte a terra in modo da avere molto rimbalzo. Alla corrispondente altezza deve essere applicato un vassoio parallelo alla griglia.
Dopo 10 palle si alterna la posizione dei giocatori.

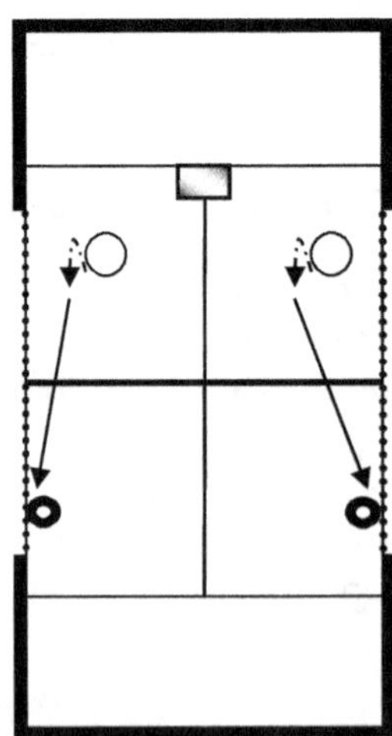

Esercizi 0367   Colpi: Bd

Obiettivo: Controllo del vassoio
Sequenza di colpi: BdX

Descrizione:
Posto il giocatore vicino alla rete, effettuerà un vassoio incrociato al marchio situato sulla Parete di sfondo al Palloncino lanciato dal monitor.
Dopo il vassoio, il giocatore tornerà in fila.

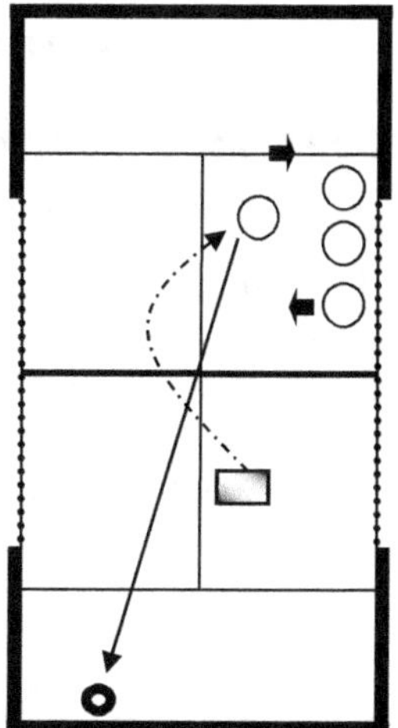

Esercizi 0368   Colpi: Bd

Obiettivo: Controllo del vassoio
Sequenza di colpi: BdX

Descrizione:
Posto il giocatore vicino alla rete, effettuerà un vassoio incrociato al marchio situato sulla Parete di sfondo al Palloncino lanciato dal monitor.
Dopo il vassoio, il giocatore tornerà in fila.

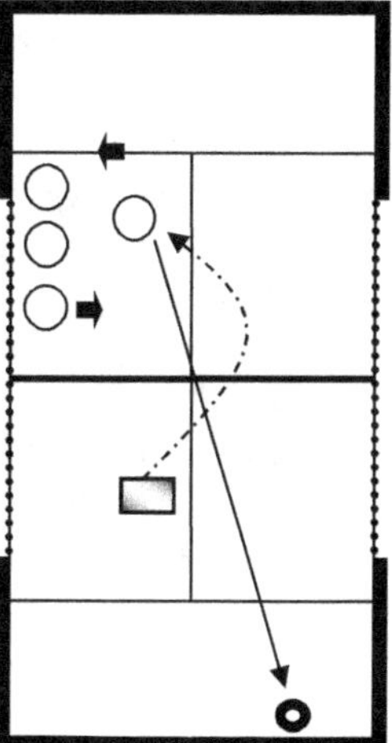

Esercizi 0369   Colpi: Bd

Obiettivo: Controllo del vassoio
Sequenza di colpi: BdX

Descrizione:
Posto il giocatore vicino alla rete, effettuerà un vassoio incrociato al marchio situato sulla Parete laterale al Palloncino lanciato dal monitor.
Dopo il vassoio, il giocatore tornerà in fila.

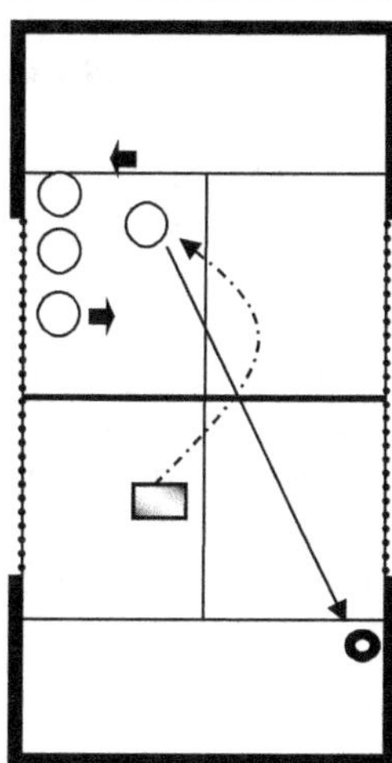

Esercizi 0370   Colpi: Bd

Obiettivo: Controllo del vassoio
Sequenza di colpi: BdX

Descrizione:
Posto il giocatore vicino alla rete, effettuerà un vassoio incrociato al marchio situato sulla Parete laterale al Palloncino lanciato dal monitor.
Dopo il vassoio, il giocatore tornerà in fila.

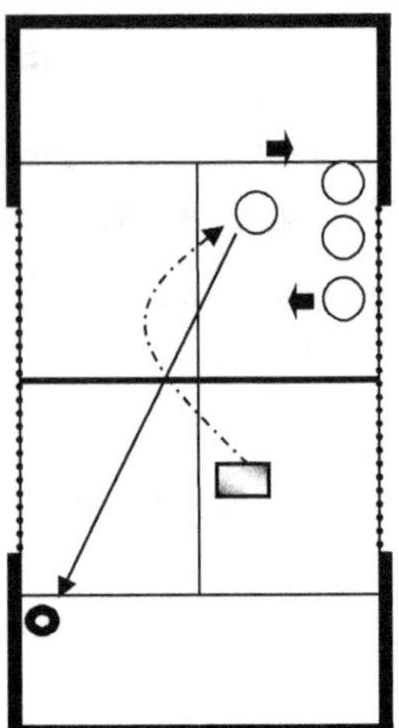

Esercizi 0371   Colpi: Bd

Obiettivo: Controllo del vassoio
Sequenza di colpi: Bd al mezzo - BdX

Descrizione:
Posizionato il giocatore vicino alla rete, effettuerà un vassoio al centro e un altro vassoio incrociato con l'obiettivo delle marche situate sulla pista, ai Palloncini lanciati dal monitor.
Dopo i vassoi, il giocatore tornerà in fila.

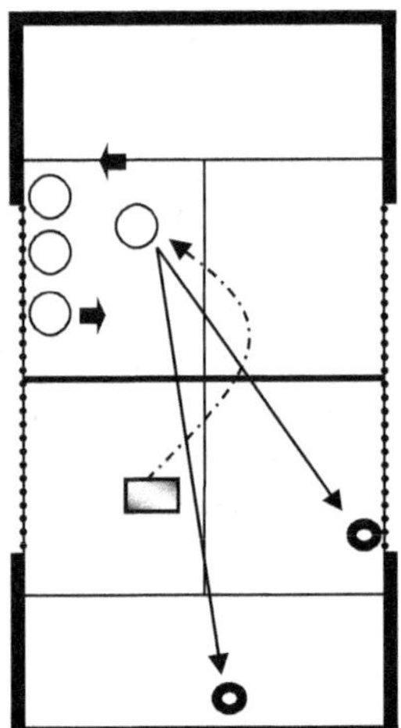

Esercizi 0372   Colpi: Bd

Obiettivo: Controllo del vassoio
Sequenza di colpi: Bd al mezzo - BdX

Descrizione:
Posizionato il giocatore vicino alla rete, effettuerà un vassoio al centro e un altro vassoio incrociato con l'obiettivo delle marche situate sulla pista, ai Palloncini lanciati dal monitor.
Dopo i vassoi, il giocatore tornerà in fila.

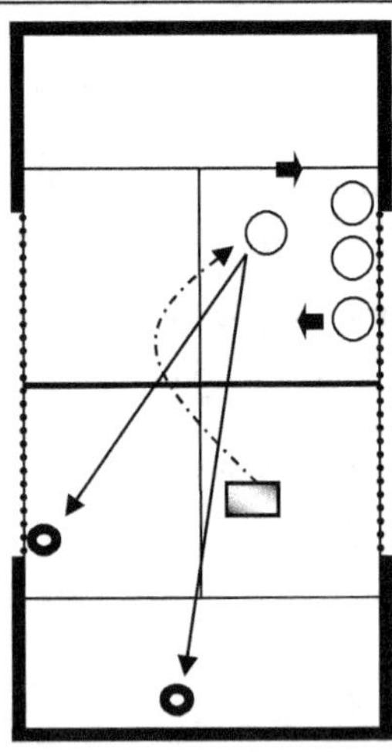

Esercizi 0373   Colpi: Bd

Obiettivo: Controllo del vassoio
Sequenza di colpi: Bd// - BdX

Descrizione:
Posizionato il giocatore vicino alla rete, eseguirà un vassoio parallelo e un altro vassoio incrociato con l'obiettivo delle marche situate sulla pista, ai Palloncini lanciati dal monitor.
Dopo i vassoi, il giocatore tornerà in fila.

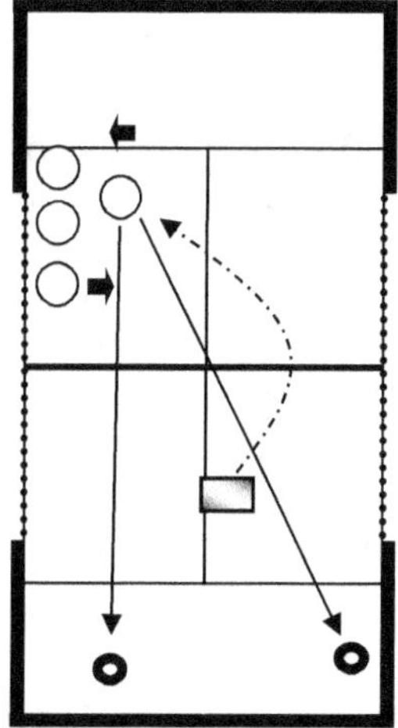

Esercizi 0374   Colpi: Bd

Obiettivo: Controllo del vassoio
Sequenza di colpi: Bd// - BdX

Descrizione:
Posizionato il giocatore vicino alla rete, eseguirà un vassoio parallelo e un altro vassoio incrociato con l'obiettivo delle marche situate sulla pista, ai Palloncini lanciati dal monitor.
Dopo i vassoi, il giocatore tornerà in fila.

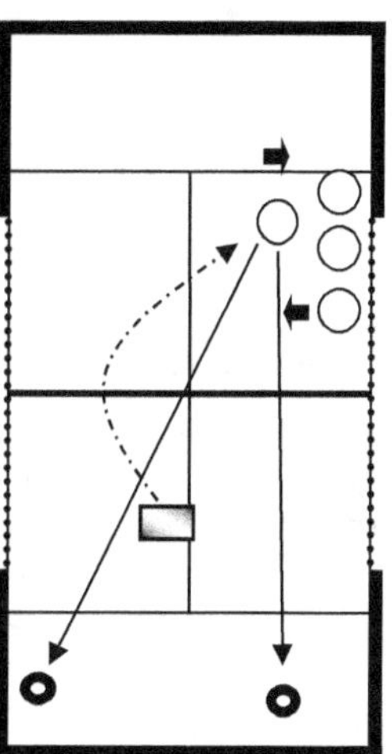

Esercizi 0375   Colpi: Bd

Obiettivo: Controllo del vassoio
Sequenza di colpi: Bd// - Bd mezzo - BdX

Descrizione:
Posizionato il giocatore vicino alla rete, eseguirà un vassoio parallelo, un vassoio al centro e un vassoio incrociato con l'obiettivo delle marche situate sulla pista, ai Palloncini lanciati dal monitor.
Dopo i vassoi, il giocatore tornerà in fila.

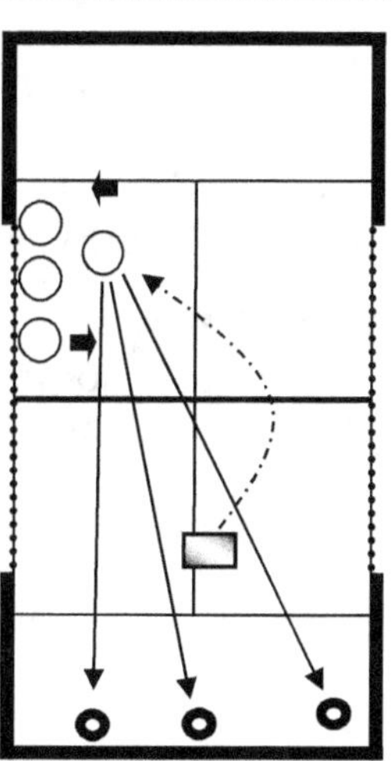

Esercizi 0376   Colpi: Bd

Obiettivo: Controllo del vassoio
Sequenza di colpi: Bd// - Bd mezzo - BdX

Descrizione:
Posizionato il giocatore vicino alla rete, eseguirà un vassoio parallelo, un vassoio al centro e un vassoio incrociato con l'obiettivo delle marche situate sulla pista, ai Palloncini lanciati dal monitor.
Dopo i vassoi, il giocatore tornerà in fila.

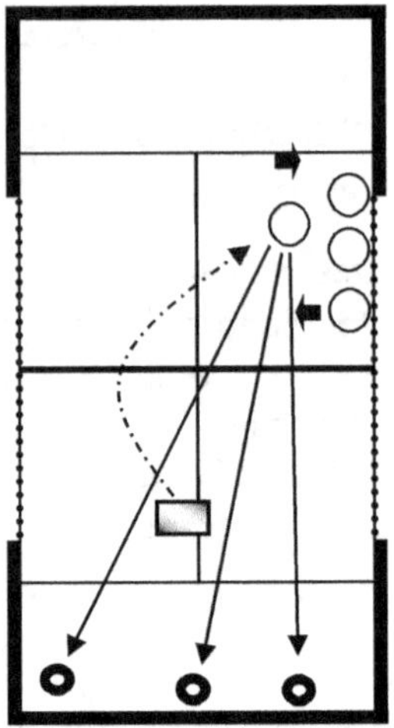

Esercizi 0377   Colpi: Bd

Obiettivo: Controllo del vassoio
Sequenza di colpi: BdX

Descrizione:
Posizionato il giocatore vicino alla rete, effettuerà un vassoio incrociato al cancello ai Palloncini lanciati dal monitor e ritornerà alla riga, con l'obiettivo del marchio situato sulla pista.
Dopo i vassoi, il giocatore tornerà in fila.

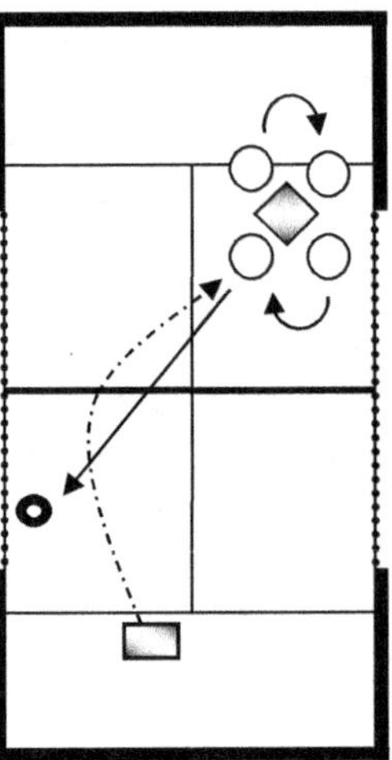

Esercizi 0378   Colpi: Bd

Obiettivo: Controllo del vassoio
Sequenza di colpi: BdX

Descrizione:
Posizionato il giocatore vicino alla rete, effettuerà un vassoio incrociato al cancello ai Palloncini lanciati dal monitor e ritornerà alla riga, con l'obiettivo del marchio situato sulla pista.
Dopo i vassoi, il giocatore tornerà in fila.

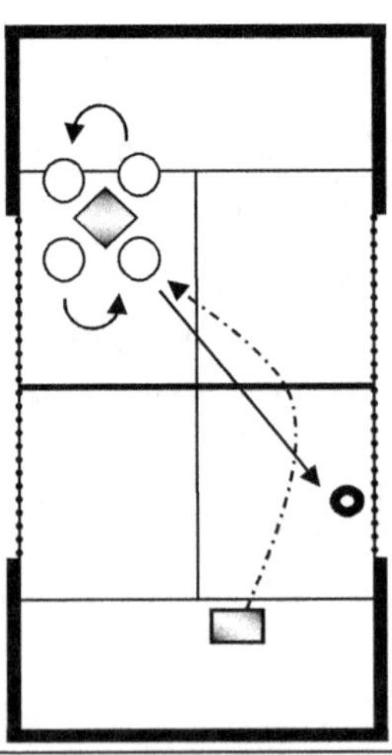

Esercizi 0379   Colpi: Bd

Obiettivo: Controllo del vassoio
Sequenza di colpi: BdX

Descrizione:
Situato il giocatore vicino alla rete, eseguirà un vassoio incrociato al picco ai palloncini lanciati dal monitor e ritornerà alla riga, con l'obiettivo del marchio situato sulla pista.
Dopo i vassoi, il giocatore tornerà in fila.

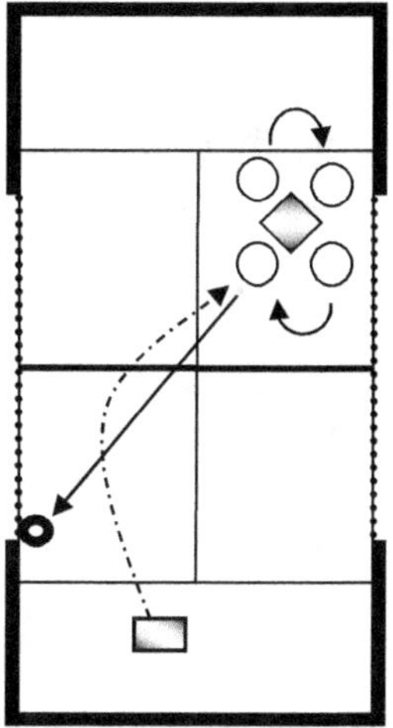

Esercizi 0380   Colpi: Bd

Obiettivo: Controllo del vassoio
Sequenza di colpi: BdX

Descrizione:
Situato il giocatore vicino alla rete, eseguirà un vassoio incrociato al picco ai palloncini lanciati dal monitor e ritornerà alla riga, con l'obiettivo del marchio situato sulla pista.
Dopo i vassoi, il giocatore tornerà in fila.

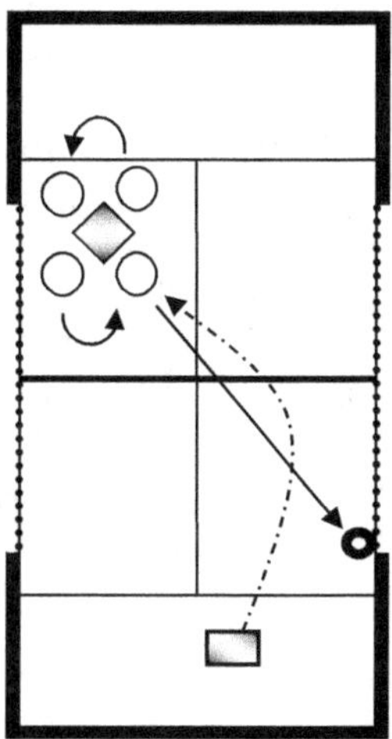

Esercizi 0381   Colpi: Bd

Obiettivo: Controllo del vassoio
Sequenza di colpi: BdX

Descrizione:
Colocado el jugador cerca de la red, efectuará una bandeja transversal a la Pared lateral a los Globos lanzados por el monitor y volverá a la fila, con el objetivo de la marca situada en la pista.
Después de las bandejas, el jugador volverá a la fila.

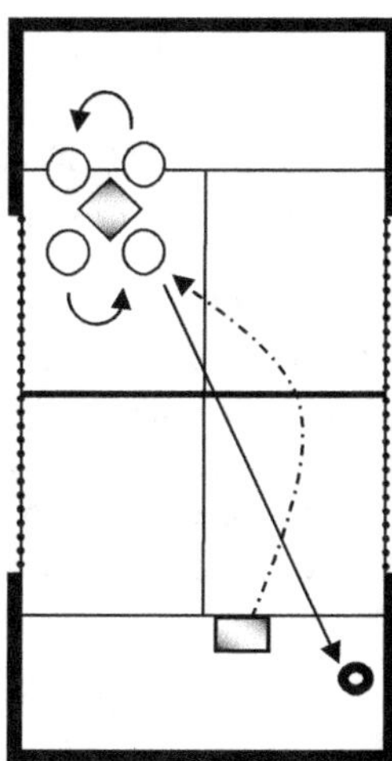

Esercizi 0382   Colpi: Bd

Obiettivo: Controllo del vassoio
Sequenza di colpi: BdX

Descrizione:
Posto il giocatore vicino alla rete, effettuerà un vassoio trasversale alla Parete laterale ai Palloncini lanciati dal monitor e ritornerà alla fila, con l'obiettivo del marchio situato sulla pista.
Dopo i vassoi, il giocatore tornerà in fila.

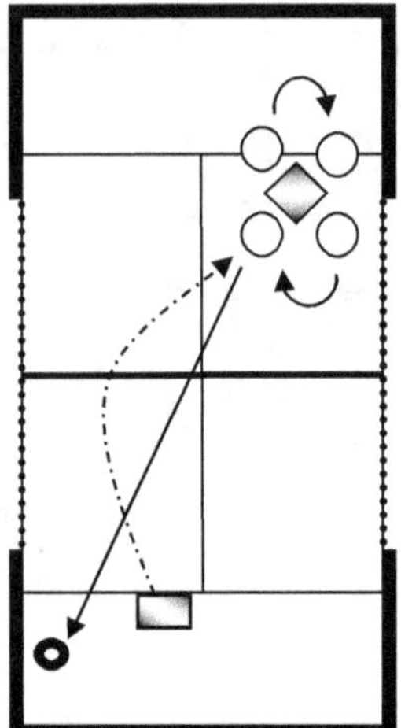

Esercizi 0383   Colpi: Bd

Obiettivo: Controllo del vassoio
Sequenza di colpi: Bd//

Descrizione:
Posto il giocatore vicino alla rete, eseguirà un vassoio parallelo alla Parete di fondo ai Palloncini lanciati dal monitor e ritornerà alla fila, con l'obiettivo del marchio situato sulla pista.
Dopo i vassoi, il giocatore tornerà in fila.

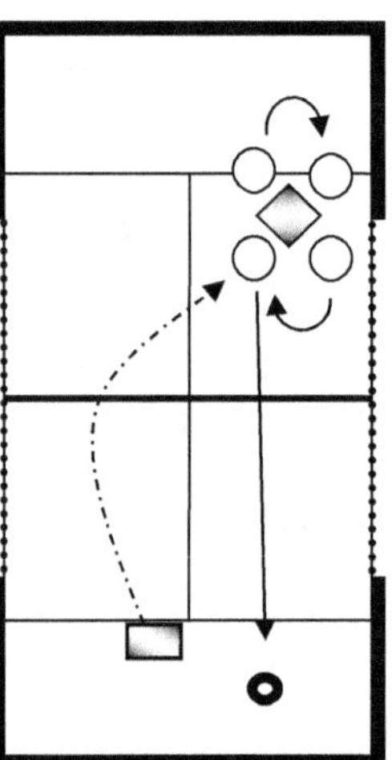

Esercizi 0384   Colpi: Bd

Obiettivo: Controllo del vassoio
Sequenza di colpi: Bd//

Descrizione:
Posto il giocatore vicino alla rete, eseguirà un vassoio parallelo alla Parete di fondo ai Palloncini lanciati dal monitor e ritornerà alla fila, con l'obiettivo del marchio situato sulla pista.
Dopo i vassoi, il giocatore tornerà in fila.

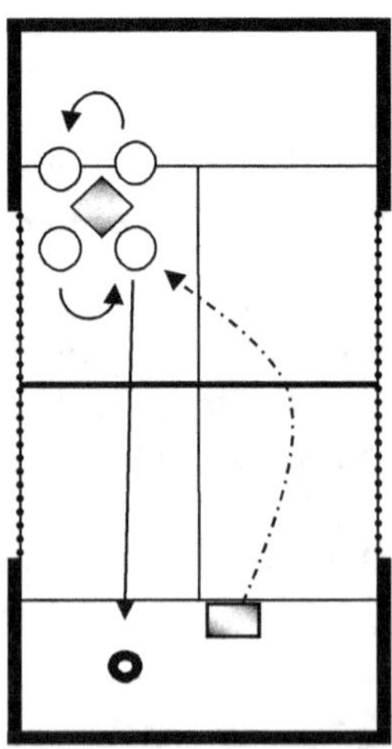

Esercizi 0385   Colpi: Bd

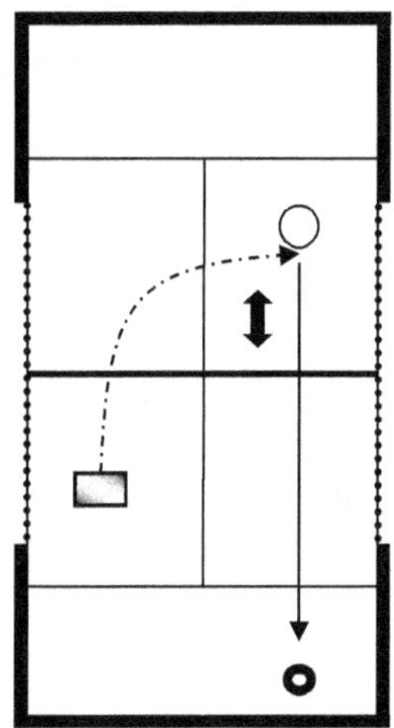

Obiettivo: Controllo del vassoio
Sequenza di colpi: Bd// - red – Bd//

Descrizione:
Posizionato il giocatore vicino alla rete, eseguirà un vassoio parallelo al segno posto in fondo alla pista, toccherà la rete e ripeterà l'Esercizi, ai Palloncini lanciati dal monitor.
Dopo 10 palle si cambia giocatore.

Esercizi 0386   Colpi: Bd

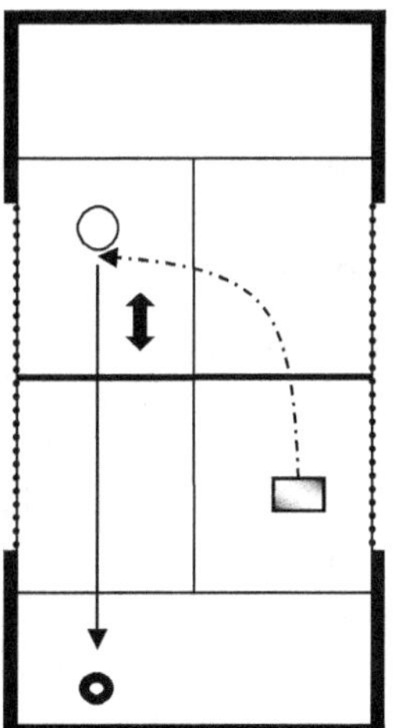

Obiettivo: Controllo del vassoio
Sequenza di colpi: Bd// - red – Bd//

Descrizione:
Posizionato il giocatore vicino alla rete, eseguirà un vassoio parallelo al segno posto in fondo alla pista, toccherà la rete e ripeterà l'Esercizi, ai Palloncini lanciati dal monitor.
Dopo 10 palle si cambia giocatore.

Esercizi 0387   Colpi: Bd

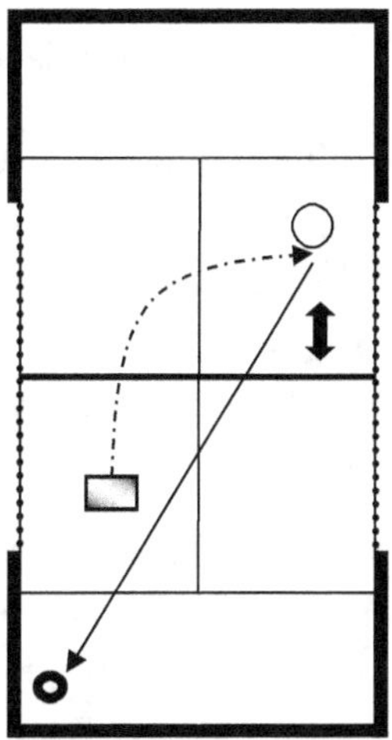

Obiettivo: Controllo del vassoio
Sequenza di colpi: BdX - red – BdX

Descrizione:
Collocato il giocatore vicino alla rete, effettuerà un vassoio incrociato al marchio situato in fondo alla pista, toccherà la rete e ripeterà il Esercizi, ai Palloncini lanciati dal monitor.
Dopo 10 palle si cambia giocatore.

Esercizi 0388   Colpi: Bd

Obiettivo: Controllo del vassoio
Sequenza di colpi: BdX - rete – BdX

Descrizione:
Collocato il giocatore vicino alla rete, effettuerà un vassoio incrociato al marchio situato in fondo alla pista, toccherà la rete e ripeterà il Esercizi, ai Palloncini lanciati dal monitor.
Dopo 10 palle si cambia giocatore.

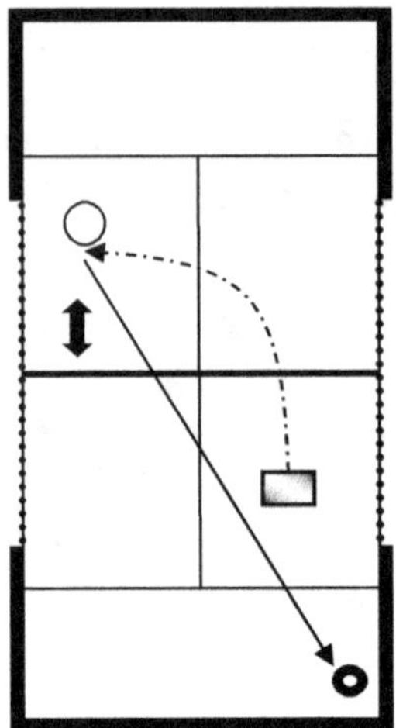

Esercizi 0389   Colpi: Bd

Obiettivo: Controllo del vassoio
Sequenza di colpi: Bd// - rete – Bd mezzo – rete – Bd// - rete

Descrizione:
Situato il giocatore vicino alla rete, realizzerà vassoi paralleli, vassoi al centro e vassoi incrociati con l'obiettivo delle marche situate sulla pista, ai Palloncini lanciati dal monitor. Dopo ogni vassoio, il giocatore tocca la rete e torna alla zona vassoio.
Dopo 12 palle si cambia giocatore.

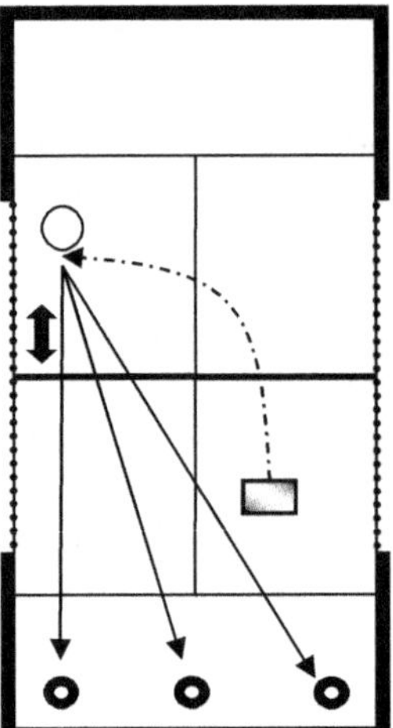

Esercizi 0390   Colpi: Bd

Obiettivo: Controllo del vassoio
Sequenza di colpi: Bd// - rete – Bd mezzo – rete – Bd// - rete

Descrizione:
Situato il giocatore vicino alla rete, realizzerà vassoi paralleli, vassoi al centro e vassoi incrociati con l'obiettivo delle marche situate sulla pista, ai Palloncini lanciati dal monitor. Dopo ogni vassoio, il giocatore tocca la rete e torna alla zona vassoio.
Dopo 12 palle si cambia giocatore.

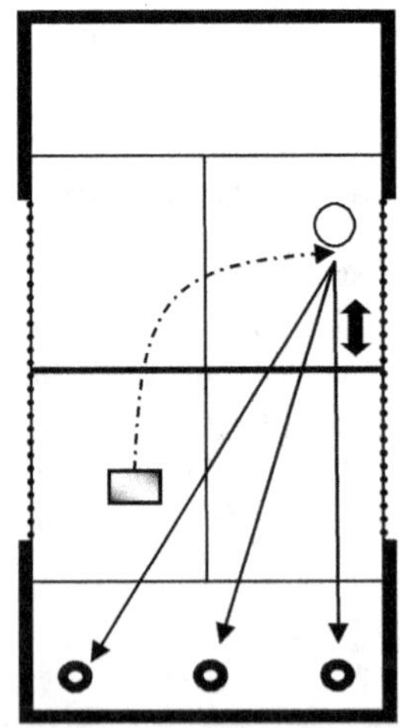

Esercizi 0391   Colpi: Bd

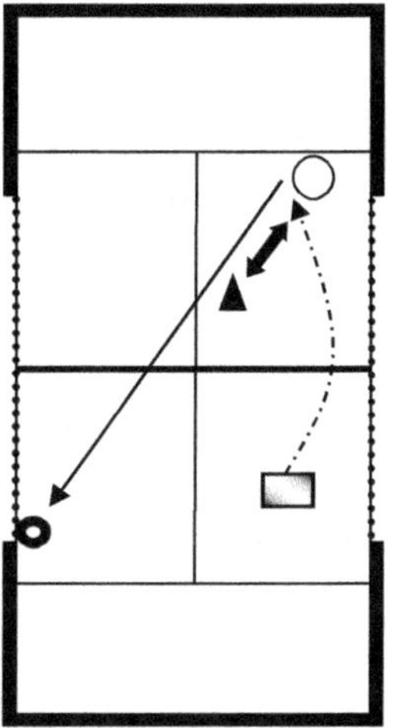

Obiettivo: Controllo del vassoio
Sequenza di colpi: BdX

Descrizione:
Posizionato il giocatore vicino alla rete, effettuerà un vassoio incrociato al segno posto sul becco e toccherà il cono, ai Palloncini lanciati dal monitor.
Dopo 10 palle si cambia giocatore.

Esercizi 0392   Colpi: Bd

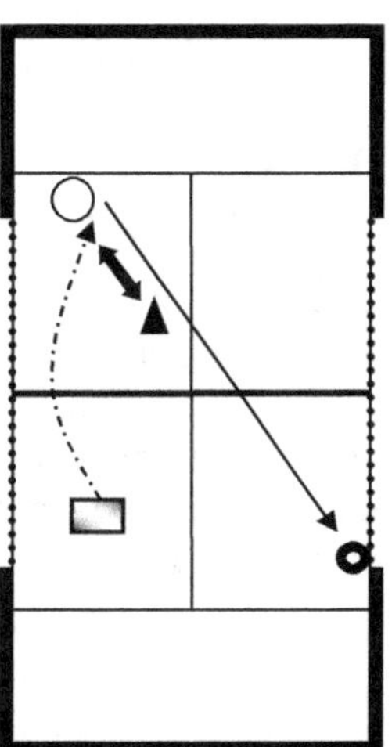

Obiettivo: Controllo del vassoio
Sequenza di colpi: BdX

Descrizione:
Posizionato il giocatore vicino alla rete, effettuerà un vassoio incrociato al segno posto sul becco e toccherà il cono, ai Palloncini lanciati dal monitor.
Dopo 10 palle si cambia giocatore.

Esercizi 0393   Colpi: Bd

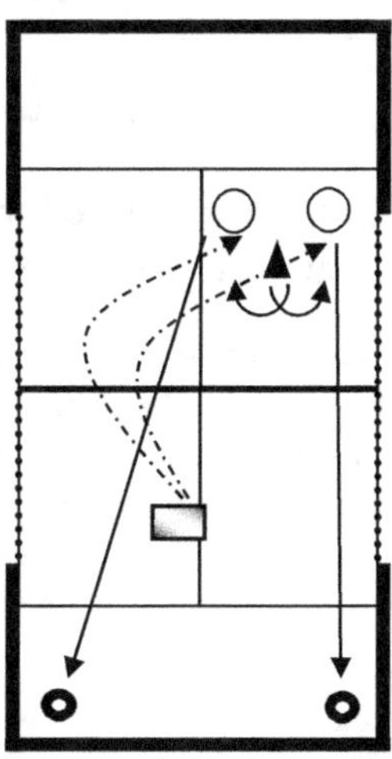

Obiettivo: Controllo del vassoio
Sequenza di colpi: BdX – Bd//

Descrizione:
Posizionato il giocatore vicino alla rete, esegue un vassoio incrociato, passa davanti al cono e esegue un vassoio parallelo con l'obiettivo dei segni in fondo alla pista.
Dopo 10 palle si cambia giocatore.

Esercizi 0394   Colpi: Bd

Obiettivo: Controllo del vassoio
Sequenza di colpi: BdX – Bd//

Descrizione:
Posizionato il giocatore vicino alla rete, esegue un vassoio incrociato, passa davanti al cono e esegue un vassoio parallelo con l'obiettivo dei segni in fondo alla pista.
Dopo 10 palle si cambia giocatore.

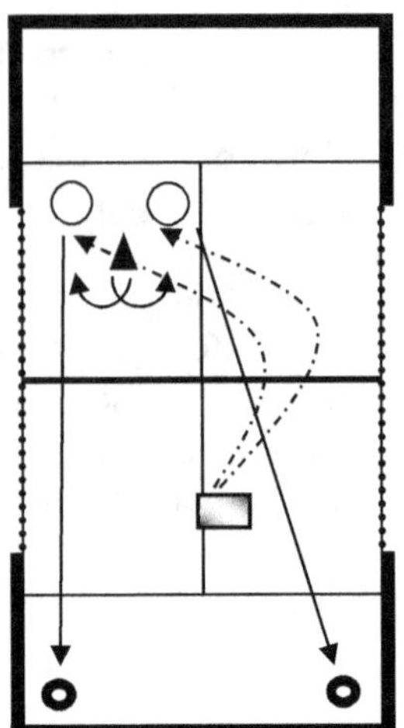

Esercizi 0395   Colpi: Bd

Obiettivo: Controllo del vassoio
Sequenza di colpi: BdX - BdX

Descrizione:
Posizionato il giocatore vicino alla rete, eseguirà un vassoio incrociato, passerà davanti al cono ed eseguirà un altro vassoio trasversale nell'altra zona, con l'obiettivo dei segni posti sui picchi della pista.
Dopo 10 palle si cambia giocatore.

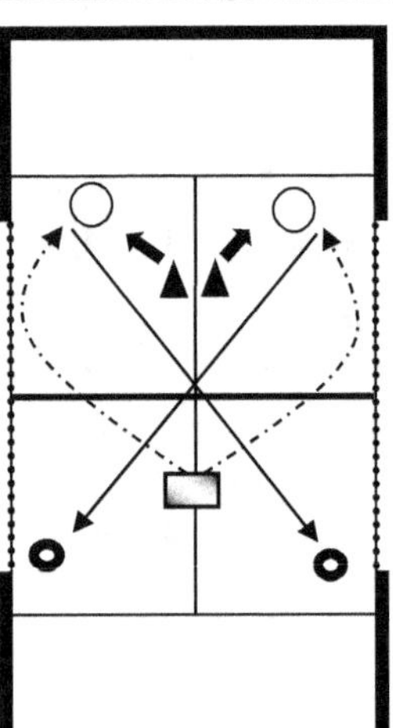

ESERCIZI DE REMATE

Esercizi 0396   Colpi: Rm

Obiettivo: Controllo finale
Sequenza di colpi: RmX

Descrizione:
Posizionato vicino alla rete, il giocatore effettuerà una battuta incrociata al segno in fondo alla pista.
Dopo la battuta finale, il giocatore tornerà in fila.

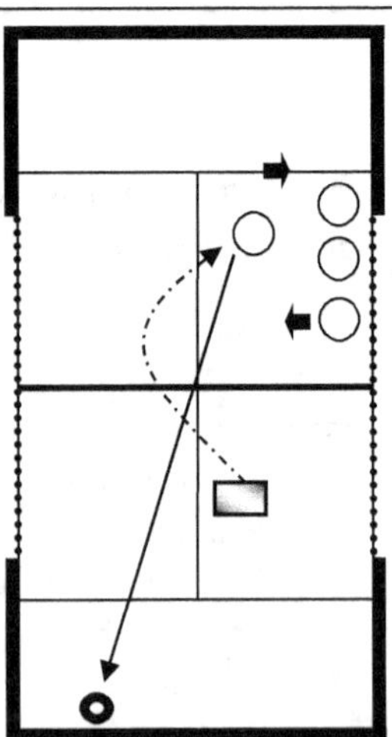

Esercizi 0397   Colpi: Rm

Obiettivo: Controllo finale
Sequenza di colpi: RmX

Descrizione:
Posizionato vicino alla rete, il giocatore effettuerà una battuta incrociata al segno in fondo alla pista. Dopo la battuta finale, il giocatore tornerà in fila.

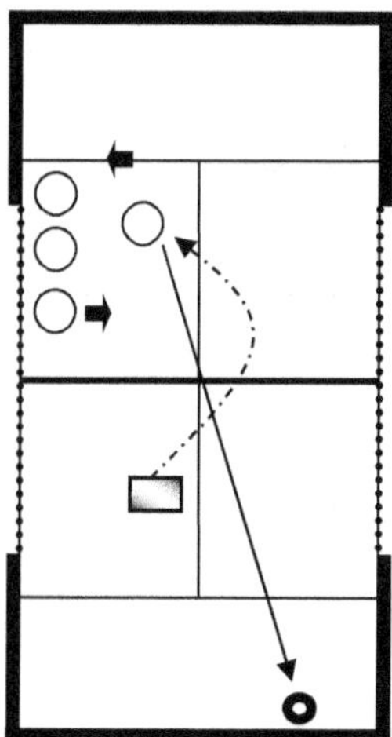

Esercizi 0398   Colpi: Rm

Obiettivo: Controllo finale
Sequenza di colpi: RmX

Descrizione:
Posizionato vicino alla rete, il giocatore effettuerà una battuta incrociata al segno in fondo alla pista. Dopo la battuta finale, il giocatore tornerà in fila.

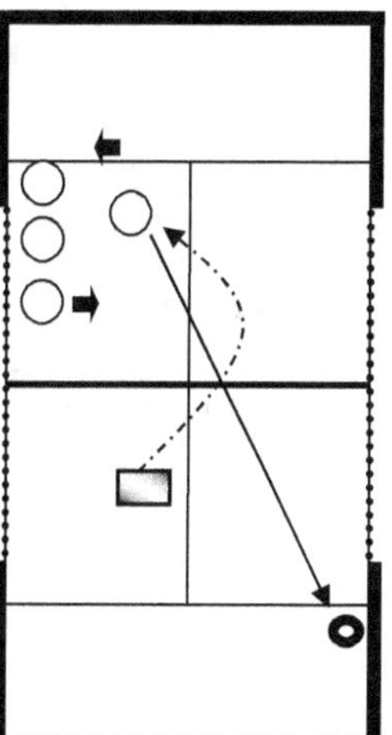

Esercizi 0399   Colpi: Rm

Obiettivo: Controllo finale
Sequenza di colpi: Rm

Descrizione:
Posizionati due giocatori in fondo alla pista eseguiranno Palloncini paralleli e gli altri due della rete eseguiranno passaggi incrociati. Esercizi sarà realizzato con una sola palla.
Dopo 2 si alterna la posizione dei giocatori.
Se l'Esercizi si domina si può fare con due palle.

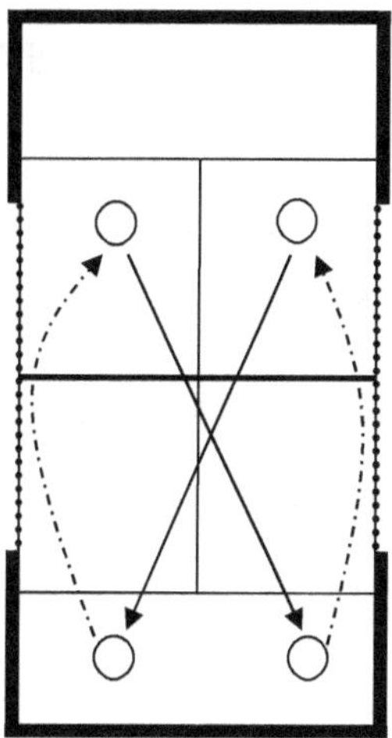

Esercizi 0400   Colpi: Rm

Obiettivo: Controllo finale
Sequenza di colpi: RmX – Rm mezzo

Descrizione:
Posizionato vicino alla rete, il giocatore effettuerà una battuta incrociata e un'altra battuta parallela al mezzo, con l'obiettivo dei segni posti sulla pista.
Dopo le battute, il giocatore tornerà in fila.

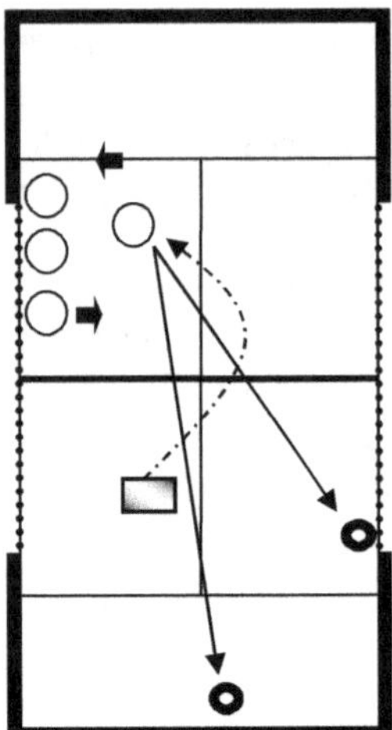

Esercizi 0401   Colpi: Rm

Obiettivo: Controllo finale
Sequenza di colpi: RmX – Rm mezzo

Descrizione:
Posizionato vicino alla rete, il giocatore effettuerà una battuta incrociata e un'altra battuta parallela al mezzo, con l'obiettivo dei segni posti sulla pista.
Dopo le battute, il giocatore tornerà in fila.

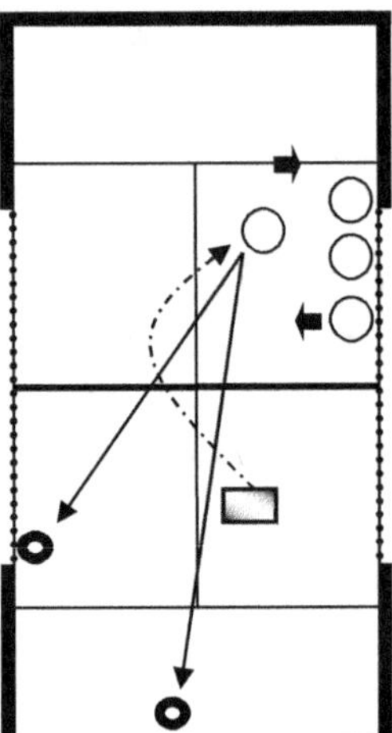

Esercizi 0402   Colpi: Rm

Obiettivo: Controllo finale
Sequenza di colpi: Rm// - RmX

Descrizione:
Posizionato vicino alla rete, il giocatore effettuerà un'altra battuta parallela e un'altra traversata, con l'obiettivo dei marchi situati sulla pista.
Dopo le battute, il giocatore tornerà in fila.

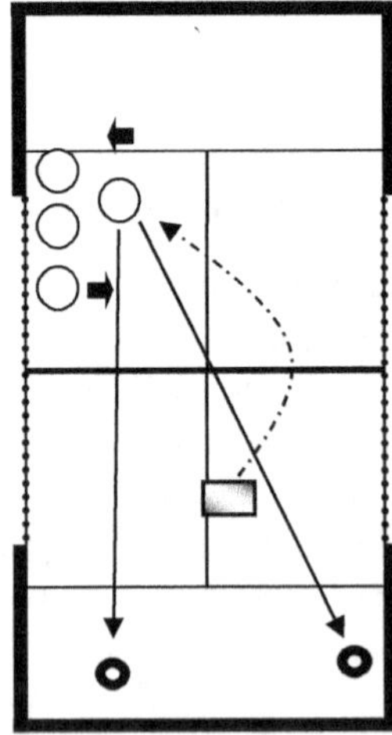

Esercizi 0403   Colpi: Rm

Obiettivo: Controllo finale
Sequenza di colpi: Rm// - RmX

Descrizione:
Posizionato vicino alla rete, il giocatore effettuerà un'altra battuta parallela e un'altra traversata, con l'obiettivo dei marchi situati sulla pista.
Dopo le battute, il giocatore tornerà in fila.

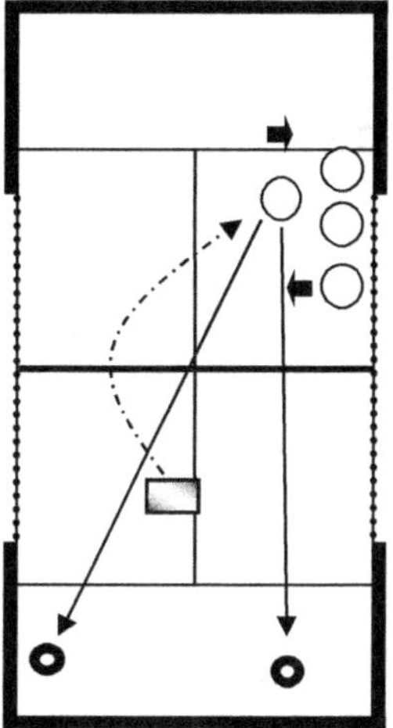

Esercizi 0404   Colpi: Rm

Obiettivo: Controllo finale
Sequenza di colpi: Rm// - Rm mezzo - RmX

Descrizione:
Posizionato vicino alla rete, il giocatore effettuerà un'asta parallela, un'altra battuta al centro e un'altra estremità incrociata, con l'obiettivo dei marchi situati sulla pista.
Dopo le battute, il giocatore tornerà in fila.

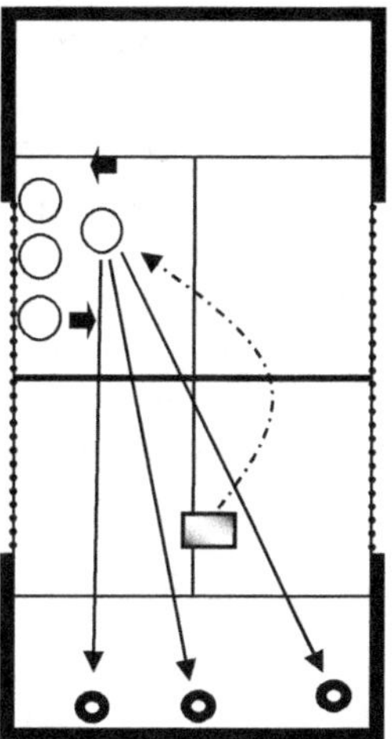

Esercizi 0405   Colpi: Rm

Obiettivo: Controllo finale
Sequenza di colpi: Rm// - Rm mezzo - RmX

Descrizione:
Posizionato vicino alla rete, il giocatore effettuerà un'asta parallela, un'altra battuta al centro e un'altra estremità incrociata, con l'obiettivo dei marchi situati sulla pista.
Dopo le battute, il giocatore tornerà in fila.

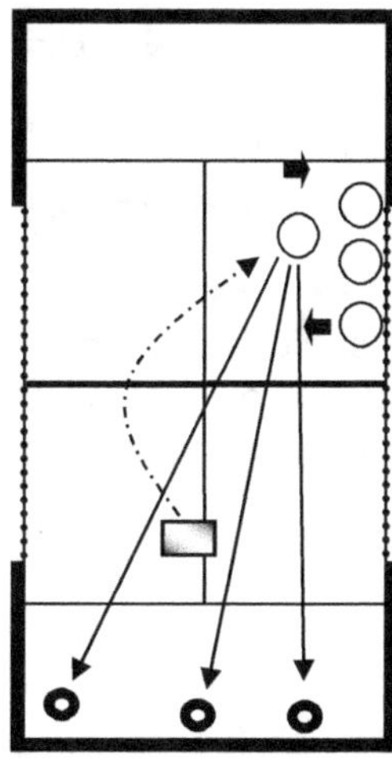

Esercizi 0406   Colpi: Rm

Obiettivo: Controllo finale
Sequenza di colpi: RmX

Descrizione:
Posizionato il giocatore vicino alla rete, farà un'ultima battuta sulla ringhiera e ritornerà alla riga, con l'obiettivo del marchio situato sulla pista.

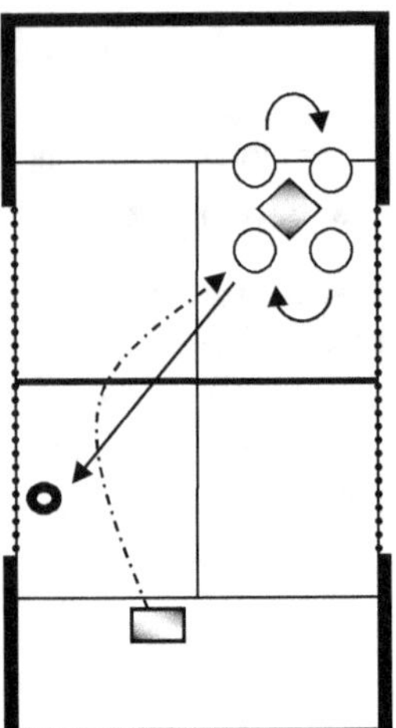

Esercizi 0407   Colpi: Rm

Obiettivo: Controllo finale
Sequenza di colpi: RmX

Descrizione:
Posizionato il giocatore vicino alla rete, farà un'ultima battuta sulla ringhiera e ritornerà alla riga, con l'obiettivo del marchio situato sulla pista.

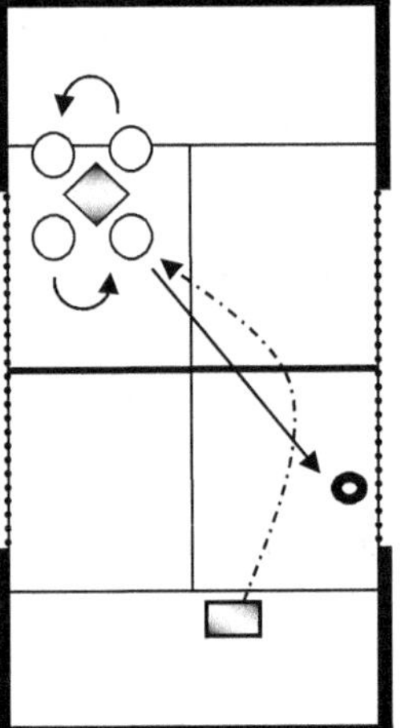

Esercizi 0408   Colpi: Rm

Obiettivo: Controllo finale
Sequenza di colpi: RmX

Descrizione:
Posizionato il giocatore vicino alla rete, farà un'asta al picco e tornerà alla riga, con l'obiettivo del marchio situato sulla pista.

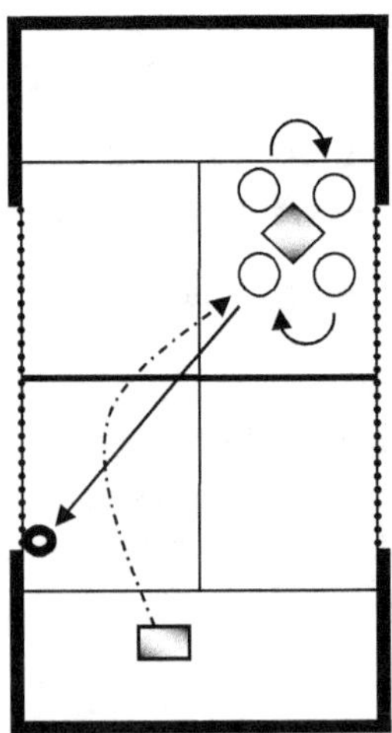

Esercizi 0409   Colpi: Rm

Obiettivo: Controllo finale
Sequenza di colpi: RmX

Descrizione:
Posizionato il giocatore vicino alla rete, farà un'asta al picco e tornerà alla riga, con l'obiettivo del marchio situato sulla pista.

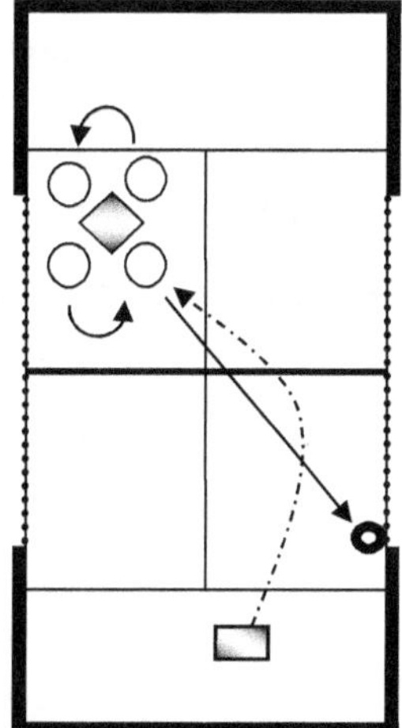

Esercizi 0410   Colpi: Rm

Obiettivo: Controllo finale
Sequenza di colpi: RmX

Descrizione:
Posto il giocatore vicino alla rete, effettuerà un'asta alla parete laterale e ritornerà alla fila, con l'obiettivo del marchio situato sulla pista.

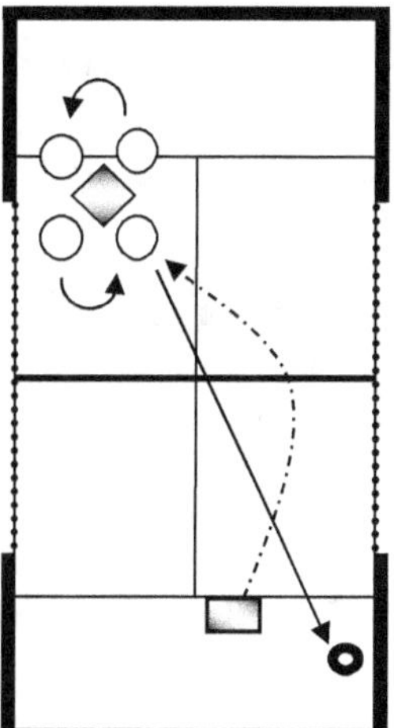

Esercizi 0411   Colpi: Rm

Obiettivo: Controllo finale
Sequenza di colpi: RmX

Descrizione:
Posto il giocatore vicino alla rete, effettuerà un'asta alla parete laterale e ritornerà alla fila, con l'obiettivo del marchio situato sulla pista.

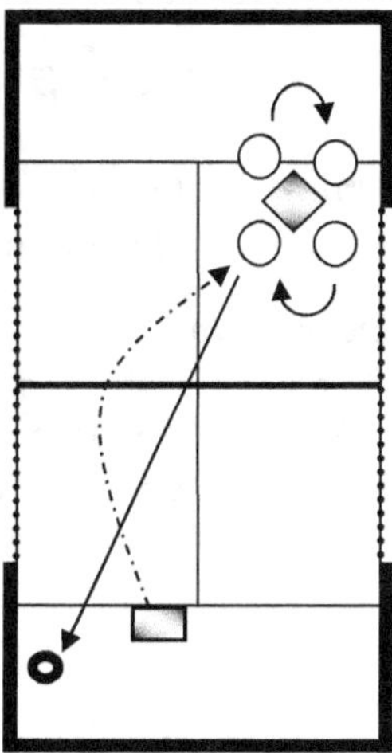

Esercizi 0412   Colpi: Rm

Obiettivo: Controllo finale
Sequenza di colpi: RmX

Descrizione:
Posizionato il giocatore vicino alla rete, effettuerà un'asta alla parete di fondo e ritornerà alla fila, con l'obiettivo del marchio situato in fondo alla pista.

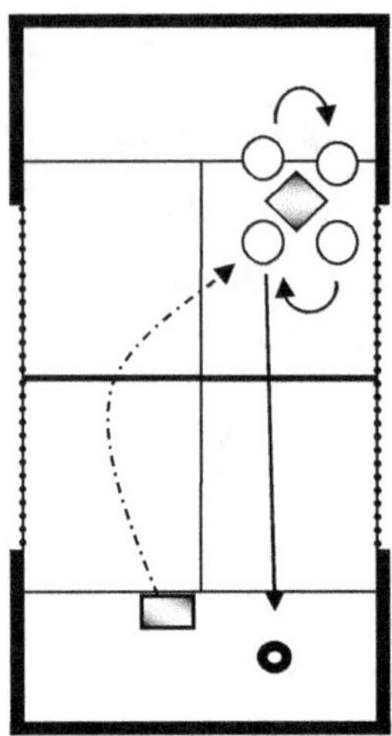

Esercizi 0413   Colpi: Rm

Obiettivo: Controllo finale
Sequenza di colpi: RmX

Descrizione:
Posizionato il giocatore vicino alla rete, effettuerà un'asta alla parete di fondo e ritornerà alla fila, con l'obiettivo del marchio situato in fondo alla pista.

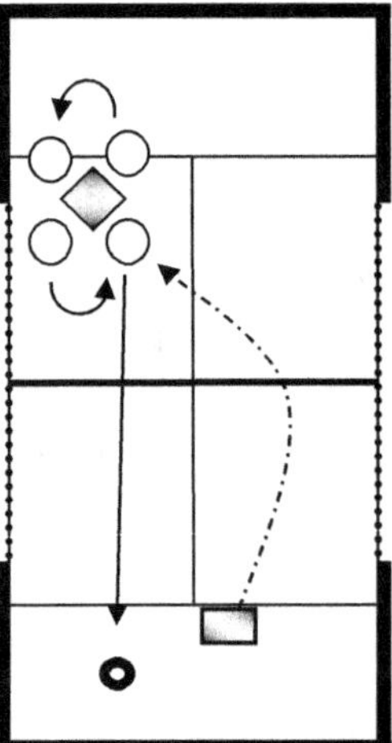

Esercizi 0414   Colpi: Rm

Obiettivo: Controllo finale
Sequenza di colpi: Rm//

Descrizione:
Posto il giocatore vicino alla rete, effettuerà un'asta parallela alla parete di fondo e toccherà la rete, con l'obiettivo del marchio situato in fondo alla pista. Dopo 10 palle si cambia giocatore.

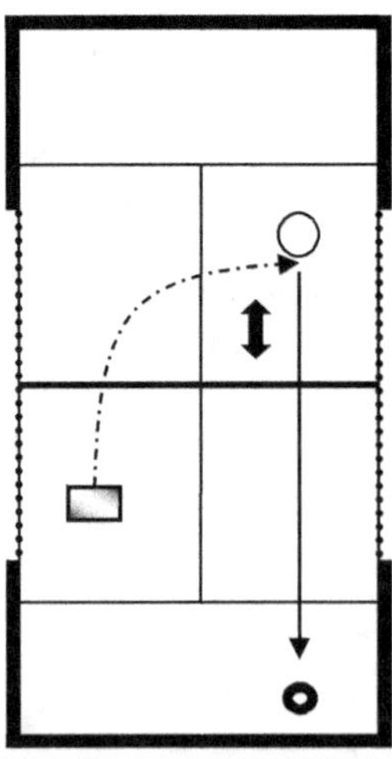

Esercizi 0415   Colpi: Rm

Obiettivo: Controllo finale
Sequenza di colpi: Rm//

Descrizione:
Posto il giocatore vicino alla rete, effettuerà un'asta parallela alla parete di fondo e toccherà la rete, con l'obiettivo del marchio situato in fondo alla pista.
Dopo 10 palle si cambia giocatore.

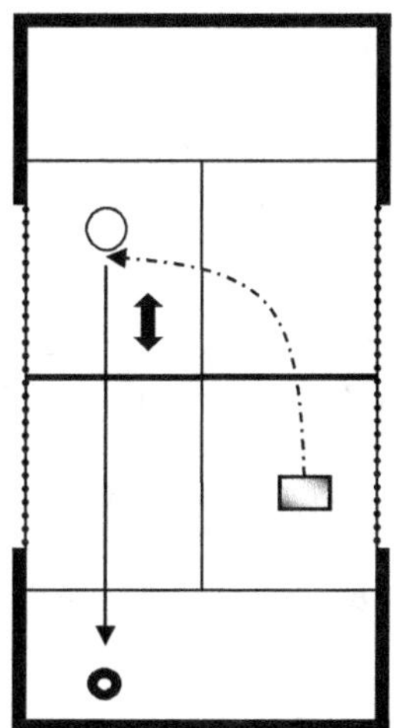

Esercizi 0416   Colpi: Rm

Obiettivo: Controllo finale
Sequenza di colpi: RmX

Descrizione:
Collocato il giocatore vicino alla rete, effettuerà un incrocio alla parete di fondo e toccherà la rete, con l'obiettivo del marchio situato in fondo alla pista.
Dopo 10 palle si cambia giocatore.

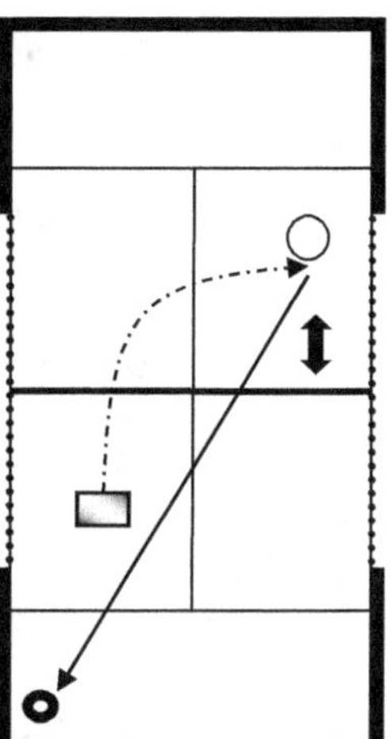

Esercizi 0417   Colpi: Rm

Obiettivo: Controllo finale
Sequenza di colpi: RmX

Descrizione:
Collocato il giocatore vicino alla rete, effettuerà un incrocio alla parete di fondo e toccherà la rete, con l'obiettivo del marchio situato in fondo alla pista.
Dopo 10 palle si cambia giocatore.

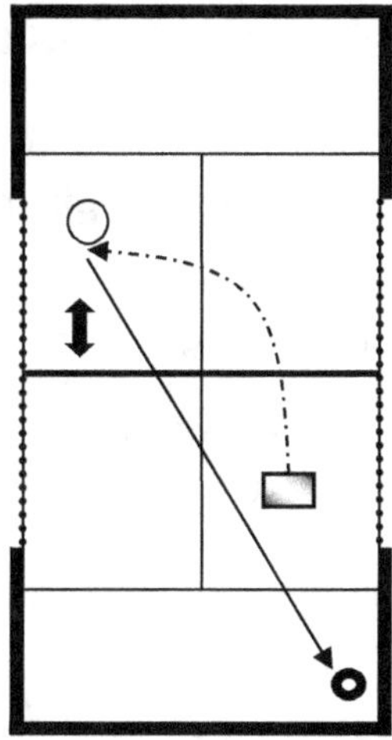

Esercizi 0418   Colpi: Rm

Obiettivo: Controllo finale
Sequenza di colpi: Rm// - Rm mezzo - RmX

Descrizione:
Posizionato il giocatore vicino alla rete, effettuerà i rivetti paralleli, i rivetti al centro e i rivetti incrociati, ai palloncini lanciati dal monitor. Dopo ogni battuta, il giocatore toccherà la rete e tornerà nella zona di battuta.
Dopo 12 palle si cambia giocatore.

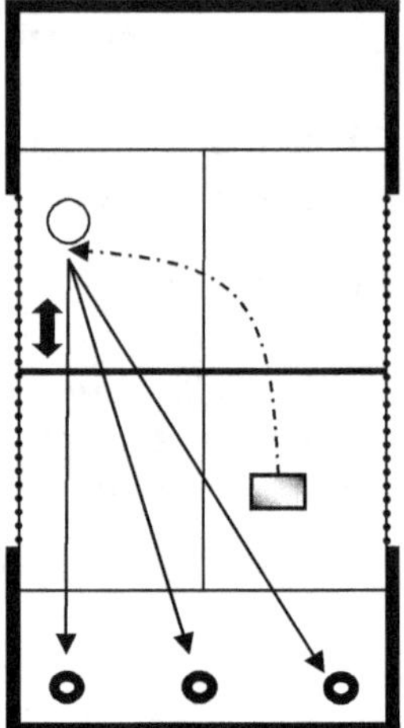

Esercizi 0419   Colpi: Rm

Obiettivo: Controllo finale
Sequenza di colpi: Rm// - Rm mezzo - RmX

Descrizione:
Collocato il giocatore vicino alla rete, effettuerà i passaggi paralleli, i passaggi al centro e i punti incrociati, ai palloncini lanciati dal monitor. Dopo ogni battuta, il giocatore toccherà la rete e tornerà nella zona di battuta.
Dopo 12 palle si cambia giocatore.

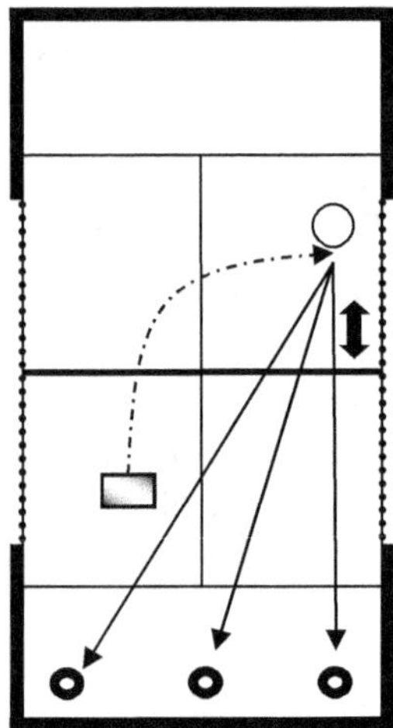

Esercizi 0420   Colpi: Rm

Obiettivo: Controllo finale
Sequenza di colpi: RmX

Descrizione:
Situato il giocatore vicino alla rete, effettuerà un passaggio incrociato al picco e toccherà il cono, ai palloncinetti lanciati dal monitor.
Dopo 10 palle si cambia giocatore.

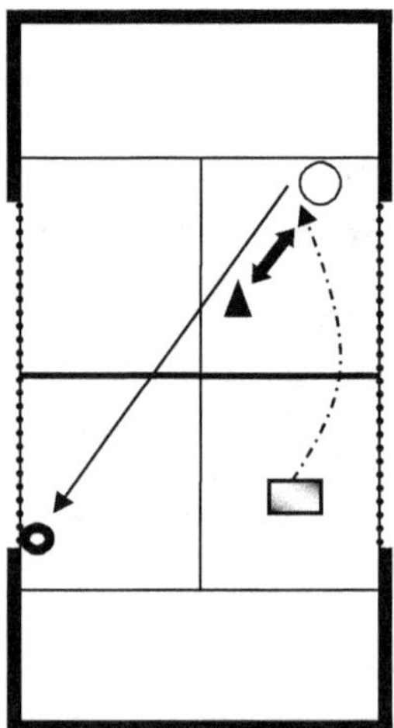

EDITORIAL WANCEULEN

Esercizi 0421   Colpi: Rm

Obiettivo: Controllo finale
Sequenza di colpi: RmX

Descrizione:
Situato il giocatore vicino alla rete, effettuerà un passaggio incrociato al picco e toccherà il cono, ai palloncinetti lanciati dal monitor.
Dopo 10 palle si cambia giocatore.

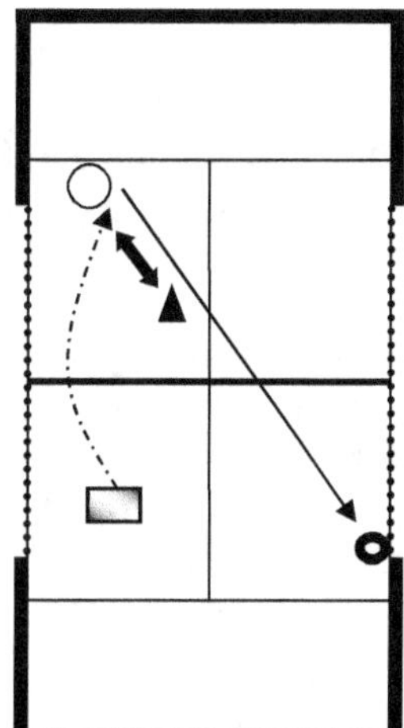

Esercizi 0422   Colpi: Rm

Obiettivo: Controllo finale
Sequenza di colpi: RmX – Rm//

Descrizione:
Posizionato il giocatore vicino alla rete, effettuerà un'asta incrociata, passerà davanti al cono e terminerà parallelo, ai palloncini lanciati dal monitor con l'obiettivo delle marche situate sulla pista.
Dopo 10 palle si cambia giocatore.

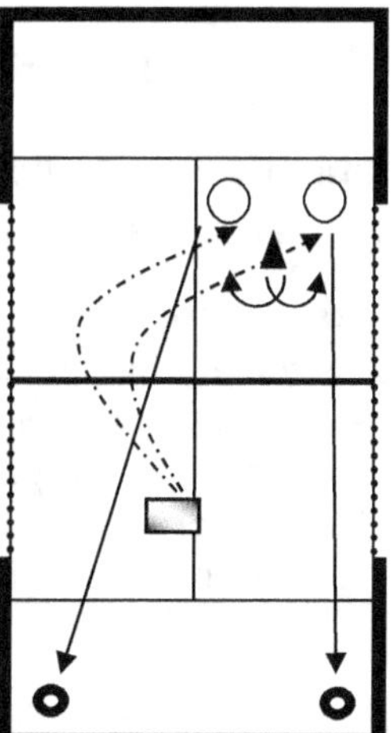

Esercizi 0423   Colpi: Rm

Obiettivo: Controllo finale
Sequenza di colpi: RmX – Rm//

Descrizione:
Posizionato il giocatore vicino alla rete, effettuerà un'asta incrociata, passerà davanti al cono e terminerà parallelo, ai palloncini lanciati dal monitor con l'obiettivo delle marche situate sulla pista.
Dopo 10 palle si cambia giocatore.

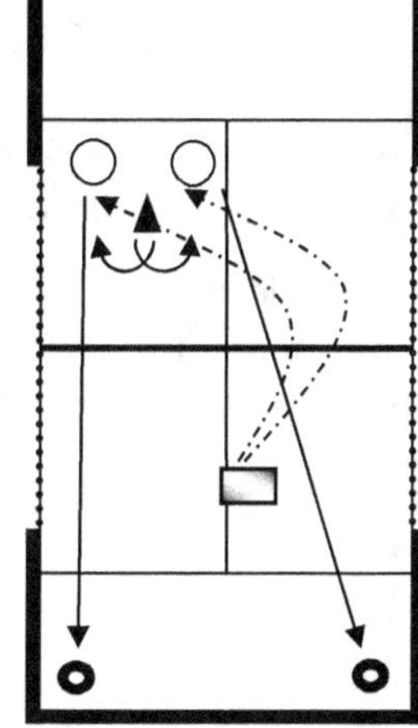

Esercizi 0424   Colpi: Rm

Obiettivo: Controllo finale
Sequenza di colpi: RmX – RmX

Descrizione:
Posizionato il giocatore vicino alla rete, effettuerà un'asta incrociata, passerà davanti al cono e terminerà parallelo, ai palloncini lanciati dal monitor con l'obiettivo delle marche situate sulla pista.
Dopo 10 palle si cambia giocatore.

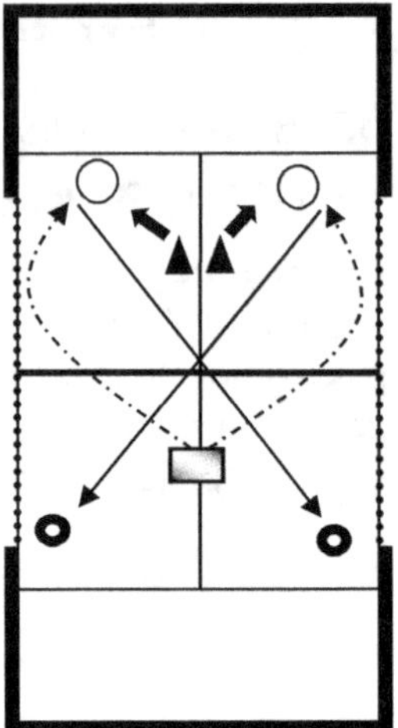

Esercizi 0425   Colpi: Rm

Obiettivo: Controllo finale
Sequenza di colpi: Rm

Descrizione:
Posizionati due giocatori in fondo alla pista e uno in rete, il giocatore della rete alterna i punti paralleli e i punti incrociati ai palloncini a mezza pista realizzati dai suoi compagni in fondo alla pista.
Dopo 10 battute si alterna la posizione dei giocatori.

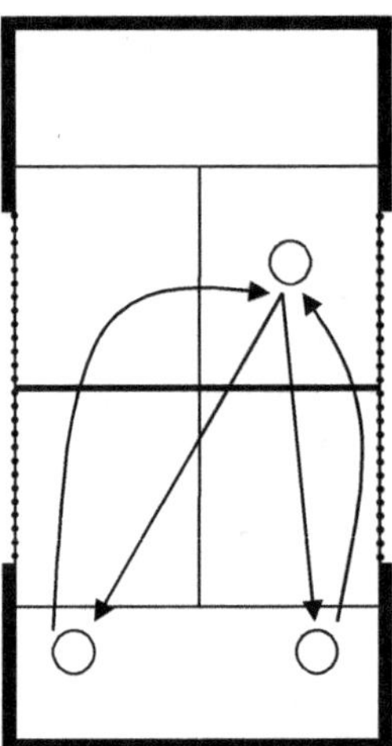

Esercizi 0426   Colpi: Rm

Obiettivo: Controllo finale
Sequenza di colpi: Rm

Descrizione:
Posizionati due giocatori in fondo alla pista e un altro in rete, il giocatore della rete alterna i remates paralleli e i remates incrociati ai palloncini a mezza pista realizzati dai suoi compagni in fondo alla pista.
Dopo 10 battute si alterna la posizione dei giocatori.

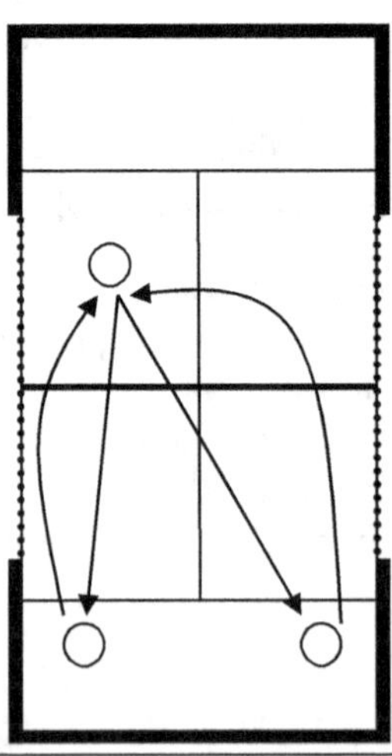

Esercizi 0427   Colpi: Rm

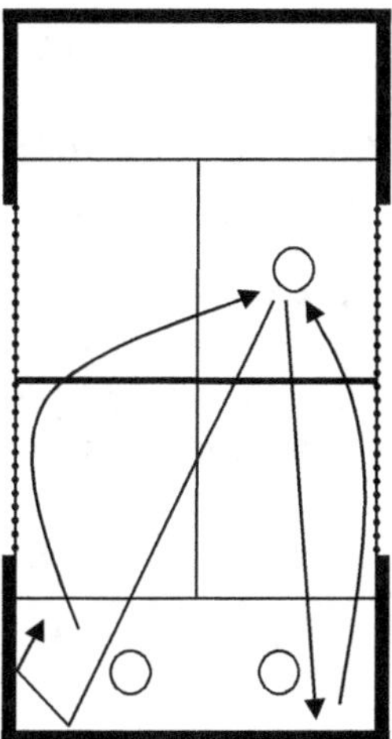

Obiettivo: Controllo finale
Sequenza di colpi: Rm

Descrizione:
Posizionati due giocatori in fondo alla pista e un altro in rete, il giocatore della rete alterna i passaggi paralleli profondi e i passaggi incrociati profondi ai palloncini a mezza pista dopo il rimbalzo, realizzati dai suoi compagni in fondo alla pista.
Dopo 10 battute si alterna la posizione dei giocatori.

Esercizi 0428   Colpi: Rm

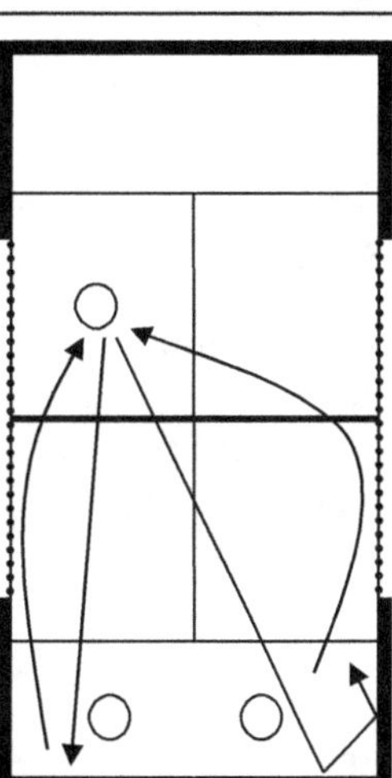

Obiettivo: Controllo finale
Sequenza di colpi: Rm

Descrizione:
Posizionati due giocatori in fondo alla pista e uno in rete, il giocatore della rete alterna i passaggi paralleli profondi e i passaggi incrociati profondi ai Palloncini a mezza pista dopo il rimbalzo, realizzati dai suoi compagni di bordo in fondo alla pista.
Dopo 10 battute si alterna la posizione dei giocatori.

Esercizi 0429   Colpi: Rm

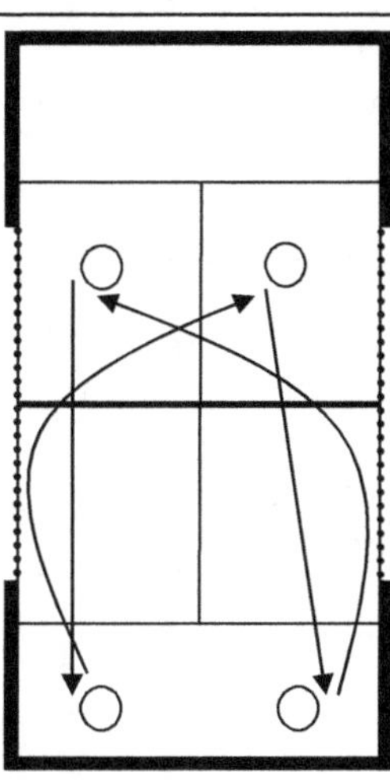

Obiettivo: Controllo finale
Sequenza di colpi: Rm

Descrizione:
Posizionati due giocatori in fondo alla pista e altri due nella rete, i giocatori in fondo alla pista eseguiranno palloni incrociati e quelli in rete eseguiranno i passaggi paralleli. Il esercizi sarà realizzato con una sola palla.
Dopo 2 si alterna la posizione dei giocatori.
Se si domina si può fare con due palle.

Esercizi 0430   Colpi: Rm

Obiettivo: Controllo finale
Sequenza di colpi: Rm

Descrizione:
Posizionati i quattro giocatori sulla linea di servizio, due giocatori eseguiranno palloni paralleli e gli altri eseguiranno passaggi paralleli. L'esercizi si farà con due palline.
Dopo 2 si alterna la posizione dei giocatori.

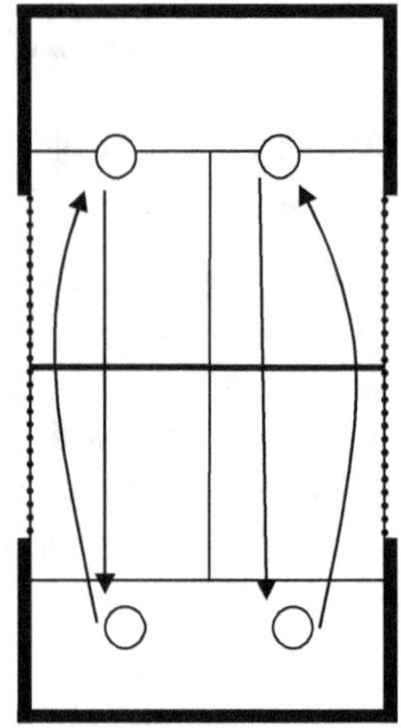

Esercizi 0431   Colpi: Rm

Obiettivo: Rivetti da diverse posizioni
Sequenza di colpi: Rm// - RmX

Descrizione:
Posizionati in due file vicino alla rete, i giocatori eseguiranno un'asta parallela e cambieranno fila per un'asta incrociata, con l'obiettivo dell'area segnata nell'angolo.

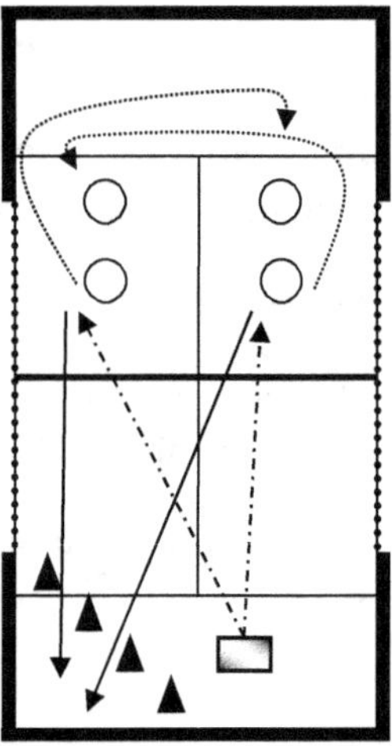

Esercizi 0432   Colpi: Rm

Obiettivo: Rivetti da diverse posizioni
Sequenza di colpi: Rm// - RmX

Descrizione:
Posizionati in due file vicino alla rete, i giocatori eseguiranno un'asta parallela e cambieranno fila per un'asta incrociata, con l'obiettivo dell'area segnata nell'angolo.

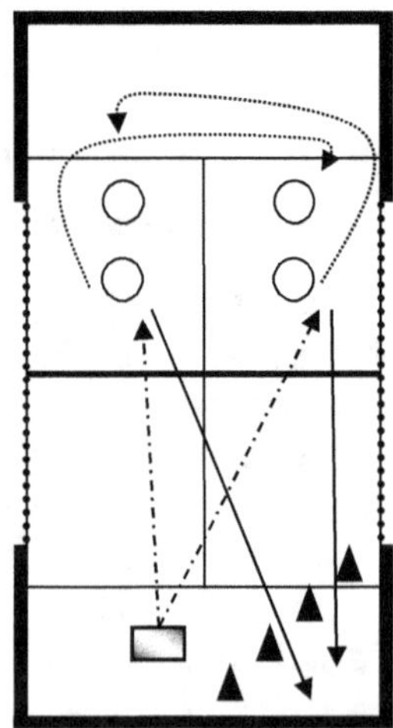

Esercizi 0433   Colpi: G – Rm

Obiettivo: Finale e difesa
Sequenza di colpi: GX - RmX

Descrizione:
Di fronte a due giocatori in diagonale, il giocatore che attacca lo farà sempre con il bordo incrociato e il giocatore che difende lo farà con i palloncini incrociati affinché il suo compagno ritorni alla fine.
Dopo 10 palle si alterna la posizione dei giocatori.

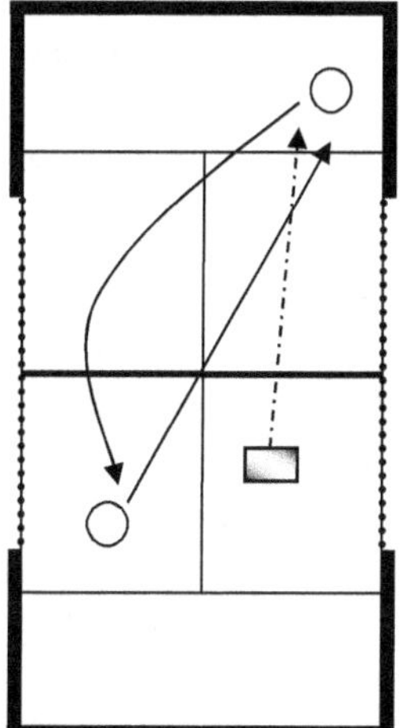

Esercizi 0434   Colpi: Gb – Rm

Obiettivo: Finale e difesa
Sequenza di colpi: GX - RmX

Descrizione:
Di fronte a due giocatori in diagonale, il giocatore che attacca lo farà sempre con il bordo incrociato e il giocatore che difende lo farà con i palloncini incrociati affinché il suo compagno ritorni alla fine.
Dopo 10 palle si alterna la posizione dei giocatori.

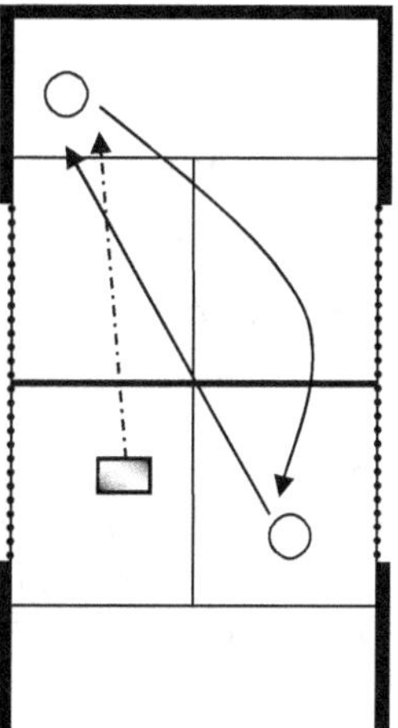

Esercizi 0435   Colpi: Rm

Obiettivo: Rivetto e lasciato
Sequenza di colpi: Rivetto e lasciato

Descrizione:
Posizionato il giocatore vicino alla rete, tira la palla e fa un'asta parallela contro la sua parete e al ritorno cerca di fare un passo indietro.
Con questo si pratica l'asta e lo si lascia.
Dopo 10 palle si cambia il lato per alternare le posizioni di lasciato.

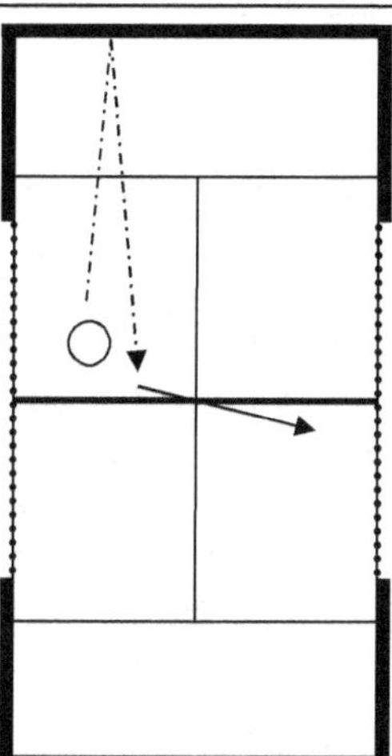

Esercizi 0436   Colpi: Rm

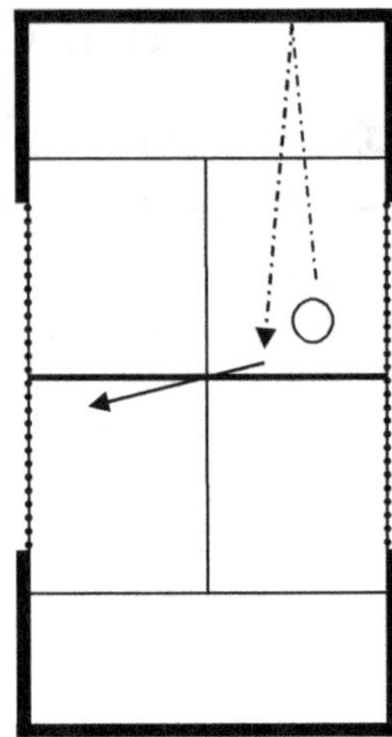

Obiettivo: Rivetto e lasciato
Sequenza di colpi: Rivetto e lasciato

Descrizione:
Posizionato il giocatore vicino alla rete, tira la palla e fa un'asta parallela contro la sua parete e al ritorno cerca di fare un passo indietro.
Con questo si pratica l'asta e lo si lascia.
Dopo 10 palle si cambia il lato per alternare le posizioni di lasciato.

Esercizi 0437   Colpi: Rm

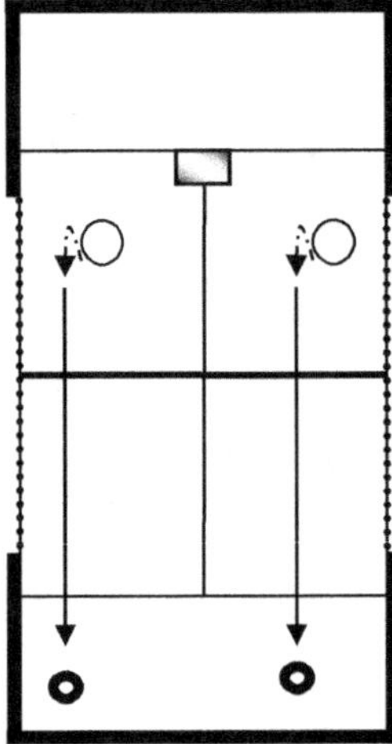

Obiettivo: Apprendimento della fase finale
Sequenza di colpi: Rm//

Descrizione:
Posizionato il giocatore vicino alla rete, prenderà una palla e la butterà forte a terra in modo da avere molto rimbalzo. All'altezza corrispondente deve essere eseguita una battuta parallela al segno posto sul fondo della pista.
Dopo 10 palle si alterna la posizione dei giocatori.

Esercizi 0438   Colpi: Rm

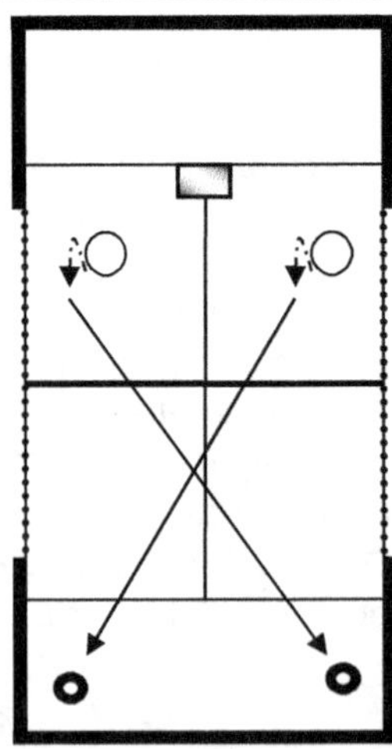

Obiettivo: Apprendimento della fase finale
Sequenza di colpi: RmX

Descrizione:
Posizionato il giocatore vicino alla rete, prenderà una palla e la butterà forte a terra in modo da avere molto rimbalzo. All'altezza corrispondente si esegue una traversata al segno sul fondo della pista.
Dopo 10 palle si alterna la posizione dei giocatori.

Esercizi 0439   Colpi: SF

Obiettivo: Controllo Colpi tra 3 giocatore con rimbalzo
Sequenza di colpi: SFD – SFR

Descrizione:
Controllo di impatto tra tre giocatori che colpiranno da destra o rovescio dopo rimbalzo a parete di fondo.
Il giocatore al piano di sopra effettuerà un colpo parallelo e poi un altro incrociato dopo il rimbalzo.
Dei giocatori di sotto, uno di loro farà colpi in parallelo e l'altro in crossover, sempre dopo rimbalzo.
Dopo 2 si alterna la posizione tra i giocatori.

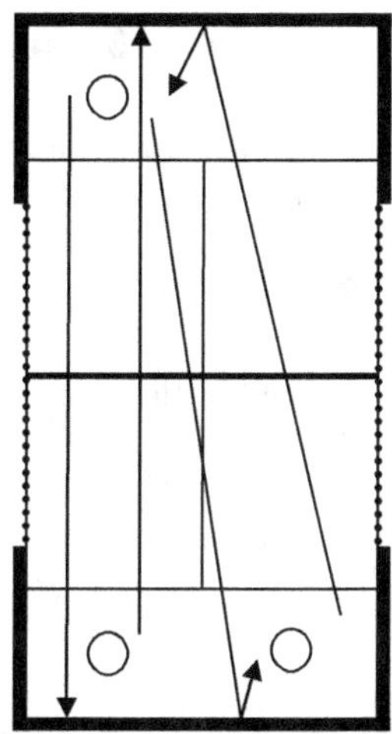

Esercizi 0440   Colpi: SF

Obiettivo: Controllo colpi tra 3 giocatore con rimbalzo
Sequenza di colpi: SFD – SFR

Descrizione:
Controllo di impatto tra tre giocatori che colpiranno da destra o rovescio dopo rimbalzo a parete di fondo.
Il giocatore al piano di sopra effettuerà un colpo parallelo e poi un altro incrociato dopo il rimbalzo.
Dei giocatori di sotto, uno di loro farà colpi in parallelo e l'altro in crossover, sempre dopo rimbalzo.
Dopo 2 si alterna la posizione tra i giocatori.

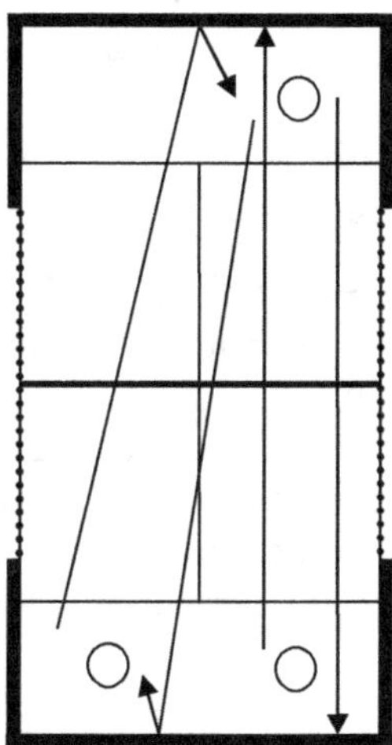

ESERCIZI COMBINATI: DESTRA, ROVESCIO, PARETE

Esercizi 0441   Colpi: D – SL – G

Obiettivo: Controllo di colpi con spostamento
Sequenza di colpi: DX - GD// - SLDX

Descrizione:
Posizionato il giocatore in fondo alla pista, eseguirà un colpo a destra incrociata, un pallone da destra al centro e un'uscita a parete laterale a destra incrociata, ai segni sul fondo della pista.
Il giocatore aspetterà che il suo partner faccia il colpo di pallone per tornare in fila.

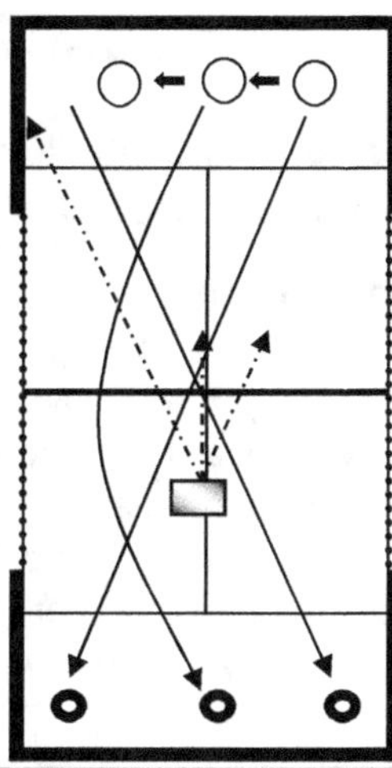

Esercizi 0442   Colpi: R – SL – G

Obiettivo: Controllo di colpi con spostamento
Sequenza di colpi: RX - GR// - SLRX

Descrizione:
Posizionato in fondo alla pista, il giocatore effettuerà un rovescio incrociato, un palloncino rovescio al centro e un'uscita a rovescio laterale, ai segni sul fondo della pista.
Il giocatore aspetterà che il suo partner faccia il colpo di pallone per tornare in fila.

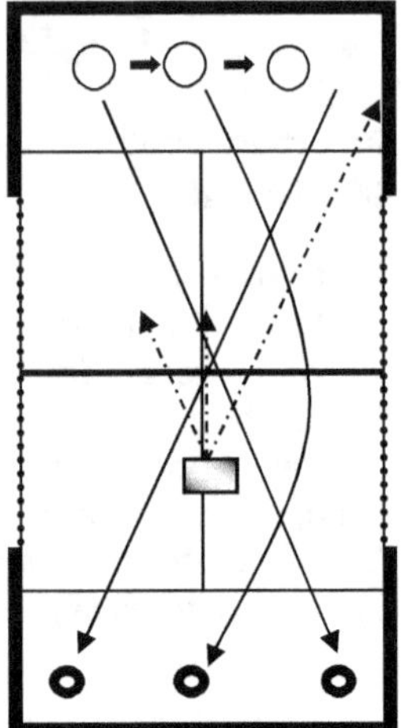

Esercizi 0443   Colpi: D – SL – G

Obiettivo: Controllo di colpi con spostamento
Sequenza di colpi: D// - GD// - SLD//

Descrizione:
Posizionato in fondo alla pista, il giocatore esegue un colpo di destra parallelo, un pallone da destra al centro e un'uscita di parete laterale da destra parallela, ai segni sul fondo della pista.
Il giocatore aspetterà che il suo partner faccia il colpo di pallone per tornare in fila.

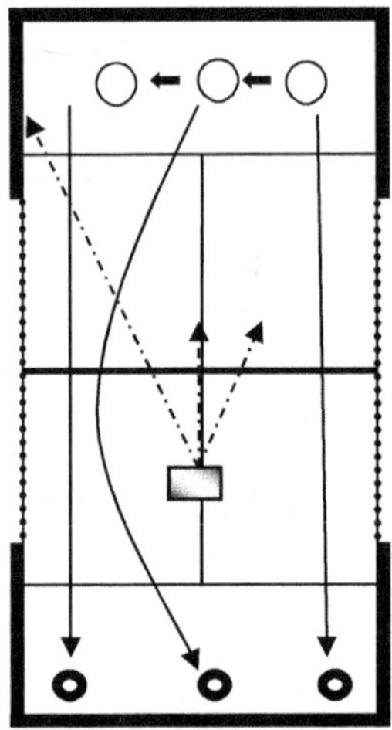

Esercizi 0444   Colpi: R – SL – G

Obiettivo: Controllo di colpi con spostamento
Sequenza di colpi: R// - GR// - SLR//

Descrizione:
Posizionato in fondo alla pista, il giocatore esegue un colpo di rovescio parallelo, un palloncino rovescio al centro e un'uscita di parete laterale di rovescio parallela, ai segni sul fondo della pista.
Il giocatore aspetterà che il suo partner faccia il colpo di pallone per tornare in fila.

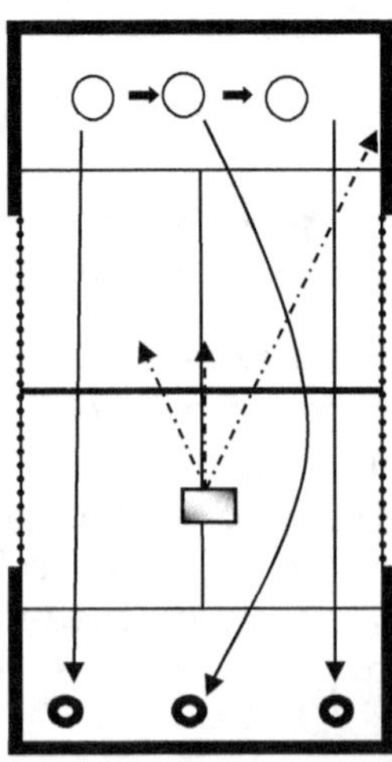

Esercizi 0445   Colpi: D – SL – G

Obiettivo: Controllo di colpi con spostamento
Sequenza di colpi: D// - GDX - SLDX

Descrizione:

Posizionato in fondo alla pista, il giocatore effettuerà un colpo di destra parallelo, un pallone da destra all'angolo e un'uscita di parete laterale a destra incrociata, ai segni sul fondo della pista.
Il giocatore aspetterà che il suo partner faccia il colpo di pallone per tornare in fila.

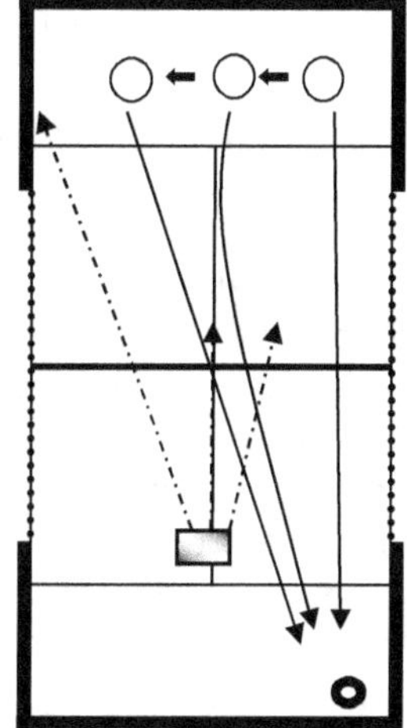

Esercizi 0446   Colpi: R – SL – G

Obiettivo: Controllo di colpi con spostamento
Sequenza di colpi: R// - GRX - SLRX

Descrizione:

Posizionato in fondo alla pista, il giocatore effettuerà un colpo di rovescio parallelo, un palloncino rovescio all'angolo e un'uscita di parete laterale a rovescio incrociato, ai segni sul fondo della pista.
Il giocatore aspetterà che il suo partner faccia il colpo di pallone per tornare in fila.

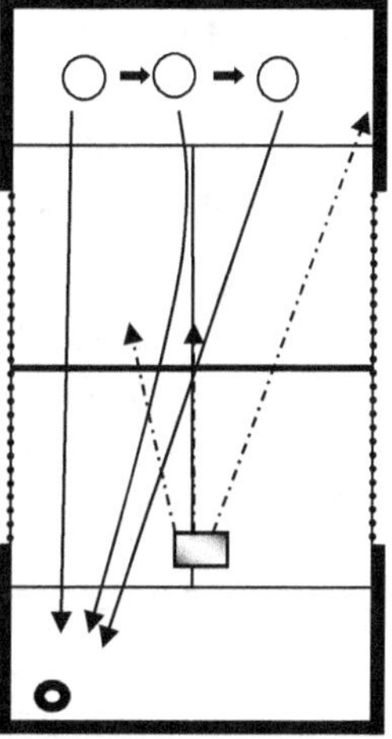

Esercizi 0447   Colpi: D – SL – G

Obiettivo: Controllo di colpi con spostamento
Sequenza di colpi: D mezzo – GD// - SLD mezzo

Descrizione:

Posizionato in fondo alla pista, il giocatore esegue un colpo da destra al centro, un pallone da destra al centro e un'uscita da parete laterale da destra al centro, ai segni sul fondo della pista.
Il giocatore aspetterà che il suo partner faccia il colpo di pallone per tornare in fila.

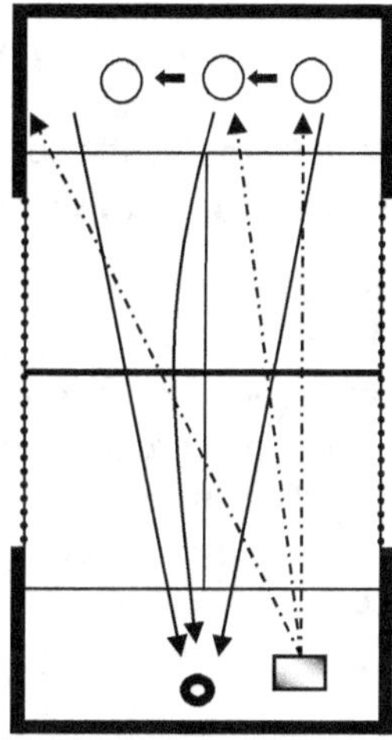

Esercizi 0448   Colpi: R – SL – G

Obiettivo: Controllo di colpi con spostamento
Sequenza di colpi: R mezzo – GR// - SLR mezzo

Descrizione:

Posizionato in fondo alla pista, il giocatore farà un rovescio al centro, un palloncino rovescio al centro e un'uscita laterale di rovescio al centro, ai segni sul fondo della pista.
Il giocatore aspetterà che il suo partner faccia il colpo di pallone per tornare in fila.

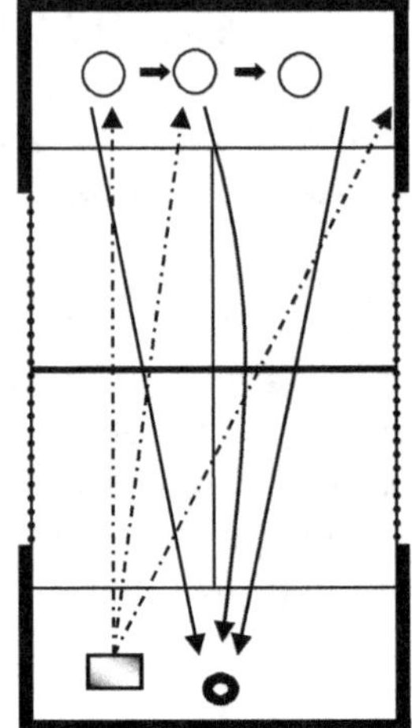

Esercizi 0449   Colpi: D – SL – G

Obiettivo: Controllo di colpi con spostamento
Sequenza di colpi: DX– GDX – SLD//

Descrizione:

Posizionato il giocatore in fondo alla pista, eseguirà un colpo a destra incrociata, un pallone a destra incrociata e un'uscita a parete laterale a destra parallela, ai segni sul fondo della pista.
Il giocatore aspetterà che il suo partner faccia il colpo di pallone per tornare in fila.

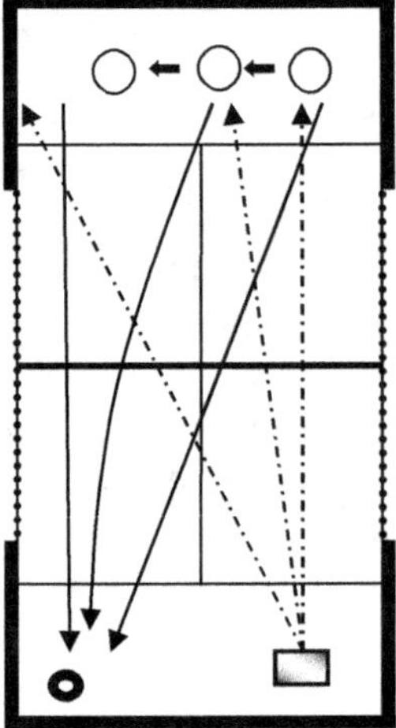

Esercizi 0450   Colpi: R – SL – G

Obiettivo: Controllo di colpi con spostamento
Sequenza di colpi: RX– GRX – SLR//

Descrizione:

Posizionato in fondo alla pista, il giocatore effettuerà un rovescio incrociato, un palloncino a rovescio incrociato e un'uscita laterale a rovescio parallela, ai segni sul fondo della pista.
Il giocatore aspetterà che il suo partner faccia il colpo di pallone per tornare in fila.

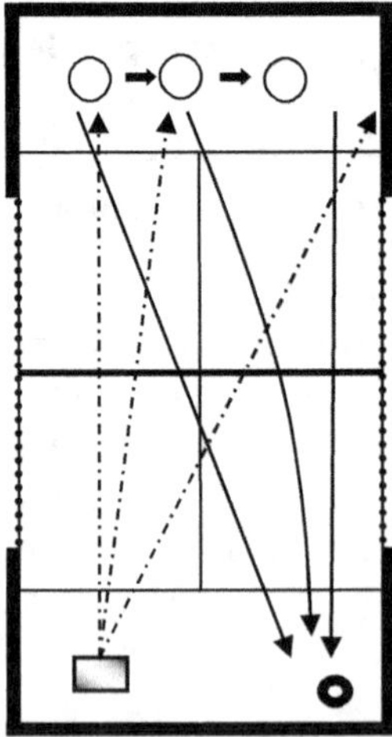

Esercizi 0451   Colpi: D – SF – SL

Obiettivo: Alternare colpi di destra in movimento
Sequenza di colpi: D// - SFDX - SLDX

Descrizione:

Posizionato il giocatore in fondo alla pista, eseguirà un colpo di destra parallela, un'uscita di fondo a destra incrociata e un'uscita laterale a destra incrociata, con l'obiettivo dei segni in fondo alla pista.

I giocatori, dopo l'ultimo colpo, aspetteranno che il prossimo giocatore faccia il colpo di SFD per incrociarsi e tornare in fila.

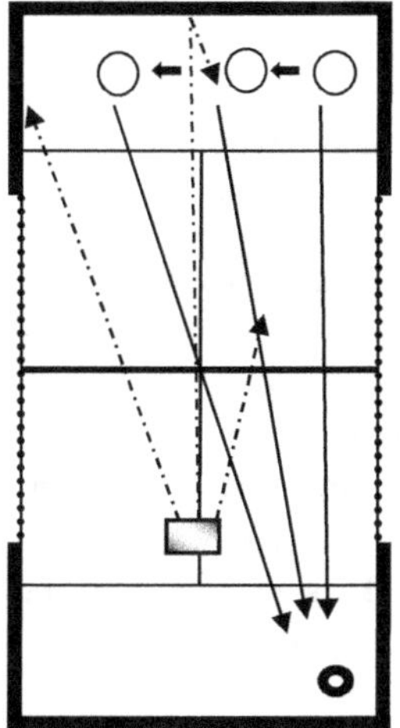

Esercizi 0452   Colpi: R – SF – SL

Obiettivo: Alternare colpi di rovescio in movimento
Sequenza di colpi: R// - SFRX - SLRX

Descrizione:

Posizionato in fondo alla pista, il giocatore effettuerà un colpo di rovescio parallelo, un'uscita di fondo a rovescio incrociato e un'uscita laterale a rovescio incrociato, con l'obiettivo di marchi situati in fondo alla pista.

I giocatori, dopo l'ultimo colpo, aspetteranno che il prossimo giocatore faccia il colpo di SFR per incrociarsi e tornare in fila.

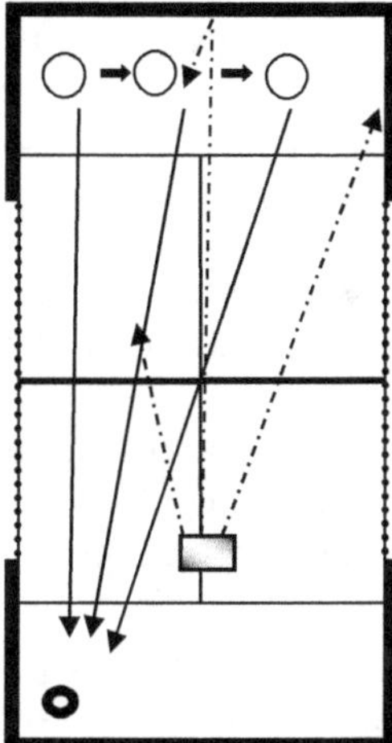

Esercizi 0453   Colpi: D – SF – SL

Obiettivo: Alternare colpi di destra in movimento
Sequenza di colpi: D - SFD - SLD

Descrizione:

Posizionato il giocatore in fondo alla pista, eseguirà un colpo di destra, un'uscita di fondo di destra e un'uscita di lato di destra, tutti al centro, con l'obiettivo dei segni in fondo alla pista.

I giocatori, dopo l'ultimo colpo, aspetteranno che il prossimo giocatore faccia il colpo di SFD per incrociarsi e tornare in fila.

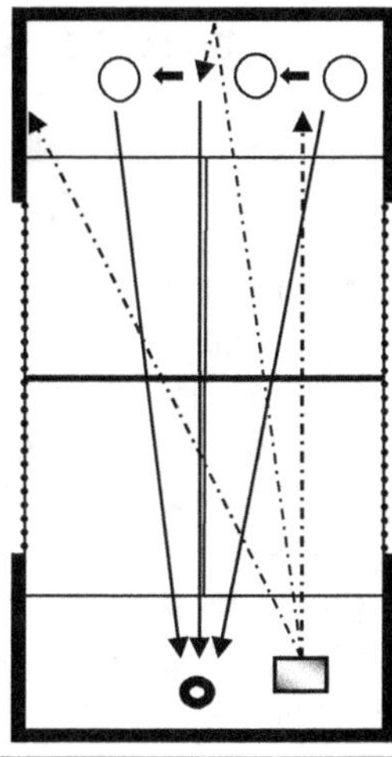

Esercizi 0454   Colpi: R – SF – SL

Obiettivo: Alternare colpi di rovescio in movimento
Sequenza di colpi: R - SFR - SLR

Descrizione:
Posizionato il giocatore in fondo alla pista, eseguirà un colpo di rovescio, un'uscita di fondo di rovescio e un'uscita di lato rovescio, tutti al centro, con l'obiettivo di marchi situati in fondo alla pista.
I giocatori, dopo l'ultimo colpo, aspetteranno che il prossimo giocatore faccia il colpo di SFR per incrociarsi e tornare in fila.

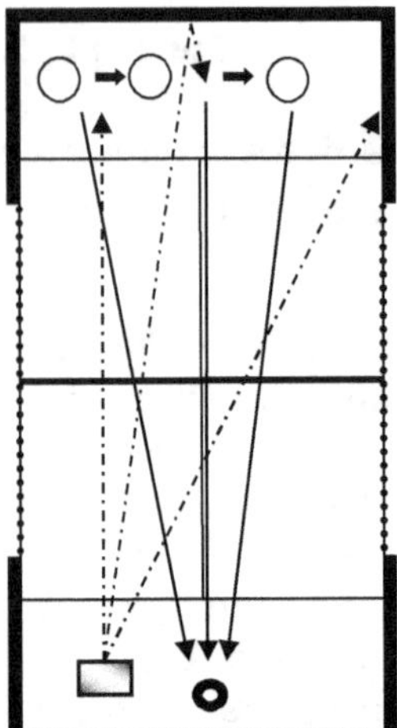

Esercizi 0455   Colpi: D – SF – SL

Obiettivo: Alternare colpi di destra in movimento
Sequenza di colpi: DX - SFDX – SLD//

Descrizione:
Posizionato il giocatore in fondo alla pista, eseguirà un colpo a destra incrociata, un'uscita di fondo a destra incrociata e un'uscita laterale a destra parallela, con l'obiettivo dei segni in fondo alla pista.
I giocatori, dopo l'ultimo colpo, aspetteranno che il prossimo giocatore faccia il colpo di SFD per incrociarsi e tornare in fila.

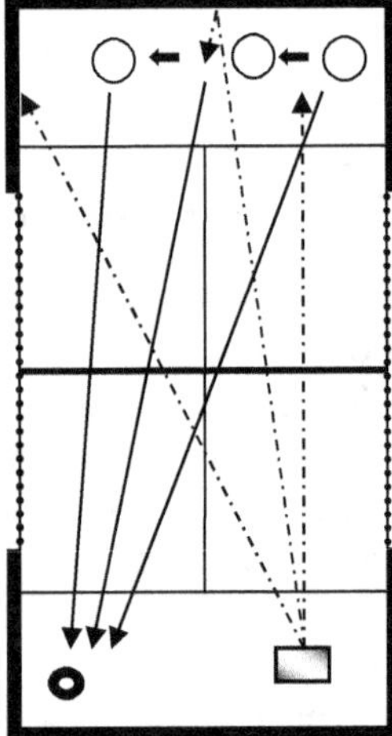

Esercizi 0456   Colpi: R – SF – SL

Obiettivo: Alternare colpi di rovescio in movimento
Sequenza di colpi: RX - SFRX – SLR//

Descrizione:
Posizionato in fondo alla pista, il giocatore eseguirà un rovescio incrociato, un output di fondo di rovescio incrociato e un output laterale di rovescio parallelo, con l'obiettivo di marchi situati in fondo alla pista.
I giocatori, dopo l'ultimo colpo, aspetteranno che il prossimo giocatore faccia il colpo di SFR per incrociarsi e tornare in fila.

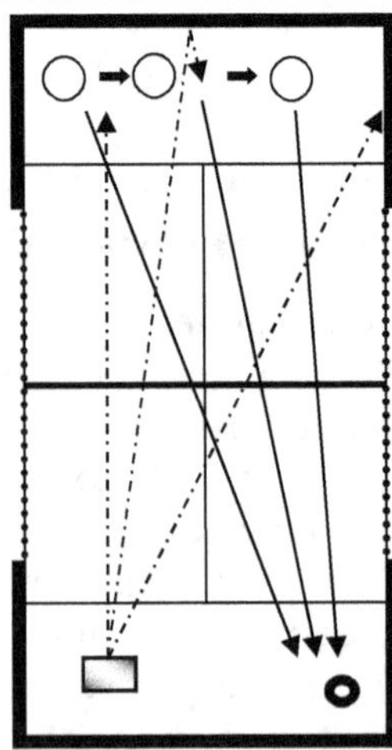

Esercizi 0457   Colpi: D – SF

Obiettivo: Controllo di uscita di fondo
Sequenza di colpi: SFD – D o R o Cadete

Descrizione:
Posizionato il giocatore in fondo alla pista, eseguirà un'uscita in background soft destra sopra la barra e colpisce ancora da destra, rovescio o cadetto dietro la barca.
Importante il controllo al primo colpo per facilitare il secondo.

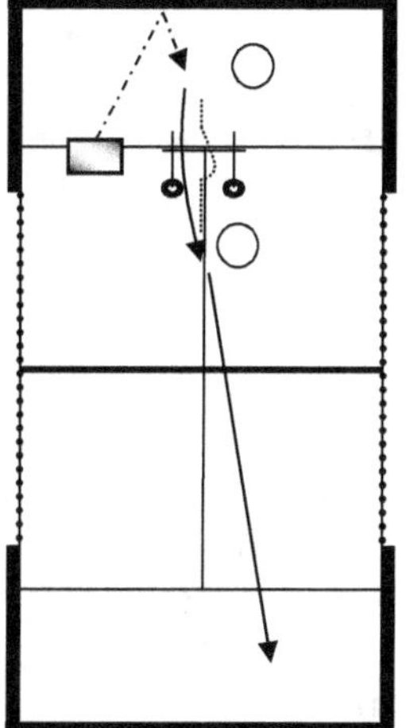

Esercizi 0458   Colpi: R – SF

Obiettivo: Controllo di uscita di fondo
Sequenza di colpi: SFR – D o R o Cadete

Descrizione:
Posizionato il giocatore in fondo alla pista, eseguirà un'uscita di fondo a rovescio morbido sopra la barra e colpisce ancora da destra, rovescio o cadetto dietro la barca.
Importante il controllo al primo colpo per facilitare il secondo.

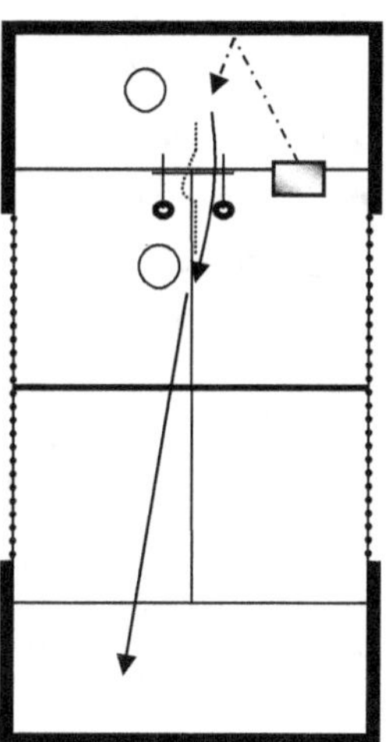

Esercizi 0459   Colpi: R – SF

Obiettivo: Meccanizzazione dei movimenti
Sequenza di colpi: SFD - R

Descrizione:
Situato il giocatore in fondo alla pista, eseguirà un Esercizi per meccanizzare i movimenti. Il monitor vi tirerà con la mano palle per eseguire l'uscita di fondo destra e colpo di rovescio.
Dopo 10 palle si cambia giocatore.
Poi si fa dall'altra parte.

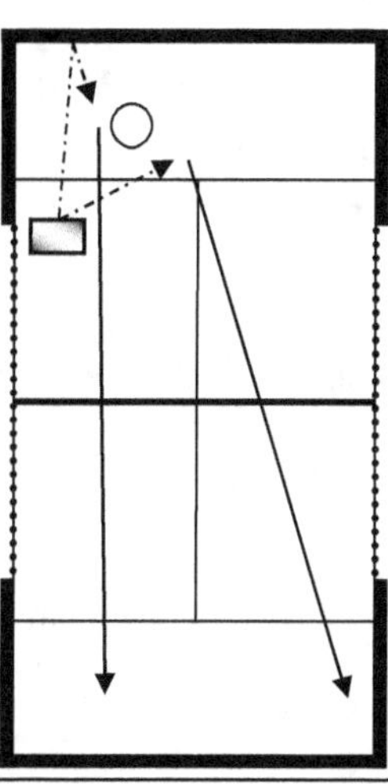

Esercizi 0460   Colpi: D – SF

Obiettivo: Meccanizzazione dei movimenti
Sequenza di colpi: SFD - D

Descrizione:
Posizionato il giocatore in fondo alla pista, eseguirà un Esercizi per meccanizzare i movimenti in uscita di fondo e l'importanza di tornare alla linea di servizio dopo ogni colpo. Dopo 5 palle, salirà sulla rete per colpire da destra una palla corta.
Poi può essere fatto dall'altro lato e cambiando l'uscita di fondo con uscita laterale o uscita a doppio muro.

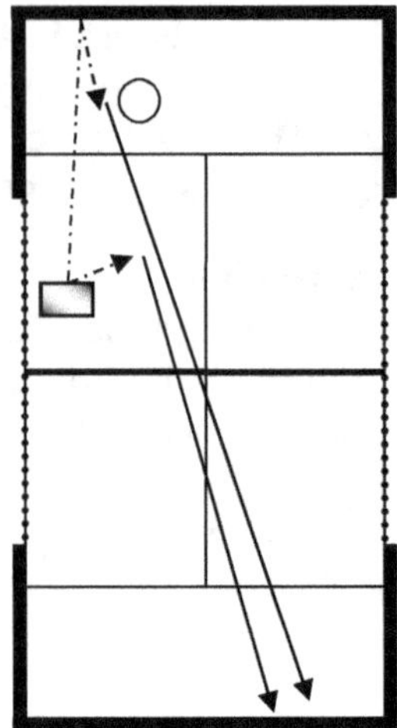

Esercizi 0461   Colpi: D – R – SF

Obiettivo: Diverse velocità della palla
Sequenza di colpi: D – R – SFD – SFR

Descrizione:
Posizionato in fondo alla pista, il giocatore esegue diversi colpi, sia da destra che da rovescio, a seconda della velocità e del luogo di impatto della palla:
.- se viene facile e lenta, farà un palloncino
.- se viene forte o difficile, colpirà forte per la volèe dei contrari.
.- se colpisce il muro alto, attaccherà o realizzerà palloncino, e se scende, proverà palloncino piegando bene le ginocchia.
Dopo 12 palle si cambia giocatore.

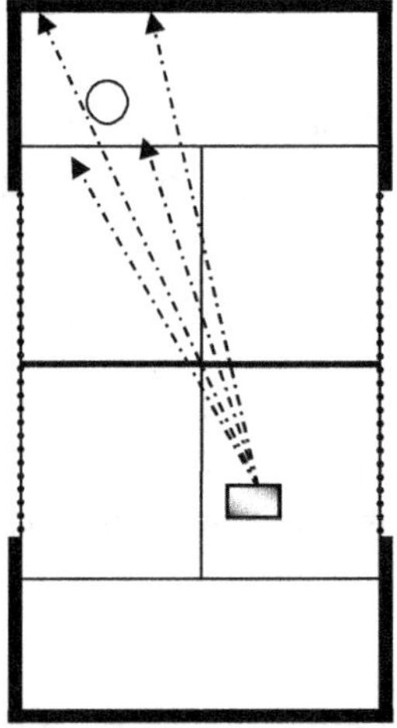

Esercizi 0462   Colpi: D – R – SF

Obiettivo: Diverse velocità della palla
Sequenza di colpi: D – R – SFD – SFR

Descrizione:
Posto il giocatore in posizione di difesa, effettuerà diversi colpi, sia di destra che di rovescio, a seconda della velocità e del luogo d'impatto della palla:
.- se viene facile e lenta, farà un palloncino
.- se viene forte o difficile, colpirà forte per la volèe dei contrari.
.- se colpisce il muro alto, attaccherà o realizzerà Palloncino, e se scende, proverà palloncini piegando bene le ginocchia.
Dopo 12 palle si cambia giocatore.

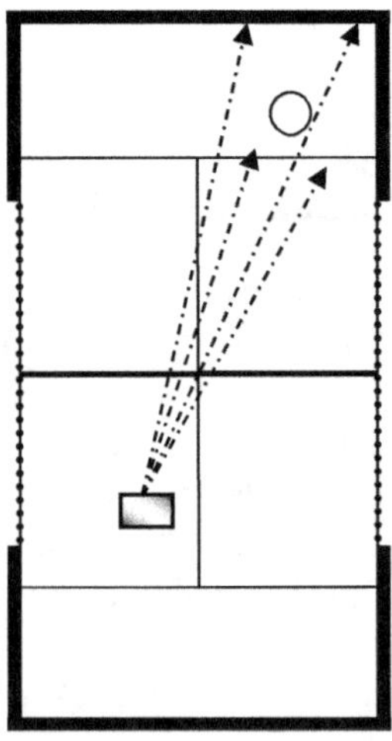

ESERCIZI COMBINATI: DESTRA, ROVESCIO, PALLONCINO

Esercizi 0463   Colpi: D – R – G

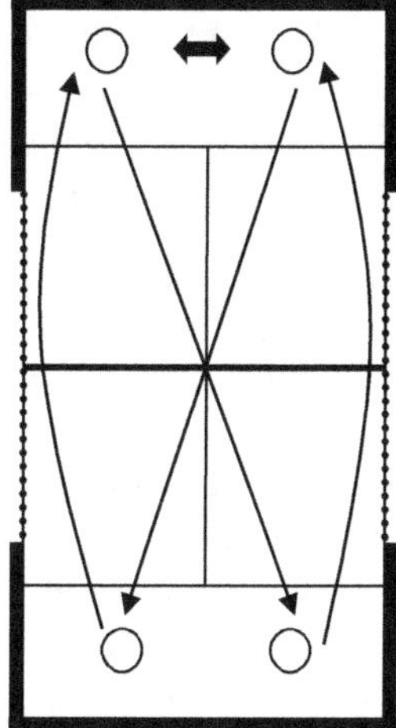

Obiettivo: Combinazione di colpi con 4 giocatori
Sequenza di colpi: G// – DX o RX

Descrizione:
Posizionati i quattro giocatori in fondo alla pista, due giocatori eseguiranno colpi di destra incrociati o rovescio incrociati in basso, e gli altri giocatori eseguiranno palloni paralleli.
Se l'esercizi si domina, si può provare con due palle alla volta.
Dopo 2 si alterna la posizione dei giocatori.

Esercizi 0464   Colpi: D – R – G

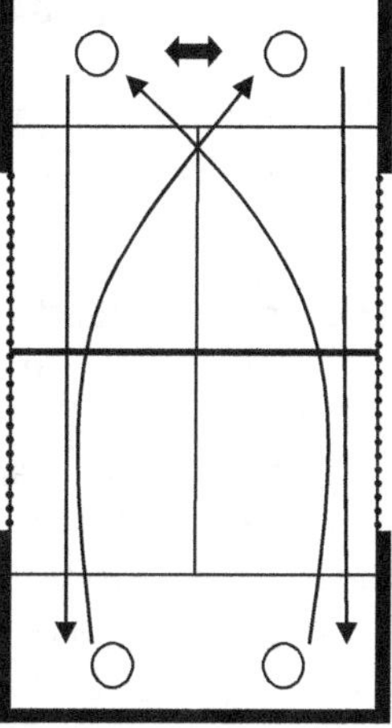

Obiettivo: Combinazione di colpi con 4 giocatori
Sequenza di colpi: GX – D// o R//

Descrizione:
Situati i quattro giocatori in fondo alla pista, due giocatori eseguiranno colpi di destra paralleli o rovescio paralleli in basso, e gli altri giocatori eseguiranno palloni incrociati.
Se l'esercizi si domina, si può provare con due palle alla volta.
Dopo 2 si alterna la posizione dei giocatori.

Esercizi 0465   Colpi: D – R – G

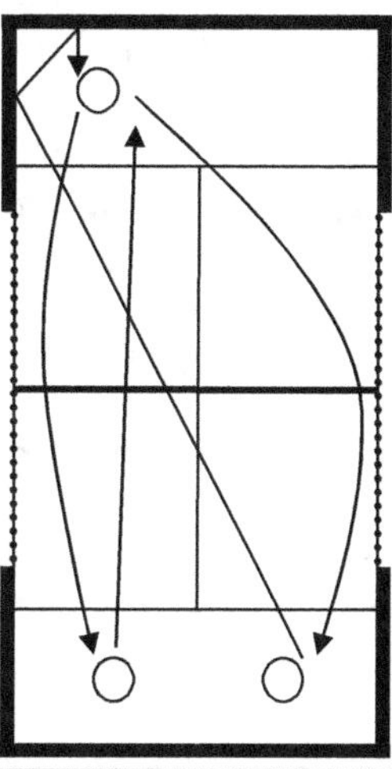

Obiettivo: Combinazione di colpi con 3 giocatori
Sequenza di colpi: GX o G// – D// o DX / R// o RX

Descrizione:
Posizionati i tre giocatori in fondo alla pista, il giocatore che è da solo, avvierà palloni da destra paralleli o palloni a rovescio incrociati agli altri giocatori che sferreranno colpi liberi in basso verso il giocatore che è da solo.
Dopo 2 si alterna la posizione dei giocatori.

Esercizi 0466   Colpi: D – R – G

Obiettivo: Combinazione di colpi con 3 giocatori
Sequenza di colpi: GX o G// – D// o DX / R// o RX

Descrizione:
Posizionati i tre giocatori in fondo alla pista, il giocatore che è da solo, avvierà palloni a destra incrociati o palloni a rovescio paralleli agli altri giocatori che sferreranno colpi liberi in basso verso il giocatore che è solo.
Dopo 2 si alterna la posizione dei giocatori.

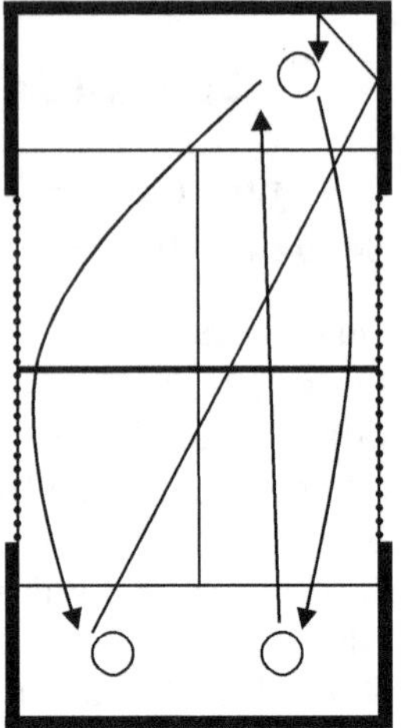

Esercizi 0467   Colpi: D – R – G

Obiettivo: Combinazione di colpi con 4 giocatori
Sequenza di colpi: GX o G// – DX o R//

Descrizione:
Posizionati i quattro giocatori in fondo alla pista, uno dei giocatori in alto farà dei palloncini incrociati e l'altro colpirà in basso. Uno di quelli sotto realizzerà palloni paralleli e l'altro colpisce parallelo dal basso. Se l'esercizi si domina si può provare con due palle alla volta.
Dopo 2 si alterna la posizione dei giocatori.

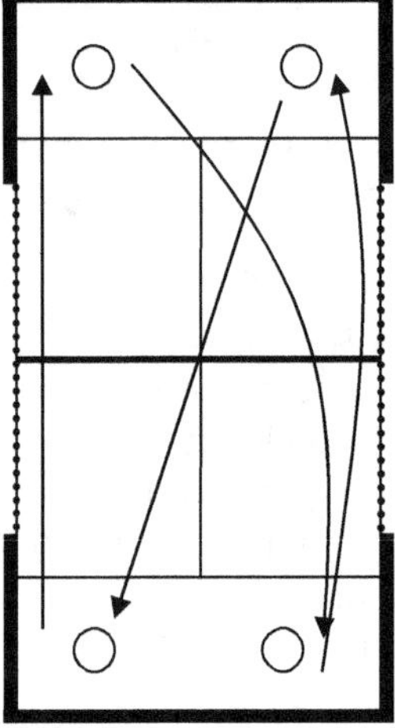

Esercizi 0468   Colpi: D – R – G

Obiettivo: Combinazione di colpi con 4 giocatori
Sequenza di colpi: GX o G// – DX o R//

Descrizione:
Posizionati i quattro giocatori in fondo alla pista, uno dei giocatori in alto farà dei palloncini incrociati e l'altro colpirà in basso. Uno di quelli sotto realizzerà palloni paralleli e l'altro colpisce parallelo dal basso. Se l'esercizi si domina si può provare con due palle alla volta.
Dopo 2 si alterna la posizione dei giocatori.

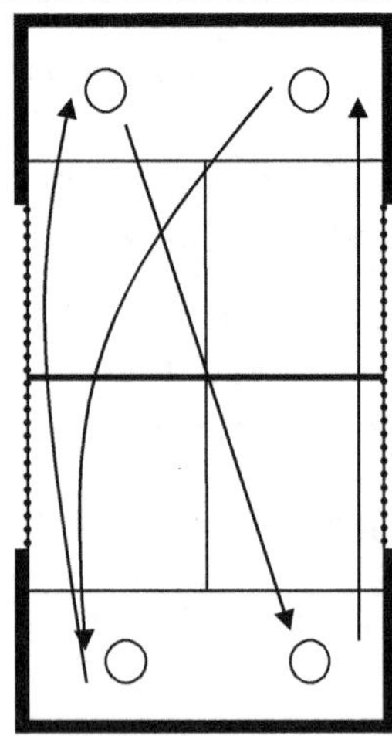

Esercizi 0469   Colpi: D – G

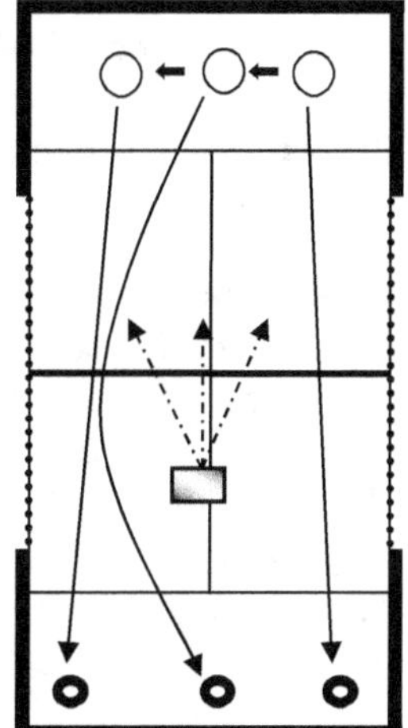

Obiettivo: Controllo di colpi con spostamento
Sequenza di colpi: D// - GD// - D//

Descrizione:
Posizionato il giocatore in fondo alla pista, eseguirà un colpo di destra parallelo, un palloncino di destra al centro e un colpo di destra parallelo, ai segni sul fondo della pista.
Il giocatore aspetterà che il suo partner faccia il colpo di palloncino per tornare in fila.

Esercizi 0470   Colpi: R – G

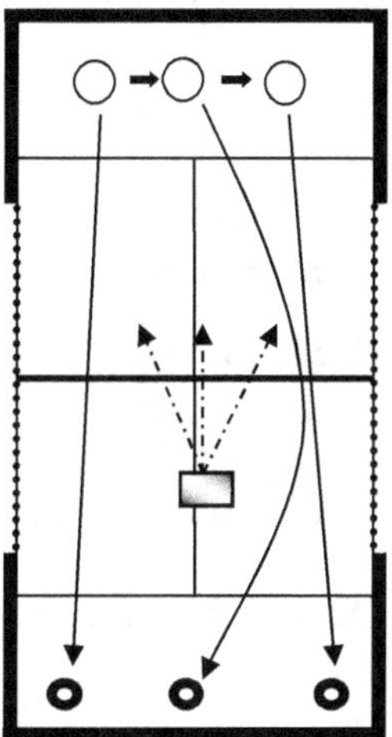

Obiettivo: Controllo di colpi con spostamento
Sequenza di colpi: R// - GR// - R//

Descrizione:
Posizionato in fondo alla pista, il giocatore effettuerà un colpo di rovescio parallelo, un palloncino rovescio al centro e un colpo di rovescio parallelo, ai segni sul fondo della pista.
Il giocatore aspetterà che il suo partner faccia il colpo di palloncino per tornare in fila.

Esercizi 0471   Colpi: D – G

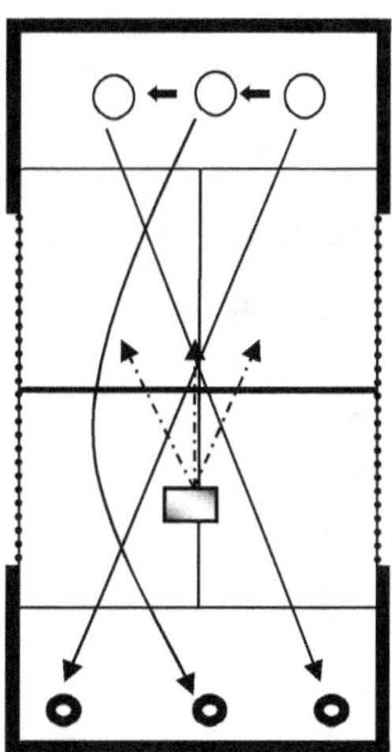

Obiettivo: Controllo di colpi con spostamento
Sequenza di colpi: DX - GD// - DX

Descrizione:
Posizionato il giocatore in fondo alla pista, eseguirà un colpo a destra incrociata, un palloncino da destra al centro e un colpo a destra incrociata, ai segni in fondo alla pista.
Il giocatore aspetterà che il suo partner faccia il colpo di palloncino per tornare in fila.

Esercizi 0472   Colpi: R – G

Obiettivo: Controllo di colpi con spostamento
Sequenza di colpi: RX - GR// - RX

Descrizione:
Posizionato il giocatore in fondo alla pista, eseguirà un colpo di rovescio incrociato, un palloncino rovescio al centro e un colpo di rovescio incrociato, ai marchi situati in fondo alla pista.
Il giocatore aspetterà che il suo partner faccia il colpo di pallone per tornare in fila.

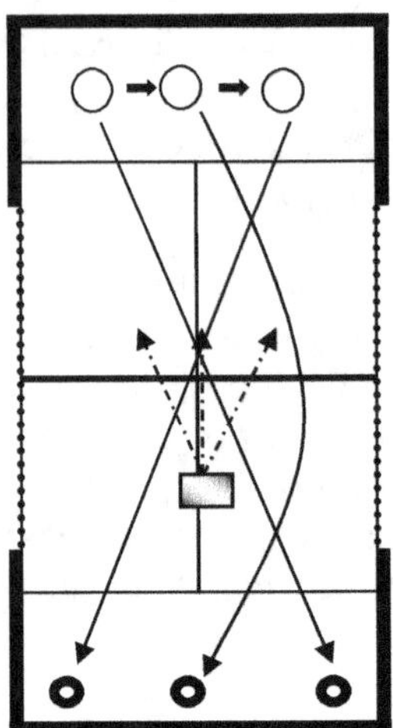

ESERCIZI COMBINATI: DESTRA, ROVESCIO, VOLÈE

Esercizi 0473   Colpi: D – R – V

Obiettivo: Controllo di volèe e difesa
Sequenza di colpi: VDX – DX o RX – VRX

Descrizione:
Di fronte a due giocatori in diagonale, uno in rete e l'altro in difesa, il giocatore di fondo gioca una palla al centro e la successiva al lato, affinchè il suo compagno faccia un volo contro di lui.
Dopo 2 si alterna la posizione dei giocatori.

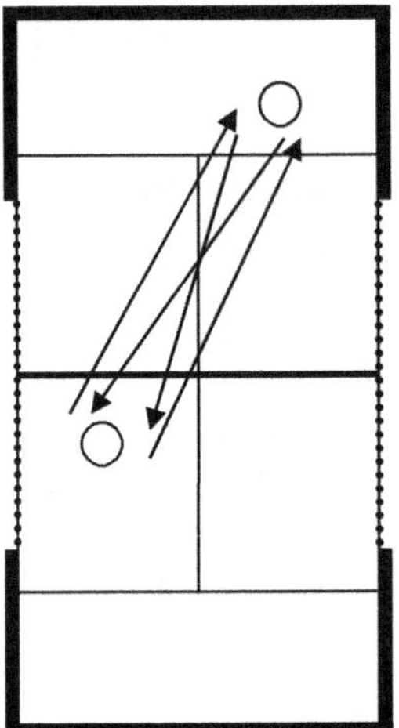

Esercizi 0474   Colpi: D – R – V

Obiettivo: Controllo di volèe e difesa
Sequenza di colpi: VDX – DX o RX – VRX

Descrizione:
Di fronte a due giocatori in diagonale, uno in rete e l'altro in difesa, il giocatore di fondo gioca una palla al centro e la successiva al lato, affinchè il suo compagno faccia un volo contro di lui.
Dopo 2 si alterna la posizione dei giocatori.

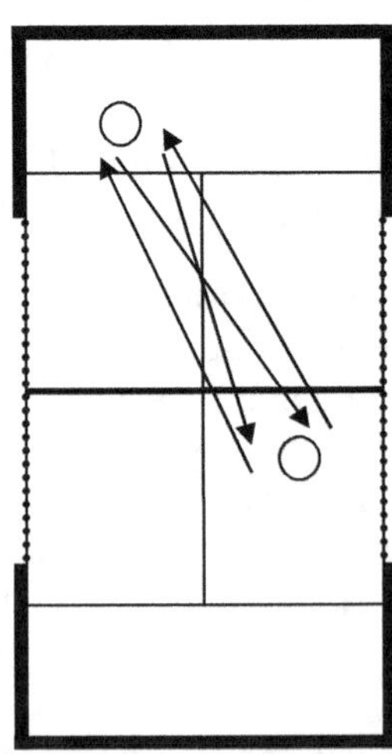

Esercizi 0475   Colpi: D – R – V

Obiettivo: Controllo di volèe e difesa
Sequenza di colpi: VD// – D// o R// – VR//

Descrizione:
Posizionati due giocatori in parallelo, uno in rete e uno in difesa, il giocatore che difende gioca una palla a destra e l'altra a rovescio del giocatore della rete.
Dopo 2 si alterna la posizione dei giocatori.

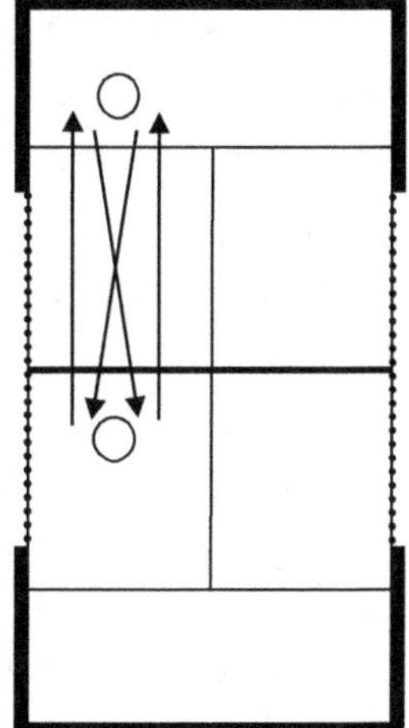

Esercizi 0476   Colpi: D – R – V

Obiettivo: Alternare colpi in movimento
Sequenza di colpi: DX – RX – VDX – VRX

Descrizione:
Posizionato in fondo alla pista, il giocatore farà un colpo di destra incrociata e un colpo di rovescio incrociato, salirà sulla rete e realizzerà una volèe di destra incrociata e una volèe di rovescio incrociato, con l'obiettivo del quadrato segnato nell'angolo.
Dopo 12 palle si cambia giocatore.

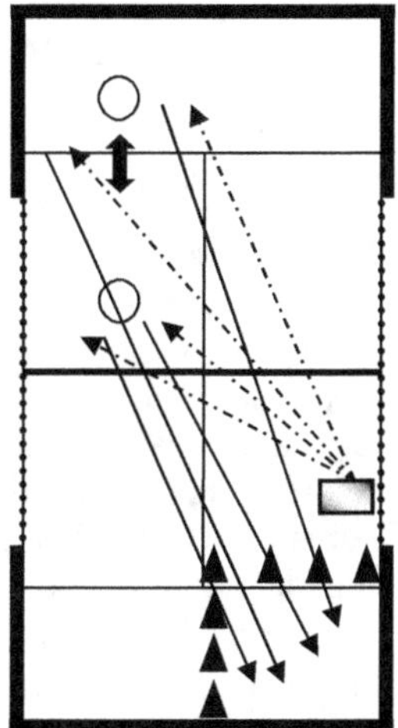

Esercizi 0477   Colpi: D – R – V

Obiettivo: Alternare colpi in movimento
Sequenza di colpi: DX – RX – VDX – VRX

Descrizione:
Posizionato in fondo alla pista, il giocatore farà un colpo di destra incrociata e un colpo di rovescio incrociato, salirà sulla rete e realizzerà una volèe di destra incrociata e una volèe di rovescio incrociato, con l'obiettivo del quadrato segnato nell'angolo.
Dopo 12 palle si cambia giocatore.

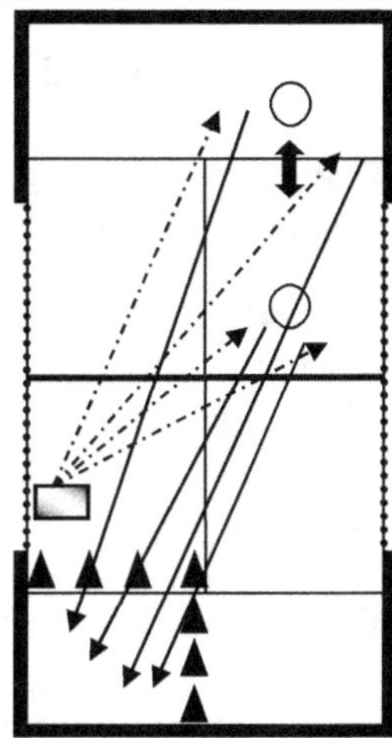

Esercizi 0478   Colpi: D – R – V

Obiettivo: Alternare colpi in movimento
Sequenza di colpi: DX – RX – VDX – VRX

Descrizione:

Un giocatore lavorerà con il monitor finché non avrà finito la macchina. Posizionati in fondo alla pista, eseguirai destra incrociata e rovescio incrociato, salirai sulla rete e realizzerai volèe di destra incrociata e volèe di rovescio incrociato, ritornando alla posizione iniziale. L'obiettivo sarà il quadrato segnato nell'angolo. Gli altri due giocatore eseguiranno il controllo della palla, uno dal fondo e l'altro nella volèe.
Al termine del carrello, si alterna la posizione dei giocatori.

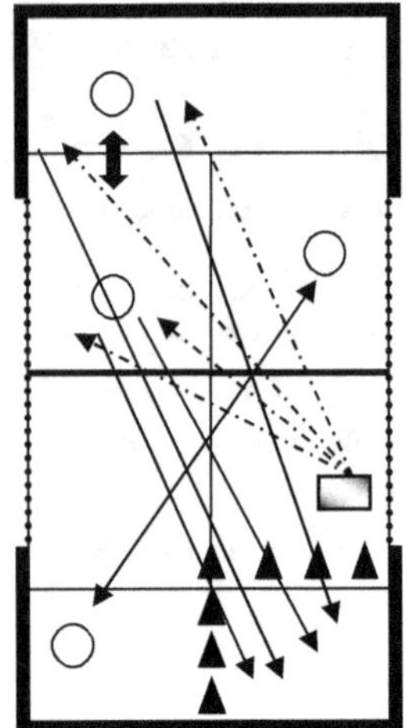

Esercizi 0479   Colpi: D – R – V

Obiettivo: Alternare colpi in movimento
Sequenza di colpi: DX – RX – VDX – VRX

Descrizione:

Un giocatore lavorerà con il monitor finché non avrà finito la macchina. Posizionati in fondo alla pista, eseguirai destra incrociata e rovescio incrociato, salirai sulla rete e realizzerai volèe di destra incrociata e volèe di rovescio incrociato, ritornando alla posizione iniziale. L'obiettivo sarà il quadrato segnato nell'angolo. Gli altri due giocatore eseguiranno il controllo della palla, uno dal fondo e l'altro nella volèe.
Al termine del carrello, si alterna la posizione dei giocatori.

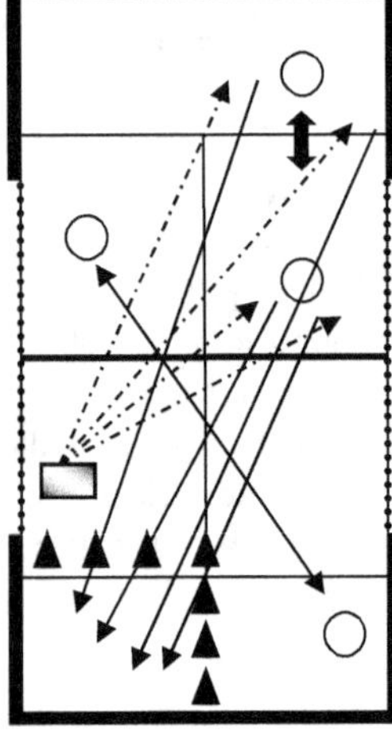

Esercizi 0480   Colpi: R – V

Obiettivo: Controllo di volèe
Sequenza di colpi: RX – V//

Descrizione:

Posizionati due giocatori in fondo alla pista e uno in rete, i giocatori del fondo eseguiranno colpi a rovescio incrociato contro il giocatore che è in rete. Dopo ogni colpo, toccheranno il cono posto accanto a loro. Il giocatore della rete, effettuerà voli paralleli ai coni dello sfondo della pista, sia di destra che di rovescio.
Dopo 20 palle si alterna la posizione dei giocatori.

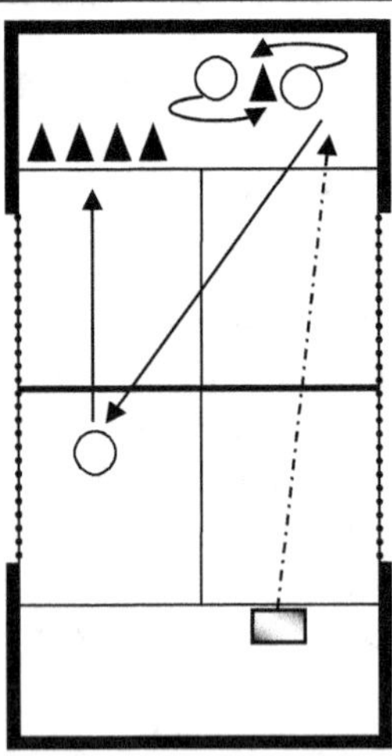

Esercizi 0481   Colpi: D – V

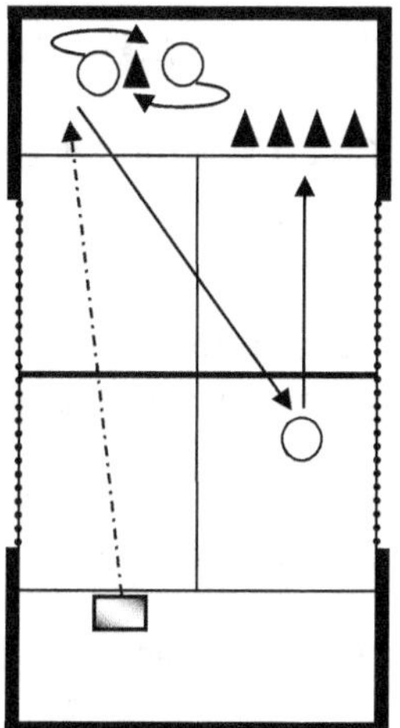

Obiettivo: Controllo di volèe
Sequenza di colpi: DX – V//

Descrizione:
Posizionati due giocatori in fondo alla pista e uno in rete, i giocatori in fondo alla pista eseguiranno colpi a destra contro il giocatore in rete. Dopo ogni colpo, toccheranno il cono posto accanto a loro. Il giocatore della rete, effettuerà voli paralleli ai coni dello sfondo della pista, sia di destra che di rovescio. Dopo 20 palle si alterna la posizione dei giocatori.

Esercizi 0482   Colpi: D – V

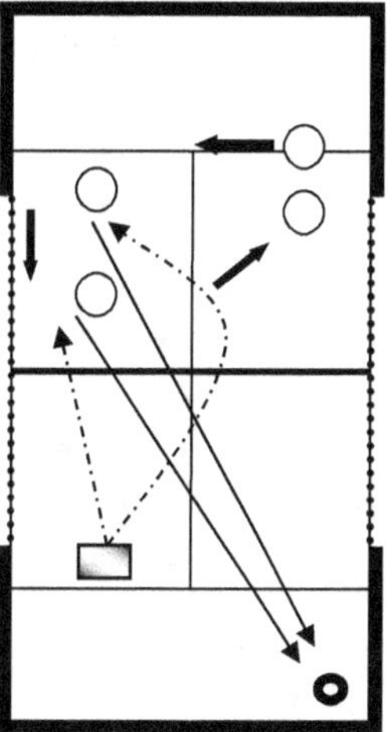

Obiettivo: Accesso alla rete con palla corta
Sequenza di colpi: palla corta DX - VDX

Descrizione:
Situato il giocatore all'altezza del picco, colpirà una pallina corta senza barca a destra incrociata e salirà sulla rete per fare una volata a destra incrociata, con l'obiettivo del marchio situato in fondo alla pista.

Esercizi 0483   Colpi: R – V

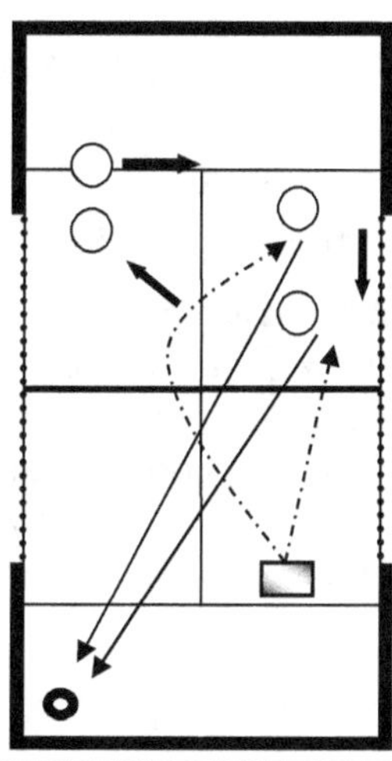

Obiettivo: Accesso alla rete con palla corta
Sequenza di colpi: Bola corta RX - VRX

Descrizione:
Collocato il giocatore all'altezza del picco, colpirà una palla corta senza barca a rovescio incrociato e salirà sulla rete per fare un volo a rovescio incrociato, con l'obiettivo del marchio situato in fondo alla pista.

Esercizi 0484   Colpi: D – V

Obiettivo: Serie di colpi
Sequenza di colpi: Palla bassa DX profonda - VDX – VDX

Descrizione:
Collocato il giocatore all'altezza del picco, effettuerà un colpo di destra incrociato profondo ad una palla bassa con la quale salirà e farà una volèe di potenza di destra incrociata ed una volèe di destra lenta alla grata.
Dopo 12 palle si cambia giocatore.

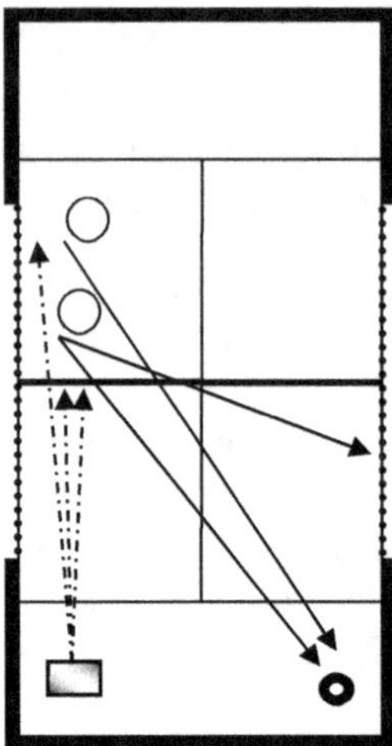

Esercizi 0485   Colpi: R – V

Obiettivo: Serie di colpi
Sequenza di colpi: Palla bassa RX profonda - VRX – VRX

Descrizione:
Situato il giocatore all'altezza del picco, effettuerà un colpo di rovescio incrociato profondo ad una palla bassa con cui salirà e farà un volo di potenza di rovescio incrociato ed un volo di rovescio lento alla grata.
Dopo 10 palle si cambia giocatore.

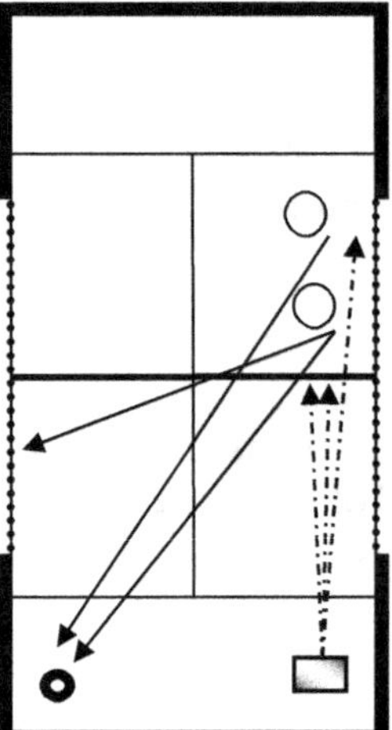

Esercizi 0486   Colpi: D – R – V

Obiettivo: Serie di colpi
Sequenza di colpi: D// - VD corta // - RX

Descrizione:
Posizionato il giocatore in fondo alla pista, farà un colpo di destra parallelo, salirà sulla rete per fare una palla corta con una volèe di destra parallela e si ritarderà per fare una battuta incrociata.
Dopo 12 palle si cambia giocatore.

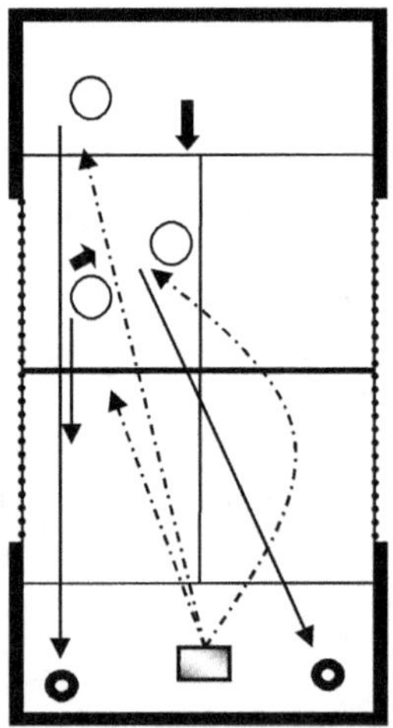

EDITORIAL WANCEULEN

Esercizi 0487   Colpi: R – V

Obiettivo: Serie di colpi
Sequenza di colpi: R// - VR corta // - RX

Descrizione:
Posto il giocatore in fondo alla pista, farà un colpo di rovescio parallelo, salirà sulla rete per fare una pallina corta con una volèe di rovescio parallelo e sarà ritardato per fare una battuta incrociata.
Dopo 12 palle si cambia giocatore.

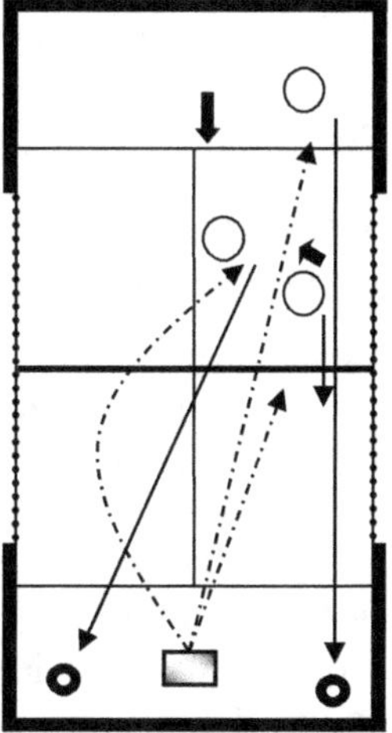

Esercizi 0488   Colpi: D – V

Obiettivo: Serie di colpi
Sequenza di colpi: Palla corta D – 2VR// - VRX

Descrizione:
Posizionato il giocatore in mezza pista, sale alla pallina corta con approssimazione al mezzo di destra, fa due volèe di rovescio paralleli e una volèe di rovescio incrociato al monitor e continuerà in incrocio fino a finire il punto.

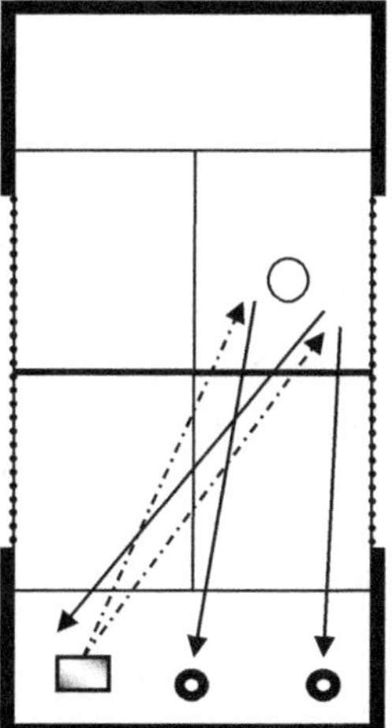

Esercizi 0489   Colpi: R – V

Obiettivo: Serie di colpi
Sequenza di colpi: Palla corta R – 2VD// - VDX

Descrizione:
Posizionato il giocatore in mezza pista, sale alla pallina corta con approssimazione al mezzo di rovescio, fa due volèe di destra parallele e una volèe di destra incrociata al monitor e continuerà in crossover fino a finire il punto.

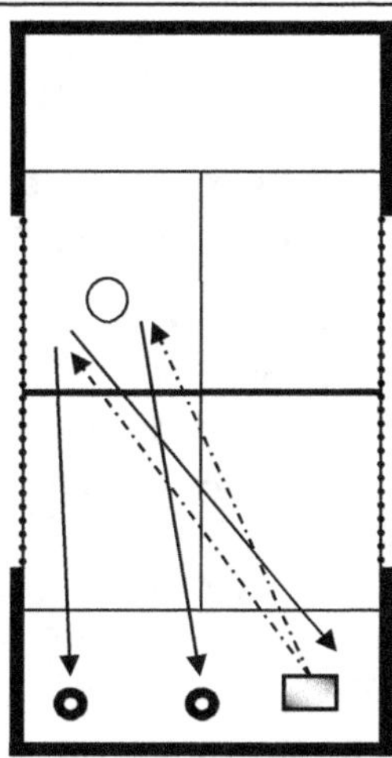

Esercizi 0490   Colpi: D – V

Obiettivo: Serie di colpi e spotamenti

Sequenza di colpi: DX – VDX – spostamento laterale - spostamento indietro

Descrizione:

Posizionato in fondo alla pista, il giocatore sferrerà un colpo a destra incrociata e salirà sulla rete per realizzare un volo a destra incrociata, con l'obiettivo del marchio situato in fondo alla pista. Poi si sposta lateralmente verso il cono posto sulla ringhiera e si indietreggia lateralmente verso il cono situato in fondo alla pista.

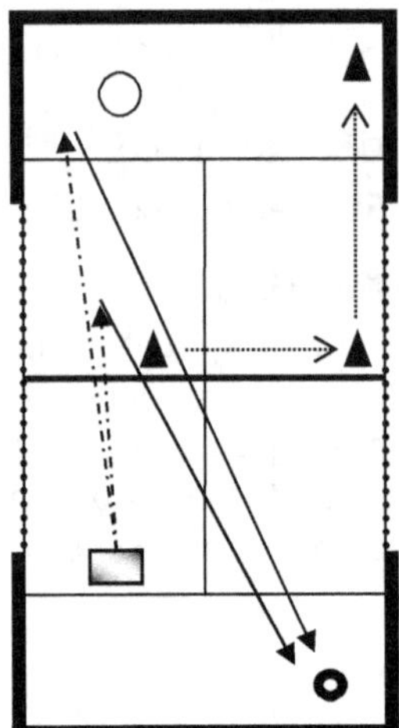

Esercizi 0491   Colpi: R – V

Obiettivo: Serie di colpi e spotamenti

Sequenza di colpi: RX – VRX – spostamento laterale - spostamento indietro

Descrizione:

Posizionato in fondo alla pista, il giocatore farà un rovescio incrociato e salirà sulla rete per realizzare un rovescio incrociato, con l'obiettivo del marchio situato in fondo alla pista. Poi si sposta lateralmente verso il cono posto sulla ringhiera e si indietreggia lateralmente verso il cono situato in fondo alla pista.

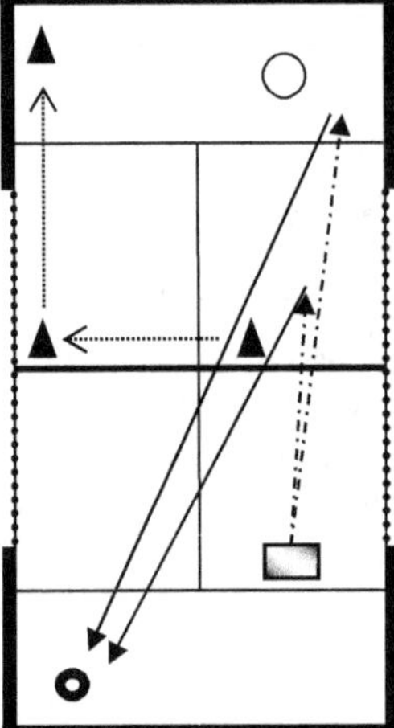

Esercizi 0492   Colpi: D – V

Obiettivo: Serie di colpi
Sequenza di colpi: D mezzo – VD mezzo

Descrizione:

Posizionato in fondo alla pista, il giocatore sferrerà un colpo di destra e salirà sulla rete per realizzare un volo di destra, con l'obiettivo della catena situata in mezzo alla pista.
Con questo esercizio lavoriamo sui colpi di avvicinamento per consolidare la nostra posizione nella rete.

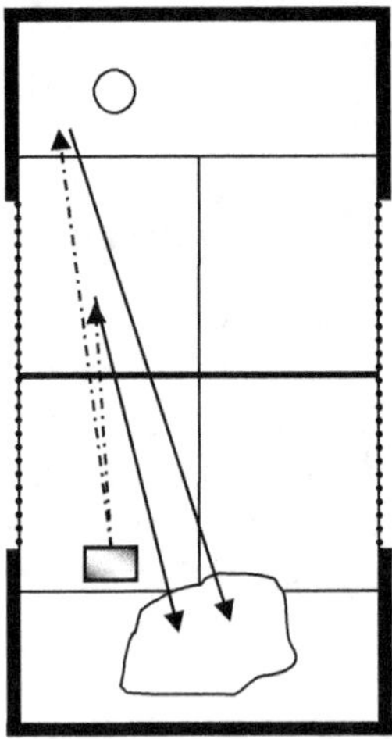

Esercizi 0493   Colpi: R – V

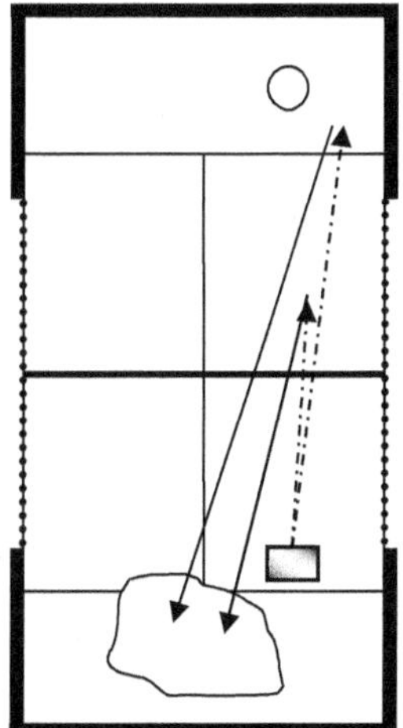

Obiettivo: Serie di colpi
Sequenza di colpi: R mezzo – VR mezzo

Descrizione:

Posizionato in fondo alla pista, il giocatore sferrerà un colpo di rovescio e salirà sulla rete per realizzare una corsa di rovescio, con l'obiettivo della catena situata al centro della pista.

Con questo esercizio lavoriamo sui colpi di avvicinamento per consolidare la nostra posizione nella rete.

Esercizi 0494   Colpi: D – V

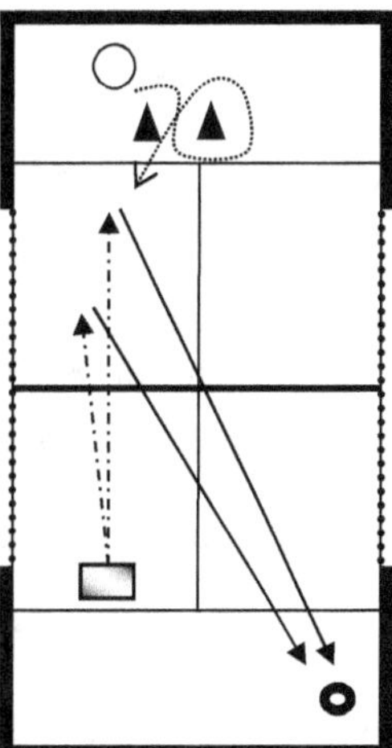

Obiettivo: Serie di colpi
Sequenza di colpi: 8 sui coni – DX - VDX

Descrizione:

Situato il giocatore vicino ai coni del fondo della pista, effettuerà un 8 su di loro e correrà per fare una destra crociata e una volèe a destra incrociata, con l'obiettivo del marchio del fondo della pista.

Ripeterà l'esercizi e dopo 10 palle si cambia giocatore.

Esercizi 0495   Colpi: R – V

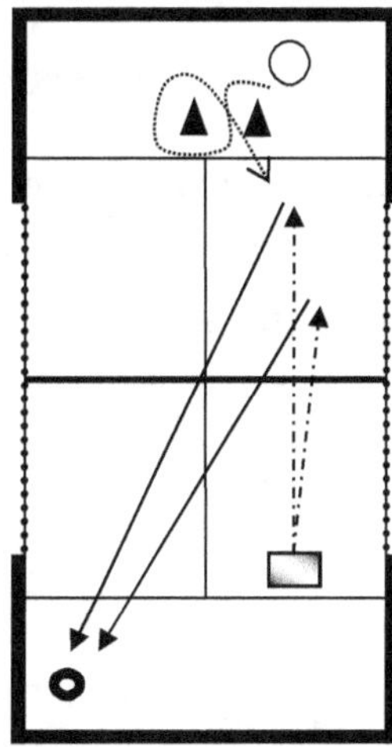

Obiettivo: Serie di colpi
Sequenza di colpi: 8 sui coni – RX - VRX

Descrizione:

Collocato il giocatore vicino ai coni del fondo della pista, effettuerà un 8 su di loro e correrà per fare un rovescio incrociato e una volèe di rovescio incrociato, con l'obiettivo del marchio del fondo della pista.

Ripeterà l'esercizi e dopo 10 palle si cambia giocatore.

ESERCIZI COMBINATI: DESTRA, ROVESCIO, REMATE / BANDEJA

Esercizi 0496   Colpi: R – Rm

Obiettivo: Serie di colpi
Sequenza di colpi: R// – RmX

Descrizione:
Con più di due giocatori in pista, lavoreremo in tre posizioni. In una faremo rovescio parallelo, in un'altra battuta incrociata e nella successiva ci riposeremo. In ogni posizione colpiremo due palle.

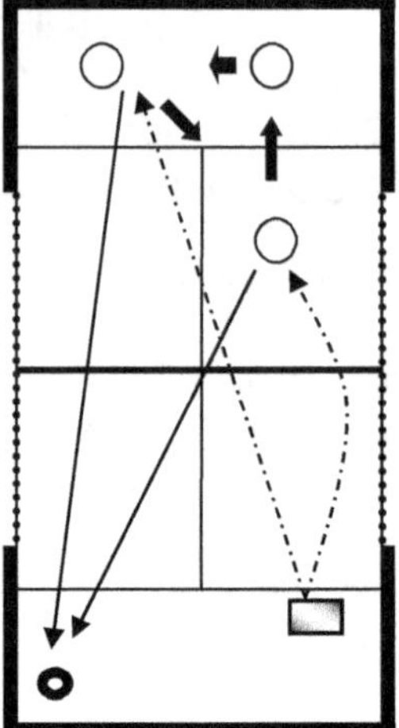

Esercizi 0497   Colpi: D – Rm

Obiettivo: Serie di colpi
Sequenza di colpi: D// – RmX

Descrizione:
Con più di due giocatori in pista, lavoreremo in tre posizioni. In uno faremo destra parallelo, in un altro punto incrociato ed in quello seguente ci riposeremo. In ogni posizione colpiremo due sfere.

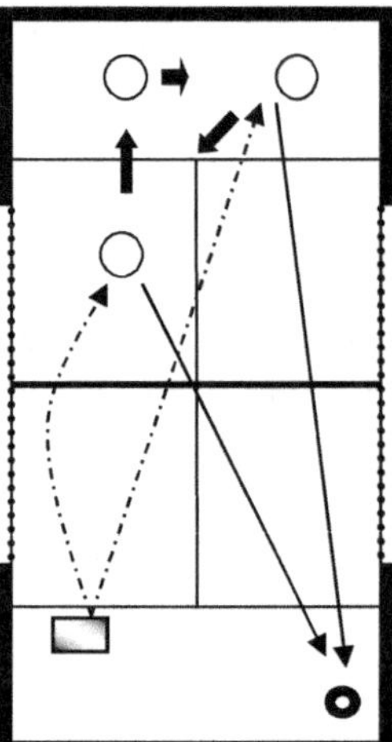

Esercizi 0498   Colpi: R – Rm

Obiettivo: Reazione a una situazione
Sequenza di colpi: RX – Rm//

Descrizione:
Posizionato il giocatore in fondo alla pista, eseguirà un colpo di rovescio incrociato e si arrampicherà sulla rete per fare un forte smash parallelo.

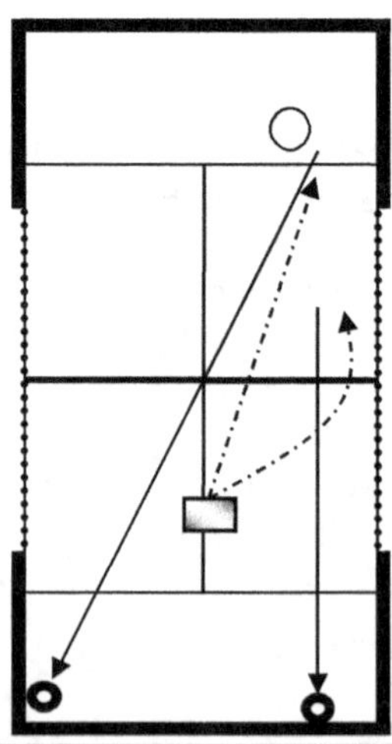

Esercizi 0499   Colpi: D – Rm

Obiettivo: Reazione a una situazione
Sequenza di colpi: DX – Rm//

Descrizione:
Posizionato il giocatore in fondo alla pista, farà un colpo a destra incrociata e salirà in rete per fare uno smash parallelo forte.

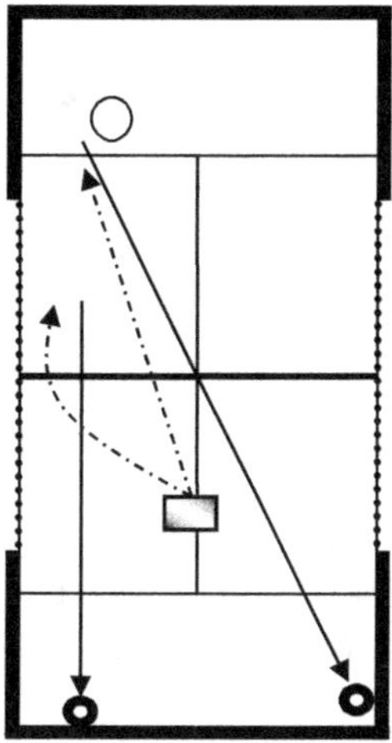

Esercizi 0500   Colpi: D – R – Rm

Obiettivo: Controllo della palla dal fondo della pista
Sequenza di colpi: DX – R// - DX – R// - Rm//

Descrizione:
Posizionato il giocatore in fondo alla pista, cercherà che tutte le palle raggiungano il fondo della pista opposta. Effettuerà i seguenti colpi: destro incrociato, rovescio parallelo, destra incrociato, rovescio parallelo per poi salire alla rete e fare un'asta di potenza parallela.

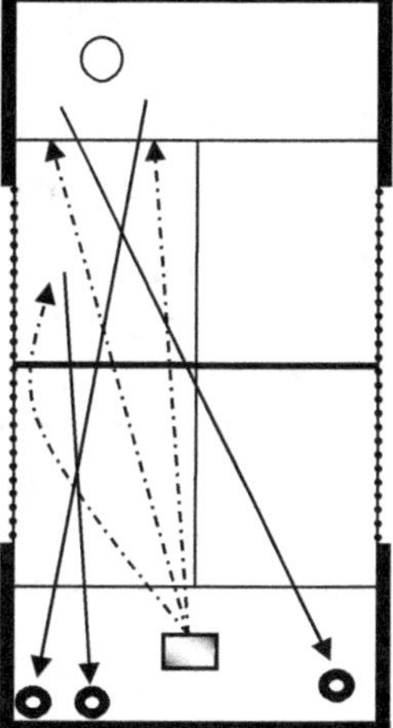

Esercizi 0501   Colpi: D – R – Rm

Obiettivo: Controllo della palla dal fondo della pista
Sequenza di colpi: D// – RX – D// – RX - Rm//

Descrizione:
Posizionato il giocatore in fondo alla pista, cercherà che tutte le palle raggiungano il fondo della pista opposta. Effettuerà i seguenti colpi: destra parallelo, rovescio incrociato, destra parallelo, rovescio incrociato per poi salire sulla rete e fare un'asta di potenza parallela.

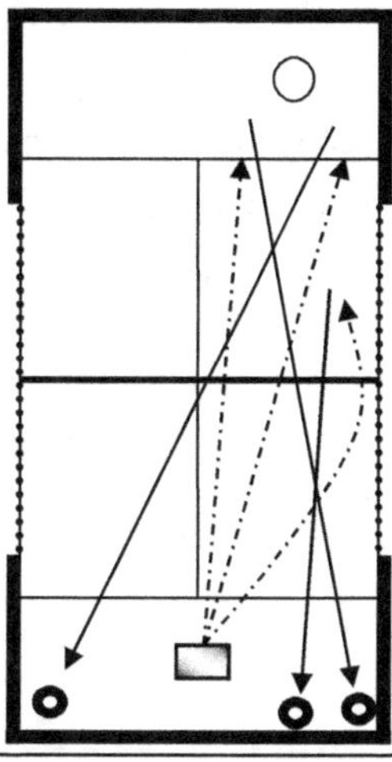

ESERCIZI COMBINATI: PALLONCINO, REMATE / BANDEJA

Esercizi 0502   Colpi: G – Bd

Obiettivo: Palloncino e bandeja
Sequenza di colpi: GRX - BdX

Descrizione:
Con due giocatori in pista, lavoreremo in due posizioni diverse. In uno realizziamo palloncini a rovescio incrociato dal fondo della pista e nell'altro vassoio incrociato, con l'obiettivo dei marchi situati negli angoli della pista.
Dopo 20 palle si alterna la posizione dei giocatori.

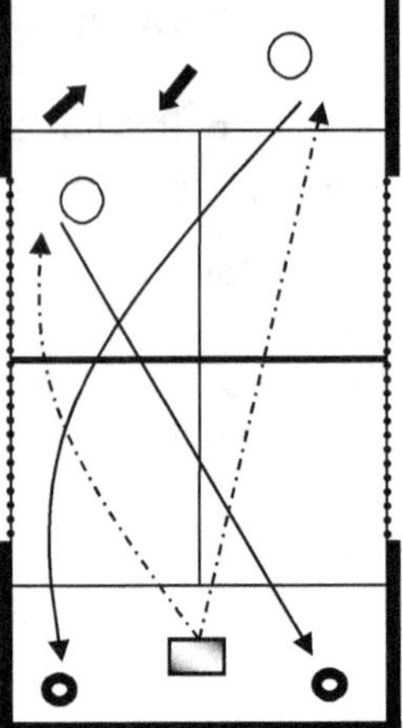

Esercizi 0503   Colpi: G – Bd

Obiettivo: Palloncino e bandeja
Sequenza di colpi: GDX - BdX

Descrizione:
Con due giocatori in pista, lavoreremo in due posizioni diverse. In una realizziamo palloncini a destra incrociata dal fondo della pista e nell'altra vaschetta incrociata, con l'obiettivo dei marchi situati negli angoli della pista.
Dopo 20 palle si alterna la posizione dei giocatori.

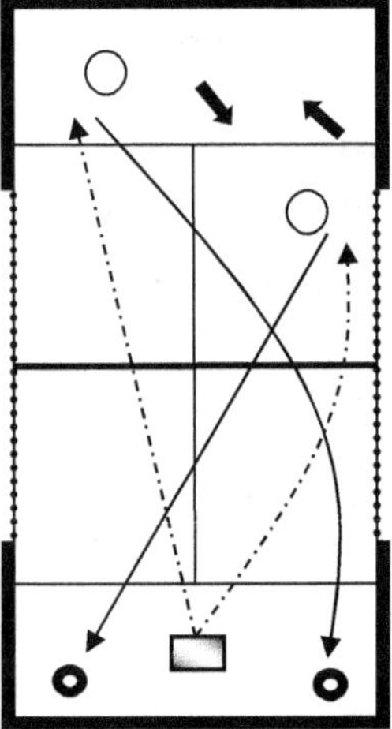

Esercizi 0504   Colpi: G – Rm

Obiettivo: Alternare colpi in movimento
Sequenza di colpi: GX – RmX

Descrizione:
Con due giocatori in crossover, il giocatore che è in fondo alla pista effettuerà palloni incrociati per consentire la battuta incrociata del suo compagno. Il gioco continua fino alla fine del punto.
Dopo 20 palle si alterna la posizione dei giocatori.

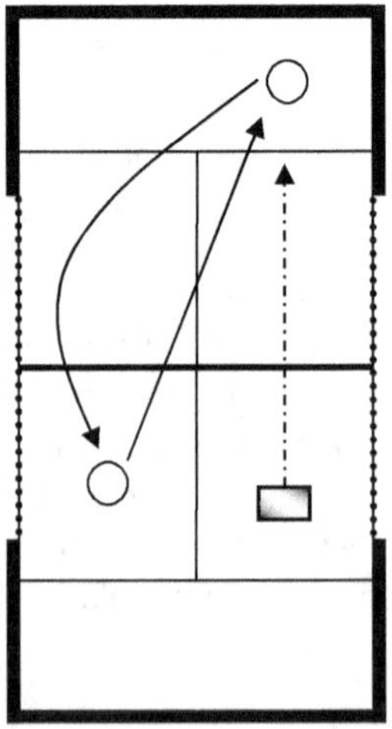

Esercizi 0505   Colpi: G – Rm

Obiettivo: Alternare colpi in movimento
Sequenza di colpi: GX – RmX

Descrizione:
Con due giocatori incrociato, il giocatore che è in fondo alla pista effettuerà palloni incrociati per consentire la battuta incrociata del suo compagno. Il gioco continua fino alla fine del punto.
Dopo 20 palle si alterna la posizione dei giocatori.

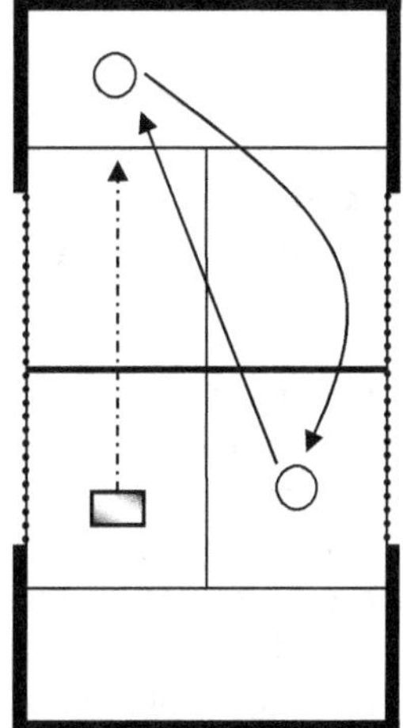

Esercizi 0506   Colpi: G – Dev. Rm

Obiettivo: Reazione a una situazione
Sequenza di colpi: GD – Dev. Rm

Descrizione:
Posizionato in fondo alla pista, il giocatore eseguirà un pallone destro e schiverà un'estremità del monitor per arrivare alla palla e restituirla.
Dopo 10 palle si cambia giocatore.

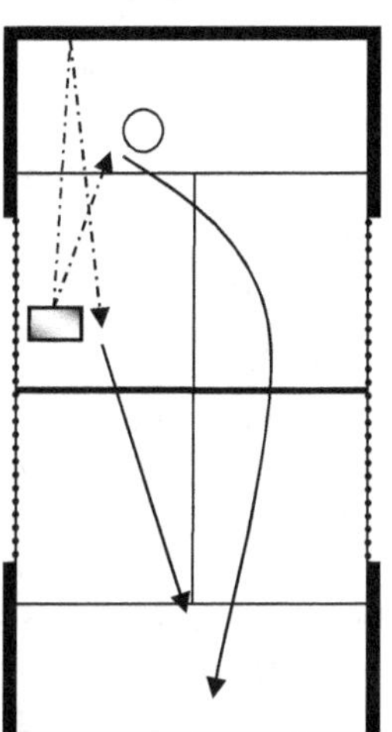

Esercizi 0507   Colpi: G – Dev. Rm

Obiettivo: Reazione a una situazione
Sequenza di colpi: GR – Dev. Rm

Descrizione:
Posizionato in fondo alla pista, il giocatore eseguirà un pallone rovescio e schiverà un'estremità del monitor per arrivare alla palla e restituirla.
Dopo 10 palle si cambia giocatore.

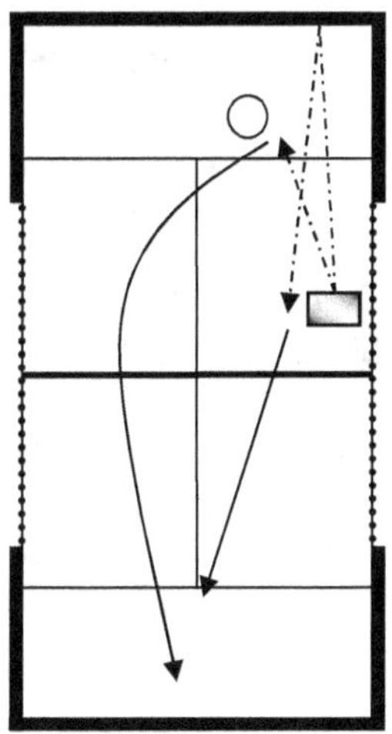

ESERCIZI COMBINATI: DESTRA, ROVESCIO, PARETE, VOLÈE

Esercizi 0508   Colpi: SF – G – V

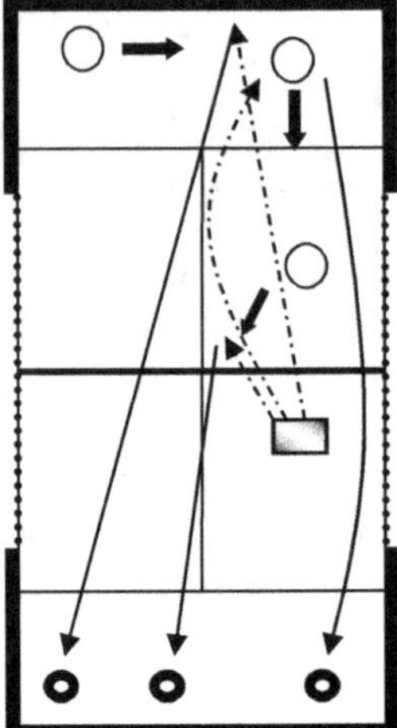

Obiettivo: Combinazione di colpi con spostamento
Sequenza di colpi: GR// – VD mezzo – parete di discesa X

Descrizione:
Dalla posizione iniziale si sposterà all'angolo opposto per realizzare un pallone a rovescio parallelo, poi salirà correndo alla rete e realizzerà un volo di destra al centro e si ritarderà per realizzare una discesa di Parete a destra incrociata, con l'obiettivo delle marcature sul fondo della pista.

Esercizi 0509   Colpi: SF – G – V

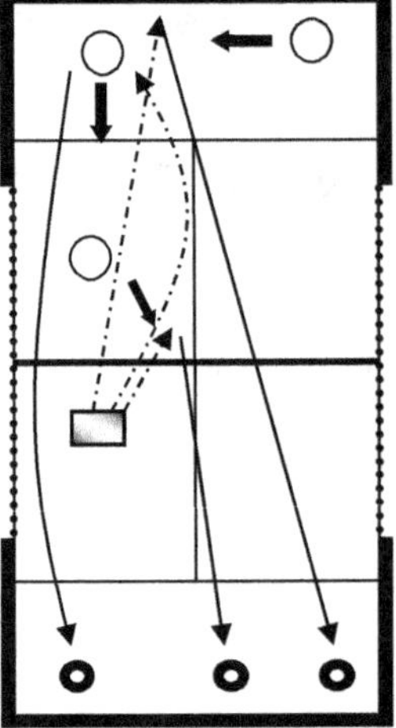

Obiettivo: Combinazione di colpi con spostamento
Sequenza di colpi: Palloncino D// – VR mezzo – parete di discesa X

Descrizione:
Dalla posizione iniziale si sposterà verso l'angolo opposto per realizzare un palloncino di destra parallelo, poi salirà correndo alla rete e realizzerà un volo di rovescio al centro e si ritarderà per realizzare una discesa di Parete rovescio crociata, con l'obiettivo delle marcature sul fondo della pista.

Esercizi 0510   Colpi: SF – G – V

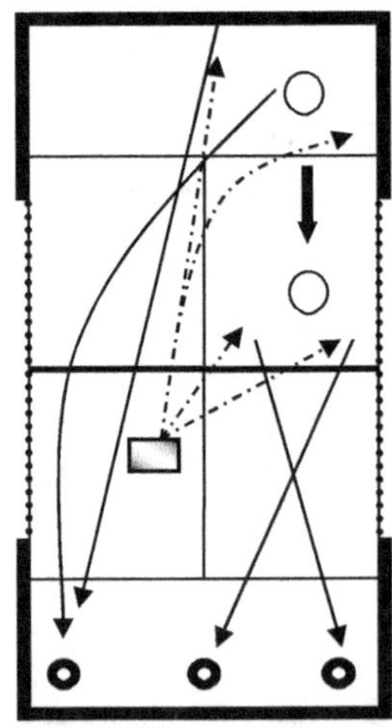

Obiettivo: Combinazione di colpi con sforzo
Sequenza di colpi: GDX – VR mezzo – VD// – BFDX

Descrizione:
Situato il giocatore in fondo alla pista, realizzerà un pallone a destra incrociata per salire sulla rete e fare un rovescio volèe al centro e volèe da destra all'angolo e sarà ritardato abbastanza per realizzare una discesa di parete a fondo a destra incrociata, con l'obiettivo delle marcature sul fondo della pista.

Esercizi 0511   Colpi: SF – G – V

Obiettivo: Combinazione di colpi con sforzo
Sequenza di colpi: GX – VD mezzo – VR// – BFRX

Descrizione:
Situato il giocatore in fondo alla pista, realizzerà un Palloncino crociato rovescio per salire sulla rete e fare un volo da destra al centro e volèe de rovescio all'angolo e si ritarderà abbastanza per realizzare una discesa di Parete di fondo di rovescio incrociato, con l'obiettivo delle marcature sul fondo della pista.

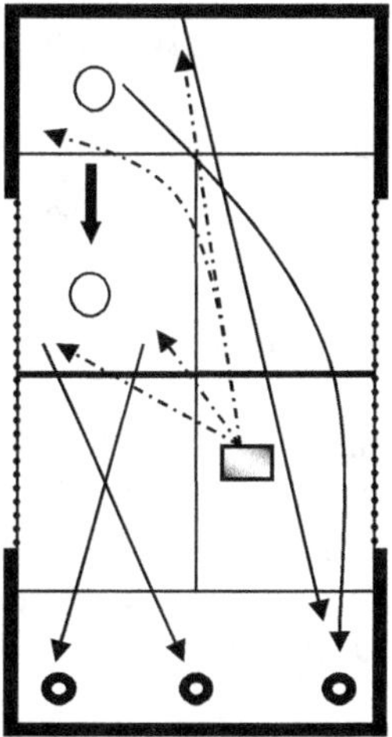

Esercizi 0512   Colpi: D – SF – V

Obiettivo: Combinazione di colpi
Sequenza di colpi: Palla bassa D// profonda - VR// - SFD//

Descrizione:
Situato il giocatore all'altezza del picco, eseguirà un colpo di destra parallelo profondo ad una palla bassa con la quale saliranno e faranno un rovescio parallelo. Poi scenderanno nella zona di difesa per restituire un'uscita in background da destra parallela.
Dopo 12 palle si cambia giocatore.

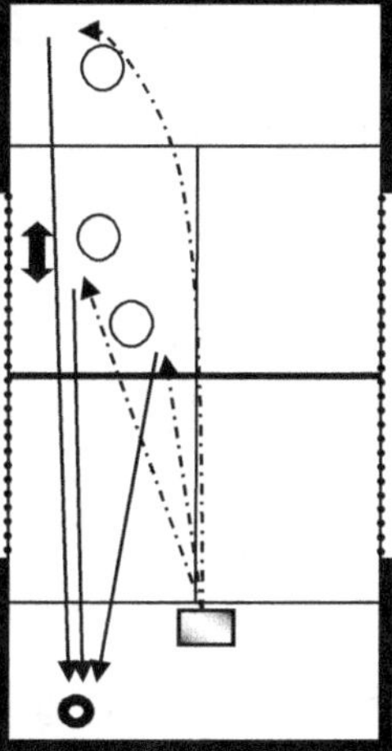

Esercizi 0513   Colpi: R – SF – V

Obiettivo: Combinazione di colpi
Sequenza di colpi: Palla bassa R// profonda - VD// - SFR//

Descrizione:
Situato il giocatore all'altezza del picco, eseguirà un colpo di rovescio parallelo profondo ad una palla bassa con la quale saliranno e faranno una volata di destra parallela. Poi scenderanno nella zona di difesa per restituire un'uscita di fondo a rovescio parallelo.
Dopo 12 palle si cambia giocatore.

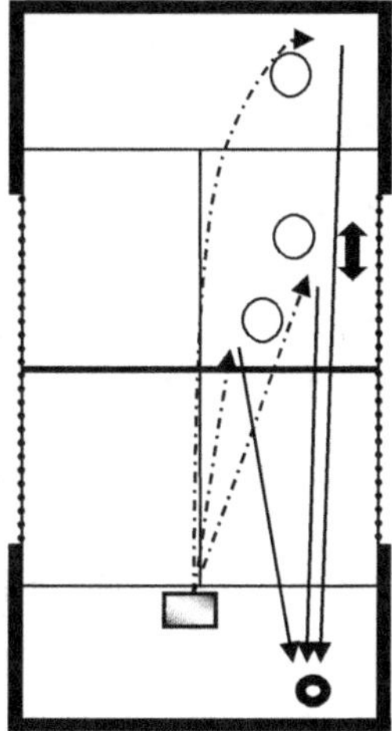

Esercizi 0514   Colpi: D – SF – V

Obiettivo: Combinazione di colpi
Sequenza di colpi: Palla bassa DX profonda – VDX – SFDX

Descrizione:

Collocato il giocatore all'altezza del picco, effettuerà un colpo di destra incrociato profondo ad una palla bassa con cui salirà e farà un volo di potenza di destra incrociata e scenderà alla zona di difesa per fare un'uscita di fondo a destra incrociata.
Dopo 12 palle si cambia giocatore.

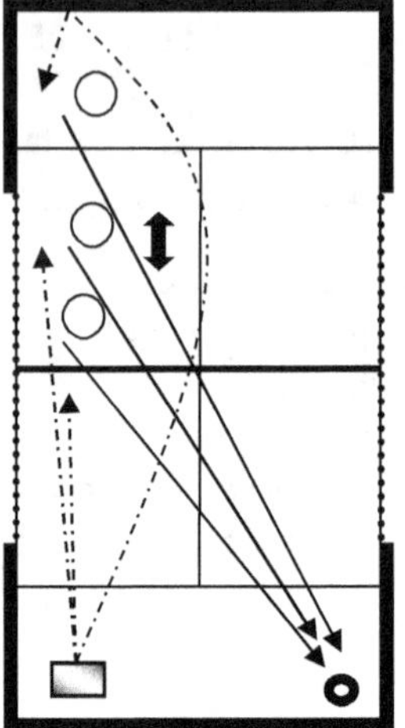

Esercizi 0515   Colpi: R – SF – V

Obiettivo: Combinazione di colpi
Sequenza di colpi: Bola baja RX profunda – VRX – SFRX

Descrizione:

Collocato il giocatore all'altezza del picco, effettuerà un colpo di rovescio incrociato profondo ad una palla bassa con la quale salirà e farà un volo di potenza di rovescio incrociato e scenderà alla zona di difesa per fare un'uscita di fondo di sciorove crociata.
Dopo 12 palle si cambia giocatore.

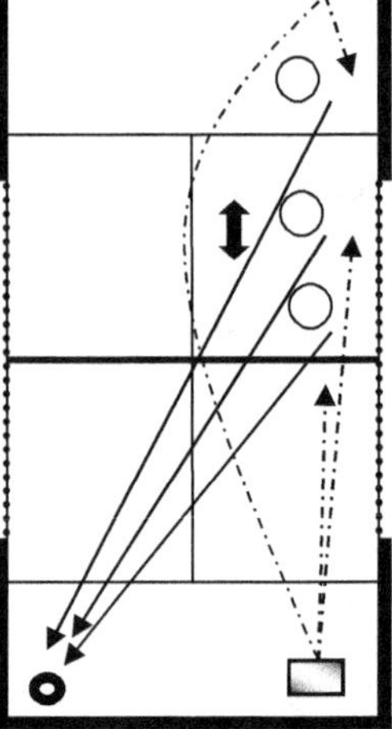

Esercizi 0516   Colpi: R – SL – V

Obiettivo: Combinazione di colpi
Sequenza di colpi: RX – SLDX – VRX

Descrizione:

Posizionato in fondo alla pista, il giocatore effettuerà un rovescio incrociato e un'uscita laterale a destra con la quale salirà sulla rete e finirà con un rovescio incrociato, con l'obiettivo del segno sul fondo della pista.
Dopo 12 palle si cambia giocatore.

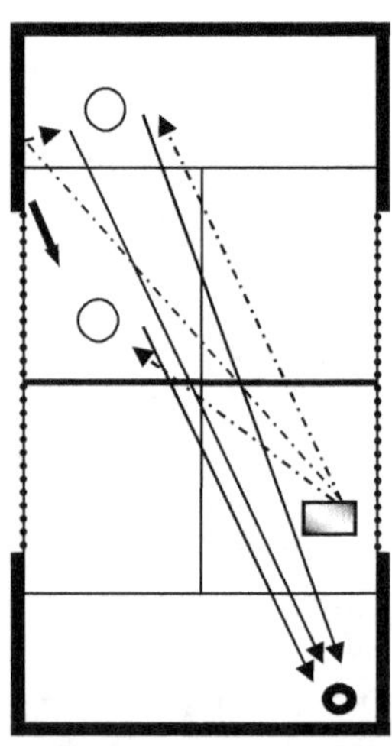

Esercizi 0517   Colpi: D – SL – V

Obiettivo: Combinazione di colpi
Sequenza di colpi: DX – SLRX – VDX

Descrizione:

Posizionato il giocatore in fondo alla pista, effettuerà un colpo a destra incrociata e un'uscita laterale a rovescio incrociato con la quale saliremo sulla rete e finiremo con un volo a destra incrociata, con l'obiettivo del segno sul fondo della pista.
Dopo 12 palle si cambia giocatore.

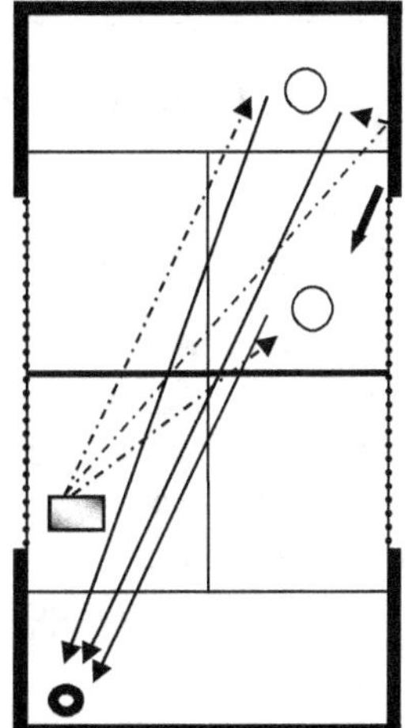

Esercizi 0518   Colpi: R – SF – V

Obiettivo: Combinazione di colpi
Sequenza di colpi: RX – SFD// - VR// - VDX

Descrizione:

Posizionato in fondo alla pista, il giocatore effettuerà un rovescio incrociato al segno situato nell'angolo della pista, un'uscita di fondo di destra parallela al monitor che gli restituirà per fare un volo di rovescio parallelo, Il monitor lo restituirà e il giocatore finirà con un volo a destra all'angolo.

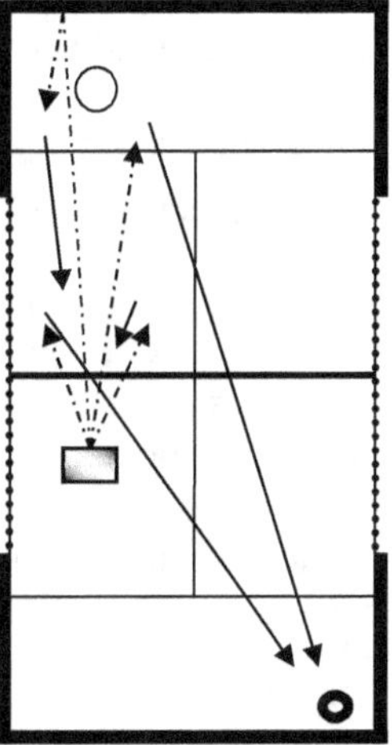

Esercizi 0519   Colpi: D – SF – V

Obiettivo: Combinazione di colpi
Sequenza di colpi: DX – SFR// - VD// - VRX

Descrizione:

Posizionato in fondo alla pista, il giocatore effettuerà un diritto incrociato al marchio situato nell'angolo della pista, un'uscita di fondo di rovescio parallela al monitor che gli restituirà per fare una volèe di destra parallela, il monitor la restituirà e il giocatore finirà con un rovescio incrociato all'angolo.

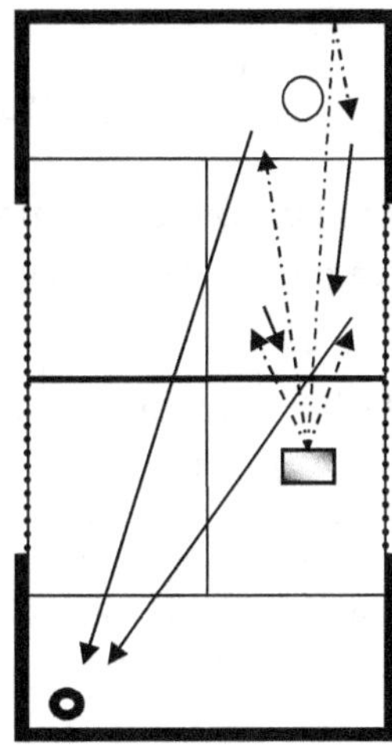

ESERCIZI COMBINATI: DESTRA, ROVESCIO, PARETE, REMATE

Esercizi 0520   Colpi: G – SF – Rm

Obiettivo: Combinazione di colpi
Sequenza di colpi: Rm// - G// - SF// – Rm//

Descrizione:
Di fronte a due giocatori in parallelo, un giocatore effettuerà un'asta parallela, l'altro lo restituirà con un palloncino profondo in modo che quello che era rimasto realizzi un'uscita di fondo con palloncino per il suo compagno e continui l'esercizi.

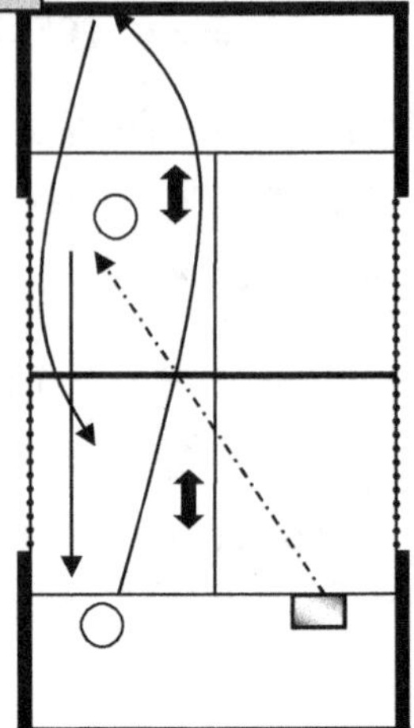

Esercizi 0521   Colpi: G – SF – Rm

Obiettivo: Combinazione di colpi
Sequenza di colpi: Rm// - G// - SF// – Rm//

Descrizione:
Di fronte a due giocatori in parallelo, un giocatore effettuerà un'asta parallela, l'altro lo restituirà con un palloncino profondo in modo che quello che era rimasto realizzi un'uscita di fondo con palloncino in modo che il suo compagno sorpassi e continui il esercizi.

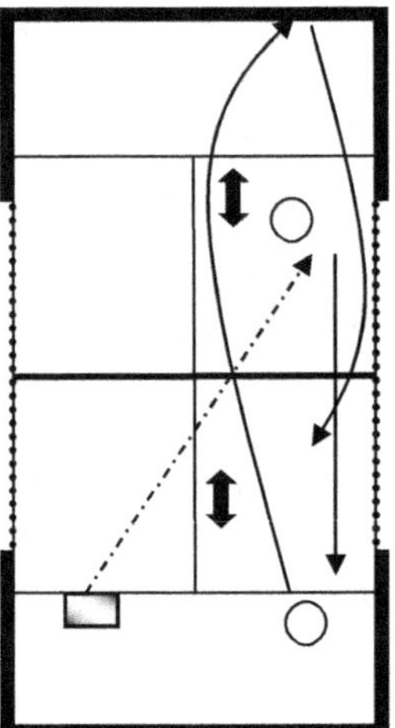

Esercizi 0522   Colpi: G – V – Rm

Obiettivo: Combinazione di colpi con spostamento
Sequenza di colpi: GDX – VR mezzo – RmX

Descrizione:
Dalla posizione iniziale si sposta verso l'angolo opposto per realizzare un pallone a destra incrociata, poi sale sulla rete e fa un volo di rovescio al centro e si ritarderà abbastanza per effettuare una battuta incrociata alla grata, con l'obiettivo delle marcature sul fondo della pista.

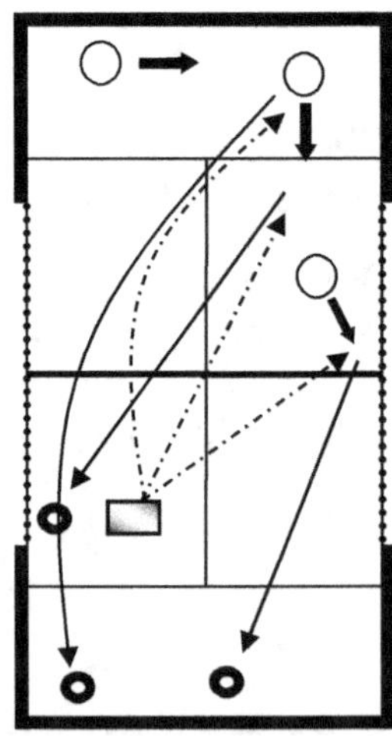

Esercizi 0523   Colpi: G – V – Rm

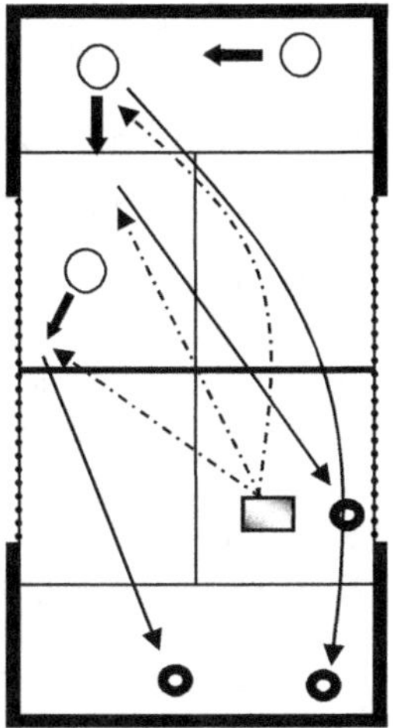

Obiettivo: Combinazione di colpi con spostamento
Sequenza di colpi: GRX – VD mezzo – RmX

Descrizione:
Dalla posizione iniziale si sposta verso l'angolo opposto per realizzare un pallone a rovescio incrociato, poi sale correndo alla rete e fa un volo di destra al centro e si ritarderà abbastanza per effettuare una battuta incrociata alla grata, con l'obiettivo delle marcature sul fondo della pista.

Esercizi 0524   Colpi: G – V – Rm

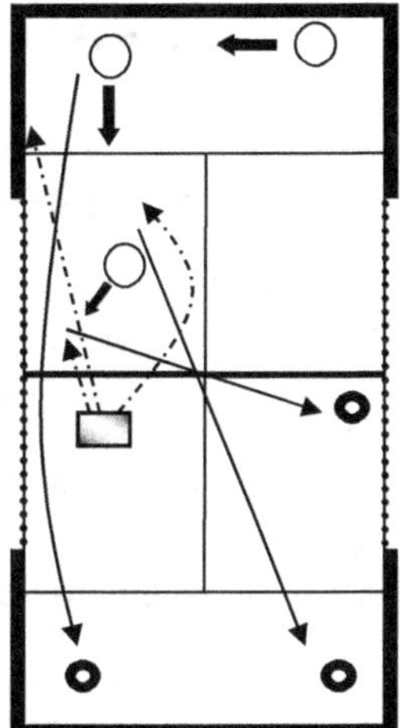

Obiettivo: Combinazione di colpi con spostamento
Sequenza di colpi: GD// – VDX corta – RmX

Descrizione:
Dalla posizione iniziale si sposta verso l'angolo opposto per realizzare un pallone da destra parallelo, poi si sale sulla rete e si esegue una volata a destra corta incrociata e si ritarderà abbastanza per effettuare una battuta incrociata, con l'obiettivo delle marcature sul fondo della pista.

Esercizi 0525   Colpi: G – V – Rm

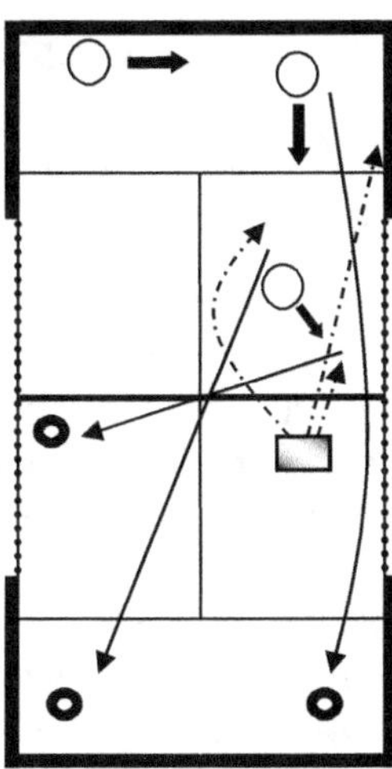

Obiettivo: Combinazione di colpi con spostamento
Sequenza di colpi: GR // – VRX corta – RmX

Descrizione:
Dalla posizione iniziale si sposta verso l'angolo opposto per realizzare un pallone a rovescio parallelo, poi si sale sulla rete e si esegue una corsa a rovescio corto incrociato e si ritarda abbastanza per effettuare una battuta incrociata, con l'obiettivo delle marcature sul fondo della pista.

Esercizi 0526   Colpi: G – V

Obiettivo: Combinazione di colpi con sforzo
Sequenza di colpi: GR// - VD// - VR//

Descrizione:
Posizionato in fondo alla pista, il giocatore esegue un pallone a rovescio parallelo con quello che sale sulla rete e vola a destra parallela e a rovescio parallelo, con l'obiettivo del marchio situato in fondo alla pista.
Dopo 12 palle si cambia giocatore.

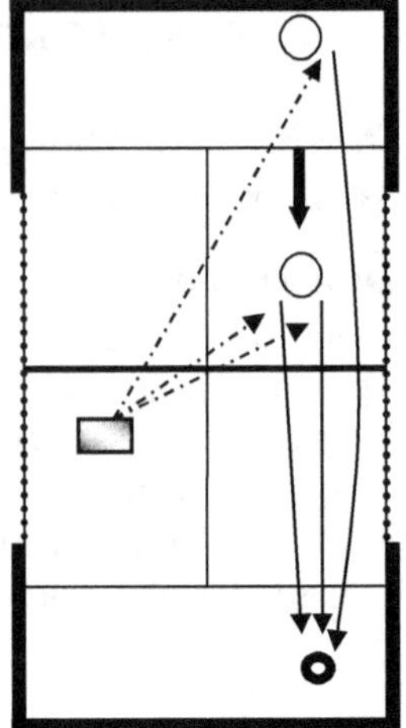

Esercizi 0527   Colpi: G – V

Obiettivo: Combinazione di colpi con sforzo
Sequenza di colpi: GD// - VD// - VR//

Descrizione:
Posizionato in fondo alla pista, il giocatore eseguirà un pallone da destra parallelo con il quale salirà sulla rete e volerà da destra parallela e da rovescio parallelo, con l'obiettivo del marchio situato in fondo alla pista.
Dopo 12 palle si cambia giocatore.

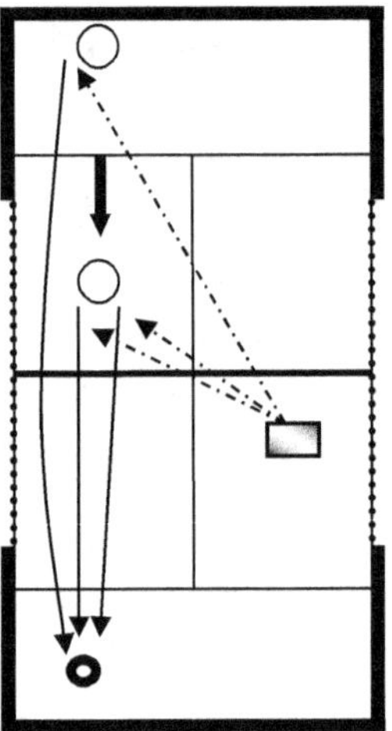

Esercizi 0528   Colpi: G – V – Rm

Obiettivo: Combinazione di colpi con sforzo
Sequenza di colpi: GRX – VR// - Rm// - VD//

Descrizione:
Posizionato in fondo alla pista, il giocatore realizzerà un pallone a rovescio incrociato con cui salirà sulla rete e realizzerà una volèe di rovescio parallelo, ritarderà abbastanza per effettuare una battuta parallela e salirà di nuovo per fare una volèe di destra parallela, con l'obiettivo delle marcature situate negli angoli della pista.
Dopo 12 palle si cambia giocatore.

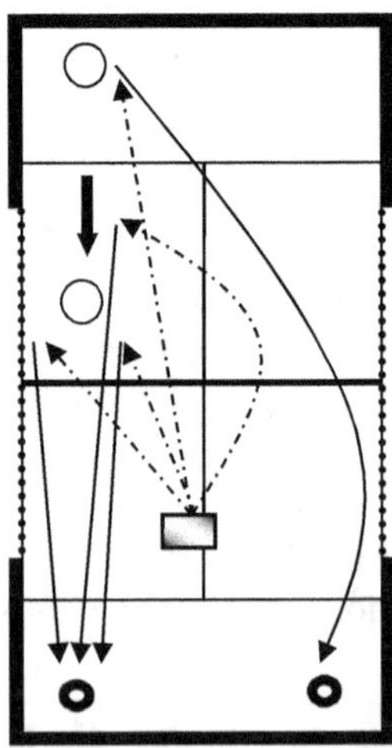

Esercizi 0529   Colpi: G – V – Rm

Obiettivo: Combinazione di colpi con sforzo
Sequenza di colpi: GDX – VD// - Rm// - VR//

Descrizione:
Posizionato in fondo alla pista, il giocatore realizzerà un pallone a destra incrociato con il quale salirà sulla rete e realizzerà una corsa a destra parallela, ritarderà abbastanza per effettuare una battuta parallela e salirà di nuovo per fare un volo a rovescio parallelo, con l'obiettivo delle marcature situate negli angoli della pista.
Dopo 12 palle si cambia giocatore.

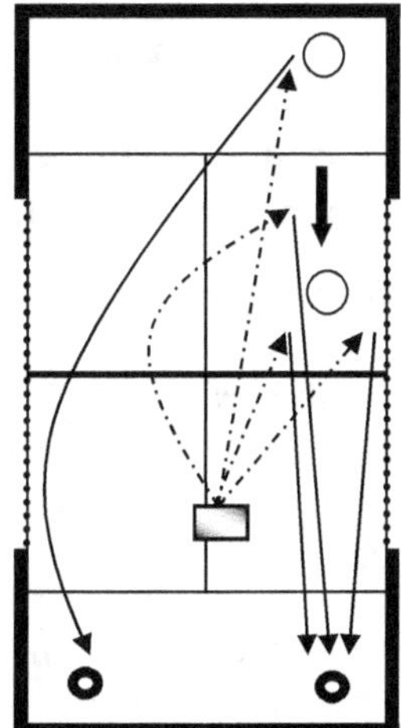

Esercizi 0530   Colpi: G – V – Rm

Obiettivo: Giro dopo il rimbalzo
Sequenza di colpi: Giro – GDX – VR// - RmX

Descrizione:
Posizionato il giocatore in fondo alla pista, eseguirà un giro con la palla nel suo percorso di rimbalzo a parete laterale-fondo per fare un pallone a destra incrociato con il quale salirà sulla rete per fare un volo di rovescio parallelo e sarà ritardato abbastanza per fare una battuta incrociata alla grata, con l'obiettivo delle marche situate sulla pista.
Dopo 12 palle si cambia giocatore.

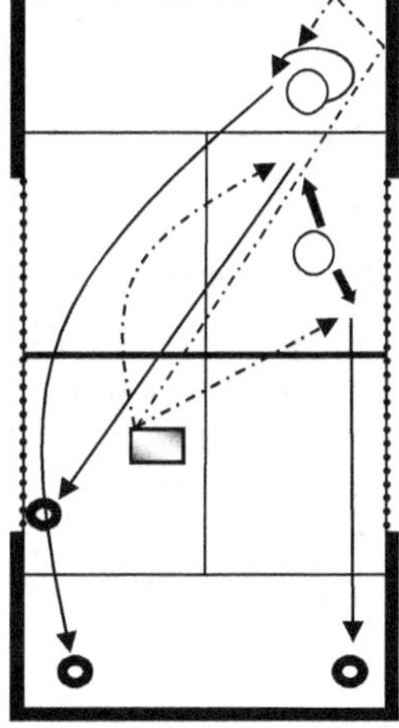

Esercizi 0531   Colpi: G – V – Rm

Obiettivo: Giro dopo il rimbalzo
Sequenza di colpi: Giro – GRX – VD// - RmX

Descrizione:
Posizionato il giocatore in fondo alla pista, eseguirà un giro con la palla nel suo percorso di rimbalzo a parete laterale-fondo per fare un pallone a rovescio incrociato con il quale salirà sulla rete per fare un volo di destra parallelo e sarà ritardato abbastanza per fare una battuta incrociata alla ringhiera, con l'obiettivo delle marche situate sulla pista.
Dopo 12 palle si cambia giocatore.

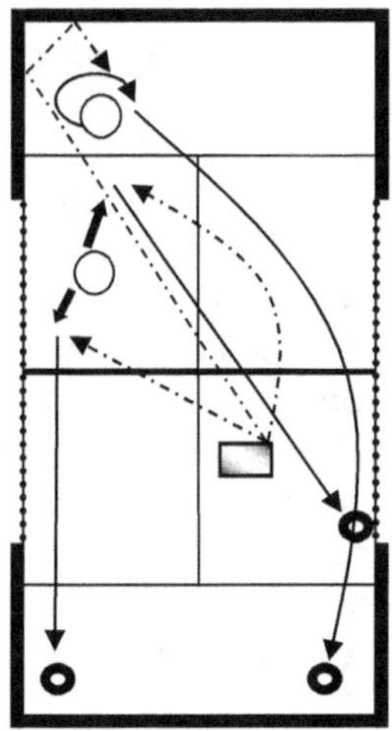

Esercizi 0532   Colpi: D – R – V – Rm

Obiettivo: Combinazione di colpi con spostamento
Sequenza di colpi: D// - VD// - RmX – R// - VR//

Descrizione:
Posizionato il giocatore in fondo alla pista, combinerà lo spostamento di una destra parallela, una volèe di destra parallela, un remate incrociato, un rovescio parallelo e una volèe di rovescio parallelo, con l'obiettivo dei marchi situati sulla pista.
Dopo 10 palle si cambia giocatore.

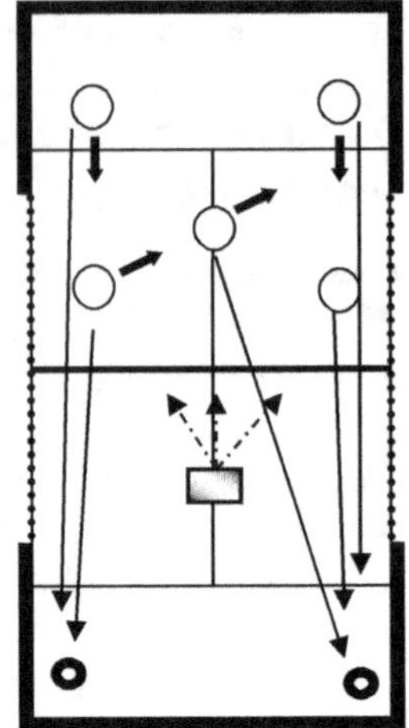

Esercizi 0533   Colpi: D – R – V – Rm

Obiettivo: Combinazione di colpi con spostamento
Sequenza di colpi: R// - VR// - RmX – D// - VD//

Descrizione:
Posizionato il giocatore in fondo alla pista, combinerà lo spostamento di un rovescio parallelo, una volèe di rovescio parallelo, una rivettatura incrociata, una destra parallela e volèe di destra parallela, con l'obiettivo dei marchi situati sulla pista.
Dopo 10 palle si cambia giocatore.

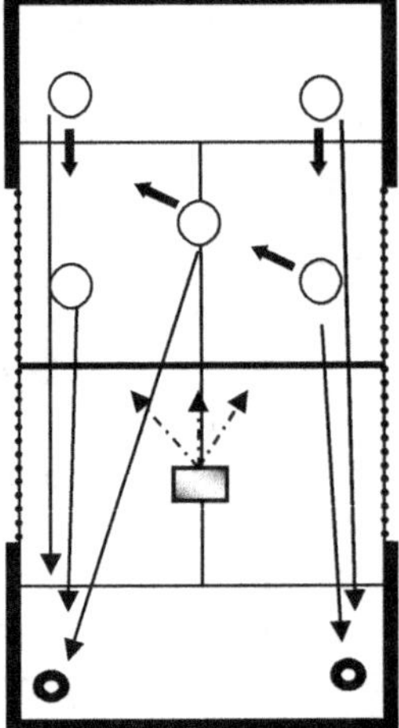

Esercizi 0534   Colpi: D – R – V – Rm

Obiettivo: Combinazione di colpi con spostamento
Sequenza di colpi: D// - VD// - RmX – RX – VRX

Descrizione:
Posizionato il giocatore in fondo alla pista, combinerà lo spostamento di una destra parallela, una volèe di destra parallela, un'estremità incrociata, un rovescio incrociato e una volèe di rovescio incrociato, con l'obiettivo del marchio situato in fondo alla pista.
Dopo 10 palle si cambia giocatore.

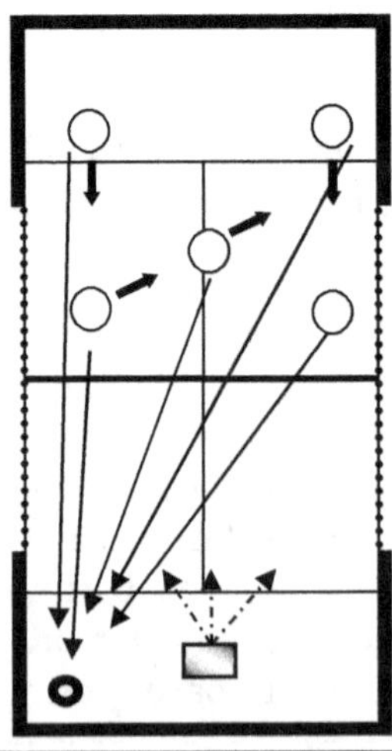

Esercizi 0535   Colpi: D – R – V – Rm

Obiettivo: Combinazione di colpi con spostamento
Sequenza di colpi: R// - VR// - RmX – DX – VDX

Descrizione:
Posizionato il giocatore in fondo alla pista, esso combinerà lo spostamento di un rovescio parallelo, una volèe di rovescio parallelo, una rivettatura incrociata, una destra incrociata e una volèe di destra incrociata, con l'obiettivo del marchio situato in fondo alla pista.
Dopo 10 palle si cambia giocatore.

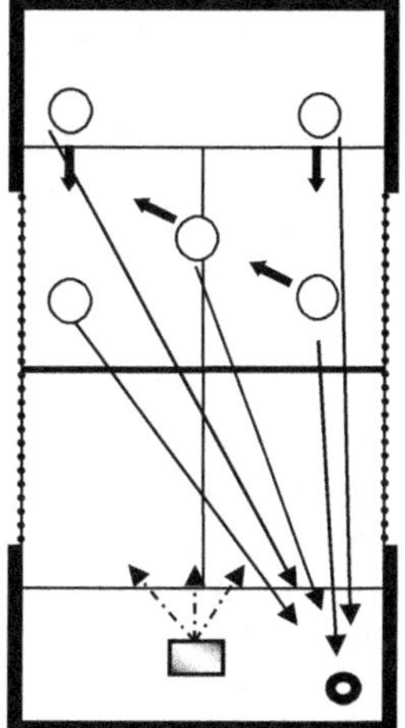

Esercizi 0536   Colpi: D – R – V – Rm

Obiettivo: Combinazione di colpi con spostamento
Sequenza di colpi: D - VD - Rm – R – VR

Descrizione:
Posizionato il giocatore in fondo alla pista, si combinano spostando una destra, una volèe di destra, una battuta, un rovescio e una volèe di rovescio, tutti al centro, con l'obiettivo del marchio situato in fondo alla pista.
Dopo 10 palle si cambia giocatore.

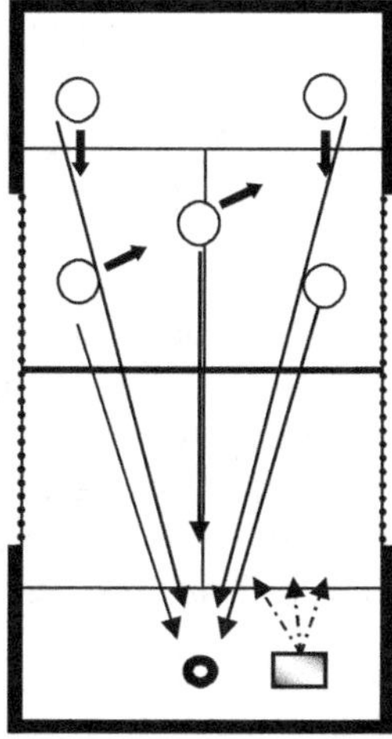

Esercizi 0537   Colpi: D – R – V – Rm

Obiettivo: Combinazione di colpi con spostamento
Sequenza di colpi: R - VR - Rm – D – VD

Descrizione:
Posizionato il giocatore in fondo alla pista, combinerà lo spostamento di un rovescio, una volèe de rovescio, un remate, una destra e una volèe de destra, tutti al centro, con l'obiettivo del marchio situato in fondo alla pista.
Dopo 10 palle si cambia giocatore.

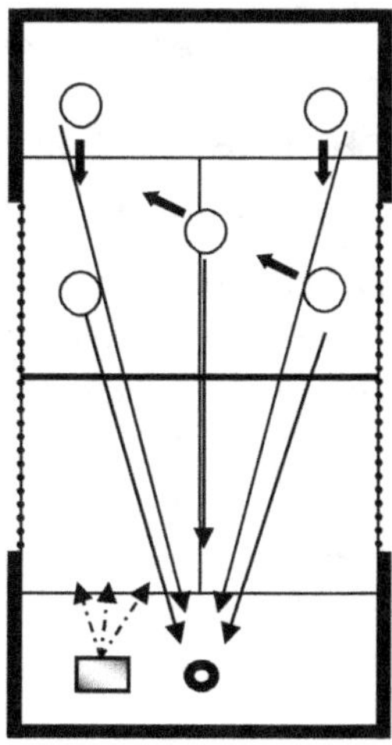

Esercizi 0538   Colpi: D – R – V – Rm

Obiettivo: Combinazione di colpi con spostamento
Sequenza di colpi: DX - VDX - RmX – R// – VR//

Descrizione:
Posizionato il giocatore in fondo alla pista, combinerà lo spostamento di una destra incrociata, una volèe a destra incrociata, un bordo incrociato, un rovescio parallelo e una volèe a rovescio parallelo, con l'obiettivo del marchio situato in fondo alla pista.
Dopo 10 palle si cambia giocatore.

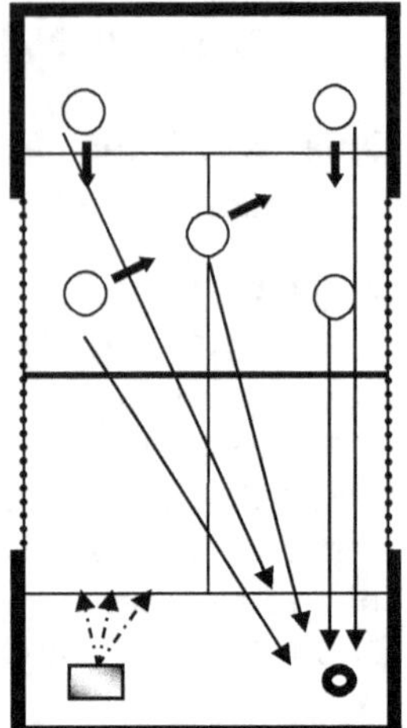

Esercizi 0539   Colpi: D – R – V – Rm

Obiettivo: Combinazione di colpi con spostamento
Sequenza di colpi: RX - VRX - RmX – D// – VD//

Descrizione:
Situato il giocatore in fondo alla pista, combinerà lo spostamento di un rovescio incrociato, una volèe a rovescio incrociato, una rivettatura incrociata, una destra parallela e una volèe a destra parallela, con l'obiettivo del marchio situato in fondo alla pista.
Dopo 10 palle si cambia giocatore.

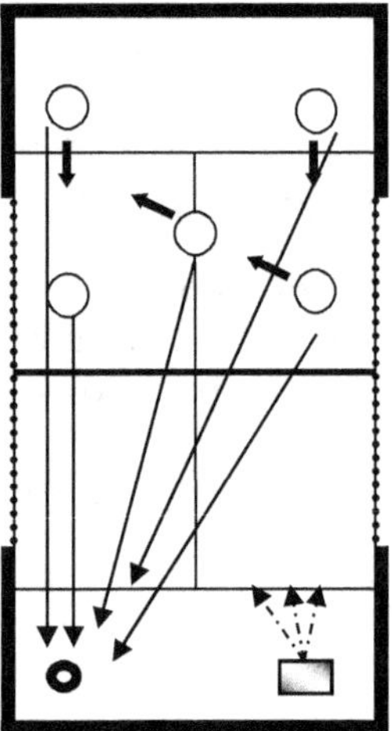

Esercizi 0540   Colpi: D – V – Rm

Obiettivo: Combinazione di colpi con spostamento
Sequenza di colpi: DX – VDX – RmX

Descrizione:
Posizionato il giocatore in fondo alla pista, esso combinerà lo spostamento di una destra incrociata, un volo a destra incrociata e un bordo incrociato, con l'obiettivo del marchio situato in fondo alla pista.
Dopo 12 palle si cambia giocatore.

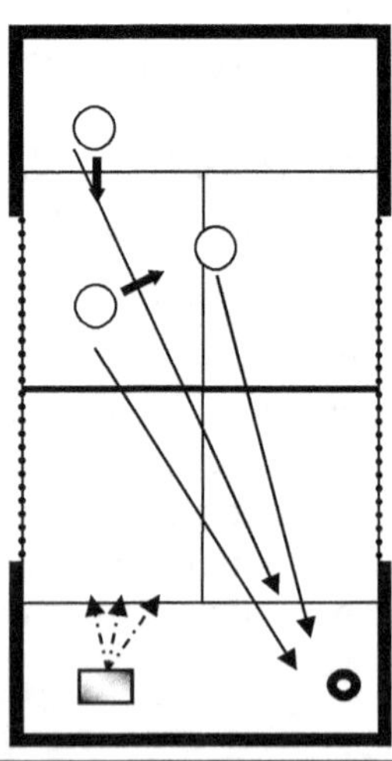

Esercizi 0541   Colpi: R – V – Rm

Obiettivo: Combinazione di colpi con spostamento
Sequenza di colpi: RX – VRX – RmX

Descrizione:
Posizionato il giocatore in fondo alla pista, esso combinerà lo spostamento di un rovescio incrociato, una volèe a rovescio incrociato e una conca incrociata, con l'obiettivo del marchio situato in fondo alla pista.
Dopo 12 palle si cambia giocatore.

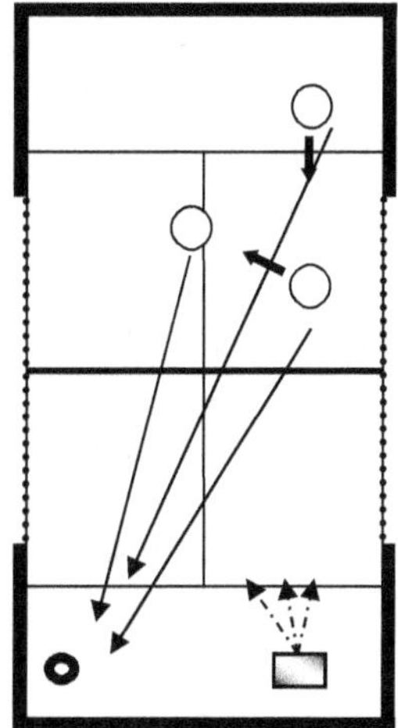

Esercizi 0542   Colpi: D – V – Rm

Obiettivo: Combinazione di colpi con spostamento
Sequenza di colpi: D – VD – Rm

Descrizione:
Posizionato il giocatore in fondo alla pista, combinerà spostando una destra, una volata di destra e una battuta, tutti al centro, con l'obiettivo del marchio situato in fondo alla pista.
Dopo 12 palle si cambia giocatore.

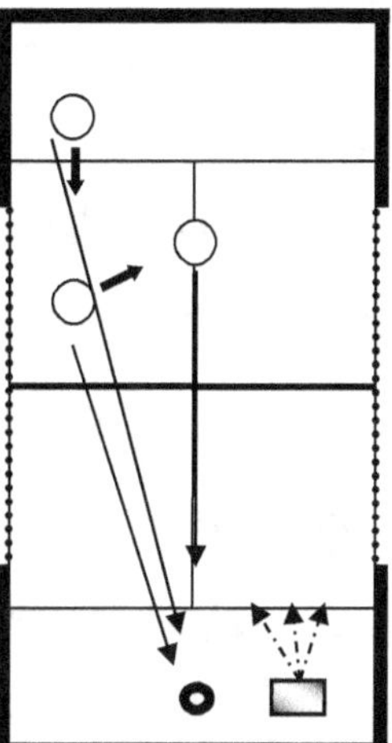

Esercizi 0543   Colpi: R – V – Rm

Obiettivo: Combinazione di colpi con spostamento
Sequenza di colpi: R – VR - Rm

Descrizione:
Posizionato il giocatore in fondo alla pista, combinerà lo scorrimento di un rovescio, una volèe de rovescio e una battuta, tutti al centro, con l'obiettivo del marchio situato in fondo alla pista.
Dopo 12 palle si cambia giocatore.

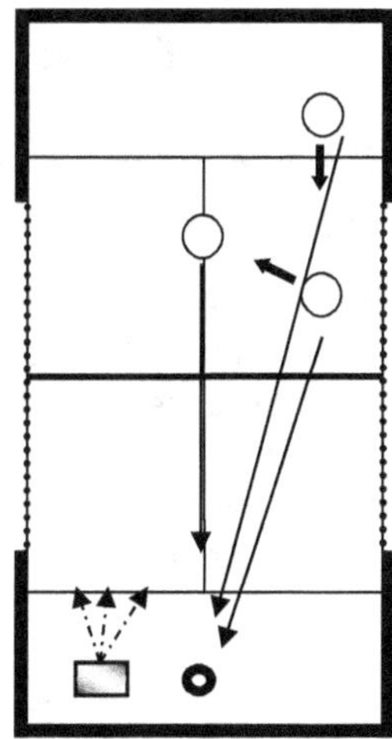

Esercizi 0544   Colpi: D – V – Rm

Obiettivo: Combinazione di colpi con spostamento
Sequenza di colpi: D// – VD// - Rm//

Descrizione:
Posizionato il giocatore in fondo alla pista, combinerà spostandosi una destra parallela, una volèe di destra parallela e una battuta parallela, con l'obiettivo del marchio situato in fondo alla pista.
Dopo 12 palle si cambia giocatore.

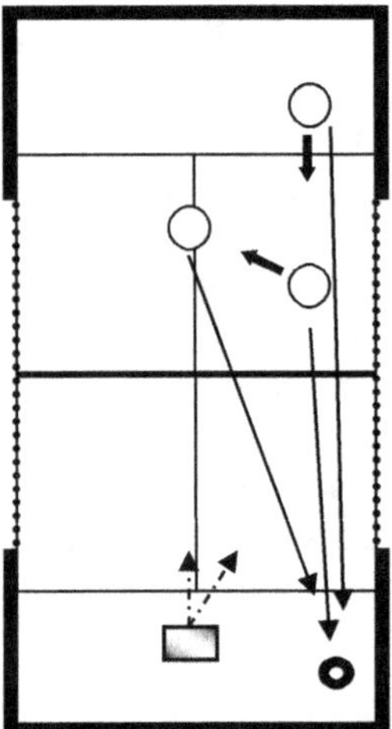

Esercizi 0545   Colpi: R – V – Rm

Obiettivo: Combinazione di colpi con spostamento
Sequenza di colpi: R// – VR// - Rm//

Descrizione:
Posizionato il giocatore in fondo alla pista, esso combinerà lo spostamento di un rovescio parallelo, una volèe di rovescio parallelo e una conca parallela, con l'obiettivo del marchio situato in fondo alla pista.
Dopo 12 palle si cambia giocatore.

Esercizi 0546   Colpi: D – R – V – Rm

Obiettivo: Difesa, accesso alla rete e attacco
Sequenza di colpi: D – R – GD – V – Rm

Descrizione:
Posizionato il giocatore in fondo alla pista, il monitor lancerà 10 palline nell'angolo per difendere. La decima palla sale con palloncino, compie un volo di avvicinamento e un'asta, tutti con colpo libero alla zona che vogliono.

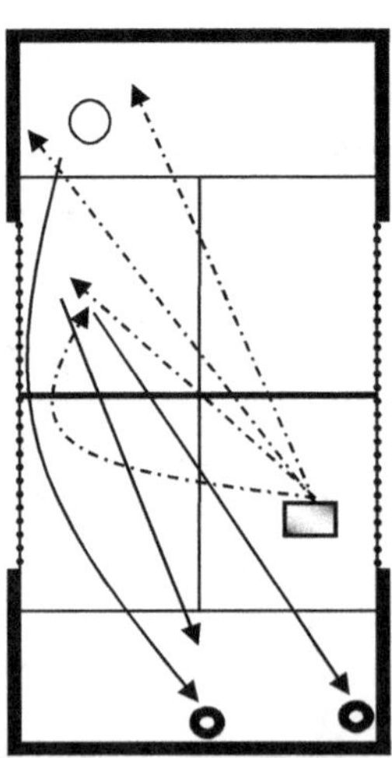

Esercizi 0547   Colpi: D – R – V – Rm

Obiettivo: Difesa, accesso alla rete e attacco
Sequenza di colpi: D – R – GD – V – Rm

Descrizione:
Posizionato il giocatore in fondo alla pista, il monitor lancerà 10 palline nell'angolo per difendere. La decima palla sale con palloncino di rovescio, fa un volo di avvicinamento e un'estremità, tutti con colpo libero alla zona che vogliono.

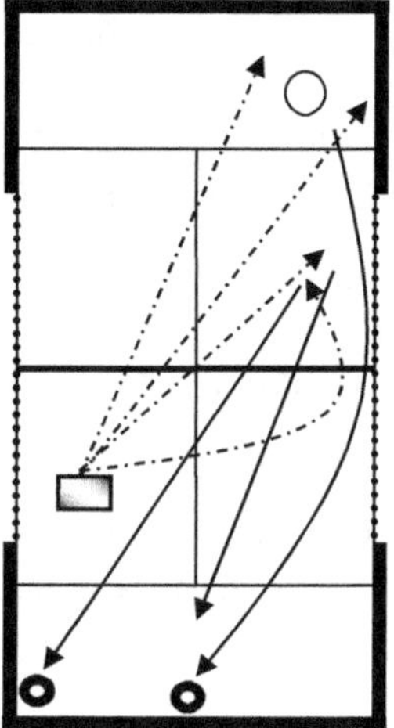

Esercizi 0548   Colpi: D – R – V – Rm

Obiettivo: Combinazione di colpi
Sequenza di colpi: D// – R// – VD// - VR// – Rm//

Descrizione:
Posizionato in fondo alla pista, il giocatore eseguirà una destra parallela e un rovescio parallelo con cui salirà sulla rete per fare una volèe di destra parallela, una volèe di rovescio parallelo e si concluderà con una battuta parallela, con l'obiettivo della marcatura in fondo alla pista.

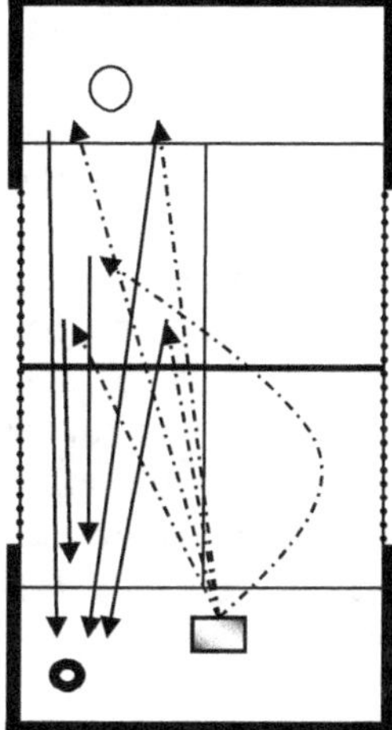

Esercizi 0549   Colpi: D – R – V – Rm

Obiettivo: Combinazione di colpi
Sequenza di colpi: D// – R// – VD// - VR// – Rm//

Descrizione:
Posizionato in fondo alla pista, il giocatore eseguirà una destra parallela e un rovescio parallelo con cui salirà sulla rete per fare una volèe di destra parallela, una volèe di rovescio parallelo e si concluderà con una battuta parallela, con l'obiettivo della marcatura in fondo alla pista.

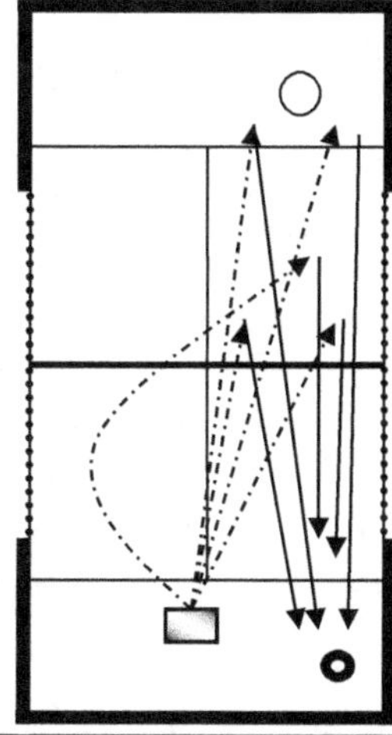

Esercizi 0550   Colpi: D – R – V – Rm

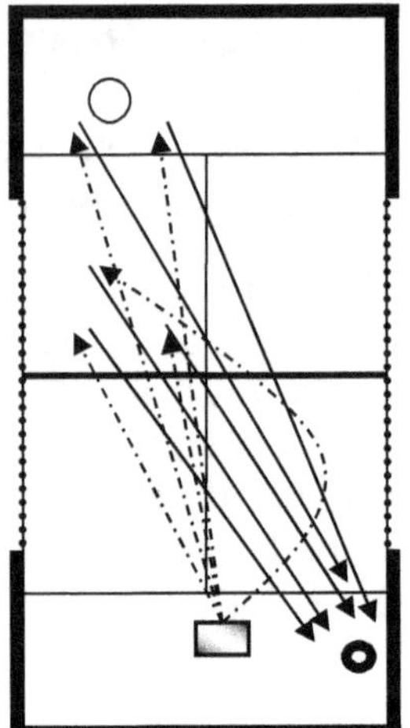

Obiettivo: Combinazione di colpi
Sequenza di colpi: DX – RX – VDX - VRX – RmX

Descrizione:
Posizionato in fondo alla pista, il giocatore effettuerà una destra incrociata e un rovescio incrociato con cui salirà sulla rete per fare una volèe di destra incrociata, una volèe di rovescio incrociato e si concluderà con una battuta incrociata, con l'obiettivo della marcatura in fondo alla pista.

Esercizi 0551   Colpi: D – R – V – Rm

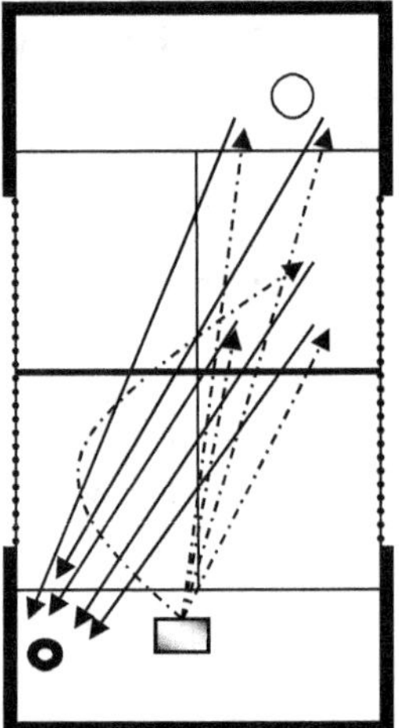

Obiettivo: Combinazione di colpi
Sequenza di colpi: DX – RX – VDX - VRX – RmX

Descrizione:
Posizionato in fondo alla pista, il giocatore effettuerà una destra incrociata e un rovescio incrociato con cui salirà sulla rete per fare una volèe di destra incrociata, una volèe di rovescio incrociato e si concluderà con una battuta incrociata, con l'obiettivo della marcatura in fondo alla pista.

Esercizi 0552   Colpi: D – R – V – Bd

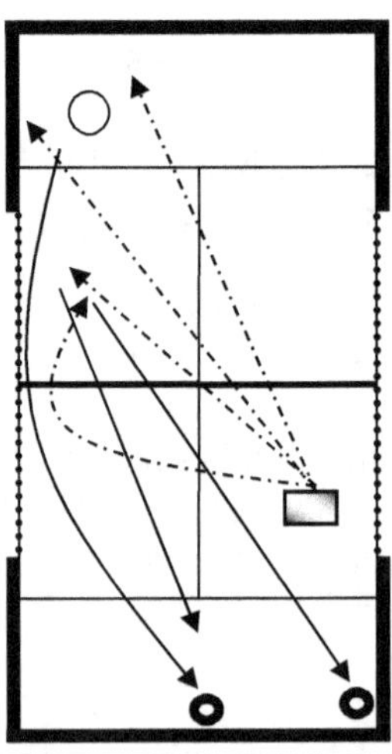

Obiettivo: Difesa, accesso alla rete e attacco
Sequenza di colpi: D – R – V – Bd

Descrizione:
Posizionato il giocatore in fondo alla pista, il monitor lancerà 10 palline nell'angolo per difendere. La decima palla sale con pallone di rovescio, esegue un volo di avvicinamento e un vassoio, tutti con colpo libero alla zona che vogliono.

Esercizi 0553   Colpi: D – R – V – Bd

Obiettivo: Difesa, accesso alla rete e attacco
Sequenza di colpi: D – R – V – Bd

Descrizione:

Posizionato il giocatore in fondo alla pista, il monitor lancerà 10 palline nell'angolo per difendere. La decima palla sale con pallone di rovescio, esegue un volo di avvicinamento e un vassoio, tutti con colpo libero alla zona che vogliono.

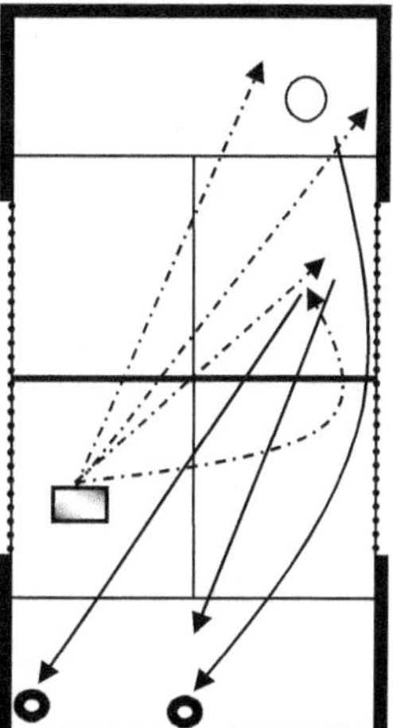

ESERCIZI COMBINATI: PARETE, PALLONCINO, VOLÈE

Esercizi 0554   Colpi: SF – G – V

Obiettivo: Combinazione di colpi con spostamento
Sequenza di colpi: GD// – VR mezzo – Bajada Parete RX

Descrizione:

Dalla posizione iniziale, il giocatore si sposterà nell'angolo opposto per realizzare un pallone di destra parallelo, poi salirà correndo alla rete e realizzerà un volo di rovescio al centro e si ritarderà per realizzare una discesa di parete di rovescio incrociato, con l'obiettivo delle marcature sul fondo della pista.

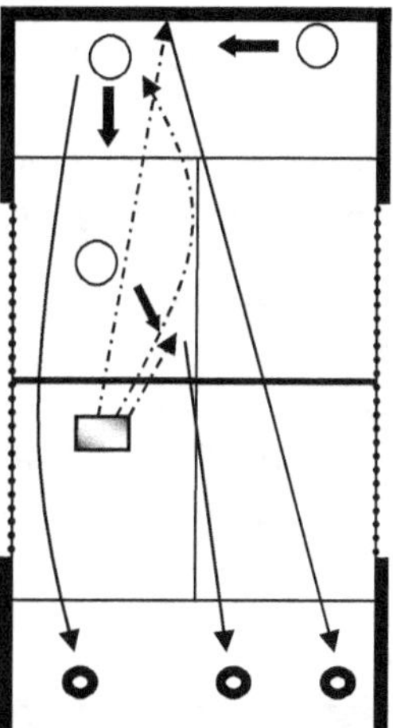

Esercizi 0555   Colpi: SF – G – V

Obiettivo: Combinazione di colpi con spostamento
Sequenza di colpi: GR// – VD mezzo – Bajada Parete DX

Descrizione:

Dalla posizione iniziale, il giocatore si sposterà nell'angolo opposto per realizzare un pallone a rovescio parallelo, poi salirà correndo nella rete e realizzerà un volo da destra al centro e si ritarderà per realizzare una discesa da parete a destra incrociata, con l'obiettivo delle marcature sul fondo della pista.

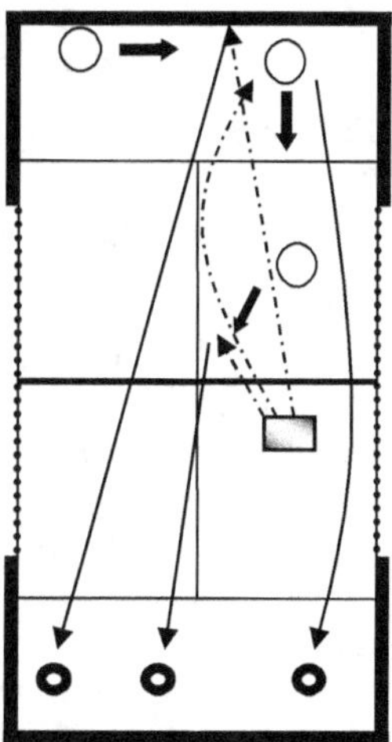

ESERCIZI COMBINATI: PARETE, PALLONCINO

Esercizi 0556   Colpi: CP – G

obiettivo: Pallone libero e contro parete
Sequenza di colpi: GD – GD – CPD

Descrizione:
Situato il giocatore sulla linea di fondo, eseguirà due palloni destra senza barca alle palle lanciate dal monitor. Poi correrà in diagonale dietro il monitor per colpire una contro parete destra.

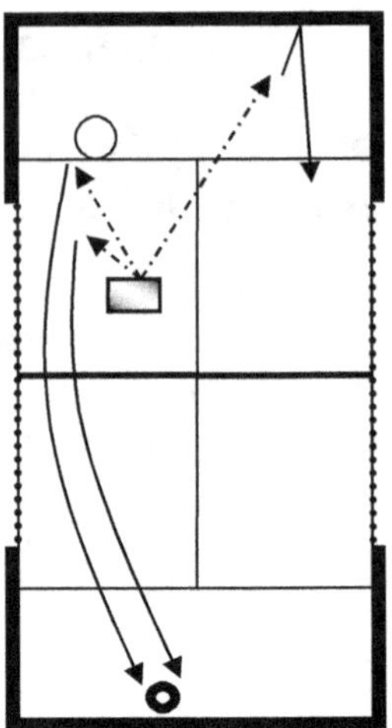

Esercizi 0557   Colpi: CP – G

obiettivo: Palloncino senza barca e contro parete
Sequenza di colpi: GR – GR – CPR

Descrizione:
Situato il giocatore sulla linea di fondo, eseguirà due palloni rovescio senza barca alle palle lanciate dal monitor. Poi correrà in diagonale dietro il monitor per colpire una contro parete rovescio.

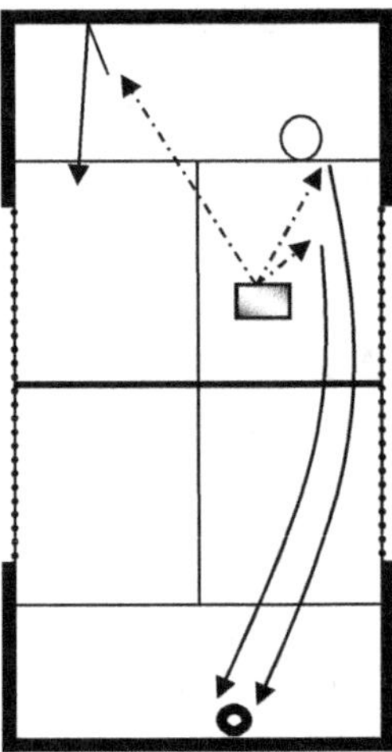

ESERCIZI COMBINATI: PARETE, VOLÈE

Esercizi 0558   Colpi: SF – V

Obiettivo: Uscita a parete di fondo – Controllo della palla
Sequenza di colpi: SFD// – VR// – SFDX

Descrizione:
Controllo impatto tra due giocatori e il monitor. Dopo il rimbalzo sulla parete di sfondo ad una palla lanciata in crossover dal monitor, il giocatore che difende colpirà in parallelo di destra il suo compagno che eseguirà un volo di rovescio parallelo che arriva a rimbalzare sulla parete di fondo. Il giocatore che difende, dopo il rimbalzo, colpirà in crossover da destra al monitor, che continuerà l'esercitazione.
Dopo 2 si alterna la posizione dei giocatori.

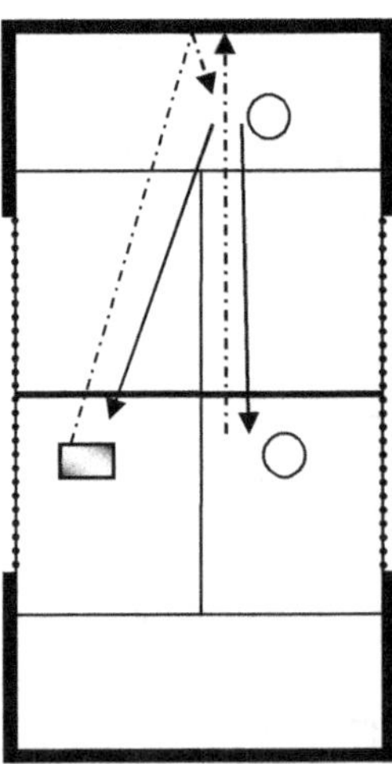

Esercizi 0559   Colpi: SF – V

Obiettivo: Uscita a parete di fondo – Controllo della palla

Sequenza di colpi: SFR// – VD// – SFRX

Descrizione:

Controllo impatto tra due giocatori e il monitor. Dopo il rimbalzo sulla parete di sfondo ad una palla lanciata in crossover dal monitor, il giocatore che difende colpirà di rovescio parallelo al suo compagno che eseguirà un volo di destra parallelo che arriva a rimbalzare sulla parete di fondo. Il giocatore che difende, dopo il rimbalzo, colpirà di rovescio incrociato al monitor, che continuerà l'esercitazione.

Dopo 2 si alterna la posizione dei giocatori.

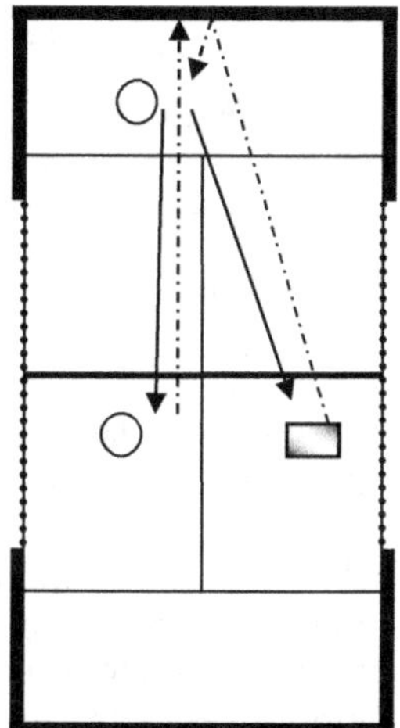

Esercizi 0560   Colpi: SF – V

Obiettivo: Uscita a parete di fondo – Controllo della palla

Sequenza di colpi: SFD// – VD// – SFRX

Descrizione:

Controllo impatto tra due giocatori e il monitor. Dopo il rimbalzo sulla parete di sfondo ad una palla lanciata in crossover dal monitor, il giocatore che difende colpirà da destra parallelo al suo compagno che eseguirà un volo da destra parallela che arriva a rimbalzare sulla parete di fondo. Il giocatore che difende, dopo il rimbalzo, colpirà di rovescio incrociato al monitor, che continuerà l'esercitazione.

Dopo 2 si alterna la posizione dei giocatori.

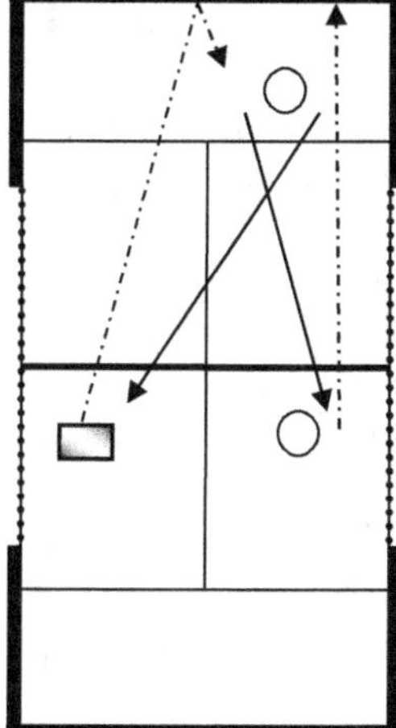

Esercizi 0561   Colpi: SF – V

Obiettivo: Uscita a parete di fondo – Controllo della palla

Sequenza di colpi: SFR// – VR// – SFDX

Descrizione:

Controllo impatto tra due giocatori e il monitor. Dopo il rimbalzo sulla parete di sfondo ad una palla lanciata in crossover dal monitor, il giocatore che difende colpirà di rovescio parallelo al suo compagno che eseguirà un volo di rovescio parallelo che arriva a rimbalzare sulla parete di sfondo. Il giocatore che difende, dopo il rimbalzo, colpirà a destra contro il monitor, che continuerà l'esercitazione.

Dopo 2 si alterna la posizione dei giocatori.

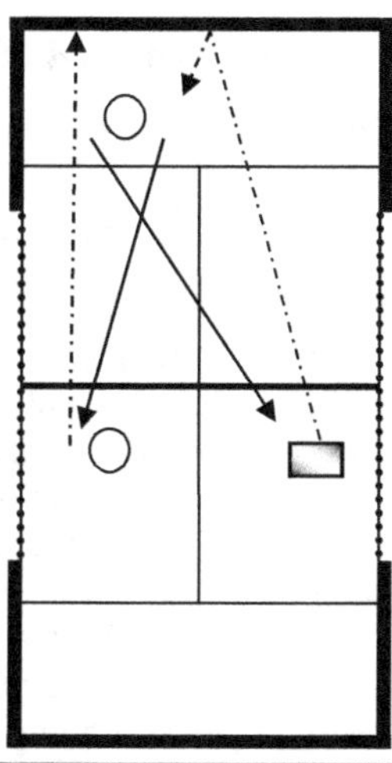

Esercizi 0562   Colpi: SF – V

Obiettivo: Uscita a parete di fondo – Controllo della palla
Sequenza di colpi: SFDX – VD// – SFRX

Descrizione:
Controllo impatto tra due giocatori e il monitor. Dopo il rimbalzo sulla parete di sfondo ad una palla lanciata parallelamente dal monitor, il giocatore che difende colpirà a destra incrociata il suo compagno che eseguirà un volo a destra parallela che arriva a rimbalzare sulla parete di fondo. Il giocatore che difende, dopo il rimbalzo, colpirà di rovescio incrociato al monitor, che continuerà l'esercitazione.
Dopo 2 si alterna la posizione dei giocatori.

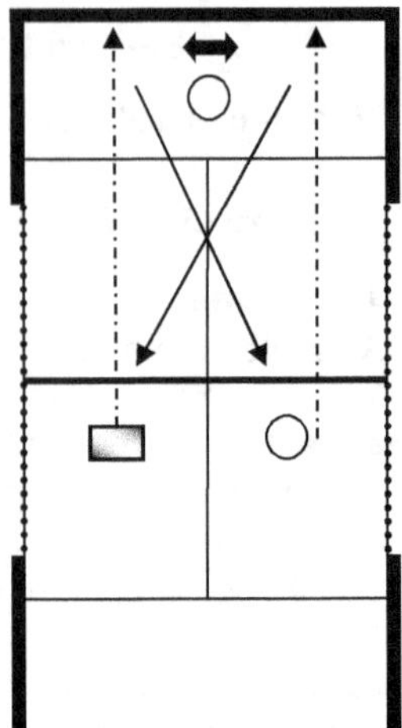

Esercizi 0563   Colpi: SF – V

obiettivo: Uscita parete laterale con controparete
Sequenza di colpi: VDX – SLD CP

Descrizione:
Posto il giocatore vicino alla rete, effettuerà un volo a destra incrociata e correrà in diagonale per colpire contro la parete una palla che colpisce prima sulla parete laterale.
Si può poi fare dall'altro lato, dove si effettuerà un volo a rovescio incrociato e un'uscita a parete laterale con controparete rovescio.

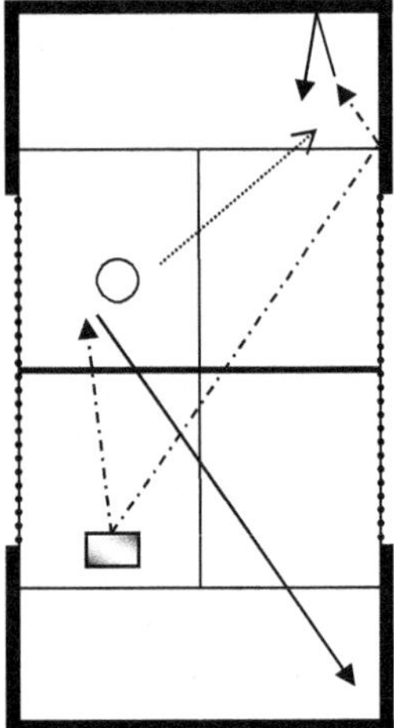

Esercizi 0564   Colpi: SF – V

Obiettivo: Uscita a parete di fondo – Controllo della palla
Sequenza di colpi: SFD// – VDX – SFR//

Descrizione:
Controllo impatto tra due giocatori e il monitor. Dopo il rimbalzo sulla parete di sfondo ad una palla lanciata in crossover dal monitor, il giocatore che difende colpirà da destra parallelo al suo compagno che eseguirà un volo a destra crociata che arriva a rimbalzare sulla parete di fondo. Il giocatore che difende, dopo il rimbalzo, colpirà di rovescio parallelo al monitor, che continuerà l'esercitazione.
Dopo 2 si alterna la posizione dei giocatori.

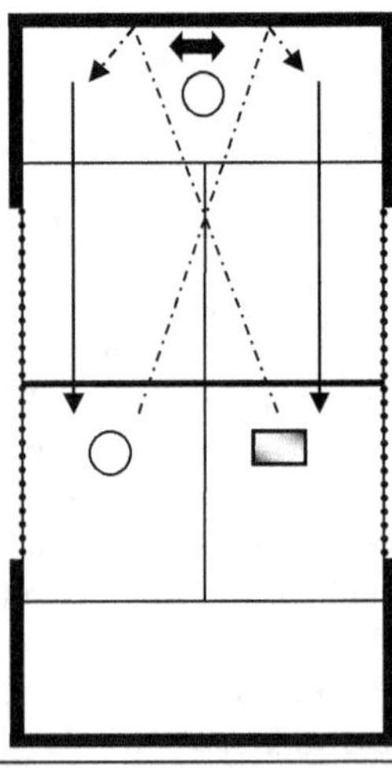

Esercizi 0565   Colpi: SF – V

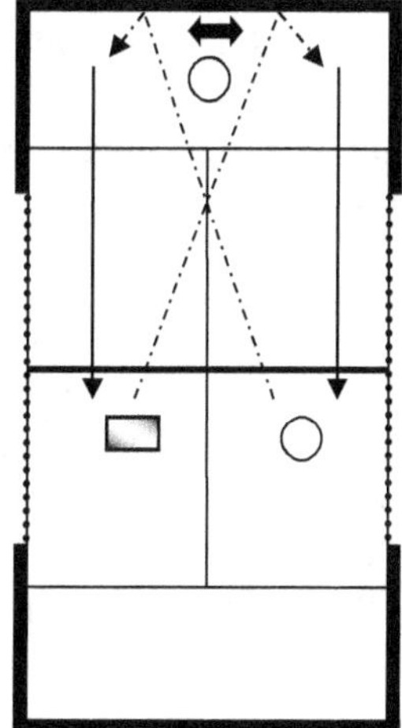

Obiettivo: Uscita a parete di fondo – Controllo della palla
Sequenza di colpi: SFR// – VRX – SFD//

Descrizione:
Controllo impatto tra due giocatori e il monitor. Dopo il rimbalzo sulla parete di sfondo ad una palla lanciata in crossover dal monitor, il giocatore che difende colpirà di rovescio parallelo al suo compagno che eseguirà un volo a rovescio incrociato che arriva a rimbalzare sulla parete di fondo. Il giocatore che difende, dopo il rimbalzo, colpirà da destra parallelo al monitor, che continuerà l'esercitazione.
Dopo 2 si alterna la posizione dei giocatori.

Esercizi 0566   Colpi: SF – V

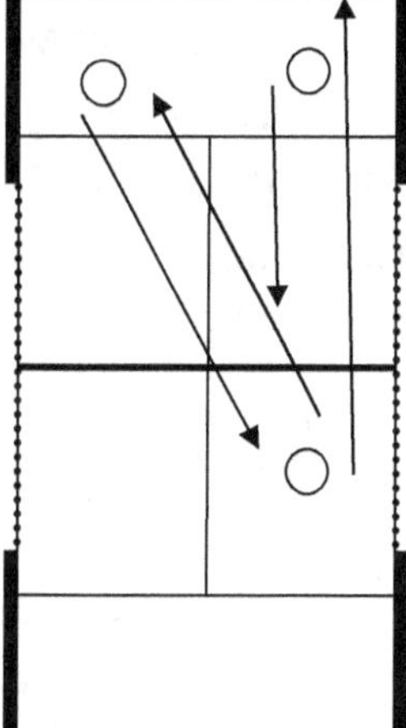

Obiettivo: Controllo palla tra tre giocatori
Sequenza di colpi: V// profonda – SF// - VX corta – SFX

Descrizione:
Il giocatore che è nella rete eseguirà un volo parallelo profondo per farlo rimbalzare sulla parete di fondo, che sarà restituito in parallelo per poi eseguire un volo incrociato. Una volta restituito, si continua l'esercizio.
Dopo 2 si alterna la posizione dei giocatori.
Poi si fa dal lato opposto.

Esercizi 0567   Colpi: SL – SDP – V

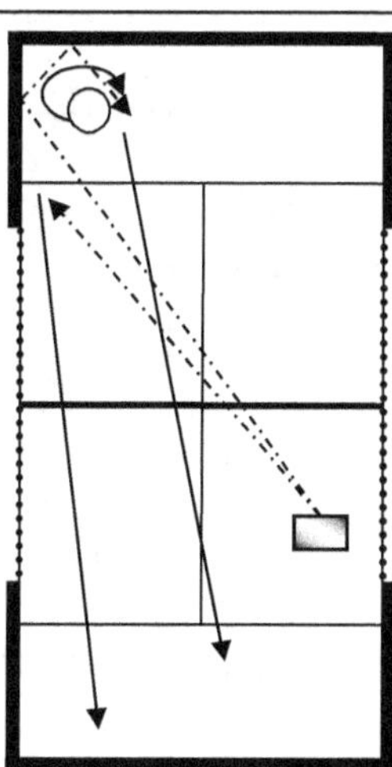

obiettivo: Difesa con diversi colpi
Sequenza di colpi: SDPD – VD – Giro SDPR

Descrizione:
Posizionato in fondo alla pista, il giocatore eseguirà un'uscita a doppia parete destra dopo rimbalzo sulla parete laterale e in fondo, una volata a destra e un giro ad un'uscita a doppia parete rovescio dopo rimbalzo sulla parete laterale e sfondo.
Dopo 12 palle si cambia giocatore.
Poi si può fare sul lato opposto.

Esercizi 0568   Colpi: D – R – SF – V

Obiettivo: Controllo palla tra tre giocatori
Sequenza di colpi: Bola profonda // - SF – X - VX

Descrizione:

Il giocatore di sotto inizia con una palla parallela profonda in modo che il giocatore realizzi un'uscita di fondo parallela alla quale risponderemo un colpo incrociato per essere restituiti dal volo e continuare l'esercitazione.
Dopo 2 si alterna la posizione dei giocatori.

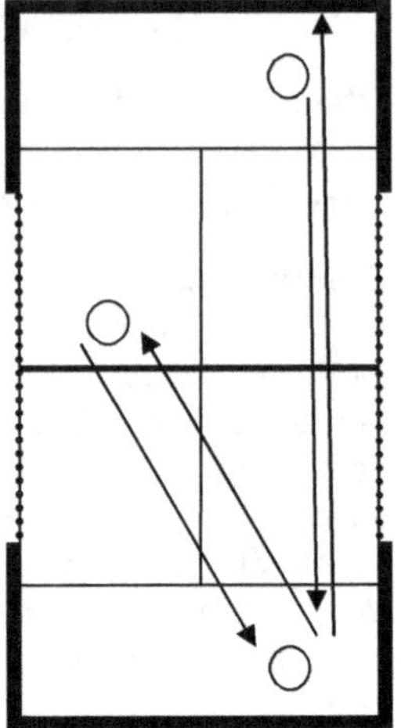

Esercizi 0569   Colpi: D – R – SF – V

Obiettivo: Spostamento laterale e colpo
Sequenza di colpi: Spostamento laterale – VRX – CPR

Descrizione:

Posizionato in fondo alla pista, il giocatore effettuerà uno scorrimento laterale tra la ringhiera e i coni per raggiungere una corsa di rovescio incrociato, quindi sarà ritardato e realizzerà una controparete di rovescio.
Dopo 6 palle si cambia giocatore.
Poi si fa sul lato opposto, facendo volare di destra e contro muro di destra.

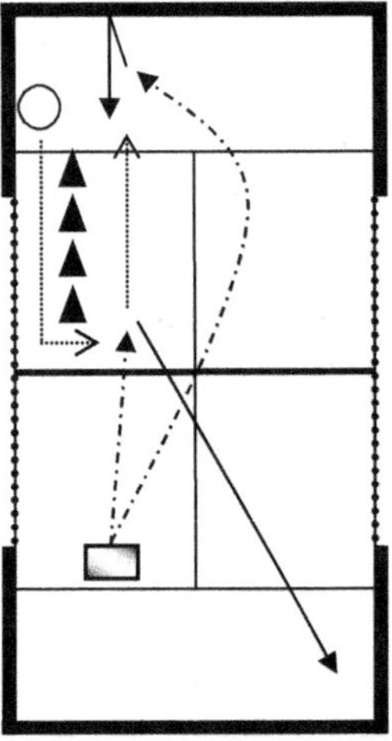

Esercizi 0570   Colpi: D – R – SF – V

Obiettivo: Controllo palla tra quattro giocatori
Sequenza di colpi: D o R// - VX – D o R// - SF X

Descrizione:

Il giocatore sotto inizia con una palla parallela alla volèe, risponde con una volèe crociata, volèe parallela al fondo per uscita a fondo incrociato lungo e continuiamo l'esercizi.
Dopo 2 si alterna la posizione dei giocatori.
Poi si fa dal lato opposto.

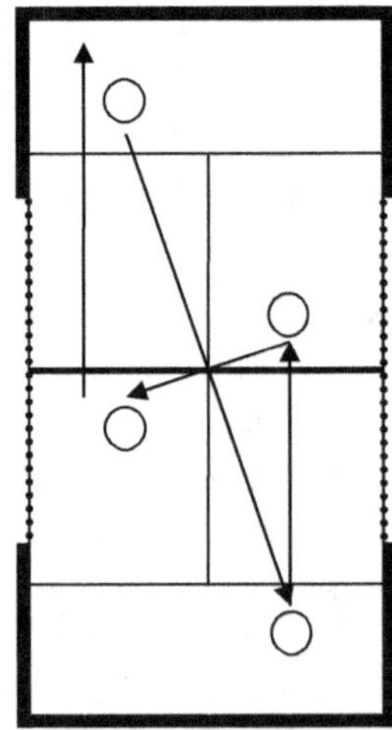

Esercizi 0571   Colpi: SF – V

Obiettivo: Uscita di fondo sotto le gambe
Sequenza di colpi: SFD – VDX

Descrizione:
Posizionato in fondo alla pista, il giocatore eseguirà un'uscita di parete con le spalle al contrario sotto le gambe e una volata a destra incrociata.
Dopo 10 palle si cambia giocatore.
Poi si fa sull'altro lato con uscita a parete sotto le gambe e volèe di rovescio incrociato.

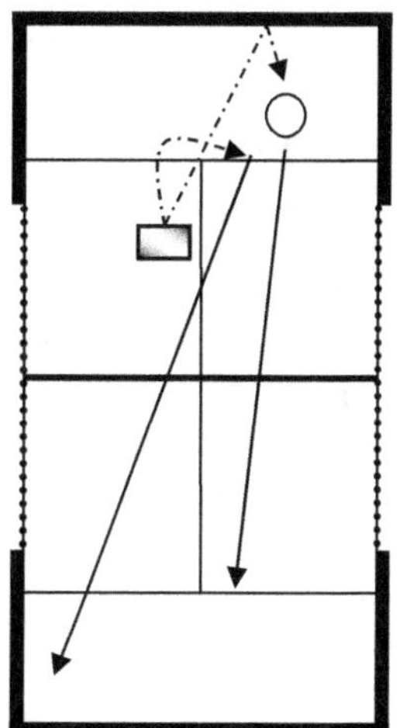

Esercizi 0572   Colpi: D – R – SF – V

Obiettivo: Controllo palla tra quattro giocatori
Sequenza di colpi: V// - VX – SF// - SFX

Descrizione:
Il giocatore della rete sottostante inizia con una volèe parallela, che risponde con una volèe incrociata, uscita a fondo lungo parallela per rimbalzare e uscita a fondo incrociato alla volèe e continuiamo l'esercizi.
Dopo 2 si alterna la posizione dei giocatori.

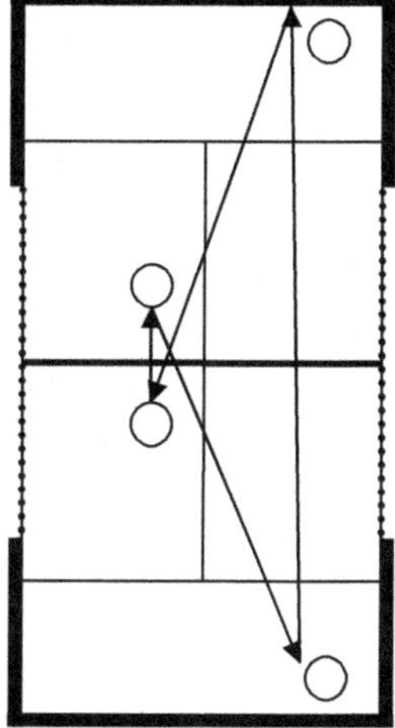

Esercizi 0573   Colpi: D – R – SF – V

Obiettivo: Controllo palla tra quattro giocatori
Sequenza di colpi: V// - VX – SF// - SFX

Descrizione:
Il giocatore della rete sottostante inizia con una volèe parallela, che risponde con una volèe incrociata, uscita a fondo lungo parallela per rimbalzare e uscita a fondo incrociato alla volèe e continuiamo l'esercizi.
Dopo 2 si alterna la posizione dei giocatori.

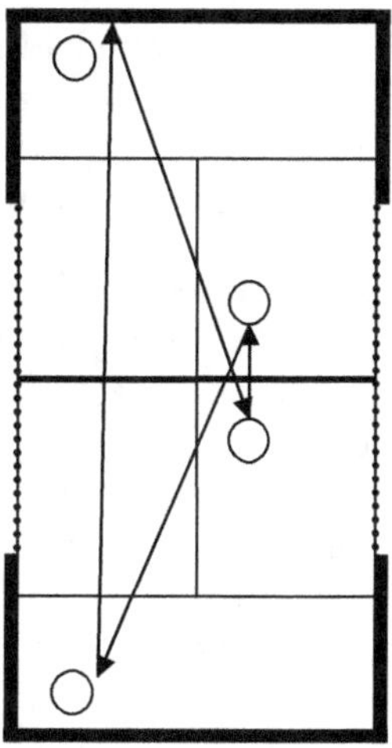

Esercizi 0574   Colpi: SF – V

Obiettivo: Controllo palla tra quattro giocatori
Sequenza di colpi: V// - SFD //

Descrizione:
Posto un giocatore nella rete, effettuerà volo lungo parallelo per rimbalzare sulla parete di fondo, che viene restituito dal suo compagno dal basso e parallela di destra, e torna alla riga.
Dopo 2 si alterna la posizione dei giocatori.

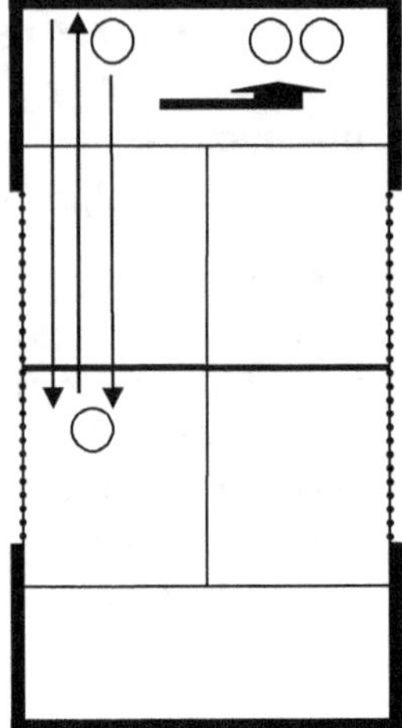

Esercizi 0575   Colpi: SF – V

Obiettivo: Controllo palla tra quattro giocatori
Sequenza di colpi: V// - SFR //

Descrizione:
Posto un giocatore nella rete, effettuerà volo lungo parallelo in modo che rimbalzi sulla parete di fondo che è restituito dal suo compagno dal basso e parallelo di rovescio, e torna alla riga.
Dopo 2 si alterna la posizione dei giocatori.

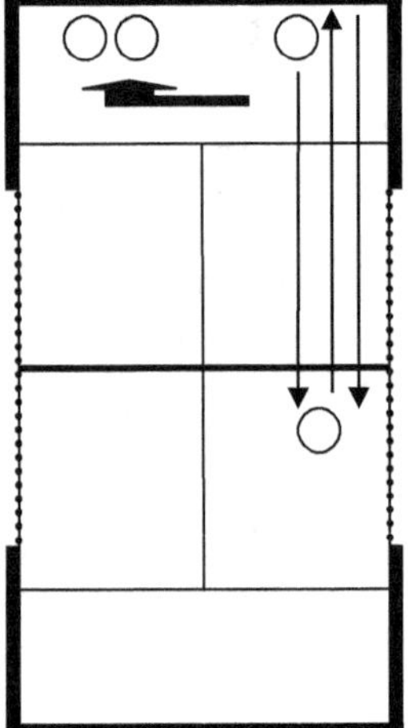

Esercizi 0576   Colpi: SF – V

Obiettivo: Controllo rimbalzo e volo
Sequenza di colpi: V// – SF// – V// – SF//

Descrizione:
Posizionati un giocatore in fondo alla pista e l'altro in rete, il giocatore di fondo eseguirà due uscite di fondo parallele e quello di rete realizzerà due voli paralleli. Alla terza palla, quella dello sfondo salirà e quella della rete scenderà in fondo per ricominciare l'esercizi.
Durata degli esercizi 2

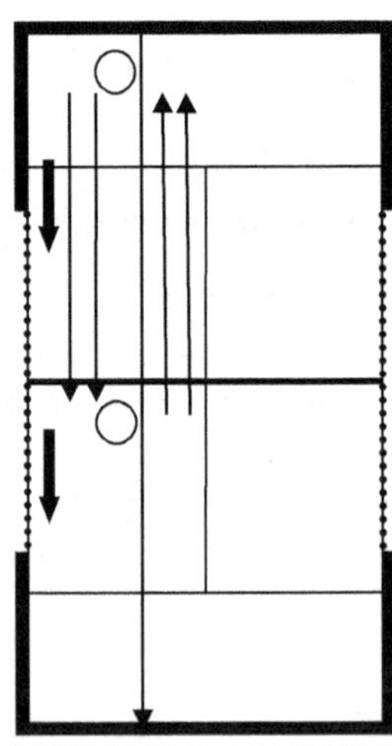

Esercizi 0577   Colpi: SL – V

Obiettivo: Controllo rimbalzo e volèe
Sequenza di colpi: VX – SLFX – VX – SLFX

Descrizione:
Posizionati un giocatore in fondo alla pista e l'altro
in rete, il giocatore di fondo effettuerà due uscite di
parete dopo il rimbalzo in lato-fondo e quello della
rete effettuerà una corsa incrociata. Alla terza palla,
quella dello sfondo salirà e quella della rete
scenderà in fondo per ricominciare l'esercizi.
Durata degli esercizi 2

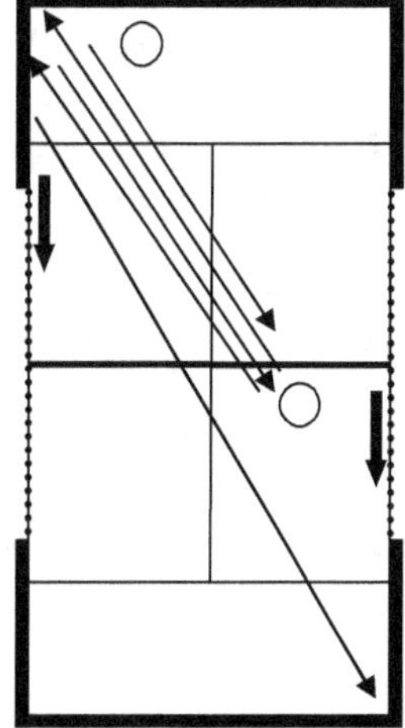

Esercizi 0578   Colpi: SL – V

Obiettivo: Controllo rimbalzo e volèe
Sequenza di colpi: VX – SLFX – VX – SLFX

Descrizione:
Posizionati un giocatore in fondo alla pista e l'altro
in rete, il giocatore di fondo realizzerà due uscite di
Parete dopo il rimbalzo sul lato-fondo e quello della
rete effettuerà un volo incrociato. Alla terza palla,
quella dello sfondo salirà e quella della rete
scenderà in fondo per ricominciare l'esercizi.
Durata degli esercizi 2

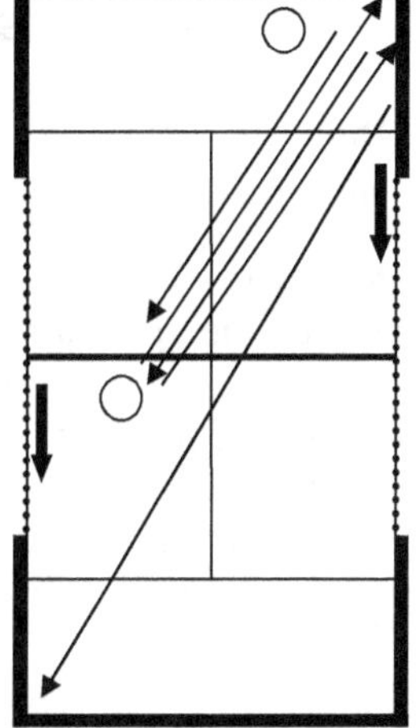

Esercizi 0579   Colpi: SF – V

Obiettivo: Controllo rimbalzo e volèe in movimento
Sequenza di colpi: V// – SFDX – V// – SFRX

Descrizione:
Posizionati un giocatore in fondo alla pista e due
nella rete, il giocatore in fondo alla pista risponde
dopo rimbalzo con colpo incrociato alle volèe
parallele dei giocatori situati nella rete.
Dopo 2 si alterna la posizione dei giocatori.

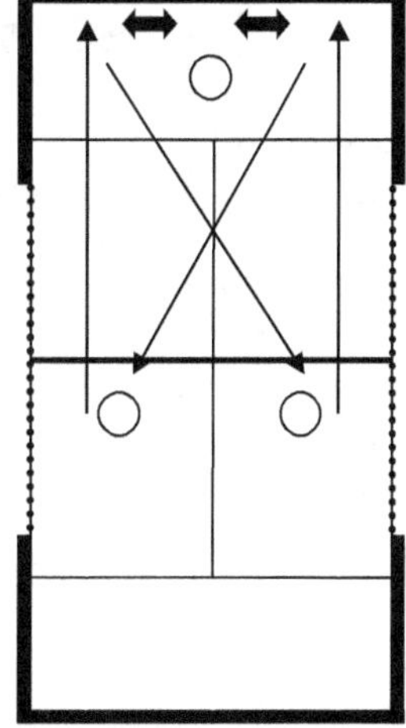

Esercizi 0580   Colpi: SF – V

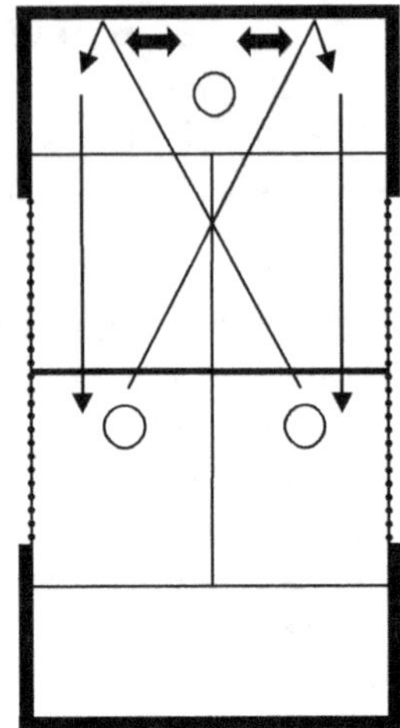

Obiettivo: Controllo rimbalzo e volèe in movimento
Sequenza di colpi: VX – SFD// – VX – SFR//

Descrizione:
Posizionati un giocatore in fondo alla pista e due nella rete, il giocatore in fondo alla pista risponde dopo rimbalzo con colpo parallelo alle volèe incrociate dei giocatori situati nella rete.
Dopo 2 si alterna la posizione dei giocatori.

Esercizi 0581   Colpi: SF – V

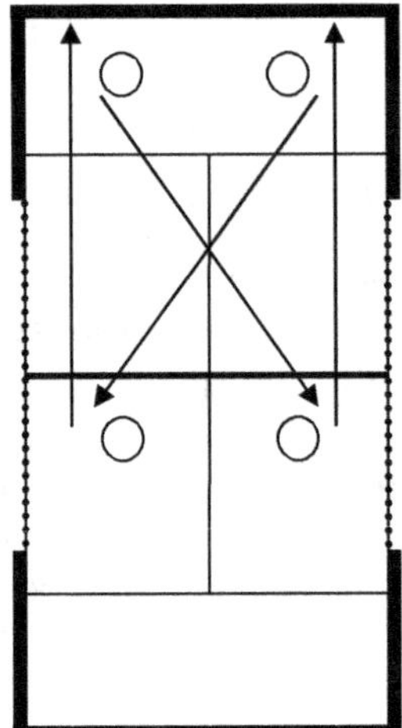

Obiettivo: Controllo rimbalzo e volèe in movimento
Sequenza di colpi: V// – SFDX – V// – SFRX

Descrizione:
Situati due giocatore in fondo alla pista e due in rete, i giocatori in fondo alla pista rispondono dopo rimbalzo con colpi incrociati alle volèe parallele dei giocatori situati nella rete.
Dopo 2 si alterna la posizione dei giocatori.

Esercizi 0582   Colpi: SF – V

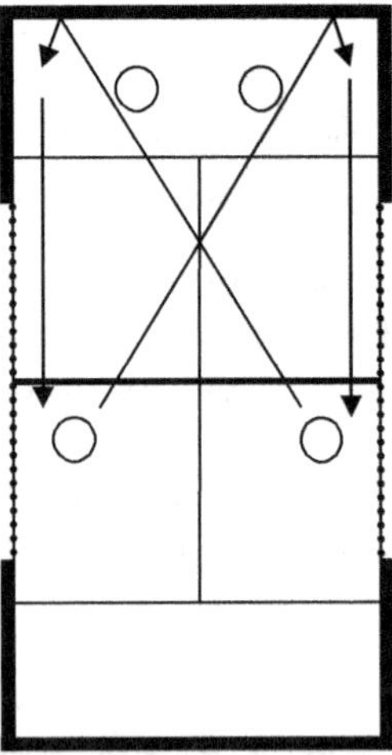

Obiettivo: Controllo rimbalzo e volèe
Sequenza di colpi: SFD// – VX – SFR// – VX

Descrizione:
Situati due giocatore in fondo alla pista e due in rete, i giocatori in fondo alla pista rispondono dopo rimbalzo con colpi paralleli alle volèe incrociate dei giocatori situati nella rete.
Dopo 2 si alterna la posizione dei giocatori.

Esercizi 0583   Colpi: G – V

Obiettivo: Combinazione di colpi con spostamento
Sequenza di colpi: GRX – VD// - VR//

Descrizione:
Dalla posizione iniziale, il giocatore si sposterà nell'angolo opposto per realizzare un pallone a rovescio incrociato dopo un rimbalzo a doppia parete, salirà correndo nella rete e realizzerà una volèe di destra parallela e volèe di rovescio parallelo, con l'obiettivo delle marcature sul fondo della pista.
Dopo 10 palle si cambia giocatore.

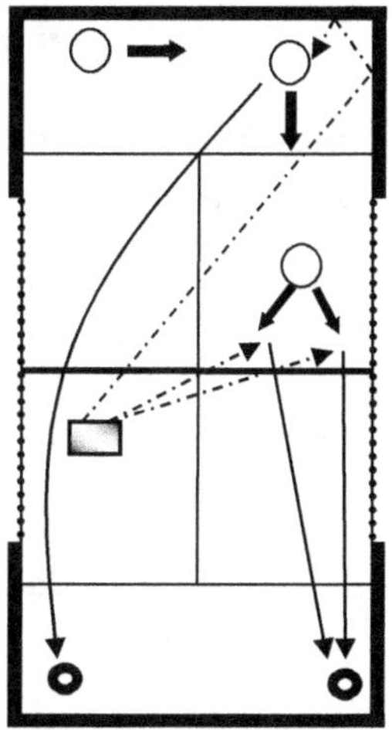

Esercizi 0584   Colpi: G – V

Obiettivo: Combinazione di colpi con spostamento
Sequenza di colpi: GDX – VD// - VR//

Descrizione:
Situato in fondo alla pista, il giocatore si sposterà nell'angolo opposto per realizzare un pallone a destra incrociato dopo rimbalzo a doppia parete, salirà correndo alla rete e realizzerà una volèe di destra parallela e volèe di rovescio parallela, con l'obiettivo delle marcature sul fondo della pista.
Dopo 10 palle si cambia giocatore.

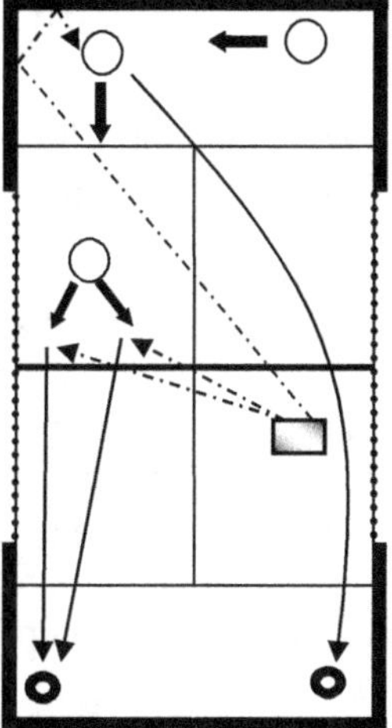

Esercizi 0585   Colpi: G – V

Obiettivo: Giro dopo il rimbalzo
Sequenza di colpi: Giro – GRX – VD mezzo

Descrizione:
Posizionato in fondo alla pista, il giocatore eseguirà un giro con la palla nel suo percorso di rimbalzo a parete laterale-fondo, realizzerà un pallone a rovescio incrociato e salirà sulla rete per fare una volate da destra a metà, con l'obiettivo delle marcature sul fondo della pista.
Dopo 10 palle si cambia giocatore.

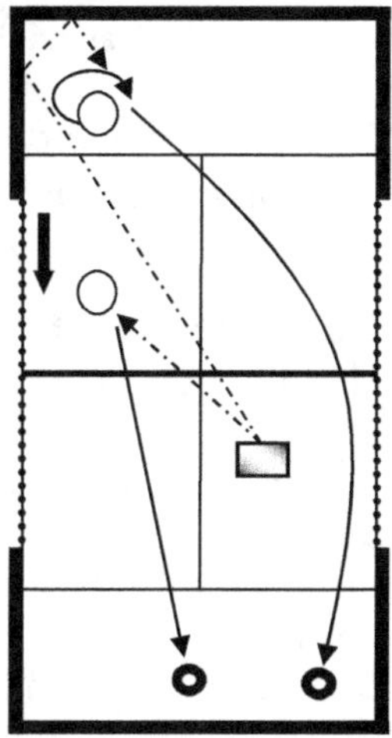

Esercizi 0586   Colpi: G – V

Obiettivo: Giro dopo il rimbalzo
Sequenza di colpi: Giro – GDX – VR mezzo

Descrizione:
Posizionato in fondo alla pista, il giocatore effettuerà un giro con la palla nel suo percorso di rimbalzo a parete laterale-fondo, realizzerà un pallone a destra incrociata e salirà sulla rete per fare un volo di sciorove al centro, con l'obiettivo delle marcature sul fondo della pista.
Dopo 10 palle si cambia giocatore.

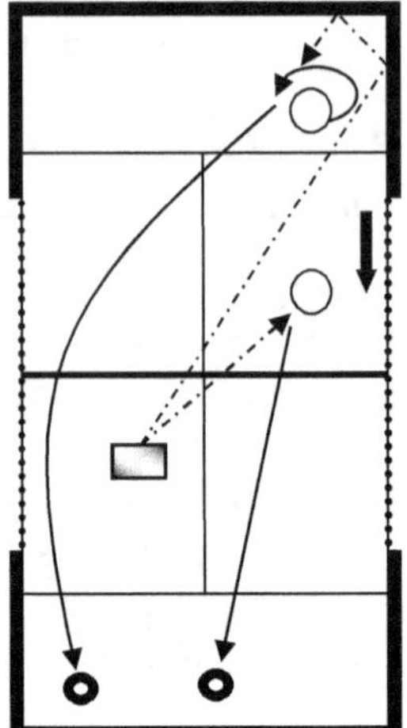

Esercizi 0587   Colpi: G – V

Obiettivo: Giro dopo il rimbalzo
Sequenza di colpi: Giro – GRX – VD// - VR//

Descrizione:
Situato in fondo alla pista, il giocatore effettuerà un giro con la palla nel suo percorso di rimbalzo a parete laterale-fondo, realizzerà un pallone a rovescio incrociato e salirà sulla rete per farne una a destra parallela e una volèe a rovescio parallelo, con l'obiettivo delle marcature sul fondo della pista.
Dopo 12 palle si cambia giocatore.

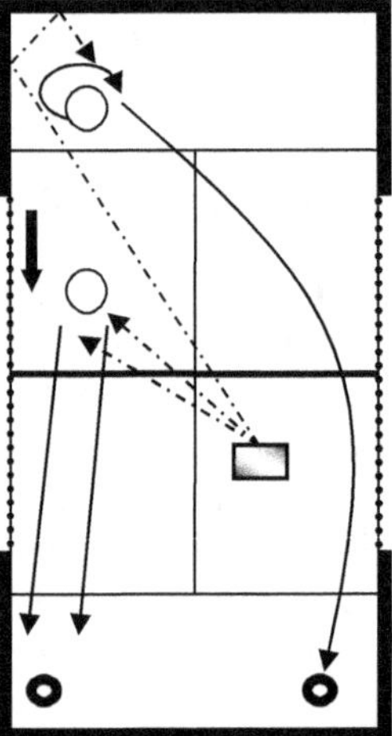

Esercizi 0588   Colpi: G – V

Obiettivo: Giro dopo il rimbalzo
Sequenza di colpi: Giro – GDX – VR// - VD//

Descrizione:
Posizionato in fondo alla pista, il giocatore effettuerà un giro con la palla nel suo percorso di rimbalzo in Parete laterale-fondo, realizzerà un pallone a destra incrociata e salirà sulla rete per fare una volèe di rovescio parallelo e una volèe di destra parallela, con l'obiettivo delle marcature sul fondo della pista.
Dopo 12 palle si cambia giocatore.

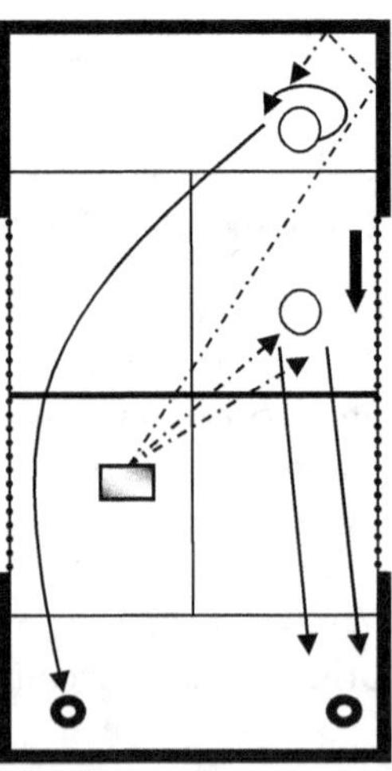

Esercizi 0589   Colpi: G – V

Obiettivo: Giro dopo il rimbalzo
Sequenza di colpi: Giro – GD// – VR mezzo – VD//

Descrizione:

Situato in fondo alla pista, il giocatore effettuerà un giro con la palla nel suo percorso di rimbalzo a parete laterale-fondo, realizzerà un pallone di destra parallelo e salirà sulla rete per fare una volèe di sciorove al centro e una volèe di destra all'angolo, con l'obiettivo delle marcature sul fondo della pista. Dopo 12 palle si cambia giocatore.

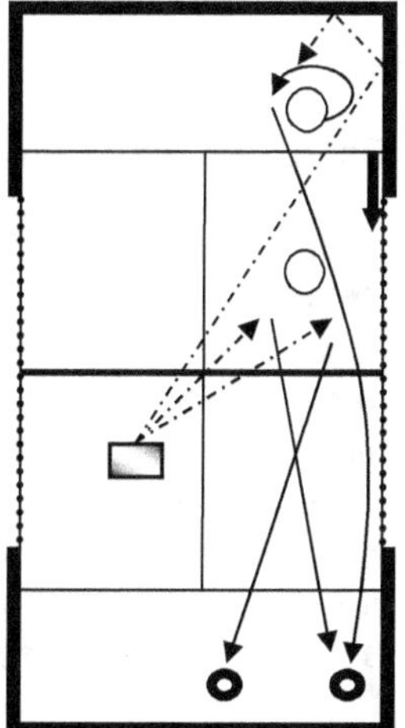

Esercizi 0590   Colpi: G – V

Obiettivo: Giro dopo il rimbalzo
Sequenza di colpi: Giro – GR// – VD mezzo – VR//

Descrizione:

Situato in fondo alla pista, il giocatore effettuerà un giro con la palla nel suo percorso di rimbalzo a parete laterale-fondo, realizzerà un pallone a rovescio parallelo e salirà alla rete per fare una volèe da destra al mezzo e una volèe da rovescio all'angolo, con l'obiettivo delle marcature sul fondo della pista.
Dopo 12 palle si cambia giocatore.

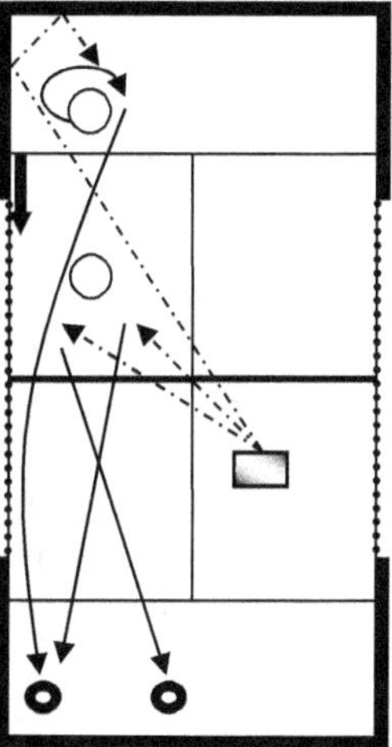

Esercizi 0591   Colpi: G – V

Obiettivo: Giro dopo il rimbalzo
Sequenza di colpi: Giro – GD// – VR// – VD//

Descrizione:

Situato in fondo alla pista, il giocatore effettuerà un giro con la palla nel suo percorso di rimbalzo a parete laterale-fondo, realizzerà un pallone di destra parallelo e salirà sulla rete per fare una volèe di sciorove parallela e una volèe di parallela, con l'obiettivo delle marcature sul fondo della pista.
Dopo 12 palle si cambia giocatore.

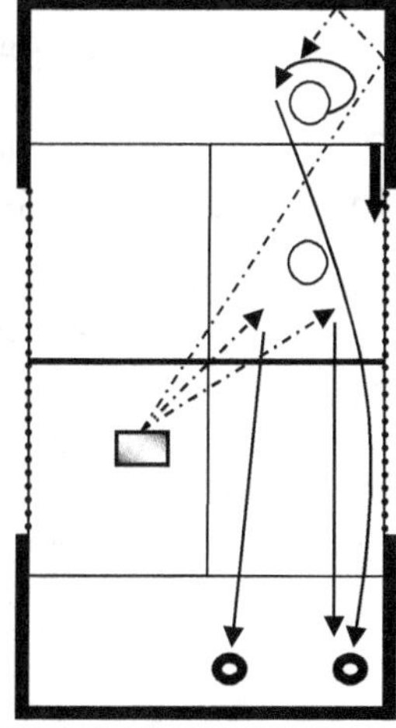

Esercizi 0592   Colpi: G – V

Obiettivo: Giro dopo il rimbalzo
Sequenza di colpi: Giro – GR// – VD// – VR//

Descrizione:
Situato in fondo alla pista, il giocatore effettuerà un giro con la palla nel suo percorso di rimbalzo a parete laterale-fondo, realizzerà un pallone a rovescio parallelo e salirà alla rete per fare una volèe a destra parallela e una volèe a rovescio parallelo, con l'obiettivo delle marcature sul fondo della pista. Dopo 12 palle si cambia giocatore.

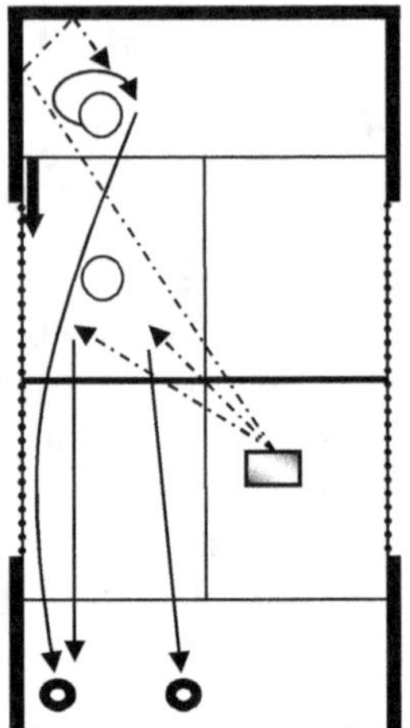

Esercizi 0593   Colpi: SF – V

Obiettivo: Serie di colpi
Sequenza di colpi: SFDX – VR//

Descrizione:
Teniendo más de 2 giocatore en pista, trabajaremos en 3 posiciones. En una haremos salida de fondo de destra cruzada, en otra volèe de rovescio paralela y en la siguiente descansaremos.
Después de 2 bolas se alterna la posición de los giocatore.

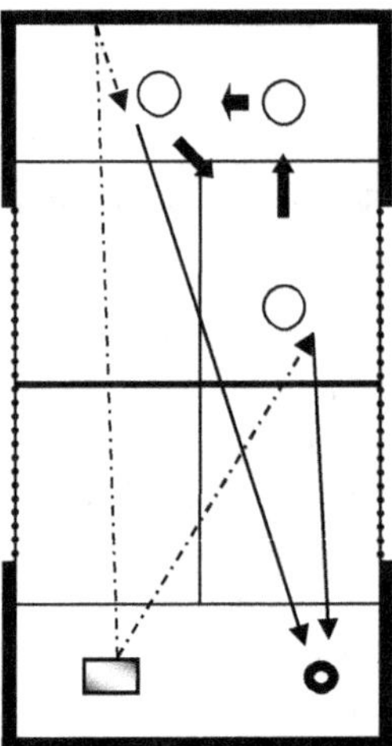

Esercizi 0594   Colpi: SF – V

Obiettivo: Serie di colpi
Sequenza di colpi: SFRX – VD//

Descrizione:
Con più di due giocatori in pista, lavoreremo in tre posizioni. In una faremo un'uscita di fondo di rovescio incrociato, in un'altra volèe di destra parallela e nella successiva ci riposeremo.
Dopo 2 palle si alterna la posizione dei giocatori.

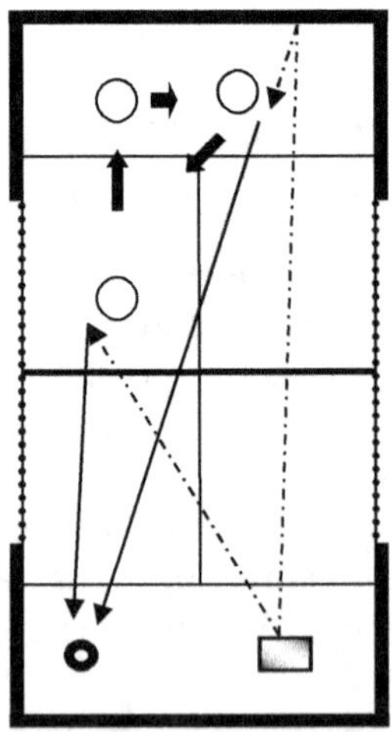

Esercizi 0595   Colpi: SL – V

Obiettivo: Serie di colpi
Sequenza di colpi: SLD// – VRX

Descrizione:
Con più di due giocatori in pista, lavoreremo in tre posizioni. In una faremo un'uscita laterale di destra parallela, in un'altra volèe di rovescio incrociato e nella successiva ci riposeremo.
Dopo 2 palle si alterna la posizione dei giocatori.

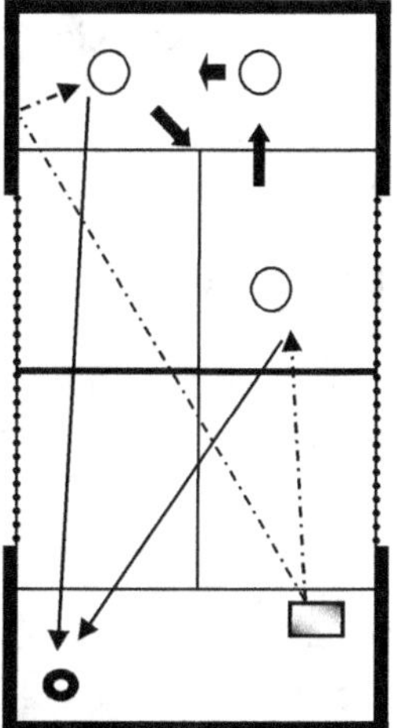

Esercizi 0596   Colpi: SL – V

Obiettivo: Serie di colpi
Sequenza di colpi: SLR// – VDX

Descrizione:
Con più di due giocatori in pista, lavoreremo in tre posizioni. In una faremo un'uscita laterale di rovescio parallela, in un'altra volèe di destra crociata e nella successiva ci riposeremo.
Dopo 2 palle si alterna la posizione dei giocatori.

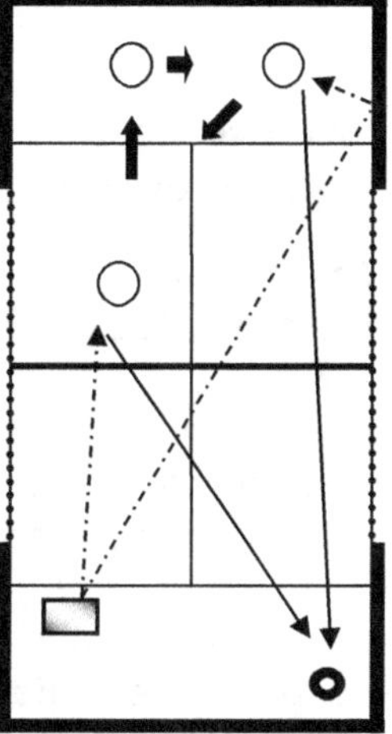

Esercizi 0597   Colpi: SL – V

Obiettivo: Controllo di volèe
Sequenza di colpi: SLRX – V//

Descrizione:
Posizionati due giocatori in fondo alla pista e uno in rete, i giocatori in fondo alla pista eseguiranno un'uscita laterale a rovescio contro il giocatore in rete. Dopo ogni colpo, toccheranno il cono posto accanto a loro. Il giocatore della rete, effettuerà voli paralleli ai coni dello sfondo della pista, sia di destra che di rovescio.
Dopo 20 palle si alterna la posizione dei giocatori.

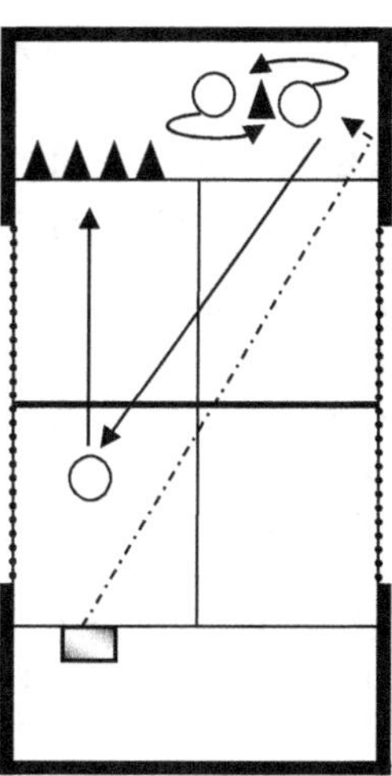

Esercizi 0598   Colpi: SL – V

Obiettivo: Controllo di volèe
Sequenza di colpi: SLDX – V//

Descrizione:
Posizionati due giocatori in fondo alla pista e uno in rete, i giocatori in fondo alla pista faranno un'uscita laterale a destra contro il giocatore in rete. Dopo ogni colpo, toccheranno il cono posto accanto a loro. Il giocatore della rete, effettuerà voli paralleli ai coni dello sfondo della pista, sia di destra che di rovescio.
Dopo 20 palle si alterna la posizione dei giocatori.

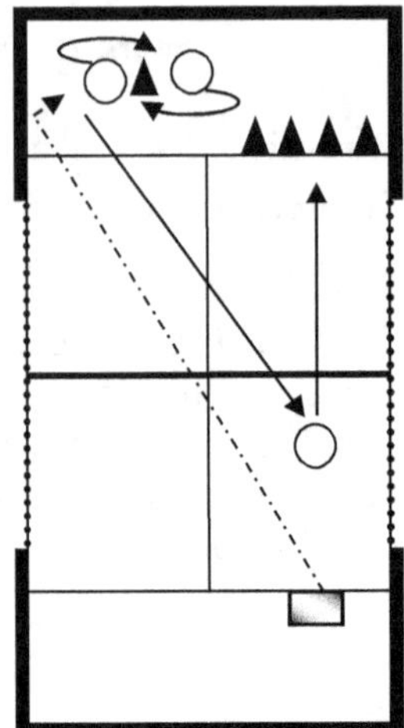

Esercizi 0599   Colpi: SF – V

Obiettivo: Controllo di volèe
Sequenza di colpi: SFDX – V//

Descrizione:
Posizionati due giocatori in fondo alla pista e uno in rete, i giocatori in fondo alla pista eseguiranno un'uscita di background da destra contro il giocatore in rete. Dopo ogni colpo, toccheranno il cono posto accanto a loro. Il giocatore della rete, effettuerà voli paralleli ai coni dello sfondo della pista, sia di destra che di rovescio.
Dopo 20 palle si alterna la posizione dei giocatori.

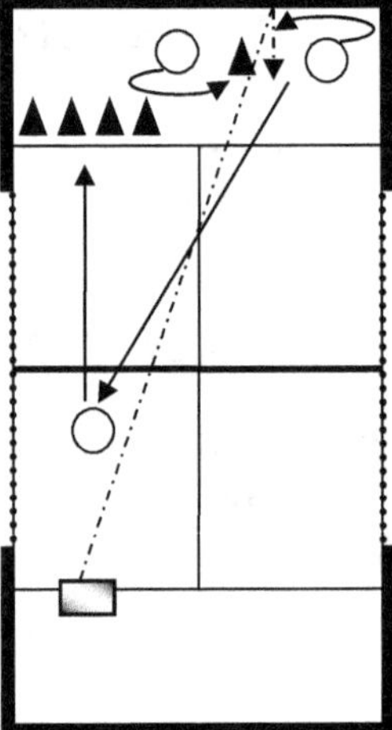

Esercizi 0600   Colpi: SF – V

Obiettivo: Controllo di volèe
Sequenza di colpi: SFRX – V//

Descrizione:
Posizionati due giocatori in fondo alla pista e uno in rete, i giocatori in fondo alla pista eseguiranno un output di fondo a rovescio incrociato contro il giocatore in rete. Dopo ogni colpo, toccheranno il cono posto accanto a loro. Il giocatore della rete, effettuerà voli paralleli ai coni dello sfondo della pista, sia di destra che di rovescio.
Dopo 20 palle si alterna la posizione dei giocatori.

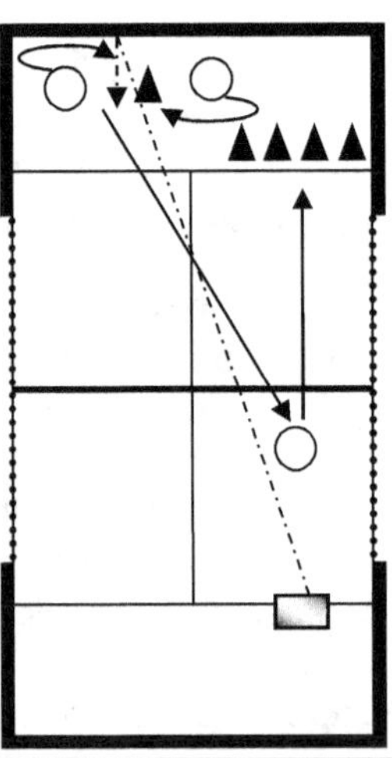

Esercizi 0601   Colpi: SF – V

Obiettivo: Serie di colpi
Sequenza di colpi: SFDX – VDX

Descrizione:
Posizionato in fondo alla pista, il giocatore effettuerà un'uscita di fondo a destra incrociata, salirà sulla rete e farà un volo a destra incrociata, con l'obiettivo del marchio situato in fondo alla pista.
Dopo 10 palle si cambia giocatore.

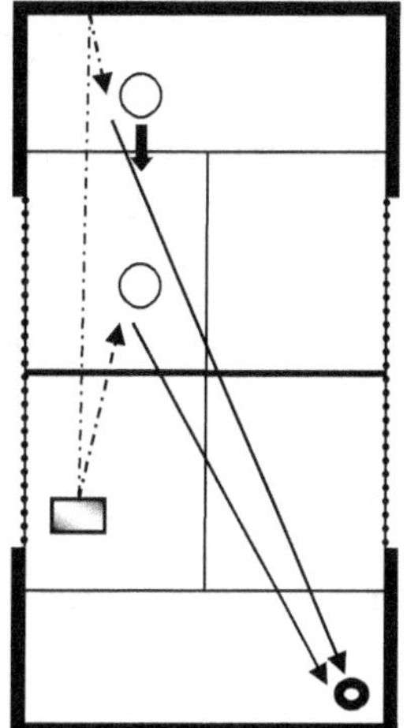

Esercizi 0602   Colpi: SF – V

Obiettivo: Serie di colpi
Sequenza di colpi: SFRX – VRX//

Descrizione:
Posizionato in fondo alla pista, il giocatore eseguirà un output di fondo a rovescio incrociato, salirà sulla rete e farà un rovescio incrociato, con l'obiettivo del marchio situato in fondo alla pista.
Dopo 10 palle si cambia giocatore.

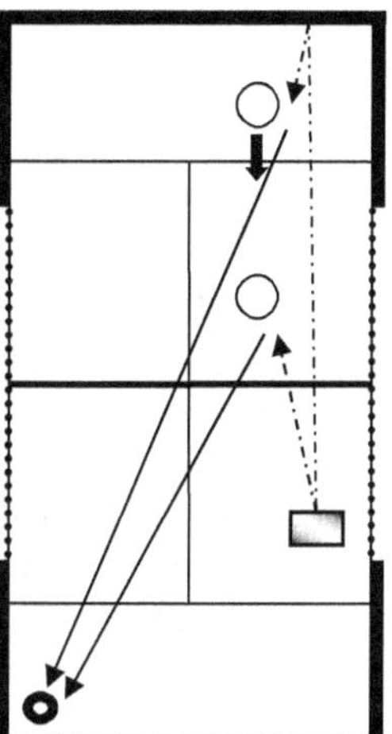

Esercizi 0603   Colpi: SL – V

Obiettivo: Serie di colpi
Sequenza di colpi: SLDX – VDX

Descrizione:
Posizionato in fondo alla pista, il giocatore eseguirà un'uscita laterale a destra con la quale salirà sulla rete e farà un volo a destra incrociata, con l'obiettivo del marchio situato in fondo alla pista.
Dopo 10 palle si cambia giocatore.

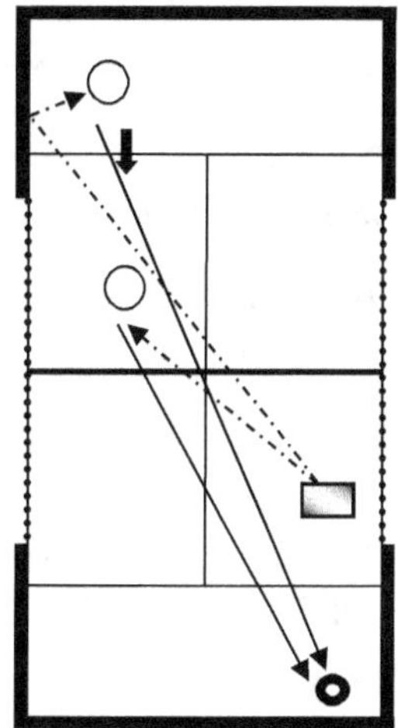

Esercizi 0604   Colpi: SL – V

Obiettivo: Serie di colpi
Sequenza di colpi: SLRX – VRX

Descrizione:
Posizionato in fondo alla pista, il giocatore effettuerà un'uscita laterale a rovescio incrociato con la quale salirà sulla rete e realizzerà un rovescio incrociato, con l'obiettivo del marchio situato in fondo alla pista.
Dopo 10 palle si cambia giocatore.

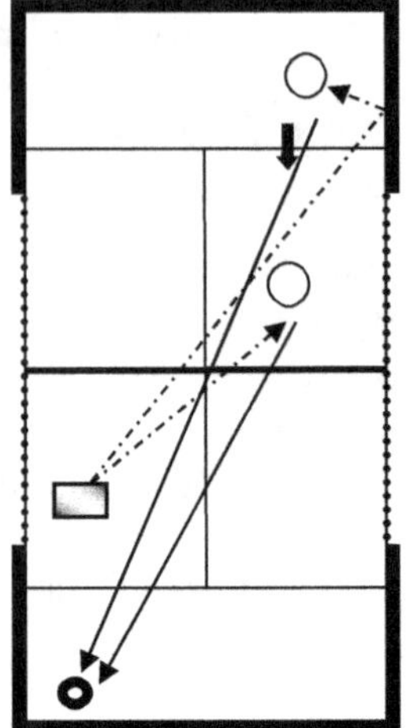

Esercizi 0605   Colpi: CP – V

Obiettivo: Serie di colpi e contro parete parallela
Sequenza di colpi: VDX – VRX – CPD//

Descrizione:
Posto un giocatore vicino alla rete, effettuerà un volo a destra incrociata e un volo a rovescio incrociato, poi scenderà in diagonale per fare una contro parete a destra parallela, con l'obiettivo del marchio situato in fondo alla pista.
Dopo 12 palle si cambia giocatore.

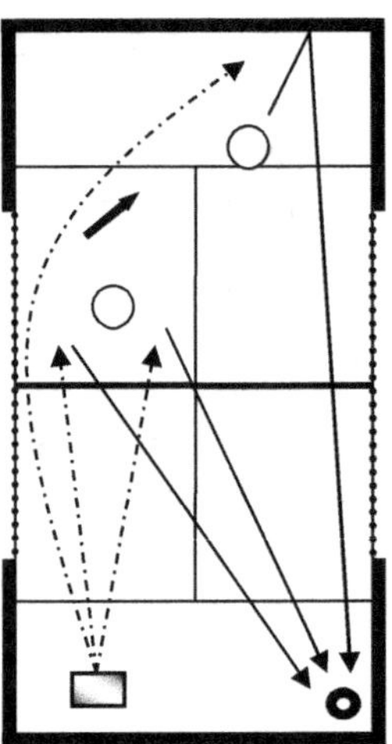

Esercizi 0606   Colpi: CP – V

Obiettivo: Serie di colpi e contro parete parallela
Sequenza di colpi: VDX – VRX – CPR//

Descrizione:
Posto un giocatore vicino alla rete, effettuerà un volo a destra incrociata e una volèe a rovescio incrociato, poi scenderà in diagonale per fare una contro parete a rovescio parallela, con l'obiettivo del marchio situato in fondo alla pista.
Dopo 12 palle si cambia giocatore.

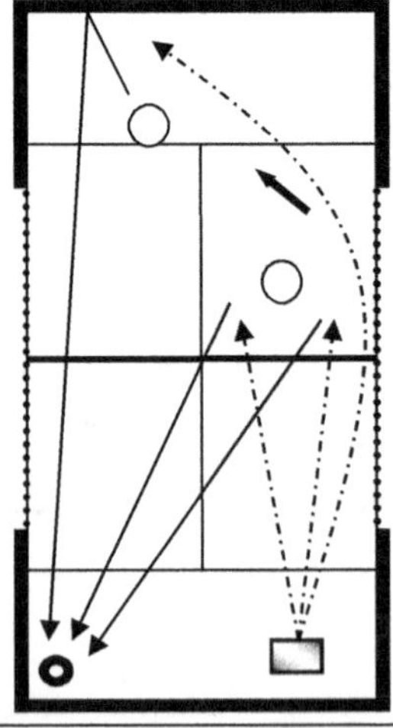

Esercizi 0607   Colpi: CP – V

Obiettivo: Serie di colpi e contro parete incrociata
Sequenza di colpi: VD// – VR// – CPDX

Descrizione:
Situato un giocatore vicino alla rete, realizzerà una volèe di destra parallela e una volèe di rovescio parallela, poi scenderà in diagonale per fare una contro parete a destra incrociata, con l'obiettivo del marchio situato in fondo alla pista.
Dopo 12 palle si cambia giocatore.

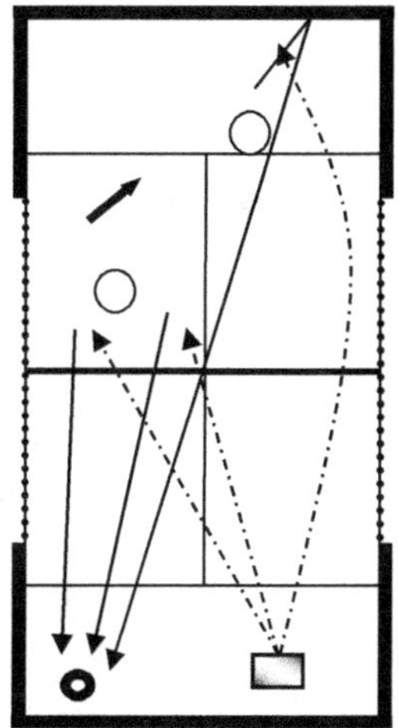

Esercizi 0608   Colpi: CP – V

Obiettivo: Serie di colpi e contro parete incrociata
Sequenza di colpi: VD// – VR// – CPRX

Descrizione:
Situato un giocatore vicino alla rete, realizzerà una volèe di destra parallela e una volèe di rovescio parallela, poi scenderà in diagonale per fare una contro parete a rovescio incrociato, con l'obiettivo del marchio situato in fondo alla pista.
Dopo 12 palle si cambia giocatore.

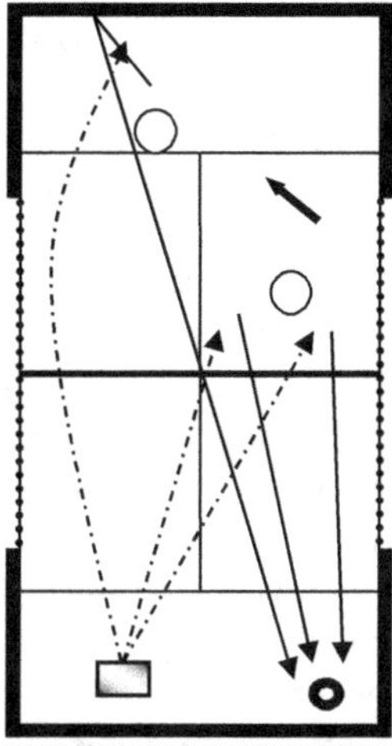

Esercizi 0609   Colpi: SF – V

Obiettivo: Combinazione di colpi con spostamento
Sequenza di colpi: SFDX – 3VRX - SFRX

Descrizione:
Posizionato in fondo alla pista, il giocatore eseguirà un'uscita di background di destra al monitor, salirà al ritorno di questo e farà 3 file di rovescio incrociati. Poi si scende in diagonale per dopo rimbalzo, fare un output di fondo di rovescio incrociato, con l'obiettivo di marchi situati sul fondo della pista.

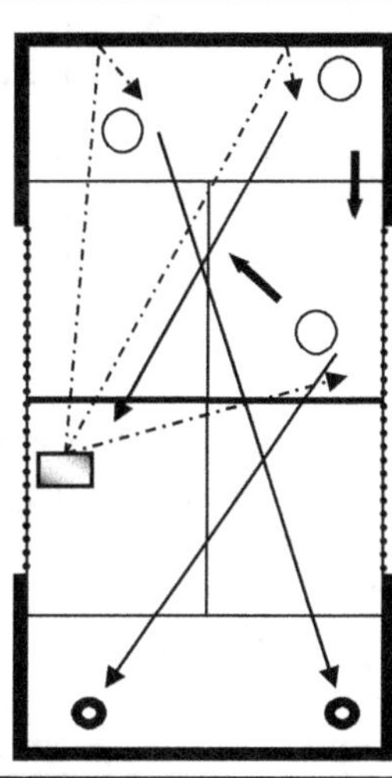

Esercizi 0610   Colpi: SF – V

Obiettivo: Combinazione di colpi con spostamento
Sequenza di colpi: SFRX – 3VDX – SFDX

Descrizione:
Posizionato il giocatore in fondo alla pista, eseguirà un output di fondo di rovescio incrociato al monitor, salirà al ritorno di questo e farà 3 volèe di destra incrociate. Poi scenderà in diagonale per dopo rimbalzo, fare un'uscita di fondo a destra incrociata, con l'obiettivo di marchi situati in fondo alla pista.

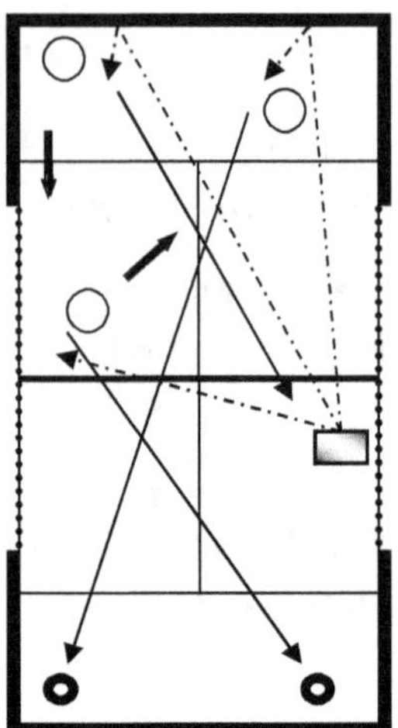

Esercizi 0611   Colpi: SF – SL – V

Obiettivo: Combinazione di colpi con spostamento
Sequenza di colpi: SF-SL-SF-SL-VD-VR-VD-VR

Descrizione:
Combinazione di colpi liberi con un giocatore in fondo alla pista che esegue la seguente serie: uscita di fondo di rovescio, uscita laterale di destra, uscita di fondo di rovescio, uscita laterale di destra, salirà sulla rete e realizzerà una volèe di destra, una volèe de rovescio, una volèe de destra e una volèe de rovescio, dopo di che tornerà in fondo per ripetere il esercizi.
Dopo 16 palle si cambia giocatore.

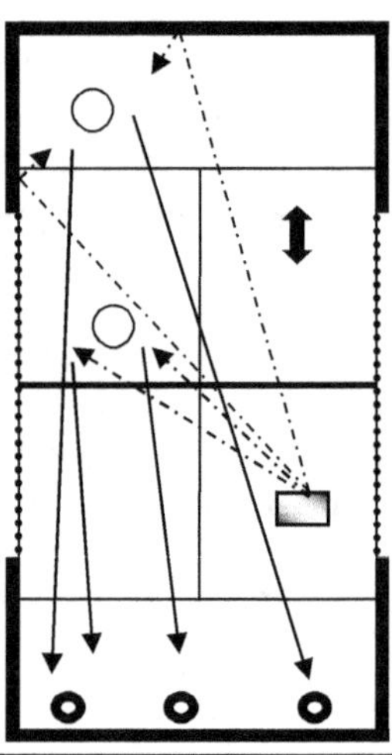

Esercizi 0612   Colpi: SF – SL – V

Obiettivo: Combinazione di colpi con spostamento
Sequenza di colpi: SF-SL-SF-SL-VD-VR-VD-VR

Descrizione:
Combinazione di colpi liberi con un giocatore in fondo alla pista che esegue la seguente serie: uscita di fondo destra, uscita laterale di rovescio, uscita di fondo di destra, uscita laterale di rovescio, salirà sulla rete e realzzerà una volèe di destra, una volèe de rovescio, una volèe de destra e una volèe de rovescio, dopo di che tornerà in fondo per ripetere il esercizi.
Dopo 16 palle si cambia giocatore.

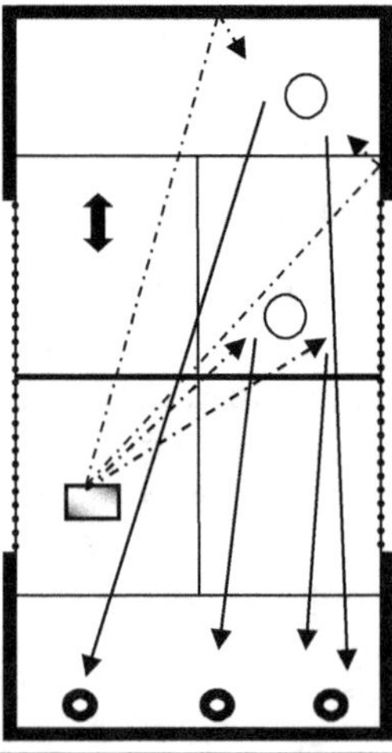

Esercizi 0613   Colpi: SF – V

Obiettivo: Combinazione di colpi
Sequenza di colpi: Combinazione di volèe e SF in parallelo

Descrizione:
Posizionati un giocatore nella rete e un altro in fondo alla pista, il giocatore della rete colpirà di volèe profonda parallela affinchè ci sia rimbalzo e ritornerà alla sua linea di fondo per fare uscita di fondo parallela contro volèe parallela. Il giocatore volerà e tornerà alla sua linea di fondo.
Durata degli esercizi 2

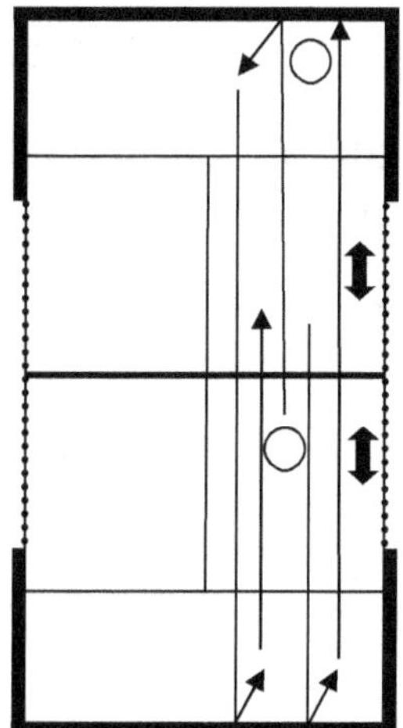

Esercizi 0614   Colpi: SF – V

Obiettivo: Combinazione di colpi
Sequenza di colpi: Combinazione di volèe e SF incrociata

Descrizione:
Collocati un giocatore nella rete e un altro in fondo alla pista, il giocatore della rete colpirà di volèe profonda crociata affinchè ci sia rimbalzo e ritornerà alla sua linea di fondo per fare uscita di fondo incrociata contro volèe crociata. Il giocatore volerà e tornerà alla sua linea di fondo.
Durata degli esercizi 2

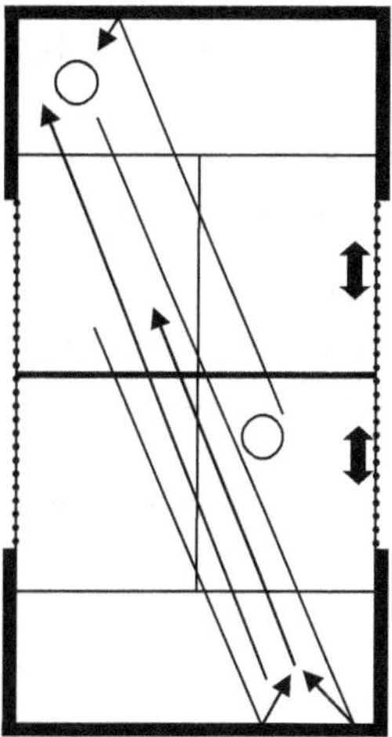

Esercizi 0615   Colpi: SF – SL – V

Obiettivo: Combinazione di colpi
Sequenza di colpi: SFD – SLD – Giro SFD – VRX

Descrizione:
Posizionato in fondo alla pista, il giocatore sferrerà colpi liberi su un'uscita di fondo di destra, un'uscita di lato di destra, un'uscita di fondo di destra, salirà sulla rete e finirà con un rovescio incrociato.

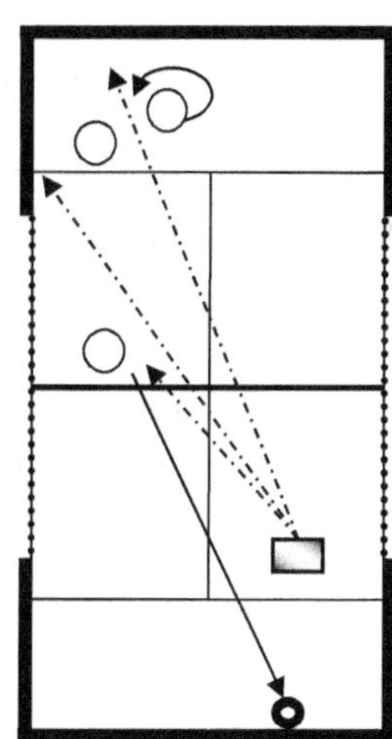

Esercizi 0616   Colpi: SF – SL – V

Obiettivo: Combinazione di colpi
Sequenza di colpi: SFR – SLR - Giro SFR – VD//

Descrizione:
Posizionato in fondo alla pista, il giocatore sferrerà colpi liberi su un'uscita di fondo di rovescio, un'uscita laterale di rovescio, un'uscita di fondo di rovescio, salirà sulla rete e si concluderà con una volate a destra incrociata.

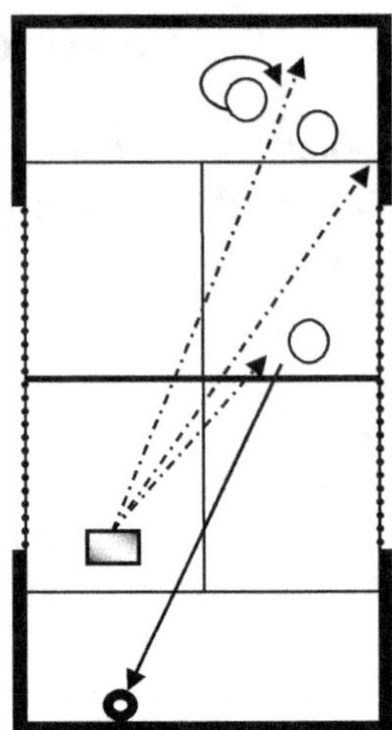

Esercizi 0617   Colpi: SF – SL – V

Obiettivo: Combinazione di colpi
Sequenza di colpi: SFD – SLD - Giro SFD – VR//

Descrizione:
Posizionato in fondo alla pista, il giocatore eseguirà un'uscita di fondo di destra, un'uscita laterale di destra, un giro per un'uscita di fondo di destra e salirà sulla rete per finire con una volèe di rovescio parallela.

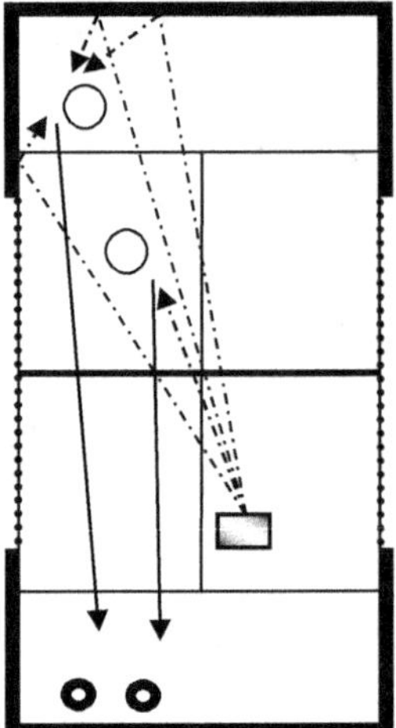

Esercizi 0618   Colpi: SF – SL – V

Obiettivo: Combinazione di colpi
Sequenza di colpi: SFR – SLR - Giro SFR – VD

Descrizione:
Posizionato in fondo alla pista, il giocatore eseguirà un output di fondo di rovescio, un output laterale di rovescio, una rotazione per un output di fondo di rovescio e salirà sulla rete per terminare con una volèe di destra parallela.

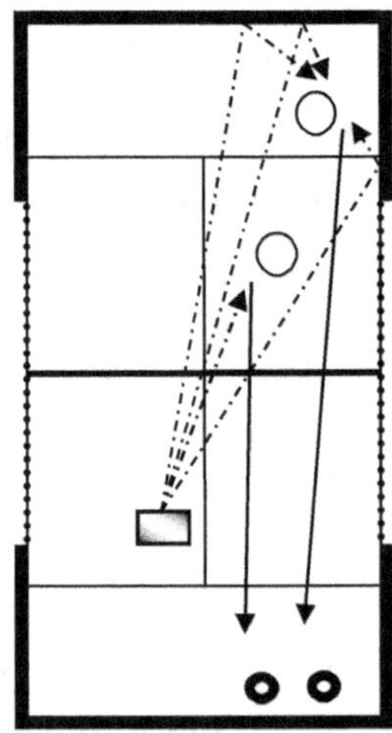

Esercizi 0619   Colpi: CP – V

Obiettivo: Serie di volèe e contro parete
Sequenza di colpi: VR – VR – VR - CPD

Descrizione:
Posizionato il giocatore vicino alla rete, effettuerà una corsa di rovescio al centro della pista e tornerà alla ringhiera per toccare il cono, ripeterà altre due volte e dopo l'ultima, toccherà cono e correrà all'angolo opposto per realizzare una contro parete di destra parallela.
Dopo 12 palle si cambia giocatore.

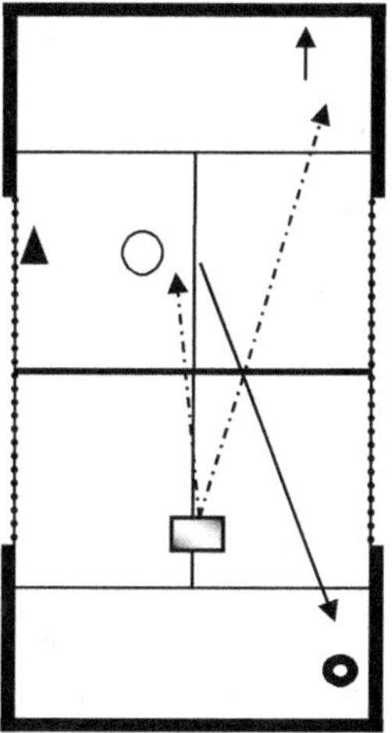

Esercizi 0620   Colpi: CP – V

Obiettivo: Serie di volèe e contro parete
Sequenza di colpi: VD – VD – VD - CPR

Descrizione:
Posizionato il giocatore vicino alla rete, eseguirà un volo di destra al centro della pista e tornerà alla ringhiera per toccare il cono, ripeterà due volte di più e dopo l'ultima, suonerà cono e correrà all'angolo opposto per realizzare una contro parete a rovescio parallelo.
Dopo 12 palle si cambia giocatore.

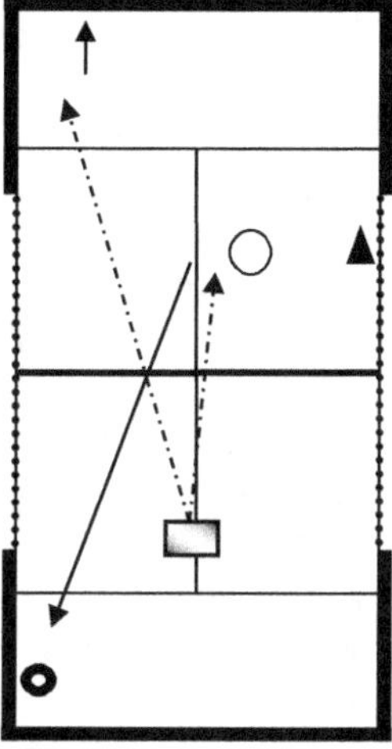

Esercizi 0621   Colpi: CP – V

Obiettivo: Serie di volèe, cadete e contro parete
Sequenza di colpi: VR - VD - Cadete - VD - CP

Descrizione:
Esercizi avanti e indietro. Il giocatore parte dalla posizione di rovescio volando alla mano del monitor sempre alla mano destra. In questo modo ci assicuriamo che l'allievo cerchi l'angolo della ringhiera. Gli lanciamo la palla verso la grata sul lato del drive, per così complicarlo. Ora lo aggiungiamo cadetto come ultima risorsa, poiché a volte quando si arriva molto aperto verso il cancello gli avversari cercano di giocare veloce nel mezzo, torniamo con volèe di destra parallela e ci ritiriamo per fare contro muro.

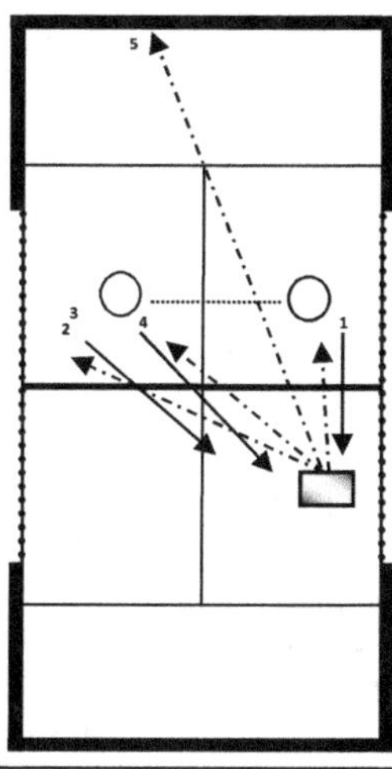

Esercizi 0622   Colpi: CP – V

Obiettivo: Serie di volèe, cadete e contro parete
Sequenza di colpi: Cadete CPD – VR - Lasciata

Descrizione:

Posizionato in fondo alla pista, il giocatore eseguirà un cadetto contro Parete di destra, poi un volo di fondo di rovescio per raggiungere il punto finale sulla rete e tornare alla posizione iniziale con spostamenti frontali per lanciare un altro cadetto e iniziare l'esercizi.
Bisogna essere ben addestrati perché è un esercizio molto complicato.

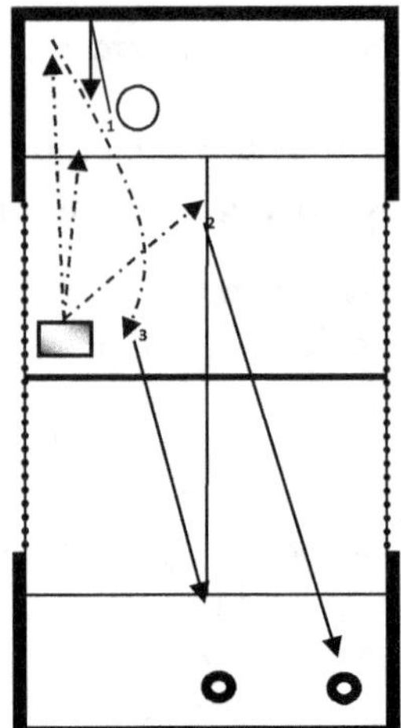

Esercizi 0623   Colpi: CP – V

Obiettivo: Cadete contro parete e lasciata
Sequenza di colpi: Cadete CPR – VD - Lasciata

Descrizione:

Collocato in fondo alla pista, il giocatore eseguirà un cadetto contro Parete de rovescio, poi un volo di fondo di destra per arrivare alla battuta sulla rete e ritornare alla posizione iniziale con spostamenti frontali per lanciare un altro cadetto e iniziare l'esercitazione.
Bisogna essere ben addestrati perché è un esercizio molto complicato.

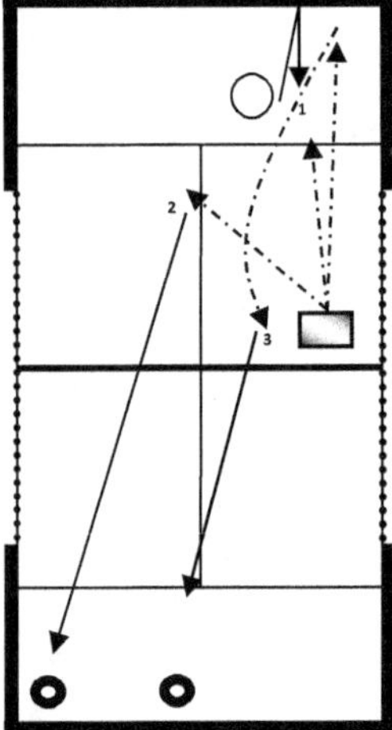

Esercizi 0624   Colpi: SF – V

Obiettivo: Piccola ◻chiquita◻ e recupero
Sequenza di colpi: Chiquita crociata e volèe

Descrizione:

Posizionato un giocatore nella posizione di difesa e un altro vicino alla rete, il giocatore in fondo alla pista inizierà con un output di Parete di rovescio con una piccola croce verso la grata e prova a prendere la rete con essa.
Il giocatore del fondo lavora ad arrivare per mezzo con volèe de rovescio o arrivare con volèe de drive scaricando parallelamente, alla restituzione del giocatore della rete, che alterna al mezzo e crociata.
Dopo 20 palle si alterna la posizione dei giocatori.

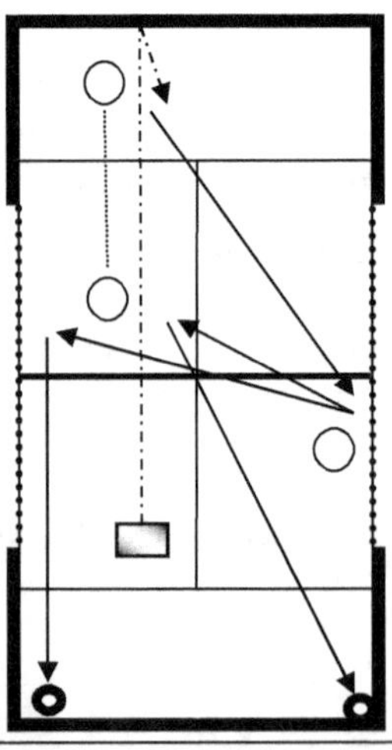

Esercizi 0625   Colpi: SF – V

Obiettivo: Piccola ⬚chiquita⬚ e recupero
Sequenza di colpi: Chiquita crociata e volèe

Descrizione:

Posizionato un giocatore nella posizione di difesa e un altro vicino alla rete, il giocatore in fondo alla pista inizierà con un'uscita da parete di destra con una piccola croce verso la grata e prova a prendere la rete con essa. Il giocatore lavora ad arrivare per mezzo con volèe de destra o con volèe de rovescio scaricando parallelamente alla restituzione del giocatore della rete, che alterna al mezzo e crociata.

Dopo 20 palle si alterna la posizione dei giocatori.

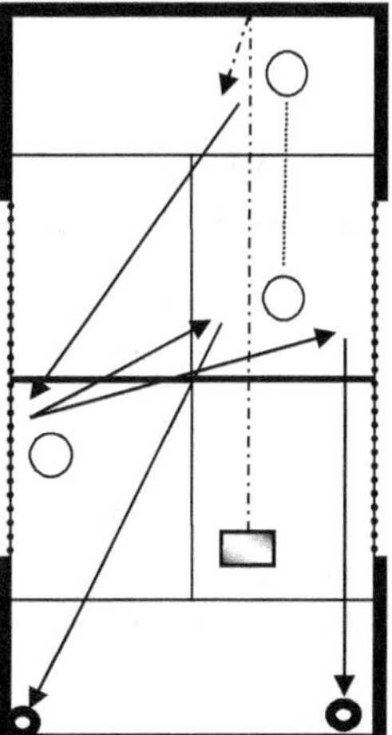

Esercizi 0626   Colpi: CP – V

Obiettivo: Spostamento di volèe
Sequenza di colpi: VRX x3 – CPD//

Descrizione:

Situato il giocatore vicino alla rete, eseguirà 3 rovescio incrociato volèe calpestando il cono nero con il piede destro al momento del colpo. Dopo aver colpito il cono bianco e ripetere l'esercitazione.

Dopo la terza volèe, correrà in diagonale per realizzare una contro Parete di destra parallela.

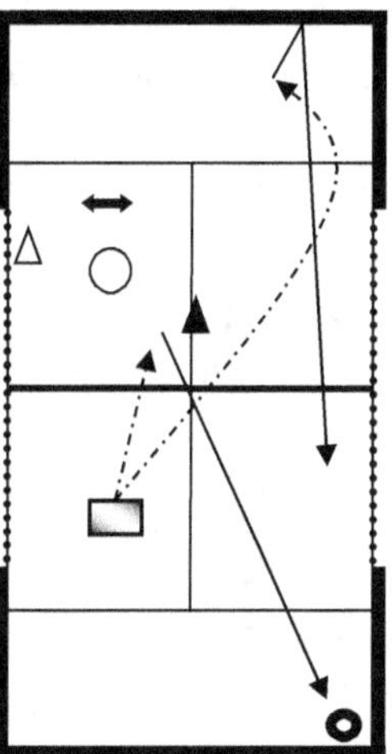

Esercizi 0627   Colpi: CP – V

Obiettivo: Spostamento di volèe
Sequenza di colpi: VDX x3 – CPR//

Descrizione:

Situato il giocatore vicino alla rete, eseguirà 3 volèe a destra incrociata premendo il cono nero con il piede sinistro al momento del colpo. Dopo aver colpito il cono bianco e ripetere l'esercitazione.

Dopo il terzo volo, correrà in diagonale per realizzare una contro parete a rovescio parallelo.

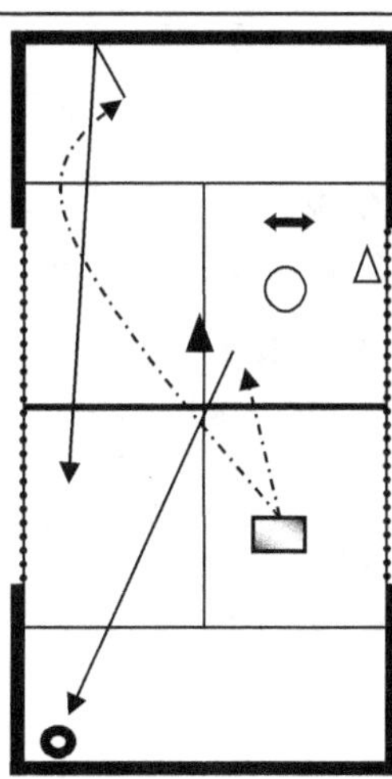

Esercizi 0628 Colpi: SDP – V

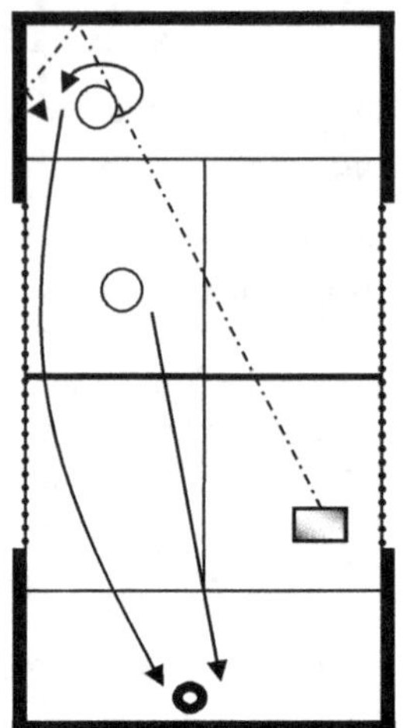

Obiettivo: Uscita parete composita - Progressioni
Sequenza di colpi: SDP con giro GD - VR

Descrizione:
Collocato il giocatore in fondo alla pista, effettuerà un palloncino di destra dopo la rotazione alla palla che rimbalza sulle pareti fondo-laterale, poi sale alla rete per poter contrattaccare con una volèe di rovescio, che è dove più danno ci possono fare.
Dopo 10 palle si cambia giocatore.

Esercizi 0629 Colpi: SDP – V

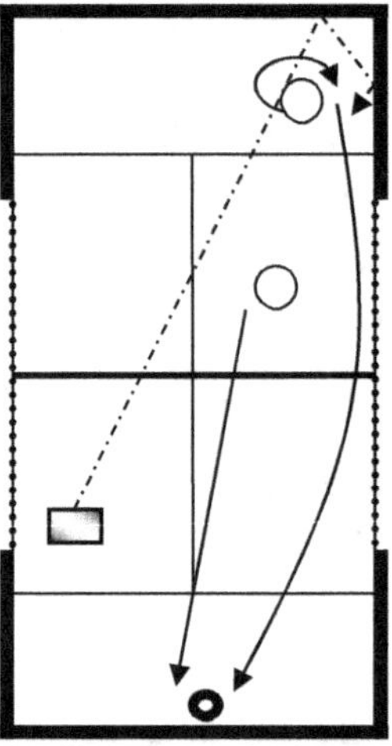

Obiettivo: Uscita parete composita - Progressioni
Sequenza di colpi: SDP con giro GR - VD

Descrizione:
Collocato il giocatore in fondo alla pista, realizzerà un pallone rovescio dopo la rotazione alla palla che rimbalza sulle pareti fondo-laterale, poi sale alla rete per poter contrattaccare con una volèe di rovescio, che è dove più danno ci possono fare.
Dopo 10 palle si cambia giocatore.

Esercizi 0630 Colpi: SDP – V

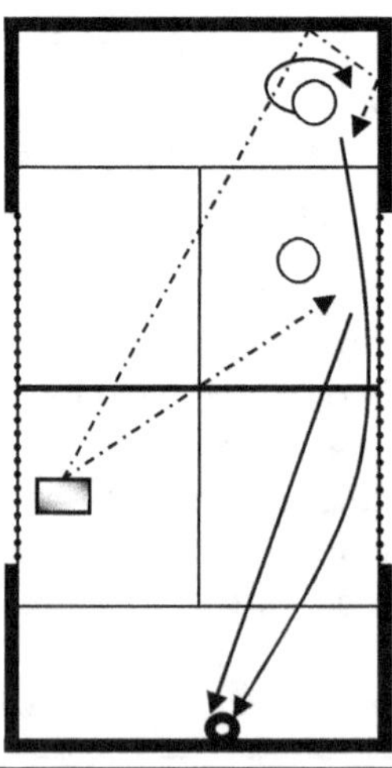

Obiettivo: Uscita palloncino rovescio con giro
Sequenza di colpi: SDP GR - VR

Descrizione:
Situato nel giocatore in posizione di difesa, realizza un'uscita composta di rovescio ⊡2 pareti aprendo⊡ uscendo con palloncino in rovescio e salendo alla rete per fare un volo di rovescio per contrattaccare.
Dopo 10 palle si cambia giocatore.

Esercizi 0631   Colpi: SDP – V

Obiettivo: Uscita palloncino rovescio con giro
Sequenza di colpi: SDP GD - VD

Descrizione:
Situato nel giocatore in posizione di difesa, realizza un'uscita composta di rovescio [2 pareti aprendo] uscendo con palloncino di destra e salendo alla rete per fare un volo di destra per contrattaccare.
Dopo 10 palle si cambia giocatore.

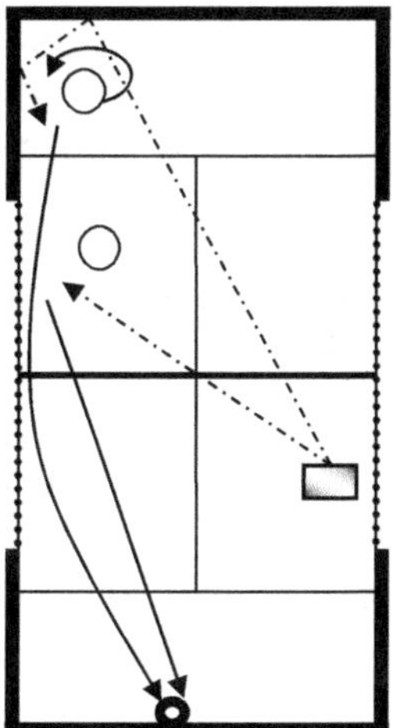

Esercizi 0632   Colpi: SF – V

Obiettivo: Controllo della palla
Sequenza di colpi: SFD - VD

Descrizione:
Situato il giocatore in fondo alla pista, il monitor lancerà le palle contro il muro in modo che il giocatore esegua un'uscita di fondo di destra morbida sopra la barra e, senza che la palla piatto, colpirà una volèe dopo aver evitato l'ostacolo.

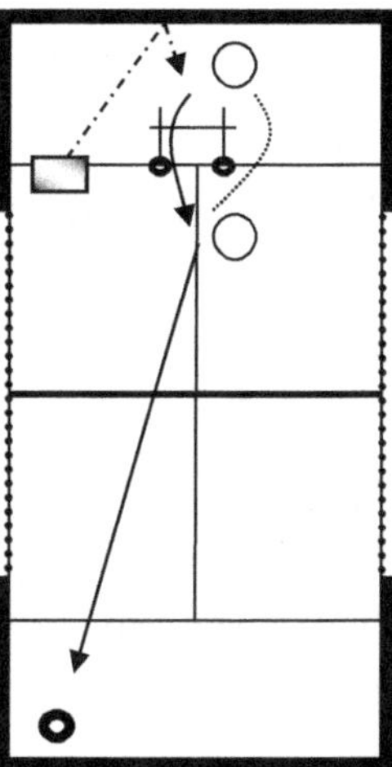

Esercizi 0633   Colpi: SF – V

Obiettivo: Controllo della palla
Sequenza di colpi: SFR - VR

Descrizione:
Posto il giocatore in fondo alla pista, il monitor lancerà le palle contro il muro in modo che il giocatore esegua un'uscita di fondo di rovescio morbido sopra la barra e, senza che la palla piatto, colpirà una volèe dopo aver evitato l'ostacolo.

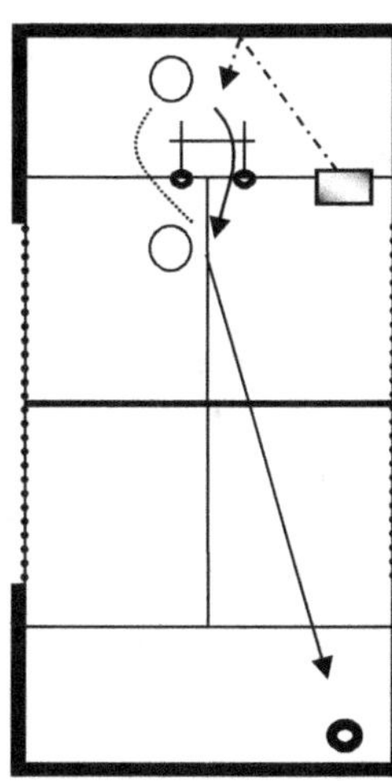

Esercizi 0634   Colpi: SF – CP – V

Obiettivo: Controllo della palla
Sequenza di colpi: SFD – VR – CPR

Descrizione:
Posizionato il giocatore in fondo alla pista, il monitor lancerà le palle contro il muro in modo che il giocatore esegua un'uscita di fondo di rovescio morbido sopra la barra e, senza che la palla piatto, la rimanderà allo stesso posto evitando l'ostacolo per fare una contro Parete di rovescio.

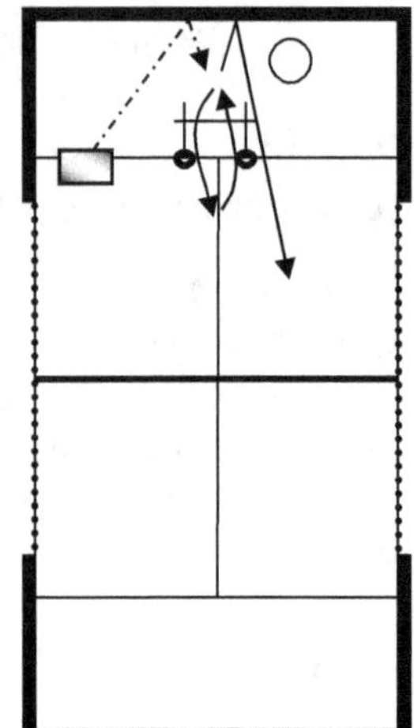

Esercizi 0635   Colpi: SF – CP – V

Obiettivo: Controllo della palla
Sequenza di colpi: SFR – VD – CPD

Descrizione:
Posizionato il giocatore in fondo alla pista, il monitor lancerà le palle contro il muro in modo che il giocatore esegua un'uscita di fondo di rovescio morbido sopra la barra e, senza che la palla piatto, la rimanderà allo stesso posto evitando l'ostacolo per fare una contro Parete di destra.

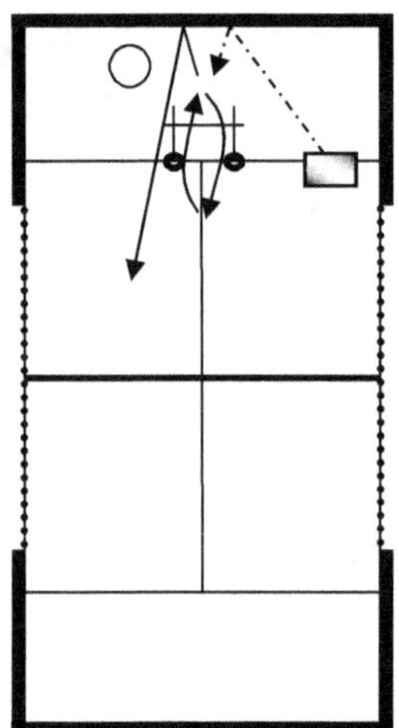

Esercizi 0636   Colpi: V

Obiettivo: Volèe con spotamento
Sequenza di colpi: volèe a cada lado de los conos – CPD//

Descrizione:
Posizionato in fondo alla pista, il giocatore effettuerà una corsa su entrambi i lati dei coni, progredendo in diagonale. Dopo l'ultima corsa, indietreggerà e realizzerà una controparete di destra parallela, con l'obiettivo del marchio situato in fondo alla pista.

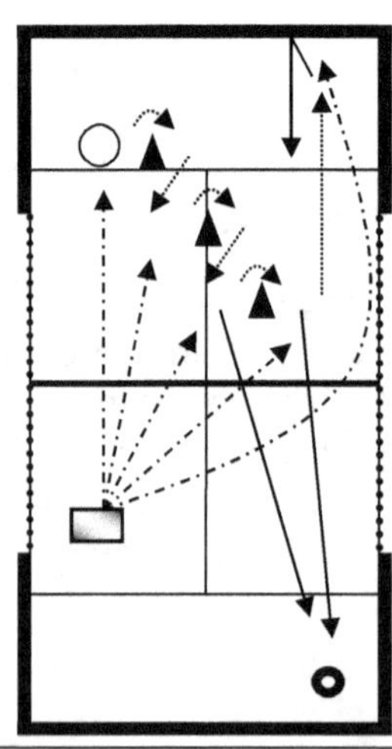

Esercizi 0637   Colpi: V

Obiettivo: Volèe con spotamento
Sequenza di colpi: Volèe su ogni lato dei coni – CPR//

Descrizione:
Posizionato in fondo alla pista, il giocatore effettuerà una corsa su entrambi i lati dei coni, progredendo in diagonale. Dopo l'ultima corsa, indietreggerà e realizzerà una controparete a rovescio parallelo, con lo scopo del marchio situato in fondo alla pista.

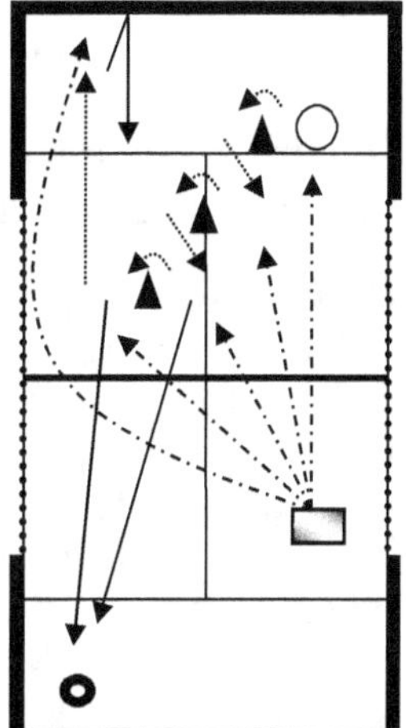

Esercizi 0638   Colpi: SF – V

Obiettivo: Combinazione di colpi
Sequenza di colpi: VDX – VR mezzo – SFRX – V//

Descrizione:
Posto il giocatore vicino alla rete, effettuerà un volo a destra incrociata e una ruota capovolta al centro, poi correrà la diagonale per estrarre un'uscita di fondo a rovescio contro il monitor che restituirà la palla allo studente per eseguire una ruota parallela.

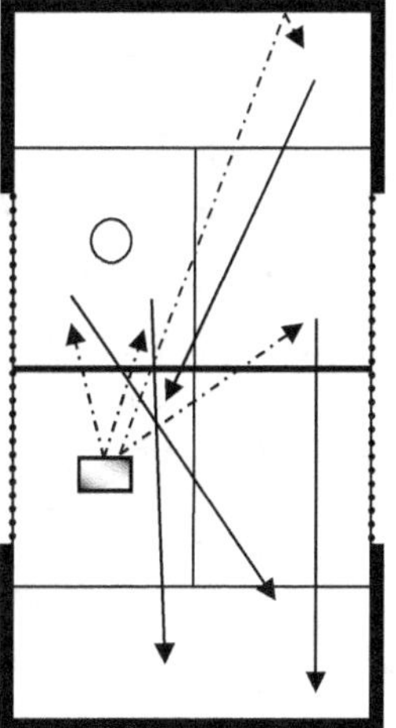

Esercizi 0639   Colpi: SF – V

Obiettivo: Combinazione di colpi
Sequenza di colpi: VRX – VD mezzo – SFDX – V//

Descrizione:
Collocato il giocatore vicino alla rete, effettuerà una volèe di rovescio incrociato e una volèe di destra al centro, quindi correrà la diagonale per estrarre un'uscita di fondo di destra incrociata contro il monitor che restituirà la palla all'allievo affinché realizzi una volèe parallela.

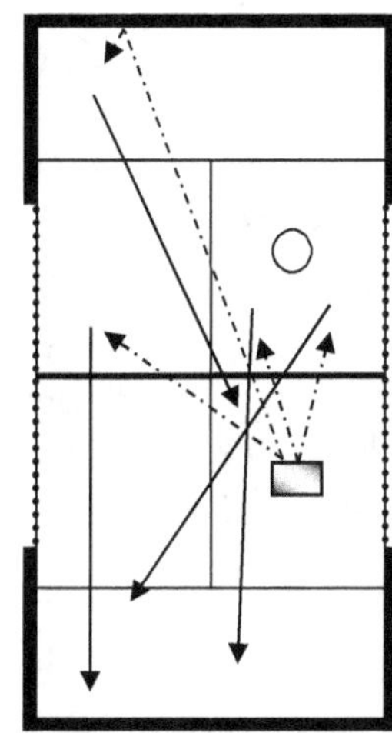

Esercizi 0640   Colpi: CP – V

Obiettivo: Controllo di volèe e contro parete
Sequenza di colpi: VD// - CPD – VR// - CPR

Descrizione:

Colocado el jugador cerca de la red, hará una carrera de derecha paralela, correrá en la parte inferior para hacer una contra pared derecha, subirá en diagonal para hacer un volteo de revés paralelo y volverá al fondo de la pista para hacer una contra pared de revés.

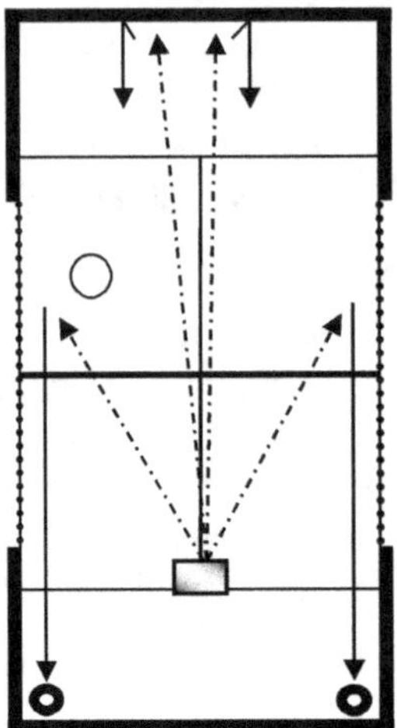

Esercizi 0641   Colpi: CP – V

Obiettivo: Controllo di volèe e contro parete
Sequenza di colpi: VR// - CPR – VD// - CPD

Descrizione:

Situato il giocatore vicino alla rete, effettuerà una corsa di rovescio parallela, correrà in fondo per fare una contro parete di rovescio, salirà in diagonale per fare una volèe di destra parallela e tornerà in fondo alla pista per fare una contro parete di destra.

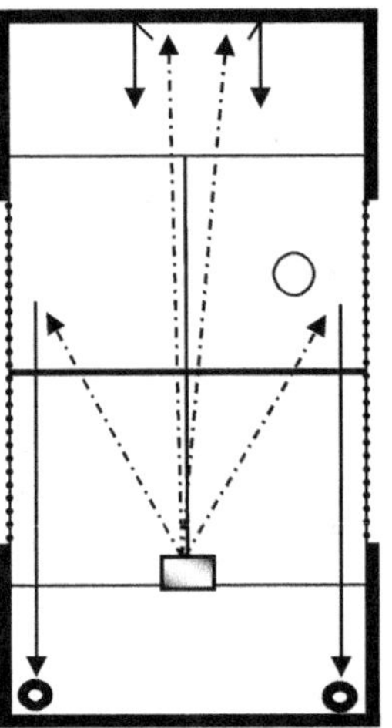

Esercizi 0642   Colpi: SF – V

Obiettivo: Difesa con volèe e uscite da parete
Sequenza di colpi: VR// - SFDX

Descrizione:

Posizionato in fondo alla pista, il giocatore effettuerà voli di rovescio paralleli dal fondo e uscite di fondo a destra incrociate.
Dopo 10 palle si cambia giocatore.

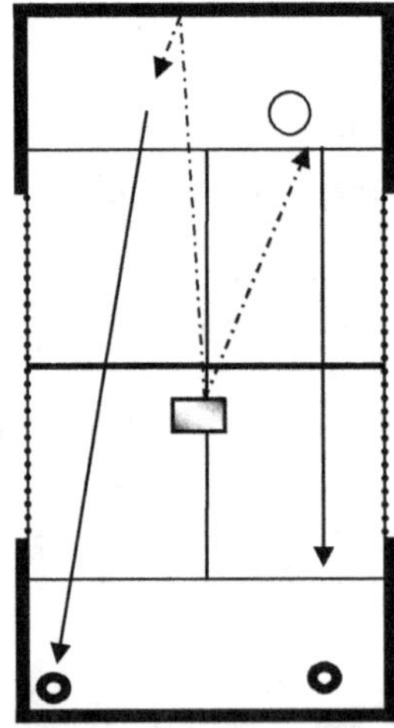

Esercizi 0643   Colpi: SF – V

Obiettivo: Difesa con volèe e uscite da parete
Sequenza di colpi: VD// - SFRX

Descrizione:
Posizionato in fondo alla pista, il giocatore effettuerà voli di destra paralleli dal fondo e uscite di fondo di rovescio incrociate.
Dopo 10 palle si cambia giocatore.

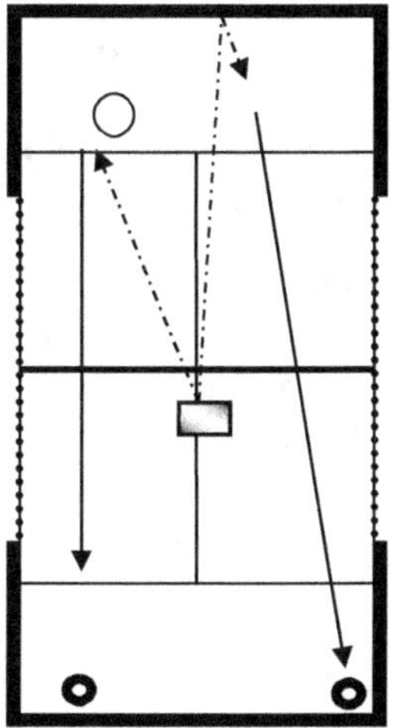

Esercizi 0644   Colpi: CP – V

Obiettivo: Situazione di difesa
Sequenza di colpi: VR - CPR

Descrizione:
Collocato il giocatore in fondo alla pista, il giocatore esce per contrattaccare di rovescio di volèe dal fondo ma rimane lontano dalla parete laterale, quindi per recuperare la posizione deve effettuare una contro parete di rovescio.
Dopo 10 palle si alterna la posizione dei giocatori.

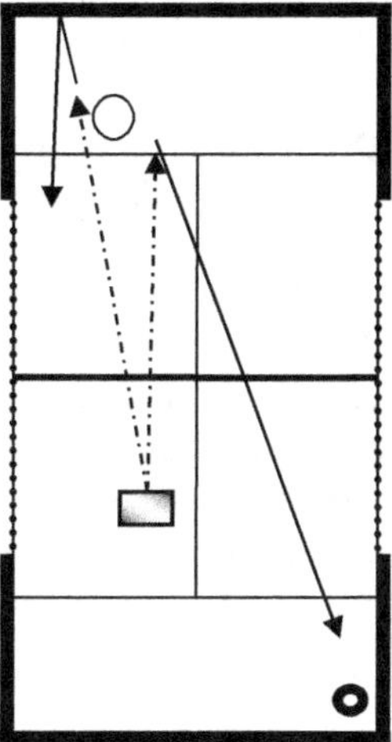

Esercizi 0645   Colpi: CP – V

Obiettivo: Situazione di difesa
Sequenza di colpi: VD - CPD

Descrizione:
Collocato il giocatore in fondo alla pista, il giocatore sale a contrattaccare da destra da dietro ma rimane lontano dalla parete laterale, quindi per recuperare la posizione è necessario eseguire una contro parete destra.
Dopo 10 palle si alterna la posizione dei giocatori.

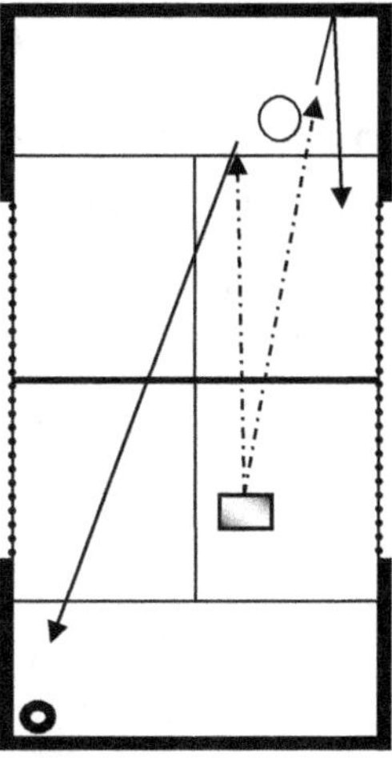

Esercizi 0646   Colpi: SL – V

Obiettivo: Reazione a una situazione
Sequenza di colpi: SLD// - VRX

Descrizione:
Posizionato in posizione difensiva, il giocatore effettua un'uscita laterale di destra parallela e corre al mezzo per fare una corsa di avvicinamento a rovescio incrociato.
Dopo 10 palle si cambia giocatore.

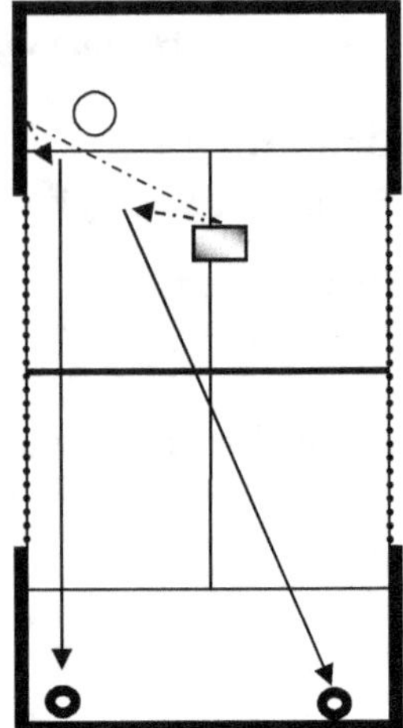

Esercizi 0647   Colpi: SL – V

Obiettivo: Reazione a una situazione
Sequenza di colpi: SLR// - VDX

Descrizione:
Posizionato in posizione di difesa, il giocatore effettua un'uscita laterale a rovescio parallela e corre al mezzo per effettuare una corsa di avvicinamento a destra incrociata.
Dopo 10 palle si cambia giocatore.

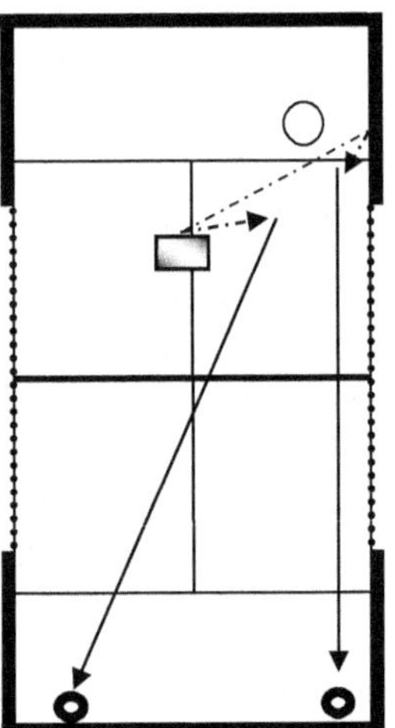

Esercizi 0648   Colpi: SF – V

Obiettivo: Reazione a una situazione
Sequenza di colpi: SFDX – VR//

Descrizione:
Posizionati i giocatori sul lato della pista vicino al cono, si sposteranno in fondo alla pista per fare un'uscita di fondo a destra incrociata e saliranno sulla rete per fare un volo di rovescio parallelo. Poi torneranno in fila.

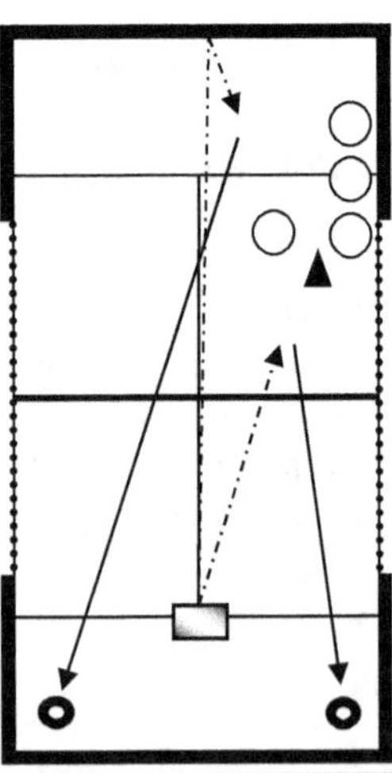

Esercizi 0649   Colpi: SF – V

Obiettivo: Reazione a una situazione
Sequenza di colpi: SFRX – VD//

Descrizione:
Posizionati i giocatori sul lato della pista vicino al cono, si sposteranno in fondo alla pista per fare un'uscita di fondo di rovescio incrociato e saliranno sulla rete per fare una volèe di destra parallela. Poi torneranno in fila.

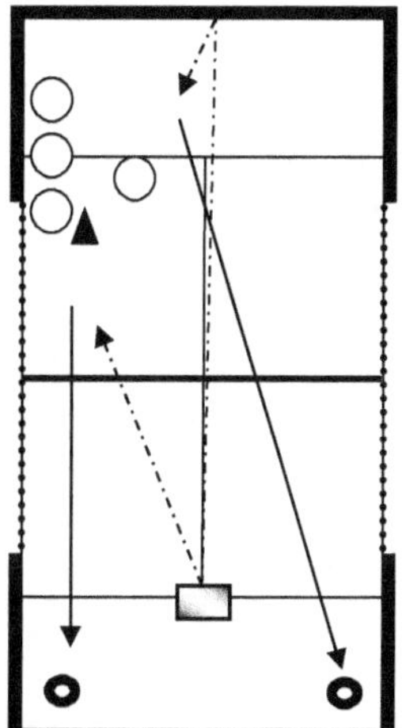

Esercizi 0650   Colpi: SF – V

Obiettivo: Colpi speciali
Sequenza di colpi: SFDX Chiquita – VRX

Descrizione:
Posizionati i giocatori sul lato della pista vicino al cono, si sposteranno in fondo alla pista per fare un'uscita di fondo a destra incrociata piccola e saliranno sulla rete per chiudere il mezzo con una volèe di sciorove crociata. Poi torneranno in fila.

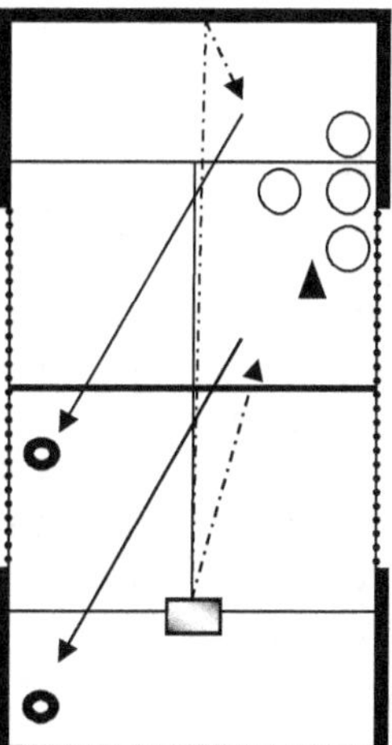

Esercizi 0651   Colpi: SF – V

Obiettivo: Colpi speciali
Sequenza di colpi: SFRX Chiquita – VDX

Descrizione:
Posizionati i giocatori sul lato della pista vicino al cono, si sposteranno in fondo alla pista per fare un'uscita di fondo di rovescio incrociato piccola e saliranno sulla rete per chiudere il mezzo con una volèe a destra incrociata. Poi torneranno in fila.

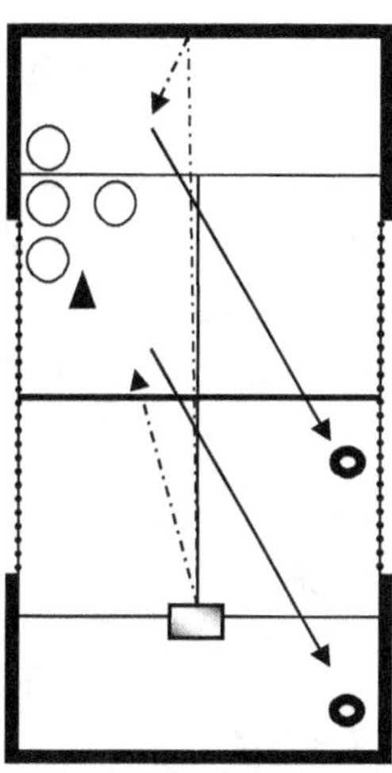

Esercizi 0652   Colpi: SF – Rm

Obiettivo: Reazione a una situazione
Sequenza di colpi: SFDG – SFD – Rinvio Rm

Descrizione:
Collocato il giocatore in fondo alla pista, esegue un pallone da destra ad un'uscita di fondo con una palla bassa, attacca da destra ad una palla alta da una palla di fondo a parete e corre nella rete per fare un ritorno di un remate parallelo.

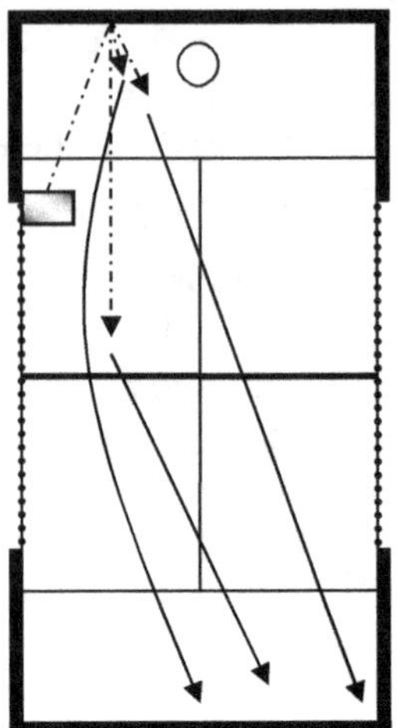

Esercizi 0653   Colpi: SF – Rm

Obiettivo: Reazione a una situazione
Sequenza di colpi: SFGR – SFR – Rinvio Rm

Descrizione:
Ubicado el giocatore en el fondo de la pista, realizará un globo de rovescio a una salida de fondo con una bola baja, atacará de rovescio a una bola alta de una bola de fondo de pared y correrá a la red para hacer una devolución de un remate paralelo.

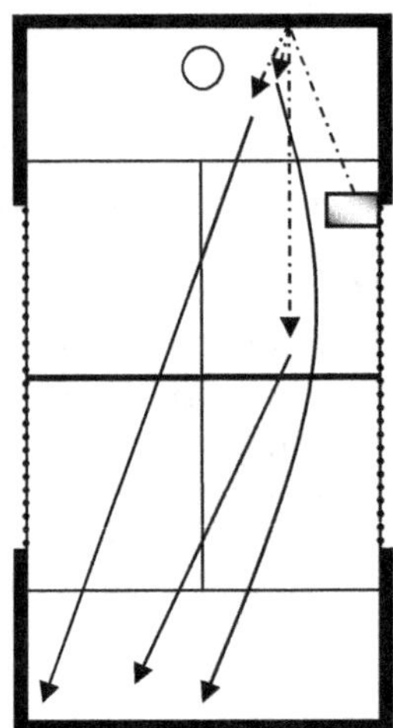

Esercizi 0654   Colpi: CP – V – Rm

Obiettivo: Variazione di colpi con spostamento
Sequenza di colpi: VDX x3 – CPR// – Rm//

Descrizione:
Posizionato vicino alla rete, il giocatore effettuerà 3 voli a destra incrociati schiacciando il cono nero con il piede sinistro al momento del colpo. Dopo aver colpito il cono bianco e ripetere l'esercitazione. Dopo il terzo volo, correrà in diagonale per realizzare una controparete a rovescio parallelo dopo quella che salirà alla rete per fare una battuta parallela.

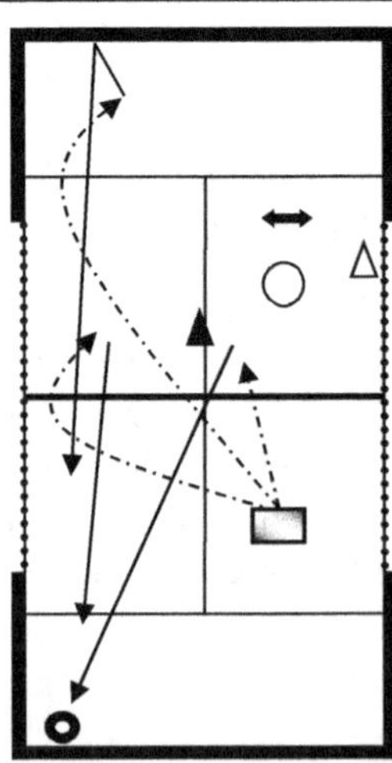

Esercizi 0655   Colpi: CP – V – Rm

Obiettivo: Variazione di colpi con spostamento
Sequenza di colpi: VRX x3 – CPD// – Rm//

Descrizione:

Situato il giocatore vicino alla rete, eseguirà 3 rovescio incrociato volèe calpestando il cono nero con il piede sinistro al momento del colpo. Dopo aver colpito il cono bianco e ripetere l'esercitazione. Dopo la terza volèe, correrà in diagonale per realizzare una contro Parete di destra parallela dopo quella che salirà alla rete per fare una battuta parallela.

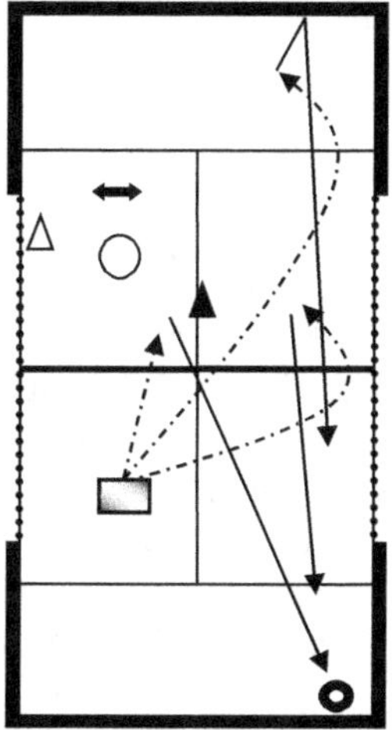

Esercizi 0656   Colpi: SF – V

Obiettivo: Controllo di volèe
Sequenza di colpi: SFRX – V//

Descrizione:

Posizionati due giocatori in fondo alla pista e uno vicino alla rete, i giocatori in fondo alla pista eseguiranno output di fondo di rovescio incrociato contro il giocatore che è nella rete. Dopo ogni colpo, toccheranno il cono posto accanto a loro. Il giocatore della rete, effettuerà voli paralleli ai coni dello sfondo della pista, sia di destra che di rovescio. Dopo 20 palle si alterna la posizione dei giocatori.

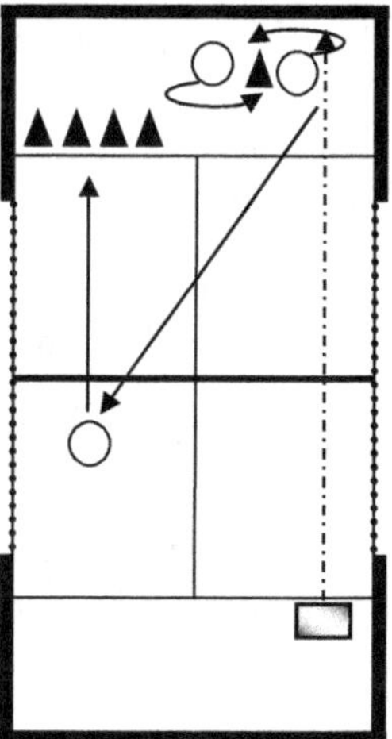

Esercizi 0657   Colpi: SF – V

Obiettivo: Controllo di volèe
Sequenza di colpi: SFDX – V//

Descrizione:

Posizionati due giocatori in fondo alla pista e uno vicino alla rete, i giocatori in fondo alla pista eseguiranno un'uscita di fondo a destra contro il giocatore che è nella rete. Dopo ogni colpo, toccheranno il cono posto accanto a loro. Il giocatore della rete, effettuerà voli paralleli ai coni dello sfondo della pista, sia di destra che di rovescio. Dopo 20 palle si alterna la posizione dei giocatori.

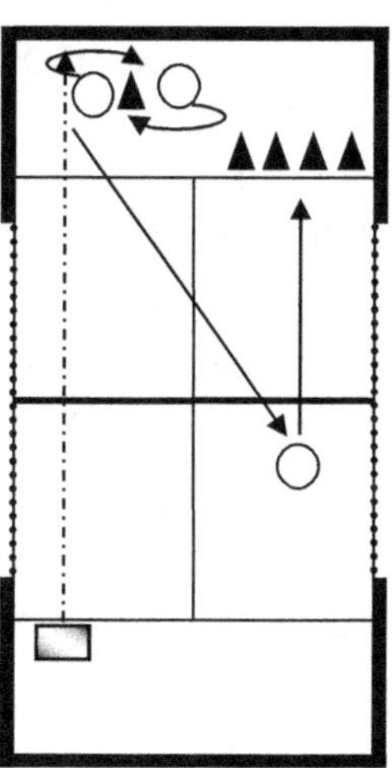

ESERCIZI COMBINATI: PARETE, REMATE

Esercizi 0658   Colpi: CP – Rm

Obiettivo: Reazione a una situazione
Sequenza di colpi: CPX - RmX

Descrizione:
Posizionato il giocatore vicino alla rete, recupera con una contro parete di destra una palla che passa attraverso il centro con poco rimbalzo sul muro e corre in avanti per fare una battuta forte, con l'obiettivo del marchio situato sulla pista.
Dopo 10 palle si cambia giocatore.

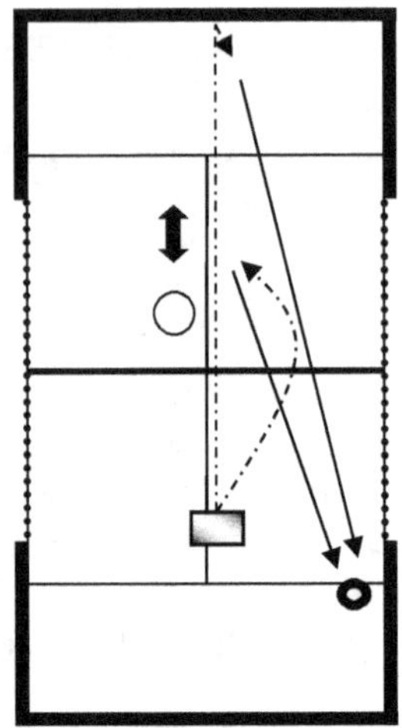

Esercizi 0659   Colpi: CP – Rm

Obiettivo: Reazione a una situazione
Sequenza di colpi: CPX - RmX

Descrizione:
Posizionato il giocatore vicino alla rete, recupera con una controparete rovescio una palla che passa attraverso il centro con poco rimbalzo sul muro e corre in avanti per fare una battuta forte, con l'obiettivo del marchio situato sulla pista.
Dopo 10 palle si cambia giocatore.

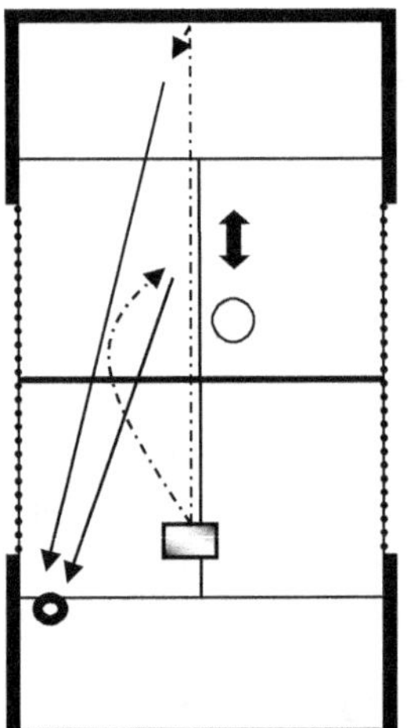

Esercizi 0660   Colpi: CP – Rm

Obiettivo: Reazione a una situazione
Sequenza di colpi: CPD - RmX

Descrizione:
Posizionato il giocatore in fondo alla pista con un ginocchio a terra, recupera una palla con contro un muro di destra e corre in avanti per fare una battuta incrociata. Dopo ogni finitura, si rimette con un ginocchio a terra nella posizione iniziale.
Dopo 10 palle si cambia giocatore.

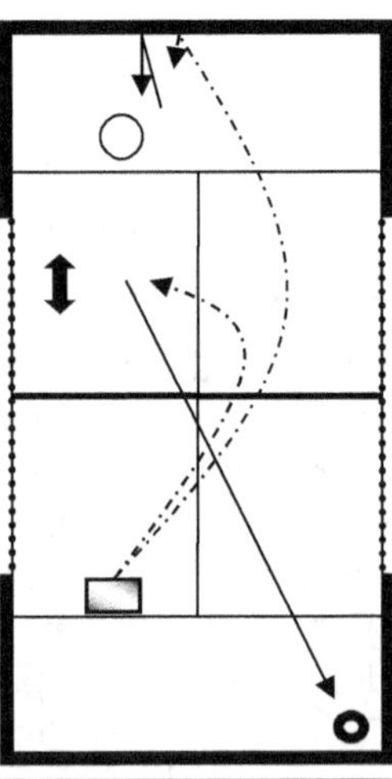

Esercizi 0661   Colpi: CP – Rm

Obiettivo: Reazione a una situazione
Sequenza di colpi: CPR - RmX

Descrizione:

ıcato il giocatore in fondo alla pista con un
:chio a terra, recupera una palla con contro
:e rovescio e corre in avanti per fare una battuta
ciata. Dopo ogni finitura, si rimette con un
:chio a terra nella posizione iniziale.
ɔ 10 palle si cambia giocatore.

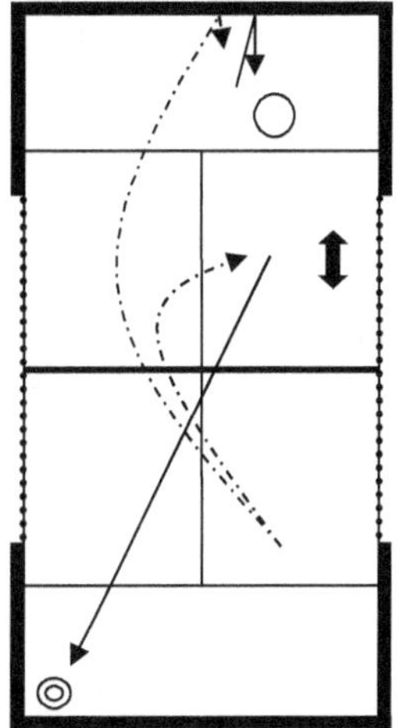

Esercizi 0662   Colpi: SF – SL – Rm

Obiettivo: Anticipare colpi
Sequenza di colpi: SFR – SLD – Rinvio Rm

Descrizione:

:ionato il giocatore in fondo alla pista, il
itor lancerà palline da vicino in modo che i
ıtori eseguano un output di fondo di rovescio e
utput laterale di destra. Poi il monitor esegue
battuta a quello che i giocatori anticipano per
:uire la palla prima che tocchi terra o superi la

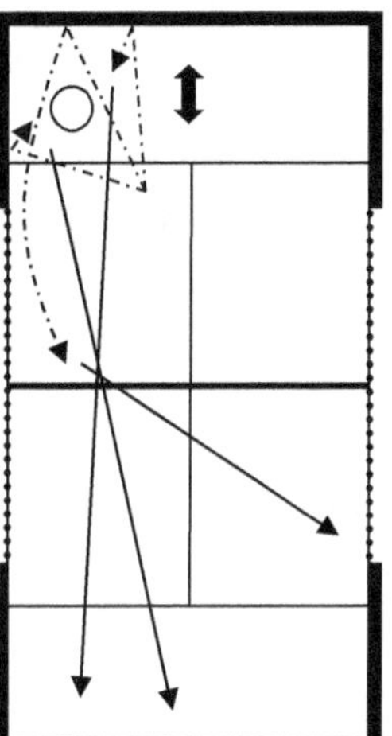

:ttivo: Anticipare colpi
ıenza di colpi: SFD – SLR – Rinvio Rm

rizione:

ɔ il giocatore in fondo alla pista, il monitor
:rà palline da vicino in modo che i giocatori
uano un'uscita di fondo destra e un'uscita
ɔle di rovescio. Poi il monitor esegue una
ıta a quello che i giocatori anticipano per
:uire la palla prima che tocchi terra o superi la

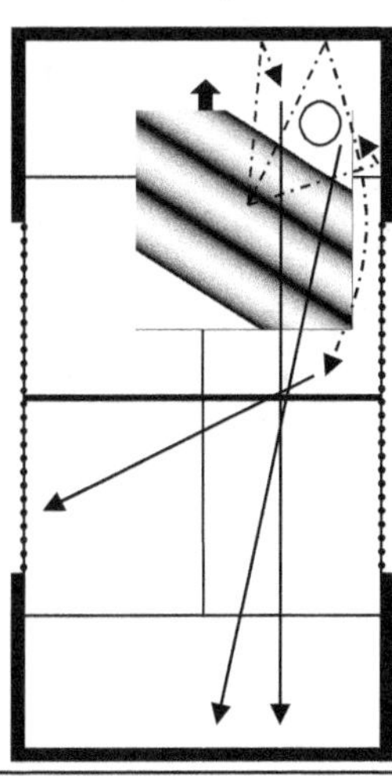

Esercizi 0664   Colpi: SF – SL – Rm

Obiettivo: Reazione a una situazione
Sequenza di colpi: SFR – SLD – SFD – Rm //

Descrizione:
Posizionato in fondo alla pista, il giocatore sferrerà colpi liberi su un'uscita di fondo di rovescio, un'uscita laterale di destra, un'uscita di fondo di destra, salirà sulla rete e terminerà con un'uscita di potenza parallela.

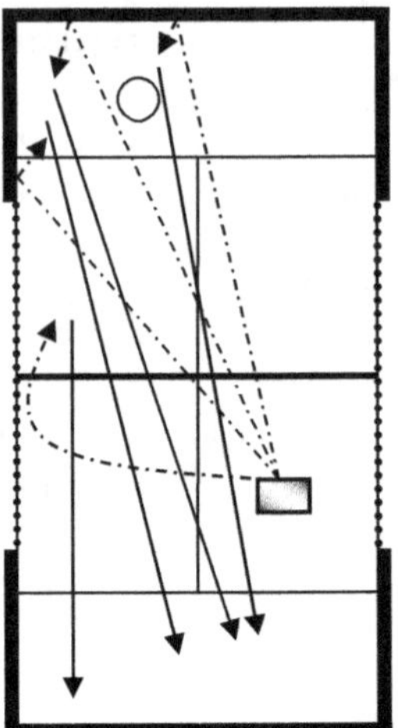

Esercizi 0665   Colpi: SF – SL – Rm

Obiettivo: Reazione a una situazione
Sequenza di colpi: SFD – SLR – SFR – Rm//

Descrizione:
Situato in fondo alla pista, il giocatore lancerà colpi liberi in un'uscita di background destro, un'uscita di background laterale, un'uscita di background, salirà sulla rete e finirà con una uscita di potenza parallela.

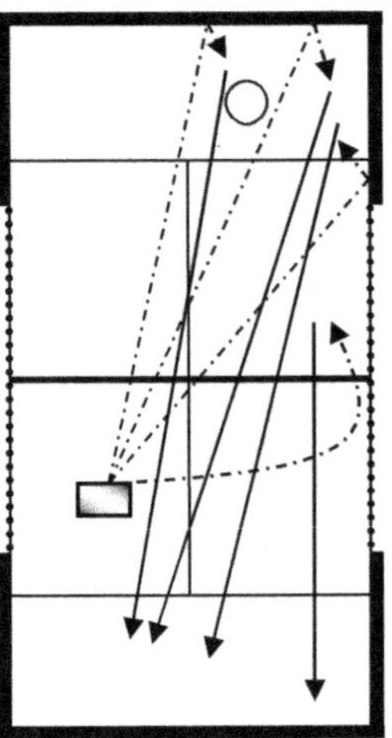

Esercizi 0666   Colpi: SF – SL – Rm

Obiettivo: Reazione a una situazione
Sequenza di colpi: SFR – SLD – SFD – RmX

Descrizione:
Posizionato in fondo alla pista, il giocatore eseguirà un output di fondo di rovescio, un'uscita laterale di destra e un'uscita di fondo di destra con la quale salirà sulla rete per finire con una battuta incrociata.

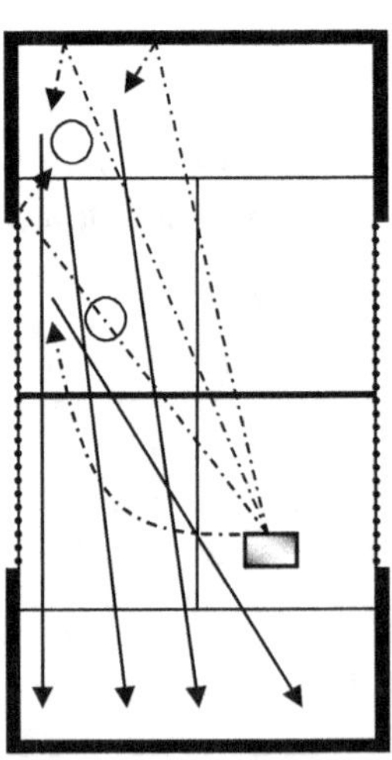

EDITORIAL WANCEULEN

Esercizi 0667   Colpi: SF – SL – Rm

Obiettivo: Reazione a una situazione
Sequenza di colpi: SFD – SLR – SFR – RmX

Descrizione:

Posizionato in fondo alla pista, il giocatore esegue un'uscita di fondo di destra, un'uscita laterale di rovescio e un'uscita di fondo di rovescio con cui salirà sulla rete per finire con una battuta incrociata.

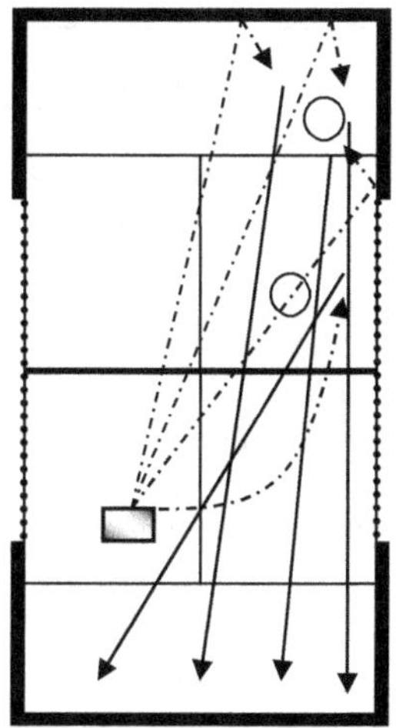

Esercizi 0668   Colpi: SF – SL – Rm

Obiettivo: Reazione a una situazione
Sequenza di colpi: SFR – SLD – Rinvio Rm

Descrizione:

Posizionato in fondo alla pista, il giocatore eseguirà un output di fondo di rovescio, un'uscita laterale di destra e correrà alla rete per cercare di restituire un'estremità parallela del monitor prima che la palla superi la rete.

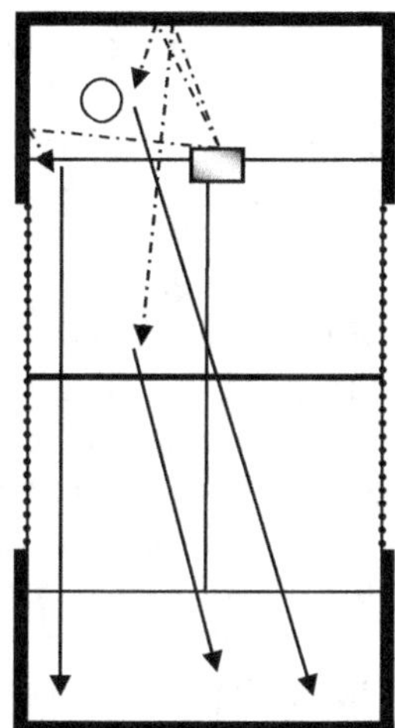

Esercizi 0669   Colpi: SF – SL – Rm

Obiettivo: Reazione a una situazione
Sequenza di colpi: SFD – SLR – Rinvio Rm

Descrizione:

Posizionato in fondo alla pista, il giocatore esegue un'uscita in background di destra, un'uscita laterale di rovescio e corre alla rete per cercare di restituire un'estremità parallela del monitor prima che la palla superi la rete.

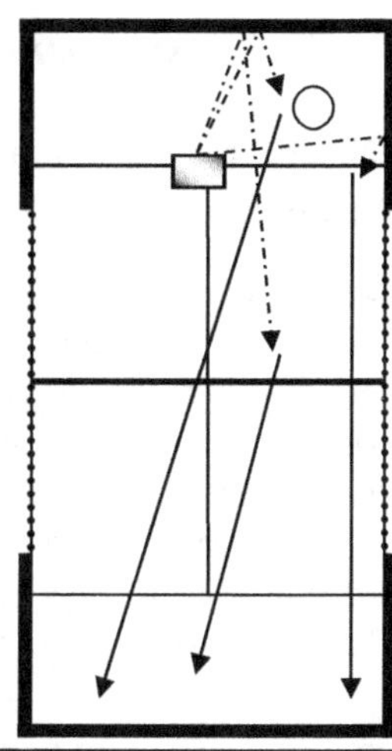

ESERCIZI COMBINATI: PARETE, BANDEJA

Esercizi 0670   Colpi: SF – Bd

obiettivo: Bloccaggio del vassoio
Sequenza di colpi: SFR GX – BdX - Bloccaggio

Descrizione:
Di fronte a due giocatori in crossover, uno in fondo alla pista e l'altro vicino alla rete, il giocatore in fondo alla pista realizzerà un output di fondo in rovescio con palloncino incrociato e salirà in rete per bloccare il vassoio crociato che il suo compagno ha realizzato. Il giocatore che esegue i vassoi, alternerà i vassoi al centro e i vassoi alla grata.
Dopo 20 palle si alterna la posizione dei giocatori.

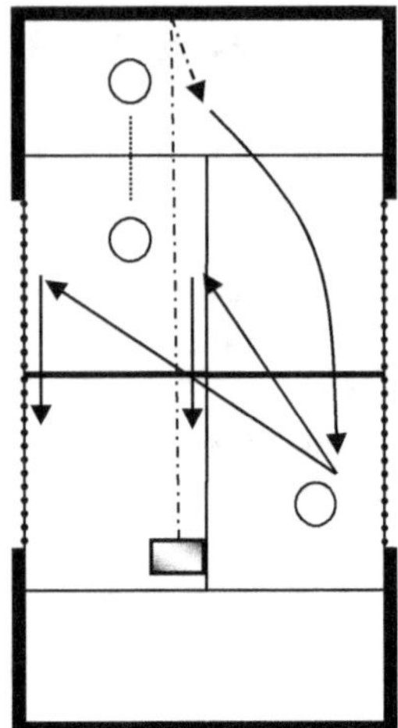

Esercizi 0671   Colpi: SF – Bd

obiettivo: Bloccaggio del vassoio
Sequenza di colpi: SFD GX – BdX - Bloccaggio

Descrizione:
Di fronte a due giocatori in crossover, uno in fondo alla pista e l'altro vicino alla rete, il giocatore in fondo alla pista realizzerà un'uscita di fondo di destra con Palloncino crossover e salirà in rete per bloccare il vassoio crociato che il suo compagno ha fatto. Il giocatore che esegue i vassoi, alternerà i vassoi al centro e i vassoi alla grata.
Dopo 20 palle si alterna la posizione dei giocatori.

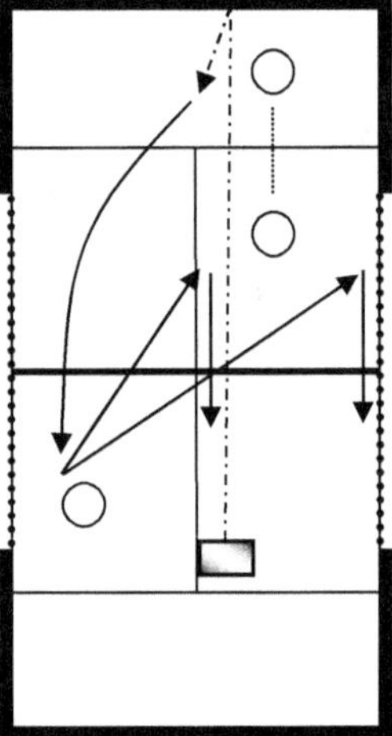

Esercizi 0672   Colpi: SF – Bd

Obiettivo: Situazione di partito
Sequenza di colpi: SFR GX – BdX – Bloccaggio

Descrizione:
Di fronte a due giocatori in crossover, uno in fondo alla pista e l'altro vicino alla rete, il giocatore in fondo alla pista realizzerà un output di fondo di rovescio con palloncino incrociato e salirà al blocco del vassoio crociato che il suo compagno gli getterà. Continueranno a giocare fino alla fine del gioco.
Dopo 20 palle si alterna la posizione dei giocatori.

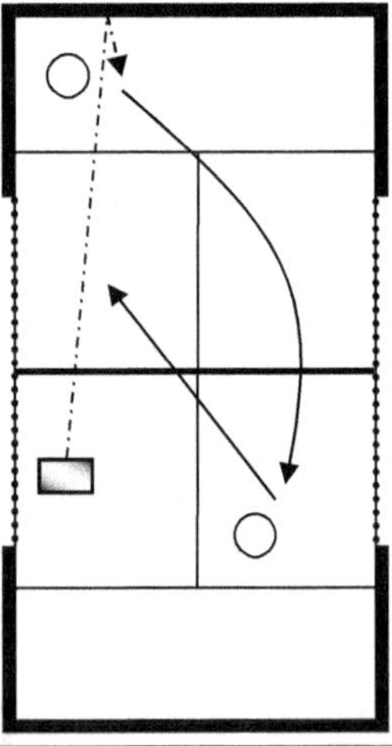

ESERCIZI COMBINATI: PARETE, VOLÈE, REMATE

Esercizi 0673   Colpi: SL – Bd

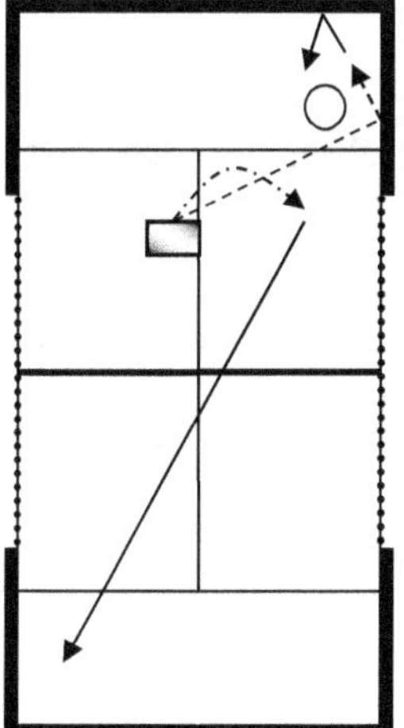

Obiettivo: Situazione di partito
Sequenza di colpi: SL CPD - BDX

Descrizione:
Posizionato in fondo alla pista, il giocatore lascia passare la palla sotto le gambe per colpire la parete laterale, dopo di che, si girerà e farà una contro parete destra. Poi salirà per fare un vassoio incrociato.
Il giocatore torna alla posizione iniziale e dopo 10 palle cambia giocatore. Poi si può fare sul lato opposto con controparete rovescio e vassoio incrociato.

Esercizi 0674   Colpi: SF – G – Rm

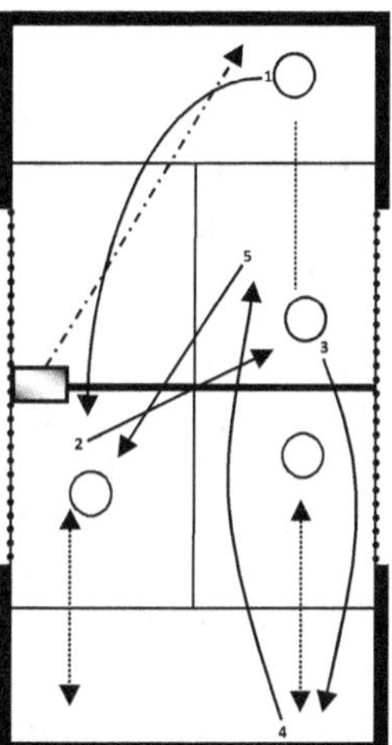

Obiettivo: Come difendere, passare ad attaccare e recuperare la rete
Sequenza di colpi: Chiquita – lasciata – G – G – Rm

Descrizione:
Situato in fondo alla pista, il giocatore di rovescio gioca la palla dal fondo piccolo incrociato, cerca di anticiparlo pungendo la palla sopra il giocatore di drive e vince la rete. Il giocatore di drive che è stato passato sopra, arriva in fondo e carica il giocatore di rovescio a forma di Palloncino parallelo ed è lì che il suo compagno va al blocco dello smash del giocatore per riprendere la posizione di attacco prima persa.

Esercizi 0675   Colpi: SF – V – Rm

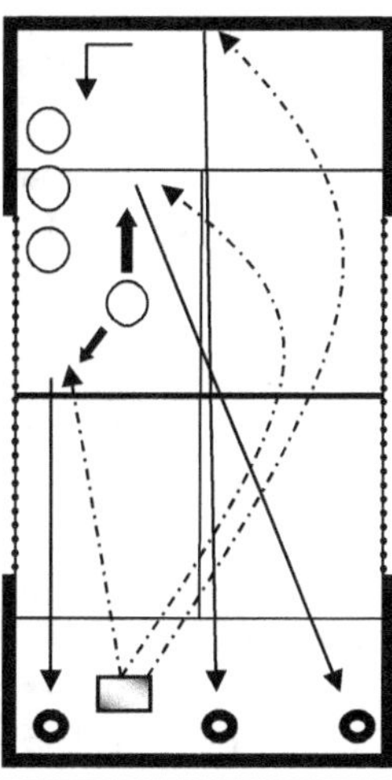

Obiettivo: Combinazione di colpi con spostamento
Sequenza di colpi: RmX – VD// - Discesa R centro

Descrizione:
Posizionati i giocatori vicino alla rete, eseguiranno un'asta incrociata, saliranno sulla rete e realizzeranno un volo di destra parallela e sarà ritardato abbastanza per realizzare una discesa di pared di rovescio al centro, con l'obiettivo dei segni situati sul fondo della pista. Dopo i tre colpi, torneranno in fila.

Esercizi 0676   Colpi: SF – V – Rm

Obiettivo: Combinazione di colpi con spostamento
Sequenza di colpi: RmX – VR// - Discesa D centro

Descrizione:

Posizionati i giocatori vicino alla rete, eseguiranno un'asta incrociata, saliranno sulla rete e realizzeranno una corsa di rovescio parallela e sarà ritardata abbastanza da realizzare una discesa di Parete da destra al centro, con l'obiettivo dei segni situati sul fondo della pista. Una volta fatti i tre colpi, torneranno in fila.

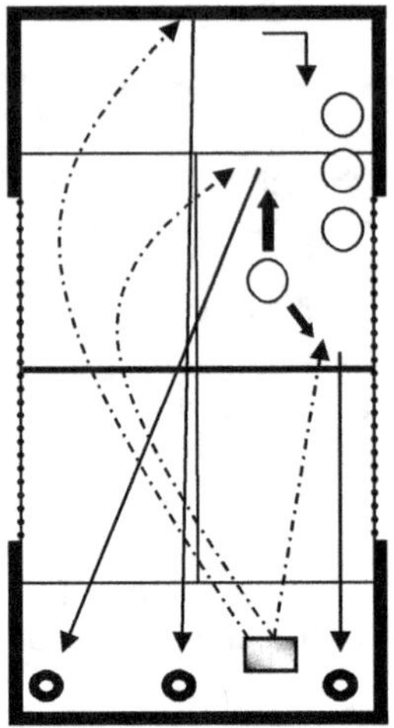

Esercizi 0677   Colpi: SF – V – Rm

Obiettivo: Combinazione di colpi con spostamento
Sequenza di colpi: Discese parete DX – VD mezzo – Rm//

Descrizione:

Posizionati i giocatori vicino alla rete, saranno in ritardo per fare una discesa di parete da destra incrociata con angolo e corto, saliranno sulla rete e realizzeranno un volo da destra a metà e sarà in ritardo per finire con una battuta parallela, con l'obiettivo delle marcature sul fondo della pista.
Dopo i tre colpi, torneranno in fila.

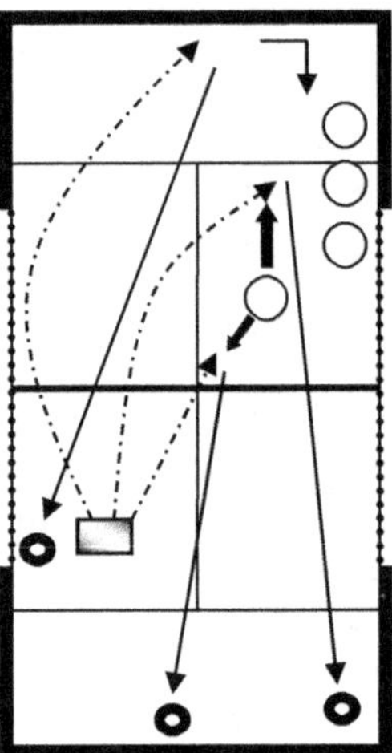

Esercizi 0678   Colpi: SF – V – Rm

Obiettivo: Combinazione di colpi con spostamento
Sequenza di colpi: Discese parete RX – VR mezzo – Rm//

Descrizione:

Posizionati i giocatori vicino alla rete, saranno in ritardo per fare una discesa di parete a rovescio incrociato con angolo e corto, saliranno sulla rete e realizzeranno una corsa di rovescio al centro e sarà ritardato per finire con una battuta parallela, con l'obiettivo delle marcature sul fondo della pista.
Dopo i tre colpi, torneranno in fila.

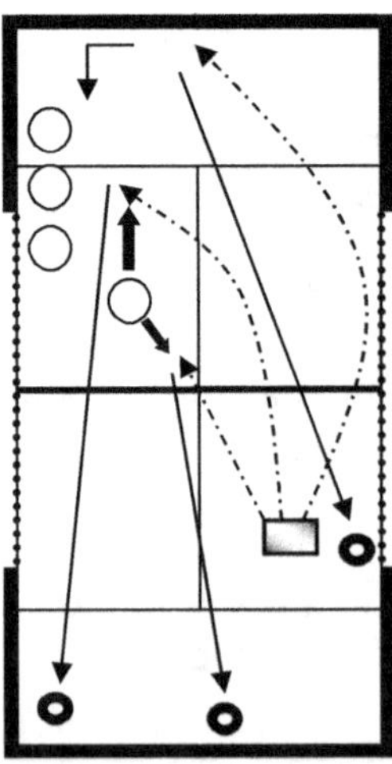

Esercizi 0679   Colpi: SF – V – Rm

Obiettivo: Combinazione di colpi con sforzo
Sequenza di colpi: RmX – VR – VD – Discese parete D

Descrizione:
Posizionato il giocatore al centro della pista, effettuerà una battuta incrociata al picco e salirà sulla rete per fare un volo di rovescio all'angolo e una volèe di destra al mezzo forte, e si ritarderà abbastanza per fare una discesa di parete al centro, con l'obiettivo delle marcature situate negli angoli della pista.
Dopo 12 palle si cambia giocatore.

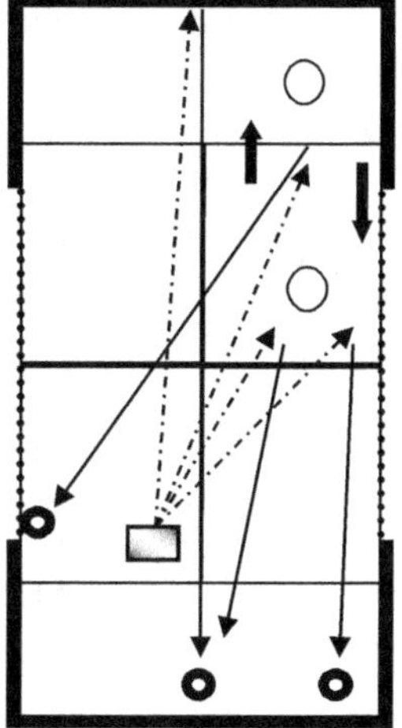

Esercizi 0680   Colpi: SF – V – Rm

Obiettivo: Combinazione di colpi con sforzo
Sequenza di colpi: RmX – VR – VD – Discese parete R

Descrizione:
Posizionato il giocatore al centro della pista, effettuerà una battuta incrociata al picco e salirà sulla rete per fare un volo da destra all'angolo e una volèe di rovescio al mezzo forte, e si ritarderà abbastanza per realizzare una discesa di parete di rovescio al centro, con l'obiettivo delle marcature situate negli angoli della pista.
Dopo 12 palle si cambia giocatore.

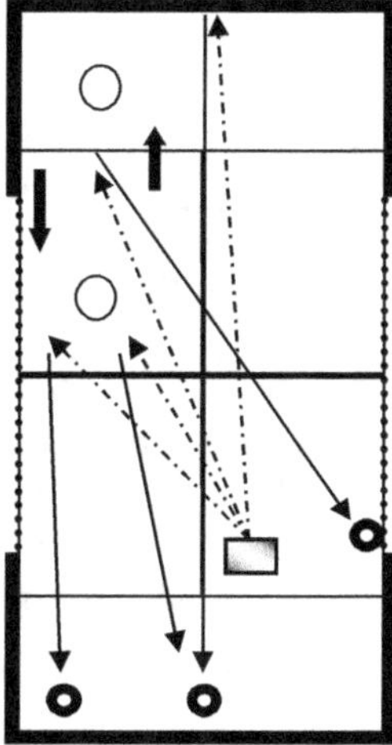

Esercizi 0681   Colpi: SF – V – Rm

Obiettivo: Combinazione di colpi con sforzo
Sequenza di colpi: GDX – VR – RmX – VD - BFDX

Descrizione:
Posizionato il giocatore in fondo alla pista, realizzerà un pallone a destra incrociata per salire sulla rete e fare un volo di rovescio all'angolo, sarà ritardato abbastanza per effettuare una battuta incrociata, salirà sulla rete e farà un volo da destra a metà e sarà ritardato per fare una discesa da parete di fondo a destra incrociata, con l'obiettivo dei marchi situati negli angoli della pista.
Dopo 12 palle si cambia giocatore.

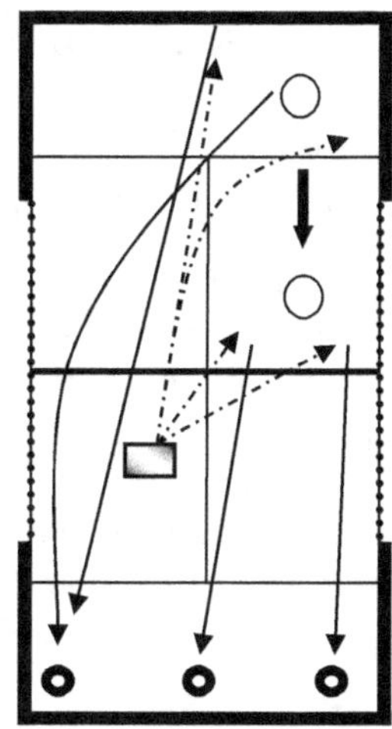

Esercizi 0682   Colpi: SF – V – Rm

Obiettivo: Combinazione di colpi con sforzo
Sequenza di colpi: GRX – VD – RmX – VR – BFRX

Descrizione:
Posizionato il giocatore in fondo alla pista, realizzerà un Palloncino a rovescio incrociato per salire sulla rete e fare un volo da destra all'angolo, si ritarderà abbastanza per fare una battuta incrociata, salire sulla rete e fare una corsa di rovescio al centro e si ritarderà per fare una discesa di parete di fondo a rovescio incrociato, con l'obiettivo delle marche situate agli angoli della pista.
Dopo 12 palle si cambia giocatore.

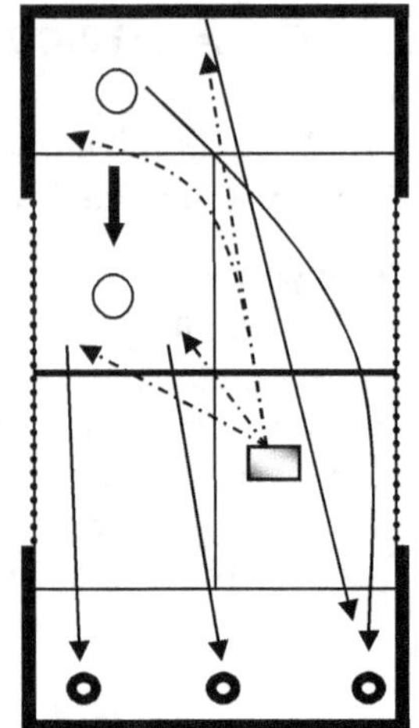

Esercizi 0683   Colpi: SL – V – Rm

Obiettivo: Combinazione di colpi
Sequenza di colpi: SFDX – VDX - RmX

Descrizione:
Posizionato in fondo alla pista, il giocatore eseguirà un'uscita di fondo a destra incrociata con la quale salirà sulla rete, eseguirà un volo a destra incrociata e un'estremità incrociata, con l'obiettivo dei marchi situati negli angoli della pista.
Dopo 12 palle si cambia giocatore.

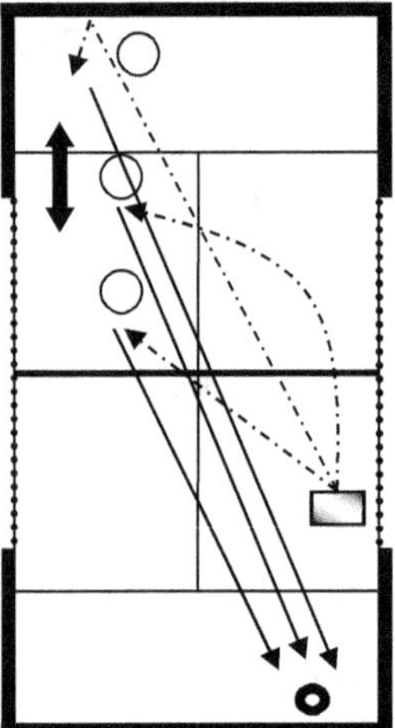

Esercizi 0684   Colpi: SL – V – Rm

Obiettivo: Combinazione di colpi
Sequenza di colpi: SFRX – VRX – RmX

Descrizione:
Posizionato in fondo alla pista, il giocatore eseguirà un output di fondo di rovescio incrociato con il quale salirà sulla rete, effettuerà un rovescio incrociato e una conca incrociata, con l'obiettivo dei marchi situati negli angoli della pista.
Dopo 12 palle si cambia giocatore.

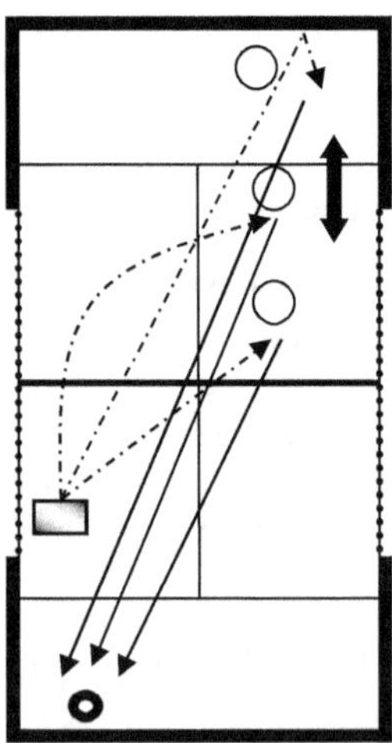

EDITORIAL WANCEULEN

Esercizi 0685   Colpi: SF – V – Rm

Obiettivo: Combinazione di colpi
Sequenza di colpi: 2 VDX – 3 VRX – RmX – SFRG//

Descrizione:
Situato il giocatore vicino alla rete, realizzerà due volèe a destra incrociata, tre volèe a rovescio incrociate e una conca incrociata, scenderà nell'angolo opposto e dopo rimbalzo sulla parete di fondo farà un pallone a rovescio parallelo, con l'obiettivo della marcatura in fondo alla pista.

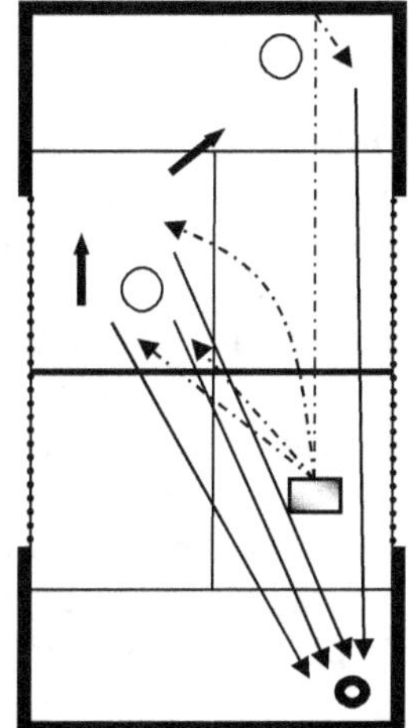

Esercizi 0686   Colpi: SF – V – Rm

Obiettivo: Combinazione di colpi
Sequenza di colpi: 2 VRX – 3 VDX – RmX – SFDG//

Descrizione:
Posizionato il giocatore vicino alla rete, realizzerà due voli a rovescio incrociato, tre voli a destra incrociati e una battuta incrociata, scenderà nell'angolo opposto e dopo rimbalzo sulla parete di fondo farà un pallone di destra parallelo, con l'obiettivo della marcatura in fondo alla pista.

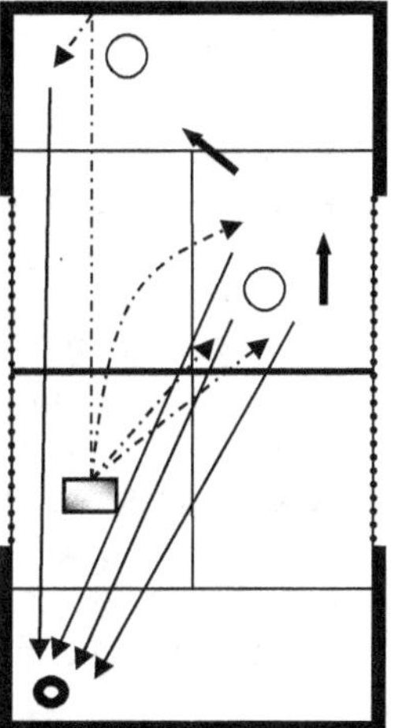

Esercizi 0687   Colpi: SF – V – Rm

Obiettivo: Combinazione di colpi
Sequenza di colpi: VD// - VR// - Rm// - SFRGX

Descrizione:
Collocato il giocatore vicino alla rete, realizzerà una volèe di destra parallela, una volèe di rovescio parallela e un'asta parallela, scenderà nell'angolo opposto e dopo rimbalzo sulla parete di fondo farà un pallone rovescio incrociato, con l'obiettivo della marcatura in fondo alla pista.
Dopo 12 palle si cambia giocatore.

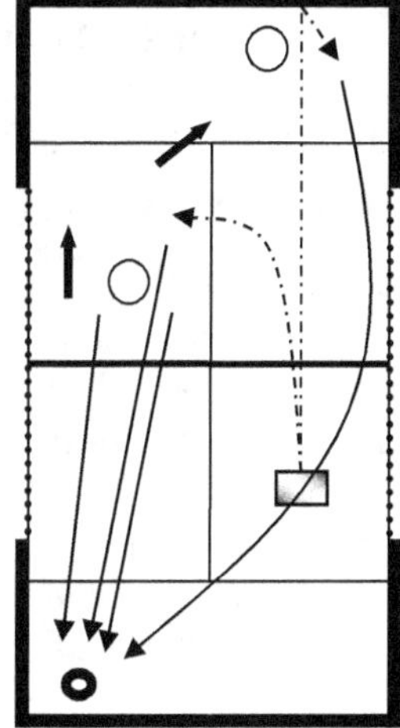

Esercizi 0688   Colpi: SF – V – Rm

Obiettivo: Combinazione di colpi
Sequenza di colpi: VD// - VR// - Rm// - SFDGX

Descrizione:
Posizionato il giocatore vicino alla rete, realizzerà una volèe di destra parallela, una volèe di rovescio parallela e una conca parallela, scenderà nell'angolo opposto e dopo rimbalzo sulla parete di fondo farà un pallone di destra incrociato, con l'obiettivo della marcatura in fondo alla pista.
Dopo 12 palle si cambia giocatore.

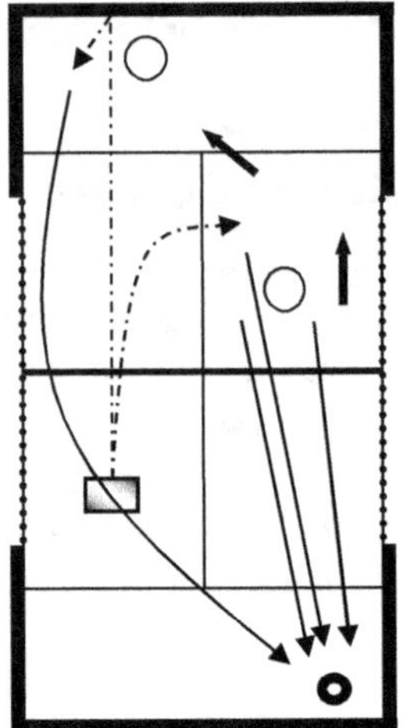

Esercizi 0689   Colpi: SF – V – Rm

Obiettivo: Difesa di chiusura e attacco
Sequenza di colpi: SFRX – VR// - Rm//

Descrizione:
Posizionato il giocatore in fondo alla pista, il monitor eseguirà una battuta parallela a quella che il giocatore restituirà con un output di fondo a rovescio incrociato, salirà sulla rete dal lato opposto e farà un rovescio parallelo e una battuta parallela, con l'obiettivo della marcatura in fondo alla pista.
Dopo 12 palle si cambia giocatore.

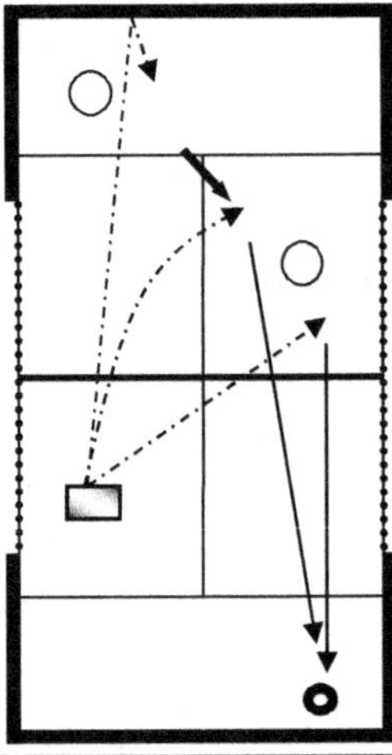

Esercizi 0690   Colpi: SF – V – Rm

Obiettivo: Difesa di chiusura e attacco
Sequenza di colpi: SFDX – VD// - Rm//

Descrizione:
Posizionato il giocatore in fondo alla pista, il monitor eseguirà una battuta parallela a quella che il giocatore restituirà con un'uscita di fondo a destra incrociata, salirà sulla rete dal lato opposto e farà una volata di destra parallela e una battuta parallela, con l'obiettivo della marcatura in fondo alla pista.
Dopo 12 palle si cambia giocatore.

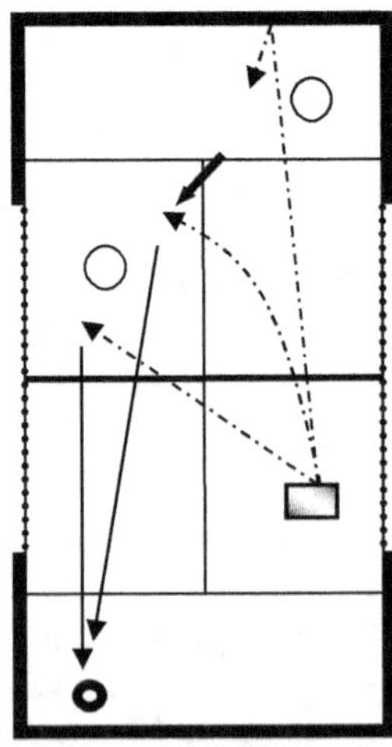

Esercizi 0691   Colpi: SF – V – Rm

Obiettivo: Difesa di chiusura e attacco
Sequenza di colpi: SFRX – VD// - RmX

Descrizione:

Posizionato il giocatore in fondo alla pista, il monitor effettuerà una battuta parallela a quella che il giocatore restituirà con un output di fondo di rovescio incrociato, salirà sulla rete dal lato opposto e farà una volata di destra parallela e una battuta incrociata, con l'obiettivo delle marcature sul fondo della pista.
Dopo 12 palle si cambia giocatore.

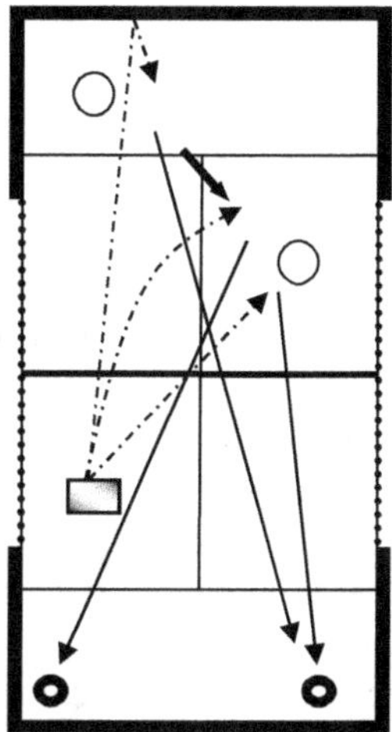

Esercizi 0692   Colpi: SF – V – Rm

Obiettivo: Difesa di chiusura e attacco
Sequenza di colpi: SFDX – VR// - RmX

Descrizione:

Posizionato il giocatore in fondo alla pista, il monitor effettuerà una battuta parallela a quella che il giocatore restituirà con un'uscita di fondo a destra incrociata, salirà sulla rete dal lato opposto e farà una corsa di rovescio parallelo e una battuta incrociata, con l'obiettivo delle marcature sul fondo della pista.
Dopo 12 palle si cambia giocatore.

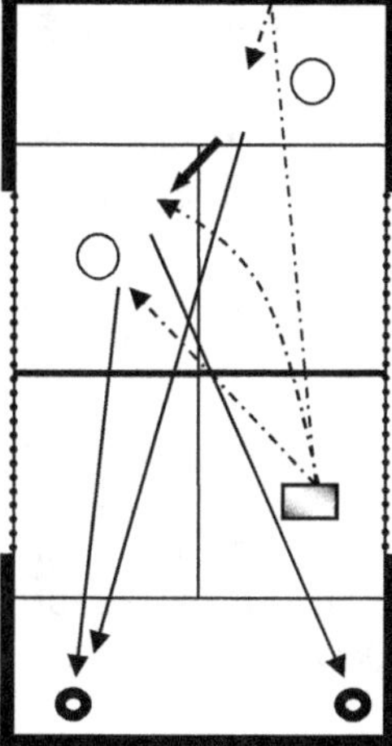

Esercizi 0693   Colpi: SF – V – Rm

Obiettivo: Combinazione di colpi
Sequenza di colpi: SFRX – VDX – RmX – SFR//

Descrizione:

Situato il giocatore in fondo alla pista, eseguirà un output di fondo di rovescio incrociato, salirà sulla rete e farà un volo a destra incrociata e un bordo incrociato, poi scenderà in diagonale per dopo rimbalzo sulla parete di fondo colpire il rovescio parallelo, con l'obiettivo della marcatura in fondo alla pista.
Dopo 12 palle si cambia giocatore.

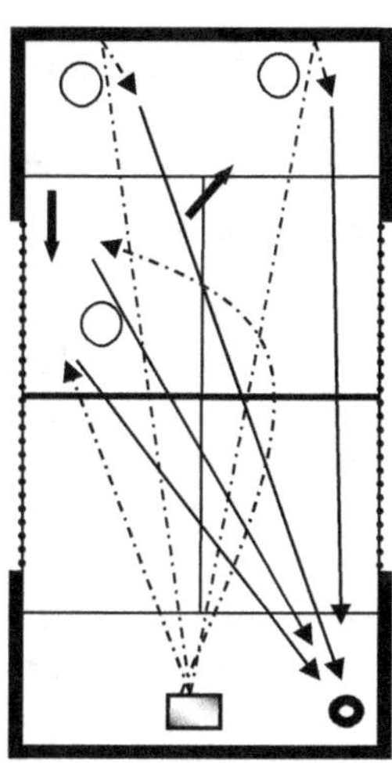

Esercizi 0694   Colpi: SF – V – Rm

Obiettivo: Combinazione di colpi
Sequenza di colpi: SFDX – VRX – RmX – SFD//

Descrizione:

Posizionato il giocatore in fondo alla pista, eseguirà un'uscita di fondo a destra incrociata, salirà sulla rete e farà un rovescio incrociato e una battuta incrociata, poi scenderà in diagonale per dopo rimbalzo sulla Parete di fondo colpire il rovescio destra, con l'obiettivo della marcatura in fondo alla pista.
Dopo 12 palle si cambia giocatore.

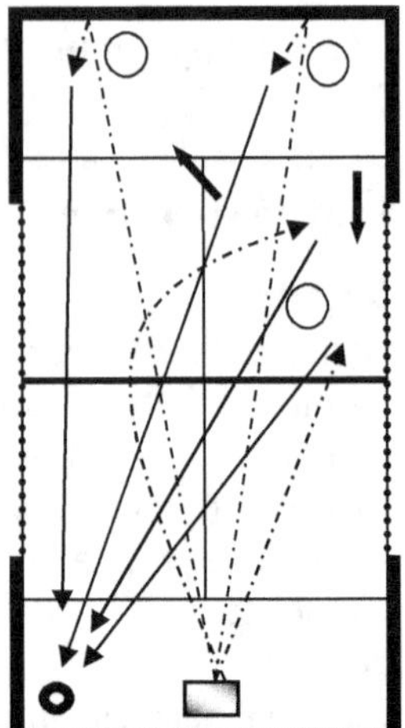

Esercizi 0695   Colpi: SL – SF – V – Rm

Obiettivo: Combinazione di colpi
Sequenza di colpi: SLDX – Giro SFDX – VD// - Rm//

Descrizione:

Posizionato il giocatore in fondo alla pista, eseguirà un'uscita laterale a destra incrociata, un giro per uscita di fondo a destra incrociata, salirà sulla rete per fare una volèe di destra parallela e finirà con un'uscita di potenza parallela, con l'obiettivo delle marcature sul fondo della pista.
Dopo 12 palle si cambia giocatore.

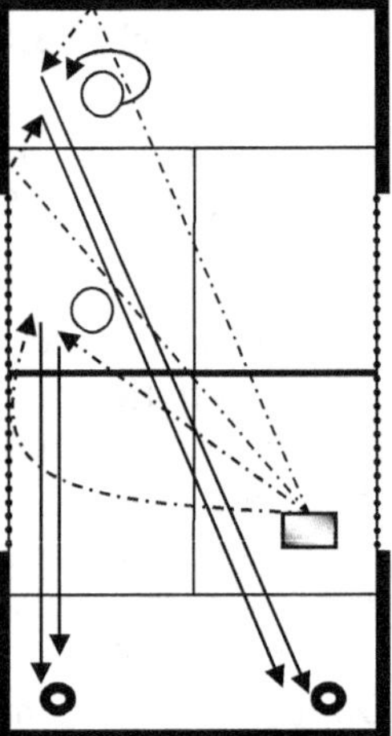

Esercizi 0696   Colpi: SL – SF – V – Rm

Obiettivo: Combinazione di colpi
Sequenza di colpi: SLRX – Giro SFRX – VR// - Rm//

Descrizione:

Posizionato in fondo alla pista, il giocatore effettuerà un'uscita laterale a rovescio incrociato, un giro per uscita di fondo a rovescio incrociato, salirà sulla rete per fare una volèe di rovescio parallelo e terminerà con un ritorno di potenza parallelo, con l'obiettivo delle marcature sul fondo della pista.
Dopo 12 palle si cambia giocatore.

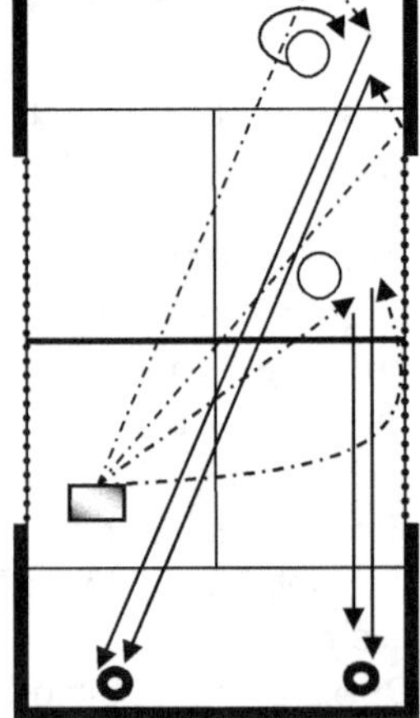

Esercizi 0697   Colpi: D – V – Rm

Obiettivo: Combinazione di colpi
Sequenza di colpi: Uscita recinzione D// – VR// - Rm //

Descrizione:
Collocato il giocatore vicino alla rete, recupererà una palla alla griglia di destra parallela, recupererà la posizione con una volèe di rovescio parallelo e finirà con un'asta di potenza parallela.
Dopo 12 palle si cambia giocatore.

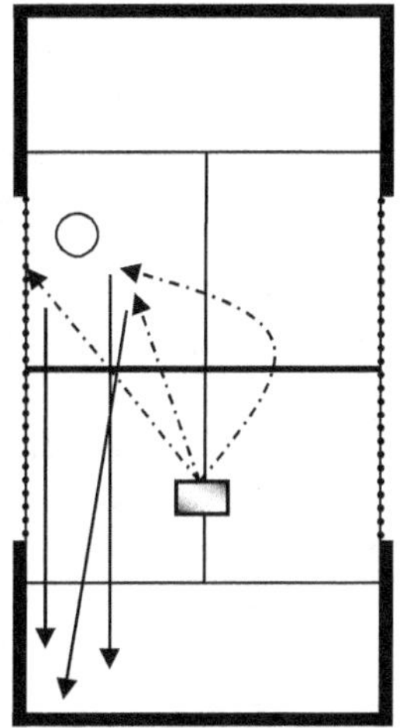

Esercizi 0698   Colpi: R – V – Rm

Obiettivo: Combinazione di colpi
Sequenza di colpi: Uscita recinzione R// – VD// - Rm//

Descrizione:
Collocato il giocatore vicino alla rete, recupererà una palla alla griglia di rovescio parallelo, recupererà la posizione con una volèe di destra parallela e finirà con una battuta di potenza parallela.
Dopo 12 palle si cambia giocatore.

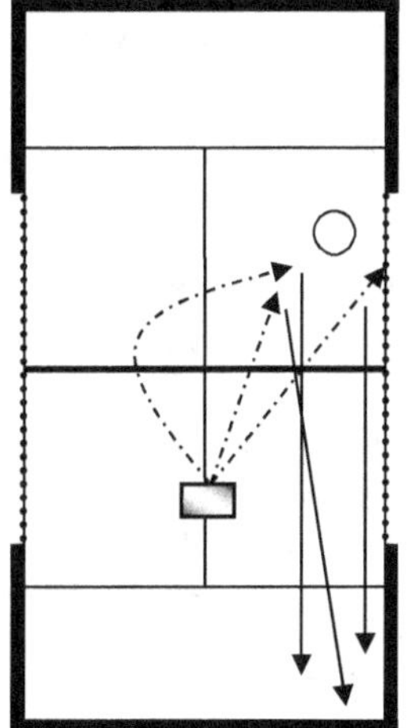

Esercizi 0699   Colpi: D – V – Rm

Obiettivo: Combinazione di colpi
Sequenza di colpi: Recinzione D – VR// - RmX

Descrizione:
Collocato il giocatore vicino alla rete, recupererà da destra una palla sulla ringhiera, chiuderà il mezzo con una volèe di rovescio parallela e finirà con una battuta incrociata, con l'obiettivo dei segni sul fondo della pista.
Dopo 12 palle si cambia giocatore.

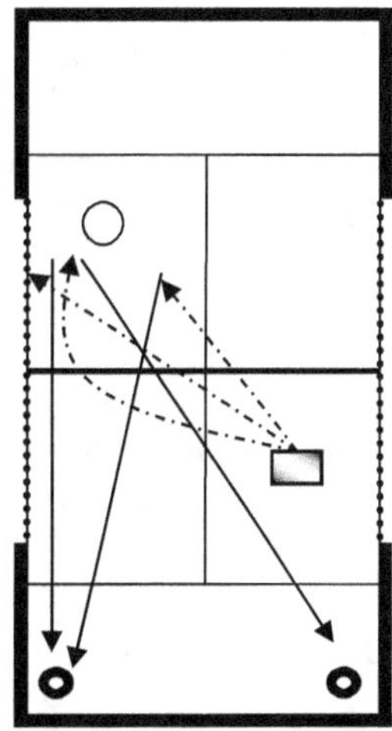

Esercizi 0700   Colpi: R – V – Rm

Obiettivo: Combinazione di colpi
Sequenza di colpi: Recinzione R – VD// - RmX

Descrizione:
Collocato il giocatore vicino alla rete, recupererà di rovescio una palla sulla grata, chiuderà il mezzo con una volèe di destra parallela e finirà con un'estremità incrociata, con l'obiettivo dei segni sul fondo della pista.
Dopo 12 palle si cambia giocatore.

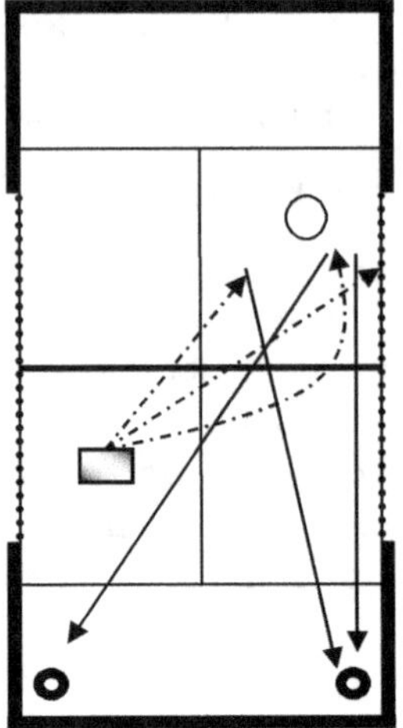

Esercizi 0701   Colpi: SF – SL – V – Rm

Obiettivo: Combinazione di colpi
Sequenza di colpi: SLD – Giro SFD – VR// - Rm//

Descrizione:
Posizionato in fondo alla pista, il giocatore eseguirà un'uscita laterale di destra, una svolta per un'uscita di fondo di destra con la quale salirà su una volèe di rovescio e terminerà con una battuta parallela, con l'obiettivo dei segni sul fondo della pista.
Dopo 12 palle si cambia giocatore.

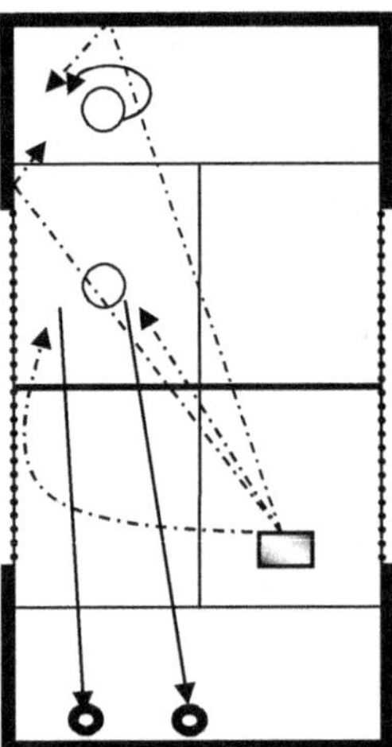

Esercizi 0702   Colpi: SF – SL – V – Rm

Obiettivo: Combinazione di colpi
Sequenza di colpi: SLR – Giro SFR – VD// - Rm//

Descrizione:
Posizionato in posizione di difesa, il giocatore eseguirà un'uscita laterale di rovescio, un giro per un'uscita di fondo di rovescio con la quale salirà su una volèe di destra e terminerà con una battuta parallela, con l'obiettivo dei segni sul fondo della pista.
Dopo 12 palle si cambia giocatore.

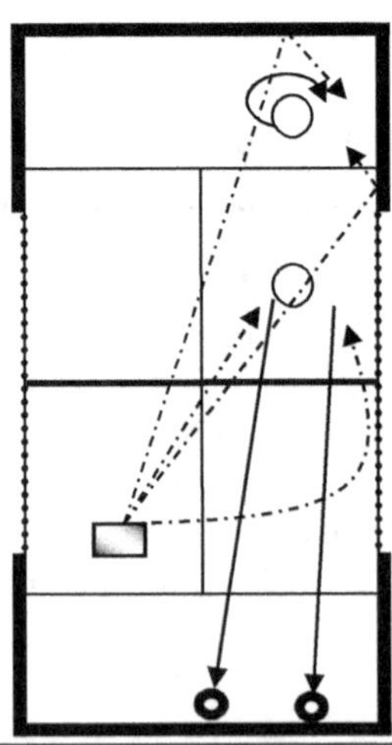

Esercizi 0703   Colpi: V – Rm

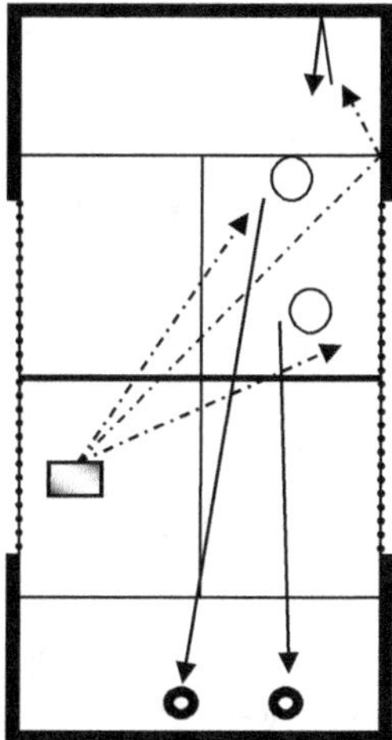

Obiettivo: Controllo palla e velocità
Sequenza di colpi: VD – CP – Cadete Rm

Descrizione:
Abbiamo detto chiaramente che non è un'esercitazione in una vera situazione di partito. Esercizi dinamico, più controllo della palla, lavoriamo contro la parete e controllo della palla in cadetto con rifinitura della stessa. Voliamo di destra in mezzo, indietreggiamo contro il muro dopo aver colpito la parete laterale, recupero la rete e dopo la barca faccio cadetto alto per potere fare un'asta.

Esercizi 0704   Colpi: V – Rm

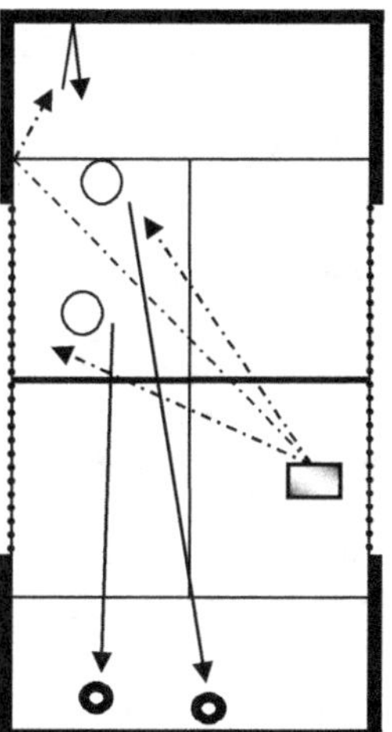

Obiettivo: Controllo palla e velocità
Sequenza di colpi: VR – CP – Cadete Rm

Descrizione:
Abbiamo detto chiaramente che non è un'esercitazione in una vera situazione di partito. Esercizi dinamico, più controllo della palla, lavoriamo contro la parete e controllo della palla in cadetto con rifinitura della stessa. Volpe di rovescio al centro, indietreggiamo contro il muro dopo aver colpito la parete laterale, recupero la rete e dopo la barca faccio cadetto alto per poter fare una battuta.

Esercizi 0705   Colpi: SF – V – Rm

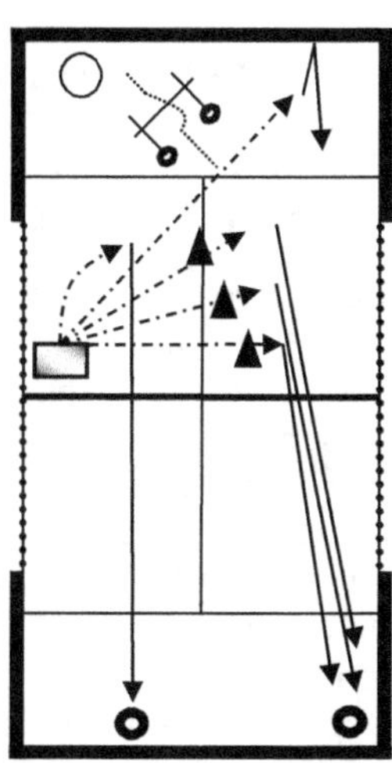

Obiettivo: Esercizio fisico tecnico
Sequenza di colpi: Salto – VRx3 – SF GD – Salto – Rm//

Descrizione:
Posizionato il giocatore in fondo alla pista, vicino alla recinzione, inizia con un salto in recinzione, facciamo diagonali con spostamento per 3 volèe di rovescio, torniamo alla parete di fondo per uscire con parete di fondo con palloncino di drive, salto di nuovo la recinzione e finisco con rifinitura a definizione parallela.

Esercizi 0706   Colpi: SF – V – Rm

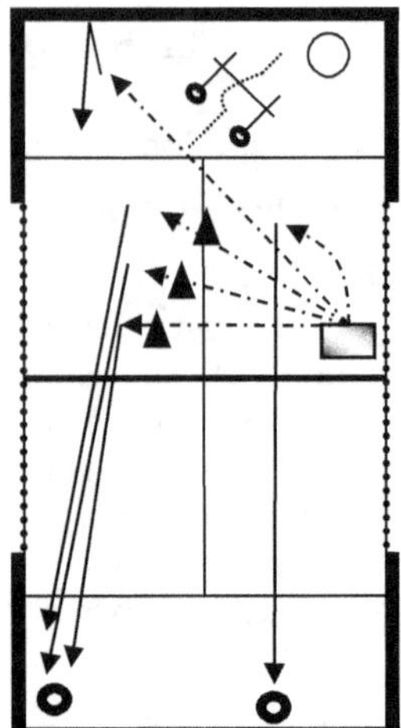

Obiettivo: Esercizio fisico tecnico
Sequenza di colpi: Salto – VDx3 – SF GR – Salto – Rm//

Descrizione:

Posizionato il giocatore in fondo alla pista, vicino alla recinzione, inizia con un salto in recinzione, facciamo diagonali con spostamento per 3 volpi di destra, torniamo alla parete di fondo per uscire con parete di fondo con palloncino rovescio, salto di nuovo la recinzione e finisco con rifinitura a definizione parallela.

Esercizi 0707   Colpi: CP – V – Rm

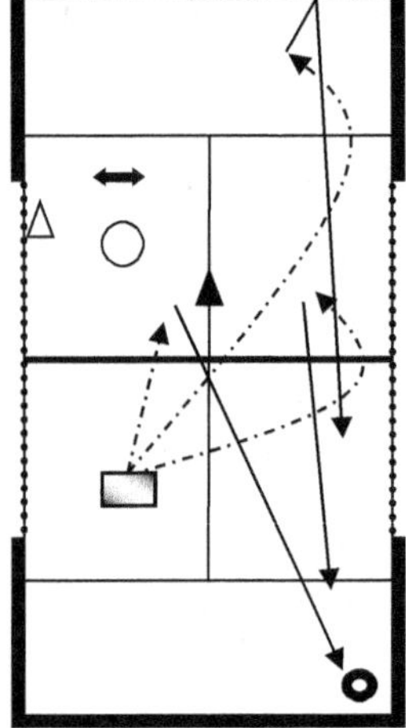

Obiettivo: Combinazione di colpi con spostamento
Sequenza di colpi: VRX x3 – CPD – Rm//

Descrizione:

Situato il giocatore vicino alla rete, eseguirà 3 rovescio incrociato volèe calpestando il cono nero con il piede destro al momento del colpo. Dopo aver colpito il cono bianco e ripetere l'esercitazione. Dopo il terzo volo, correrà in diagonale per realizzare una contro parete di destra dopo quella che salirà alla rete per fare un'asta parallela, con l'obiettivo del marchio situato in fondo alla pista.
Dopo 10 palle si cambia giocatore.

Esercizi 0708   Colpi: CP – V – Rm

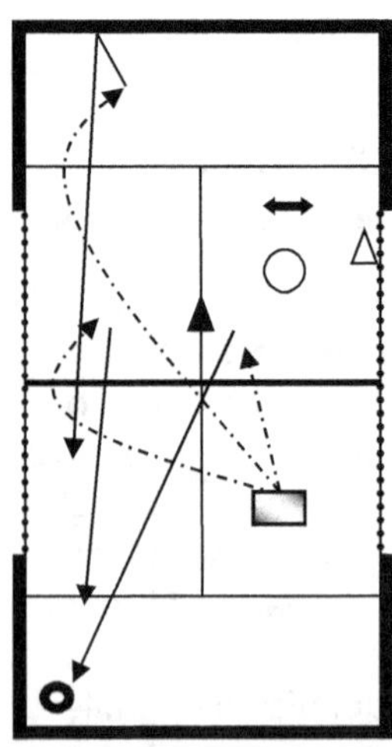

Obiettivo: Combinazione di colpi con spostamento
Sequenza di colpi: VDX x3 – CPR – Rm//

Descrizione:

Posizionato vicino alla rete, il giocatore effettuerà 3 voli a destra incrociati schiacciando il cono nero con il piede sinistro al momento del colpo. Dopo aver colpito il cono bianco e ripetere l'esercitazione. Dopo il terzo volo, correrà in diagonale per realizzare una controparete a rovescio dietro la quale salirà alla rete per fare una battuta parallela, con l'obiettivo del marchio situato in fondo alla pista.
Dopo 10 palle si cambia giocatore.

Esercizi 0709   Colpi: SF – SL – V – Rm

Obiettivo: Lavoro al rovescio
Sequenza di colpi: VR// – SFD// – SLR// – Rm//

Descrizione:
Esercizi per il giocatore di rovescio. Abbiamo volato fuori dal fondo del rovescio parallelo e siamo andati ben lontano a cercare l'uscita del muro di drive parallela, in modo che costa di più arrivare. Torniamo alla sua parete laterale per rimuoverla dal rovescio parallelo e definiamo con un'estremità parallela, con cui lavoriamo reazione e definizione.
Dopo 12 palle si cambia giocatore.

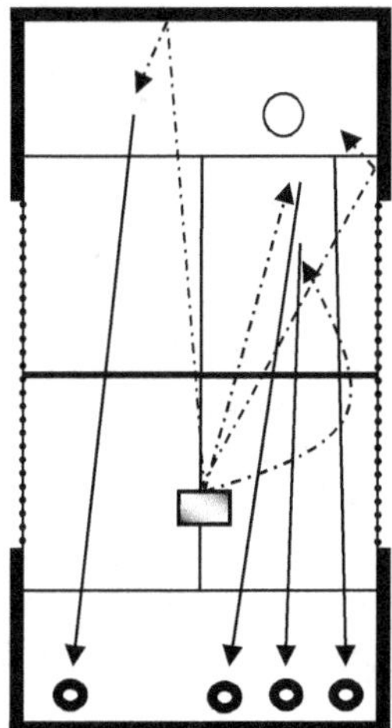

Esercizi 0710   Colpi: CP – V – Rm

Obiettivo: Reazione a una situazione
Sequenza di colpi: VD// - CPD – RmX

Descrizione:
Posizionato il giocatore in fondo alla pista, sale sulla rete a volare da destra parallela, retrocede in fondo per fare una contro parete di destra e poi torna sulla rete per finire con una battuta di potenza incrociata, con l'obiettivo dei segni in fondo alla pista.
Dopo 12 palle si cambia giocatore.

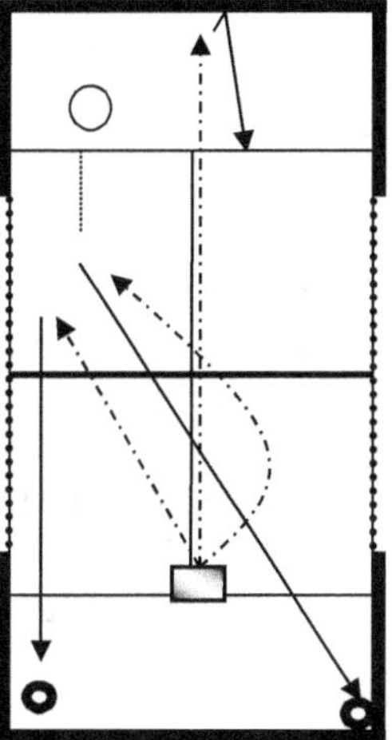

Esercizi 0711   Colpi: CP – V – Rm

Obiettivo: Reazione a una situazione
Sequenza di colpi: VR// - CPR – RmX

Descrizione:
Posizionato il giocatore in fondo alla pista, sale sulla rete a volèer di rovescio parallelo, torna in fondo per fare una controparete di rovescio e poi torna sulla rete per finire con una battuta di potenza incrociata, con l'obiettivo delle marcature sul fondo della pista.
Dopo 12 palle si cambia giocatore.

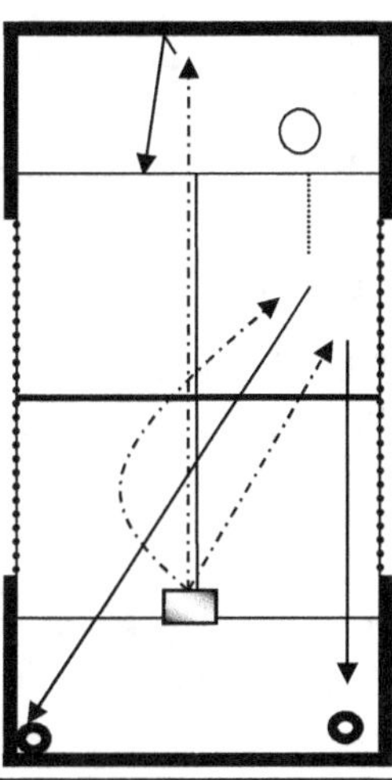

ESERCIZI COMBINATI: PARETE, VOLÈE, BANDEJA

Esercizi 0712   Colpi: SF – V – Bd

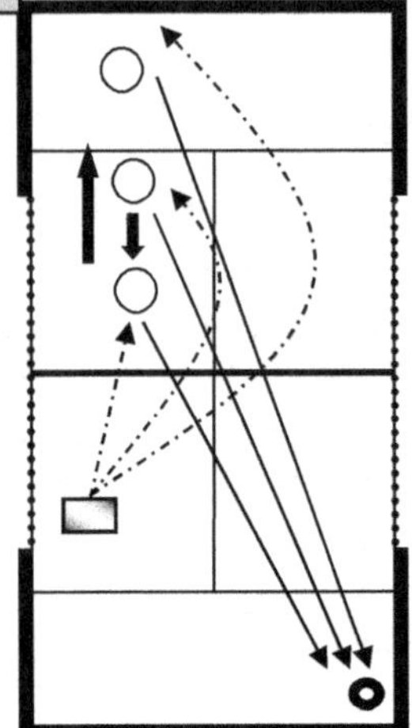

Obiettivo: Combinazione di colpi
Sequenza di colpi: BdX – VDX - SFRX

Descrizione:
Posizionato il giocatore vicino alla rete, effettuerà un vassoio incrociato, salirà sulla rete e farà un volo a destra incrociata, e scenderà alla sua parete per fare un'uscita di fondo a rovescio incrociato, con l'obiettivo dei marchi situati in fondo alla pista.
Dopo 12 palle si cambia giocatore.

Esercizi 0713   Colpi: SF – V – Bd

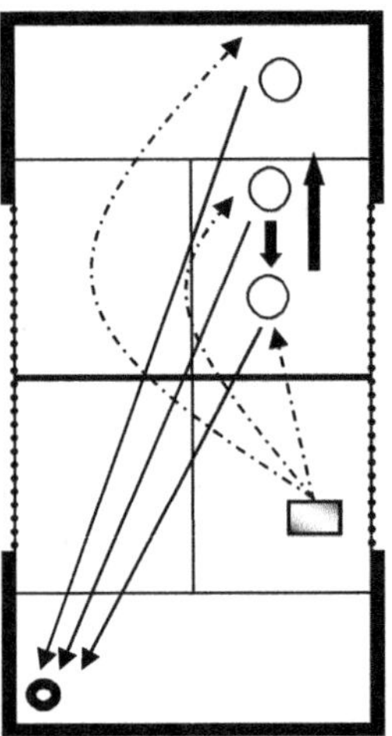

Obiettivo: Combinazione di colpi
Sequenza di colpi: BdX – VRX - SFDX

Descrizione:
Posizionato il giocatore vicino alla rete, effettuerà un vassoio incrociato, salirà sulla rete e farà un volo di rovescio incrociato, e scenderà alla sua parete per fare un'uscita di fondo a destra incrociata, con l'obiettivo dei marchi situati in fondo alla pista.
Dopo 12 palle si cambia giocatore.

Esercizi 0714   Colpi: SF – V – Bd

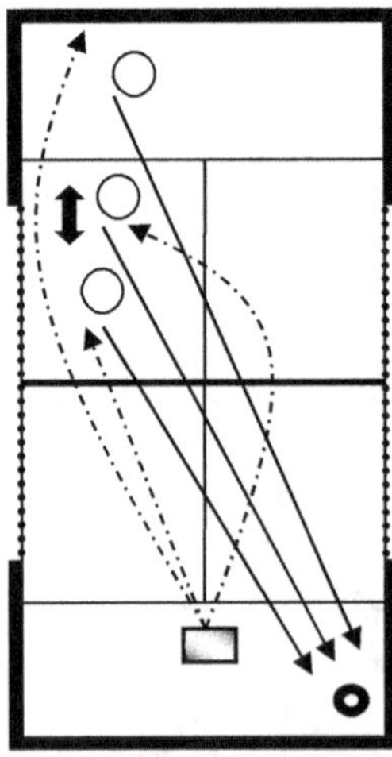

Obiettivo: Combinazione di colpi per non perdere la rete
Sequenza di colpi: BdX – VDX – SFDX

Descrizione:
Posizionato il giocatore su mezza pista, realizzerà un vassoio incrociato, salirà sulla rete per fare un volo a destra incrociata e si ritarderà abbastanza per fare un'uscita di fondo a destra incrociata, con l'obiettivo di marchi situati in fondo alla pista.
Dopo 12 palle si cambia giocatore.

Esercizi 0715   Colpi: SF – V – Bd

Obiettivo: Combinazione di colpi per non perdere la rete
Sequenza di colpi: BdX – VRX – SFRX

Descrizione:
Posizionato il giocatore su mezza pista, realizzerà un vassoio incrociato, salirà sulla rete per fare una volèe di rovescio incrociato e si ritarderà abbastanza per fare un'uscita di fondo di rovescio incrociato, con l'obiettivo dei marchi situati sul fondo della pista.
Dopo 12 palle si cambia giocatore.

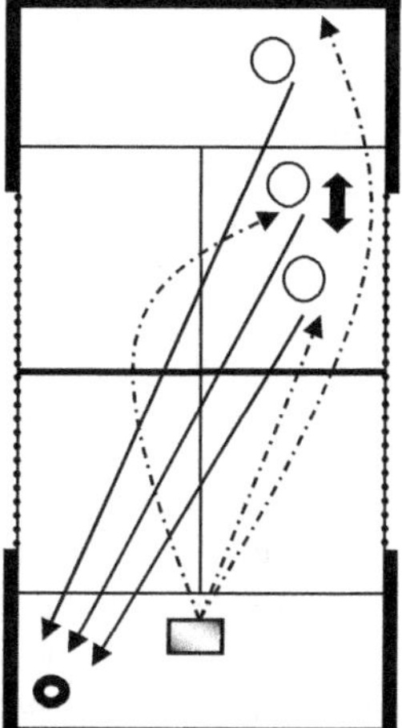

Esercizi 0716   Colpi: SF – V – Bd

Obiettivo: Combinazione di colpi
Sequenza di colpi: BdX – VR// - SFGDX

Descrizione:
Con tre giocatori in pista, lavoreremo in tre posizioni diverse alla volta. In una faremo vassoio incrociato, in un'altra volèe di rovescio parallelo e nell'altra uscita di fondo di destra Palloncino crociata, con l'obiettivo del marchio situato in fondo alla pista.
Dopo 12 palle si cambia giocatore.

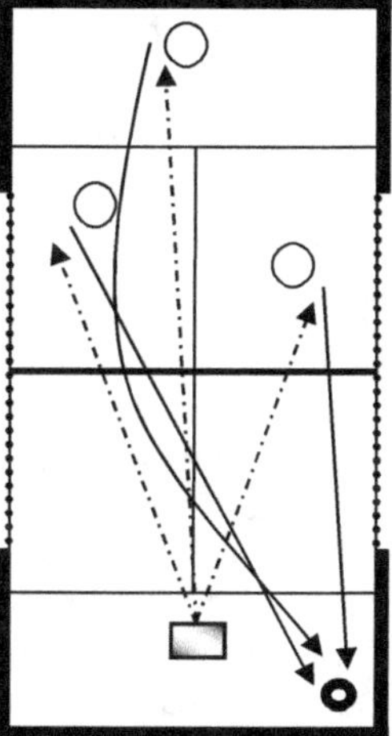

Esercizi 0717   Colpi: SF – V – Bd

Obiettivo: Combinazione di colpi
Sequenza di colpi: BdX – VD// - SFGRX

Descrizione:
Con tre giocatori in pista, lavoreremo in tre posizioni diverse alla volta. In un vassoio incrociato, in un altro campione di destra parallela e nell'altra uscita di fondo di rovescio globo incrociato, con l'obiettivo del marchio situato in fondo alla pista.
Dopo 12 palle si cambia giocatore.

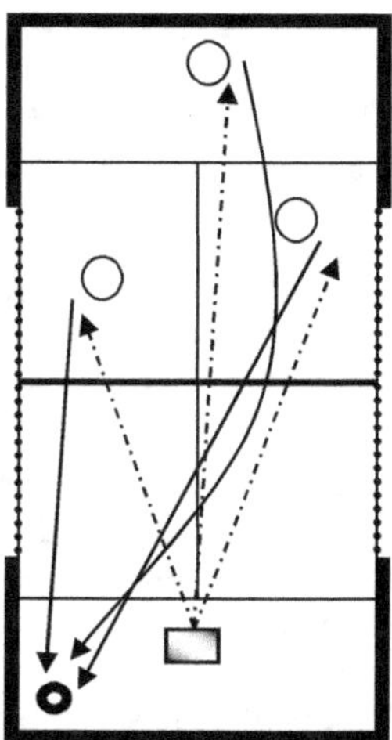

Esercizi 0718   Colpi: SF – V – Bd

Obiettivo: Combinazione di colpi
Sequenza di colpi: VDX – VR// – BdX – VR// - VDX - SFRX

Descrizione:

Collocato il giocatore vicino alla rete, effettuerà una volèe a destra incrociata e una volèe a rovescio parallelo, sarà ritardato per fare un vassoio incrociato e recupererà la rete chiudendo il mezzo con una volèe a rovescio parallelo e una volèe a croci destra. Poi si corre in fondo per estrarre un'uscita di fondo a rovescio incrociato, con l'obiettivo del marchio situato in fondo alla pista.
Dopo 12 palle si cambia giocatore.

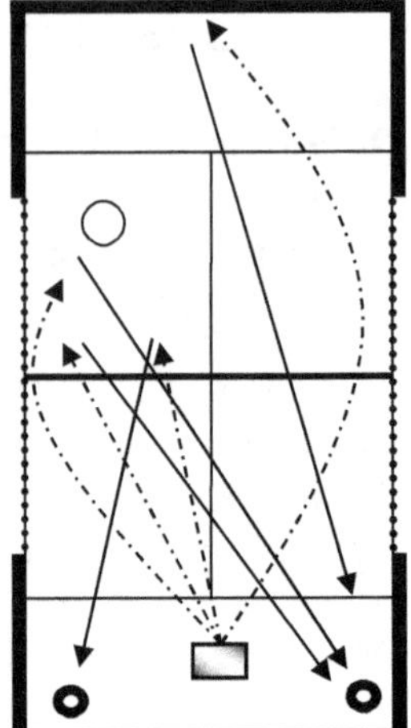

Esercizi 0719   Colpi: SF – V – Bd

Obiettivo: Combinazione di colpi
Sequenza di colpi: VRX – VD// - BdX – VD// – VRX - SFDX

Descrizione:

Collocato il giocatore vicino alla rete, realizzerà una volèe di rovescio incrociato e una volèe di destra parallela, ritarderà per fare un vassoio incrociato e recupererà la rete chiudendo il mezzo con una volèe di destra parallela e una volèe di rovescio incrociato. Poi correrà in fondo per tirare fuori un'uscita di fondo a destra incrociata, con l'obiettivo del marchio situato in fondo alla pista.
Dopo 12 palle si cambia giocatore.

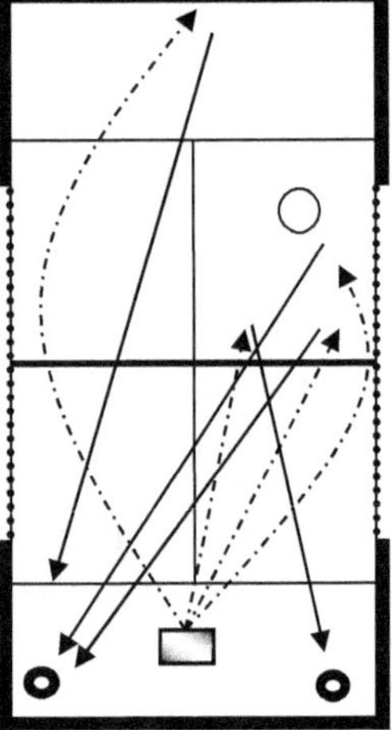

Esercizi 0720   Colpi: SF – V – Bd

Obiettivo: Mantenere la rete con staffetta
Sequenza di colpi: VD// – Bd// – VD – VD – SFG

Descrizione:

Esercizi cooperativo in cui cercheremo di mantenere la rete. Il giocatore di drive effettuerà una volèe di destra parallela e un vassoio parallelo. Poi il giocatore di rovescio chiude il mezzo con una volèe di destra. Al giocatore di drive viene lanciata una palla vicino alla ringhiera e la restituisce con un volèe di destra, ma gli viene fatto un palloncino e corre il suo compagno per fare un'uscita di fondo con palloncino e recuperare la posizione.
Dopo 10 palle si cambia giocatore.

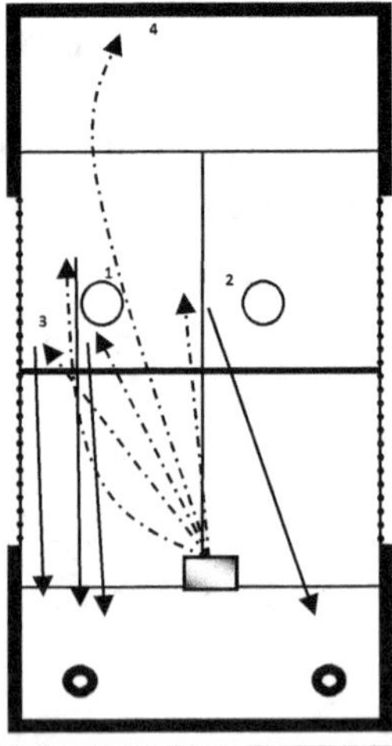

Esercizi 0721   Colpi: SF – V – Bd

Obiettivo: Mantenere la rete con staffetta
Sequenza di colpi: VR// – Bd// – VR – VR – SFG

Descrizione:
Esercizi cooperativo in cui cercheremo di mantenere la rete. Il giocatore di rovescio effettuerà un rovescio parallelo e un vassoio parallelo. Poi il giocatore di drive chiude il mezzo con una volèe di rovescio. Al giocatore di rovescio viene lanciata una palla vicino alla grata e la restituisce con una volèe di rovescio, ma gli fanno un pallone e corre il suo compagno per fare un'uscita di fondo con palloncino e recuperare la posizione.
Dopo 12 palle si cambia giocatore.

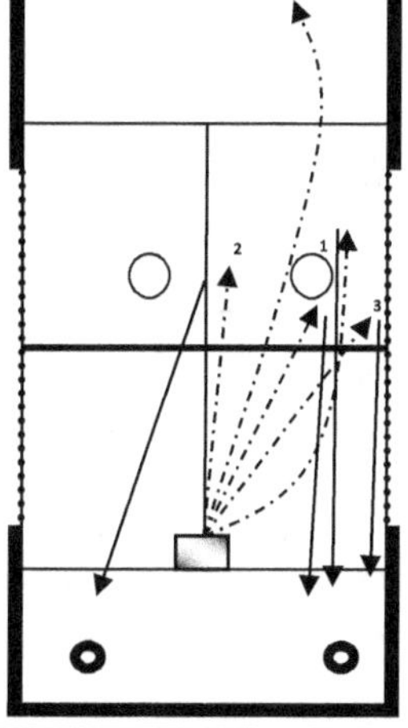

Esercizi 0722   Colpi: CP – V – Bd

Obiettivo: Combinazione di colpi
Sequenza di colpi: CPR – VR mezzo –BdX

Descrizione:
Posizionato il giocatore in fondo alla pista, recupera una pallina da rovescio contro muro, sale a fare un rovescio al mezzo e un vassoio incrociato, con l'obiettivo delle marche situate in fondo alla pista.
Dopo 12 palle si cambia giocatore.

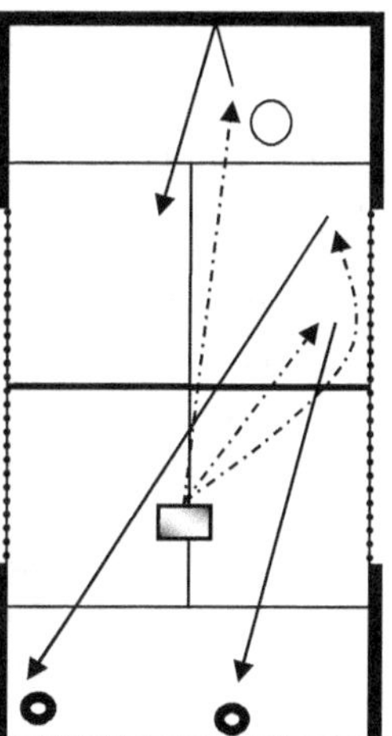

Esercizi 0723   Colpi: V – Bd – SF – Rm

Obiettivo: Combinazione di colpi
Sequenza di colpi: VDX – BdX – VRX – SFR// - Rm//

Descrizione:
Collocato il giocatore vicino alla rete, effettuerà una volèe a destra incrociata, un vassoio incrociato, chiuderà con una volèe a rovescio incrociato, indietreggerà per fare un'uscita di fondo a rovescio parallela con quella che salirà per finire con una battuta parallela.
Si può quindi fare sul lato opposto con la sequenza VRX – Bdx – VDX – SFDX – Rm//

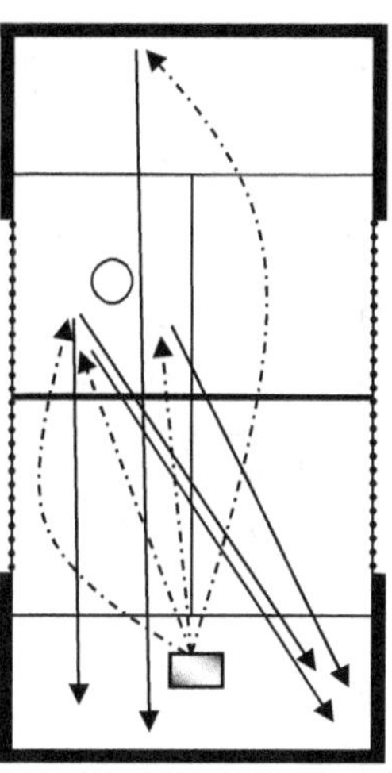

ESERCIZI COMBINATI: VOLÈE, REMATE

Esercizi 0724   Colpi: V – Rm

Obiettivo: Gioco in rete, volèe e finisci
Sequenza di colpi: VD mezzo – RmX

Descrizione:
Situato il giocatore in fondo alla pista, salirà correndo sulla rete e farà un volo da destra al centro e un punto al picco, con l'obiettivo dei marchi situati in fondo alla pista.
Dopo l'esercizi tornerà in fila.

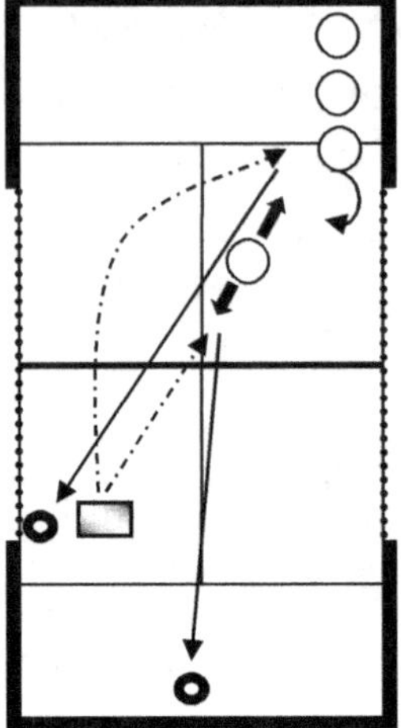

Esercizi 0725   Colpi: V – Rm

Obiettivo: Gioco in rete, volèe e finisci
Sequenza di colpi: VR mezzo – RmX

Descrizione:
Situato il giocatore in fondo alla pista, salirà correndo alla rete e realizzerà una corsa di rovescio al centro e una battuta al picco, con l'obiettivo delle marche situate in fondo alla pista.
Dopo l'esercitazione tornerà in fila.

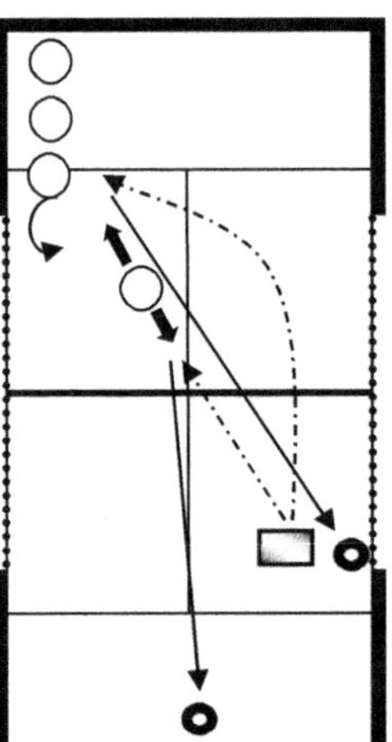

Esercizi 0726   Colpi: V – Rm

Obiettivo: Gioco in rete, volèe e finisci
Sequenza di colpi: VR// - VD mezzo – RmX

Descrizione:
Situato il giocatore in fondo alla pista, salirà correndo alla rete e realizzerà una volèe di rovescio parallela, una volèe di destra al centro e una battuta al picco, con l'obiettivo dei marchi situati sulla pista.
Dopo l'esercitazione tornerà in fila.

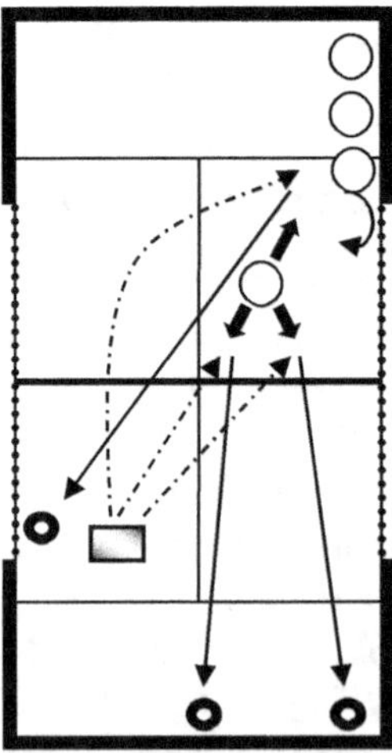

Esercizi 0727   Colpi: V – Rm

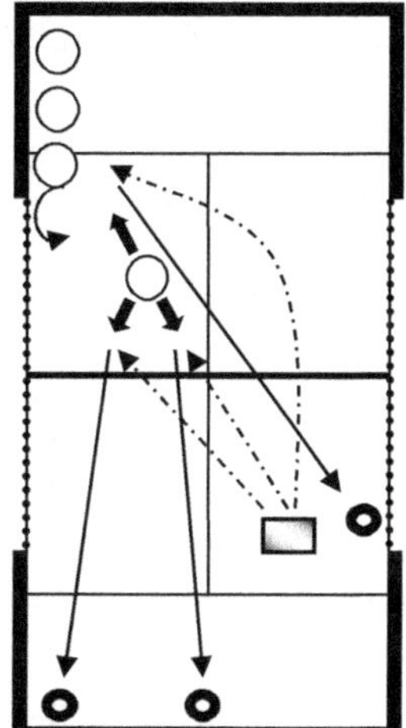

Obiettivo: Gioco in rete, volèe e finisci
Sequenza di colpi: VD// - VR mezzo – RmX

Descrizione:

Situato il giocatore in fondo alla pista, salirà correndo alla rete e realizzerà un volo a destra parallela, una volèe di rovescio al centro e una battuta al picco, con l'obiettivo dei marchi situati sulla pista.

Dopo l'esercitazione tornerà in fila.

Esercizi 0728   Colpi: V – Rm

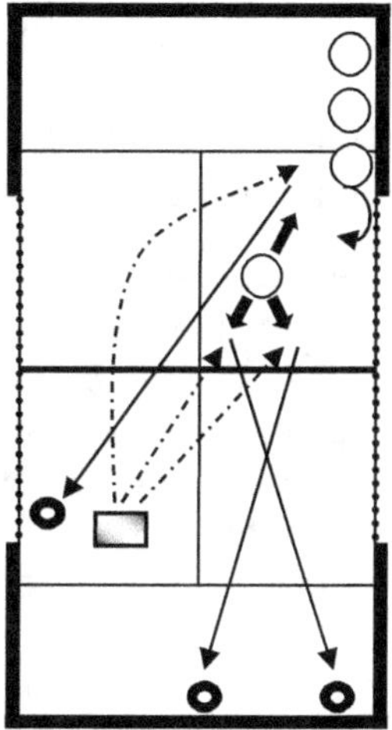

Obiettivo: Gioco in rete, volèe e finisci
Sequenza di colpi: VDX - VR mezzo – RmX

Descrizione:

Situato il giocatore in fondo alla pista, salirà correndo alla rete e realizzerà un volo a destra incrociata, una volèe di rovescio al centro e una battuta al picco, con l'obiettivo dei marchi situati sulla pista.

Dopo l'esercitazione tornerà in fila.

Esercizi 0729   Colpi: V – Rm

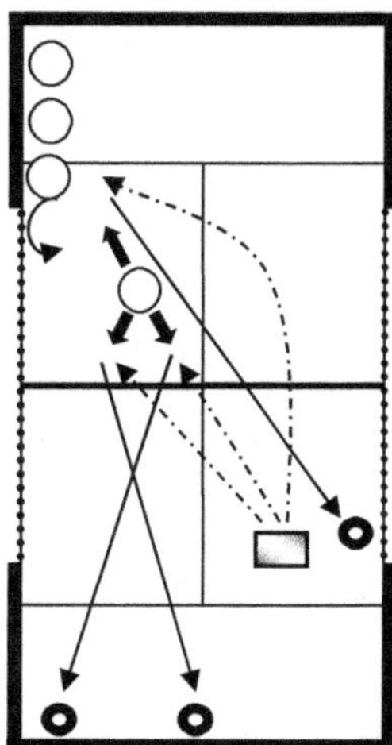

Obiettivo: Gioco in rete, volèe e finisci
Sequenza di colpi: VRX - VD mezzo – RmX

Descrizione:

Situato il giocatore in fondo alla pista, salirà correndo alla rete e realizzerà una corsa a rovescio incrociato, una volata da destra al centro e una battuta al picco, con l'obiettivo dei marchi situati sulla pista.

Dopo l'esercitazione tornerà in fila.

Esercizi 0730   Colpi: V – Rm

Obiettivo: Gioco in rete, volèe e finisci
Sequenza di colpi: VD// - VRX – Rm// - RmX

Descrizione:
Situato il giocatore vicino alla rete, realizzerà una volèe di destra parallela, una volèe di rovescio incrociato, una conca parallela e una conca incrociata, con l'obiettivo dei marchi situati sul fondo della pista.
Dopo l'esercitazione tornerà in fila.

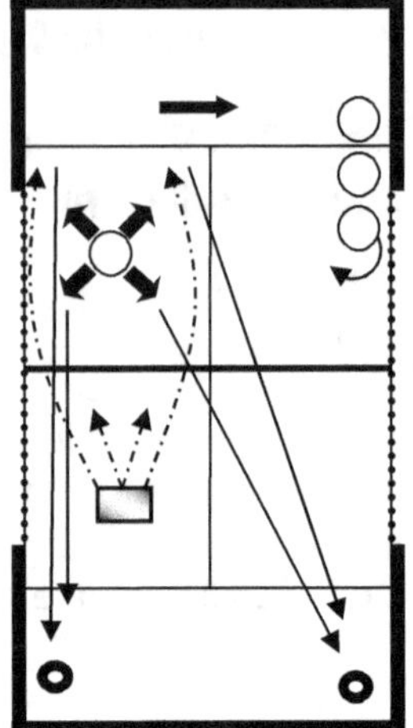

Esercizi 0731   Colpi: V – Rm

Obiettivo: Gioco in rete, volèe e finisci
Sequenza di colpi: VR// - VDX – Rm// - RmX

Descrizione:
Situato il giocatore vicino alla rete, realizzerà una volèe di rovescio parallela, una volèe di destra incrociata, una battuta parallela e una battuta incrociata, con l'obiettivo dei marchi situati in fondo alla pista.
Dopo l'esercizi tornerà in fila.

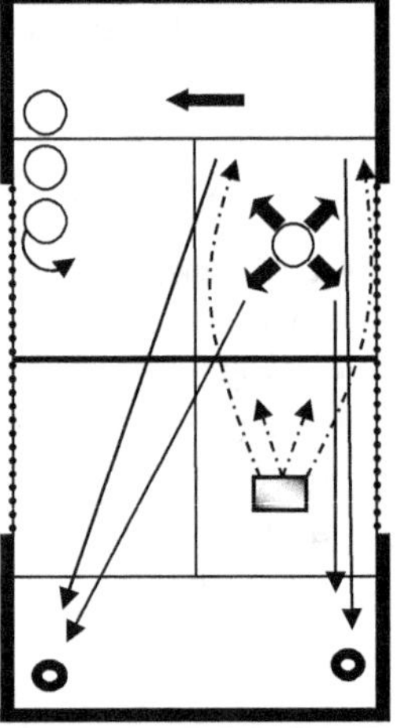

Esercizi 0732   Colpi: V – Rm

Obiettivo: Gioco in rete, volèe e finisci
Sequenza di colpi: VD// - Rm// - VR// - Rm //

Descrizione:
Situato il giocatore vicino alla rete, realizzerà una volèe di destra parallela, una battuta parallela, una volèe di rovescio parallela e una battuta parallela, con l'obiettivo del marchio situato in fondo alla pista.
Dopo l'esercitazione tornerà in fila.

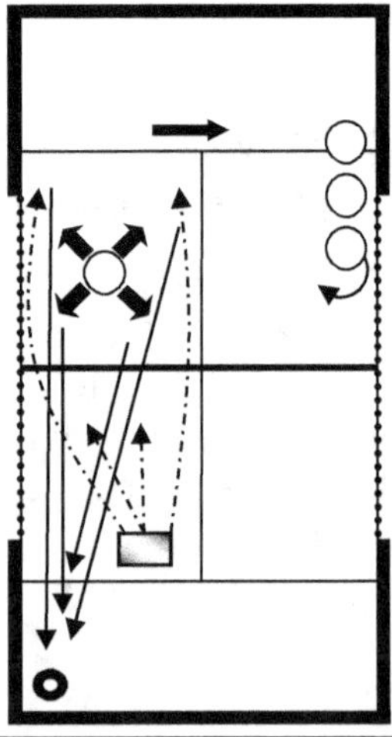

Esercizi 0733   Colpi: V – Rm

Obiettivo: Gioco in rete, volèe e finisci
Sequenza di colpi: VR// - Rm// - VD// - Rm//

Descrizione:
Situato il giocatore vicino alla rete, realizzerà una volèe di rovescio parallela, una conca parallela, una volèe di destra parallela e una conca parallela, con l'obiettivo dei marchi situati sul fondo della pista.
Dopo l'esercitazione tornerà in fila.

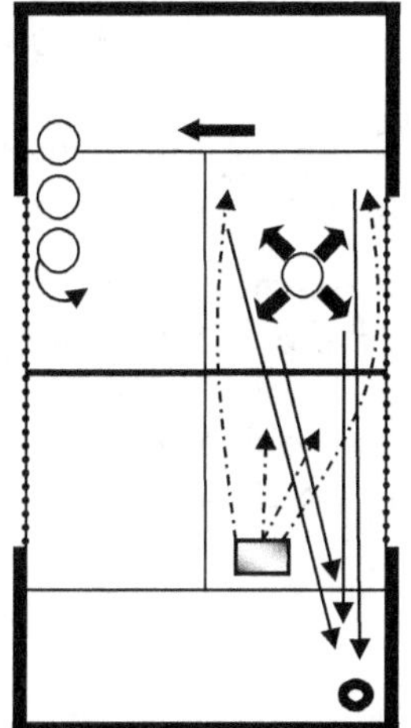

Esercizi 0734   Colpi: V – Rm

Obiettivo: Gioco in rete, volèe e finisci
Sequenza di colpi: VDX - RmX - VRX - RmX

Descrizione:
Posizionato vicino alla rete, il giocatore effettuerà un volo a destra incrociata, un bordo incrociato, una volèe a rovescio incrociato e un bordo incrociato, con l'obiettivo dei marchi situati sul fondo della pista.
Dopo l'esercitazione tornerà in fila.

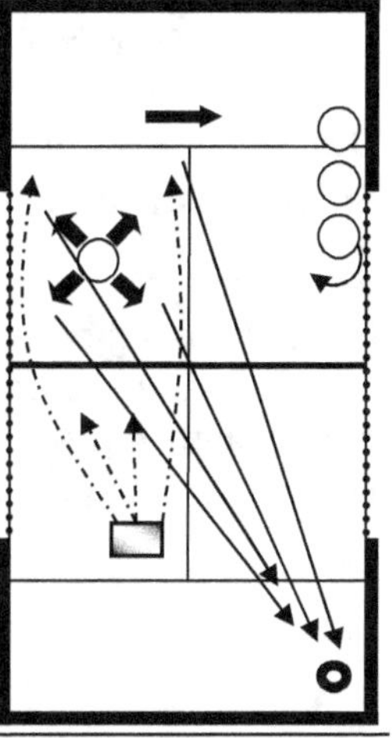

Esercizi 0735   Colpi: V – Rm

Obiettivo: Gioco in rete, volèe e finisci
Sequenza di colpi: VRX - RmX - VDX - RmX

Descrizione:
Posizionato vicino alla rete, il giocatore effettuerà un volo a rovescio incrociato, un bordo incrociato, un volo a destra incrociata e un bordo incrociato, con l'obiettivo dei marchi situati sul fondo della pista.
Dopo l'esercitazione tornerà in fila.

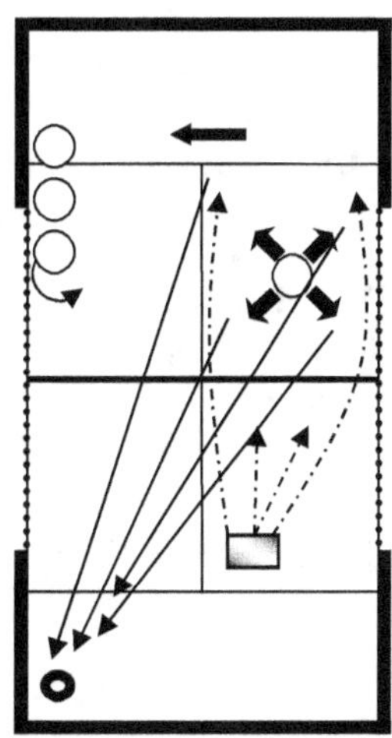

Esercizi 0736   Colpi: V – Rm

Obiettivo: Gioco in rete, volèe e finisci
Sequenza di colpi: VR al mezzo - RmX

Descrizione:
Posizionato il giocatore vicino alla rete, eseguirà una corsa di rovescio al centro e una battuta incrociata, con l'obiettivo dei marchi situati in fondo alla pista.
Dopo 10 palle si cambia giocatore.

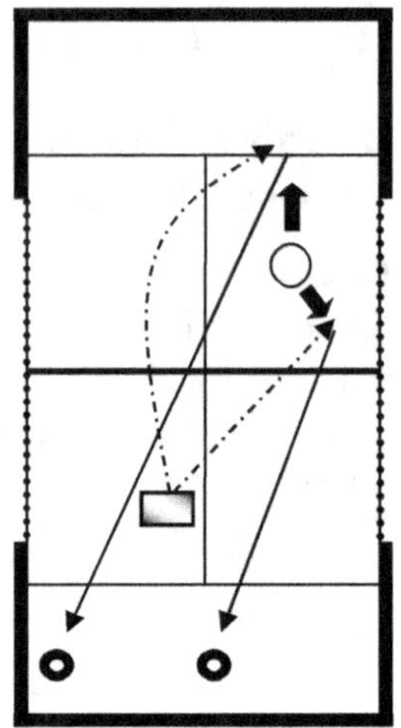

Esercizi 0737   Colpi: V – Rm

Obiettivo: Gioco in rete, volèe e finisci
Sequenza di colpi: VD in mezzo - RmX

Descrizione:
Posizionato il giocatore vicino alla rete, effettuerà un volo da destra al centro e un'estremità trasversale, con l'obiettivo dei marchi situati in fondo alla pista.
Dopo 10 palle si cambia giocatore.

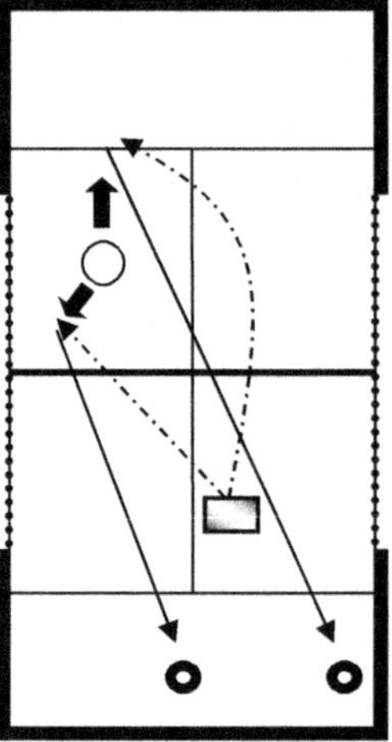

Esercizi 0738   Colpi: V – Rm

Obiettivo: Gioco in rete, volèe e finisci
Sequenza di colpi: VR// - Rm//

Descrizione:
Situato il giocatore vicino alla rete, eseguirà una corsa di rovescio parallela e una battuta parallela, con l'obiettivo del marchio situato in fondo alla pista.
Dopo 10 palle si cambia giocatore.

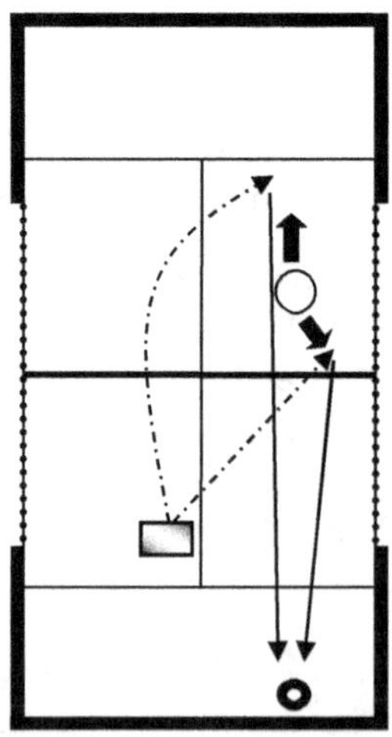

Esercizi 0739   Colpi: V – Rm

Obiettivo: Gioco in rete, volèe e finisci
Sequenza di colpi: VD// - Rm//

Descrizione:
Posizionato il giocatore vicino alla rete, eseguirà una corsa di destra parallela e una battuta parallela, con l'obiettivo del marchio situato in fondo alla pista.
Dopo 10 palle si cambia giocatore.

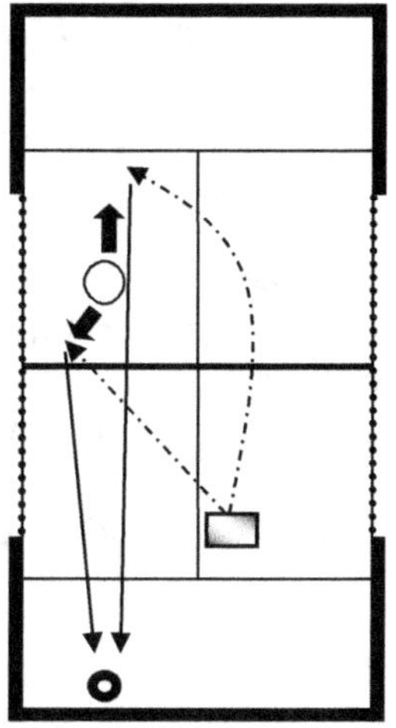

Esercizi 0740   Colpi: V – Rm

Obiettivo: Gioco in rete, volèe e finisci
Sequenza di colpi: VD// - VR// - Rm//

Descrizione:
Situato il giocatore vicino alla rete, realizzerà una volèe di destra parallela, una volèe di rovescio parallelo e una battuta parallela, con l'obiettivo del marchio situato in fondo alla pista.
Dopo 12 palle si cambia giocatore.

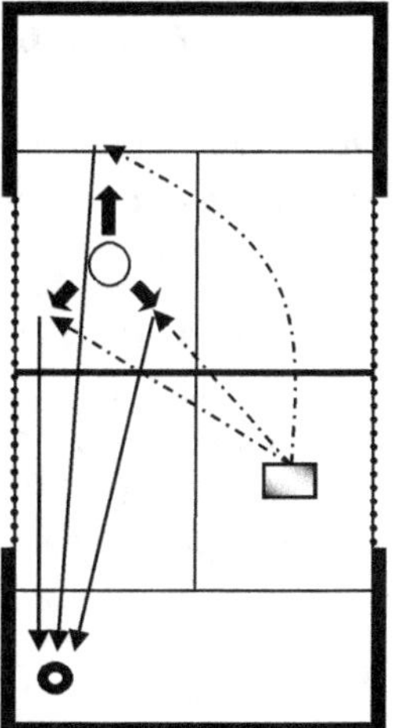

Esercizi 0741   Colpi: V – Rm

Obiettivo: Gioco in rete, volèe e finisci
Sequenza di colpi: VR// - VD// - Rm//

Descrizione:
Situato il giocatore vicino alla rete, realizzerà una volèe di rovescio parallela, una volèe di destra parallela e una battuta parallela, con l'obiettivo del marchio situato in fondo alla pista.
Dopo 12 palle si cambia giocatore.

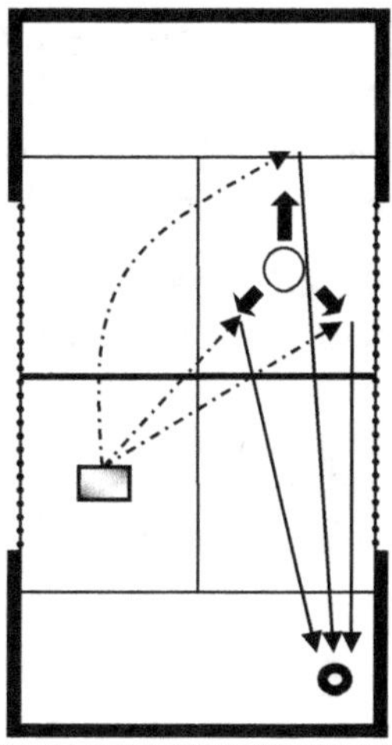

Esercizi 0742   Colpi: V – Rm

Obiettivo: Gioco in rete, volèe e finisci
Sequenza di colpi: VR al mezzo – RmX – VD//

Descrizione:
Collocato il giocatore vicino alla rete, effettuerà una corsa di rovescio al centro, un'estremità incrociata e una volèe di destra parallela, con l'obiettivo dei marchi situati sul fondo della pista.
Dopo 12 palle si cambia giocatore.

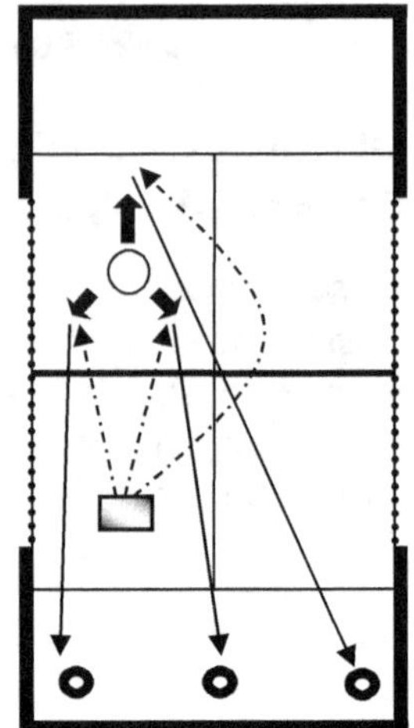

Esercizi 0743   Colpi: V – Rm

Obiettivo: Gioco in rete, volèe e finisci
Sequenza di colpi: VD in mezzo – RmX – VR//

Descrizione:
Posizionato vicino alla rete, il giocatore effettuerà un volo da destra al centro, un'estremità incrociata e una volèe di rovescio parallelo, con l'obiettivo dei marchi situati sul fondo della pista.
Dopo 12 palle si cambia giocatore.

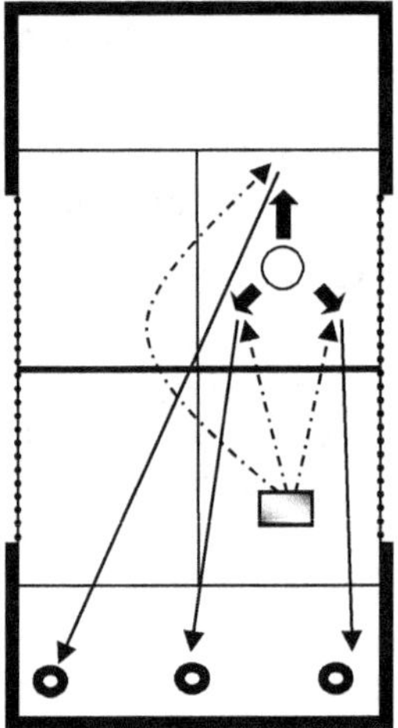

Esercizi 0744   Colpi: V – Rm

Obiettivo: Gioco in rete, volèe e finisci
Sequenza di colpi: VR in mezzo – RmX – VD// forte

Descrizione:
Situato il giocatore vicino alla rete, realizzerà una volèe di rovescio al centro, un'estremità incrociata ed una volèe di destra parallela forte, con l'obiettivo dei marchi situati sul fondo della pista.
Dopo 12 palle si cambia giocatore.

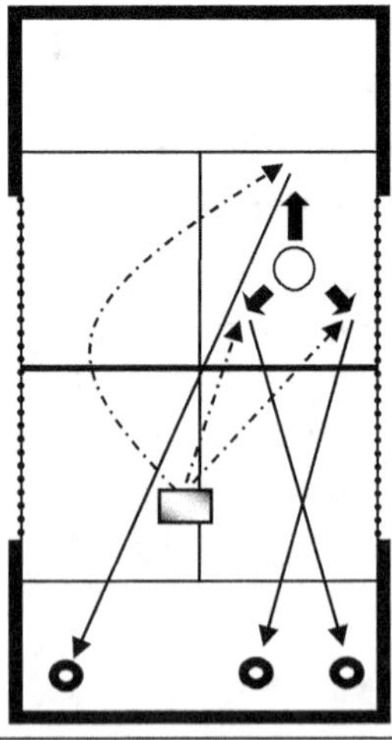

EDITORIAL WANCEULEN

Esercizi 0745   Colpi: V – Rm

Obiettivo: Gioco in rete, volèe e finisci
Sequenza di colpi: VD in mezzo – RmX – VR// forte

Descrizione:
Situato il giocatore vicino alla rete, realizzerà una volèe di destra al centro, una battuta incrociata e una volèe di rovescio parallelo forte, con l'obiettivo dei marchi situati sul fondo della pista.
Dopo 12 palle si cambia giocatore.

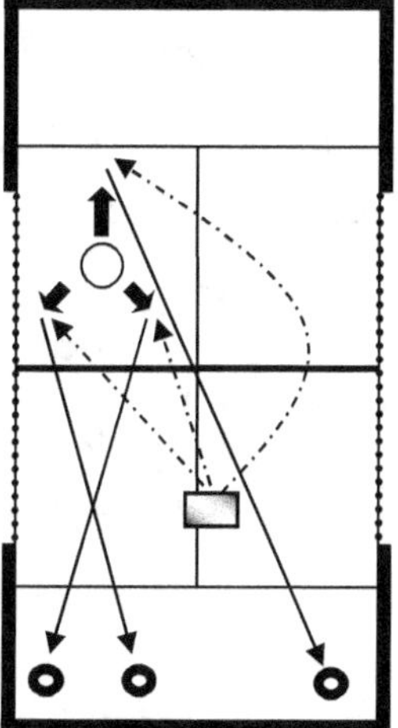

Esercizi 0746   Colpi: V – Rm

Obiettivo: Combinazione di colpi con spostamento
Sequenza di colpi: VD// o VR// – Rm//

Descrizione:
Posizionati i giocatori vicino alla rete, eseguiranno un volo di destra parallela o una volèe di rovescio parallela, a seconda della zona in cui si trovano, e poi un'asta parallela, con l'obiettivo dei marchi situati sul fondo della pista.
Dopo 10 palle si alterna la posizione dei giocatori.

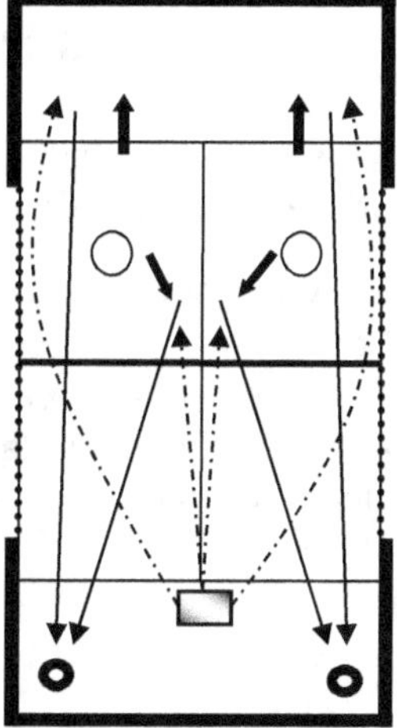

Esercizi 0747   Colpi: V – Rm

Obiettivo: Combinazione di colpi con spostamento
Sequenza di colpi: VD// o VR// – RmX

Descrizione:
Posizionati i giocatori vicino alla rete, eseguiranno un volo di destra parallela o una volèe di rovescio parallela, a seconda della zona in cui si trovano, e poi un'estremità incrociata, con l'obiettivo dei marchi situati sul fondo della pista.
Dopo 10 palle si alterna la posizione dei giocatori.

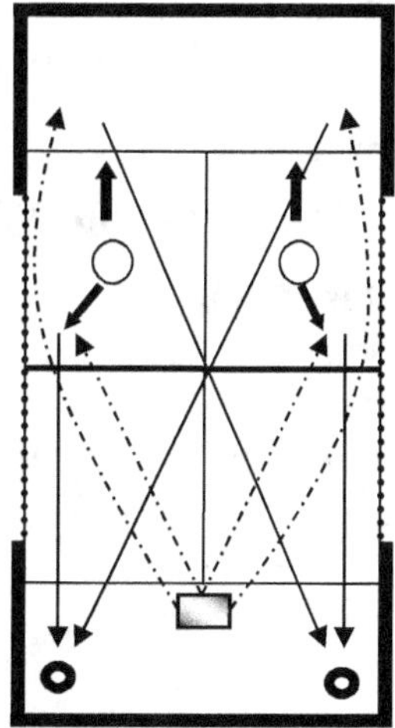

Esercizi 0748   Colpi: V – Rm

Obiettivo: Combinazione di colpi con spostamento
Sequenza di colpi: VR mezzo – RmX

Descrizione:
Posizionato il giocatore vicino alla rete, eseguirà una corsa di rovescio al centro e una battuta incrociata, con l'obiettivo dei marchi situati in fondo alla pista. Dopo l'esercizi tornerà in fila.

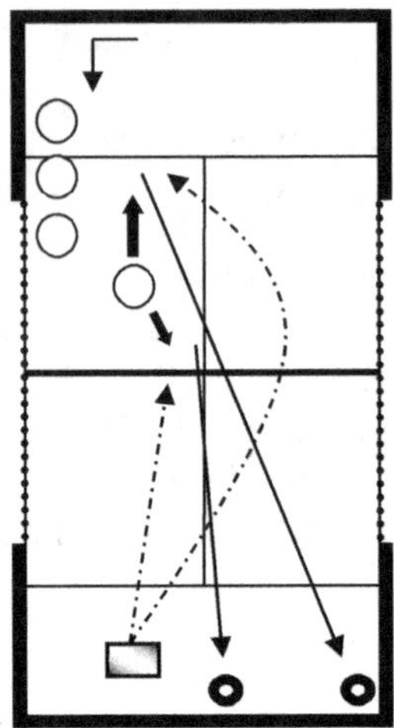

Esercizi 0749   Colpi: V – Rm

Obiettivo: Combinazione di colpi con spostamento
Sequenza di colpi: VD mezzo – RmX

Descrizione:
Posizionato il giocatore vicino alla rete, effettuerà un volo da destra al centro e un'estremità trasversale, con l'obiettivo dei marchi situati in fondo alla pista. Dopo l'esercitazione tornerà in fila.

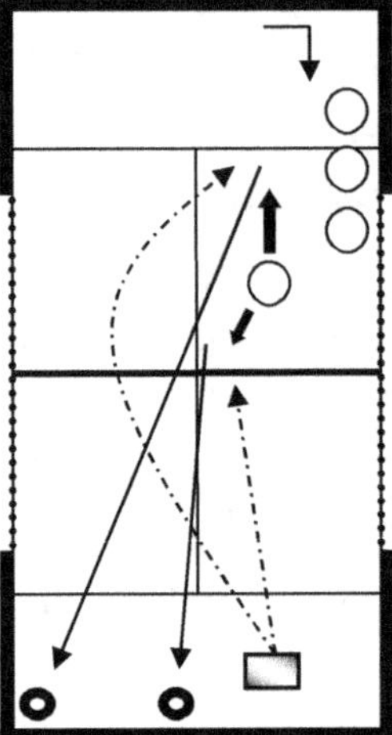

Esercizi 0750   Colpi: V – Rm

Obiettivo: Combinazione di colpi con spostamento
Sequenza di colpi: VDX – RmX

Descrizione:
Situato il giocatore vicino alla rete, effettuerà un volo a destra incrociata e saranno ritardati abbastanza per effettuare un passaggio incrociato al picco, con l'obiettivo dei marchi situati sul fondo della pista.
Dopo l'esercitazione tornerà in fila.

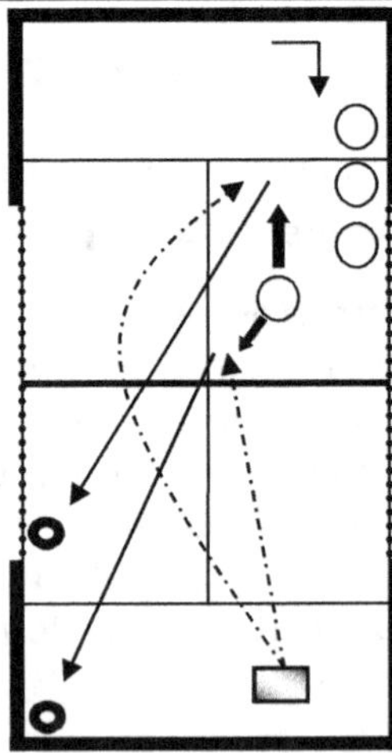

Esercizi 0751   Colpi: V – Rm

Obiettivo: Combinazione di colpi con spostamento
Sequenza di colpi: VRX – RmX

Descrizione:
Posizionato il giocatore vicino alla rete, effettuerà un volo a rovescio incrociato e saranno ritardati abbastanza per effettuare un passaggio incrociato al picco, con l'obiettivo dei marchi situati sul fondo della pista.
Dopo l'esercitazione tornerà in fila.

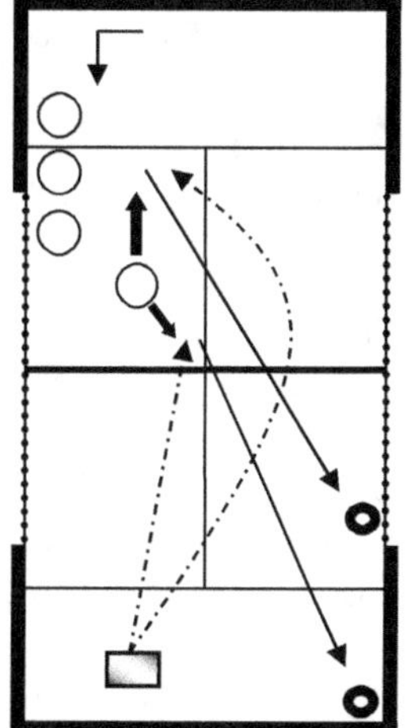

Esercizi 0752   Colpi: V – Rm

Obiettivo: Combinazione di colpi con spostamento
Sequenza di colpi: RmX – VD mezzo – Rm//

Descrizione:
Collocato il giocatore vicino alla rete, effettuerà un'asta incrociata, salirà sulla rete per realizzare un volo da destra al centro e sarà ritardato abbastanza per effettuare un'asta parallela, con l'obiettivo dei marchi situati in fondo alla pista.
Dopo l'esercitazione tornerà in fila.

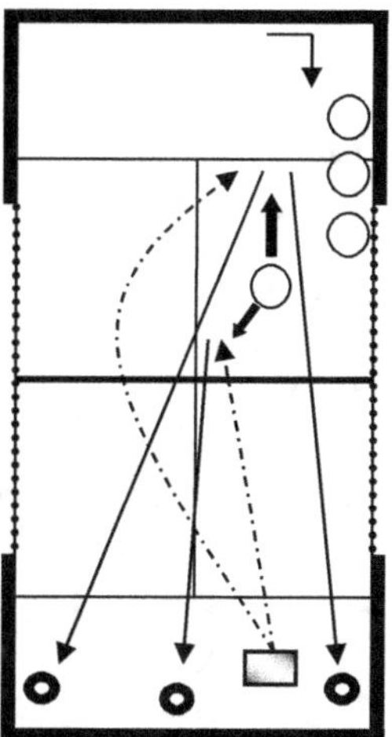

Esercizi 0753   Colpi: V – Rm

Obiettivo: Combinazione di colpi con spostamento
Sequenza di colpi: RmX – VR mezzo – Rm//

Descrizione:
Collocato il giocatore vicino alla rete, effettuerà un'asta incrociata, salirà sulla rete per realizzare una corsa di rovescio al centro e sarà ritardato abbastanza per realizzare un'asta parallela, con l'obiettivo dei marchi situati sul fondo della pista.
Dopo l'esercitazione tornerà in fila.

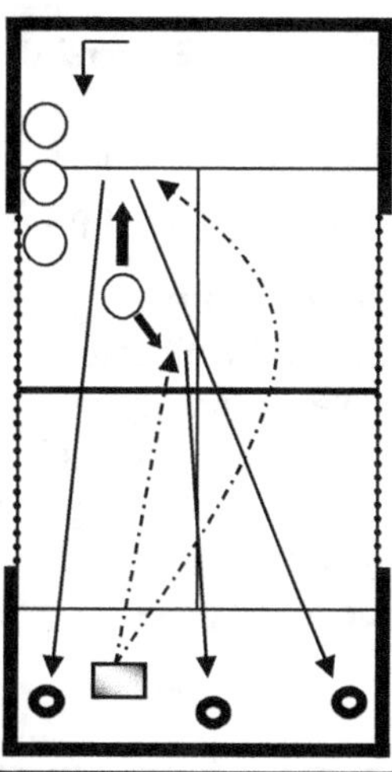

Esercizi 0754   Colpi: V – Rm

Obiettivo: Combinazione di colpi con sforzo
Sequenza di colpi: RmX – VR mezzo – VD//

Descrizione:
Situato il giocatore sulla linea di servizio, effettuerà un'asta incrociata al picco e salirà alla rete per fare una volèe di rovescio al centro e una volèe di destra parallela all'angolo, con l'obiettivo dei marchi situati sul fondo della pista.
Dopo 12 palle si cambia giocatore.

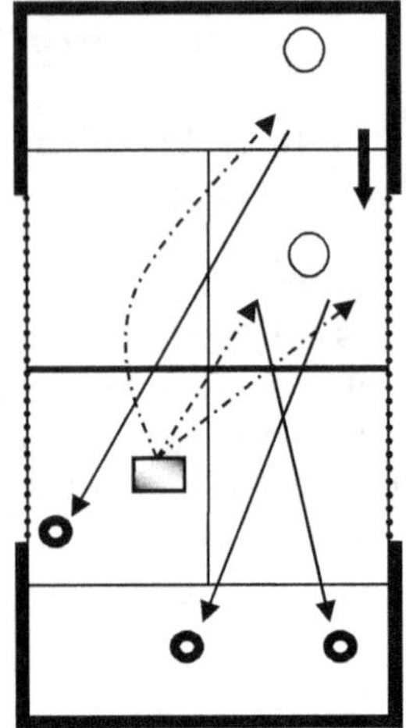

Esercizi 0755   Colpi: V – Rm

Obiettivo: Combinazione di colpi con sforzo
Sequenza di colpi: RmX – VD mezzo – VR//

Descrizione:
Collocato il giocatore sulla linea di servizio, effettuerà un'asta incrociata al picco e salirà alla rete per fare un volo di destra al centro e una volèe di rovescio all'angolo, con l'obiettivo dei marchi situati sul fondo della pista.
Dopo 12 palle si cambia giocatore.

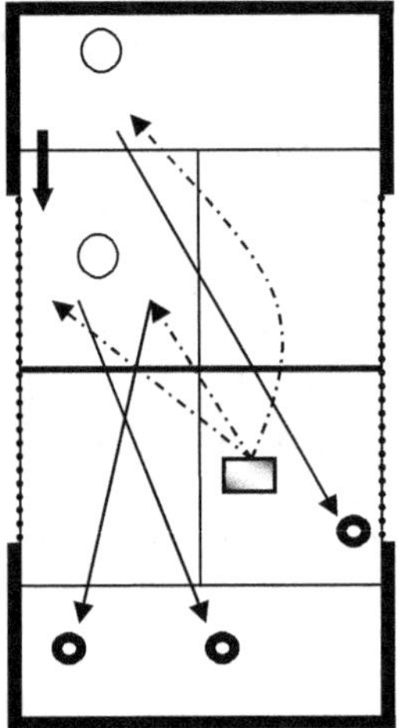

Esercizi 0756   Colpi: V – Rm

Obiettivo: Combinazione di colpi con sforzo
Sequenza di colpi: RmX – VR// – VD mezzo

Descrizione:
Situato il giocatore sulla linea di servizio, effettuerà un'asta incrociata al picco e salirà alla rete per fare una volèe di rovescio parallela all'angolo e una volèe di destra parallela al mezzo forte, con l'obiettivo dei marchi situati sul fondo della pista.
Dopo 12 palle si cambia giocatore.

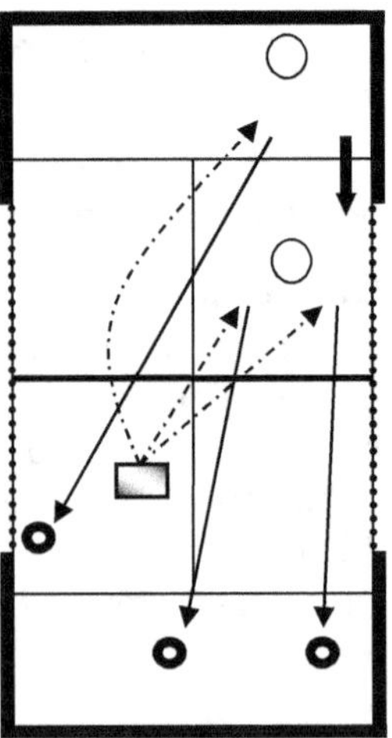

Esercizi 0757   Colpi: V – Rm

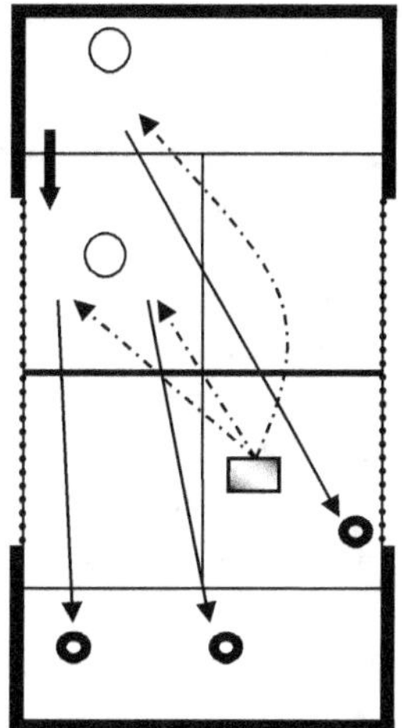

Obiettivo: Combinazione di colpi con sforzo
Sequenza di colpi: RmX – VD// – VR mezzo

Descrizione:
Dalla posizione iniziale, il giocatore effettuerà un passaggio incrociato al picco e salirà alla rete per volèer da destra all'angolo e da rovescio al mezzo forte, con l'obiettivo dei coni situati negli angoli.
Dopo 20 palle si cambia giocatore.

Esercizi 0758   Colpi: V – Rm

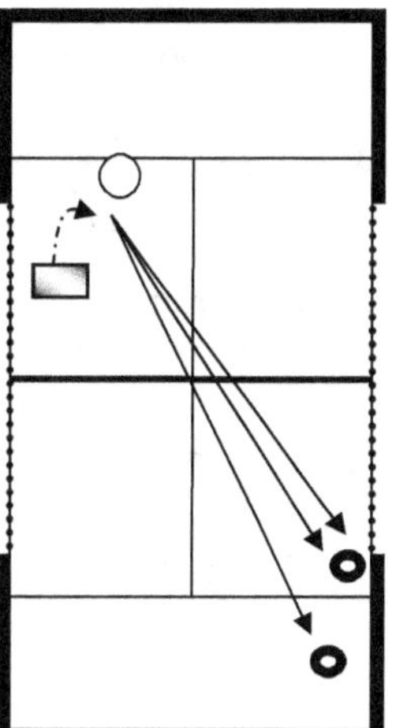

Obiettivo: Volèe e remate
Sequenza di colpi: VDX – VDX – RmX

Descrizione:
Collocato il monitor insieme ai giocatori in mezza pista, vi lancerà delle palline per fare due voli da destra al cancello e una battuta incrociata, con l'obiettivo dei marchi situati sulla pista.
Dopo 12 palle si cambia giocatore.

Esercizi 0759   Colpi: V – Rm

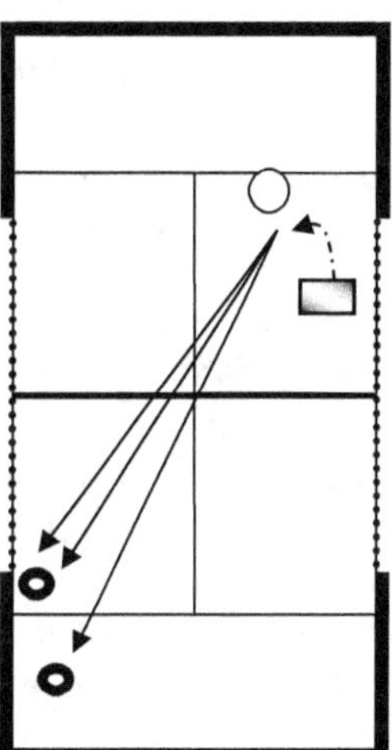

Obiettivo: Volèe e remate
Sequenza di colpi: VRX – VRX – RmX

Descrizione:
Posizionato il monitor accanto ai giocatori su mezza pista, vi lancerà le palle per fare due rovescio volley al cancello e una battuta incrociata, con l'obiettivo dei marchi situati sulla pista.
Dopo 12 palle si cambia giocatore.

Esercizi 0760   Colpi: V – Rm

Obiettivo: Volèe e remate
Sequenza di colpi: VDX – VDX – Rm//

Descrizione:
Collocato il monitor insieme ai giocatori in mezza pista, lancerà loro due palline da destra al cancello e una battuta parallela, con l'obiettivo dei marchi situati sulla pista.
Dopo 12 palle si cambia giocatore.

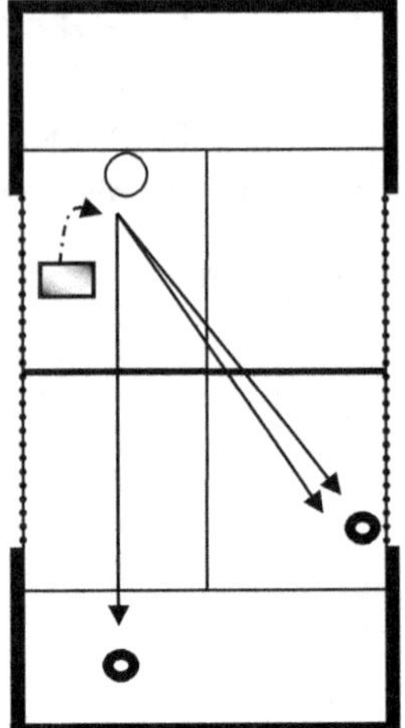

Esercizi 0761   Colpi: V – Rm

Obiettivo: Volèe e remate
Sequenza di colpi: VRX – VRX – Rm//

Descrizione:
Collocato il monitor insieme ai giocatori in mezza pista, vi lancerà delle sfere per fare due voli di rovescio alla grata e una battuta parallela, con l'obiettivo delle marche situate sulla pista.
Dopo 12 palle si cambia giocatore.

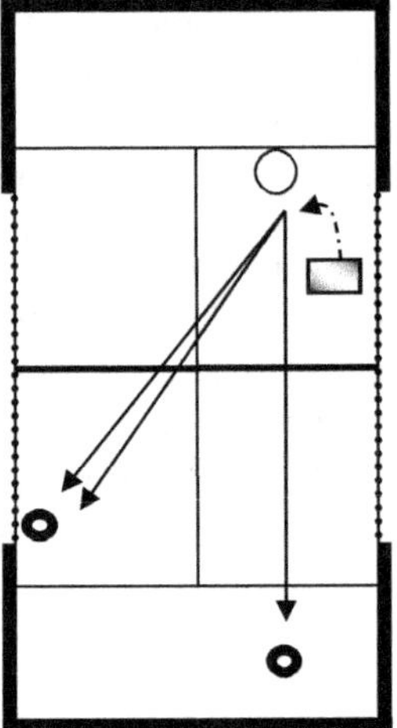

Esercizi 0762   Colpi: V – Rm

Obiettivo: Volèe e remate
Sequenza di colpi: VDX – VDX – Rm//

Descrizione:
Posizionato il giocatore in fondo alla pista e il monitor in mezzo alla pista, gli lancerà due palle da destra alla grata e un'estremità parallela, dopo ogni colpo andrà in fondo e toccherà il cono, così tutti saranno con gara lanciata in avanti, con lo scopo delle marcature apposte sulla pista.
Dopo 12 palle si cambia giocatore.

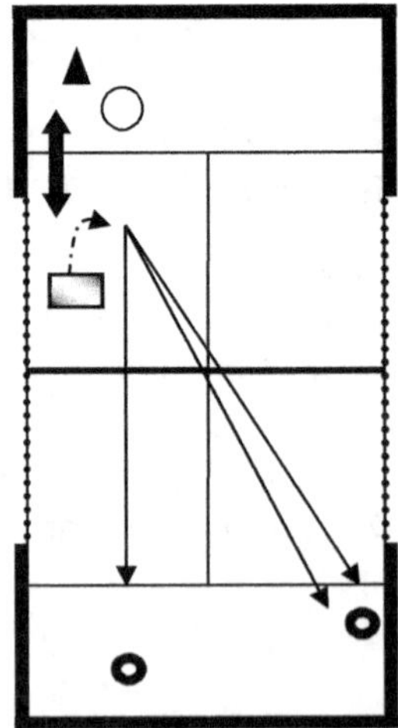

Esercizi 0763   Colpi: V – Rm

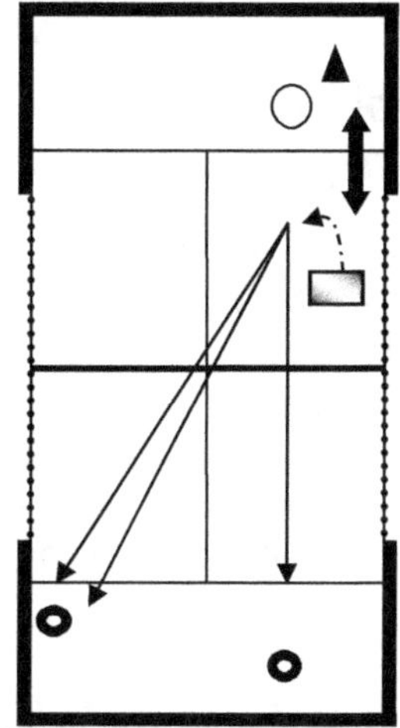

Obiettivo: Volèe e remate
Sequenza di colpi: VRX – VRX – Rm//

Descrizione:
Posizionato il giocatore in fondo alla pista e il monitor in mezzo alla pista, vi lancerà due palline di rovescio alla grata e una battuta parallela, dopo ogni colpo andrà in fondo e toccherà il cono, così tutti i colpi saranno con corsa lanciata in avanti con l'obiettivo dei marchi situati sulla pista.
Dopo 12 palle si cambia giocatore.

Esercizi 0764   Colpi: V – Rm

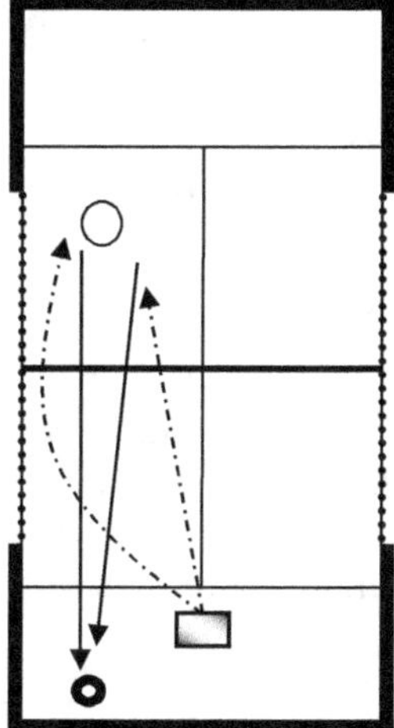

Obiettivo: Battuta finale
Sequenza di colpi: Rm// - VR//

Descrizione:
Situato il giocatore vicino alla rete, eseguirà remate parallelo piano utilizzando le spalle con poca velocità di avvio a farlo e volèe di rovescio parallelo, con l'obiettivo del marchio situato in fondo alla pista.
Dopo 10 palle si cambia giocatore.

Esercizi 0765   Colpi: V – Rm

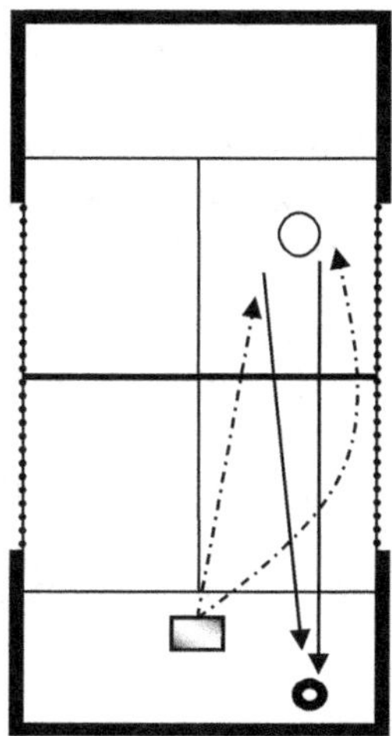

Obiettivo: Battuta finale
Sequenza di colpi: Rm// - VD//

Descrizione:
Posizionato il giocatore vicino alla rete, eseguirà rivetto parallelo piano utilizzando le spalle a bassa velocità per avviarlo e volèe di destra parallela, con l'obiettivo del marchio situato in fondo alla pista.
Dopo 10 palle si cambia giocatore.

Esercizi 0766   Colpi: V – Rm

Obiettivo: Spotamento laterale
Sequenza di colpi: VD// - Rm// - VR// - Rm//

Descrizione:
Situato il giocatore all'altezza del picco della pista, eseguirà una corsa di destra parallela e una battuta parallela e si sposterà lateralmente senza toccare i coni e sempre con la gamba contraria allo spostamento in avanti con questo movimento simulamo la posizione della volèe e al nostro arrivo realizzeremo una corsa di rovescio parallela e una battuta parallela.
Dopo 8 palle si cambia giocatore.

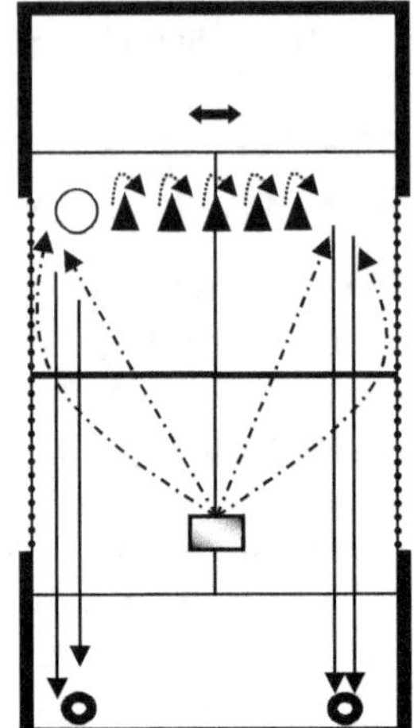

Esercizi 0767   Colpi: V – Rm

Obiettivo: Volèe con spostamento
Sequenza di colpi: Salto–VD//– VR// – VD// –VR//-Rm//

Descrizione:
Posizionato in fondo alla pista all'altezza della T, il giocatore farà un salto sulla barra e volèe di destra parallele e volèe di rovescio parallele con scorrimento laterale ascendente, terminando con una battuta parallela.

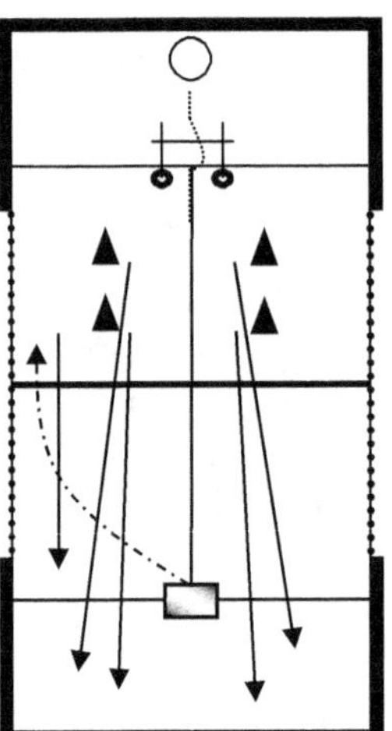

Esercizi 0768   Colpi: V – Rm

Obiettivo: Volèe con spostamento
Sequenza di colpi: Salto–VDX – VRX – VDX – VRX-Rm//

Descrizione:
Posizionato in fondo alla pista all'altezza della T, il giocatore effettuerà un salto sulla barra e realizzerà un volo a destra incrociato e un volo a rovescio incrociato con scorrimento laterale verso l'alto, terminando con una battuta parallela.

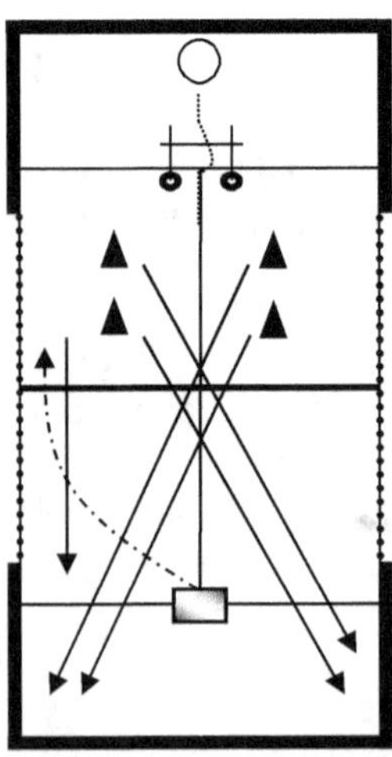

Esercizi 0769   Colpi: V – Rm

Obiettivo: Combinazione di colpi
Sequenza di colpi: VD mezzo – VR// – VD mezzo – Rm//

Descrizione:
Posizionato in fondo alla pista, il giocatore effettuerà un volo di destra di avvicinamento al mezzo e salirà sulla rete per fare una volèe di rovescio parallelo. Ritornerà alla posizione iniziale per fare un'altra volèe di destra di avvicinamento al mezzo e termina con un'estremità di potenza parallela, con l'obiettivo delle marche situate sul fondo della pista.
Dopo 12 palle si cambia giocatore.

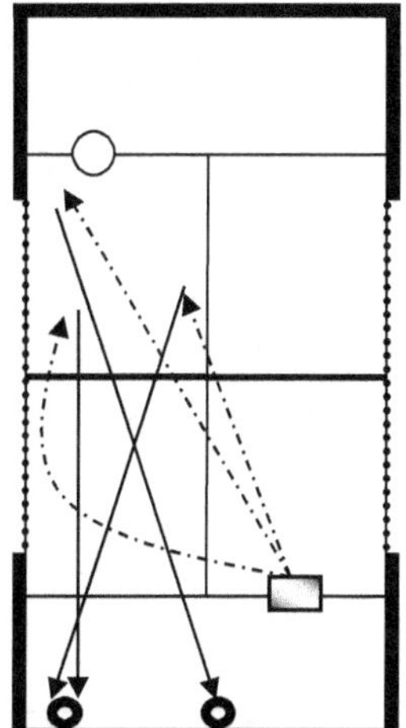

Esercizi 0770   Colpi: V – Rm

Obiettivo: Combinazione di colpi
Sequenza di colpi: VR mezzo – VD// – VR mezzo – Rm//

Descrizione:
Posizionato in fondo alla pista, il giocatore effettuerà una corsa di ribaltamento di avvicinamento mezzo e salirà sulla rete per fare una volèe di destra parallela. Ritornerà alla posizione iniziale per effettuare un'altra corsa di avvicinamento mezzo e termina con un'estremità di potenza parallela, con l'obiettivo delle marcature sul fondo della pista.
Dopo 12 palle si cambia giocatore.

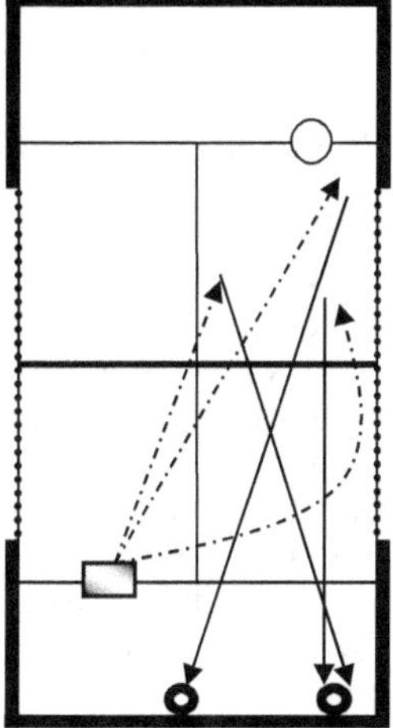

Esercizi 0771   Colpi: V – Rm

Obiettivo: Combinazione di colpi
Sequenza di colpi: RmX – VRX

Descrizione:
Posizionato il giocatore vicino alla rete, effettuerà un'asta incrociata e salirà sulla rete per realizzare una corsa di rovescio incrociato alla grata, con l'obiettivo dei marchi situati sulla pista.
Dopo 10 palle si cambia giocatore.

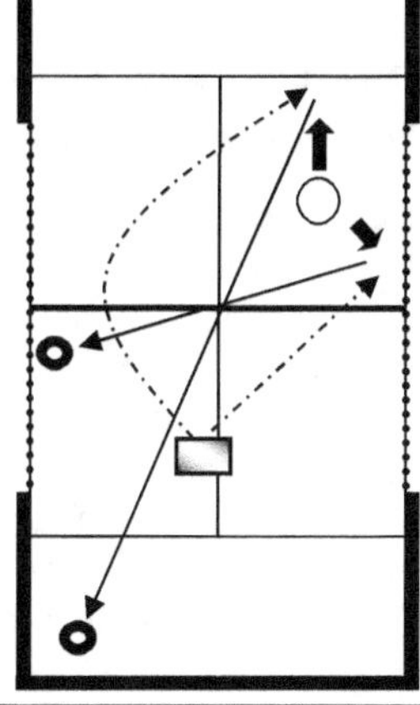

Esercizi 0772   Colpi: V – Rm

Obiettivo: Combinazione di colpi
Sequenza di colpi: RmX – VDX

Descrizione:
Posizionato il giocatore vicino alla rete, effettuerà un'asta incrociata e salirà sulla rete per realizzare un volo a destra incrociato alla grata, con l'biettivo dei marchi situati sulla pista.
Dopo 10 palle si cambia giocatore.

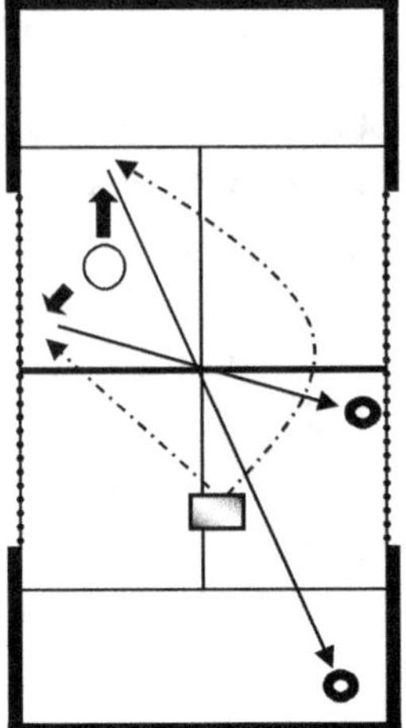

ESERCIZI COMBINATI: VOLÈE, BANDEJA

Esercizi 0773   Colpi: V – Bd

Obiettivo: Combinazione di colpi in movimento
Sequenza di colpi: VDX – VRX – BdX

Descrizione:
Un giocatore lavorerà con il monitor finché non avrà finito la macchina. Situato vicino alla rete, realizzerà volèe a destra incrociata, volèe a rovescio incrociato e vassoio trasversale, ritornando alla posizione iniziale. L'obiettivo sarà il marchio situato nell'angolo della pista. Gli altri due giocatori eseguiranno il controllo della palla, uno dal fondo e l'altro sul volo.
Dopo aver finito il carrello si alterna la posizione dei giocatori.

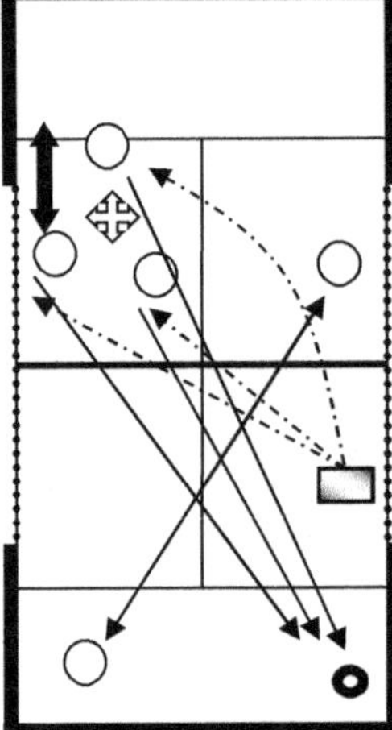

Esercizi 0774   Colpi: V – Bd

Obiettivo: Combinazione di colpi in movimento
Sequenza di colpi: VDX – VRX – BdX

Descrizione:
Un giocatore lavorerà con il monitor finché non avrà finito la macchina. Situato vicino alla rete, realizzerà volèe a destra incrociata, volèe a rovescio incrociato e vassoio trasversale, ritornando alla posizione iniziale. L'obiettivo sarà il marchio situato nell'angolo della pista. Gli altri due giocatori eseguiranno il controllo della palla, uno dal fondo e l'altro sul volo.
Dopo aver finito il carrello si alterna la posizione dei giocatori.

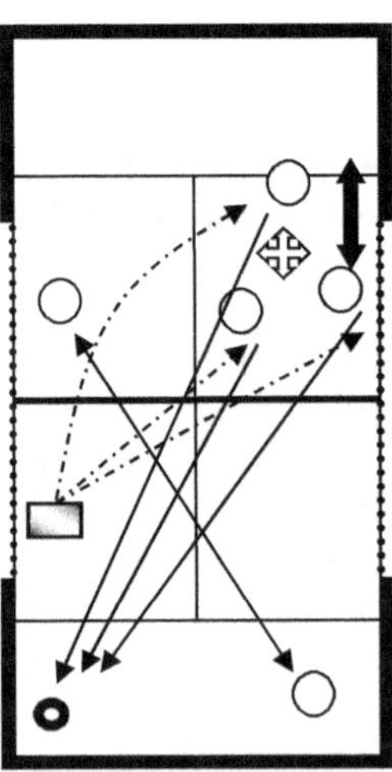

Esercizi 0775   Colpi: V – Bd

Obiettivo: Mantenere la rete con volèe e vassoio
Sequenza di colpi: VD// - Bd// - VD// - Bd//

Descrizione:
Situato il giocatore vicino alla rete, alternerà volèe di destra parallele e vassoi paralleli con l'obiettivo della linea di coni del fondo della pista.
Dopo 12 palle si cambia giocatore.

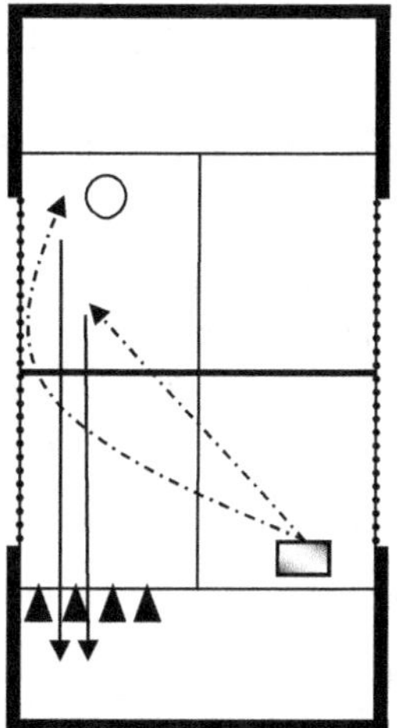

Esercizi 0776   Colpi: V – Bd

Obiettivo: Mantenere la rete con volèe e vassoio
Sequenza di colpi: VR// - Bd// - VR// - Bd//

Descrizione:
Situato il giocatore vicino alla rete, alternerà volèe di rovescio parallele e vassoi paralleli con l'obiettivo della linea di coni sul fondo della pista.
Dopo 12 palle si cambia giocatore.

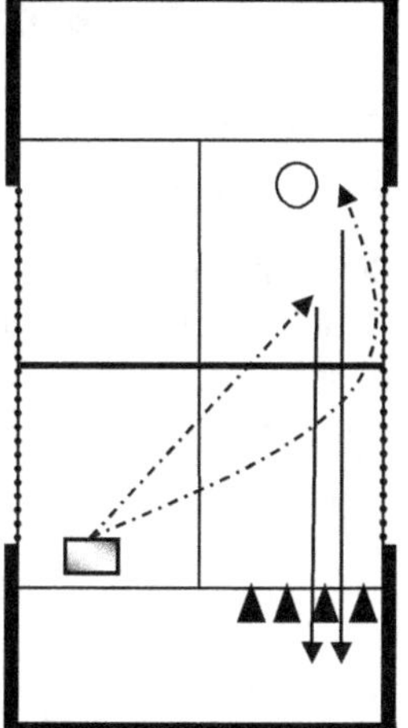

Esercizi 0777   Colpi: V – Bd

Obiettivo: Mantenere la rete con volèe e vassoio
Sequenza di colpi: VD// - BdX - VD// - BdX

Descrizione:
Situato il giocatore vicino alla rete, alternerà volèe di destra parallele e vassoi incrociati con l'obiettivo delle linee di coni sul fondo della pista.
Dopo 12 palle si cambia giocatore.

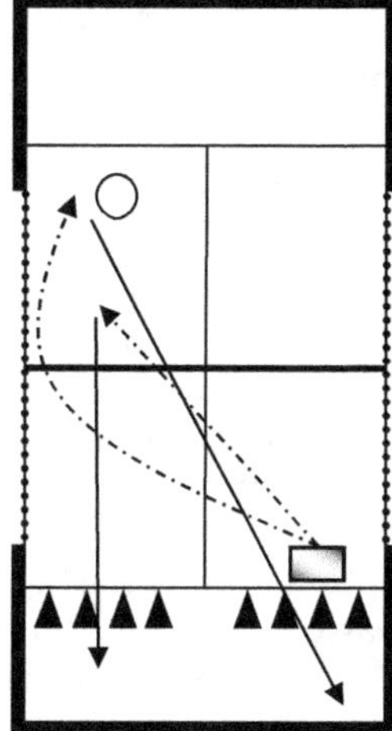

Esercizi 0778   Colpi: V – Bd

Obiettivo: Mantenere la rete con volèe e vassoio
Sequenza di colpi: VR// - BdX - VR// - BdX

Descrizione:
Situato il giocatore vicino alla rete, alternerà volèe di rovescio parallele e vassoi incrociati con l'obiettivo delle linee di coni sul fondo della pista.
Dopo 12 palle si cambia giocatore.

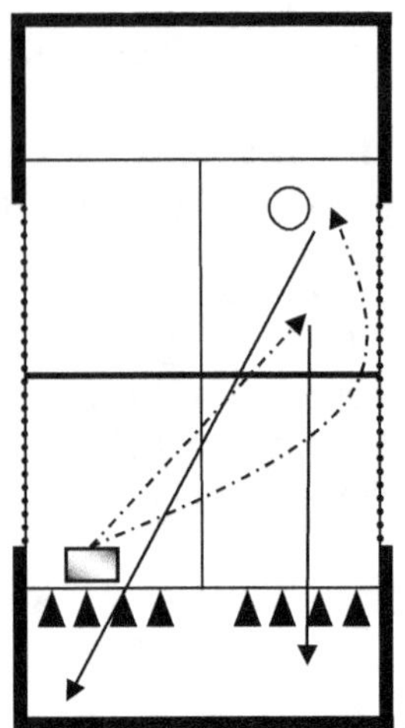

Esercizi 0779   Colpi: V – Bd

Obiettivo: Mantenere la rete con volèe e vassoio
Sequenza di colpi: VDX - BdX - VDX - BdX

Descrizione:
Situato il giocatore vicino alla rete, alternerà volèe a destra incrociate e vassoi incrociati con l'obiettivo della linea di coni sul fondo della pista.
Dopo 12 palle si cambia giocatore.

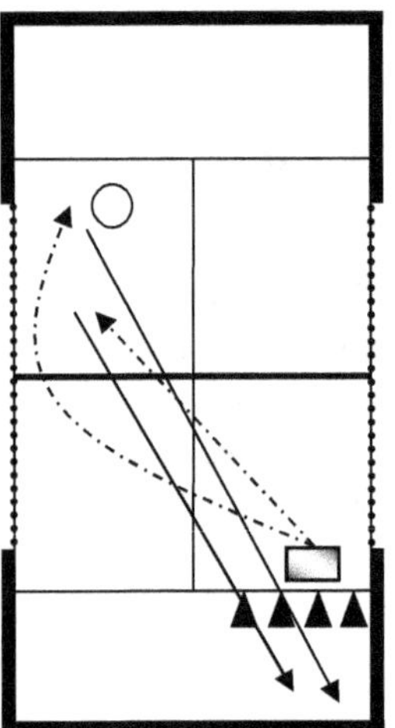

Esercizi 0780   Colpi: V – Bd

Obiettivo: Coordinamento dei movimenti su vassoio e volatile
Sequenza di colpi: VDX - BdX

Descrizione:
Situato il giocatore vicino ai coni situati nel mezzo della pista, farà un salto su di loro per attaccare con una volèe a destra incrociata. In seguito deve effettuare uno spostamento laterale fino a superare l'altro cono ed effettuare uno spostamento laterale all'indietro per posizionarsi e fare un vassoio incrociato. Importanti spostamenti laterali e la disposizione prima di eseguire il vassoio.
Poi viene eseguita dall'altro lato con volèe a rovescio incrociato e vassoio incrociato.

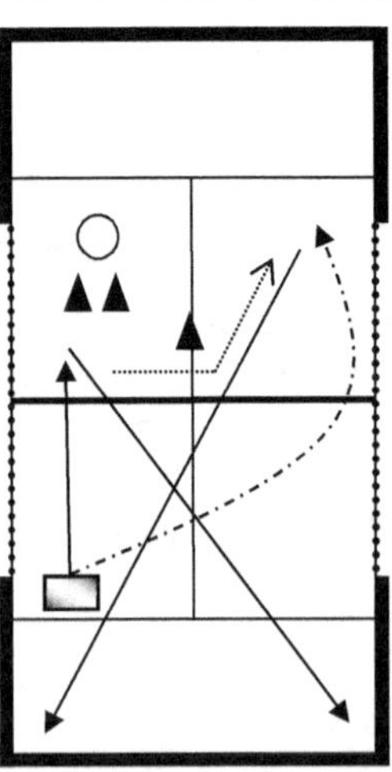

EDITORIAL WANCEULEN

Esercizi 0781   Colpi: V – Bd

Obiettivo: Combinazione di volèe e vassoi
Sequenza di colpi: BdX–VRX–BdX–VRX–BdX-VRX

Descrizione:
Situato il giocatore vicino alla rete, alternerà un vassoio incrociato all'altezza di ogni cono nero e una volèe di rovescio incrociato sul cono bianco, con l'obiettivo del marchio situato nell'angolo della pista. I vassoi saranno progressivamente più lunghi. Dopo la fine della serie, il giocatore torna in fila.

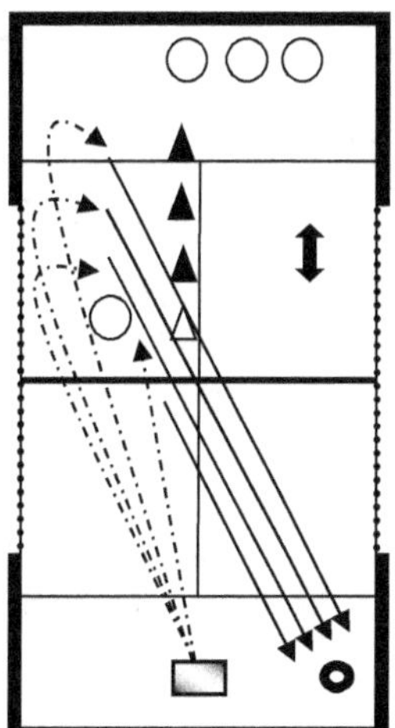

Esercizi 0782   Colpi: V – Bd

Obiettivo: Combinazione di volèe e vassoi
Sequenza di colpi: BdX–VDX–BdX–VDX–BdX-VDX

Descrizione:
Posizionato il giocatore vicino alla rete, alternerà un vassoio incrociato all'altezza di ogni cono nero e una volèe a destra incrociata sul cono bianco, con l'obiettivo del marchio situato nell'angolo della pista. I vassoi saranno progressivamente più lunghi. Dopo la fine della serie, il giocatore torna in fila.

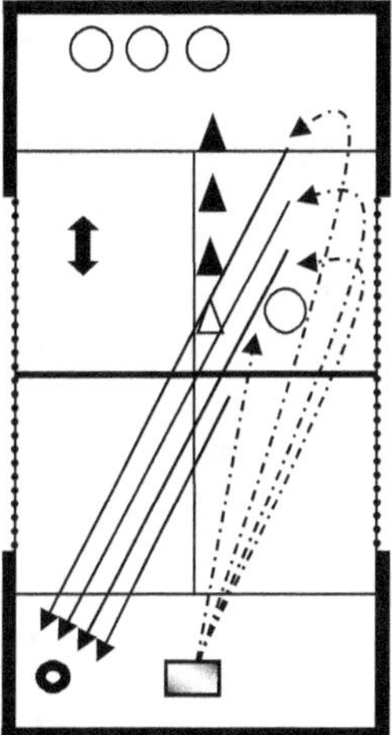

Esercizi 0783   Colpi: V – Bd

Obiettivo: Combinazione di volèe e vassoi
Sequenza di colpi: BdX–VD//–BdX–VD//–BdX-VD//

Descrizione:
Posizionato il giocatore vicino alla rete, alternerà un vassoio incrociato all'altezza di ogni cono nero e una volèe di destra parallela sul cono bianco, con l'obiettivo del marchio situato nell'angolo della pista. I vassoi saranno progressivamente più lunghi. Dopo la fine della serie, il giocatore torna in fila.

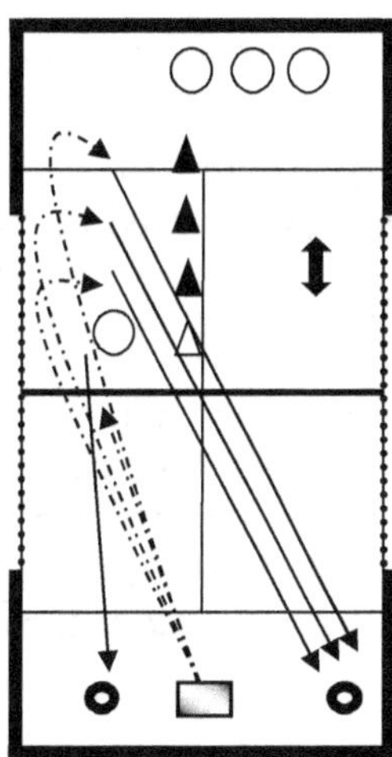

Esercizi 0784   Colpi: V – Bd

Obiettivo: Combinazione di volèe e vassoi
Sequenza di colpi: BdX–VR//–BdX–VR//–BdX-VR//

Descrizione:
Posizionato il giocatore vicino alla rete, alternerà un vassoio incrociato all'altezza di ogni cono nero e una volèe di rovescio parallelo sul cono bianco, con l'obiettivo del marchio situato nell'angolo della pista. I vassoi saranno progressivamente più lunghi. Dopo la fine della serie, il giocatore torna in fila.

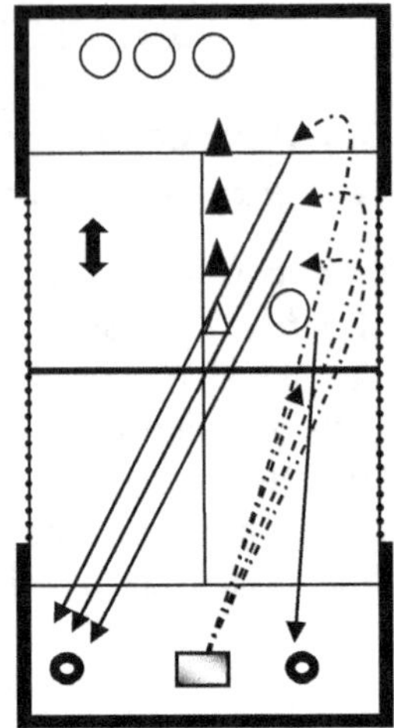

Esercizi 0785   Colpi: CP – V – Bd

Obiettivo: Combinación de colpi con spotamento
Sequenza di colpi: CP – VD// - BdX

Descrizione:
Collocato il giocatore in fondo alla pista, recupera una palla contro parete, sale in rete per realizzare una volèe di destra parallela e si ritarda per fare un vassoio incrociato, con l'obiettivo dei segni sul fondo della pista.
Dopo 12 palle si cambia giocatore.

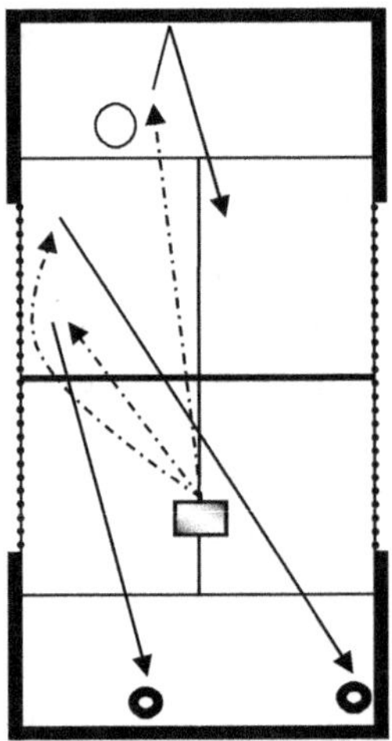

Esercizi 0786   Colpi: CP – V – Bd

Obiettivo: Combinación de colpi con spotamento
Sequenza di colpi: CP – VR// - BdX

Descrizione:
Posizionato il giocatore in fondo alla pista, recupera una pallina contro parete, sale in rete per realizzare una volèe di rovescio parallelo e si ritarda per fare un vassoio incrociato, con l'obiettivo dei segni sul fondo della pista.
Dopo 12 palle si cambia giocatore.

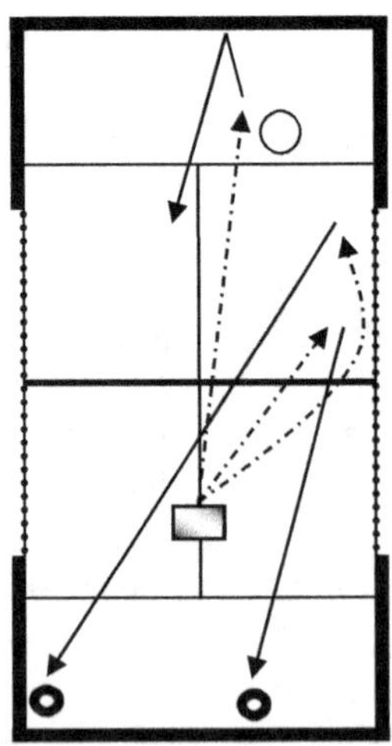

Esercizi 0787   Colpi: V – Bd

Obiettivo: Combinazione di colpi
Sequenza di colpi: VDX – VR// - BdX

Descrizione:
Posizionato vicino alla rete, il giocatore effettuerà un volo a destra incrociata e una volèe a rovescio parallelo, e sarà ritardato abbastanza per fare un vassoio incrociato, con l'obiettivo dei marchi situati in fondo alla pista.
Dopo 12 palle si cambia giocatore.

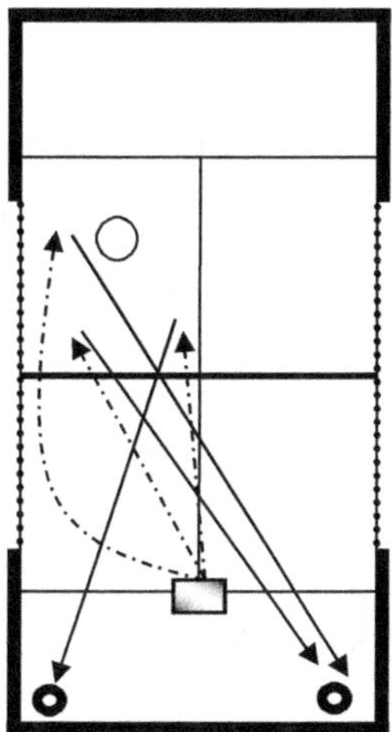

Esercizi 0788   Colpi: V – Bd

Obiettivo: Combinazione di colpi
Sequenza di colpi: VRX – VD// - BdX

Descrizione:
Posizionato vicino alla rete, il giocatore effettuerà una corsa di destra parallela e una corsa di rovescio incrociato, e si ritarderà abbastanza per fare un vassoio incrociato, con l'obiettivo dei marchi situati in fondo alla pista.
Dopo 12 palle si cambia giocatore.

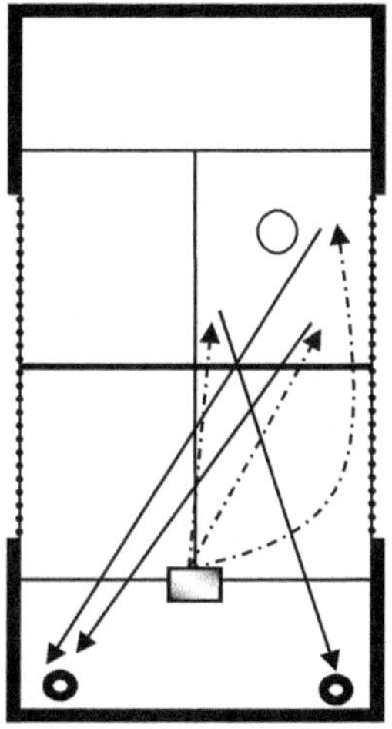

Esercizi 0789   Colpi: V – Bd

Obiettivo: Combinazione di volèe e vassoi
Sequenza di colpi: BdX - VR// - BdX - VDX

Descrizione:
Posizionato il giocatore vicino alla rete, effettuerà un vassoio incrociato per recuperare la rete e fare una volèe di rovescio parallelo. Si ritarderà di nuovo per fare un vassoio incrociato e farà un volo a destra incrociata, tutti con l'obiettivo dei marchi situati in fondo alla pista.
Dopo 12 palle si cambia giocatore.

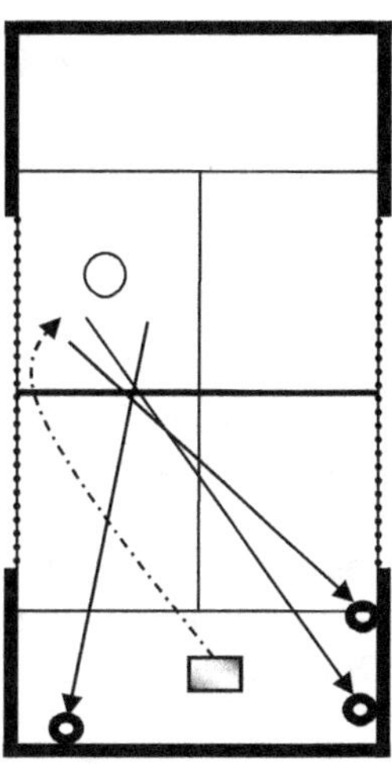

Esercizi 0790   Colpi: V – Bd

Obiettivo: Combinazione di volèe e vassoi
Sequenza di colpi: BdX - VD// - BdX - VRX

Descrizione:
Posizionato il giocatore vicino alla rete, effettuerà un vassoio incrociato per recuperare la rete e fare una volèe di destra parallela. Si ritarderà di nuovo per fare un vassoio incrociato e farà una corsa di rovescio incrociato, tutti con l'obiettivo dei marchi situati sul fondo della pista.
Dopo 12 palle si cambia giocatore.

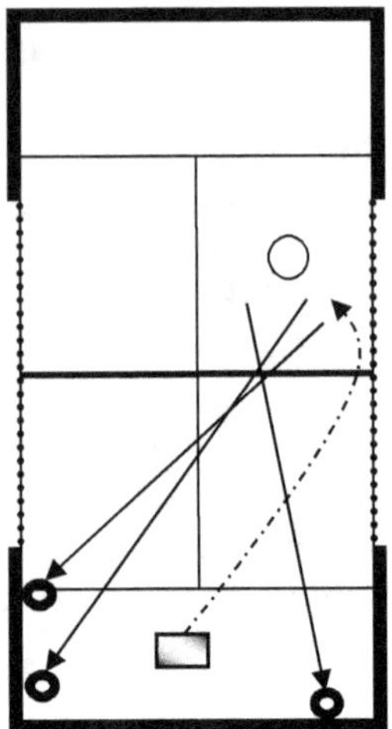

Esercizi 0791   Colpi: V – Bd

Obiettivo: Combinazione di volèe e vassoi
Sequenza di colpi: VD// - Bd// - VRX - BdX

Descrizione:
Posizionato il giocatore vicino alla rete, eseguirà una corsa di destra parallela, ritarderà per un vassoio parallelo e chiuderà il mezzo con una volèe di rovescio incrociato e si ritarderà di nuovo per fare un vassoio incrociato, tutti con l'obiettivo di contrassegni situati sul fondo della pista.
Dopo 12 palle si cambia giocatore.

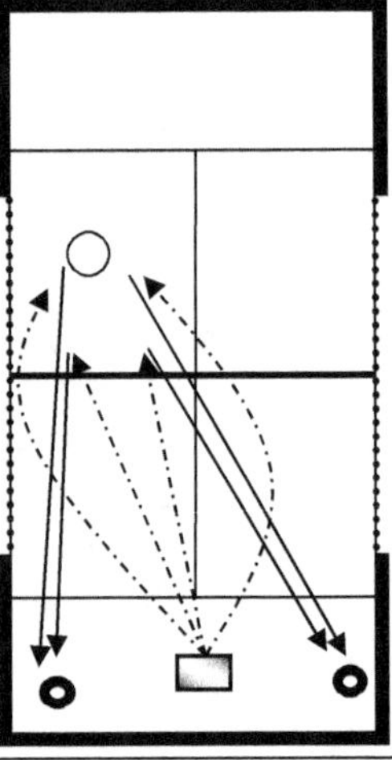

Esercizi 0792   Colpi: V – Bd

Obiettivo: Combinazione di volèe e vassoi
Sequenza di colpi: VR// - Bd// - VDX - BdX

Descrizione:
Posizionato il giocatore vicino alla rete, effettuerà una corsa di rovescio parallelo, sarà ritardato per un vassoio parallelo e chiuderà il mezzo con una volèe a destra incrociata e tornerà indietro per fare un vassoio incrociato, tutti con l'obiettivo di contrassegni situati sul fondo della pista.
Dopo 12 palle si cambia giocatore.

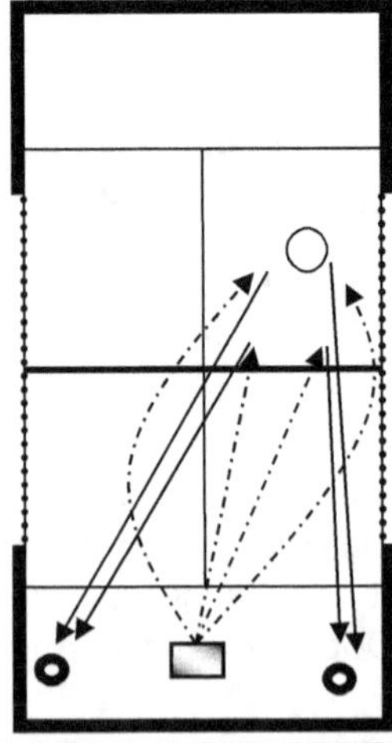

EDITORIAL WANCEULEN

Esercizi 0793   Colpi: V – Bd

Obiettivo: Combinazione di volèe e vassoi
Sequenza di colpi: VD// –Bd// – VD// - Bd//

Descrizione:

Il monitor lancerà le palline con la mano per far sì che l'allievo restituisca al monitor le seguenti sfere: il nero palla bassa destra, vassoio su linea di sfondo, il bianco palla bassa destra, vassoio su linea di sfondo e ripetere tutto l'esercizi.
Tutte le palline saranno restituite delicatamente al monitor.
Dopo 12 palle si cambia giocatore.

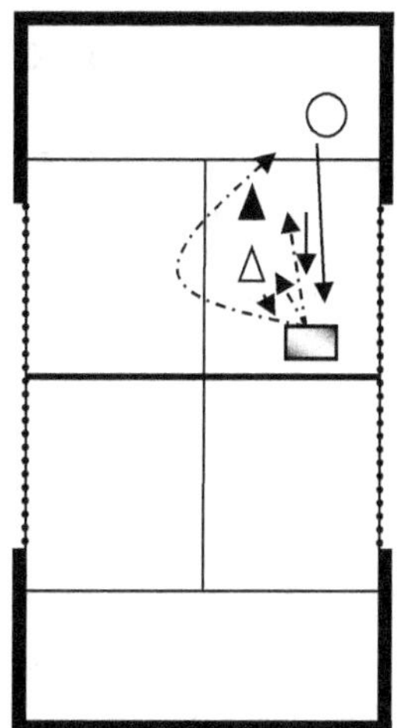

Esercizi 0794   Colpi: V – Bd

Obiettivo: Combinazione di volèe e vassoi
Sequenza di colpi: VR// –Bd// – VR// - Bd//

Descrizione:

Il monitor lancerà le palline con la mano in modo che l'allievo restituisca al monitor le seguenti sfere: nero palla bassa rovescio, vassoio su linea di sfondo, bianco palla bassa rovescio, vassoio su linea di sfondo e ripetere tutto l'esercizi.
Tutte le palline saranno restituite delicatamente al monitor.
Dopo 12 palle si cambia giocatore.

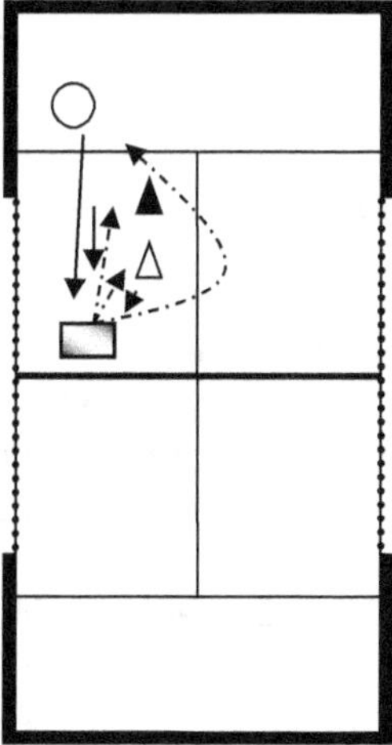

Esercizi 0795   Colpi: V – Bd

Obiettivo: Mantenere la rete
Sequenza di colpi: VR// - BdX - VDX

Descrizione:

Posizionato il giocatore vicino alla rete, cerchiamo di tenerlo con una volèe di rovescio parallelo, un vassoio incrociato e una volèe di destra incrociata, con l'obiettivo dei marchi situati sul fondo della pista. Dopo ogni vassoio, chiudiamo il mezzo, perché è il posto più possibile per ricevere una palla.
Dopo 12 palle si cambia giocatore.

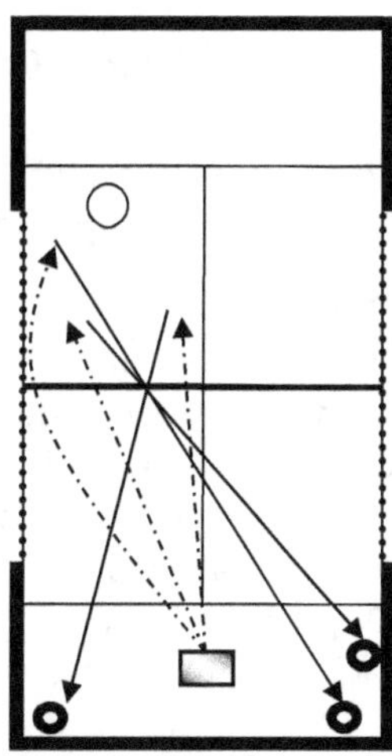

Esercizi 0796   Colpi: V – Bd

Obiettivo: Mantenere la rete
Sequenza di colpi: VRX - BdX – VD//

Descrizione:
Posizionato il giocatore vicino alla rete, cerchiamo di tenerlo con una volèe a rovescio incrociato, un vassoio incrociato e una volèe a destra parallela, con l'obiettivo dei marchi situati in fondo alla pista. Dopo ogni vassoio, chiudiamo il mezzo, perché è il posto più possibile per ricevere una palla.
Dopo 12 palle si cambia giocatore.

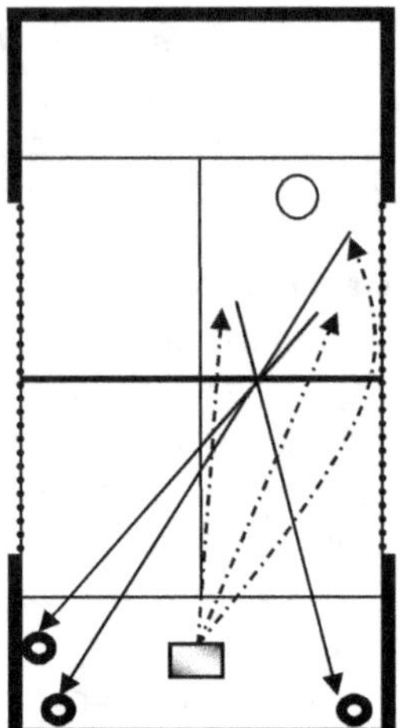

Esercizi 0797   Colpi: V – Bd

Obiettivo: Chiudere il mezzo dopo di víbora
Sequenza di colpi: BdX – VR//

Descrizione:
Posizionato il giocatore vicino alla rete, cerchiamo di mantenere e chiudere il mezzo con un rovescio parallelo dopo ogni vassoio di potenza (víbora) incrociata, con l'obiettivo dei marchi situati in fondo alla pista.
Dopo 10 palle si cambia giocatore.

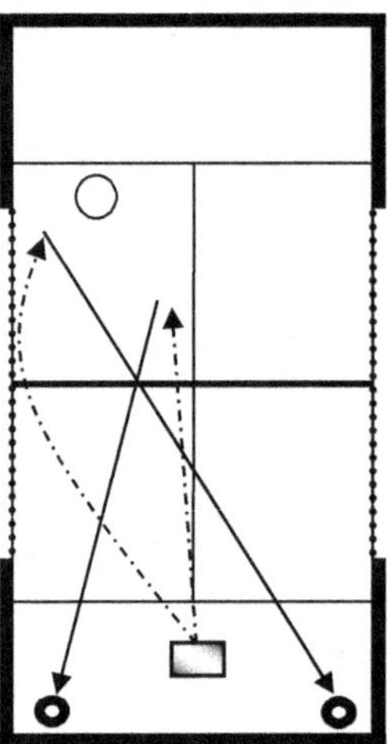

Esercizi 0798   Colpi: V – Bd

Obiettivo: Chiudere il mezzo dopo di víbora
Sequenza di colpi: BdX – VD//

Descrizione:
Posizionato il giocatore vicino alla rete, cerchiamo di mantenere e chiudere il mezzo con una volèe di destra parallela dopo ogni vassoio di potenza (víbora) incrociata, con l'obiettivo dei marchi situati in fondo alla pista.
Dopo 10 palle si cambia giocatore.

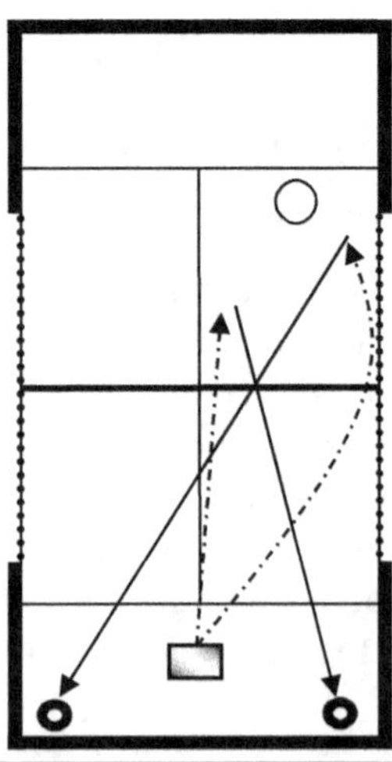

Esercizi 0799   Colpi: SF – V – Bd

Obiettivo: Attacco incrociato
Sequenza di colpi: VRX – BdX – VD x3 – CPD

Descrizione:
Posizionato il giocatore vicino alla rete, effettuerà un rovescio incrociato e un vassoio incrociato per mantenere la rete, e poi colpirà 3 volèe di destra di potenza incrociata, con l'obiettivo dei marchi situati in fondo alla pista, e finirà per correre diagonalmente a una palla contro la parete destra, con l'obiettivo del marchio situato nell'angolo della pista.
Dopo 12 palle si cambia giocatore.

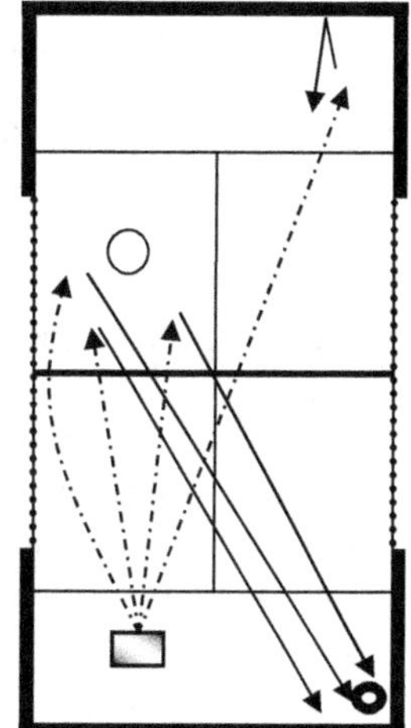

Esercizi 0800   Colpi: SF – V – Bd

Obiettivo: Attacco incrociato
Sequenza di colpi: VDX – BdX – VR x3 – CPR

Descrizione:
Posizionato il giocatore vicino alla rete, effettuerà un volo a destra incrociata e un vassoio incrociato per mantenere la rete, e poi colpirà 3 volèe a rovescio di potenza incrociata, con l'obiettivo dei marchi situati in fondo alla pista, e finirà per correre diagonalmente a una palla contro la parete rovescio, con l'obiettivo del marchio situato nell'angolo della pista.
Dopo 12 palle si cambia giocatore.

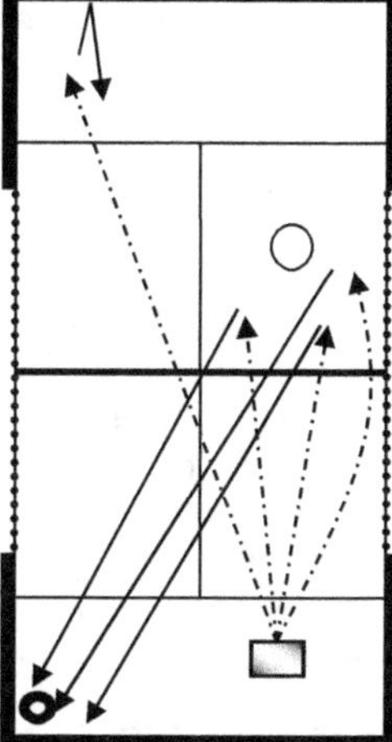

Esercizi 0801   Colpi: V – Bd

Obiettivo: Combinazione di colpi
Sequenza di colpi: BdX – VR// - VDX

Descrizione:
Posizionato il giocatore sulla linea di fondo, realizzerà un vassoio incrociato con cui salirà alla rete chiudendo il mezzo per fare una volèe di rovescio parallelo e una volèe a destra incrociata, con l'obiettivo dei marchi situati sul fondo della pista.
Dopo 12 palle si cambia giocatore.

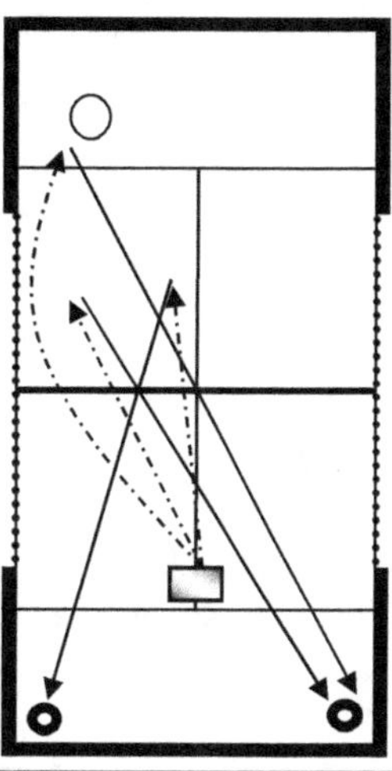

Esercizi 0802   Colpi: V – Bd

Obiettivo: Combinazione di colpi
Sequenza di colpi: BdX – VD// - VRX

Descrizione:

Posizionato il giocatore sulla linea di fondo, realizzerà un vassoio incrociato con cui salirà alla rete chiudendo il mezzo per fare una volèe di destra parallela e una volèe di rovescio incrociato, con l'obiettivo dei marchi situati sul fondo della pista.
Dopo 12 palle si cambia giocatore.

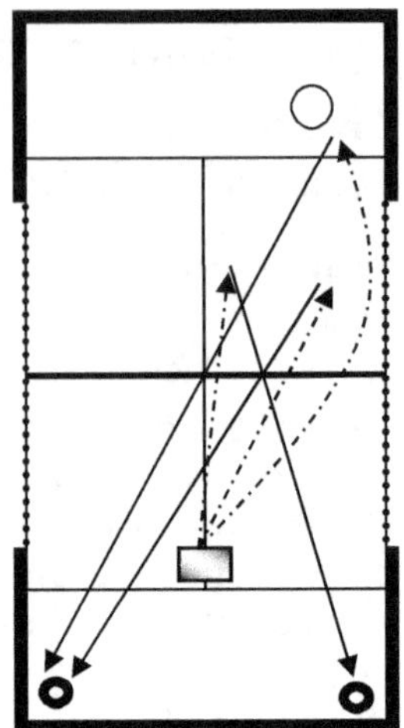

Esercizi 0803   Colpi: V – Bd

Obiettivo: Relevos nella rete
Sequenza di colpi: VD// – VD// – BdX – VR// – VRX

Descrizione:

Esercizi di staffetta nella coppia. Il giocatore di drive esegue due voli di destra paralleli progredendo alla rete, gli fanno un palloncino e il compagno di rovescio gli copre la schiena e fa un vassoio incrociato. In questo momento c'è uno scambio di posizioni. Il drive che ora chiude il rovescio fa una volèe di rovescio parallela e il giocatore di rovescio che ora è sul drive chiude il centro con volèe di rovescio crociato.

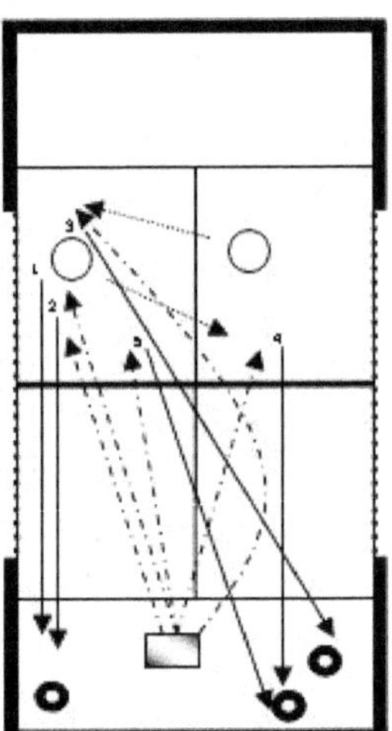

ESERCIZI COMBINATI: BANDEJA, REMATE

Esercizi 0804   Colpi: Bd – Rm

Obiettivo: Bandeja e remate
Sequenza di colpi: BdX – BdX – RmX

Descrizione:

Collocato il monitor in fondo alla pista accanto al giocatore, vi lancerà delle sfere per realizzare due vassoi alla grata e un'estremità incrociata, con l'obiettivo delle marche situate sulla pista.
Dopo 12 palle si cambia giocatore.

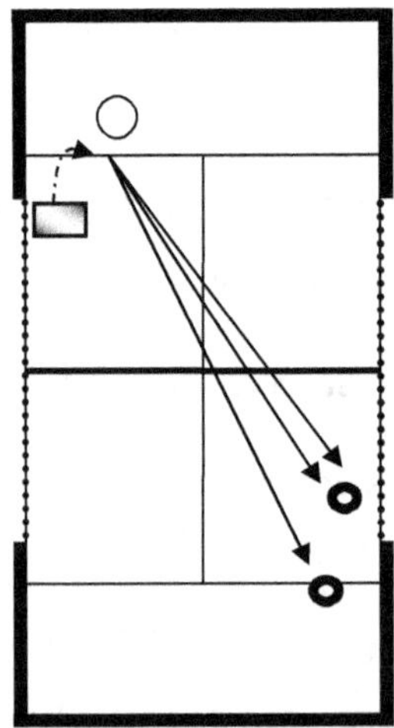

Esercizi 0805   Colpi: Bd – Rm

Obiettivo: Bandeja e remate
Sequenza di colpi: BdX – BdX – RmX

Descrizione:
Collocato il monitor in fondo alla pista accanto al giocatore, vi lancerà delle sfere per realizzare due vassoi alla grata e un'estremità incrociata, con l'obiettivo delle marche situate sulla pista.
Dopo 12 palle si cambia giocatore.

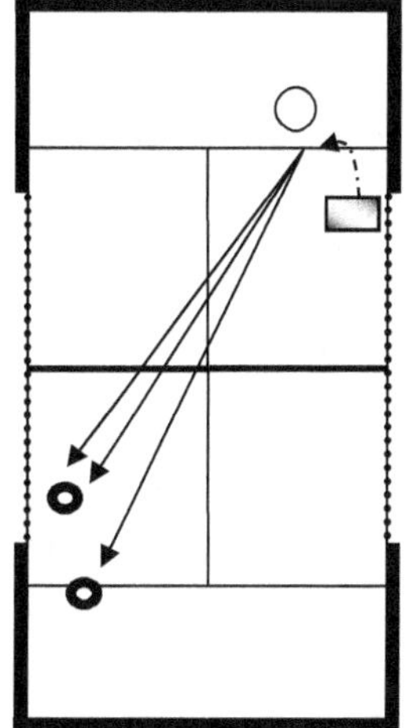

Esercizi 0806   Colpi: Bd – Rm

Obiettivo: Bandeja e remate
Sequenza di colpi: BdX – BdX – RmX

Descrizione:
Situato il giocatore sulla linea di servizio, eseguirà due vassoi alla griglia e un bordo trasversale, con l'obiettivo delle marche situate sulla pista.
Dopo 12 palle si cambia giocatore.

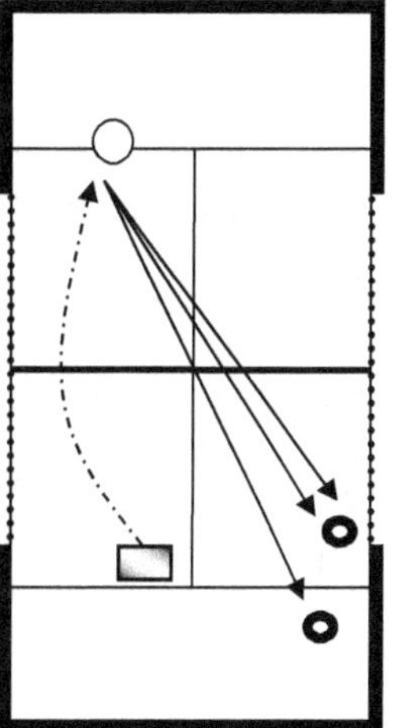

Esercizi 0807   Colpi: Bd – Rm

Obiettivo: Bandeja e remate
Sequenza di colpi: BdX – BdX – RmX

Descrizione:
Situato il giocatore sulla linea di servizio, eseguirà due vassoi alla griglia e un bordo trasversale, con l'obiettivo delle marche situate sulla pista.
Dopo 12 palle si cambia giocatore.

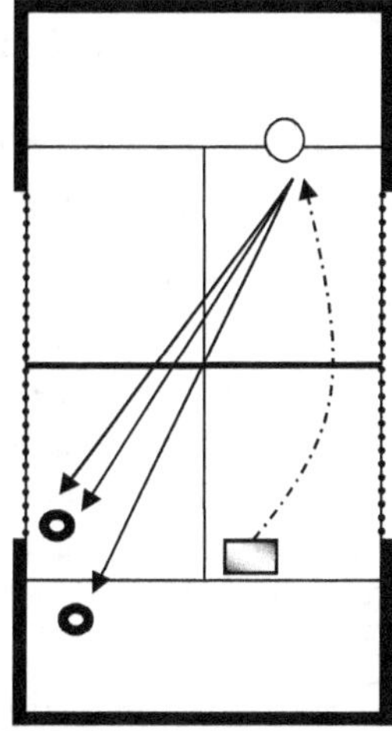

Esercizi 0808   Colpi: Bd – Rm

Obiettivo: Bandeja e remate
Sequenza di colpi: BdX – BdX – Rm//

Descrizione:
Collocato il monitor a metà pista accanto al giocatore, vi lancerà delle sfere per realizzare due vassoi incrociati e una battuta parallela, con l'obiettivo delle marche situate sulla pista.
Dopo 12 palle si cambia giocatore.

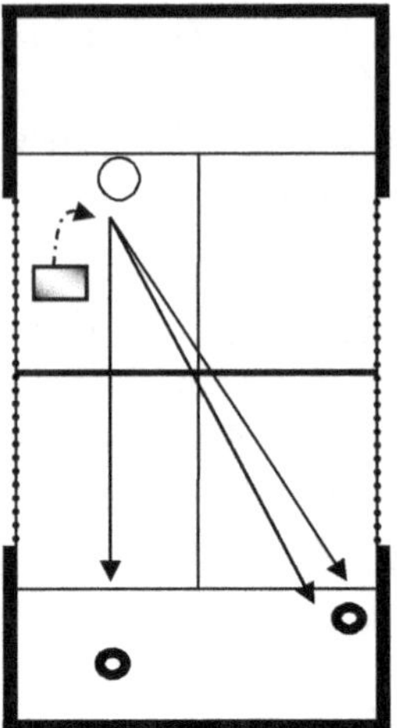

Esercizi 0809   Colpi: Bd – Rm

Obiettivo: Bandeja e remate
Sequenza di colpi: BdX – BdX – Rm//

Descrizione:
Collocato il monitor a metà pista accanto al giocatore, vi lancerà delle sfere per realizzare due vassoi incrociati e una battuta parallela, con l'obiettivo delle marche situate sulla pista.
Dopo 12 palle si cambia giocatore.

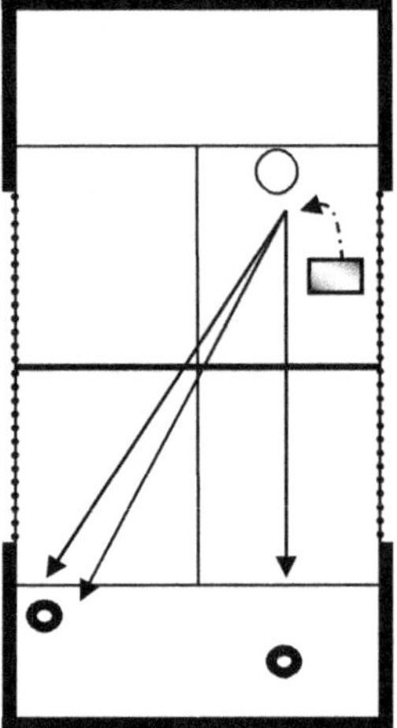

Esercizi 0810   Colpi: Bd – Rm

Obiettivo: Bandeja e remate
Sequenza di colpi: BdX – Bd// – RmX

Descrizione:
Collocato il monitor a metà pista accanto al giocatore, vi lancerà sfere per fare un vassoio incrociato, un vassoio parallelo e una battuta parallela, con l'obiettivo dei segni posti sulla pista, dopo ogni colpo andranno in fondo e toccheranno il cono, così tutti i colpi saranno con carriera lanciata in avanti.
Dopo 12 palle si cambia giocatore.

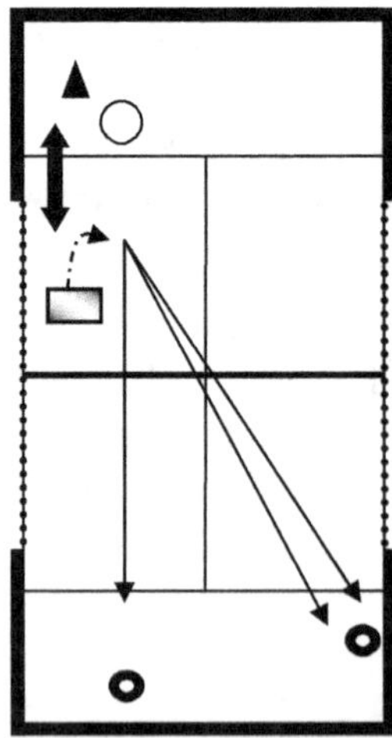

Esercizi 0811   Colpi: Bd – Rm

Obiettivo: Bandeja e remate
Sequenza di colpi: BdX – Bd// – RmX

Descrizione:

Collocato il monitor a metà pista accanto al giocatore, vi lancerà sfere per fare un vassoio incrociato, un vassoio parallelo e una battuta parallela, con l'obiettivo dei segni posti sulla pista, dopo ogni colpo andranno in fondo e toccheranno il cono, così tutti i colpi saranno con carriera lanciata in avanti.

Dopo 12 palle si cambia giocatore.

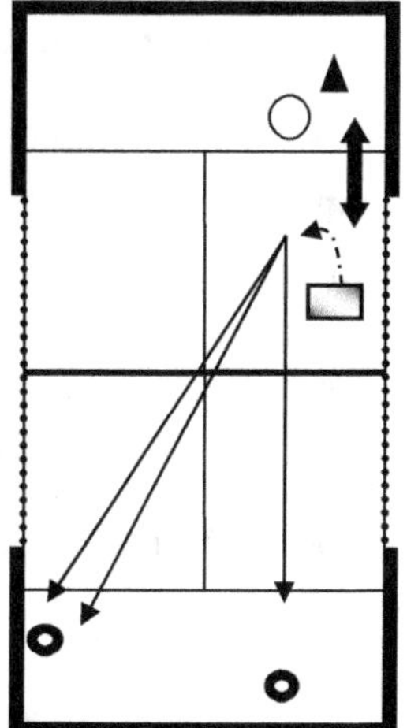

Esercizi 0812   Colpi: Bd – Rm

Obiettivo: Bandeja e remate
Sequenza di colpi: BdX – BdX – Rm//

Descrizione:

Collocato il monitor a metà pista accanto al giocatore, vi lancerà sfere per fare un vassoio incrociato, un vassoio parallelo e una battuta parallela, con l'obiettivo dei segni posti sulla pista, dopo ogni colpo andranno in fondo e toccheranno il cono, così tutti i colpi saranno con carriera lanciata in avanti.

Dopo 12 palle si cambia giocatore.

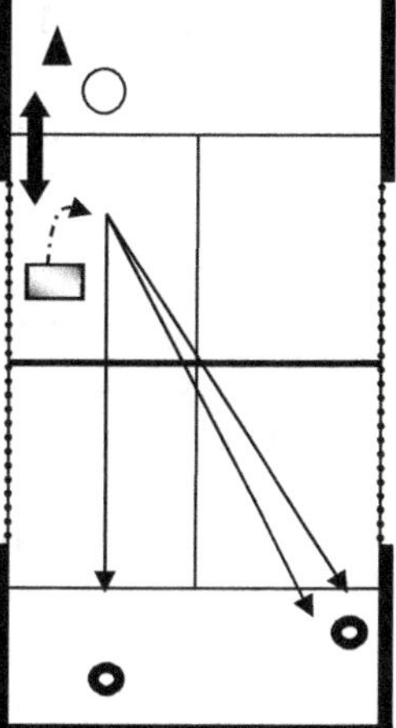

Esercizi 0813   Colpi: Bd – Rm

Obiettivo: Bandeja e remate
Sequenza di colpi: BdX – BdX – Rm//

Descrizione:

Collocato il monitor a metà pista accanto al giocatore, vi lancerà sfere per fare un vassoio incrociato, un vassoio parallelo e una battuta parallela, con l'obiettivo dei segni posti sulla pista, dopo ogni colpo andranno in fondo e toccheranno il cono, così tutti i colpi saranno con carriera lanciata in avanti.

Dopo 12 palle si cambia giocatore.

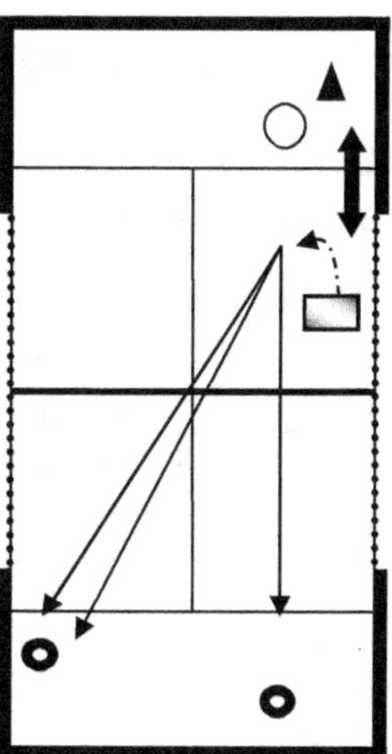

Esercizi 0814   Colpi: V – Bd – Rm

Obiettivo: Combinazione di colpi
Sequenza di colpi: VDX – BdX - RmX

Descrizione:
Situato il giocatore vicino alla rete, eseguirà un volo a destra incrociata, un vassoio incrociato e un bordo incrociato, con l'obiettivo del marchio situato in fondo alla pista.
Dopo 12 palle si cambia giocatore.

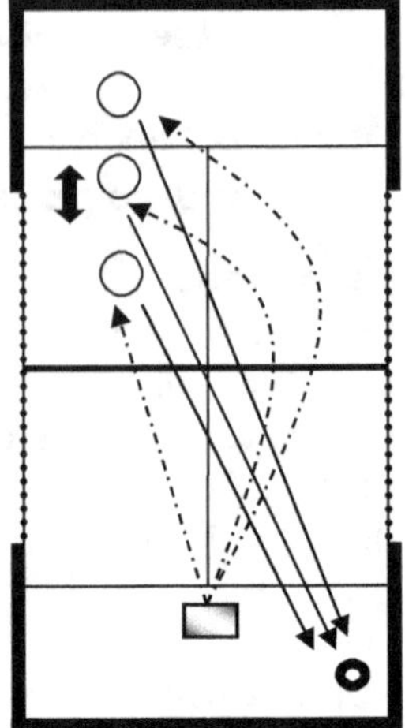

Esercizi 0815   Colpi: V – Bd – Rm

Obiettivo: Combinazione di colpi
Sequenza di colpi: VRX – BdX - RmX

Descrizione:
Situato il giocatore vicino alla rete, eseguirà un rovescio incrociato, un vassoio incrociato e un bordo incrociato, con l'obiettivo del marchio situato in fondo alla pista.
Dopo 12 palle si cambia giocatore.

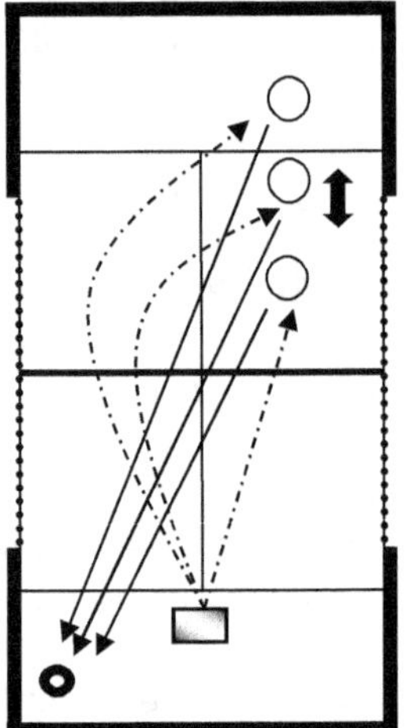

Esercizi 0816   Colpi: V – Bd – Rm

Obiettivo: Combinazione di colpi
Sequenza di colpi: VDX – BdX – Rm//

Descrizione:
Situato il giocatore vicino alla rete, eseguirà un volo a destra incrociata, un vassoio trasversale e un bordo parallelo, con l'obiettivo dei marchi situati in fondo alla pista.
Dopo 12 palle si cambia giocatore.

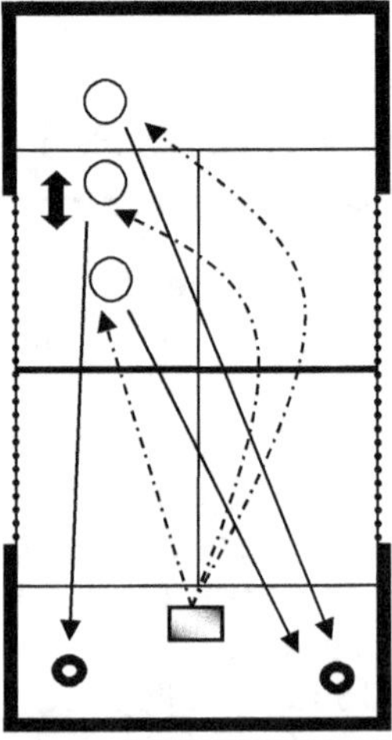

Esercizi 0817   Colpi: V – Bd – Rm

Obiettivo: Combinazione di colpi
Sequenza di colpi: VRX – BdX – Rm//

Descrizione:
Situato il giocatore vicino alla rete, eseguirà una corsa a rovescio incrociato, un vassoio incrociato e una battuta parallela, con l'obiettivo dei marchi situati in fondo alla pista.
Dopo 12 palle si cambia giocatore.

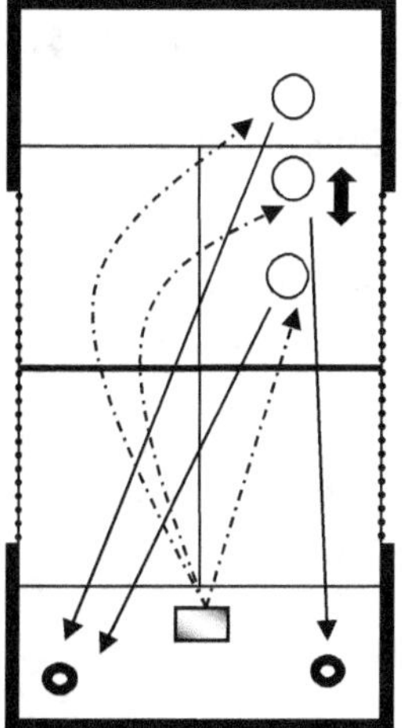

Esercizi 0818   Colpi: V – Bd – Rm

Obiettivo: Combinación de Colpi in attacco
Sequenza di colpi: Bd// - VD// - Lasciata D – VR// - Rm//

Descrizione:
Posizionato il giocatore vicino alla rete, eseguirà tutti i colpi in parallelo con la seguente sequenza: Vassoio parallelo, volèe di destra parallela, lasciata di destra, attacchiamo con un volèe di rovescio parallelo di potenza e termina con un margine parallelo, con l'obiettivo delle marcature sul fondo della pista.
Dopo 12 palle si cambia giocatore.

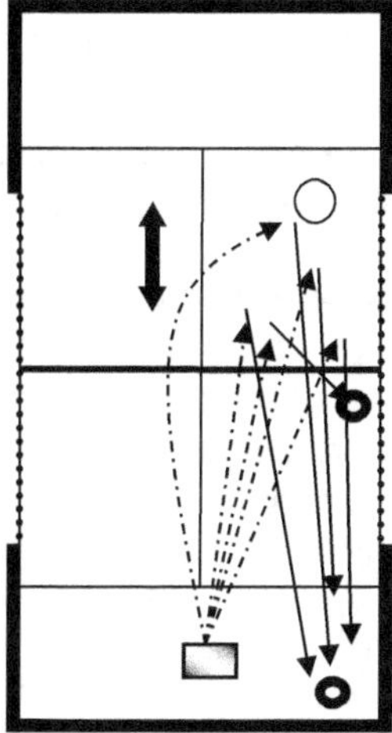

Esercizi 0819   Colpi: V – Bd – Rm

Obiettivo: Combinación de Colpi in attacco
Sequenza di colpi: Bd// - VR// - Lasciata R – VD// - Rm//

Descrizione:
Posizionato il giocatore vicino alla rete, eseguirà tutti i colpi in parallelo con la seguente sequenza: Vassoio parallelo, volèe di rovescio parallelo, cessata di rovescio, attacchiamo con una volèe di destra parallela di potenza e termina con un margine parallelo, con l'obiettivo delle marcature sul fondo della pista.
Dopo 12 palle si cambia giocatore.

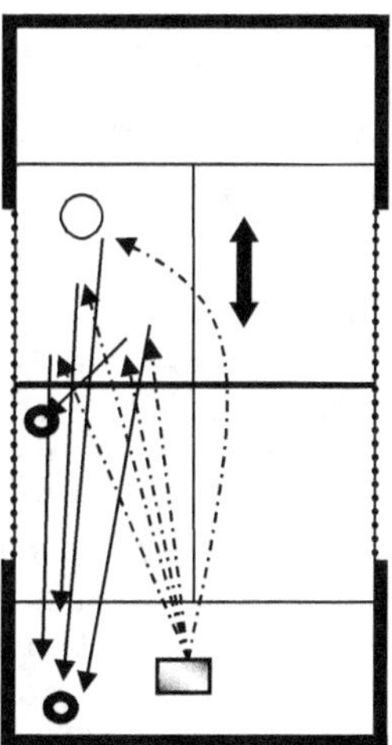

Esercizi 0820   Colpi: V – Bd – Rm

Obiettivo: Combinazione di colpi
Sequenza di colpi: VRX – Lasciata D – BdX – RmX

Descrizione:
Posizionato il giocatore vicino alla rete, combinerà i seguenti colpi: volèe a rovescio incrociato, lasciato da destra alla grata, vassoio incrociato e margine incrociato, con l'obiettivo dei marchi situati sulla pista.
Dopo 12 palle si cambia giocatore.

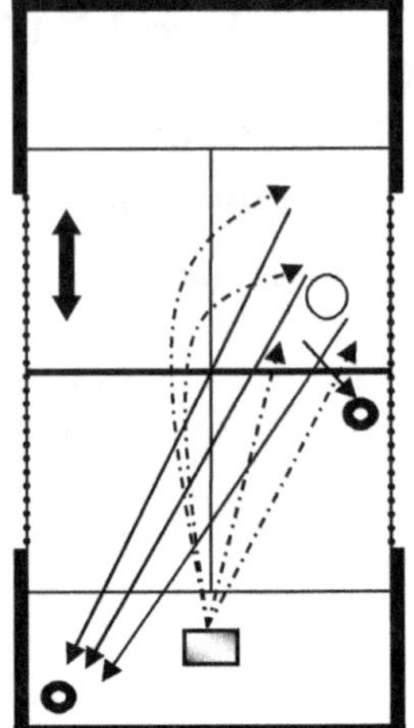

Esercizi 0821   Colpi: V – Bd – Rm

Obiettivo: Combinazione di colpi
Sequenza di colpi: VDX – Lasciata R – BdX – RmX

Descrizione:
Posizionato il giocatore vicino alla rete, combinerà i seguenti colpi: volèe da destra crociata, lasciata da rovescio alla grata, vassoio incrociato e margine incrociato, con l'obiettivo dei marchi situati sulla pista.
Dopo 12 palle si cambia giocatore.

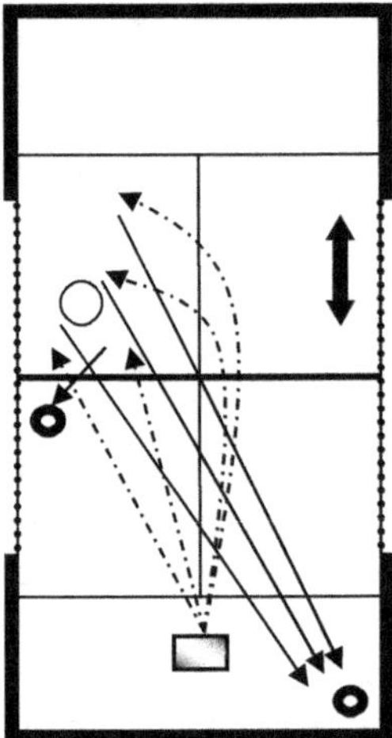

Esercizi 0822   Colpi: V – Bd – Rm

Obiettivo: Combinazione di colpi
Sequenza di colpi: VDX – VR// - BdX – VDX – VR// - RmX

Descrizione:
Situato il giocatore vicino alla rete, effettuerà un volo a destra incrociata e una volèe a rovescio parallelo, sarà ritardato per fare un vassoio incrociato per recuperare la rete e continuare con una volèe a destra incrociata e una volèe de sciorove parallela. Si concluderà con una punta di potenza incrociata. Tutti i colpi con l'obiettivo delle marche situate sulla pista.
Dopo 10 palle si cambia giocatore.

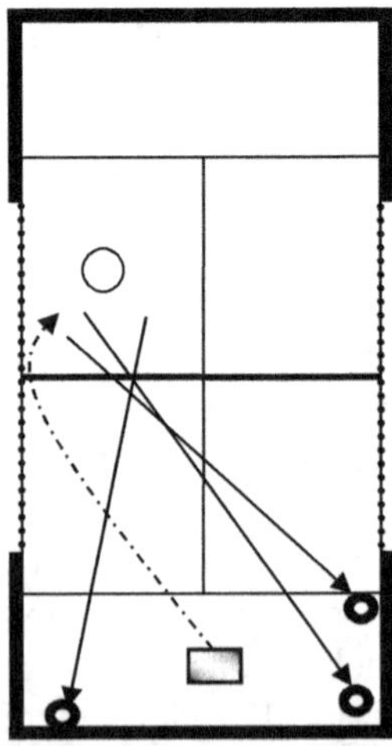

Esercizi 0823   Colpi: V – Bd – Rm

Obiettivo: Combinazione di colpi
Sequenza di colpi: VRX – VD// - BdX – VRX – VD// - RmX

Descrizione:
Collocato il giocatore vicino alla rete, effettuerà una volèe di rovescio incrociato e una volèe di destra parallela, si ritarderà per fare un vassoio incrociato per recuperare la rete e proseguire con una volèe di rovescio crociato e una volèe di destra parallela. Si concluderà con una punta di potenza incrociata. Tutti i colpi con l'obiettivo delle marche situate sulla pista.
Dopo 10 palle si cambia giocatore.

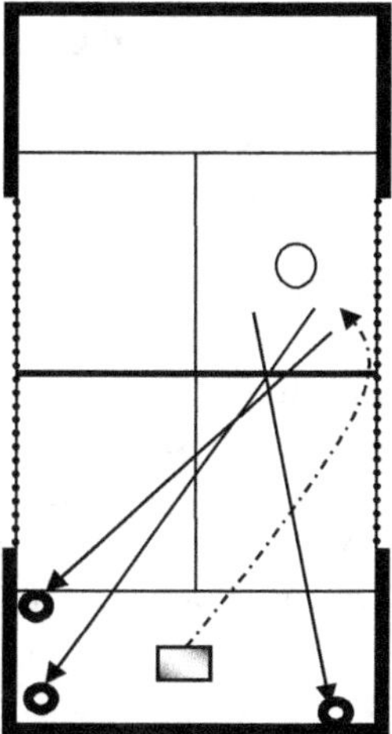

Esercizi 0824   Colpi: V – Bd – Rm

Obiettivo: Combinazione di colpi
Sequenza di colpi: VDX x3– VR// x3 - BdX – Rm//

Descrizione:
Posizionato il giocatore vicino alla rete, eseguirà 6 giri alternati a destra incrociata e a rovescio parallelo, ritarderà per fare un vassoio incrociato e terminerà con un'estremità di potenza parallela, con l'obiettivo delle marche situate sul fondo della pista.

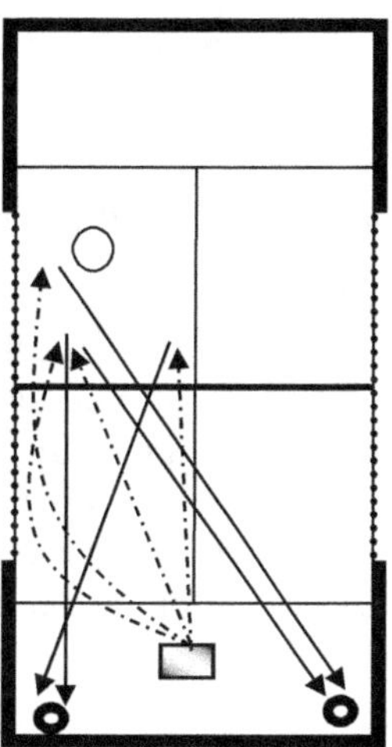

Esercizi 0825   Colpi: V – Bd – Rm

Obiettivo: Combinazione di colpi
Sequenza di colpi: VD// x3 – VRX x3 - BdX – Rm//

Descrizione:
Posizionato il giocatore vicino alla rete, eseguirà 6 giri alternati di destra parallela e di rovescio incrociato, si ritarderà per fare un vassoio incrociato e si concluderà con un risultato di potenza parallelo, con l'obiettivo delle marche situate sul fondo della pista.

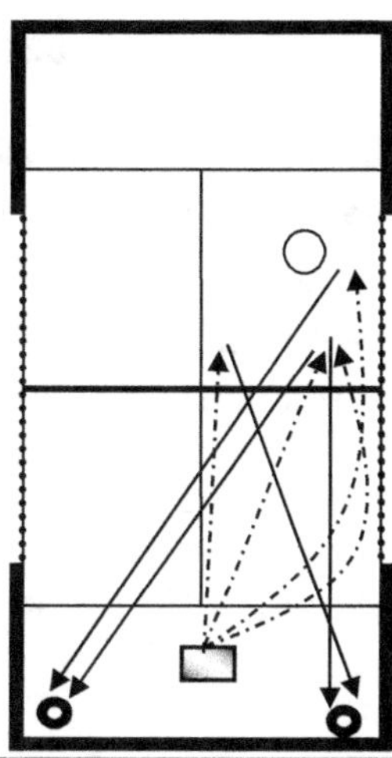

Esercizi 0826   Colpi: V – Bd – Rm

Obiettivo: Combinazione di colpi
Sequenza di colpi: BdX – VDX – RmX

Descrizione:
Posizionato il giocatore sulla linea di servizio, effettuerà un vassoio incrociato con il quale salirà sulla rete per fare una volata a destra incrociata corta e indietreggerà per fare una battuta incrociata, con l'obiettivo delle marche situate sulla pista.
Dopo 12 palle si cambia giocatore.

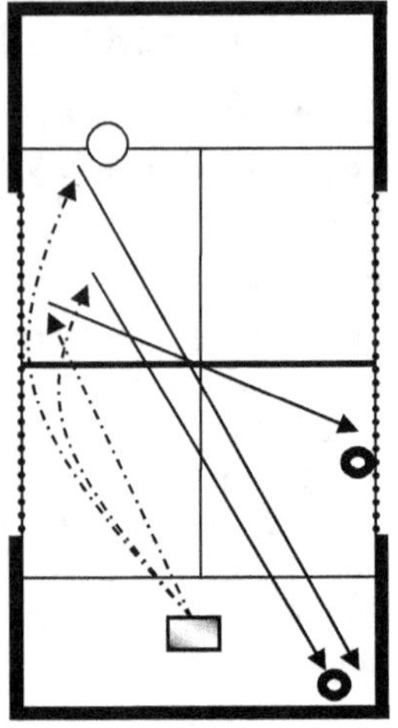

Esercizi 0827   Colpi: V – Bd – Rm

Obiettivo: Combinazione di colpi
Sequenza di colpi: BdX – VRX – RmX

Descrizione:
Collocato il giocatore sulla linea di servizio, effettuerà un vassoio incrociato con cui salirà sulla rete per fare un corto rovescio incrociato e indietreggerà per fare una battuta incrociata, con l'obiettivo delle marche situate sulla pista.
Dopo 12 palle si cambia giocatore.

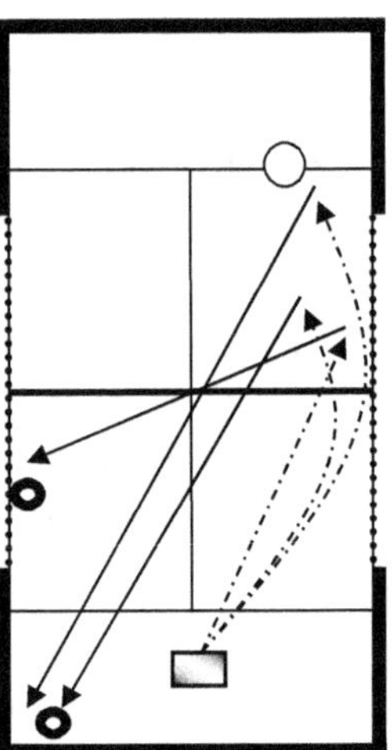

Esercizi 0828   Colpi: V – Bd – Rm

Obiettivo: Combinazione di colpi
Sequenza di colpi: Bd// – VD// - Rm//

Descrizione:
Posizionato il giocatore sulla linea di servizio, eseguirà un vassoio parallelo con il quale salirà sulla rete per fare una volèe di destra parallela e indietreggerà per fare un'asta parallela, con l'obiettivo dello sfondo della pista.
Dopo 12 palle si cambia giocatore.

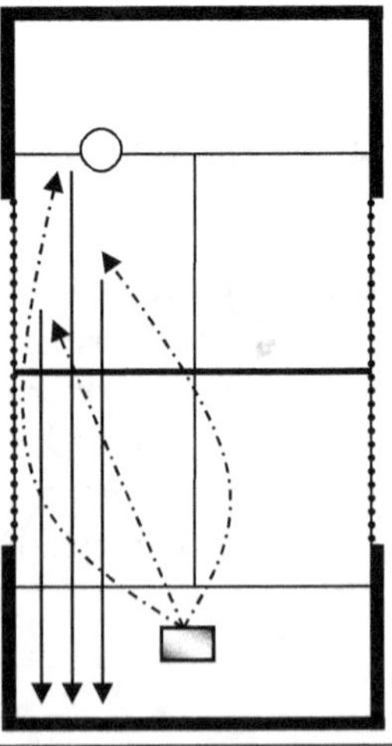

Esercizi 0829   Colpi: V – Bd – Rm

Obiettivo: Combinazione di colpi
Sequenza di colpi: Bd// – VR// - Rm//

Descrizione:
Posizionato il giocatore sulla linea di servizio, eseguirà un vassoio parallelo con il quale salirà sulla rete per fare una corsa di rovescio parallelo e indietreggerà per fare una battuta parallela, con l'obiettivo dello sfondo della pista.
Dopo 12 palle si cambia giocatore.

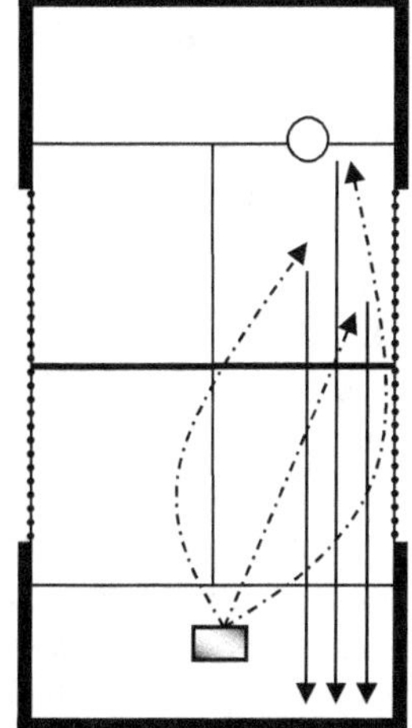

ESERCIZI COMBINATI:

DESTRA, ROVESCIO, PARETE, VOLÈE, REMATE

Esercizi 0830   Colpi: D – R – SF – SL – V – Rm

Obiettivo: Combinazione di colpi
Sequenza di colpi: R – SLD – SFR – Recinzione D – VR - Rm

Descrizione:
Posto il giocatore in fondo alla pista e con movimento ascendente, esegue la combinazione di colpo seguente; rovescio, uscita laterale di destra, uscita di fondo di rovescio, palla alla ringhiera di destra, volèe de rovescio e remate, tutti i colpi incrociati con l'obiettivo della zona segnata nell'angolo della pista.

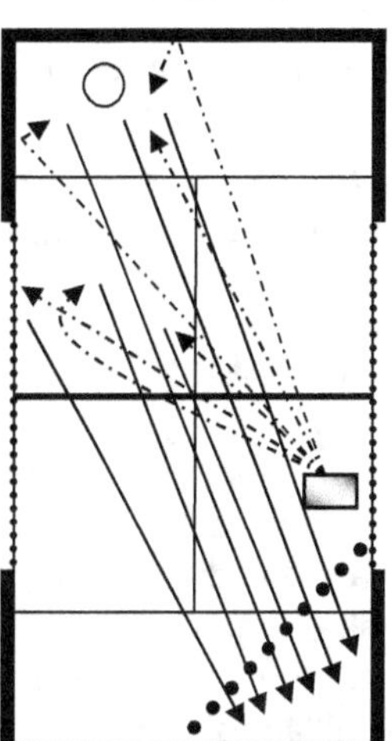

Esercizi 0831   Colpi: D – R – SF – SL – V – Rm

Obiettivo: Combinazione di colpi
Sequenza di colpi: D – SLR – SFD – Recinzione R – VD - Rm

Descrizione:
Situati i giocatori in fondo alla pista e con movimento ascendente, eseguiremo la combinazione di colpo seguente; destra, uscita laterale di rovescio, uscita di fondo di destra, palla alla griglia di rovescio, volèe di destra e finale, tutti i colpi incrociati con l'obiettivo della zona segnata nell'angolo della pista.

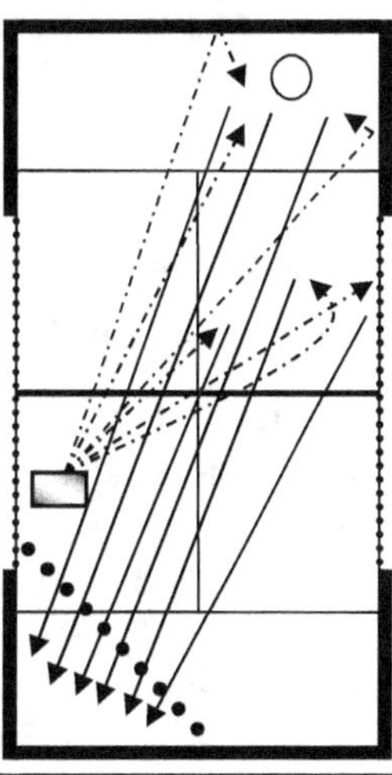

Esercizi 0832   Colpi: D – R – SF – SL – V – Rm

Obiettivo: Combinazione di colpi
Sequenza di colpi: R – SLD – SFR – Recinzione D – VR - Rm

Descrizione:

Situati i giocatori in fondo alla pista e con movimento ascendente, realizzeremo la combinazione di colpo seguente; rovescio, uscita laterale di destra, uscita di fondo di rovescio, palla alla grata di destra, volèe de rovescio e remate, tutti i colpi paralleli con l'obiettivo della zona segnata nell'angolo della pista.

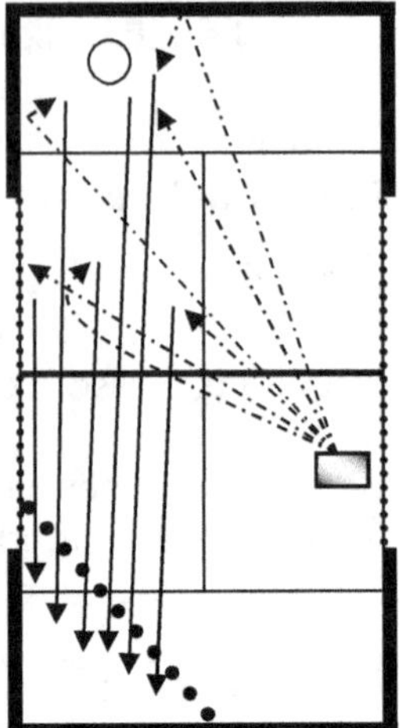

Esercizi 0833   Colpi: D – R – SF – SL – V – Rm

Obiettivo: Combinazione di colpi
Sequenza di colpi: D – SLR – SFD – Recinzione R – VD - Rm

Descrizione:

Situati i giocatori in fondo alla pista e con movimento ascendente, eseguiremo la combinazione di colpo seguente; destra, uscita laterale di rovescio, uscita di fondo di destra, palla alla griglia di rovescio, volèe di destra e finale, tutti i colpi paralleli con l'obiettivo della zona segnata nell'angolo della pista.

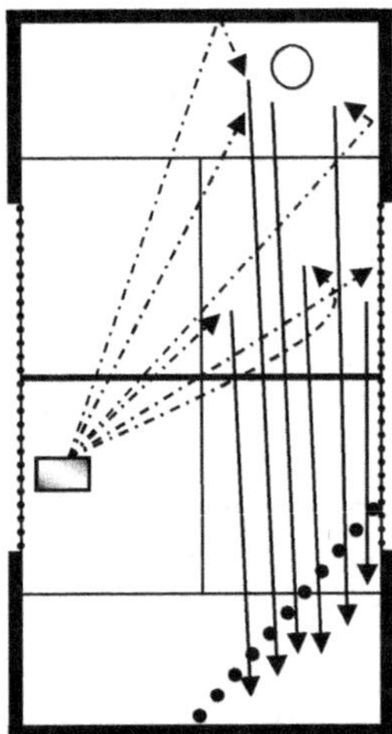

ESERCIZI COMBINATI: SERVIZIO, VOLÉE

Esercizi 0834   Colpi: Sq – V

Obiettivo: Vincere la rete dopo il servizio
Sequenza di colpi: Servizio – V mezzo

Descrizione:

Un giocatore effettuerà un servizio aperto e salirà sulla rete per volare al centro, con l'obiettivo del marchio situato in fondo alla pista, il resto che l'altro giocatore ha realizzato al centro.
Dopo 20 palle si alterna la posizione dei giocatori.

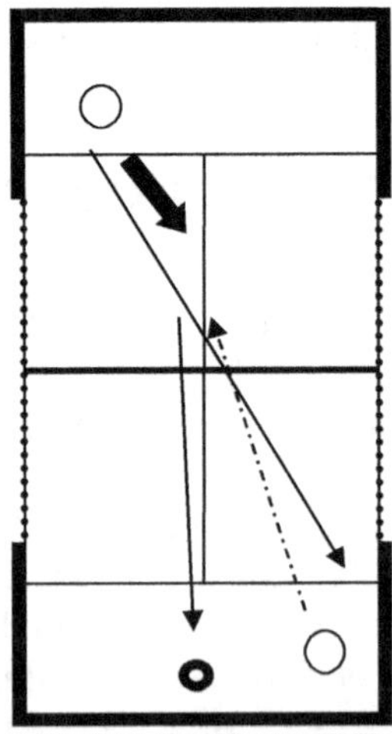

Esercizi 0835   Colpi: Sq – V

Obiettivo: Vincere la rete dopo il servizio
Sequenza di colpi: Servizio – V mezzo

Descrizione:

Un giocatore effettuerà un servizio aperto e salirà sulla rete per volare al centro, con l'obiettivo del marchio situato in fondo alla pista, il resto che l'altro giocatore ha realizzato al centro.
Dopo 20 palle si alterna la posizione dei giocatori.

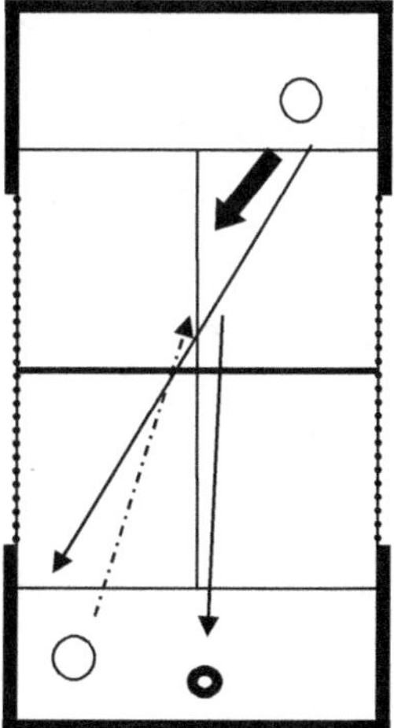

Esercizi 0836   Colpi: Sq – V

Obiettivo: Vincere la rete dopo il servizio
Sequenza di colpi: Servizio – VD//

Descrizione:

Un giocatore effettuerà un servizio al mezzo e salirà alla rete per volèer di destra parallelo, con l'obiettivo del marchio situato in fondo alla pista, il resto che l'altro giocatore ha realizzato aperto.
Dopo 20 palle si alterna la posizione dei giocatori.

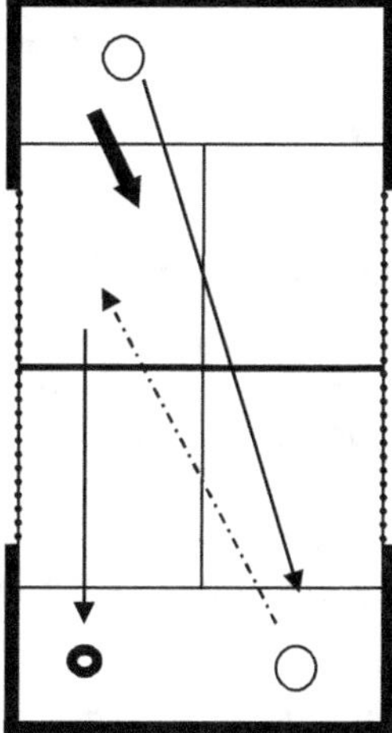

Esercizi 0837   Colpi: Sq – V

Obiettivo: Vincere la rete dopo il servizio
Sequenza di colpi: Servizio – VR//

Descrizione:

Un giocatore effettuerà un servizio al mezzo e salirà alla rete per volèer a rovescio parallelo, con l'obiettivo del marchio situato in fondo alla pista, il resto che l'altro giocatore ha realizzato aperto.
Dopo 20 palle si alterna la posizione dei giocatori.

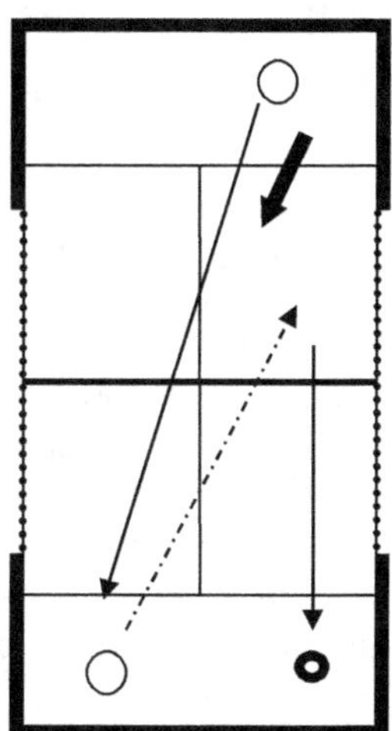

Esercizi 0838   Colpi: Sq – V

Obiettivo: Vincere la rete dopo il servizio
Sequenza di colpi: Servizio – VDX

Descrizione:

Un giocatore effettuerà un servizio al centro e salirà alla rete per volèer a destra trasversale, con l'obiettivo del marchio situato nell'angolo della pista, il resto che l'altro giocatore ha realizzato al centro.
Dopo 20 palle si alterna la posizione dei giocatori.

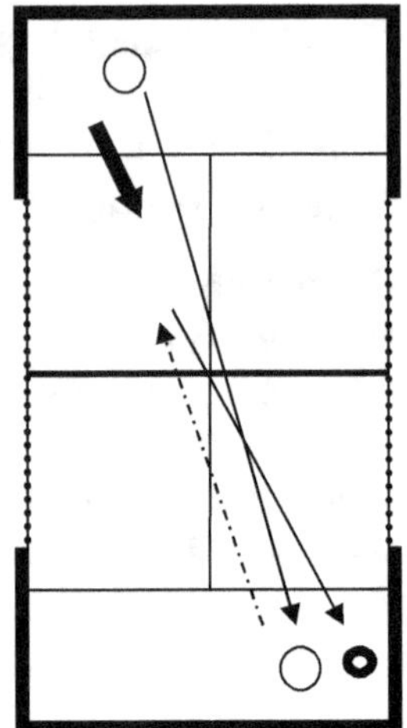

Esercizi 0839   Colpi: Sq – V

Obiettivo: Vincere la rete dopo il servizio
Sequenza di colpi: Servizio – VRX

Descrizione:

Un giocatore effettuerà un servizio al centro e salirà alla rete per volèer a rovescio incrociato, con l'obiettivo del marchio situato nell'angolo della pista, il resto che l'altro giocatore ha realizzato al centro.
Dopo 20 palle si alterna la posizione dei giocatori.

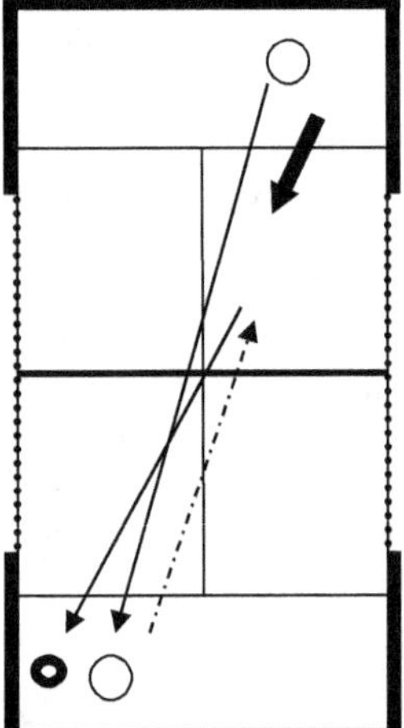

ESERCIZI COMBINATI: SERVIZIO, REMATE

Esercizi 0840   Colpi: Sq – Rm

Obiettivo: Vincere la rete e remare
Sequenza di colpi: Servizio – RmX

Descrizione:

I giocatori eseguiranno un servizio e saliranno sulla rete dove il monitor lancerà loro una palla per una battuta incrociata, con l'obiettivo del segno posto nell'angolo della pista. Dopo l'asta, il monitor gli lancerà una palla nell'angolo opposto, così potrà tirarla fuori di nuovo quando lo tocca.

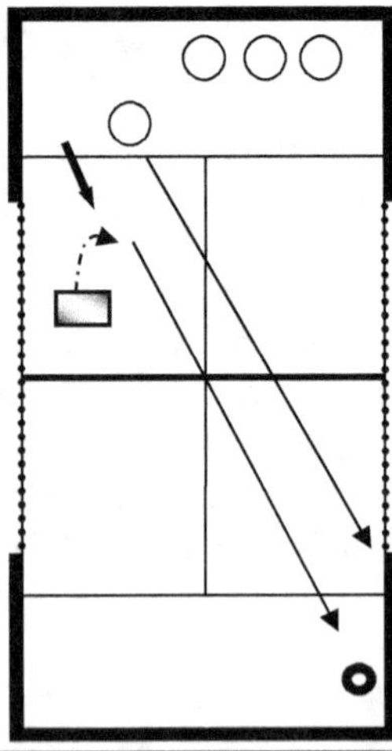

Esercizi 0841   Colpi: Sq – Rm

Obiettivo: Vincere la rete e remare
Sequenza di colpi: Servizio – RmX

Descrizione:

I giocatori eseguiranno un servizio e saliranno sulla rete dove il monitor lancerà loro una palla per una battuta incrociata, con l'obiettivo del segno posto nell'angolo della pista. Dopo l'asta, il monitor gli lancerà una palla nell'angolo opposto, così potrà tirarla fuori di nuovo quando lo tocca.

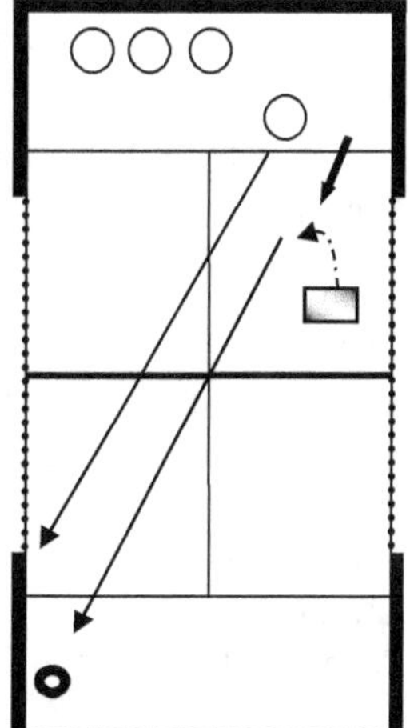

ESERCIZI COMBINATI: PALLANCINO, VOLÉE

Esercizi 0842   Colpi: G – V

Obiettivo: Combinazione di colpi con sforzo
Sequenza di colpi: GR// - VR// – VR mezzo – VRX

Descrizione:

Posizionato in fondo alla pista, il giocatore eseguirà un pallone a rovescio parallelo, salirà sulla rete e farà un volo di rovescio a ciascuno dei segni sul fondo della pista.
Dopo 12 palle si cambia giocatore.

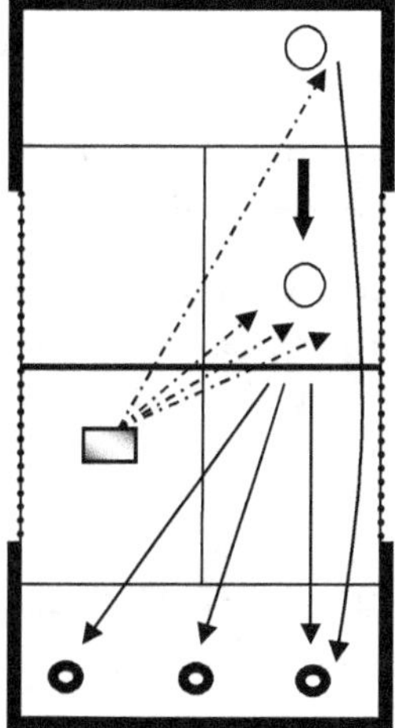

Esercizi 0843   Colpi: Gb – V

Obiettivo: Combinazione di colpi con sforzo
Sequenza di colpi: GD// - VD// – VD mezzo – VDX

Descrizione:

Posto il giocatore in fondo alla pista, realizzerà un Palloncino a rovescio parallelo, salirà sulla rete e farà un volo di destra a ciascuno dei segni sul fondo della pista.
Dopo 12 palle si cambia giocatore.

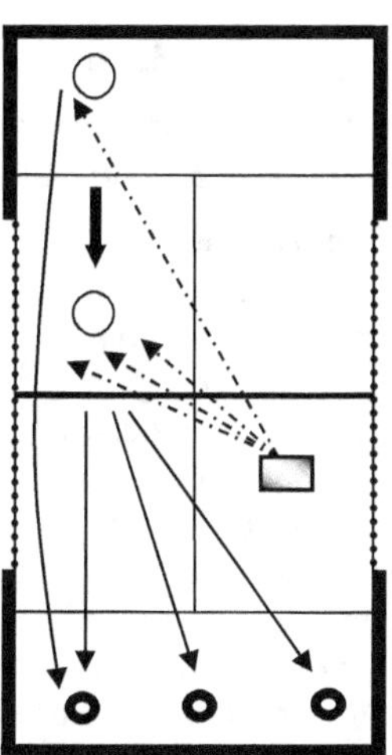

Esercizi 0844   Colpi: G – V

Obiettivo: Combinazione di colpi in movimento
Sequenza di colpi: GDX – GRX – VDX – VRX

Descrizione:
Posizionato in fondo alla pista, il giocatore eseguirà un pallone a destra e un pallone a rovescio incrociato, salirà sulla rete e realizzerà una volate a destra incrociata e una volèe a rovescio incrociato, ritornando alla posizione iniziale. L'obiettivo sarà il quadrato nell'angolo.
Dopo 12 palle si cambia giocatore.

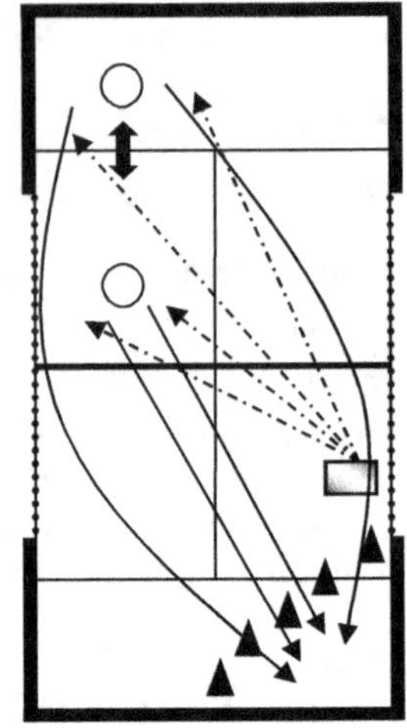

Esercizi 0845   Colpi: G – V

Obiettivo: Combinazione di colpi in movimento
Sequenza di colpi: GDX – GRX – VDX – VRX

Descrizione:
Posizionato in fondo alla pista, il giocatore eseguirà un pallone a destra e un pallone a rovescio incrociato, salirà sulla rete e realizzerà una volate a destra incrociata e una volèe a rovescio incrociato, ritornando alla posizione iniziale. L'obiettivo sarà il quadrato nell'angolo.
Dopo 12 palle si cambia giocatore.

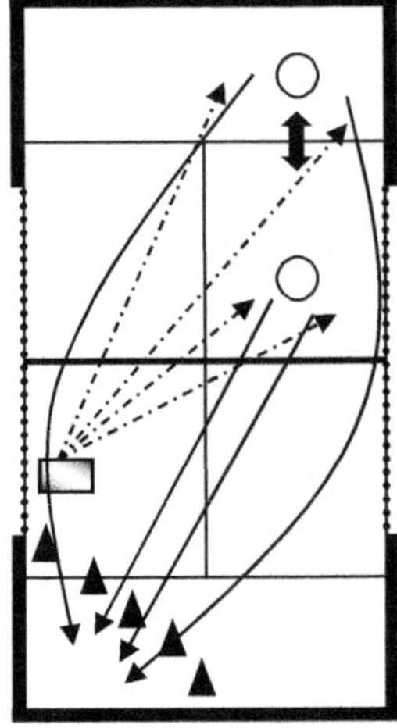

Esercizi 0846   Colpi: G – V

Obiettivo: Combinazione di colpi in movimento
Sequenza di colpi: GDX – GRX – VDX – VRX

Descrizione:
Un giocatore lavorerà con il monitor finché non avrà finito la macchina. Posizionato in fondo alla pista, il giocatore eseguirà un pallone a destra e un pallone a rovescio incrociato, salirà sulla rete e realizzerà una volate a destra incrociata e una volèe a rovescio incrociato, ritornando alla posizione iniziale. L'obiettivo sarà la zona segnata nell'angolo della pista. Gli altri due giocatori eseguiranno il controllo della palla, uno dal fondo e l'altro nella rete.
Al termine del carrello, si alterna la posizione dei giocatori.

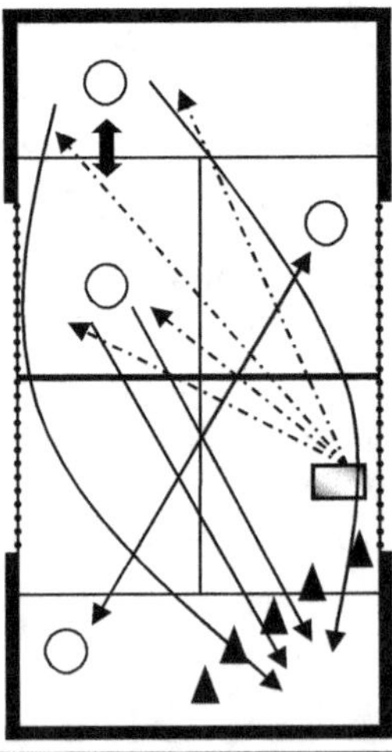

EDITORIAL WANCEULEN

Esercizi 0847   Colpi: G – V

Obiettivo: Alternare colpi in movimento

Sequenza di colpi: GDX – GRX – VDX – VRX

Descrizione:

Un giocatore lavorerà con il monitor finché non avrà finito la macchina. Posizionato in fondo alla pista, il giocatore eseguirà un pallone a destra e un pallone a rovescio incrociato, salirà sulla rete e realizzerà una volate a destra incrociata e una volèe a rovescio incrociato, ritornando alla posizione iniziale. L'obiettivo sarà la zona segnata nell'angolo della pista. Gli altri due giocatori eseguiranno il controllo della palla, uno dal fondo e l'altro nella rete.

Al termine del carrello, si alterna la posizione dei giocatori.

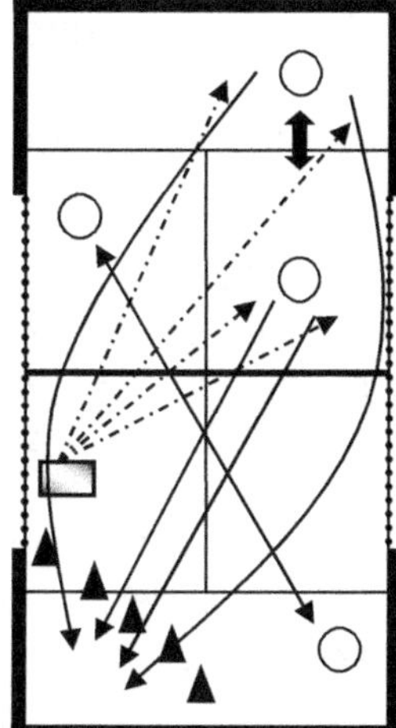

ESERCIZI COMBINATI: SERVIZIO, VOLÈE, REMATE

Esercizi 0848   Colpi: Sq – V – Rm

Obiettivo: Vincere la rete dopo il servizio

Sequenza di colpi: Servizio – VD// - Rm//

Descrizione:

Posizionato in fondo alla pista, il giocatore effettuerà un servizio e salirà sulla rete per realizzare un volo di destra parallelo e un'asta parallela, con l'obiettivo del marchio situato in fondo alla pista. Dopo l'asta, andrà al lato opposto e prenderà una palla che il monitor gli lancerà per rifare l'esercizi.

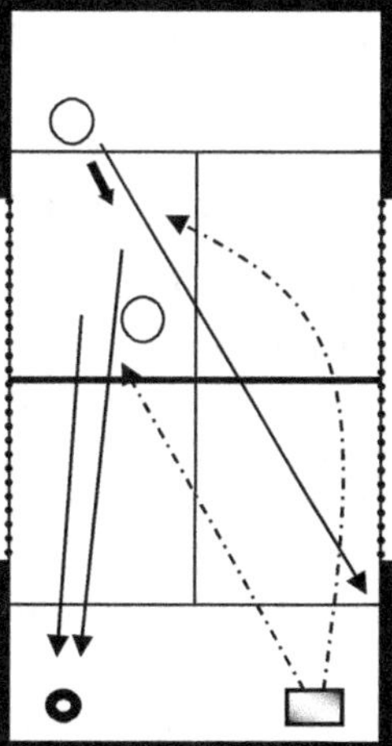

Esercizi 0849   Colpi: Sq – V – Rm

Obiettivo: Vincere la rete dopo il servizio

Sequenza di colpi: Servizio – VR// - Rm//

Descrizione:

Posizionato in fondo alla pista, il giocatore effettuerà un servizio e salirà sulla rete per realizzare una corsa di rovescio parallelo e una battuta parallela, con l'obiettivo del marchio situato in fondo alla pista. Dopo l'asta, andrà al lato opposto e prenderà una palla che il monitor le lancerà per eseguire nuovamente l'esercizi.

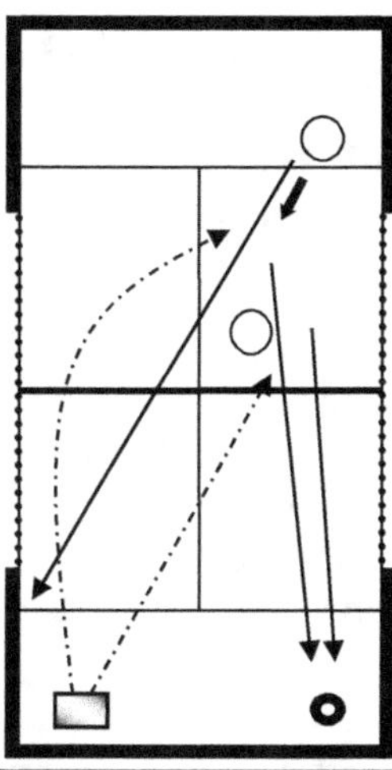

Esercizi 0850   Colpi: Sq – V – Rm

Obiettivo: Vincere la rete dopo il servizio
Sequenza di colpi: Servizio – VD// - RmX

Descrizione:

Posizionato in fondo alla pista, il giocatore effettuerà un servizio e salirà sulla rete per realizzare un volo di destra parallelo e un'estremità incrociata, con l'obiettivo del marchio situato in fondo alla pista. Dopo l'asta, andrà al lato opposto e prenderà una palla che il monitor gli lancerà per rifare l'esercizi.

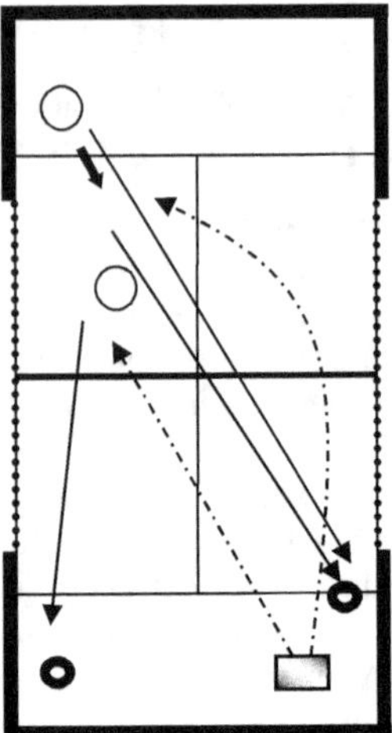

Esercizi 0851   Colpi: Sq – V – Rm

Obiettivo: Vincere la rete dopo il servizio
Sequenza di colpi: Servizio – VR// - RmX

Descrizione:

Posizionato in fondo alla pista, il giocatore effettuerà un servizio e salirà sulla rete per realizzare una corsa di rovescio parallelo e una conca incrociata, con l'obiettivo del marchio situato in fondo alla pista. Dopo l'asta, andrà al lato opposto e prenderà una palla che il monitor gli lancerà per rifare l'esercizi.

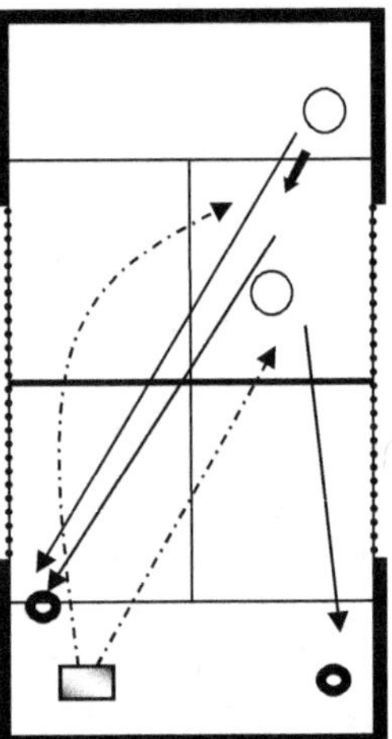

Esercizi 0852   Colpi: Sq – V – Rm

Obiettivo: Vincere la rete dopo il servizio
Sequenza di colpi: Servizio – VDX – RmX

Descrizione:

Posizionato in fondo alla pista, il giocatore effettuerà un servizio e salirà sulla rete per realizzare un volo a destra incrociata e un bordo incrociato, con l'obiettivo del marchio situato in fondo alla pista. Dopo l'asta, andrà al lato opposto e prenderà una palla che il monitor gli lancerà per rifare l'esercizi.

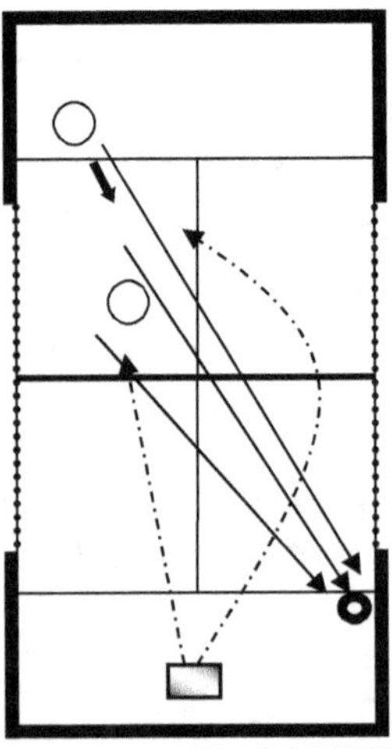

Esercizi 0853   Colpi: Sq – V – Rm

Obiettivo: Vincere la rete dopo il servizio
Sequenza di colpi: Servizio – VRX – RmX

Descrizione:

Posizionato in fondo alla pista, il giocatore effettuerà un servizio e salirà sulla rete per realizzare una corsa a rovescio incrociato e una battuta incrociata, con l'obiettivo del marchio situato in fondo alla pista. Dopo l'asta, andrà al lato opposto e prenderà una palla che il monitor gli lancerà per rifare l'esercizi.

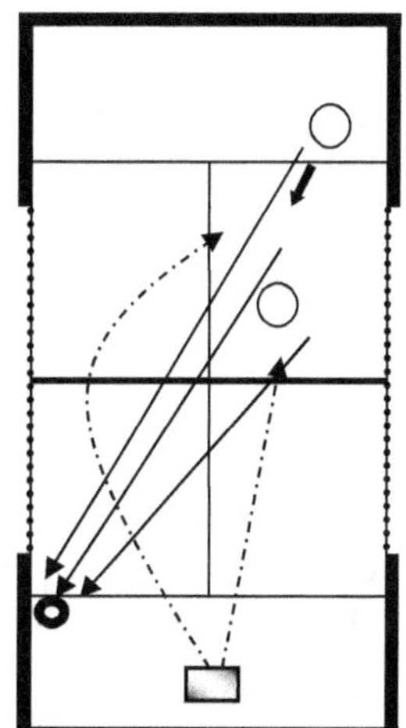

ESERCIZI COMB.: SERVIZIO, VOLÈE, BANDEJA, REMATE

Esercizi 0854   Colpi: Sq – V – Bd – Rm

Obiettivo: Combinazione di colpi dopo servizio australiano
Sequenza di colpi: Servizio – VD// - VR// - Bd// - VD// - VR// - Rm//

Descrizione:

Situato il giocatore in fondo alla pista, eseguirà un servizio e salirà al suo lato della rete dove faranno la combinazione di colpi seguente; volèe di destra parallela, volèe di rovescio parallelo, vassoio parallelo, volèe di destra parallela, volèe de rovescio paralela y remate parallelo, con l'obiettivo del marchio situato in fondo alla pista.
Dopo l'ultimo colpo, il monitor gli lancerà una palla in modo che Servizio di nuovo quando lo tocca.

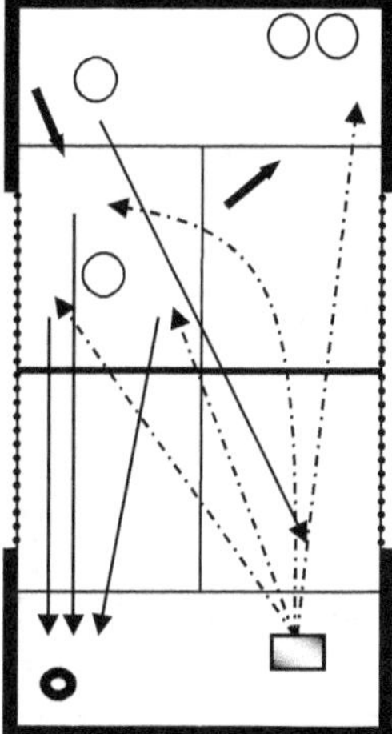

Esercizi 0855   Colpi: Sq – V – Bd – Rm

Obiettivo: Combinazione di colpi dopo servizio australiano
Sequenza di colpi: Servizio – VD// - VR// - Bd// - VD// - VR// - Rm//

Descrizione:

Situato il giocatore in fondo alla pista, eseguirà un servizio e salirà al suo lato della rete dove faranno la combinazione di colpi seguente; volèe di destra parallela, volèe di rovescio parallelo, vassoio parallelo, volèe di destra parallela, volèe de rovescio paralela y remate parallelo, con l'obiettivo del marchio situato in fondo alla pista.
Dopo l'ultimo colpo, il monitor lancerà una palla per il servizio di nuovo quando lo tocca.

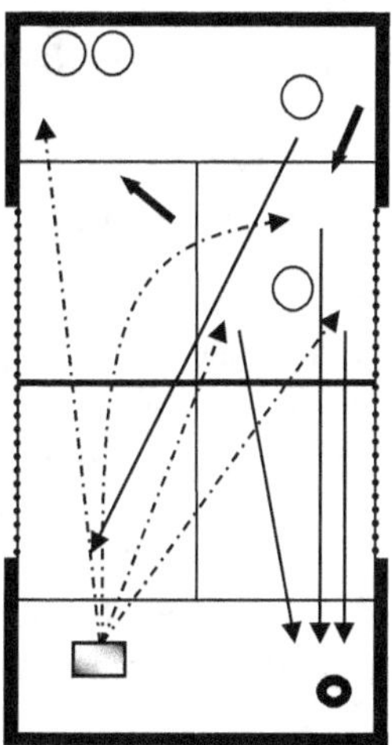

Esercizi 0856   Colpi: Sq – V – Bd – Rm

Obiettivo: Combinazione di colpi dopo servizio australiano

Sequenza di colpi: Servizio – VD mezzo – VR mezzo – Bd mezzo – VD mezzo – VR mezzo – Rm mezzo

Descrizione:

Situato il giocatore in fondo alla pista, realizzerà un Servizio e salirà al suo lato della rete dove farà la combinazione di colpi seguente; volèe da destra al mezzo, volèe de rovescio al mezzo, vassoio al mezzo, volèe da destra al mezzo, volèe de rovescio al mezzo ed estremità al mezzo, con l'obiettivo del marchio situato in fondo alla pista.

Dopo l'ultimo colpo, il monitor gli lancerà una palla in modo che servizio di nuovo quando lo tocca.

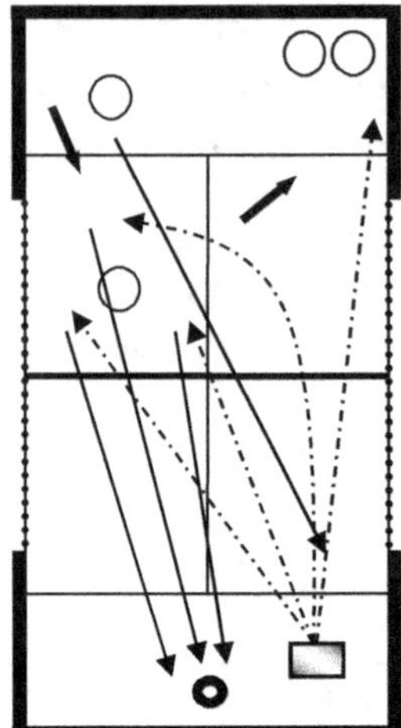

Esercizi 0857   Colpi: Sq – V – Bd – Rm

Obiettivo: Combinazione di colpi dopo servizio

Sequenza di colpi: Servizio – VD mezzo – VR mezzo – Bd mezzo – VD mezzo – VR mezzo – Rm mezzo

Descrizione:

Situato il giocatore in fondo alla pista, eseguirà un servizio e salirà al suo fianco della rete dove farà la combinazione di colpi seguente; volèe da destra al mezzo, volèe de rovescio al mezzo, vassoio al mezzo, volèe da destra al mezzo, volèe de rovescio al mezzo ed estremità al mezzo, con l'obiettivo del marchio situato in fondo alla pista.

Dopo l'ultimo colpo, il monitor lancerà una palla per il servizio di nuovo quando lo tocca.

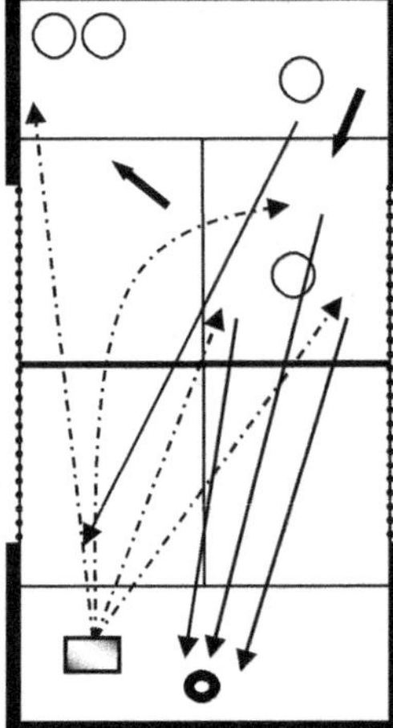

Esercizi 0858   Colpi: Sq – V – Rm

Obiettivo: Combinazione di colpi dopo servizio

Sequenza di colpi: Servizio – VD// – VR// – Rm//

Descrizione:

Posizionato in fondo alla pista, il giocatore effettuerà un servizio e salirà sulla rete dove effettuerà una volèe di destra parallela, una volèe di rovescio parallelo e una conca parallela, con l'obiettivo dei marchi situati sulla pista, Dopodiché andrà nella direzione opposta, dove il monitor lancerà un'altra palla per ripetere l'esercitazione.

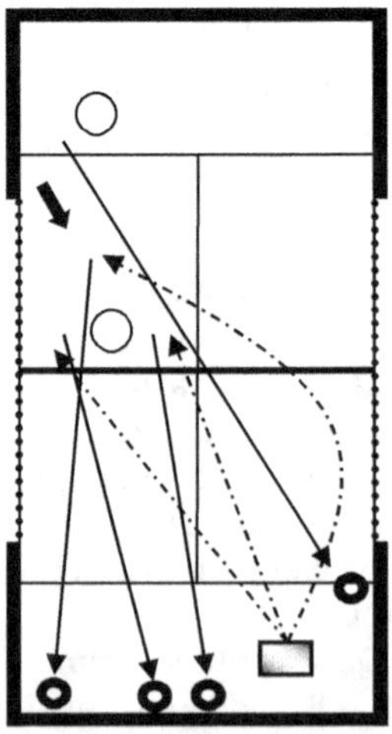

Esercizi 0859   Colpi: Sq – V – Rm

Obiettivo: Combinazione di colpi dopo servizio
Sequenza di colpi: Servizio – VD// – VR// – Rm//

Descrizione:

Posizionato in fondo alla pista, il giocatore effettuerà un servizio e salirà sulla rete dove effettuerà una volèe di destra parallela, una volèe di rovescio parallelo e una conca parallela, con l'obiettivo dei marchi situati sulla pista, dopodiché andrà nella direzione opposta, dove il monitor lancerà un'altra palla per ripetere l'esercitazione.

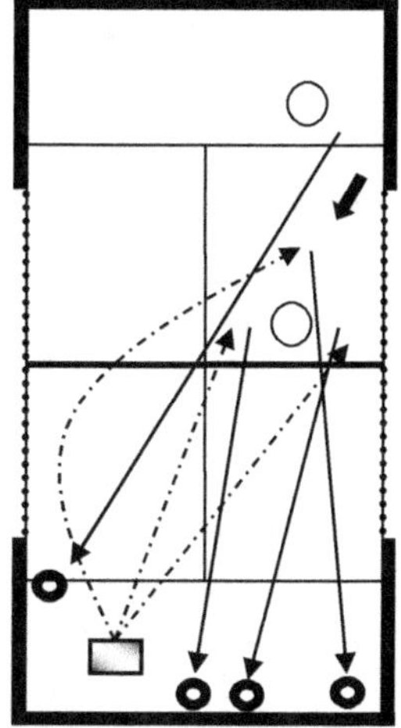

Esercizi 0860   Colpi: Sq – V – Rm

Obiettivo: Combinazione di colpi dopo servizio
Sequenza di colpi: Servizio – D mezzo – VDX – VR// - RmX

Descrizione:

Posizionato in fondo alla pista, il giocatore eseguirà un servizio e salirà sulla rete con una palla corta da destra al centro. Già collocato nella rete, effettuerà una corsa di destra incrociata al centro e una volèe di rovescio parallela, per terminare con un'asta di potenza incrociata. Una volta terminato l'esercizio, il giocatore andrà dall'altra parte e il monitor gli lancerà una palla per ripetere l'esercizio quando lo tocca.

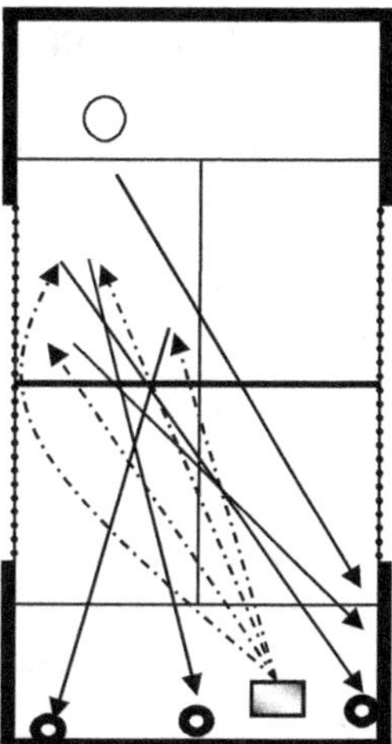

Esercizi 0861   Colpi: Sq – V – Rm

Obiettivo: Combinazione di colpi dopo servizio
Sequenza di colpi: Servizio – R mezzo – VRX – VD// - RmX

Descrizione:

Posizionato in fondo alla pista, il giocatore eseguirà un servizio e salirà sulla rete con una breve pallina rovescio al centro. Già collocato nella rete, realizzerà una volèe di destra parallela e una volèe di rovescio incrociato al centro, per finire con un'asta di potenza incrociata.
Una volta terminato l'esercizio, il giocatore andrà dall'altra parte e il monitor gli lancerà una palla per ripetere l'esercizio quando lo tocca

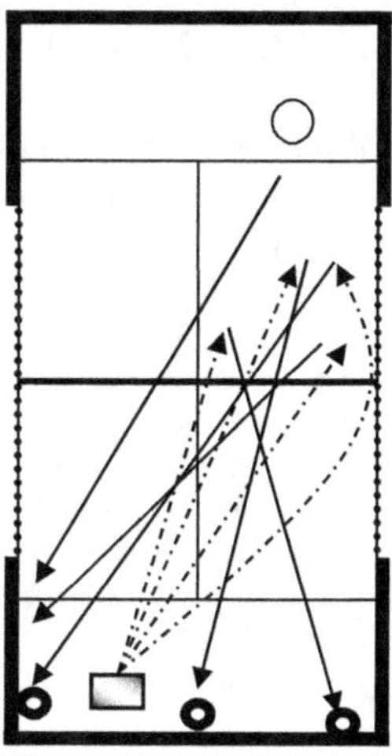

Esercizi 0862   Colpi: Sq – V – Rm

Obiettivo: Combinazione di colpi dopo servizio
Sequenza di colpi: Servizio – VR// – RmX

Descrizione:

Posizionato in fondo alla pista, il giocatore effettuerà un servizio e salirà sulla rete per fare una corsa di rovescio parallelo e una conca incrociata, con l'obiettivo dei marchi situati sulla pista.
Una volta terminato l'esercizio, il giocatore andrà dall'altra parte e il monitor gli lancerà una palla per ripetere l'esercizio quando lo tocca.

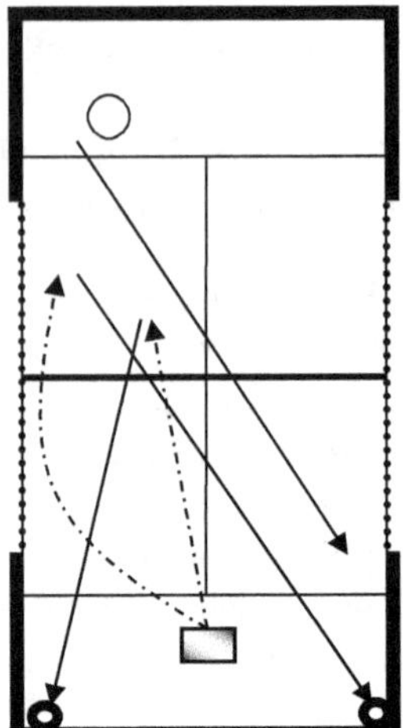

Esercizi 0863   Colpi: Sq – V – Rm

Obiettivo: Combinazione di colpi dopo servizio
Sequenza di colpi: Servizio – VD// – RmX

Descrizione:

Posizionato in fondo alla pista, il giocatore effettuerà un servizio e salirà sulla rete per fare una corsa di rovescio parallelo e una conca incrociata, con l'obiettivo dei marchi situati sulla pista.
Una volta terminato l'esercizio, il giocatore andrà dall'altra parte e il monitor gli lancerà una palla per ripetere l'esercizio quando lo tocca.

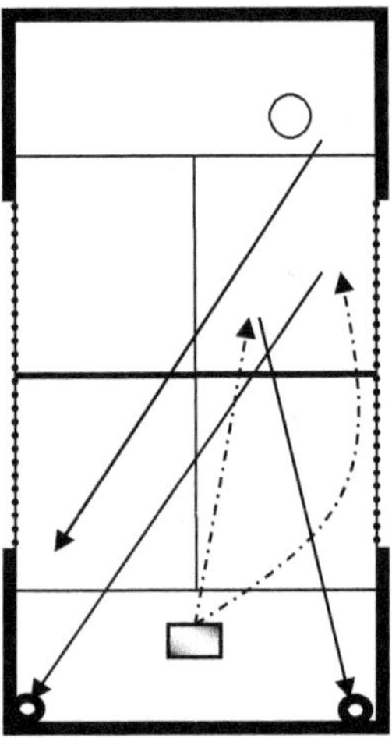

Esercizi 0864   Colpi: Sq – V – Bd – Rm

Obiettivo: Combinazione di colpi dopo servizio
Sequenza di colpi: Servizio – VDX - VRX - BdX - VDX - VRX - RmX

Descrizione:

Posizionato in fondo alla pista, il giocatore effettuerà un servizio e salirà al suo fianco della rete dove farà la combinazione di colpi seguenti: volèe a destra incrociata, volèe a rovescio incrociato, vassoio incrociato, volèe a destra incrociata, volèe a rovescio incrociato e finale incrociato, con lo scopo delle marcature apposte sulla pista.
Dopo l'ultimo colpo, il monitor vi lancerà una palla in modo che Servizio di nuovo quando lo tocca.

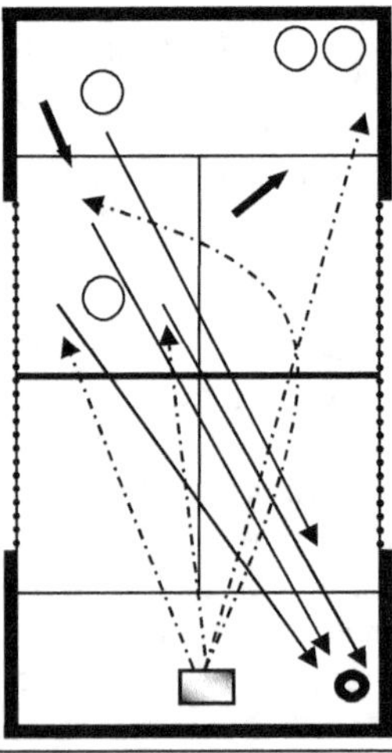

Esercizi 0865   Colpi: Sq – V – Bd – Rm

Obiettivo: Combinazione di colpi dopo servizio
Sequenza di colpi: Servizio – VDX - VRX - BdX - VDX - VRX - RmX

Descrizione:
Posizionato in fondo alla pista, il giocatore effettuerà un servizio e salirà al suo fianco della rete dove farà la combinazione di colpi seguenti: volèe a destra incrociata, volèe a rovescio incrociato, vassoio incrociato, volèe a destra incrociata, volèe a rovescio incrociato e finale incrociato, con lo scopo delle marcature apposte sulla pista.
Dopo l'ultimo colpo, il monitor vi lancerà una palla per tornare in servizio quando lo toccherà.

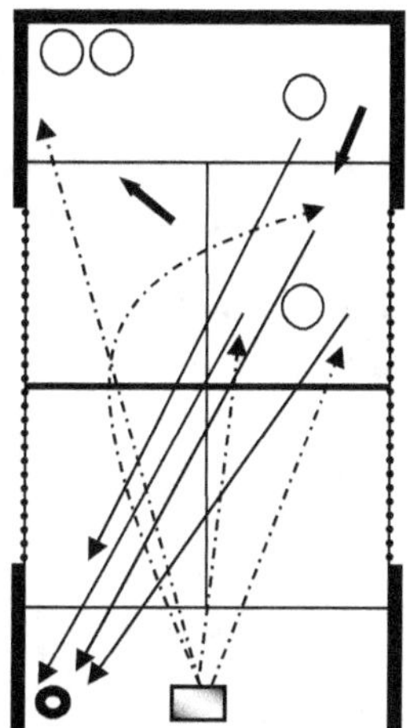

ESERCIZI COMBINATI: RESTO, VOLÈE, BANDEJA

Esercizi 0866   Colpi: Resto – V – Bd

Obiettivo: Resto e vincere la rete
Sequenza di colpi: Resto – VD// – BdX

Descrizione:
Posizionato il giocatore in fondo alla pista, eseguirà un resto al servizio del monitor, salirà sulla rete per fare una volèe di destra parallela e un vassoio incrociato, con l'obiettivo dei marchi situati in fondo alla pista.

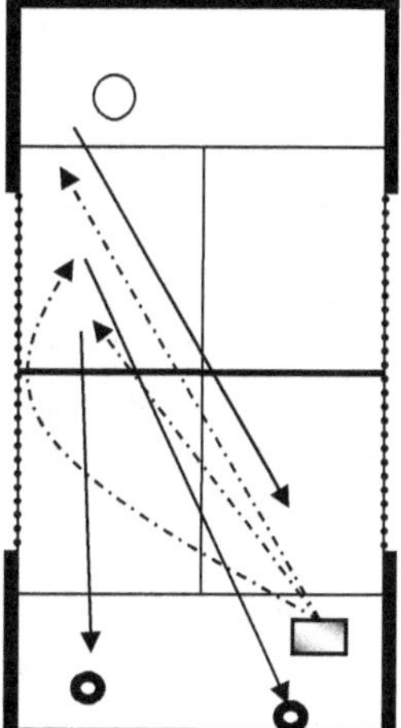

Esercizi 0867   Colpi: Resto – V – Bd

Obiettivo: Resto e vincere la rete
Sequenza di colpi: Resto – VR// – BdX

Descrizione:
Posizionato in fondo alla pista, il giocatore effettuerà un resto al servizio del monitor, salirà sulla rete per fare una volèe di rovescio parallelo e un vassoio incrociato, con l'obiettivo dei marchi situati in fondo alla pista.

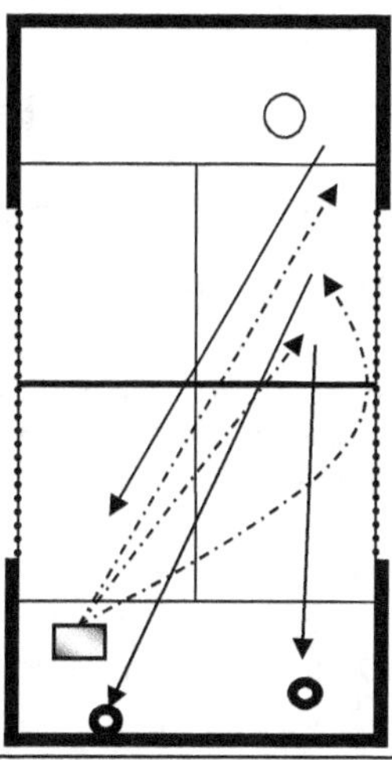

Esercizi 0868   Colpi: Resto – V

obiettivo: Resto e volèe
Sequenza di colpi: Resto – V

Descrizione:
Con due giocatore in pista, un giocatore sottrarrà diagonalmente giù il servizio del monitor affinchè il suo compagno voli forte e provi a vincere il punto. Continuare il gioco in diagonale fino a quando il punto è finito.
Dopo 10 palle si alterna la posizione dei giocatori.

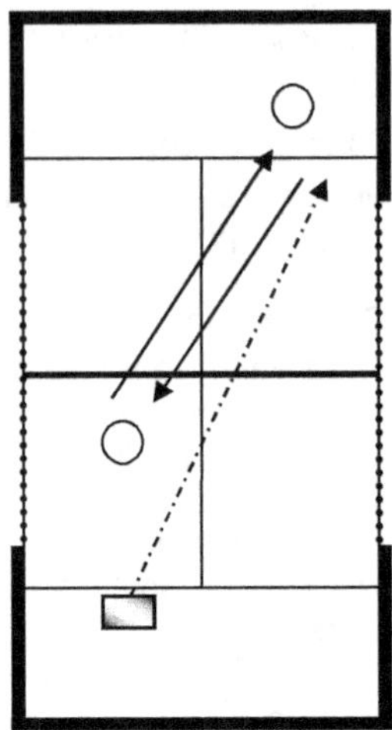

Esercizi 0869   Colpi: Resto – V

obiettivo: Resto y volèe
Sequenza di colpi: Resto – V

Descrizione:
Con due giocatore in pista, un giocatore sottrarrà diagonalmente giù il servizio del monitor affinchè il suo compagno voli forte e provi a vincere il punto. Continuare il gioco in diagonale fino a quando il punto è finito.
Dopo 10 palle si alterna la posizione dei giocatori.

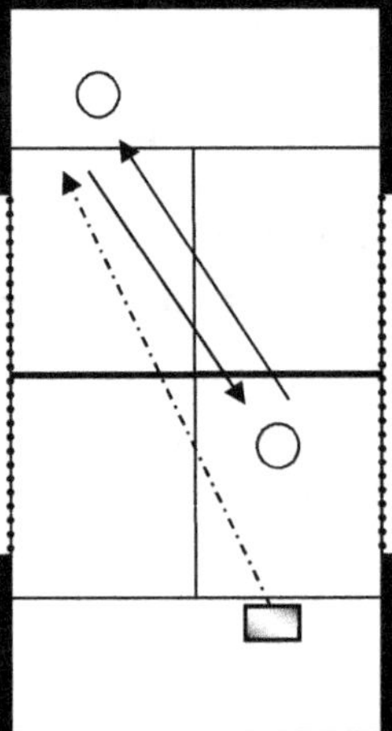

ESERCIZI VARI

Esercizi 0870

Obiettivo: Lavorare con 5 studenti

Descrizione:
Un allievo accanto al carrello di palle, farà servizio e salirà alla rete per fare volo parallelo.
Un altro allievo rimarrà solo in crossover cercando la volèe del suo compagno.
2 studenti eseguiranno il controllo della velocità tra coni.
1 alunno eseguirà Esercizi propioceptivi ⬜squat, gomma delle braccia, …⬜ secondo le indicazioni del monitor.
Dopo 1 si alterna la posizione dei giocatori.

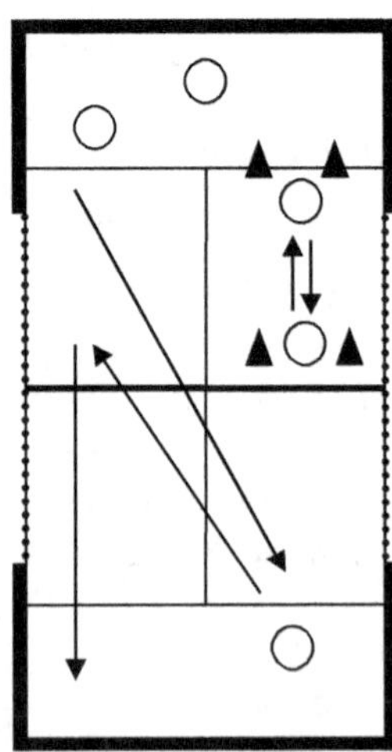

Esercizi 0871   Colpi: Escalera – Bd – V

Obiettivo: Coordinamento dei movimenti
Sequenza di colpi: Scala – BdX – VDX corta

Descrizione:
Posizionato accanto alla scala di coordinamento, il giocatore eseguirà i movimenti su di essa e alla fine correrà in diagonale all'altra pista per realizzare un vassoio incrociato e una volèe a destra incrociata corta alla grata.

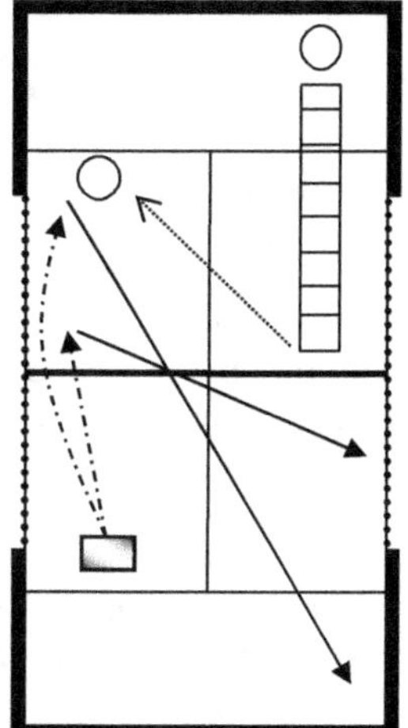

Esercizi 0872   Colpi: SF – SDP – V – Bd

Obiettivo: Il gesto dei colpi- Riscaldamento
Sequenza di colpi: SF – SDP – V – Bd

Descrizione:
Con quattro studenti lavoreremo contemporaneamente in diverse posizioni:
1.- Uscita di fondo di destra, uscita di fondo di rovescio
2.- Uscita a doppia parete con rotazione su entrambi i lati
3.- volèe de destra y volèe de rovescio con desplazamiento
4.- Vassoio e ritorno alla rete
Prima lo eseguiremo senza palla e poi il monitor lo farà con ogni alunno in tutte le posizioni. Dopo 1 si alterna la posizione dei giocatori.

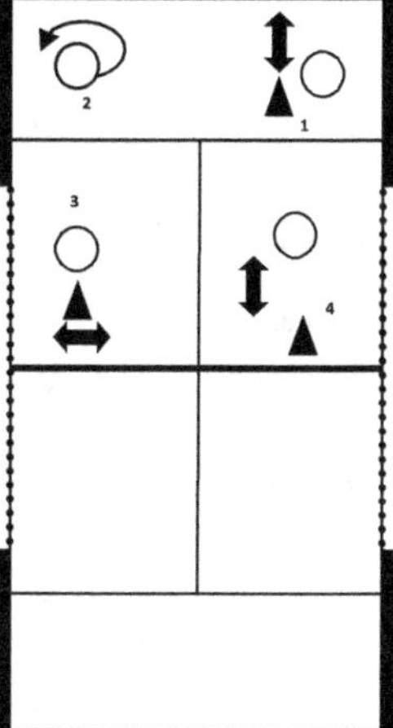

Esercizi 0873

Obiettivo: Esercizi di pliometria e recinzione
Sequenza di colpi: Salto – 2-1-2-1-2-1 e ritorno

Descrizione:
Esercizi di pliometria con recinzione. Posizionato il giocatore in fondo alla pista, inizia con salto di recinzione e fa salto su 2 coni, poi su 1,... con la sequenza 2 – 1 – 2 – 1 – 2 – 1 e al ritorno salta con una gamba sola su ciascun cono.
Quando si dominerà, si effettuerà colpendo una volèe ad ogni salto.

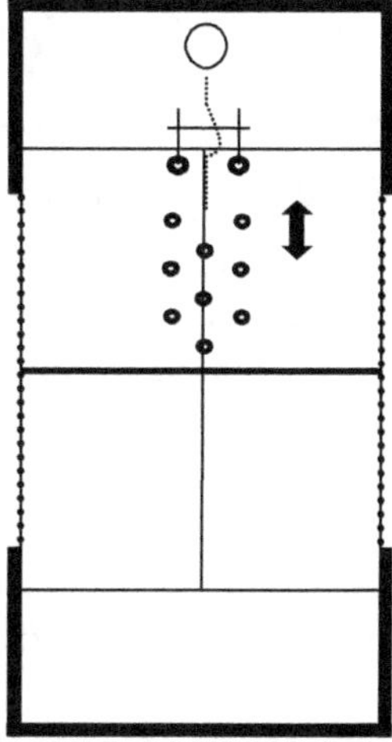

ESERCIZI DI GARA

Esercizi 0874   Colpi: Sq

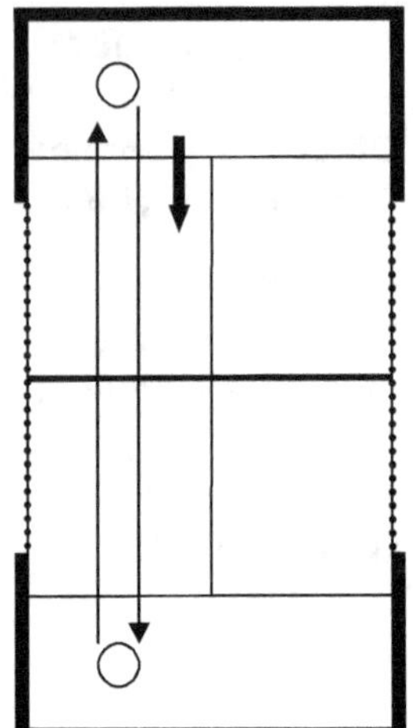

Obiettivo: Vincere la rete dopo il servizio e continuare
Sequenza di colpi: Servizio e giocare

Descrizione:
Confrontati due giocatori in parallelo dal fondo della pista, un giocatore eseguirà un servizio in parallelo e continuerà il punto con il giocatore che rimane. I giocatori si limiteranno a mezza pista e dopo 10 punti si cambia il servizio.
Il primo che arriva a 20 punti vince.
Faremo lo stesso dall'altra parte.

Esercizi 0875   Colpi: Sq

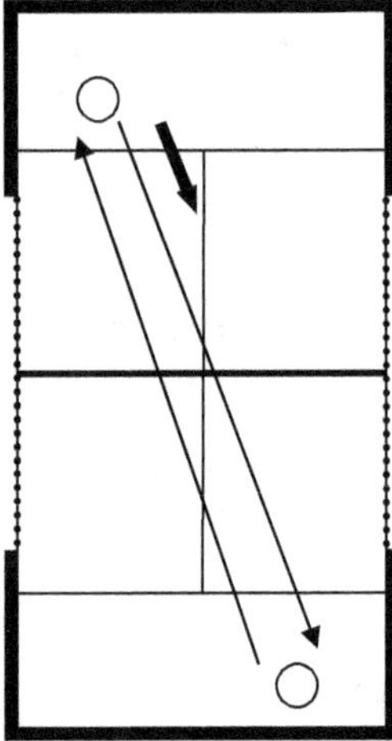

Obiettivo: Vincere la rete dopo il servizio e continuare
Sequenza di colpi: Servizio e giocare

Descrizione:
Confrontati due giocatori in crossover dal fondo della pista, un giocatore eseguirà un servizio in crossover e continuerà il punto con il giocatore che rimane. I giocatori si limiteranno a mezza pista che li corrisponde e dopo 10 punti si cambia il servizio.
Il primo che arriva a 20 punti vince.
Faremo lo stesso nella diagonale opposta.

Esercizi 0876   Colpi: R – Bd

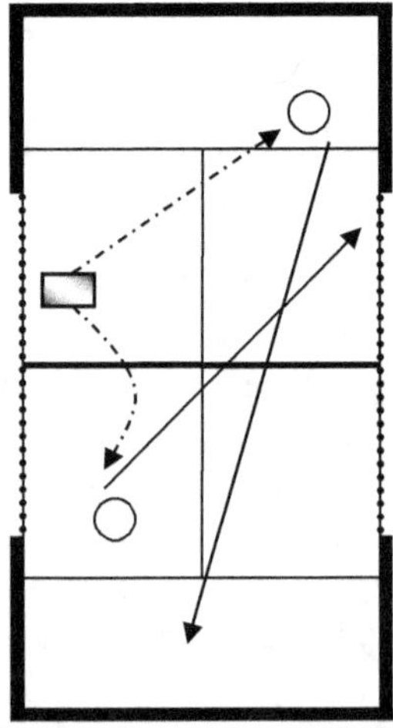

Obiettivo: Reazione a una situazione
Sequenza di colpi: R – Bd

Descrizione:
Con due giocatori in pista, un giocatore colpirà una palla al centro e poi cercherà di restituire il vassoio sulla grata del suo partner. Continuare il gioco in diagonale fino a quando il punto è finito.
Il primo che arriva a 10 vince e si alterna la posizione.
Ripetere l'esercitazione sul lato opposto.

Esercizi 0877   Colpi: Sq

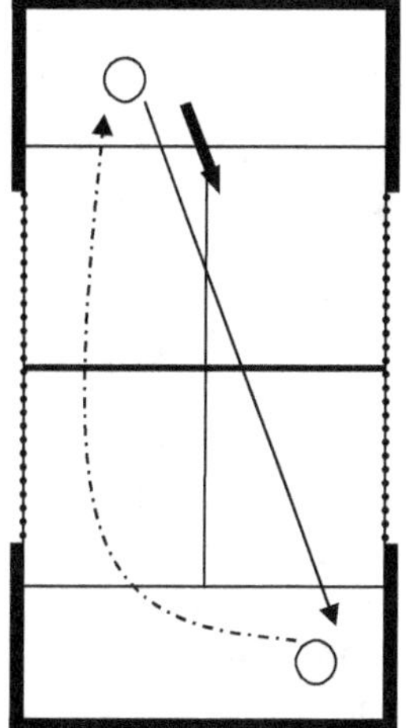

Obiettivo: Vincere la rete dopo il servizio e continuare

Sequenza di colpi: Servizio – Resto con palloncino e giocare

Descrizione:
Confrontati due giocatori in crossover dal fondo della pista, un giocatore effettuerà un servizio in crossover, il giocatore che rimane lo farà con palloncino e continueranno il punto. I giocatori si limiteranno a mezza traccia incrociata e dopo 10 punti si cambia il servizio.
Il primo che arriva a 20 punti vince.

Esercizi 0878   Colpi: V

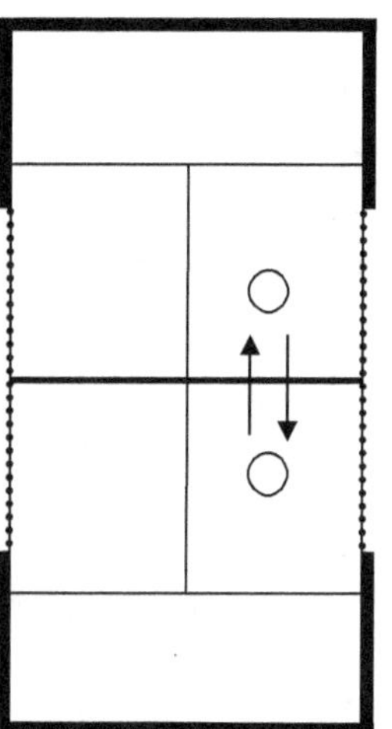

Obiettivo: Coordinazione gesto - oculare

Sequenza di colpi: Cadetto, doppio cadetto, basso cadetto …

Descrizione:
Due avversari colpiranno la palla dopo la barca, facendo solo cadetto, doppio cadetto, o cadetto giù. Quando sarà dominato da entrambi i giocatori, potranno condurre la battaglia di tiro in cui implementaranno i colpi e il contrario li dovrà ripetere.

Esercizi 0879   Colpi: Sq – Resto – V

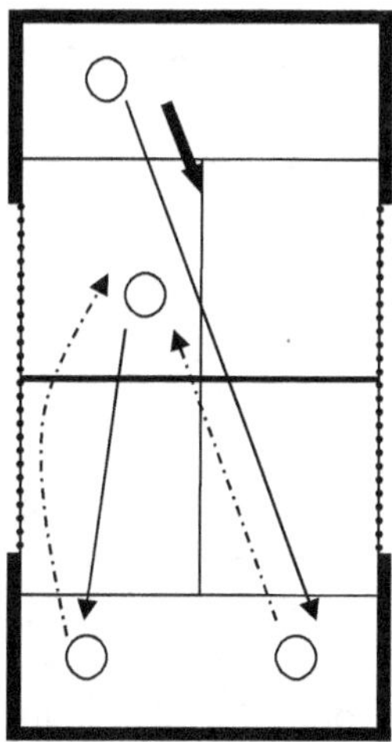

Obiettivo: Vincere la rete dopo il servizio e continuare
Sequenza di colpi: Servizio – Resto – volèe e giocare

Descrizione:
Il giocatore di sopra eseguirà un servizio in crossover e salirà a volèer parallelo il resto del giocatore di sotto che lo farà passare dal basso e continueranno il punto. I giocatori si limiteranno alla mezza pista del giocatore che tira fuori.
Dopo 10 palle si alterna la posizione dei giocatori.
Poi si può fare sul lato opposto.

Esercizi 0880   Colpi: D

Obiettivo: Mantieni in gioco la palla
Sequenza di colpi: D

Descrizione:
Partita a 11 punti tra quattro giocatori che battono liberamente dal fondo della pista. L'obiettivo è che i giocatori colpiscano fino a 10 colpi di destra e poi si può vincere il punto. Non importa che si facciano colpi di rovescio, ma non conteranno. È un esercizi cooperativo.
Dopo aver raggiunto 11 punti i giocatori ruotano la loro posizione a sinistra. Poi è fatto solo da rovescio.

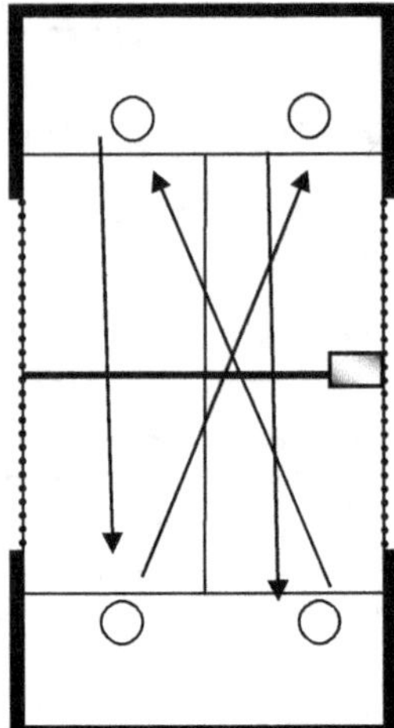

Esercizi 0881   Colpi: Sq – Resto – G

Obiettivo: Vincere la rete dopo il servizio e continuare
Sequenza di colpi: Servizio – Resto - Palloncino e giocare

Descrizione:
Il giocatore di sopra effettuerà un servizio in crossover e salirà alla rete a colpire parallelo il resto in palloncino del giocatore di sotto e continueranno il punto. I giocatori si limiteranno alla mezza pista del giocatore che tira fuori.
Dopo 10 palle si alterna la posizione dei giocatori.

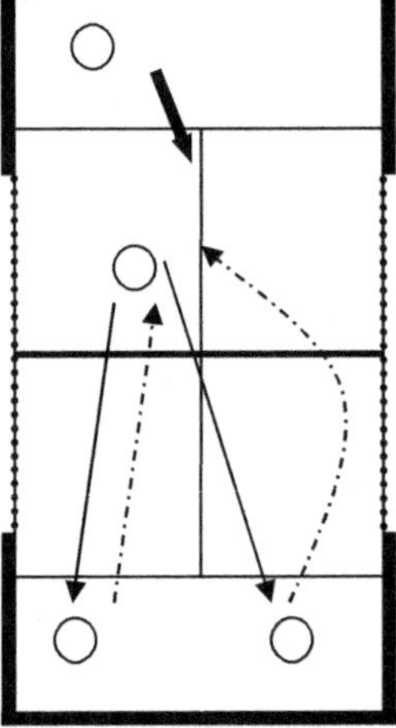

Esercizi 0882   Colpi: Sq – Resto – G

Obiettivo: Vincere la rete dopo servizio e continuare
Sequenza di colpi: Servizio – Resto - Palloncino e giocare

Descrizione:
Il giocatore di sopra effettuerà un servizio in crossover e salirà alla rete a colpire parallelo il resto in palloncino del giocatore di sotto e continueranno il punto. I giocatori si limiteranno alla mezza pista del giocatore che tira fuori.
Dopo 10 palle si alterna la posizione dei giocatori.

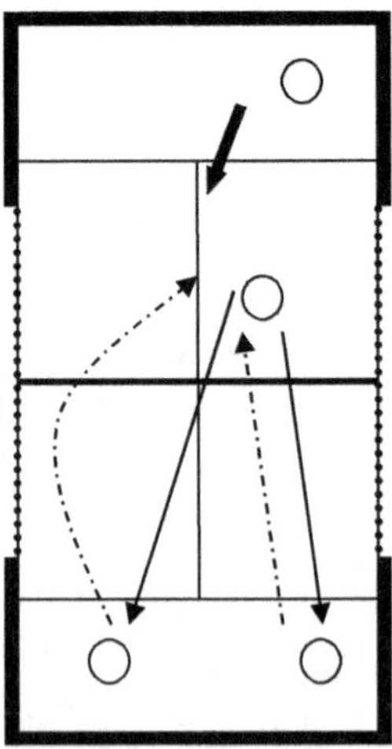

Esercizi 0883   Colpi: Sq - V

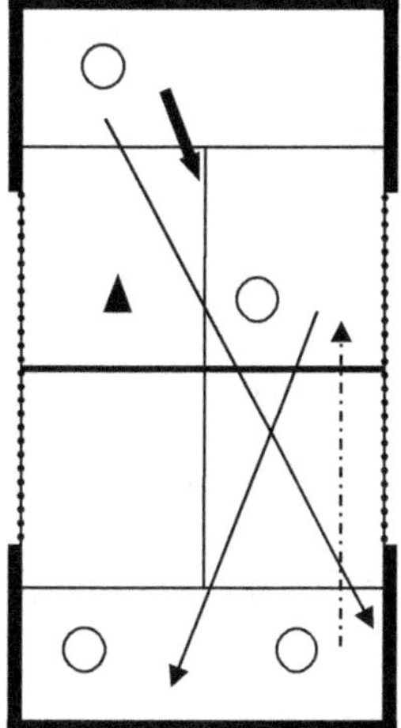

Obiettivo: Vincere la rete dopo servizio australiano
Sequenza di colpi: Servizio – volèe e giocare

Descrizione:

Il giocatore di sopra effettuerà un servizio australiano alla parete laterale e salirà alla rete a colpire al centro il resto parallelo del giocatore che rimane e continueranno il punto. I giocatori si limiteranno alla mezza pista del giocatore che tira fuori.
Dopo 10 palle si alterna la posizione dei giocatori.

Esercizi 0884   Colpi: Sq – V

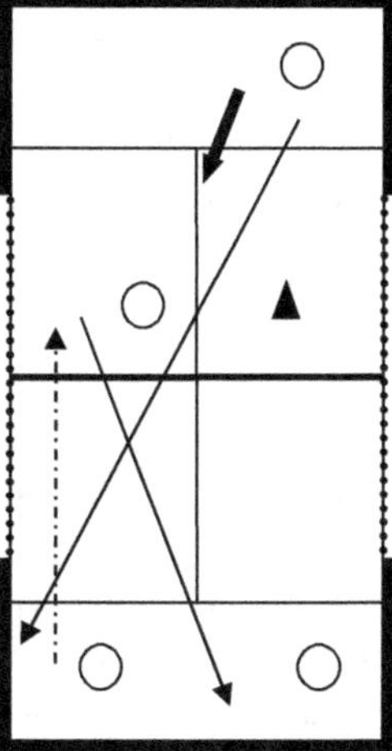

Obiettivo: Vincere la rete dopo servizio australiano
Sequenza di colpi: Servizio – volèe e giocare

Descrizione:

Il giocatore di sopra effettuerà un servizio australiano alla parete laterale e salirà alla rete a colpire al centro il resto parallelo del giocatore che rimane e continueranno il punto. I giocatori si limiteranno alla mezza pista del giocatore che tira fuori.
Dopo 10 palle si alterna la posizione dei giocatori.

Esercizi 0885   Colpi: Sq – V

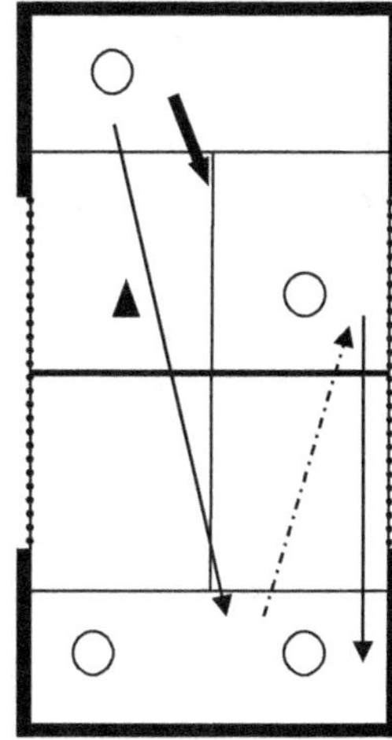

Obiettivo: Vincere la rete dopo servizio australiano
Sequenza di colpi: Servizio – volèe e giocare

Descrizione:

Il giocatore di sopra realizzerà un servizio australiano al centro e salirà alla rete a colpire parallelo il resto parallelo del giocatore restante e continueranno il punto. I giocatori si limiteranno alla mezza pista del giocatore che tira fuori.
Dopo 10 palle si alterna la posizione dei giocatori.

Esercizi 0886   Colpi: Sq – V

Obiettivo: Vincere la rete dopo servizio australiano
Sequenza di colpi: Servizio – volèe e giocare

Descrizione:

Il giocatore di sopra realizzerà un servizio australiano al centro e salirà alla rete a colpire parallelo il resto parallelo del giocatore restante e continueranno il punto. I giocatori si limiteranno alla mezza pista del giocatore che tira fuori.
Dopo 10 palle si alterna la posizione dei giocatori.

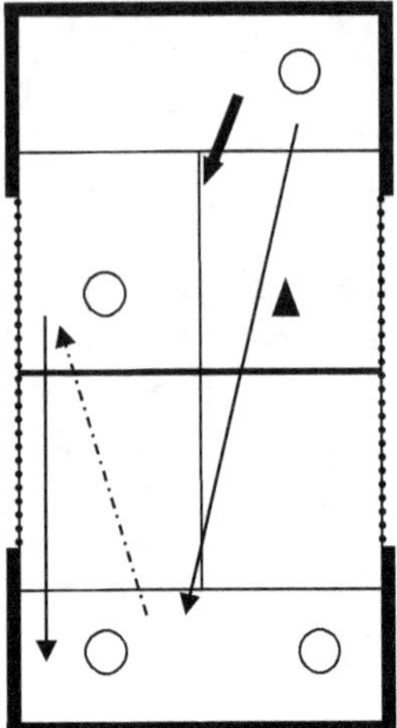

Esercizi 0887   Colpi: Sq – Resto

obiettivo: Servizio australiano
Sequenza di colpi: Servizio e giocare

Descrizione:

Il giocatore di sopra eseguirà un servizio australiano e salirà sulla rete per coprire la sua zona e continuare il punto con il suo compagno. Il sottrattore lo farà alla zona che vuole e continuerà il punto contro i due giocatore della rete. I giocatori si limitano al mezzo indizio del giocatore che rimane.
Dopo 10 palle si alterna la posizione del giocatore.
Poi si può fare dal lato opposto.

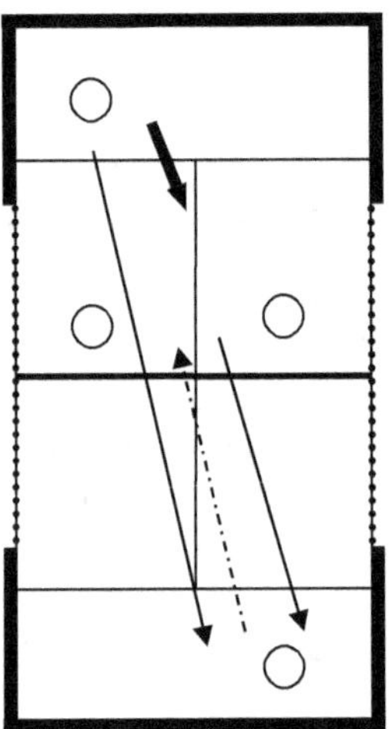

Esercizi 0888   Colpi: Libero

obiettivo: Mantieni in gioco la palla
Sequenza di colpi: Libero

Descrizione:

Partita a 11 punti tra quattro giocatori che battono liberamente dal fondo della pista. L'obiettivo è che la palla passi 20 volte senza errori sulla rete e poi si può vincere il punto. È un esercizio cooperativo.
Dopo aver raggiunto 11 punti i giocatori ruotano la loro posizione a sinistra.

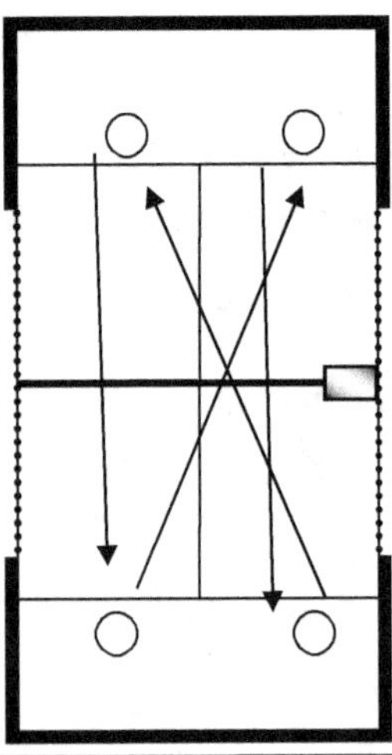

Esercizi 0889   Colpi: SF

Obiettivo: Discesa di parete
Sequenza di colpi: Discesa parete e giocare

Descrizione:

Piazzati due giocatori vicino alla rete, il monitor lancerà un palloncino per fare una discesa da parete contro il giocatore che è solo nella rete. Dopo questo ritorno si continuerà a giocare rispettando metà della pista del giocatore che si trova da solo.
Dopo 10 palle si alterna la posizione dei giocatori. Poi si fa dall'altra parte.

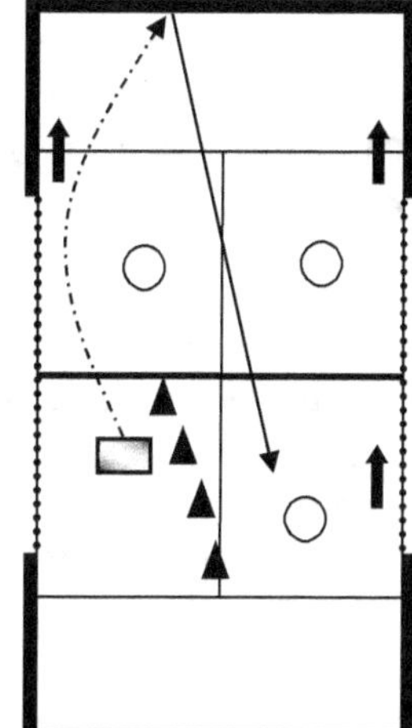

Esercizi 0890   Colpi: Rm / Bd

obiettivo: Remate / Bandejas senza vedere l'origine
Sequenza di colpi: Remate o Bandeja

Descrizione:

Posizionati due giocatori nella rete e due in background, il monitor lancerà delle palline dall'esterno della pista per permettere ai giocatori di fare un vassoio o un'asta, e continueranno fino a quando il punto non sarà finito.
Dopo 10 punti si alterna la posizione dei giocatori.

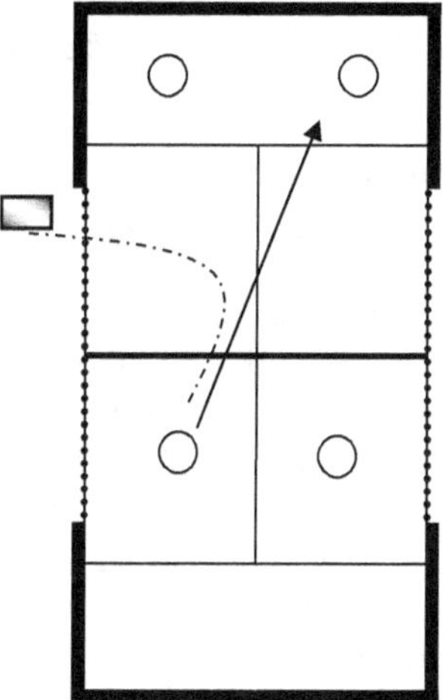

Esercizi 0891   Colpi: SF

Obiettivo: Anticipo su una battuta a parete di fondo
Sequenza di colpi: Discesa parete e giocare

Descrizione:

Posizionati due giocatori in fondo alla pista e un altro vicino alla rete, il monitor eseguirà una battuta contro la Parete di sfondo per un ritorno contro il giocatore che è solo nella rete. Dopo questo ritorno si continuerà a giocare rispettando la metà della pista del giocatore che si trova da solo.
Dopo 10 palle si alterna la posizione del giocatore. Poi viene fatto dall'altro lato.

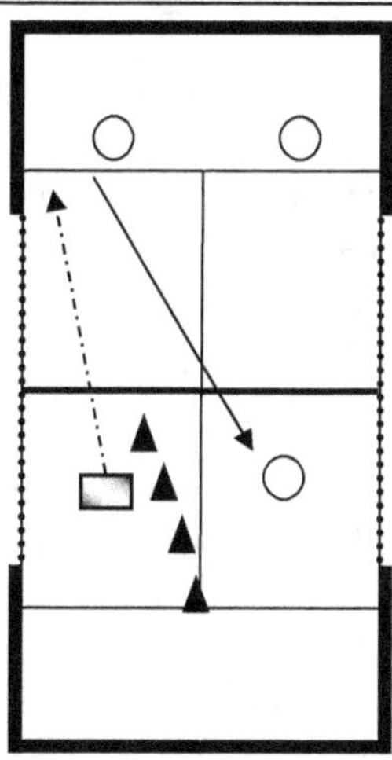

Esercizi 0892   Colpi: SF

Obiettivo: Uscita di parete senza vedere l'origine
Sequenza di colpi: SF

Descrizione:
Contro i quattro giocatori in fondo alla pista, faranno uscite da parete alle palle tirate dal monitor dall'esterno della pista, e continueranno fino al punto.
Dopo 10 punti si alterna la posizione dei giocatori.

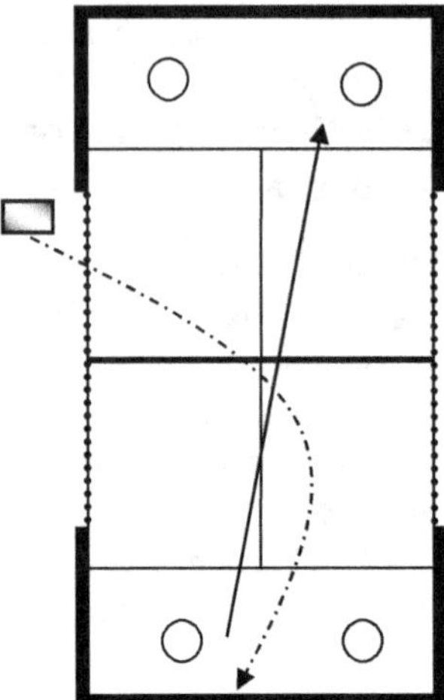

Esercizi 0893   Colpi: SF

obiettivo: Anticipo ad una battuta a parete laterale-fondo
Sequenza di colpi: Discesa parete e giocare

Descrizione:
Posizionati due giocatori in fondo alla pista e un altro vicino alla rete, il monitor eseguirà una battuta cercando il rimbalzo nella parete laterale-fondo per fare un ritorno contro il giocatore che è in rete da solo. Dopo questo ritorno si continuerà a giocare rispettando metà della pista del giocatore che si trova da solo.
Dopo 10 palle si alterna la posizione dei giocatori.

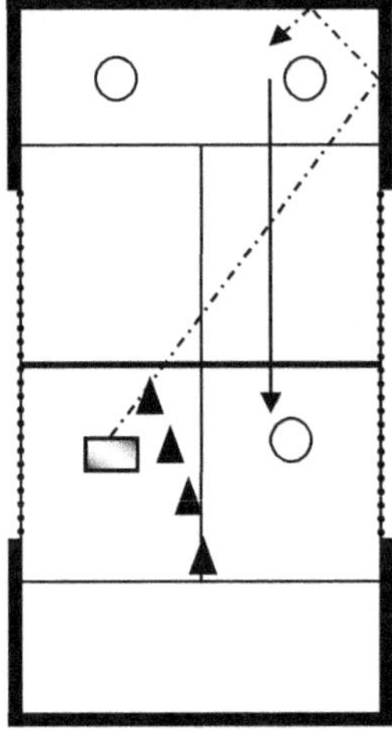

Esercizi 0894   Colpi: Bd o Rm

obiettivo: Bd o Rm a palle che si lanciano i giocatori
Sequenza di colpi: Bd o Rm

Descrizione:
Contro i quattro giocatori in fondo alla pista, i giocatori che sono accanto al monitor si scaglieranno una palla a terra per avere un piatto alto e faranno un vassoio incrociato o un'asta incrociata e continueranno il gioco.
Dopo 10 punti si alterna la posizione dei giocatori.

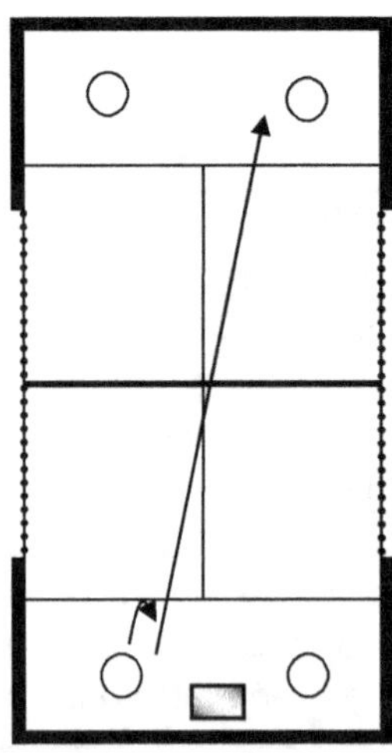

Esercizi 0895   Colpi: Rm

obiettivo: Anticipo su una battuta con rimbalzo alto
Sequenza di colpi: Discesa parete e giocare

Descrizione:

Posizionati due giocatori in fondo alla pista e un altro vicino alla rete, il monitor eseguirà un'asta cercando il rimbalzo in alto sulla parete di background in modo che facciano un ritorno contro il giocatore che era in rete ed è sceso in fondo alla pista per cercare di restituire. Dopo questo ritorno si continuerà a giocare rispettando metà della pista del giocatore che si trova da solo.
Dopo 10 palle si alterna la posizione dei giocatori.

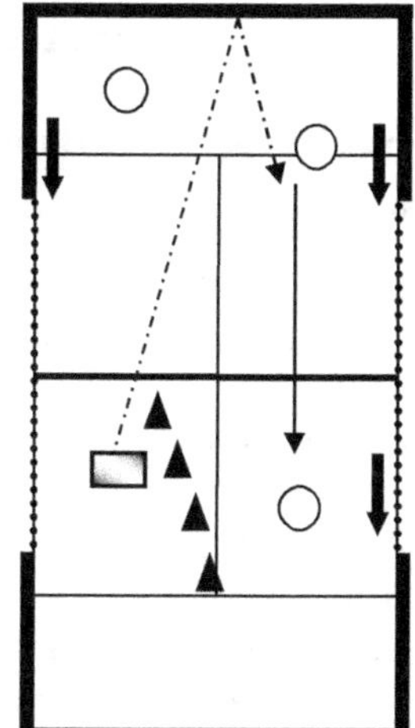

Esercizi 0896   Colpi: Rm

obiettivo: Anticipo su una battuta con rimbalzo alto
Sequenza di colpi: Discesa parete e giocare

Descrizione:

Posizionati due giocatori in fondo alla pista e un altro vicino alla rete, il monitor eseguirà un'asta cercando il rimbalzo in alto sulla parete di background in modo che facciano un ritorno contro il giocatore che era in rete ed è sceso in fondo alla pista per cercare di restituire. Dopo questo ritorno si continuerà a giocare rispettando metà della pista del giocatore che si trova da solo.
Dopo 10 palle si alterna la posizione dei giocatori.

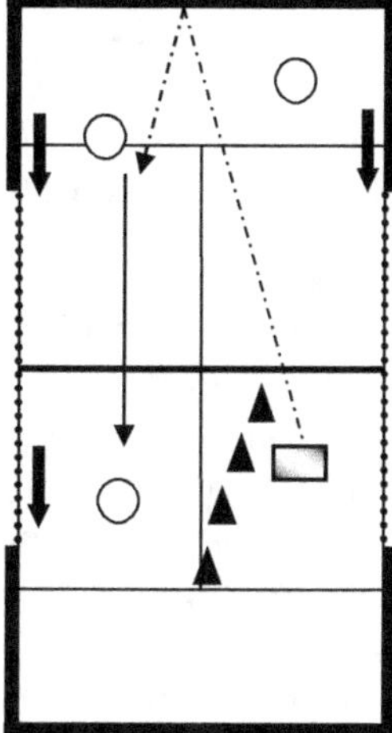

Esercizi 0897   Colpi: Rm

obiettivo: Aiuta ad una battuta laterale-fondo
Sequenza di colpi: Discesa parete e giocare

Descrizione:

Posizionati due giocatori in fondo alla pista e un altro vicino alla rete, il monitor eseguirà una battuta cercando il rimbalzo lungo sulla parete laterale-fondo per l'aiuto del compagno che restituirà contro il giocatore che si trova nella rete. Dopo questo ritorno si continuerà a giocare rispettando metà della pista del giocatore che si trova da solo.
Dopo 10 palle si alterna la posizione dei giocatori.

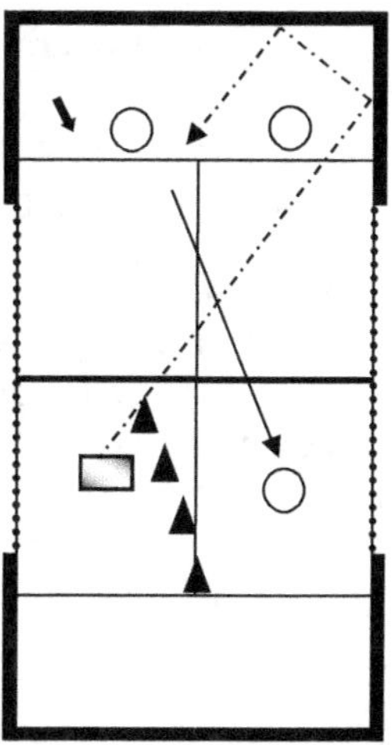

Esercizi 0898   Colpi: Rm

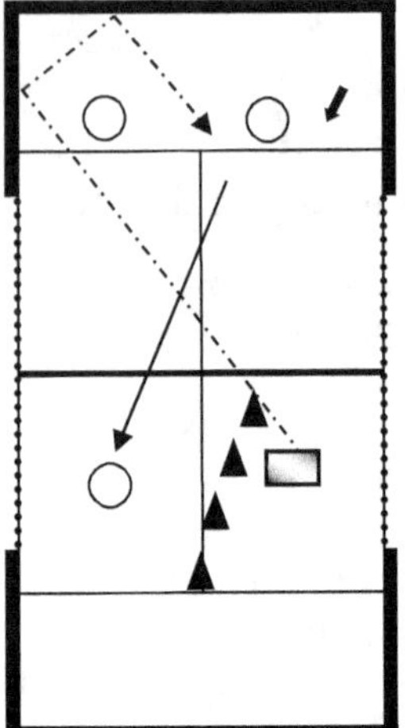

obiettivo: Aiuta ad una battuta laterale-fondo
Sequenza di colpi: Discesa parete e giocare

Descrizione:

Posizionati due giocatori in fondo alla pista e un altro vicino alla rete, il monitor eseguirà una battuta cercando il rimbalzo lungo sulla parete laterale-fondo per l'aiuto del compagno che restituirà contro il giocatore che si trova nella rete. Dopo questo ritorno si continuerà a giocare rispettando metà della pista del giocatore che si trova da solo.
Dopo 10 palle si alterna la posizione dei giocatori.

Esercizi 0899   Colpi: CP

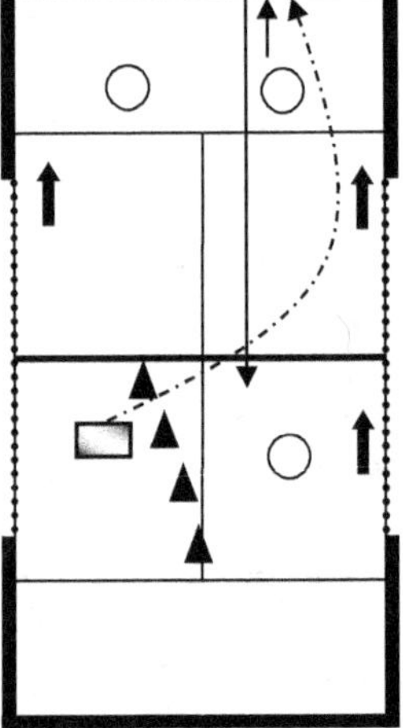

Obiettivo: Contro parete parallela
Sequenza di colpi: Contra parete e giocare

Descrizione:

Posizionati due giocatori in fondo alla pista e uno vicino alla rete, il monitor sferrerà un colpo affinché il giocatore sia obbligato a fare una contro-parete parallela che restituirà contro il giocatore che si trova nella rete. Dopo questo ritorno si continuerà a giocare rispettando metà della pista del giocatore che si trova da solo.
Dopo 10 palle si alterna la posizione dei giocatori.

Esercizi 0900   Colpi: CP

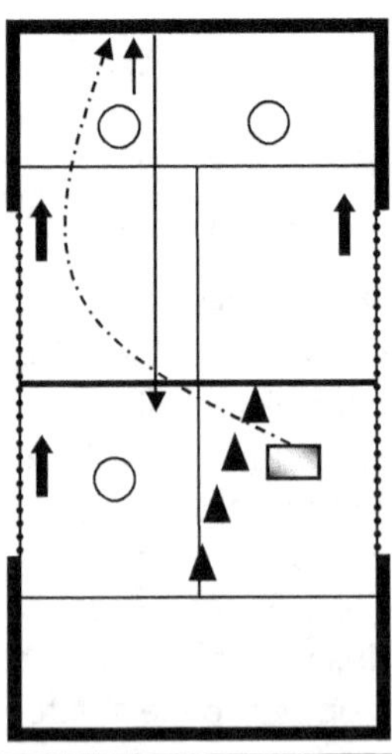

Obiettivo: Contro parete parallela
Sequenza di colpi: Contra parete e giocare

Descrizione:

Posizionati due giocatori in fondo alla pista e uno vicino alla rete, il monitor sferrerà un colpo affinché il giocatore sia obbligato a fare una contro-parete parallela che restituirà contro il giocatore che si trova nella rete. Dopo questo ritorno si continuerà a giocare rispettando metà della pista del giocatore che si trova da solo.
Dopo 10 palle si alterna la posizione dei giocatori.

Esercizi 0901   Colpi: CP

Obiettivo: Contro parete crociata
Sequenza di colpi: Contra parete e giocare

Descrizione:
Posizionati due giocatori in fondo alla pista e uno vicino alla rete, il monitor sferrerà un colpo affinché il giocatore sia obbligato a fare una contro-parete crociata che restituirà contro il giocatore che si trova nella rete. Dopo questo ritorno si continuerà a giocare rispettando metà della pista del giocatore che si trova da solo.
Dopo 10 palle si alterna la posizione dei giocatori.

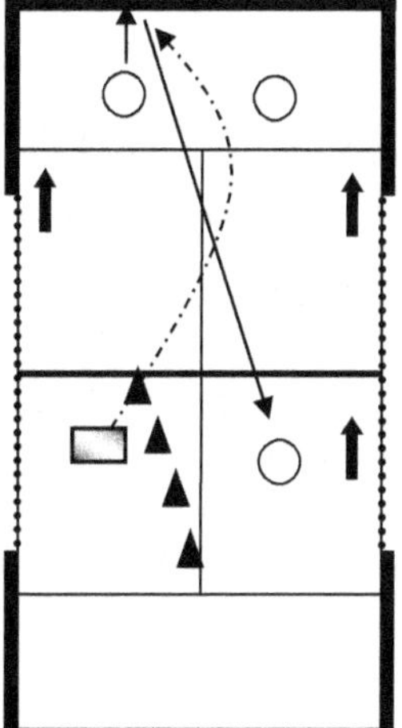

Esercizi 0902   Colpi: CP

Obiettivo: Contro parete crociata
Sequenza di colpi: Contra parete e giocare

Descrizione:
Posizionati due giocatori in fondo alla pista e uno vicino alla rete, il monitor sferrerà un colpo affinché il giocatore sia obbligato a fare una contro-parete crociata che restituirà contro il giocatore che si trova nella rete. Dopo questo ritorno si continuerà a giocare rispettando metà della pista del giocatore che si trova da solo.
Dopo 10 palle si alterna la posizione dei giocatori.

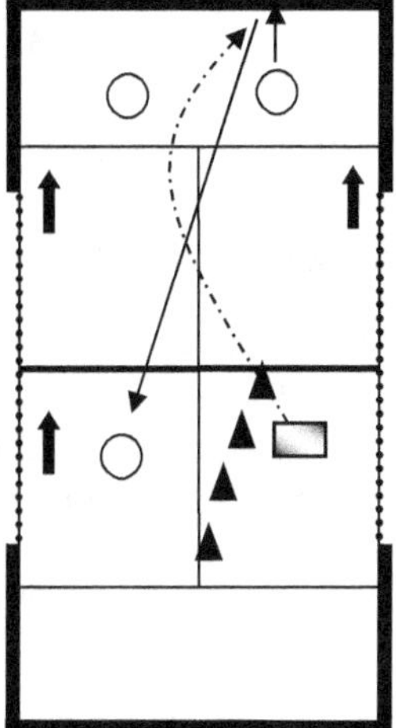

Esercizi 0903   Colpi: Tutti

Obiettivo: Singole partite in parallelo mezza pista
Sequenza di colpi: Servizio e colpi libero

Descrizione:
Avendo 6 giocatori in pista, li dividiamo in due squadre per giocare singole partite in parallelo su mezza pista. Avendo 6 giocatore, chi perde la partita individuale esce ed entra uno dei giocatori della rete.
Dopo 2 si alterna la posizione dei giocatori.

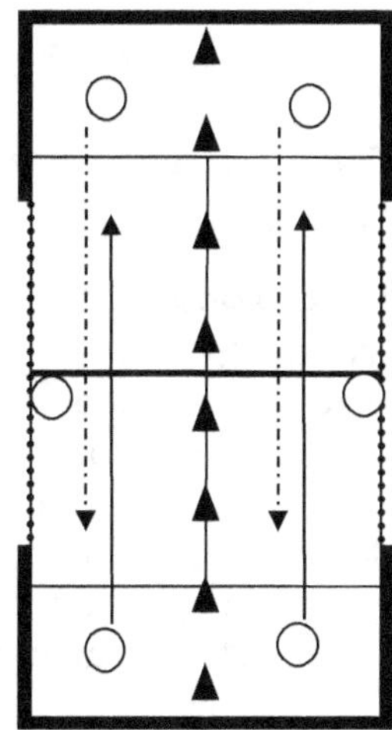

Esercizi 0904   Colpi: Tutti

obiettivo: Singole partite in parallelo mezza pista
Sequenza di colpi: Re della pista

Descrizione:
Partite singole in parallelo a metà pista. I giocatori che attaccano devono fare due punti con uno dei giocatori che difendono e non possono giocare due volte di fila con uno stesso avversario. Il servizio dovrà entrare nel quadrato di servizio.

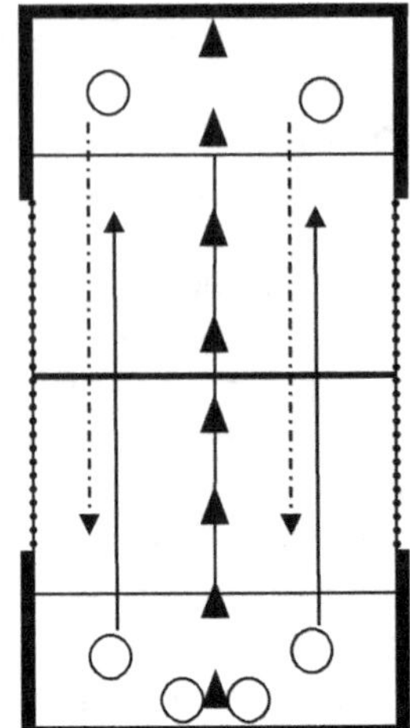

Esercizi 0905   Colpi: Tutti

obiettivo: Partite individuali in crossover mezza pista
Sequenza di colpi: Re della pista

Descrizione:
Singole partite in crossover a metà pista. I giocatori che attaccano devono fare due punti con uno dei giocatori che difendono e non possono giocare due volte di fila con uno stesso avversario. Il servizio dovrà entrare nel quadrato di servizio.

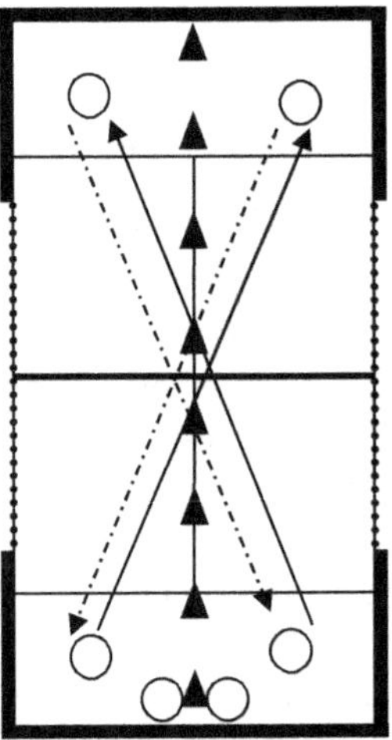

Esercizi 0906   Colpi: CP

Obiettivo: Singole partite in parallelo mezza pista
Sequenza di colpi: Re della pista senza barca

Descrizione:
Singole partite in diagonale su mezza pista. I giocatori che attaccano devono fare due punti con uno dei giocatori che difendono e non possono giocare due volte di fila con uno stesso avversario. Il servizio dovrà entrare nel quadrato di servizio. Il giocatore che attacca non può lasciare cadere la palla, quindi eseguirà solo volèe e vassoi.

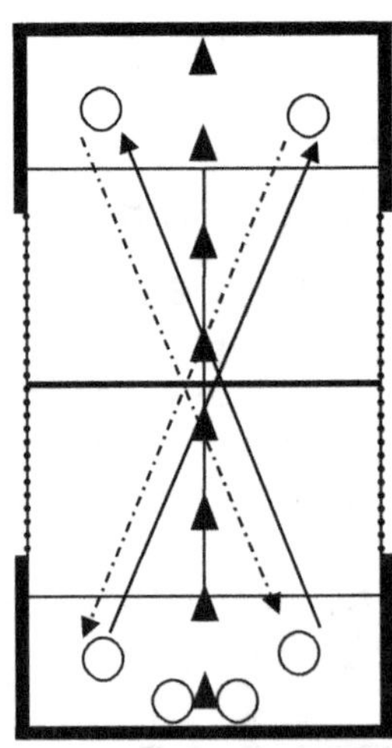

Esercizi 0907   Colpi: Tutti

Obiettivo: Singole partite in parallelo mezza pista
Sequenza di colpi: Re della pista parallela senza barca

Descrizione:
Partite singole in parallelo a metà pista. I giocatori che attaccano devono fare due punti con uno dei giocatori che difendono e non possono giocare due volte di fila con uno stesso avversario. Il servizio dovrà entrare nel quadrato di servizio. Il giocatore che attacca non può lasciare cadere la palla, quindi eseguirà solo volèe e vassoi.

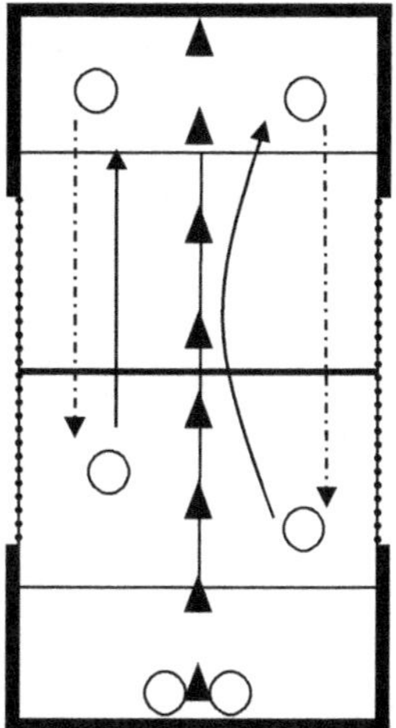

Esercizi 0908   Colpi: Tutti

Obiettivo: Vincere la rete
Sequenza di colpi: Libero

Descrizione:
Partite individuali in crossover a metà pista. I giocatori che attaccano devono fare in modo che coloro che difendono non vincano mai la rete. Chi vince la rete o il punto vince. I giocatori che attaccano devono fare due punti con uno dei giocatori che difendono e non possono giocare due volte di fila con uno stesso avversario.

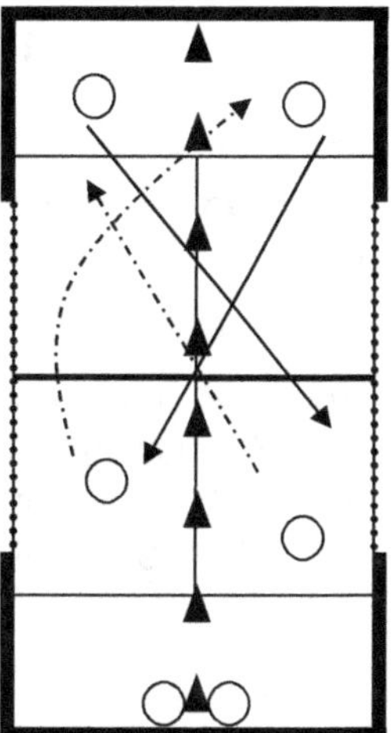

Esercizi 0909   Colpi: Tutti

Obiettivo: Partite individuali in crossover mezza pista
Sequenza di colpi: Libero

Descrizione:
Partite individuali in crossover in mezza pista. I giocatori che vincono il punto, tirano e si mettono sulla pista in alto. Il servizio dovrà entrare nel quadrato di servizio.

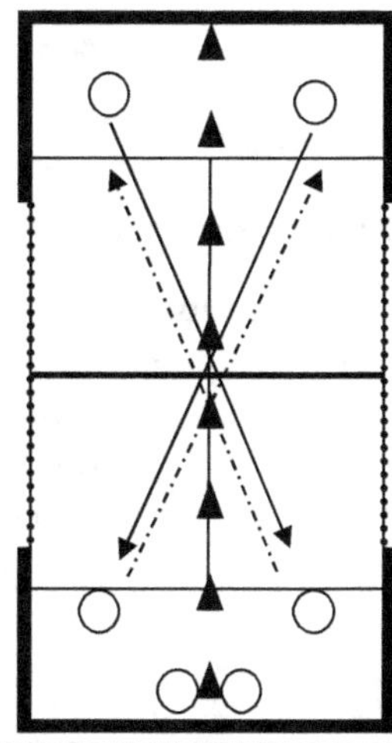

Esercizi 0910   Colpi: Libero

Obiettivo: Difesa e attacco
Sequenza di colpi: Libero

Descrizione:
Con almeno sei giocatori in pista, dividiamo i giocatori in coppie. La coppia che guadagna due punti o fa un "winner", difende in fondo alla pista e cambia pista.

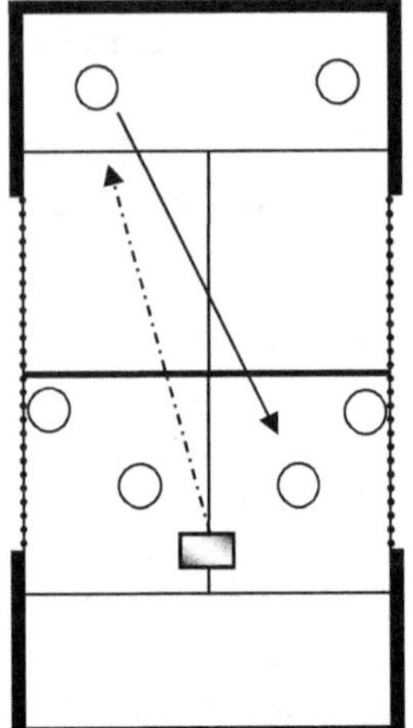

Esercizi 0911   Colpi: Tutti

Obiettivo: Partite individuali incrociato mezza pista
Sequenza di colpi: Re della pista incrociata contando

Descrizione:
Singole partite in crossover a metà pista. I giocatori conteranno i colpi che fanno. Se vince il giocatore che attacca, li addiziona e il primo che arriva a 100 con uno dei giocatori vince la pista.

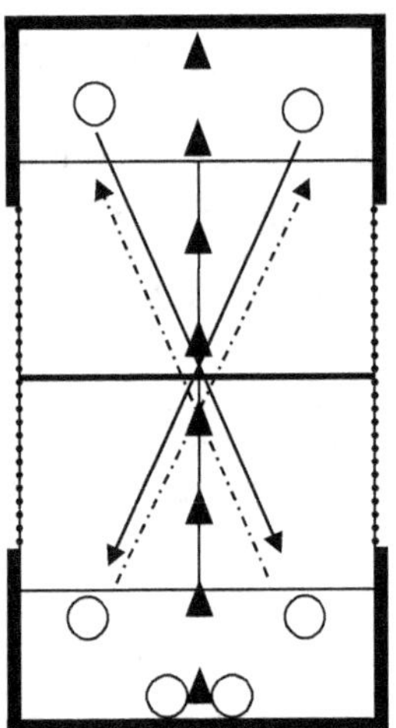

Esercizi 0912   Colpi: Tutti

Obiettivo: Singole partite in parallelo mezza pista

Sequenza di colpi: Re della pista parallela contando

Descrizione:
Partite singole in parallelo su mezza pista. I giocatori conteranno i colpi che eseguono. Se vince il giocatore che attacca, li addiziona e il primo che arriva a 100 con uno dei giocatori vince la pista.

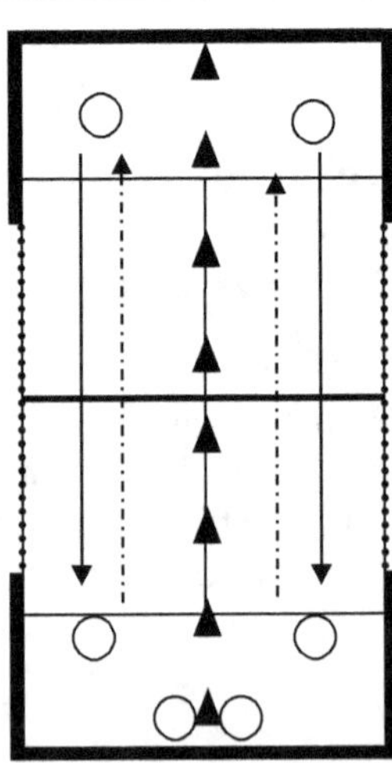

Esercizi 0913   Colpi: Tutti

obiettivo: Vincere la rete dopo il servizio e continuare

Sequenza di colpi: Servizio e giocare

Descrizione:
Con il carrello a palline insieme ai giocatori, questi eseguiranno un servizio al monitor e proseguiranno il punto in incrocio fino a completarlo. Potranno giocare solo a metà pista segnata.

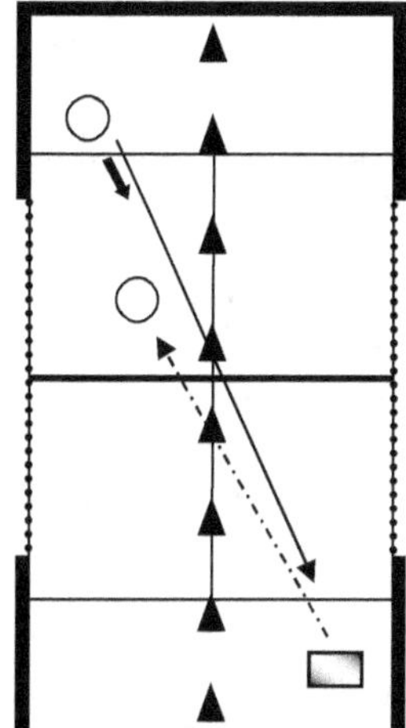

Esercizi 0914   Colpi: Tutti

obiettivo: Vincere la rete dopo il servizio e continuare

Sequenza di colpi: Servizio e giocare

Descrizione:
Con il carrello a palline insieme ai giocatori, questi eseguiranno un servizio al monitor e proseguiranno il punto in incrocio fino a completarlo. Potranno giocare solo a metà pista segnata.

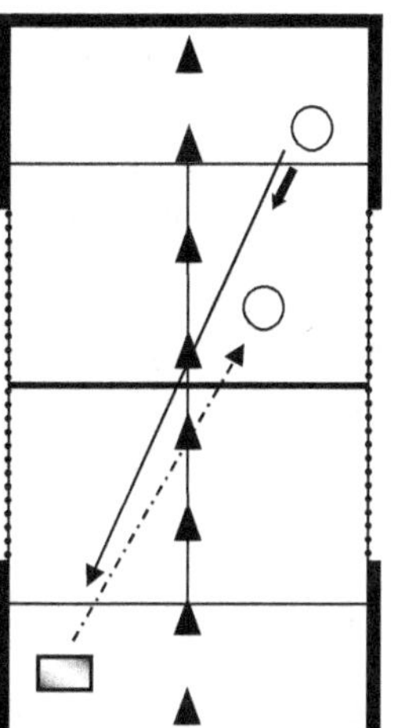

Esercizi 0915   Colpi: D – R – SF – SL – SDP

obiettivo: Difendere il fondo

Sequenza di colpi: Libero

Descrizione:
Piazzati due giocatori in fondo alla pista, si difenderanno dalle palle lanciate dal monitor indirizzando le palle verso la zona segnata sulla pista.
Dopo 10 palle si alterna la posizione dei giocatori.

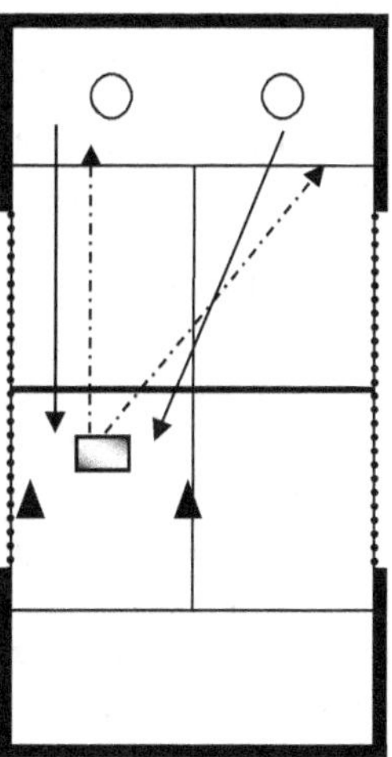

Esercizi 0916   Colpi: Tutti

Obiettivo: Vinci il punto da una posizione iniziale
Sequenza di colpi: DX - Libero

Descrizione:
Mini partita a 11 punti, dove si inizia con un colpo di destra incrociato. I giocatori che difendono possono vincere il punto, ma non fare mai palloncini.
Una volta arrivati a 11, i giocatori gireranno a sinistra.

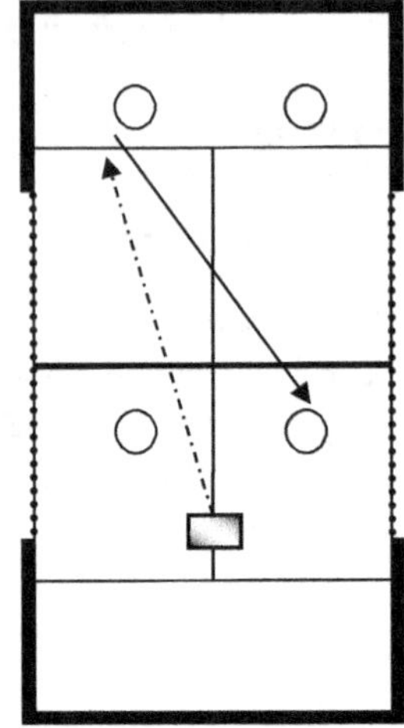

Esercizi 0917   Colpi: Tutti

Obiettivo: Vinci il punto da una posizione iniziale
Sequenza di colpi: RX - Libero

Descrizione:
Mini partita a 11 punti, dove si inizia con un colpo di rovescio incrociato. I giocatori che difendono possono vincere il punto, ma non fare mai palloncini.
Una volta arrivati a 11, i giocatori gireranno a sinistra.

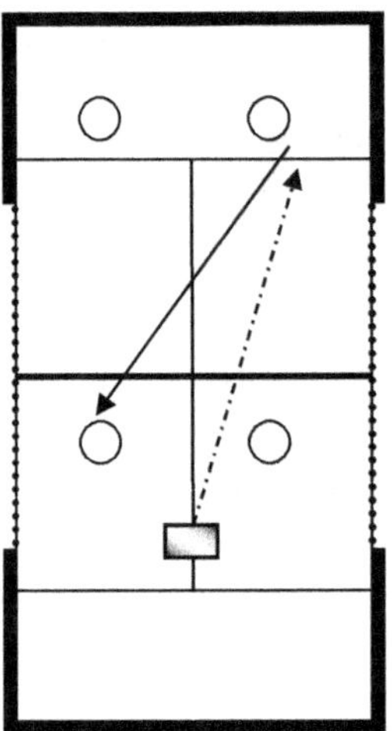

Esercizi 0918   Colpi: Tutti

Obiettivo: Vinci il punto da una posizione iniziale
Sequenza di colpi: DX - Libero

Descrizione:
Mini partita al meglio di 5 punti, dove si inizia con un colpo di destra incrociato. I giocatori che difendono possono vincere il punto, ma non fare mai palloncini.
Se il giocatore che gioca con il monitor perde, esce ed entra il compagno che è fuori. Se è il contrario, il giocatore della destra si allontana, quello della sinistra prende la posizione destra e quello che entra, lo fa sul lato sinistro.

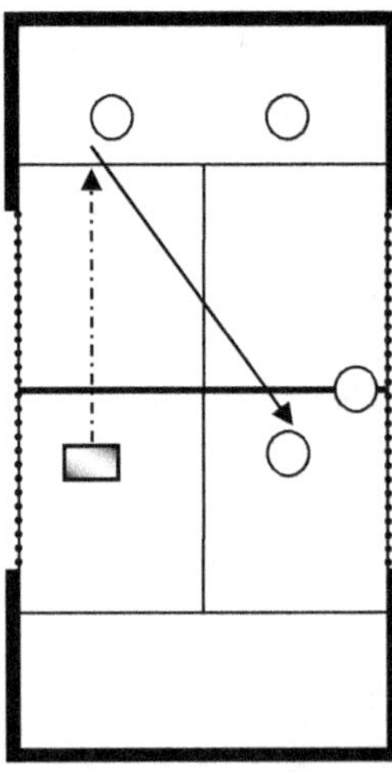

Esercizi 0919   Colpi: Tutti

Obiettivo: Vinci il punto da una posizione iniziale
Sequenza di colpi: RX - Libero

Descrizione:

Mini partita al meglio di 5 punti, dove si inizia con un colpo di rovescio incrociato. I giocatori che difendono possono vincere il punto, ma non fare mai palloncini.
Se il giocatore che gioca con il monitor perde, esce ed entra il compagno che è fuori. Al contrario, il giocatore di sinistra esce fuori, quello di destra prende la posizione di sinistra e chi entra, lo fa sul lato destro.

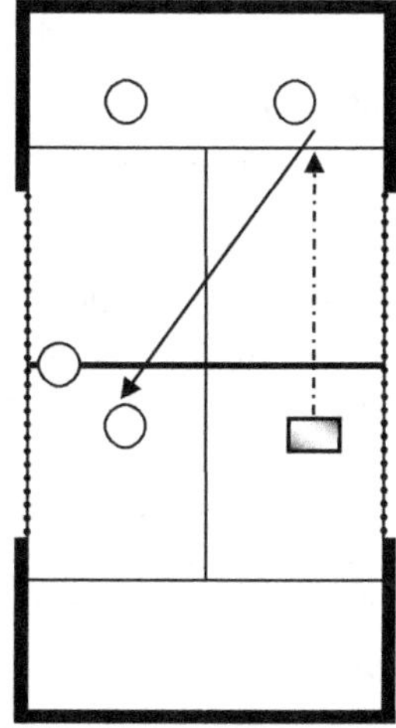

Esercizi 0920   Colpi: Tutti

Obiettivo: Vinci il punto da una posizione iniziale
Sequenza di colpi: SLDX - Libero

Descrizione:

Mini partita a 11 punti, in cui si inizia con una uscita laterale a destra incrociata. I giocatori che difendono possono vincere il punto, ma non fare mai palloncini.
Una volta arrivati a 11, i giocatori gireranno a sinistra.

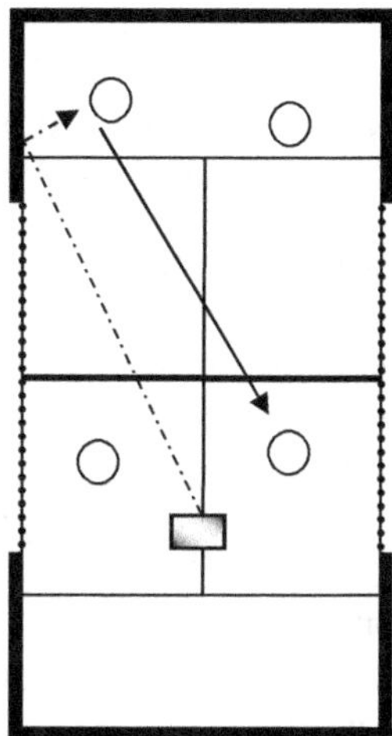

Esercizi 0921   Colpi: Tutti

Obiettivo: Vinci il punto da una posizione iniziale
Sequenza di colpi: SLRX - Libero

Descrizione:

Mini partita a 11 punti, in cui si inizia con una uscita laterale a rovescio incrociato. I giocatori che difendono possono vincere il punto, ma non fare mai palloncini.
Una volta arrivati a 11, i giocatori gireranno a sinistra.

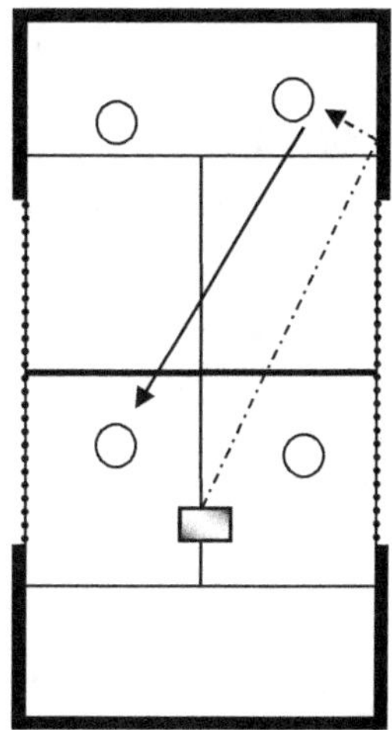

Esercizi 0922   Colpi: Tutti

Obiettivo: Vinci il punto da una posizione iniziale
Sequenza di colpi: SLDX - Libero

Descrizione:
Mini partita al meglio di 5 punti, in cui si inizia con una uscita laterale a destra incrociata. I giocatori che difendono possono vincere il punto, ma non fare mai palloncini.
Se il giocatore che gioca con il monitor perde, esce ed entra il compagno che è fuori. Se è il contrario, il giocatore della destra si allontana, quello della sinistra prende la posizione destra e quello che entra, lo fa sul lato sinistro.

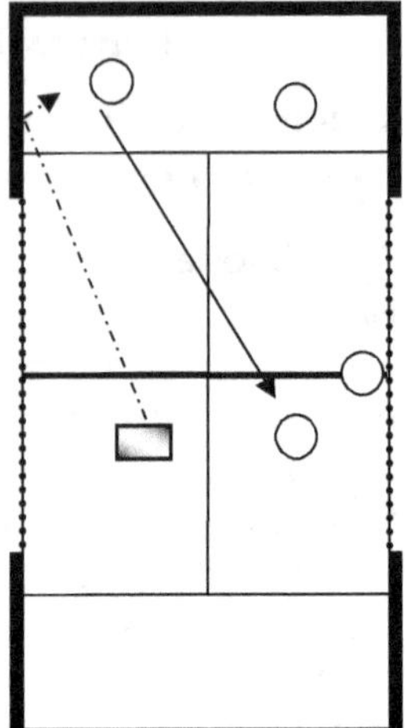

Esercizi 0923   Colpi: Tutti

Obiettivo: Vinci il punto da una posizione iniziale
Sequenza di colpi: SLRX - Libero

Descrizione:
Mini partita al meglio di 5 punti, in cui si inizia con una uscita laterale a rovescio incrociato. I giocatori che difendono possono vincere il punto, ma non fare mai palloncini.
Se il giocatore che gioca con il monitor perde, esce ed entra il compagno che è fuori. Al contrario, il giocatore di sinistra esce fuori, quello di destra prende la posizione di sinistra e chi entra, lo fa sul lato destro.

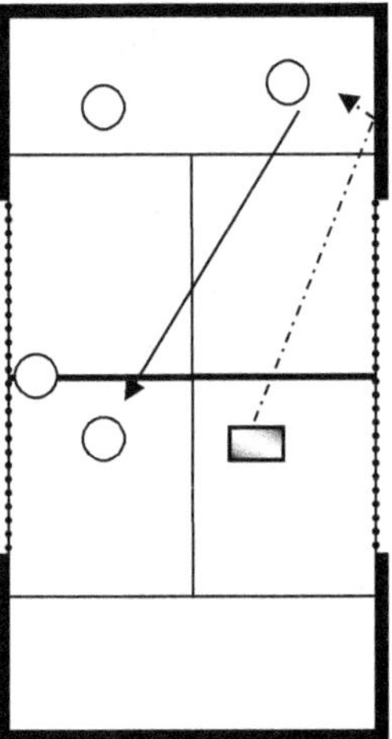

Esercizi 0924   Colpi: Tutti

Obiettivo: Vinci il punto da una posizione iniziale
Sequenza di colpi: SFRX - Libero

Descrizione:
Mini partita a 11 punti, in cui si inizia con una uscita di fondo a rovescio incrociato. I giocatori che difendono possono vincere il punto, ma non fare mai palloncini.
Una volta arrivati a 11, i giocatori gireranno a sinistra.

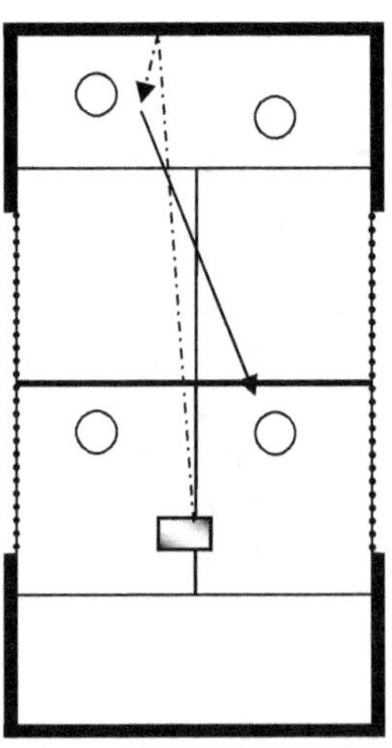

Esercizi 0925   Colpi: Tutti

Obiettivo: Vinci il punto da una posizione iniziale
Sequenza di colpi: SFDX - Libero

Descrizione:

Mini partita a 11 punti, dove si inizia con una uscita di fondo a destra incrociata. I giocatori che difendono possono vincere il punto, ma non fare mai palloncini.
Una volta arrivati a 11, i giocatori gireranno a sinistra.

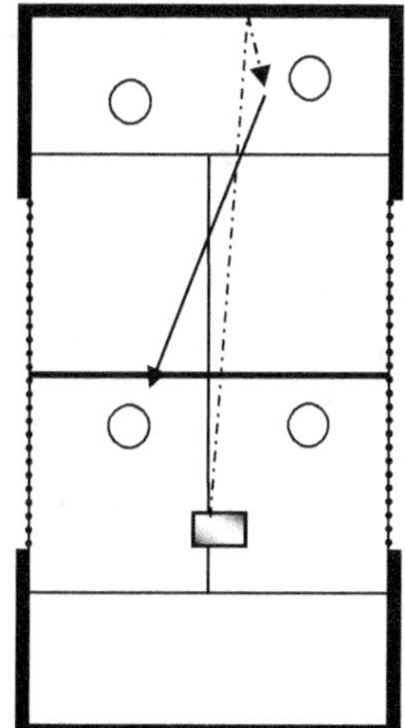

Esercizi 0926   Colpi: Tutti

Obiettivo: Vinci il punto da una posizione iniziale
Sequenza di colpi: SFRX - Libero

Descrizione:

Mini partita al meglio di 5 punti, in cui si inizia con un output di fondo di rovescio incrociato. I giocatori che difendono possono vincere il punto, ma non fare mai palloncini.
Se il giocatore che gioca con il monitor perde, esce ed entra il compagno che è fuori. Se è il contrario, il giocatore della destra si allontana, quello della sinistra prende la posizione destra e quello che entra, lo fa sul lato sinistro.

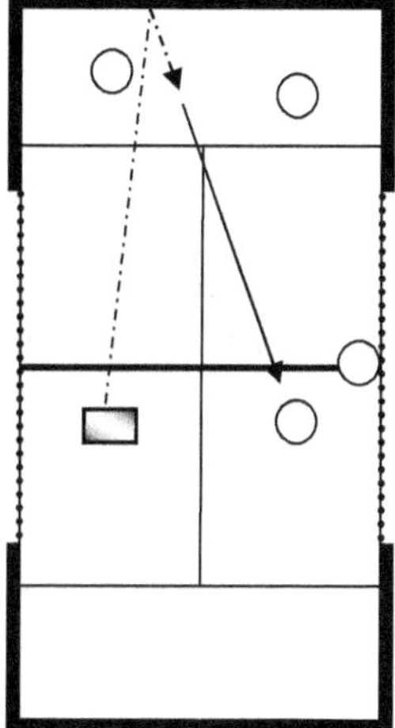

Esercizi 0927   Colpi: Tutti

Obiettivo: Vinci il punto da una posizione iniziale
Sequenza di colpi: SFDX - Libero

Descrizione:

Mini partita al meglio di 5 punti, in cui si inizia con una uscita di fondo a destra incrociata. I giocatori che difendono possono vincere il punto, ma non fare mai palloncini.
Se il giocatore che gioca con il monitor perde, esce ed entra il compagno che è fuori. Al contrario, il giocatore di sinistra esce fuori, quello di destra prende la posizione di sinistra e chi entra, lo fa sul lato destro.

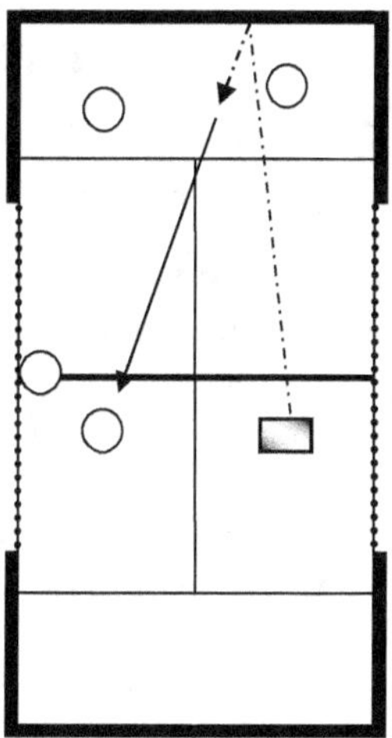

Esercizi 0928   Colpi: Tutti

Obiettivo: Vinci il punto da una posizione iniziale
Sequenza di colpi: VDX - Libero

Descrizione:
Mini partita a 11 punti, dove si inizia con una volèe a destra crociata. I giocatori che difendono possono vincere il punto, anche facendo palloncini.
Una volta arrivati a 11, i giocatori gireranno a sinistra.

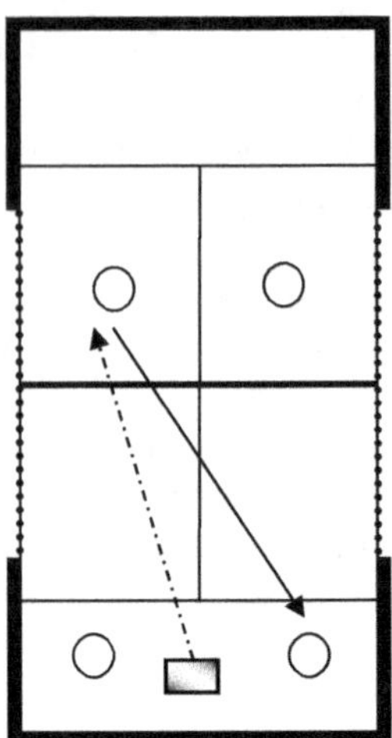

Esercizi 0929   Colpi: Tutti

Obiettivo: Vinci il punto da una posizione iniziale
Sequenza di colpi: VRX - Libero

Descrizione:
Mini partita a 11 punti, dove si inizia con una volèe a rovescio incrociato. I giocatori che difendono possono vincere il punto, anche facendo palloncini.
Una volta arrivati a 11, i giocatori gireranno a sinistra.

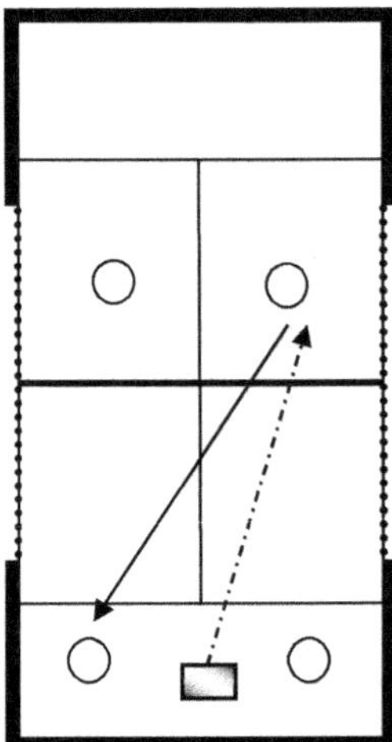

Esercizi 0930   Colpi: Tutti

Obiettivo: Vinci il punto da una posizione iniziale
Sequenza di colpi: VDX - Libero

Descrizione:
Mini partita al meglio di 5 punti, dove si inizia con una volèe a destra crociata. I giocatori che difendono possono vincere il punto, anche facendo palloncini.
Se il giocatore che gioca con il monitor perde, esce ed entra il compagno che è fuori. Se è il contrario, il giocatore della destra si allontana, quello della sinistra prende la posizione destra e quello che entra, lo fa sul lato sinistro.

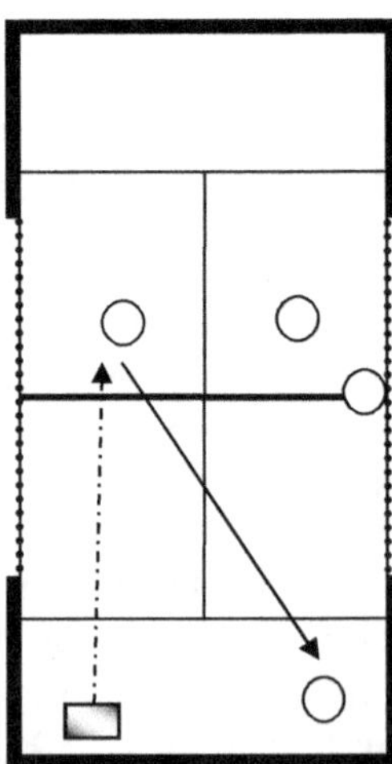

Esercizi 0931   Colpi: Tutti

Obiettivo: Vinci il punto da una posizione iniziale
Sequenza di colpi: VRX - Libero

Descrizione:

Mini partita al meglio di 5 punti, dove si inizia con una volèe a rovescio incrociato. I giocatori che difendono possono vincere il punto, anche facendo palloncini.

Se il giocatore che gioca con il monitor perde, esce ed entra il compagno che è fuori. Se è il contrario, il giocatore della destra si allontana, quello della sinistra prende la posizione destra e quello che entra, lo fa sul lato sinistro.

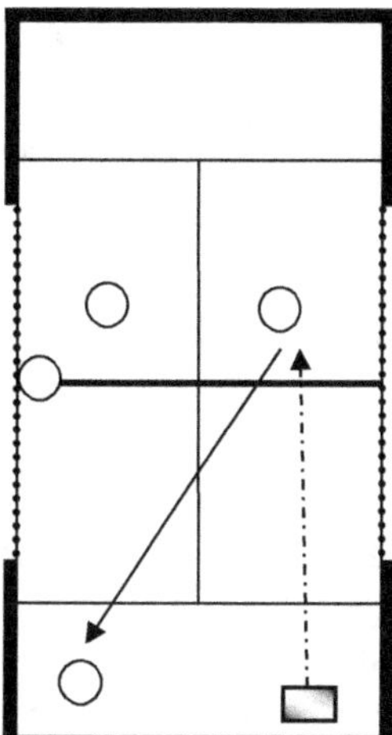

Esercizi 0932   Colpi: Tutti

Obiettivo: Vinci il punto da una posizione iniziale
Sequenza di colpi: RmX - Libero

Descrizione:

Mini partita a 11 punti, in cui si inizia con un bordo incrociato. I giocatori che difendono possono vincere il punto, anche facendo palloni.

Una volta arrivati a 11, i giocatori gireranno a sinistra.

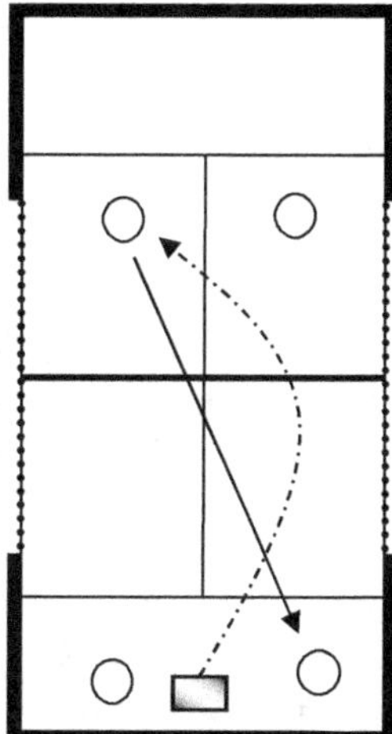

Esercizi 0933   Colpi: Tutti

Obiettivo: Vinci il punto da una posizione iniziale
Sequenza di colpi: RmX - Libero

Descrizione:

Mini partita a 11 punti, in cui si inizia con un bordo incrociato. I giocatori che difendono possono vincere il punto, anche facendo palloni.

Una volta arrivati a 11, i giocatori gireranno a sinistra.

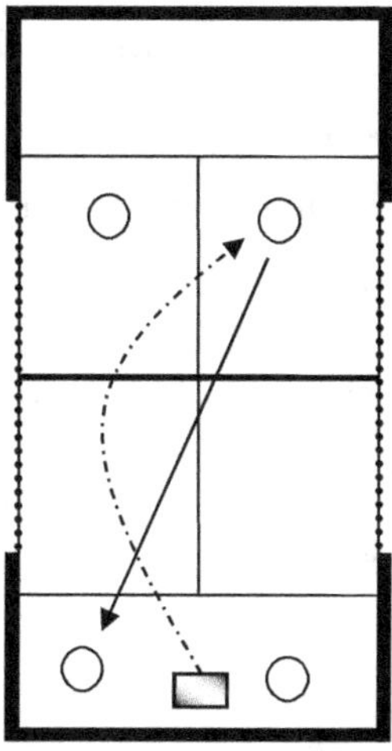

Esercizi 0934   Colpi: Tutti

Obiettivo: Vinci il punto da una posizione iniziale
Sequenza di colpi: RmX - Libero

Descrizione:
Mini partita al meglio di 5 punti, in cui si inizia con fine incrociato. I giocatori che difendono possono vincere il punto, anche facendo palloncini.
Se il giocatore che gioca con il monitor perde, esce ed entra il compagno che è fuori. Se è il contrario, il giocatore della destra si allontana, quello della sinistra prende la posizione destra e quello che entra, lo fa sul lato sinistro.

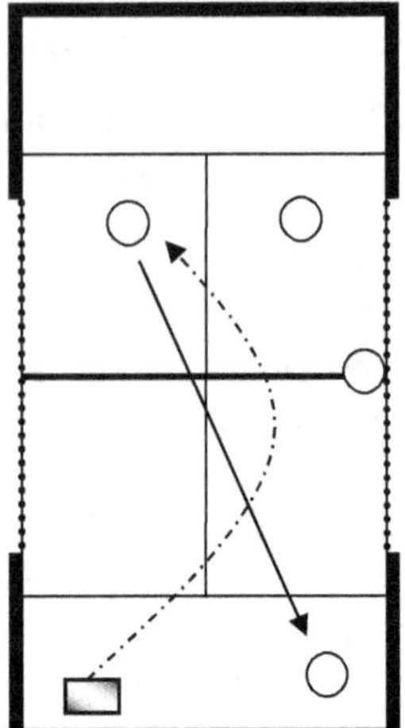

Esercizi 0935   Colpi: Tutti

Obiettivo: Vinci il punto da una posizione iniziale
Sequenza di colpi: RmX - Libero

Descrizione:
Mini partita al meglio di 5 punti, in cui si inizia con fine incrociato. I giocatori che difendono possono vincere il punto, anche facendo palloncini.
Se il giocatore che gioca con il monitor perde, esce ed entra il compagno che è fuori. Se è il contrario, il giocatore della destra si allontana, quello della sinistra prende la posizione destra e quello che entra, lo fa sul lato sinistro.

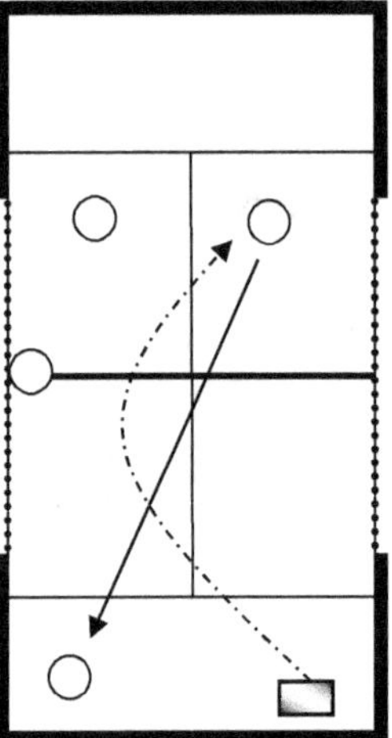

Esercizi 0936   Colpi: Tutti

Obiettivo: Vinci il punto da una posizione iniziale
Sequenza di colpi: BdX - Libero

Descrizione:
Mini partita a 11 punti, in cui si inizia con un vassoio incrociato. I giocatori che difendono possono vincere il punto, anche facendo palloni.
Una volta arrivati a 11, i giocatori gireranno a sinistra.

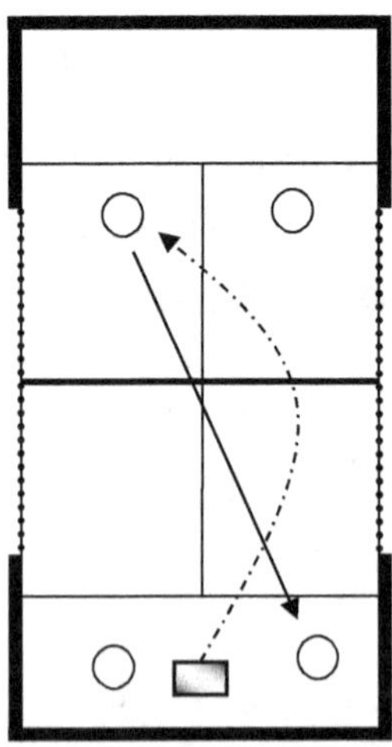

Esercizi 0937   Colpi: Tutti

Obiettivo: Vinci il punto da una posizione iniziale
Sequenza di colpi: BdX - Libero

Descrizione:
Mini partita a 11 punti, in cui si inizia con un vassoio incrociato. I giocatori che difendono possono vincere il punto, anche facendo palloni.
Una volta arrivati a 11, i giocatori gireranno a sinistra.

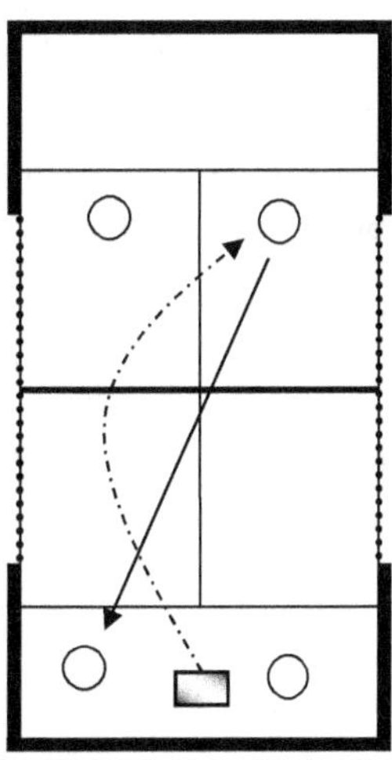

Esercizi 0938   Colpi: Tutti

Obiettivo: Vinci il punto da una posizione iniziale
Sequenza di colpi: BdX - Libero

Descrizione:
Mini partita al meglio di 5 punti, in cui si inizia con un vassoio incrociato. I giocatori che difendono possono vincere il punto, anche facendo palloncini.
Se il giocatore che gioca con il monitor perde, esce ed entra il compagno che è fuori. Se è il contrario, il giocatore della destra si allontana, quello della sinistra prende la posizione destra e quello che entra, lo fa sul lato sinistro.

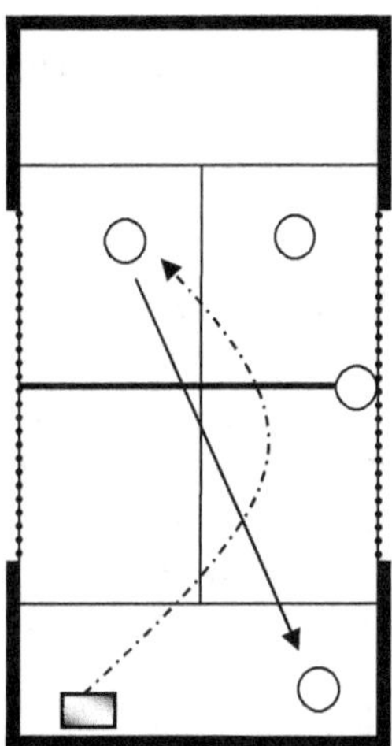

Esercizi 0939   Colpi: Tutti

Obiettivo: Vinci il punto da una posizione iniziale
Sequenza di colpi: BdX - Libero

Descrizione:
Mini partita al meglio di 5 punti, in cui si inizia con un vassoio incrociato. I giocatori che difendono possono vincere il punto, anche facendo palloncini.
Se il giocatore che gioca con il monitor perde, esce ed entra il compagno che è fuori. Se è il contrario, il giocatore della destra si allontana, quello della sinistra prende la posizione destra e quello che entra, lo fa sul lato sinistro.

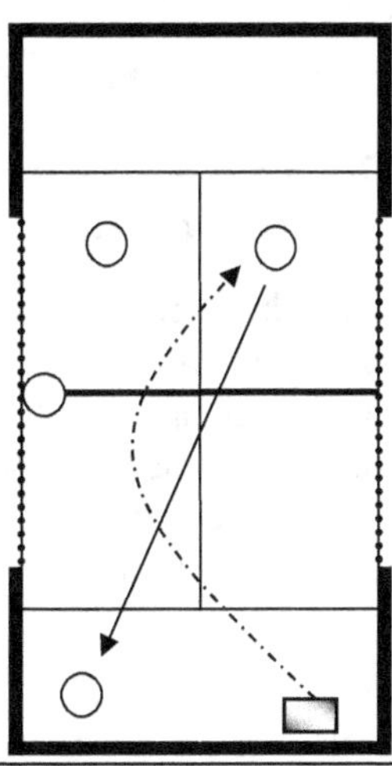

Esercizi 0940   Colpi: Tutti

Obiettivo: Vinci il punto da una posizione iniziale
Sequenza di colpi: Palla alta X - Libero

Descrizione:
Mini partita a 11 punti, in cui si inizia con un palloncino monitor e si risponde con un colpo incrociato. I giocatori che difendono possono vincere il punto, anche facendo palloncini.
Una volta arrivati a 11, i giocatori gireranno a sinistra.

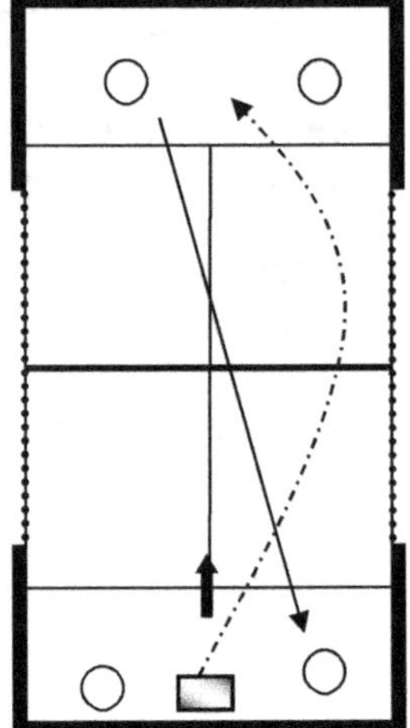

Esercizi 0941   Colpi: Tutti

Obiettivo: Vinci il punto da una posizione iniziale
Sequenza di colpi: Palla alta X - Libero

Descrizione:
Mini partita a 11 punti, in cui si inizia con un palloncino monitor e si risponde con un colpo incrociato. I giocatori che difendono possono vincere il punto, anche facendo palloncini.
Una volta arrivati a 11, i giocatori gireranno a sinistra.

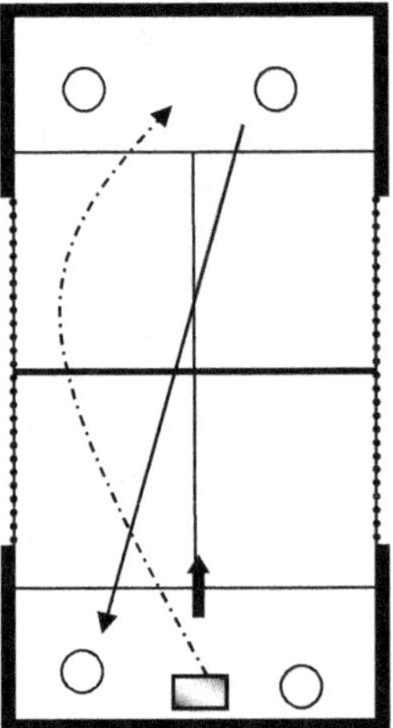

Esercizi 0942   Colpi: Tutti

Obiettivo: Vinci il punto da una posizione iniziale
Sequenza di colpi: SFR// - Libero

Descrizione:
Mini partita a 11 punti, in cui si inizia con un output di fondo di rovescio parallelo giù. I giocatori che difendono possono vincere il punto, anche facendo palloni. Possono giocare anche contro il monitor.
Dopo aver raggiunto 11 punti, i giocatori ruotano la posizione.

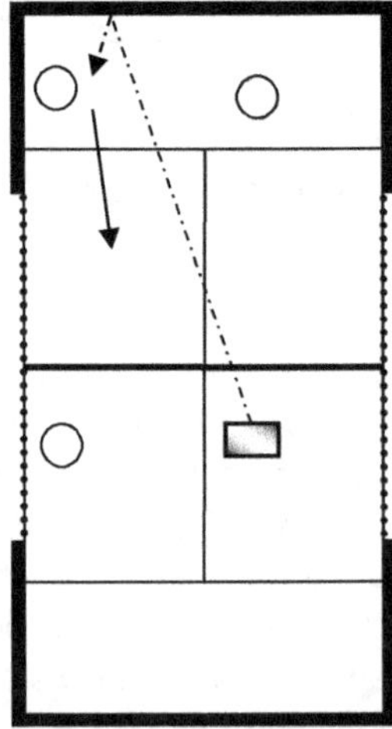

Esercizi 0943   Colpi: Tutti

Obiettivo: Vinci il punto da una posizione iniziale
Sequenza di colpi: SFD// - Libero

Descrizione:
Mini partita a 11 punti, in cui si inizia con un'uscita di fondo destra parallela verso il basso. I giocatori che difendono possono vincere il punto, anche facendo palloni. Possono giocare anche contro il monitor.
Dopo aver raggiunto 11 punti, i giocatori ruotano la posizione.

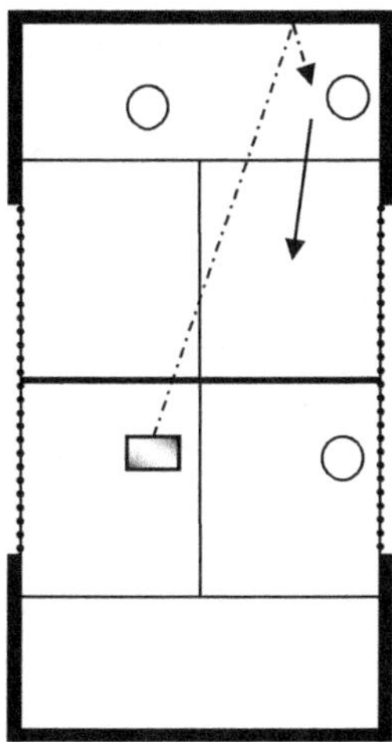

Esercizi 0944   Colpi: Tutti

Obiettivo: Vinci il punto da una posizione iniziale
Sequenza di colpi: SFRX - Libero

Descrizione:
Posizionati i giocatori e il monitor in fondo alla pista, giocheremo mini partite a 11 punti, dove si inizia con un'uscita di sfondo a rovescio incrociato contro il monitor. I giocatori che difendono possono vincere il punto, anche facendo palloni, ma non nella prima palla.
Dopo aver raggiunto 11 punti, i giocatori ruotano la posizione.

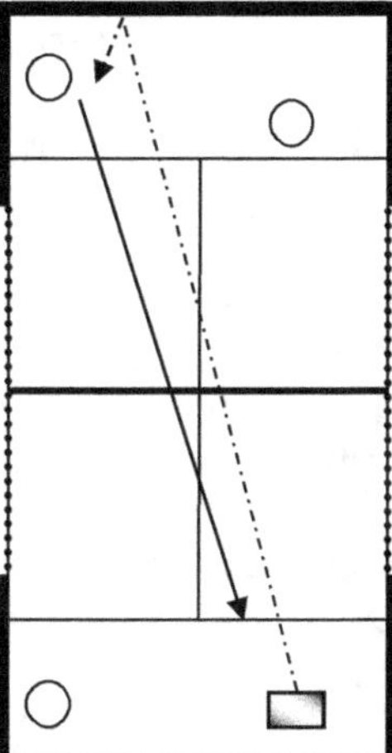

Esercizi 0945   Colpi: Tutti

Obiettivo: Vinci il punto da una posizione iniziale
Sequenza di colpi: SFDX - Libero

Descrizione:
Posizionati i giocatori e il monitor in fondo alla pista, giocheremo mini partite a 11 punti, dove si inizia con un'uscita di background a destra contro il monitor. I giocatori che difendono possono vincere il punto, anche facendo palloni, ma non nella prima palla.
Dopo aver raggiunto 11 punti, i giocatori ruotano la posizione.

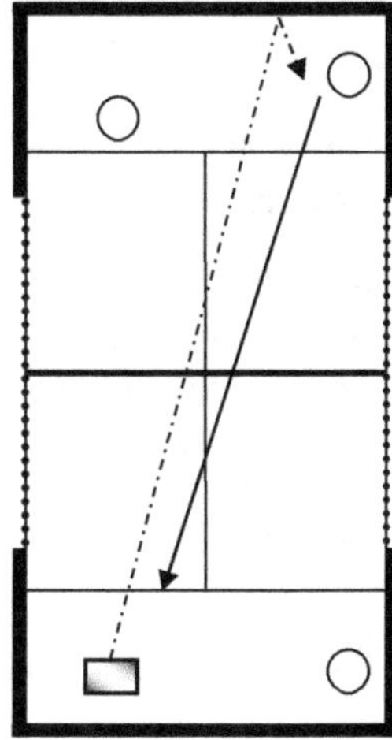

Esercizi 0946   Colpi: Tutti

Obiettivo: Vinci il punto da una posizione iniziale
Sequenza di colpi: Palla bassa DX - Libero

Descrizione:

Posizionati i giocatori e il monitor vicino alla rete, giocheremo mini partite a 11 punti, dove si inizia con una palla bassa a destra incrociata. I giocatori che difendono possono vincere il punto, anche facendo palloni, ma non nella prima palla.
Dopo aver raggiunto 11 punti, i giocatori ruotano la posizione.

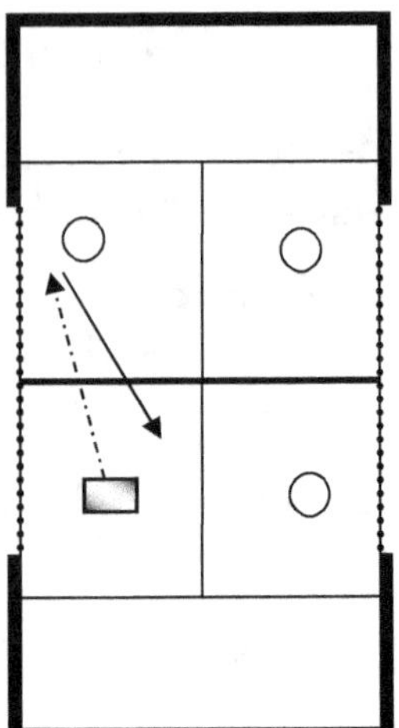

Esercizi 0947   Colpi: Tutti

Obiettivo: Vinci il punto da una posizione iniziale
Sequenza di colpi: Palla bassa RX - Libero

Descrizione:

Posizionati i giocatori e il monitor vicino alla rete, giocheremo mini partite a 11 punti, dove si inizia con una palla bassa a rovescio incrociato. I giocatori che difendono possono vincere il punto, anche facendo palloni, ma non nella prima palla.
Dopo aver raggiunto 11 punti, i giocatori ruotano la posizione.

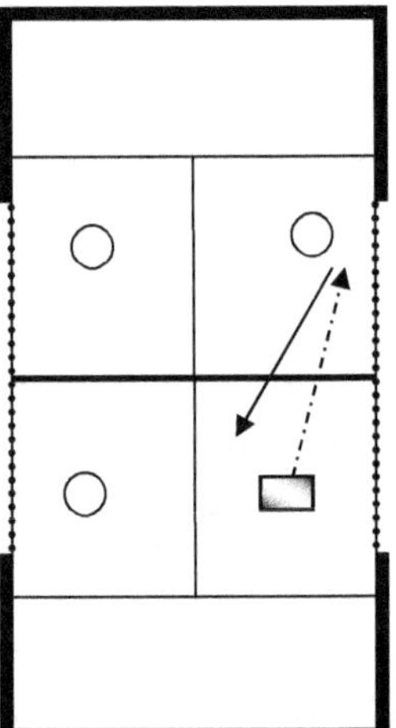

Esercizi 0948   Colpi: Tutti

Obiettivo: Vinci il punto da una posizione iniziale
Sequenza di colpi: RmX - Libero

Descrizione:

Situati due giocatori vicino alla rete e il monitor e un altro giocatore in fondo alla pista, giocheranno mini partite a 11 punti, in cui si inizia con una battuta incrociata. I giocatori che difendono possono vincere il punto, anche facendo palloncini.
Una volta arrivati a 11, i giocatori gireranno a sinistra.

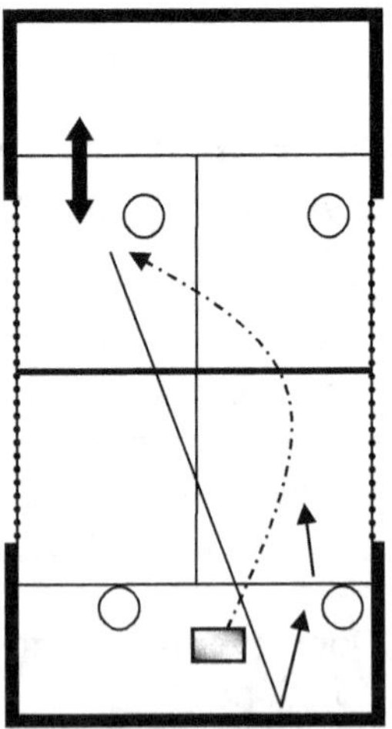

Esercizi 0949   Colpi: Tutti

Obiettivo: Vinci il punto da una posizione iniziale
Sequenza di colpi: RmX - Libero

Descrizione:

Situati due giocatori vicino alla rete e il monitor e un altro giocatore in fondo alla pista, giocheranno mini partite a 11 punti, in cui si inizia con una battuta incrociata. I giocatori che difendono possono vincere il punto, anche facendo palloncini.
Una volta arrivati a 11, i giocatori gireranno a sinistra.

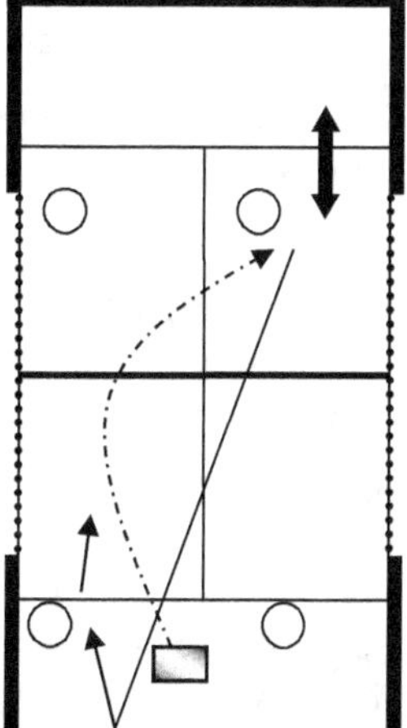

Esercizi 0950   Colpi: Tutti

Obiettivo: Vinci il punto da una posizione iniziale
Sequenza di colpi: Rm// - Libero

Descrizione:

Situati due giocatori vicino alla rete e il monitor e un altro giocatore in fondo alla pista, giocheranno mini partite a 11 punti, in cui si inizia con una battuta parallela. I giocatori che difendono possono vincere il punto, anche facendo palloncini.
Una volta arrivati a 11, i giocatori gireranno a sinistra.

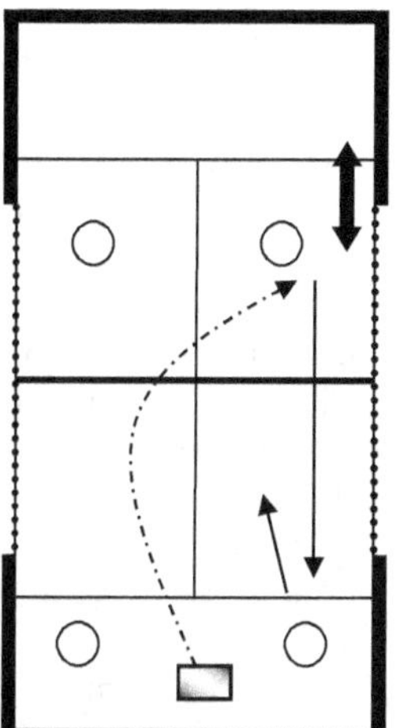

Esercizi 0951   Colpi: Tutti

Obiettivo: Vinci il punto da una posizione iniziale
Sequenza di colpi: Rm// - Libero

Descrizione:

Situati due giocatori vicino alla rete e il monitor e un altro giocatore in fondo alla pista, giocheranno mini partite a 11 punti, in cui si inizia con una battuta parallela. I giocatori che difendono possono vincere il punto, anche facendo palloncini.
Una volta arrivati a 11, i giocatori gireranno a sinistra.

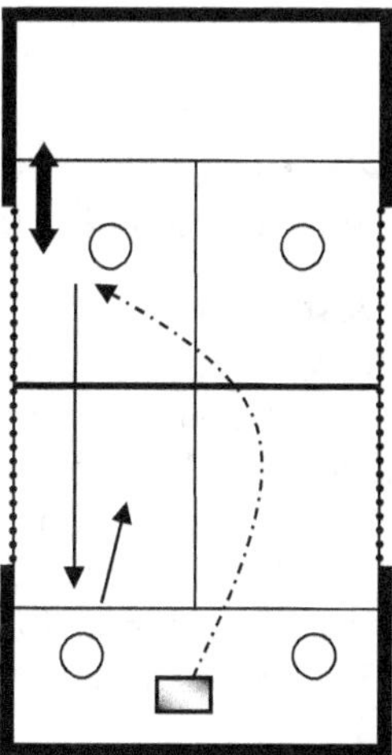

Esercizi 0952   Colpi: Tutti

Obiettivo: Vinci il punto da una posizione iniziale
Sequenza di colpi: BdX - Libero

Descrizione:
Situati due giocatori vicino alla rete e il monitor e un altro giocatore in fondo alla pista, giocheranno mini partite a 11 punti, in cui si inizia con un vassoio crociato contro il muro che fa il monitor. I giocatori che difendono possono vincere il punto, anche facendo palloncini.
Una volta arrivati a 11, i giocatori gireranno a sinistra.
Poi si può eseguire tirando il vassoio al giocatore del rovescio.

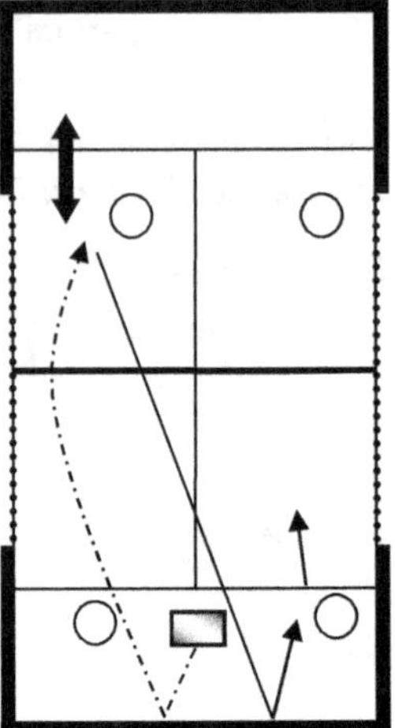

Esercizi 0953   Colpi: Tutti

obiettivo: Partito di Volley
Sequenza di colpi: Servizio e giocare

Descrizione:
Collocati due giocatori su ogni lato della pista, che sarà delimitata dalle linee di servizio, giocheranno una partita con le regole del pallavolo, passando la palla sopra la catena situata sopra la rete. Quando la rete passa, la palla può essere colpita un massimo di 3 volte tra i compagni prima di essere restituita al campo opposto.
Il giocatore che vince il punto, tira fuori.
A 11 punti si cambia coppia.

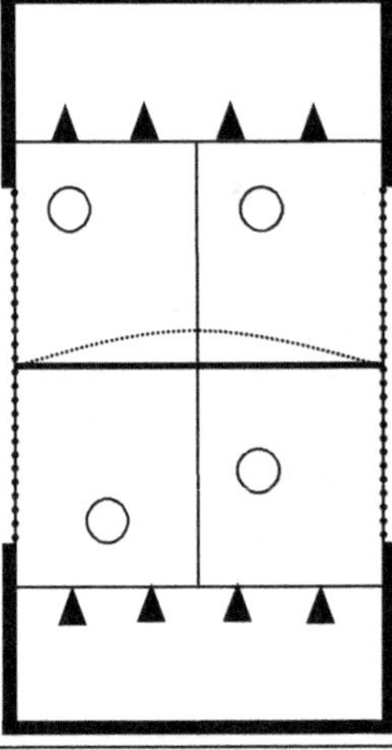

Esercizi 0954   Colpi: Tutti

Obiettivo: Vinci il punto da una posizione iniziale
Sequenza di colpi: Bd// - Libero

Descrizione:
Situati due giocatori vicino alla rete e il monitor e un altro giocatore in fondo alla pista, giocheranno mini partite a 11 punti, in cui si inizia con un vassoio parallelo alla controparete che fa il monitor. I giocatori che difendono possono vincere il punto, anche facendo palloncini.
Una volta arrivati a 11, i giocatori gireranno a sinistra.

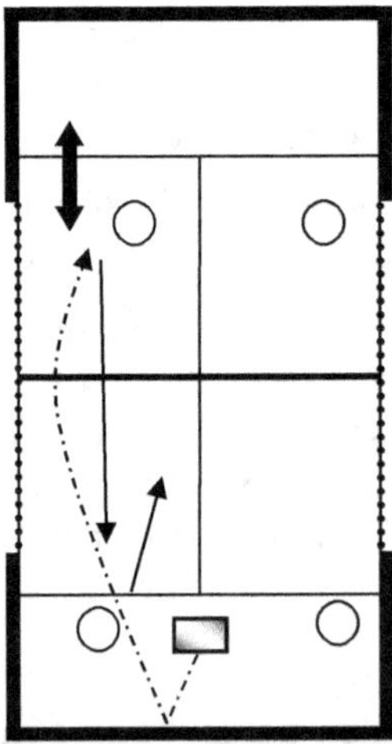

Esercizi 0955   Colpi: Tutti

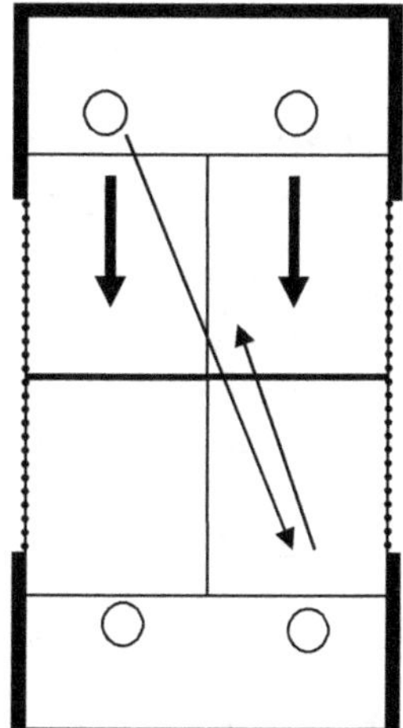

Obiettivo: Velocità dopo impatto

Sequenza di colpi: Servizio e giocare

Descrizione:
Piazzati due giocatori su ogni lato della pista, giocheranno una partita in cui la coppia che tira deve toccare la rete prima che la palla li restituisca. Se toccate la palla prima di toccare la rete, non potrete vincere il punto. Una volta toccata la rete, potrete vincerla.
A 11 punti, si alterna la posizione dei giocatori Poi è fatto con i restatori, che non possono vincere il punto fino a quando i due giocatore non toccano la rete.

Esercizi 0956   Colpi: Tutti

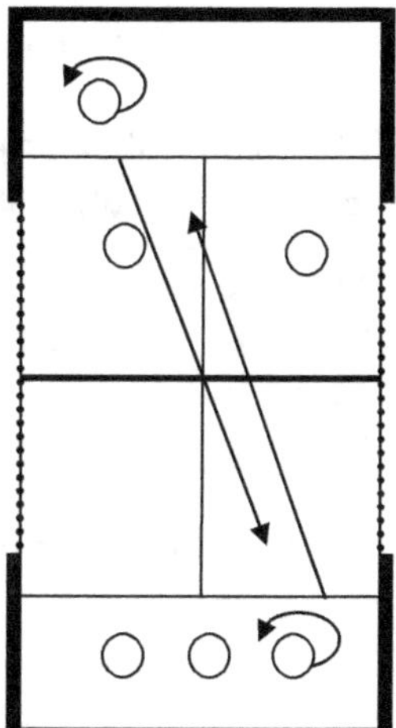

Obiettivo: Colpo e movimento
Sequenza di colpi: Servizio – Libero

Descrizione:
Partite 3 contro 3 su ogni pista in cui un giocatore non può ripetere il colpo, quindi, colpirà e si muoverà in modo che uno dei suoi compagni copra la sua zona. È un lavoro collaborativo.

Esercizi 0957   Colpi: Tutti

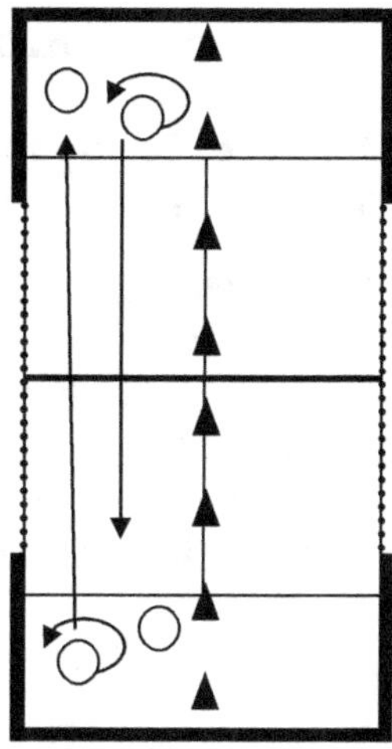

Obiettivo: Colpo e movimento
Sequenza di colpi: Servizio – Libero

Descrizione:
Partite 2 contro 2 a metà pista in parallelo in cui un giocatore non può ripetere il colpo, quindi, colpirà e si muoverà in modo che il suo compagno copra la sua zona. È un lavoro collaborativo.

Esercizi 0958   Colpi: Tutti

Obiettivo: Colpo e movimento
Sequenza di colpi: Servizio – Libero

Descrizione:
Partite 2 contro 2 a mezza pista in crossover in cui un giocatore non sarà in grado di colpire di nuovo, quindi colpirà e si muoverà in modo che il suo compagno copra la sua zona. È un lavoro collaborativo.

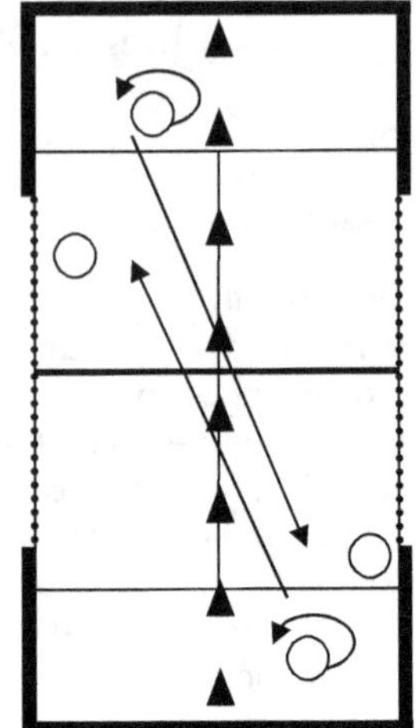

Esercizi 0959   Colpi: Tutti

Obiettivo: Colpo e movimento
Sequenza di colpi: SFDX – Libero

Descrizione:
Partite 2 contro 2 a mezza pista in crossover che inizia con un'uscita di fondo a destra incrociata, in cui un giocatore non può ripetere il colpo, quindi colpirà e si muoverà in modo che il suo compagno copra la sua zona. È un lavoro collaborativo.

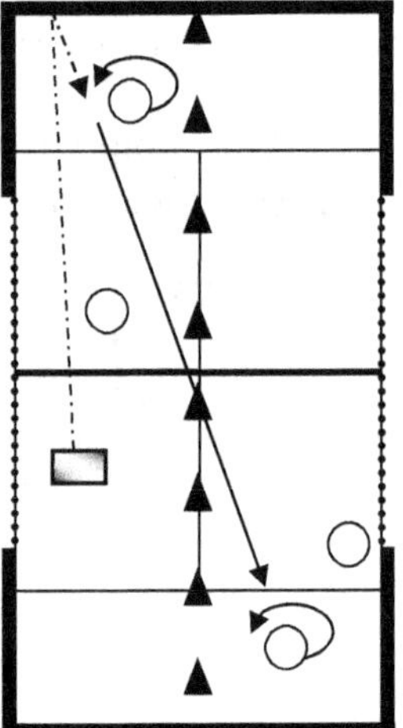

Esercizi 0960   Colpi: Tutti

Obiettivo: Colpo e movimento
Sequenza di colpi: SFRX – Libero

Descrizione:
Partite 2 contro 2 a mezza pista in crossover che ha inizio con uscita di fondo a rovescio incrociato, in cui un giocatore non può ripetere battiti, quindi, colpirà e si muoverà affinché il suo compagno copra la sua zona. È un lavoro collaborativo.

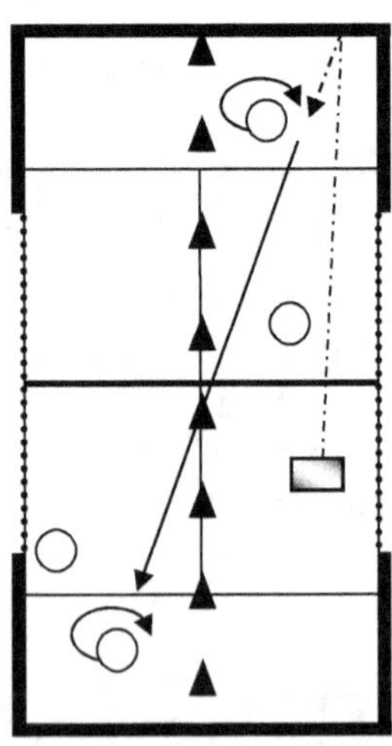

EDITORIAL WANCEULEN

Esercizi 0961   Colpi: Tutti

Obiettivo: Concentrare il gioco
Sequenza di colpi: D - Libero

Descrizione:
Partite 2 contro 1 a qualsiasi pista, dove la prima palla è giocata contro i giocatori che sono in difesa e devono andare contro la volèe del giocatore che si trova solo. Da quella palla, si può giocare a qualsiasi zona del campo. Chi perde il punto perde la posizione. Se vince chi è solo, va a fondo con l'altro giocatore.
Poi si può fare nell'altra zona di volo.

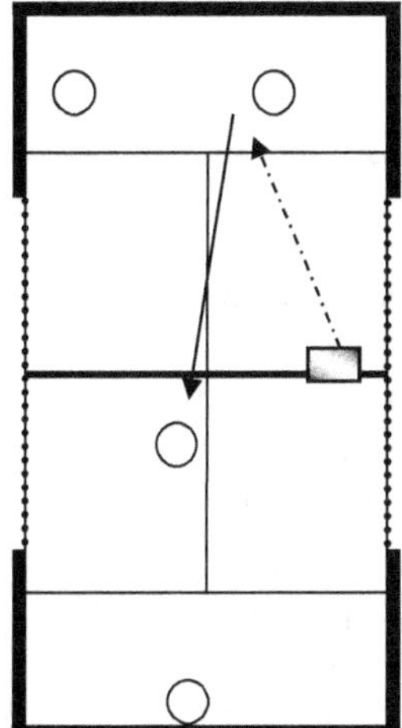

Esercizi 0962   Colpi: Tutti

Obiettivo: Concentrare il gioco
Sequenza di colpi: SFRX - Libero

Descrizione:
Partita individuale in crossover contro il monitor dopo uscita di sfondo a rovescio incrociato. La prima palla deve andare giù, da quel ritorno si possono fare anche palloncini.
Il giocatore che riesce a fare prima 3 punti, occuperà la posizione del monitor.

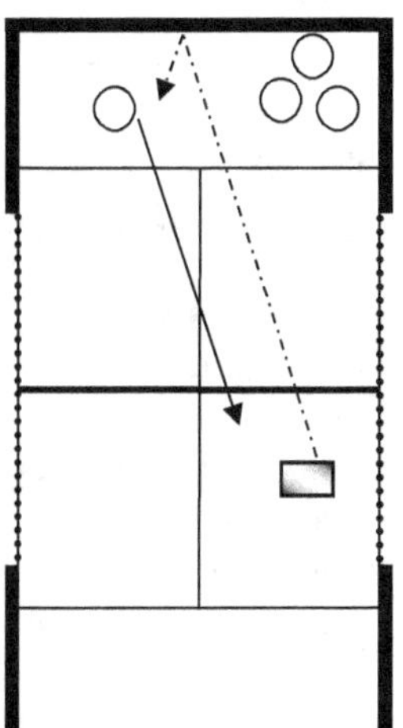

Esercizi 0963   Colpi: Tutti

Obiettivo: Concentrare il gioco
Sequenza di colpi: SFDX - Libero

Descrizione:
Partita individuale in crossover contro il monitor dopo uscita di sfondo a destra incrociata. La prima palla deve andare giù, da quel ritorno si possono fare anche palloncini.
Il giocatore che riesce a fare prima 3 punti, occuperà la posizione del monitor.

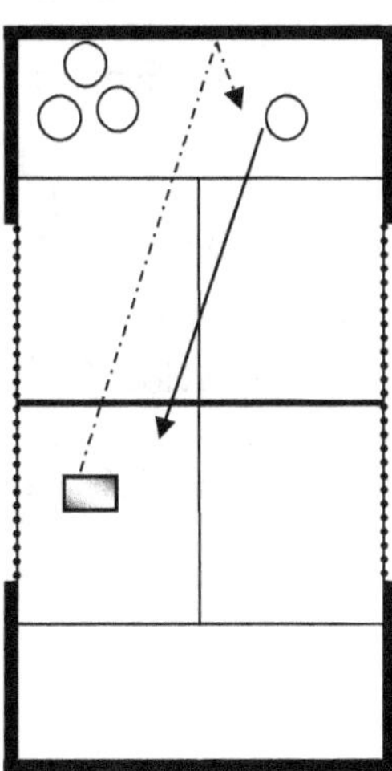

Esercizi 0964   Colpi: Tutti

Obiettivo: Concentrare il gioco
Sequenza di colpi: SLDX - Libero

Descrizione:
Partita individuale in crossover contro il monitor dopo uscita laterale a destra incrociata. La prima palla deve andare giù, da quel ritorno si possono fare anche palloncini.
Il giocatore che riesce a fare prima 3 punti, occuperà la posizione del monitor.

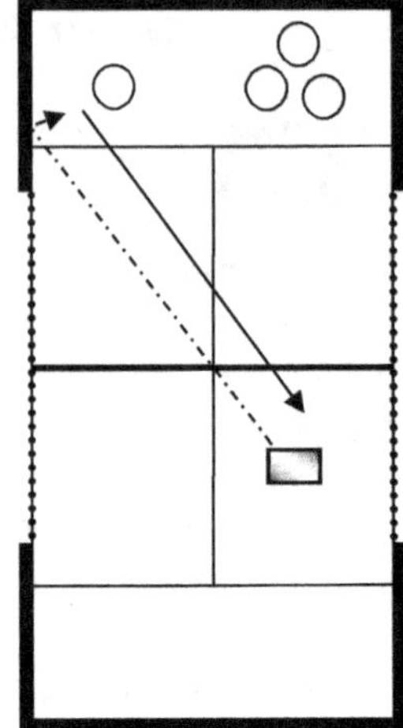

Esercizi 0965   Colpi: Tutti

Obiettivo: Concentrare il gioco
Sequenza di colpi: SFRX - Libero

Descrizione:
Partita individuale contro il monitor dopo uscita laterale rovescio incrociato. La prima palla deve andare giù, da quel ritorno si possono fare anche palloncini.
Il giocatore che riesce a fare prima 3 punti, occuperà la posizione del monitor.

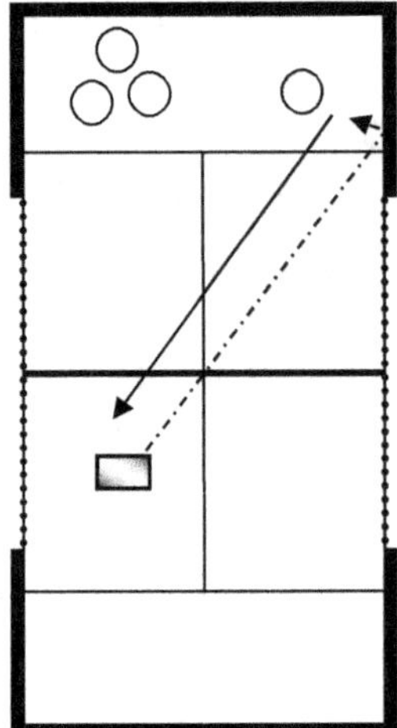

Esercizi 0966   Colpi: Tutti

Obiettivo: Concentrare il gioco
Sequenza di colpi: Servizio - Libero

Descrizione:
Partita individuale contro il monitor dopo il servizio.
Il giocatore che riesce a fare prima 3 punti, occuperà la posizione del monitor.

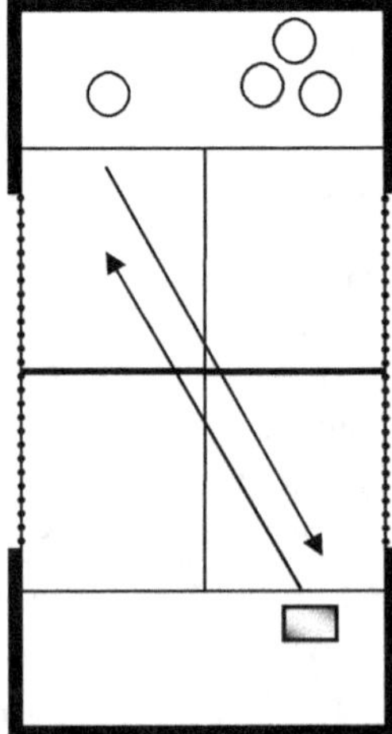

Esercizi 0967   Colpi: Tutti

Obiettivo: Concentrare il gioco
Sequenza di colpi: Servizio - Libero

Descrizione:
Partita individuale contro il monitor dopo il servizio.
Il giocatore che riesce a fare prima 3 punti, occuperà
la posizione del monitor.

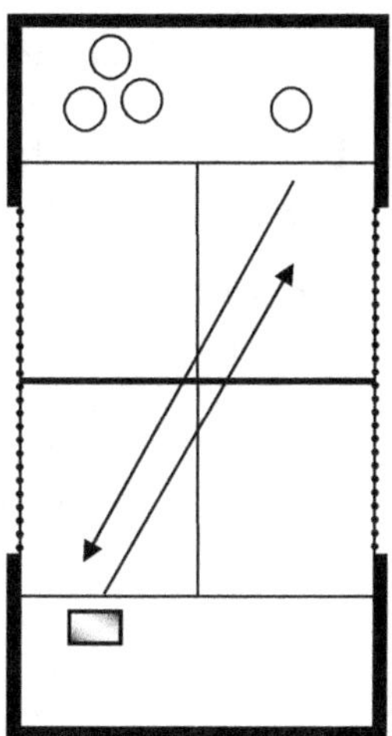

Esercizi 0968   Colpi: Tutti

Obiettivo: Concentrare il gioco
Sequenza di colpi: BdX - Libero

Descrizione:
Partita individuale in crossover contro il monitor
dopo vassoio incrociato.
Il giocatore che riesce a fare prima 3 punti, occuperà
la posizione del monitor.

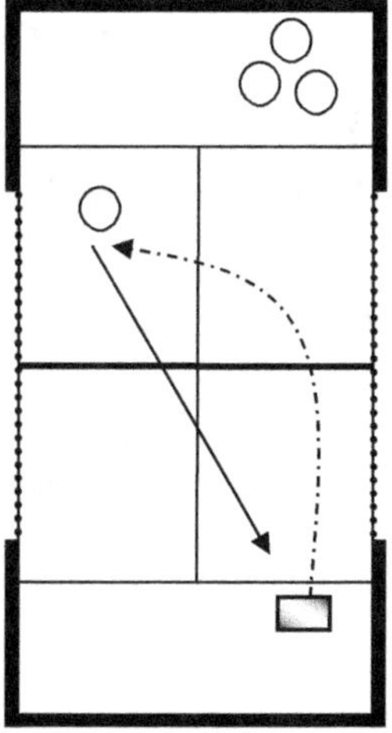

Esercizi 0969   Colpi: Tutti

Obiettivo: Partito con riduzione della zona
Sequenza di colpi: Servizio e giocare

Descrizione:
Partite 1 contro 1 o 2 contro 2, nelle zone delimitate
dai coni. Si può colpire prima di lanciare. Il servizio è
effettuato dietro la linea di servizio.

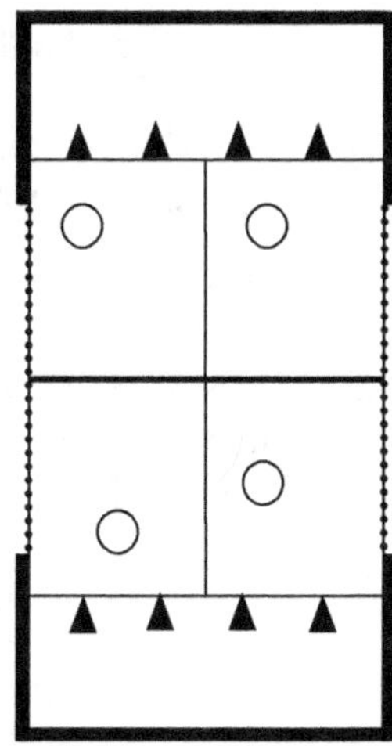

Esercizi 0970   Colpi: Tutti

Obiettivo: Concentrare il gioco
Sequenza di colpi: RmX - Libero

Descrizione:
Partita individuale in crossover contro il monitor dopo il crossover.
Il giocatore che riesce a fare prima 3 punti, occuperà la posizione del monitor.

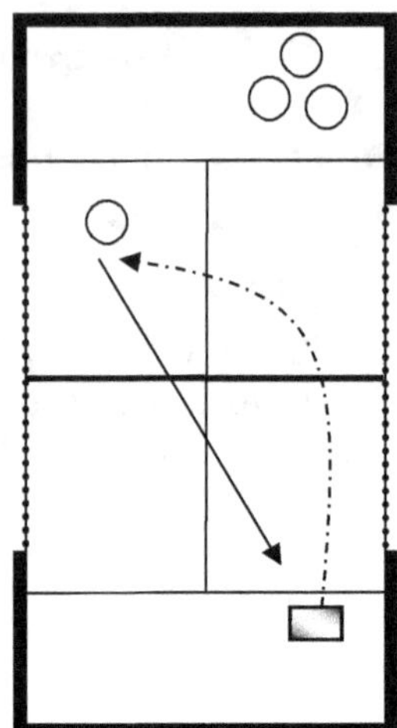

Esercizi 0971   Colpi: Tutti

Obiettivo: Concentrare il gioco
Sequenza di colpi: RmX - Libero

Descrizione:
Partita individuale in crossover contro il monitor dopo il crossover.
Il giocatore che riesce a fare prima 3 punti, occuperà la posizione del monitor.

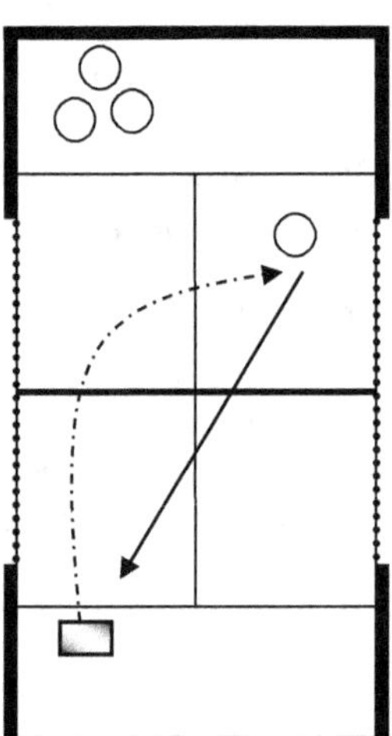

Esercizi 0972   Colpi: Tutti

Obiettivo: Concentrare il gioco
Sequenza di colpi: VDX - Libero

Descrizione:
Partita individuale in crossover contro il monitor dopo volèe di destra crociata.
Il giocatore che riesce a fare prima 3 punti, occuperà la posizione del monitor.

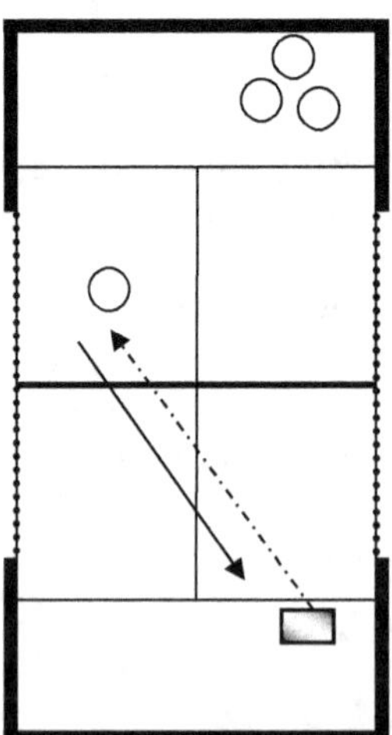

Esercizi 0973   Colpi: Tutti

Obiettivo: Concentrare il gioco
Sequenza di colpi: VRX - Libero

Descrizione:
Partita individuale in crociata contro il monitor dopo volèe di rovescio crociato.
Il giocatore che riesce a fare prima 3 punti, occuperà la posizione del monitor.

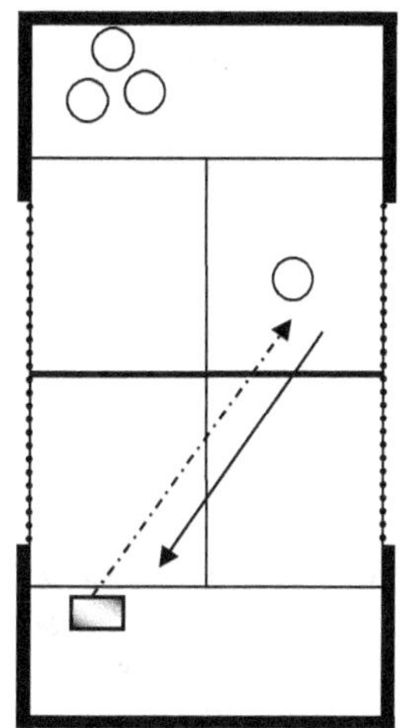

Esercizi 0974   Colpi: Tutti

Obiettivo: Concentrare il gioco
Sequenza di colpi: Sq – V e giocare

Descrizione:
Con due giocatore in pista, un giocatore sottrarrà in crossover giù il servizio del monitor affinchè il suo compagno voli forte e provi a vincere il punto. Si continua il gioco in crossover fino alla fine del punto.
Dopo 10 palle si alterna la posizione dei giocatori. Si può fare dall'altra parte.

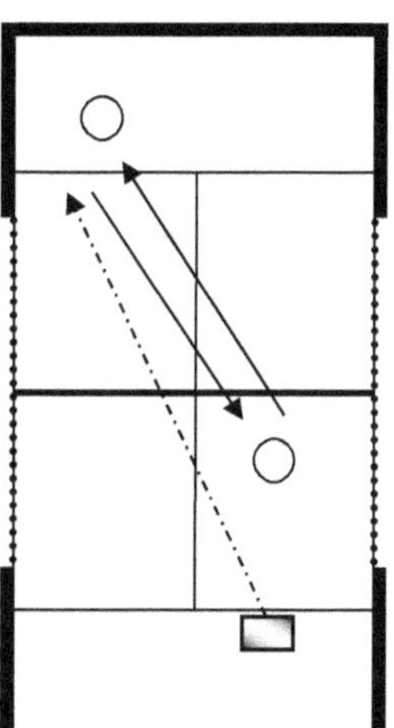

PEQUE-PÁDEL: ESERCIZI PER BAMBINI

Esercizi 0975   Esercizi per bambini

Obiettivo: Colpi in movimento
Nome del Esercizi: Beisbol

Descrizione:
2 Squadre. Una squadra batte la palla che lancia il monitor e deve percorrere le basi. L'altra squadra deve prendere la palla per cercare di eliminare quelli dell'altra squadra. Non vale la palla al cancello, Parete o rete. Per eliminarla bisogna afferrarla all'aria o metterla nel carrello delle palle prima che i giocatori prendano la base.

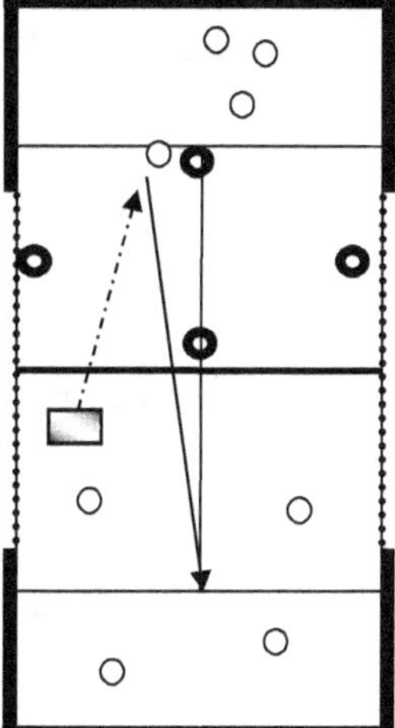

Esercizi 0976   Esercizi per bambini

Obiettivo: Coordinamento di colpi
Nome del Esercizi: Il fiume

Descrizione:
Gioco importante per l'apprendimento dei colpi di destra e di rovescio. Uno studente situato di fronte ad un altro, con 3 coni tra i due con la seguente progressione:
1.- Entrambi gli allievi senza pala, facendo che barca davanti a loro.
2.- Uno con pala e l'altro senza. Concetto di colpire in posizione laterale all'altezza della vita.
3.- Entrambi gli studenti con la pala che fanno cadere la palla nella zona segnata.
4.- Entrambi gli alunni con pala ma con la rete di mezzo.

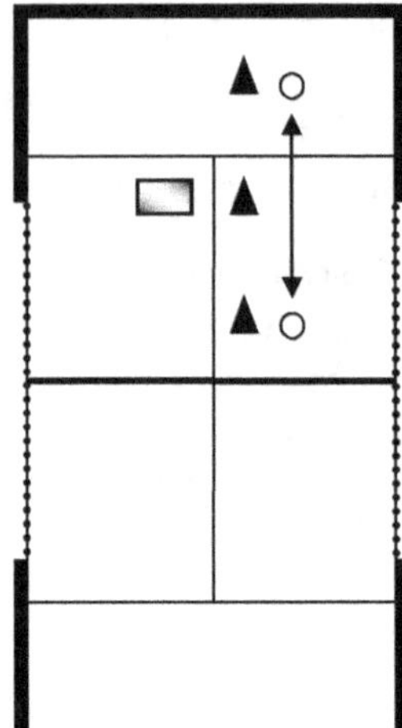

Esercizi 0977   Esercizi per bambini

Obiettivo: Coordinamento di colpi
Nome del Esercizi: Il panino

Descrizione:
Mettiamo i bambini in coppie e spingono una palla tra i due con le pale che si muovono in direzioni diverse. Se la palla cade, ricominciano.
Dopo 1 si cambia coppia tra tutti i bambini.

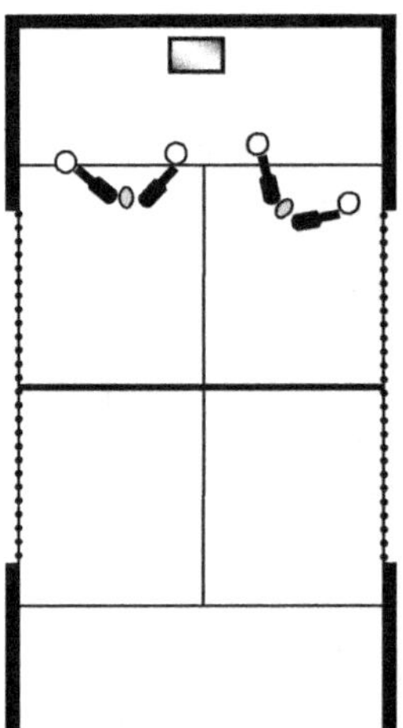

Esercizi 0978   Esercizi per bambini

Obiettivo: Psicomotricità
Nome del Esercizi: Il vulcano

Descrizione:
Mettiamo il carro al centro di un cerchio che abbiamo precedentemente contrassegnato con coni, e gli studenti al di fuori di esso. Da lì, senza entrarci, devono cercare di far cadere le pale per terra, tirando le palle contro di loro. Vince l'allievo che fa sì che la sua pala sia l'ultima in macchina.

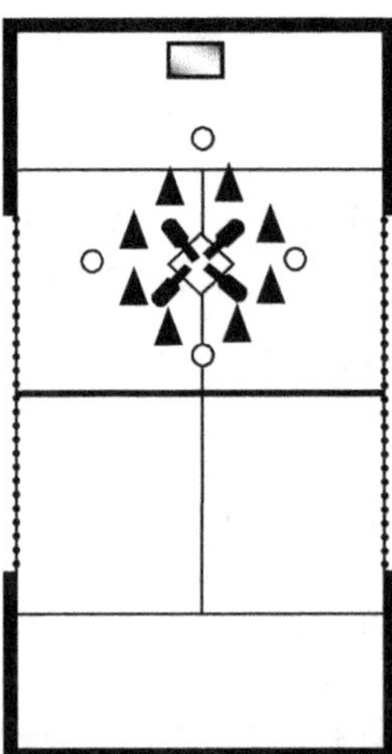

Esercizi 0979   Esercizi per bambini

Obiettivo: Psicomotricità
Nome del Esercizi: Gara di palle

Descrizione:
Gli allievi si trovano dietro la linea di servizio e al segnale del monitor getteranno la loro palla per terra e cercheranno di raggiungere la rete quanto prima spingendola con la pala.
Poi si fa afferrando la pala con la mano sinistra.

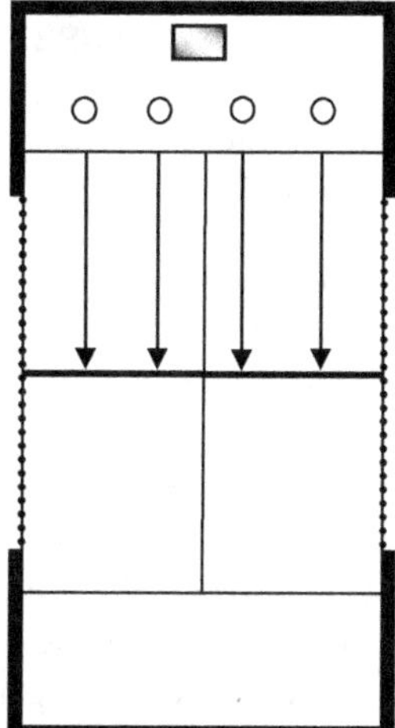

Esercizi 0980   Esercizi per bambini

Obiettivo: Psicomotricità
Nome del Esercizi: La Pentola

Descrizione:
Gli allievi si trovano dietro la linea di servizio, e il monitor proprio dall'altra parte della rete, con la sua pala e tante palle quante il numero di alunni meno uno faggio.
Lancerà le palle verso gli allievi e questi dovranno prendere ciascuno una palla, quello studente che rimane senza palla segna un bug, così fino a raggiungere 5 bug in cui sarà eliminato e si toglierà una palla per continuare a giocare e avere un vincitore.

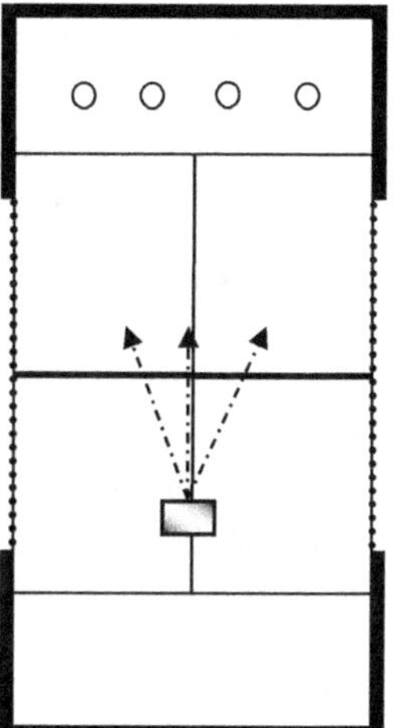

Esercizi 0981   Esercizi per bambini

Obiettivo: Psicomotricità
Nome del Esercizi: Mamma Chioccia

Descrizione:
Posizionati gli allievi sulla linea mediana in fila indiana, dovranno evitare che la palla tocchi lo studente che è in cima alla fila ma di spalle, che viene mosso dal suo compagno. Per farlo, afferrandolo per la vita, devono muoversi in tutto lo spazio. Vincerà quello studente che ha un minor numero di guasti.

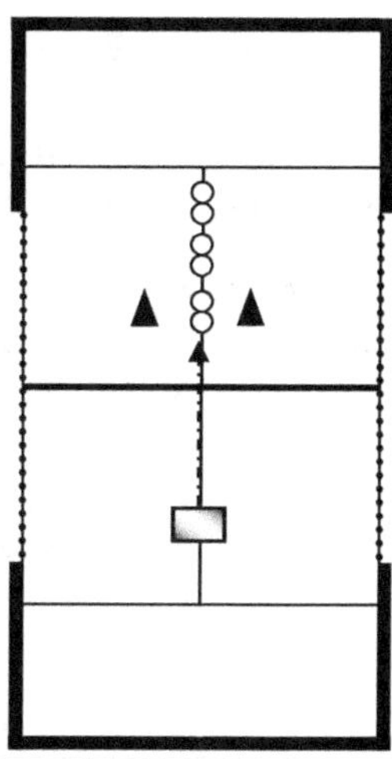

Esercizi 0982   Esercizi per bambini

Obiettivo: Psicomotricità
Nome del Esercizi: I marziani

Descrizione:

Il monitor si trova dietro la rete e gli studenti dall'altra parte, sulla linea mediana del campo ⬚in fila indiana⬚, e tra due coni. Questi devono evitare di essere toccati con la palla lanciata dal monitor e se vengono raggiunti devono correre verso la parete di fondo e posizionarsi l'ultimo della fila. Vincerà quello studente che quando non ci saranno più palle in macchina sarà il primo della fila.

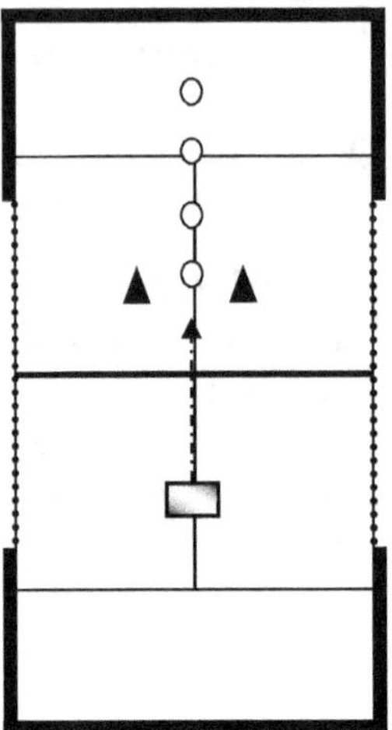

Esercizi 0983   Esercizi per bambini

Obiettivo: Mira e coordinamento
Nome del Esercizi: Il Bersaglio

Descrizione:

Tutti i bambini metteranno la pala nella grata e dalla linea di coni avranno come obiettivo quello di gettare le pale con la palla. Non possono avvicinarsi né tirare più di una palla. Vince il proprietario della pala che rimane sulla grata.

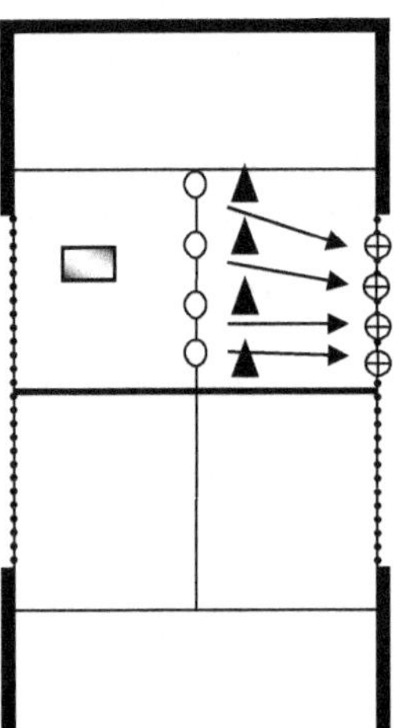

Esercizi 0984   Esercizi per bambini

Obiettivo: Evitare le palle e vedere i rimbalzi
Nome del Esercizi: Ammazza polli ⬚Matapollos⬚

Descrizione:

Uccide polli tradizionali in cui la zona in cui i bambini devono evitare le palle lanciate dal monitor, che le lancerà direttamente o con rimbalzo sulle Paretees per familiarizzare con i rimbalzi. Il bambino che la palla gli darà sarà eliminato.

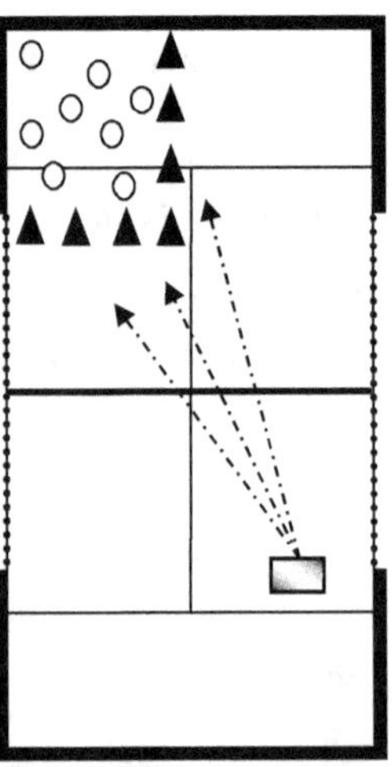

Esercizi 0985   Esercizi per bambini

Obiettivo: Coordinamento di colpi
Nome del Esercizi: Lo Yo-Yo

Descrizione:
Con una palla con elastico e il suo supporto, fare in modo che gli allievi pratichino il colpo di destra o di rovescio, per vedere quale alunno riesce un maggior numero di colpi con un massimo di una barca.

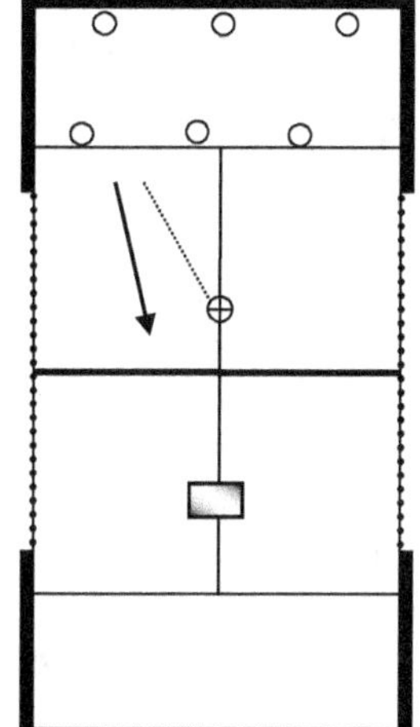

Esercizi 0986   Esercizi per bambini

Obiettivo: Iniziazione ai partiti
Nome del Esercizi: Mini Partito di Padel

Descrizione:
Usando una rete di mini padel o una catena, divideremo mezza pista per la linea centrale e giocheremo partite da due a due.
Dopo 2 si alterna la posizione dei giocatori.

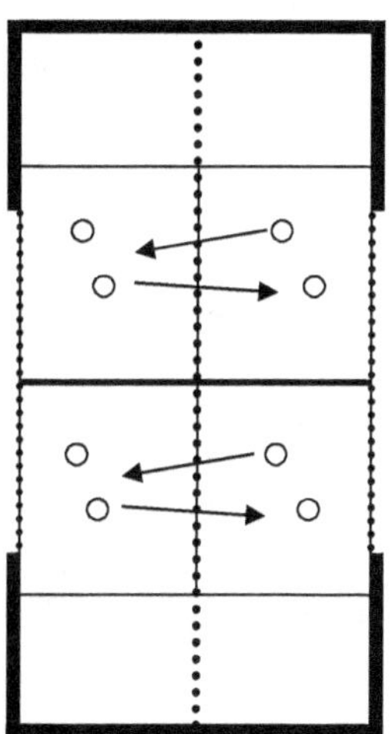

Esercizi 0987   Esercizi per bambini

Obiettivo: Coordinamento dei movimenti
Sequenza di colpi: Il topo e il gatto

Descrizione:
Con una palla più grande di quella di padel, mettiamo due studenti su entrambi i lati della linea centrale e gli altri studenti su di essa. Dovete passare la palla cercando di evitare che i compagni al centro intercettino il passaggio. Sarà obbligatorio lasciare cadere la palla una volta superata la linea formata dai compagni. Se qualcuno intercetta il pass, cambia automaticamente quello che ha fallito.

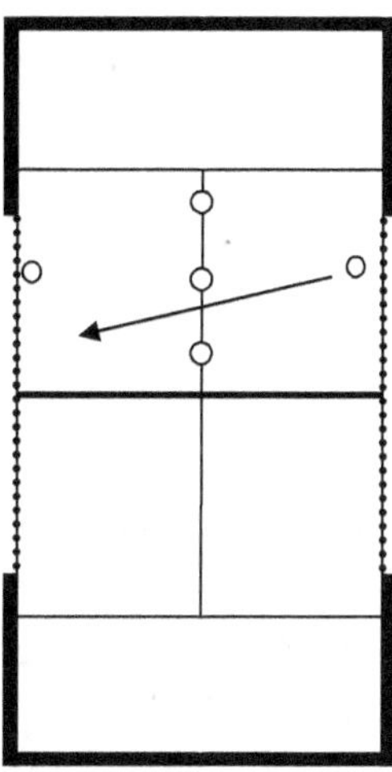

Esercizi 0988   Esercizi per bambini

Obiettivo: Imparare dal colpo di destra
Sequenza di colpi: D

Descrizione:

Tutti i giocatori meno 2 sono posizionati su un lato della pista e colpiscono da destra dal fondo della pista cercando che la palla piatto dall'altro lato della pista. Se non ci riescono o falliscono, passano dall'altra parte. Se quelli che stanno ricevendo riescono a colpire la palla prima che tocchi terra, scambiano la posizione.

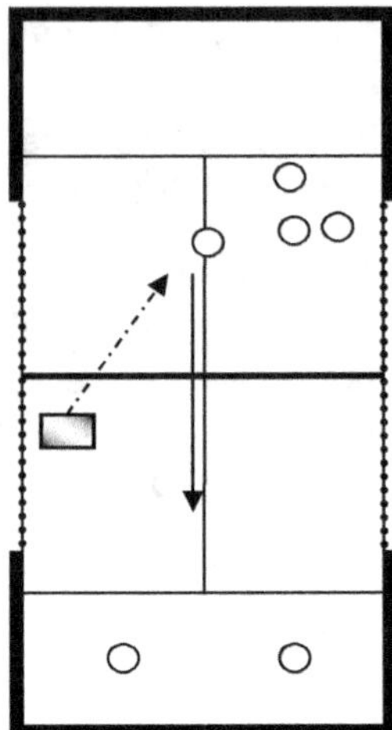

Esercizi 0989   Esercizi per bambini

Obiettivo: Psicomotricità
Nome del Esercizi: Pioggia di meteore

Descrizione:

Ogni alunno prende un cono ⬛che usa come cesto⬛ per prendere le palle che il monitor ha lanciato alte. Potete prendere qualsiasi palla, basta che stiate lanciando. Ogni volta che prenderanno una palla, la porteranno con la pala che l'avranno lasciata sulla linea di servizio. Vincerà l'allievo che alla fine della macchina avrà più palle in suo possesso.

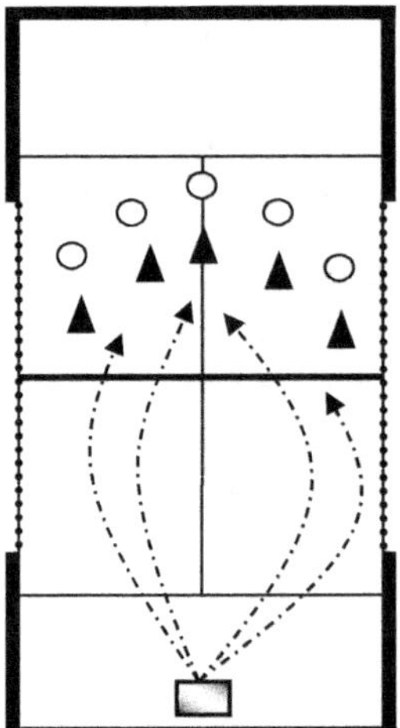

Esercizi 0990   Esercizi per bambini

Obiettivo: Imparare il colpo di rovescio
Sequenza di colpi: R

Descrizione:

Tutti i giocatori meno 2 sono posizionati su un lato della pista e colpiscono rovescio dal fondo della pista cercando la palla barca dall'altro lato della pista. Se non ci riescono o falliscono, passano dall'altra parte. Se quelli che stanno ricevendo riescono a colpire la palla prima che tocchi terra, scambiano la posizione.

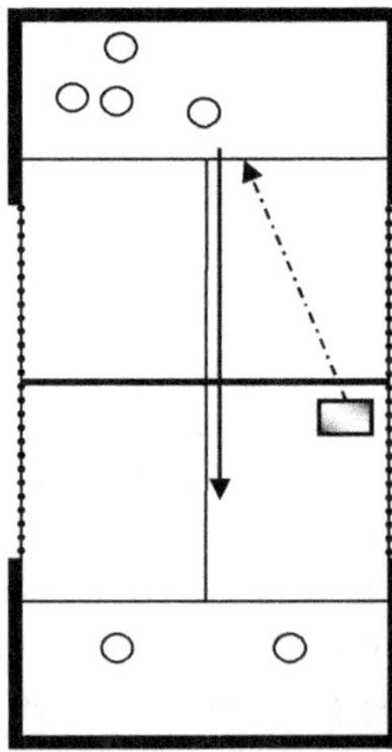

Esercizi 0991   Esercizi per bambini

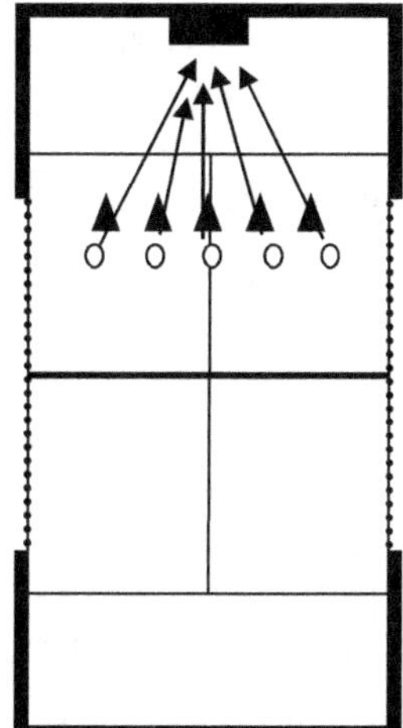

Obiettivo: Controllo dei lanci a mano
Nome del Esercizi: El Frontón □Il muro□

Descrizione:

Segneremo una zona sulla parete di fondo e una linea di coni a mezza pista. Gli allievi, da questa linea di coni, lanceranno delle palle contro il muro di fondo come servizio su questa zona. Il giocatore vincente vince il gioco.

Esercizi 0992   Esercizi per bambini

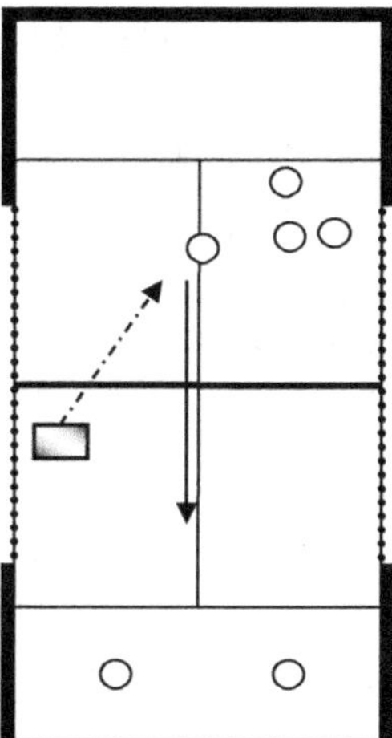

Obiettivo: Imparare il colpo di volèe di destra
Sequenza di colpi: VD

Descrizione:

Tutti i giocatori meno 2 sono posizionati su un lato della pista e colpiscono da destra di volèe dalla metà della pista cercando la palla barca dall'altro lato della pista. Se non ci riescono o falliscono, passano dall'altra parte. Se quelli che stanno ricevendo riescono a colpire la palla prima che tocchi terra, scambiano la posizione.

Esercizi 0993   Esercizi per bambini

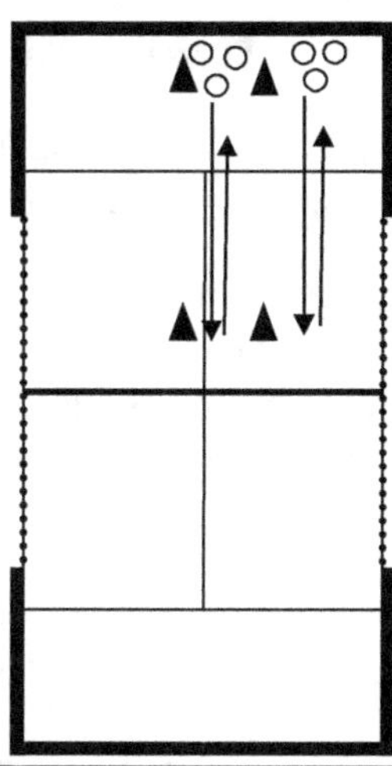

Obiettivo: Coordinamento dei movimenti
Nome del Esercizi: Carrera de Relevos □Staffetta□

Descrizione:

Si tratta di una gara di staffetta di squadra, dove gli studenti avranno contrassegnato coni la zona di staffetta mantenendo la palla sulla pala. Colui che la farà cadere inizierà il suo percorso dall'inizio. Il cambio della palla si effettua anche senza che la palla cada ed evitando di toccarla con la mano.

Esercizi 0994   Esercizi per bambini

Obiettivo: Imparare il colpo di volèe de rovescio
Sequenza di colpi: VR

Descrizione:
Tutti i giocatori meno 2 sono posizionati su un lato della pista e colpiscono di rovescio volèe dalla metà della pista cercando che la palla barca dall'altro lato della pista. Se non ci riescono o falliscono, passano dall'altra parte. Se quelli che stanno ricevendo riescono a colpire la palla prima che tocchi terra, scambiano la posizione.

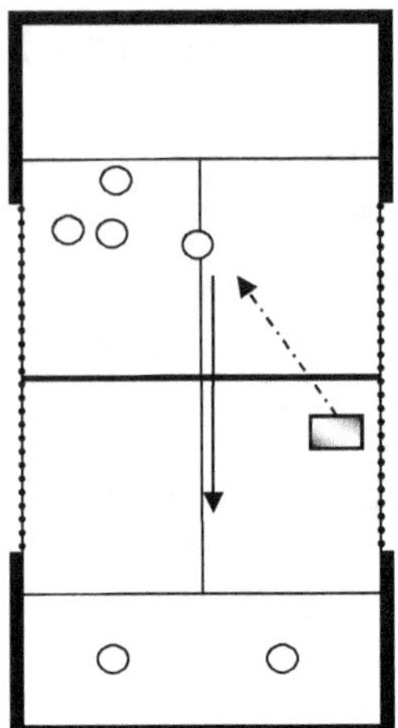

Esercizi 0995   Esercizi per bambini

Obiettivo: Movimenti
Nome del Esercizi: Comecocos [Pac-Man]

Descrizione:
Si tratta di spostare le linee della pista come unica via, senza uscire da esse. Ogni studente avrà una palla sulla vanga e deve tenerla lì senza cadere a terra, se è così diventa il cocco e deve inseguire.

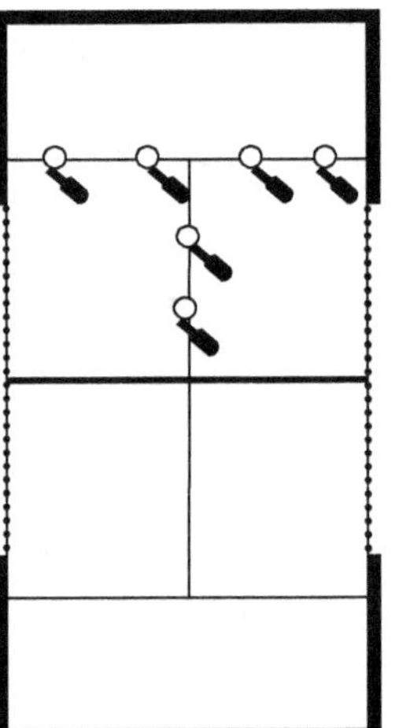

Esercizi 0996   Esercizi per bambini

Obiettivo: Imparare il colpo di vassoio
Sequenza di colpi: Bd

Descrizione:
Tutti i giocatori meno 2 sono posizionati su un lato della pista e colpiscono su un piatto d'argento dalla metà della pista cercando la palla barca dall'altro lato della pista. Se non ci riescono o falliscono, passano dall'altra parte. Se quelli che stanno ricevendo riescono a colpire la palla prima che tocchi terra, scambiano la posizione.

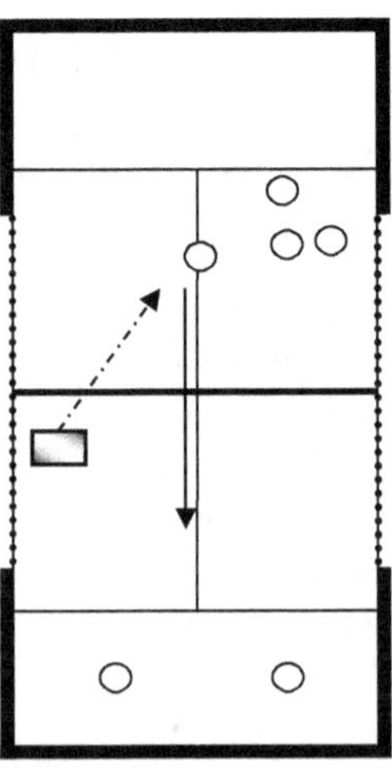

Esercizi 0997   Esercizi per bambini

Obiettivo: Psicomotricità
Nome del Esercizi: Pasa la Pala

Descrizione:
Formiamo coppie e, tenendoci per mano, diamo una pala ad ogni coppia. Il monitor lancerà le palle alle coppie e a seconda del lato dove va la palla, la coppia passerà la pala per colpire la palla.

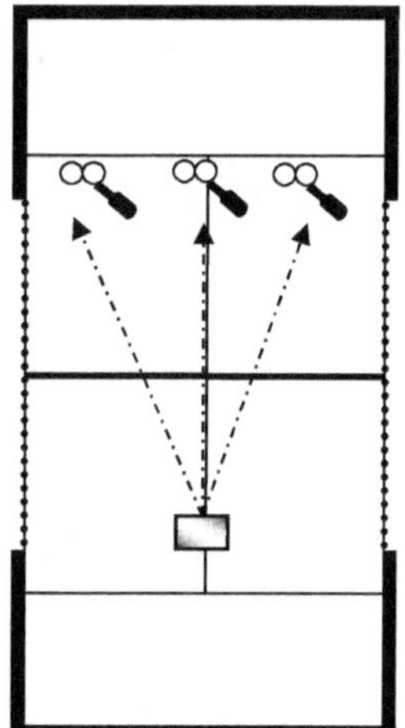

Esercizi 0998   Esercizi per bambini

Obiettivo: Apprendimento del colpo di remate
Sequenza di colpi: Rm

Descrizione:
Tutti i giocatori meno 2 sono posizionati su un lato della pista e colpiscono a fondo dalla metà della pista cercando la palla barca dall'altro lato della pista. Se non ci riescono o falliscono, passano dall'altra parte. Se quelli che stanno ricevendo riescono a colpire la palla prima che tocchi terra, scambiano la posizione.

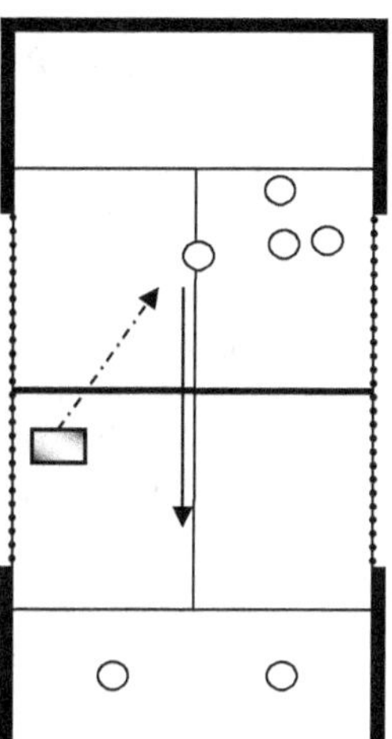

Esercizi 0999   Esercizi per bambini

Obiettivo: Psicomotricità
Nome del Esercizi: Il Portiere

Descrizione:
Mettiamo una portineria sulla linea di fondo, verso la quale devono dirigersi la volèe, destra o rovescio dello studente. Lanceranno la palla in portineria e cercheranno di segnare il gol. Il portiere porterà la sua pala e potrà evitare con essa il gol, ma se non lo evita, dovrà abbandonare la portineria e lasciare il posto all'allievo che ha segnato.

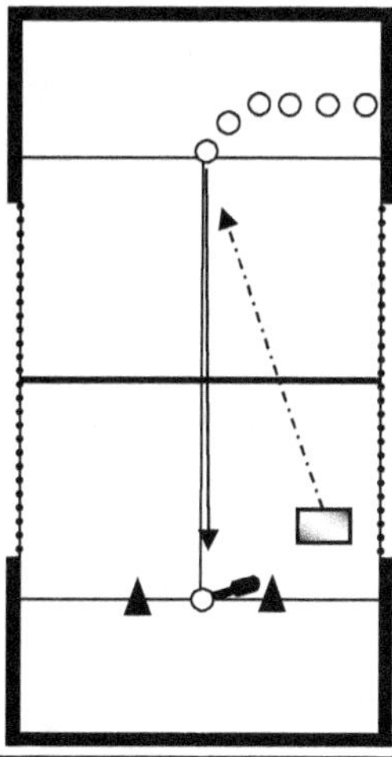

Esercizi 1000   Esercizi per bambini

Obiettivo: Apprendimento dei Servizio
Nome del Esercizi: Il bersaglio

Descrizione:
Abbiamo segnato diversi obiettivi con coni nella zona di servizio e faremo in modo che gli studenti eseguano servizi su di loro. Vincerà colui che otterrà un maggior numero di successi facendo toccare al suo servizio uno dei coni con o senza barca.
Poi si può fare dall'altra parte.

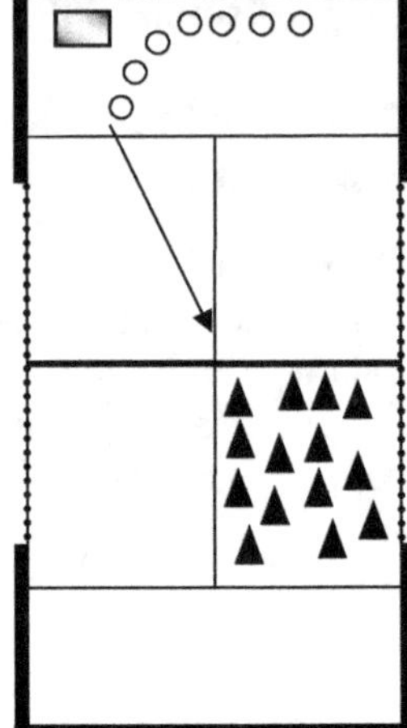

Esercizi 1001   Esercizi per bambini

Obiettivo: Psicomotricità
Nome del Esercizi: Che non cada

Descrizione:
Il monitor lancerà le palle verso l'alto come meteoriti e gli studenti dovranno colpirle verso l'alto prima che smettano di buttare le palle per mantenere il maggior numero di palle in aria.

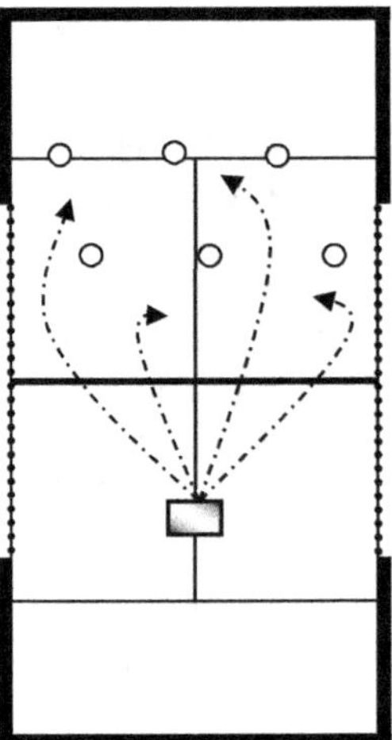

   EDITORIAL WANCEULEN

BIBLIOGRAFIA

- Manuales de apoyo del Curso de Monitor de Pádel por la Federación de Pádel de Madrid.

- Libro Curso de Monitor de Pádel Adaptado, impartido por Kiki de la Rocha, Presidenta de la Asociación de Pádel Adaptado.

- 400 Juegos y Esercizi con conos, de José María Cañizares Márquez. Editorial Wanceulen.

- www.sportfactor.es Red social de deportes

- Juanjo Moyano: juanjo.moyano@gmail.com

- Libro "1001 Juegos y Ejercicios de Pádel", de Juanjo Moyano. Editorial Wanceulen.

- Libro "1001 Games and exercises of padel", de Juanjo Moyano. Editorial Wanceulen.

- Libro "Pádel: sus golpes, entrenamiento y más", de Juanjo Moyano. Editorial Wanceulen.

- Libro "Entrenamiento de Pádel: 1001 nuevos ejercicios", de Juanjo Moyano. Editorial Wanceulen.

- Libro "160 Juegos y Ejercicios de Pádel para niños", de Juanjo Moyano. Editorial Wanceulen.

FOTOGRAFIA

.- BullpadelSport @bullpadelsport

PATROCINADORES

www.ingramcontent.com/pod-product-compliance
Lightning Source LLC
LaVergne TN
LVHW080421200726
843507LV00004B/687